Der Koran

Der Koran

Aus dem Arabischen
übersetzt von Max Henning

Einleitung und Anmerkungen
von Annemarie Schimmel

Philipp Reclam jun. Stuttgart

Umschlagabbildung: Ins[...]
am Grab des Iltutmisch, Delhi, um 1236.
»Im Namen Gottes«

RECLAMS UNIVERSAL-BIBLIOTHEK Nr. 4206
Alle Rechte vorbehalten
© 1960 Philipp Reclam jun. GmbH & Co. KG, Stuttgart
Durchgesehene und verbesserte Ausgabe 1991
Gesamtherstellung: Reclam, Ditzingen. Printed in Germany 2010
RECLAM, UNIVERSAL-BIBLIOTHEK und
RECLAMS UNIVERSAL-BIBLIOTHEK sind eingetragene Marken
der Philipp Reclam jun. GmbH & Co. KG, Stuttgart
ISBN 978-3-15-004206-9

www.reclam.de

Vorwort

Von Jahr zu Jahr werden die Beziehungen zwischen Europa und den islamischen Ländern, deren Gürtel sich von Westafrika bis zu den Philippinen erstreckt, intensiver, und die Zahl derer, die auf ihren Reisen oder durch persönliche Kontakte etwas von der islamischen Kultur kennengelernt haben, wächst stetig an. In vielen von ihnen wird der Wunsch erwacht sein, sich einen Einblick in die grundlegende Urkunde dieser Kultur, den Koran, zu verschaffen, der heute wie vor 1300 Jahren das Leben und Denken des Muslim entscheidend prägt.

Die vor fast sechzig Jahren in Reclams Universal-Bibliothek erschienene, anerkannte und viel benutzte vertrauenswürdige Übersetzung Max Hennings, die auch von einem der führenden islamischen Spezialisten, Prof. Dr. M. Hamidullah (Istanbul/Paris), als die beste deutsche Übertragung des Korans angesehen wurde, liegt, im Wortlaut unverändert, dieser Ausgabe zugrunde. Es sei dabei bemerkt, daß die Identität von »Max Henning« nicht völlig geklärt ist. Man vermutet hinter diesem Pseudonym den Arabisten August Müller, der 1888 die deutsche Koranübersetzung von Friedrich Rückert veröffentlicht hatte. – Die Anmerkungen wurden gründlich überprüft, teilweise ergänzt und erweitert, ohne doch den Umfang eines Kommentars oder dessen Funktionen annehmen zu wollen. In der neuen Einleitung wurde versucht, dem deutschen Leser zu zeigen, welch ungeheuren Einfluß der Koran noch heute auf das Leben der Muslime hat und wie er seit dem 7. Jahrhundert tiefgehende Wirkungen auf allen Gebieten der Kultur ausgeübt hat. Für den Leser, der sich näher mit den Problemen der Koraninterpretation oder mit einzelnen Fachfragen beschäftigen möchte, wurde eine kleine Bibliographie angefügt, welche die wichtigsten Werke aus der fast unübersehbaren Literatur nennt. Schließlich schien es nützlich, durch eine Konkordanz der wichtigsten Namen und Begriffe dem Leser die Möglichkeit zu geben, sich rasch über die Aussagen des Korans zu verschiedenen Fragen zu informieren.

A. S.

Die in den Suren halbfett gesetzten Ziffern bezeichnen die kufische Verszählung der offiziellen ägyptischen Koranausgabe, die Ziffern in Klammern die der Ausgabe von Gustav Flügel (1834). Wenn in einer Sure keine Verszahlen in Klammern stehen, stimmen beide Verszählungen miteinander überein.

Textergänzungen in Klammern sind Zusätze des Übersetzers, um den Sinn verständlicher zu machen.

Auslassungspunkte bedeuten, daß der arabische Satz syntaktisch nicht mit dem Folgenden zusammenhängt.

Die Umschrift arabischer Wörter erfolgt nach den Regeln der Deutschen Morgenländischen Gesellschaft. Zur Aussprache siehe Seite 609.

Einleitung

Im Jahre 1955 fragten einige Studenten der Islamisch-Theologischen Fakultät in Ankara ihren Lehrer in der Koranlesekunst, einen gebildeten höheren Staatsbeamten, nach einer feinen Aussspracheveränderung in der Rezitation des Korans, indem sie behaupteten, seine Aussprache sei nicht der arabischen Grammatik entsprechend.

»Aber der Koran ist doch nicht arabisch!« rief er entsetzt, »er ist doch Gottes Wort – wie könnt ihr ihn nach der arabischen Grammatik messen wollen?«

Die kleine Szene zeigt, wie der Glaube an die übernatürliche Herkunft des Koran und an seine absolute Unfehlbarkeit noch heute selbstverständlich für jeden Muslim ist, mag er den heiligen Text verstehen oder nur seine Worte hören und lernen, seine Zeichen nachschreiben.

Wie ist diese Urkunde zu solchem Einfluß gelangt? Dem Mekkaner Muhammad, aus der Sippe Quraiš, der aufgewachsen war innerhalb des vielfarbigen primitiven Heidentums seiner Stammesgenossen und der, wie manche andere seiner Zeitgenossen am Ende des 6. nachchristlichen Jahrhunderts, eine höhere Art der Religiosität suchte, wurden bei seinen Meditationen in der Höhle des Berges Ḥirā nahe der Stadt Mekka Visionen und Auditionen zuteil, und gestützt von dem Vertrauen seiner Gattin Ḥadīǧa rang er sich zu der Überzeugung durch, zu seinen der Sünde des Götzendienstes anheimgefallenen Landsleuten als Warner gesandt zu sein. So begann er zu predigen, was ihn die Stimme des Engels, des »zuverlässigen Geistes«, hören ließ: Worte des drohenden Gerichtes für die, welche ihr Leben in Leichtfertigkeit und Verschwendung hinbringen, Verkündigung der ungeheuren Schrecken, welche die in Kürze erwartete Endzeit mit sich bringen sollte, Verheißung der rettenden Gnade Gottes für die, so sich bekehren und Gutes tun. Der Akzent der Verkündigungen verlagert sich im Laufe der Zeit stärker auf die

Einleitung

Beschreibung der Machtfülle Gottes, der aus dem Nichts, nur durch sein Wort »Sei!« Leben schafft, der die tote Wüste durch den Regen belebt und der am Ende der Zeiten auch die Toten wieder erwecken wird – ein Glaube, den die nüchternen mekkanischen Kaufleute weidlich verspotteten. Die Vielgötterei der Mekkaner wird als Abfall und größte Sünde gebrandmarkt: denn der Gott, der zugleich Schöpfer und Richter ist, kann nur ein einziger sein. Diese Einheit Gottes – und gleichzeitig seine auch in der kleinsten Bewegung sich offenbarende Aktivität – wird im Koran in immer neuen Wendungen bezeugt und seine Vielseitigkeit mit zahlreichen Beiworten umschrieben – er ist der Erste und der Letzte, der Hörende und der Sehende, der Liebende und der Zwingende, der Barmherzige und der Erbarmer. Die Muslime haben aus diesen seinen Attributen die oft im Gebet einzeln oder nacheinander wiederholten 99 schönsten Namen Gottes zusammengestellt.

In den späteren Jahren von Muhammads mekkanischer Tätigkeit – er begann etwa in seinem 40. Lebensjahr, um 610, zu predigen – enthalten die Offenbarungen viele Hinweise auf frühere Propheten, die, gleich ihm, von ihren Landsleuten nicht anerkannt worden sind, worauf ihre Länder vom Erdboden vertilgt wurden. In diesen Prophetengeschichten begegnen uns Abraham, der durch Ismāʿil Stammvater der Araber geworden ist und im Laufe der Entwicklung für Muhammad eine immer größere Bedeutung erhielt: er ist der Gläubige, welcher sich nicht vor Sonne und Mond, sondern vor dem, der sie bewegt, niederwarf, Vertreter einer Glaubenswahrheit, die älter als Judentum und Christentum ist; Urvater Adam ist es, vor dem sich die Engel zu beugen hatten, weil Gott ihn »die Namen lehrte« und ihm damit Gewalt über die Dinge gab; er wird nach koranischer Lehre, die keinen Erbsündenbegriff kennt, zum Sachwalter (*ḫalifa*) Gottes auf Erden eingesetzt, auf daß er und seine Nachkommen den rechten Pfad gehen und die Güter der Welt genießen und sie am Ende wieder dem Herrn des Alls zurückgeben;

Einleitung 9

Noah und Idrīs (Henoch) tauchen in den Erzählungen auf;
Moses, der Mann, zu dem Gott sprach; der tugendhafte
Joseph, dessen Geschichte ein ganzes Kapitel, das 12., erzählt
und dessen Gestalt von Dichtern und Mystikern unzählig oft
als Symbol der göttlichen Schönheit verwendet worden ist;
der geduldige Hiob, David und Salomo und noch manch
anderer, bis zu Jesus, dem Sohn der Jungfrau Maria, der als
Wundertäter mit dem belebenden Odem, als letzter der Propheten vor Muhammad, gepriesen wird.

Als Muhammad im Jahre 619 zunächst seine treue Gattin,
dann seinen Oheim, der ihn immer gegen die feindlichen
Mekkaner geschützt hatte, verlor, wurde seine Lage kritisch.
Nach Verhandlungen mit Bewohnern der nördlich gelegenen
Stadt Yatrib begab er sich 622, nachdem seine Anhänger ihm
vorausgezogen waren, dorthin; seither ist der Ort als Medina
(»die Stadt [des Propheten]«) berühmt. Die Offenbarungen,
die nach der Übersiedlung nach Medina entstanden, zeigen
häufig einen mehr legislativen Charakter. Denn Muhammad
war inzwischen Gemeindehaupt, Politiker und Gesetzgeber
geworden. Aus den in Medina entstandenen Stücken lernen
wir die Kämpfe der Muslime mit den Mekkanern kennen,
Sieg und Niederlage, Waffenstillstand von Ḥudaibīya und
glücklicher Wiedereinzug des triumphierenden Propheten in
seine Heimatstadt (630), die Auseinandersetzungen mit den
Juden der Stadt und der Nachbaroasen; aber auch häusliche
Bedrängnisse des Propheten, der nach dem Tode Ḥadīǧas
zahlreiche Frauen geheiratet hatte, Fragen des Ehe- und Erb-
rechts werden hier behandelt.

Nach Muhammads Meinung – und nach der Aussage des
Koran (»Rezitation«) selbst – decken sich die an ihn ergange-
nen Offenbarungen mit denjenigen, welche frühere Völker
durch ihre Propheten erhalten haben. Das, was Moses in der
Tora, David im Psalter und Jesus im Evangelium ihre Völker
gelehrt haben, soll auch den Arabern in ihrer Sprache verkündet werden. Deshalb ist der Koran in der »Nacht der Macht«
im Monat Ramaḍān – dem 9. Monat des Mondjahres – herab-

10 *Einleitung*

gesandt worden; als solcherart geheiligter Monat wurde der Ramadān zum Fastenmonat bestimmt. Der offenbar als einmaliges Ereignis aufgefaßten »Herabsendung« (Sure 97) – d. h. wohl der ersten Offenbarung, die den Keim der Entwicklung in sich trug – folgten dann Auditionen, seltener Visionen, in denen Muhammad das, was in der »Mutter des Buches« – der alle göttliche Weisheit enthaltenden himmlischen Urschrift – geschrieben war, in der Sprache seines Volkes vernahm, so daß er es nun weiterverkünden konnte. Diese Eingebungen erschienen ihm selbst als Wunder; als die Mekkaner von ihm verlangten, er solle Wunder vollbringen wie die früheren Propheten, verwies er auf die Verse des Koran, denen der kennzeichnende Name *āyat* »Wunderzeichen« beigelegt wird; kein Sterblicher könne, so heißt es im Koran, gleiche oder ähnliche Worte und Gedanken hervorbringen! Muhammad – so wird ihm im Koran bestätigt – sei kein Dichter: die Offenbarungen sind nicht in dem schon in vorislamischer Zeit höchst entwickelten und überaus verfeinerten, in Metrik, Reimkunst und Knappheit der Diktion unübertrefflichen poetischen Stil geschrieben, sondern in Reimprosa; zunächst in den kurzen zuckenden Sätzen, wie sie die Wahrsager jener Zeit zu verwenden pflegten; später werden die Satzglieder länger, der ursprüngliche eschatologische Schwung verebbt. Die Reimprosa, in der freilich die Reime hie und da recht frei behandelt werden, führt gelegentlich zu seltsamen Formbildungen, so den fortgesetzten Dualen in Sure 55. Für den Muslim jedoch ist die Sprache des Koran unübertrefflich, unnachahmbar und in ihrer Vielseitigkeit, ihrer Harmonie und Ausdrucksfähigkeit das unbedingte Zeugnis von Gottes Urheberschaft. Goethe drückt es so aus: »Der Stil des Korans ist seinem Inhalt und Zweck gemäß streng, groß, furchtbar, stellenweis wahrhaft erhaben; so treibt ein Keil den andern, und darf sich über die große Wirksamkeit des Buches niemand verwundern.«

Ein ägyptischer Gelehrter jedoch formuliert seine Ansicht über den Stil des heiligen Buches folgendermaßen:

Einleitung 11

»Die Form des Korans spiegelt weder die seßhafte Sanftheit des Städters noch die nomadische Rauheit des Beduinen wider. Sie besitzt im rechten Maße die Süße der ersteren und die Kraft der letzteren.

Der Rhythmus der Silben ist gehaltener als in Prosa und weniger ausgeführt als in Poesie. Die Pausen kommen weder in Prosaform noch im Stil der Poesie, sondern mit harmonischer und rhythmischer Symmetrie.

Die gewählten Worte sind weder zu banal noch zu selten, sondern werden als Ausdruck bewundernswürdigen Adels angesehen.

Die Sätze sind in würdigster Art so ausgedrückt, daß die kleinstmögliche Anzahl von Worten verwendet wird, um Gedanken von äußerstem Reichtum auszudrücken [...].

Koranische Rede ist deutlich übermenschlich, weil sie das psychologische Gesetz durchbricht, daß Intellekt und Gefühl immer in umgekehrtem Verhältnis zueinander stehen. Im Koran treffen wir konstante Zusammenarbeit dieser beiden antagonistischen Kräfte, denn wir finden, daß in den Geschichten, Argumenten, Doktrinen und Gesetzen sowie moralischen Prinzipien die Worte sowohl eine überzeugende Lehre als eine gefühlsmäßige Stärke haben [...]. Wenn wir [...] zur Struktur einer Sure und des ganzen Korans übergehen, finden wir einen überall gegenwärtigen Plan, den kein Mensch hätte erfinden können.«

Die Tatsache, daß sich zahlreiche Erzählungen im Koran auf das Leben der alttestamentlichen Propheten und das Leben Jesu beziehen, bedeutete für Muhammad nichts als die Übereinstimmung der von ihm verkündeten Lehre mit den vorher geoffenbarten Wahrheiten. Ja, noch mehr: Wo seine Offenbarungen von den jüdischen und christlichen Überlieferungen abweichen, ist es für ihn – und für jeden Muslim – klar, daß die anderen Völker ihre Überlieferungen gefälscht haben; denn Muhammads Überzeugung, seine eigenen Erkenntnisse Wort für Wort von Gott erhalten zu haben und in ihnen die abschließende und alles andere umfassende und korrigierende Wahrheit zu sehen, läßt natürlich keinen Zweifel an der Wahrheit der koranischen Offenbarung zu; und für den Muslim wäre es unmöglich, einen Propheten der Lüge oder falschen Mitteilung zu zeihen. Deshalb kann, um nur ein Beispiel zu nennen, der Muslim die Kreuzigung Jesu nicht akzeptieren, da der Koran sie nicht anerkennt – dem historischen Zeugnis des Neuen Testaments wird die überhistorische göttliche Offenbarung gegenübergestellt, die für den gläubigen Muslim ungleich schwerer wiegt als ein Buch, das er ohnehin für eine durch Menschenhand veränderte Quelle hält. Da der Koran hinwiederum die Jungfraugeburt anerkennt, wird der Muslim sie auch gegen moderne liberalistische Zweifel verteidigen.

Die zahlreichen Erzählungen von alt- und neutestamentlichen Gestalten im Koran haben von Anbeginn der Auseinandersetzung des Christentums mit dem Islam die Gelehrten beschäftigt. In der Regel wird dabei Muhammad eine mehr oder minder bewußte Übernahme dieser Stoffe von christlichen und jüdischen Mitbürgern zugeschrieben – Arabien war um die Wende vom 6. zum 7. Jahrhundert von zahlreichen Christen verschiedener Bekenntnisse bewohnt, da es in den Einflußsphären Irans und Ostroms, nestorianischen und monophysitischen Christentums lag; der christliche Eremit in seiner Zelle war den Arabern, wie die Poesie zeigt, kein Fremder, und die Handelsbeziehungen zu den syrischen Provinzen sowie nach dem Irak taten ein übriges, um wenigstens vage Kenntnisse von den Glaubensvorstellungen und Riten des Christentums bis nach Mekka dringen zu lassen. Auf der anderen Seite waren die Könige Südarabiens schon im 6. Jahrhundert zum Judentum übergetreten, und jüdische Kolonien fanden sich verschiedentlich in Arabien. So lagen die Einflüsse gewissermaßen in der Luft. Wie die Juden in Medina den Propheten schon wegen seiner unklaren Vorstellungen von alttestamentlichen Personen verspottet hatten, so haben diese angeblichen oder wirklichen Entlehnungen, falschen Zitierungen usw. auch in der christlichen Polemik gegen den

Einleitung

Islam eine wichtige Rolle gespielt und Stoff für die *refutatio* (wie der Jesuit Maracci seine 1698 erschienene lateinische Koranübersetzung und Einleitung nannte) geliefert; sie dienten zum Beweis dafür, daß Muhammad die Wahrheiten der anderen Religionen »mit häßlichem arabischen Kamelunrat umpflanzet« habe (Herder). – Die Diskussion darüber, was Muhammad aus dem Judentum aufgenommen habe – nicht nur an Erzählungen, sondern an allgemeinen Glaubensvorstellungen und rituellen Handlungen –, hat eine umfangreiche Literatur hervorgerufen (erwähnt seien nur Autoritäten wie Hirschfeld, Horovitz, Geiger, Torrey, Katsh), während die christlichen Einflüsse auf die Entstehung des Islam am sachlichsten und behutsamsten von Tor Andrae geprüft worden sind.

Ebenso sind die eventuellen iranischen, sabäischen und natürlich auch die altarabischen Vorbilder für die im Koran vorhandenen Glaubenskonzeptionen untersucht worden: so entstammt die Waage beim Jüngsten Gericht altägyptischer, die zum Jenseits führende Brücke iranischer Glaubenswelt u. a. Doch darf man niemals vergessen, daß keine Religion aus dem Nichts gegründet wird, sondern immer an vorhandene Glaubensgrundlagen anknüpft und sich der vorhandenen Sprache und Vorstellungswelt anpassen muß, um sich überhaupt verständlich zu machen. Nicht das, was ein Religionsstifter von den Früheren übernimmt, sondern die Art, wie er es zu einem neuen Ganzen zusammenfügt, ist das wichtigste Problem.

Für den frommen Muslim bestehen Fragen wie die eben erörterten kaum. Wenn er wirklich eine Übernahme fremden Stoffes anerkennen sollte, so nur im Sinne der Bestätigung des schon vorhandenen Offenbarungsgutes; im allgemeinen aber wird er die Originalität der koranischen Offenbarung verteidigen. Muhammad Abdallah Draz, Professor für Koranauslegung an der ältesten und wichtigsten Universität im islamischen Gebiet, der Azhar in Kairo, dessen Meinung über den koranischen Stil oben zitiert wurde, hat in einem jüngst

Einleitung

erschienenen Artikel (in: *Islam. The Straight Path,* hrsg. von K. Morgan) jede Möglichkeit eines fremden Einflusses ausgeschlossen und hat sogar scharf die Idee von sich gewiesen, der Prophet habe durch Nachdenken zu der im Koran enthüllten Erkenntnis gelangen können, da er selber keine Ahnung von religiösen und legislativen Fragen gehabt habe, ehe die Offenbarung einsetzte: »Bis zu einem gewissen Grade hätte die Vernunft ihm den Unsinn der Götzenanbetung zeigen können und die Sinnlosigkeit des Aberglaubens – aber wie hätte er wissen können, wie sie zu ersetzen sind? Nicht durch bloßes Denken können Fakten, gewußte und frühere Ereignisse beschrieben werden – und doch ist der Koran immer in völliger Übereinstimmung mit den grundlegenden Gegebenheiten der Bibel, auch mit solchen, die Muhammad unbekannt waren.«

Die Offenbarungen, die Muhammad etwa von seinem 40. Lebensjahr (um 610) bis nahe zu seinem Tode (632) begleiteten, wurden von seinen Anhängern auswendig gelernt und zum großen Teil auch auf verschiedenes Schreibmaterial – Knochen, Leder u. a. – geschrieben. Aber erst nach dem Tode Muhammads ging man daran, die verstreuten Stücke zusammenzustellen. Es gab mancherlei Lesarten einzelner Verse, durch die Vieldeutigkeit der damals noch wenig entwickelten arabischen Schrift bedingt; doch wurde in der Regierungszeit des dritten Kalifen 'Utmān (644–656) eine grundlegende und allgemein akzeptierte Redaktion geschaffen, neben der die anderen Formen, mit ihren leichten Abweichungen, aus dem Gebrauch verschwanden; nur einzelne Lesartverschiedenheiten hielten sich im Gebrauch. Es fehlt jedoch noch eine kritische Ausgabe des Koran, die alle Varianten des Textes angibt.

Die Ordnung der Suren (Kapitel) erfolgte nach einem höchst einfachen und im Orient nicht ungebräuchlichen System: man ordnete sie in absteigender Länge. Da jedoch die ersten Offenbarungen verhältnismäßig kurze Stücke waren, während die Suren der medinensischen Zeit ausgedehnte

Einleitung 15

Kapitel mit langen Sätzen sind, wurde die chronologische
Ordnung durch dieses Prinzip in Unordnung gebracht. Doch
ist es mit stilkritischen historischen Untersuchungen nicht
unmöglich, zumindest im großen die ursprüngliche Reihenfolge der Suren wiederherzustellen; Nöldekes bahnbre-
chende Forschungen haben den Weg hierzu gewiesen, andere
Forscher haben sein Werk fortgesetzt. Daß jedoch in dieser
wie auch in philologisch-exegetischer Hinsicht nie alle Probleme gelöst werden können, wenn auch die besten orientali-
schen Kommentare zu Hilfe genommen werden, darauf hat
Paret jüngst wieder hingewiesen. Die Koranausgaben geben
zu Beginn jeder Sure meist an, ob sie mekkanischen oder
medinensischen Ursprungs ist; gelegentlich sind jedoch Ein-
sprengsel aus anderem Zusammenhang innerhalb einer Sure
zu finden, und die Ordnung kann durch Verschiebungen
gestört sein – man vergleiche die Schwierigkeiten ähnlicher
Art bei der Untersuchung der alttestamentlichen prophetischen Bücher! Einzelne europäische Gelehrte haben in ihren
Koranübersetzungen die Suren in der von ihnen angenomme-
nen chronologischen Reihenfolge übersetzt (Bell, Blachère).
Die richtige Reihenfolge der Verse zu kennen ist vor allem
darum wichtig, weil sich die Bedeutung mancher Ausdrücke
im Laufe der Zeit verschoben hat und weil manche Verse
durch spätere abrogiert oder korrigiert worden sind: so wird
der Wein zunächst als Gottesgabe gepriesen, dann aber um
seiner gefährlichen Wirkungen willen verboten. Diese den
abendländischen Kritiker so menschlich erscheinenden Zeichen des Schwankens beunruhigen den normalen muslimischen Frommen jedoch gar nicht (vgl. Sure 2,11; 16,101).

Die Suren werden eingeleitet durch die Fātiḥa, oft als
Vaterunser des Islam bezeichnet, ein schlichtes Gebet, das
jeder Muslim beim täglichen Pflichtgebet ebenso wie beim
freien Gebet spricht, das auch für Verstorbene gebetet wird
und das Hauptanliegen des Islam, die Bitte um die Rechtleitung auf Gottes Pfade, ausdrückt. Den Schluß bilden zwei
kleine Suren, genannt *al-muʿawwiḏatān* (113; 114), die gegen

16   *Einleitung*

Zauber und alles Übel schützen sollen, während der logische
Schluß durch die 112. Sure, das Bekenntnis der absoluten
Einheit Gottes, gebildet wird, ein kurzes Kapitel, das in
Theologie und Mystik, in Volksglauben und Philosophie
sowie in der Polemik eine schwer zu überschätzende Rolle
spielt. – Zu Beginn von 29 Suren finden sich geheimnisvolle
Buchstabengruppen, die möglicherweise auf kleine frühere
Privatsammlungen oder Besitzer des betreffenden Exemplars
hinweisen, aber von der Spekulation auf die verschiedenste
Art ausgedeutet worden sind, da man einen tiefen und
geheimnisvollen Sinn in ihnen vermutete; man wählt einzelne
von ihnen gelegentlich sogar zu Eigennamen, so Ṭā-hā (Sure
20) oder Yā-sīn (Sure 36). Ihr Rätsel ist noch nicht gelöst. Die
Titel der Suren sind später hinzugefügt worden. Jede Sure
beginnt mit der sogenannten Basmala, der Formel *Bismi'
llāhi' r-raḥmāni' r-raḥīm* »Im Namen Gottes des Barmherzigen, des Erbarmers«, und bei der Rezitation des Korans oder
auch nur eines seiner Verse wird kein Muslim vergessen, diese
Formel vorher auszusprechen, wie er überhaupt jede Arbeit
mit diesen Worten beginnt.

   Es versteht sich, daß nach dem Tode Muhammads das
durch ihn verkündete Wort für die junge Gemeinde, die sich
rapide über das vorderasiatische Gebiet, über Ägypten,
Nordafrika, Iran ausbreitete und achtzig Jahre nach dem
Hinscheiden des Propheten am Atlantik, am unteren Indus
und in Transoxanien stand (711), eine unermeßliche Bedeutung haben mußte. Hier fand man alle Grundlagen für religiöse Haltung, für Staatsführung, für das private Leben, für
Diesseits und Jenseits. Freilich waren viele Andeutungen so
knapp und nur aus einer konkreten Situation heraus zu verstehen, daß man die Vertrauten des Propheten fragen mußte,
in welchem Zusammenhang dieses oder jenes geschehen sei;
und so entwickelte sich die Kenntnis der Worte und Taten des
Propheten zu einer eigenen neuen Wissenschaft. Selbst wichtigste religiöse Handlungen, wie die Pilgerfahrt nach Mekka,
die letzte der Fünf Säulen des Islam (d. h. Glaubensbekennt-

Einleitung

nis, fünfmaliges tägliches Gebet, Fasten im Ramaḍān, Almosengeben, Pilgerfahrt), sind nur durch die ergänzenden Überlieferungen von Muhammads eigener Handlungsweise zu verstehen, nicht aus den wenigen Andeutungen im Koran.

Die Überzeugung, daß der Koran Gottes Wort sei, die dem Propheten und seinen Anhängern selbstverständlich war durch das eigene Zeugnis der Offenbarung, wurde zu einem theologischen Problem im 9. Jahrhundert, als die Schule der Muʿtazila, um gegen dualistische Einflüsse die Einheit Gottes ganz scharf herauszuarbeiten, dafür hielt, daß der Koran zwar Gottes Wort sei, aber, wie alle seine Attribute, nicht gleichewig mit ihm. Dagegen erhob sich die Orthodoxie, und nach langen Auseinandersetzungen, in denen zunächst die Muʿtazila Oberhand zu gewinnen schien, wurde das Dogma der Orthodoxie, daß der Koran ungeschaffen sei, allgemein akzeptiert. »Das, was zwischen beiden Einbanddeckeln ist, ist Gottes unerschaffenes Wort.« Zweifellos haben zu dieser Entwicklung Berührungen der islamischen Theologen mit der christlichen Logostheologie beigetragen. Wie Christus der ungeschaffene Logos ist, »mit dem Vater in einerlei Wesen«, so ist der Koran für den Muslim das unerschaffene Wort Gottes, das sich durch das Instrument Muhammad geoffenbart hat; wie für das Christentum die Nacht der Geburt Christi das höchste Fest ist, so für den Muslim die »Nacht der Macht«, in welcher der Koran erstmals offenbart wurde.

Als vollkommener Ausdruck des göttlichen Wesens und Willens kann aber der Koran nicht in eine andere Sprache übersetzt werden. Für den Muslim ist der Gedanke einer »Übersetzung« untragbar, da für ihn der Koran so viele Feinheiten, Tiefen, Schönheiten und himmlische Weisheit enthält, daß jede Umformung der Worte und ihre Wiedergabe durch ein anderes Medium als das der arabischen Sprache unmöglich und unzulässig ist. Ja, sogar gegen seine Umschreibung in Lateinschrift haben noch vor kurzer Zeit türkische Theologen geeifert. Es kann bestenfalls der Sinn des

18 *Einleitung*

Korans andeutend wiedergegeben werden – eine moderne englische Übersetzung trägt bezeichnenderweise den Titel *The Meaning of the Glorious Koran*, und die Übersetzungen in die islamischen Volkssprachen, wie Persisch, Türkisch, Urdu usw., sind in der Regel vom Originaltext begleitet, oft auch als Interlinearübersetzungen gemacht.

Dadurch hat der Koran ungeheure Wichtigkeit für die gesamte islamische Kultur gewonnen. Er ist der Schlüssel für das islamische Geistesleben von Westafrika bis zu den Philippinen. Seine Unübersetzbarkeit hat alle Völker, die den Islam annahmen, gezwungen, Arabisch zu lernen oder sich zumindest die arabische Schrift anzueignen: daher die Einheitlichkeit der Schrift im gesamten islamischen Kulturbereich, mochte die arabische Konsonantenschrift, die nur die drei langen Vokale a-i-u schreibt und sich im übrigen mit Vokalzeichen für die kurzen Vokale begnügt – die jedoch in der Mehrzahl der Texte nicht mitgeschrieben oder nur an schwierigen Stellen eingesetzt werden –, mochte diese Schrift auch für das Türkische und Persische, das Berberische oder Paschto, das Malaiische oder das Sindhi noch so ungeeignet sein: Islamisierung bedeutete Vereinheitlichung der Schrift, Einströmen arabischer Wörter und Redensarten in die Sprache, eine Entwicklung, von der erst in letzter Zeit einige westlich orientierte, nationalstolze Völker abgegangen sind. Auch derjenige, der sonst nichts von der arabischen Sprache kannte, mußte zumindest die im Gebet verwendeten kurzen Suren lernen, wenn er auch ihren Sinn nicht verstand: aber er sprach und spricht sie, besonders die Fātiḥa, mit Andacht, als das Wort Gottes, das er gewürdigt ist auszusprechen. So auch der Ḥāfiẓ, derjenige, welcher den Koran auswendig kennt und ihn entsprechend den verschiedenen Modulationen vorträgt: die meisten, die als Knaben in den nichtarabischen Ländern beginnen, das heilige Buch auswendig zu lernen (wobei sie, nach der Fātiḥa, bei der letzten Seite anfangen), verstehen seinen Wortlaut nicht. – Die Rezitationskunst ist außerordentlich hoch entwickelt, und auch der Außenstehende kann

Einleitung

von einer guten Rezitation, deren technische Einzelheiten er
freilich nicht zu beurteilen vermag, mitgerissen werden, während sich der umstehenden oder -sitzenden Menge hie und da
ein Ach, ein Schluchzen, ein Seufzen, ein Huuu! ein langge-
zogenes »Allah « entringt.

Um den Sinn des Korans auch Nichtarabern verständlich
zu machen, entwickelte sich die Grammatik; Wörterbücher,
Lexika sind dem ernsten Studium des heiligen Buches ebenso zu verdanken wie stetig wachsende Kommentare. Wir
nennen nur den dreißigbändigen Kommentar des Ṭabarī im
frühen 10. Jahrhundert, den berühmten *Kaššāf* des Zamaḥ-
šarī, den Kommentar des Baiḍāwī im 13. und den *tafsīr al-
Ǧalālain* des Suyūṭī im 15. Jahrhundert von den in arabischer
Sprache geschriebenen Auslegungen, die mit gründlicher phi-
lologischer und historischer Schulung Vers für Vers des
Koran zu erklären sich bemühten. Dazu kommen die zahllo-
sen Kommentare in den islamischen Volkssprachen und die
Abhandlungen über die im Koran angeschnittenen Einzelfra-
gen. Goldziher hat in seinen grundlegenden Vorlesungen *Die
Richtungen der islamischen Koranauslegung* die Entwicklung
von der ersten Periode, der Konstituierung des Textes, bis
zum Modernismus hin verfolgt. Ein Zug zu mythologischer
Ausschmückung mancher Berichte von alten Zeiten im
Koran, wie er offenbar im frühen Islam herrschte, wurde von
der Orthodoxie nicht gefördert; doch haben es sich die Predi-
ger nicht nehmen lassen, die Einzelheiten von Paradies und
Hölle, die im Text nur angedeutet waren, in den glühendsten
Farben vor ihren Zuhörern auszumalen.

Aber auch die Philosophen haben versucht, den Koran
nach ihrer Weise auszulegen, und ganz besonders ist es die
Mystik, die sich die Grundlagen für ihre Anschauungen aus
dem koranischen Text nimmt. Das scheint zunächst erstaun-
lich, da ein flüchtiger Blick in den Koran ihn als Ausdruck
nüchterner Gesetzesreligion erscheinen lassen muß, in dem
nichts Mystisches zu finden ist. Jedoch läßt sich die Frömmigkeit der ersten islamischen Asketen aus ihrer zitternden

20   *Einleitung*

Hingabe an den Herrn des Gerichts, aus ihrer Sündenfurcht und ihrem Eifer in der Erfüllung der Vorschriften des Gebets, des Fastens und der Wohltätigkeit ableiten. Sie waren es, die mit den Geboten und Verboten des Korans in einer schon recht verweltlichten Zeit Ernst machten, und sie haben immer versucht, den lebendigen Kontakt mit dem Koran zu behalten. Man erzählt von Mystikern, die 7000 Auslegungen eines einzigen Koranverses kannten und in einer Nacht die Erklärungen eines Verses nicht ausschöpfen konnten. Freilich sahen sie hier Geheimnisse, die einem normalen Leser unzugänglich bleiben. Doch sind viele koranische Verse zu Lieblingsthemen für die Meditation der Mystiker und Dichter geworden, so der berühmte Vers Sure 7,172, da Gott die ungeschaffenen Seelen anredet und sie bekennen läßt, daß er ihr Herr ist – liebstes Thema der Dichter, die hier die Urewigkeit ihrer Liebe und Sehnsucht angedeutet finden. Oder der eigentümliche Lichtvers (Sure 24,35), der Gott als Licht des Himmels und der Erde preist, oder der Thronvers (Sure 2,255), der kunstvoll geschrieben zahlreiche Moscheen ziert, oder jene Verse, die aussagen »Er liebt sie und sie lieben Ihn« (Sure 5,54) und von den Mystikern als Hinweis auf die zuvorkommende Liebe Gottes und die Möglichkeit wechselseitiger Liebe zwischen Mensch und Schöpfer angesehen worden sind; die Vision der 53. Sure, die Andeutung der Nachtreise Muhammads (Sure 17,1) und all jene Verse, die bekennen, daß alles Geschaffene Gott gehört und zu ihm zurückkehren wird.

Gerade durch die Mystik ist die Symbolik des Koran so tief in die orientalische Dichtung aller Zungen eingedrungen, daß das Verständnis dieser Poesie oft gar nicht möglich ist ohne eine gute Kenntnis des Koran. Wenn die Wange der Geliebten »wie lichter Tag« ist, so wird auf die einleitenden Worte der 93. Sure hingewiesen; wo von den Propheten und ihren Eigenheiten, vom Atem des jesusgleichen Freundes, vom tanzenden Berg die Rede ist, soll der Leser sogleich die Beziehung zu der als bekannt vorausgesetzten koranischen Erzäh-

Einleitung 21

lung finden – eine ähnliche Bibelvertrautheit, die es ermöglichte, die Alltagssprache mit Zitaten aus der Heiligen Schrift oder Andeutungen zu durchsetzen, war ja im deutschen Protestantismus früherer Zeiten auch vorhanden. Selbst orientalischer Humor ist oft nur aus den einem Laien zunächst kaum verständlichen Anspielungen auf den Koran und Verdrehungen seiner Ausdrücke verständlich, so jene türkische Anekdote, nach der ein Bektāšī-Derwisch auf die Frage, warum er das Gebet nicht verrichte, mit dem koranischen Wort »Nahet euch nicht dem Gebet!« antwortet, die Fortsetzung »wenn ihr trunken seid usw.« aber ausläßt (Sure 4,43).

Die Koranauslegung, die so stark auch die Volksfrömmigkeit beeinflußt hat, ist verständlicherweise auch in den islamischen Sekten je nach deren Erfordernissen getrieben worden. So versuchen die Schiiten, zahlreiche Verse auf ʿAlī, den Vetter und Schwiegersohn des Propheten und ihrer Meinung nach den wahren Kalifen, zu deuten; andere Verse werden wiederum gegen die ersten Nachfolger Muhammads ausgelegt, abgesehen davon, daß der Šīʿa zufolge manche auf ʿAlīs besondere Rolle anspielende Verse von den übelmeinenden ersten Kalifen eliminiert worden seien.

Die allegorische Exegese ist am weitesten getrieben in der Koranauslegung der Ismaʿilīya, der Siebener-Šīʿa, die den treffenden Namen Bāṭinīya, Leute des »inneren Sinnes«, tragen und es verstanden haben, ihre Anhänger in verschiedenen Stufengängen in die differenzierten Geheimnisse jedes Koranverses einzuweihen, so den wörtlichen Sinn am Ende hinter sich lassend.

Jede Reformbewegung im Islam hat sich gleichfalls am Koran zu orientieren. Als im 19. und 20. Jahrhundert die islamische Welt mit den technischen Errungenschaften des Abendlandes konfrontiert wurde, erhob sich vielerorts die Frage, wie weit das scheinbar beschränkte Weltbild, die eschatologische Erwartung, die Anspielungen auf Probleme der privatesten Lebensgewohnheiten des Propheten, sich mit der neuen Zivilisation in Einklang bringen ließen. Die moder-

22 *Einleitung*

nistischen Bewegungen, die zunächst in Indien aus der
Begegnung mit der britischen Macht, dann in Ägypten und in
der Türkei sich entfalteten, suchten und fanden ihre eigenen
Ideen im Koran. Sie gelangten zu der Überzeugung, daß es
die Muslime seien, die im Laufe der Jahrhunderte um den
einfachen Kern des heiligen Buches eine Unmenge von Literatur zweiter und dritter Hand, Kommentare und Superkommentare, gehäuft und so den lebendigen schöpferischen Atem
dieser Schrift fast erstickt hätten. Es sei, so behaupten Modernisten aller Richtungen, höchste Zeit, auf die koranische
Offenbarung als einzige Grundlage des Islam zurückzugehen
(manche schließen selbst die kanonische Überlieferungsliteratur aus); richtig interpretiert, gebe der Koran Weisung für
jeden denkbaren Fall im privaten und politischen, im religiösen und sozialen Bereich. Wenn moderne Wissenschaft und
traditionelle Koranauslegung nicht übereinstimmten, dann
sei der Fehler im mangelnden Verständnis der koranischen
Offenbarung zu suchen. Sir Muhammad Iqbāl, der große
Dichter-Philosoph des indo-persischen Islam und geistiger
Vater Pakistans, hat in seinem *Buch der Ewigkeit* die »Welt
des Koran«, die sich dem Sehenden immer neu entfaltet,
überschwenglich gepriesen, wie er auch in seiner Philosophie
stets am Koran als einziger Richtschnur für das muslimische
Denken und Handeln festgehalten hat, nicht zögernd, selbst
die Gedanken Bergsons und Einsteins in geistvoller Interpretation in den Versen des heiligen Buches wiederzufinden.

Ist Iqbāls Interpretationskunst jedoch philosophisch unterbaut und liefert ein interessantes Gebilde moderner islamischer Weltschau, so haben andere moderne Koraninterpreten mit ihrem Versuch, vom elektrischen Licht bis zur
Atombombe alles in den Worten des Koran wiederzufinden,
dem islamischen Modernismus eher geschadet als genützt.
Dazu gehören auch Versuche, wie sie die Aḥmadiya-Bewegung in ihren Übersetzungen macht, alle eschatologischen
Anspielungen aus dem Koran hinwegzuinterpretieren zugunsten einer flach rationalistischen Deutung, derzufolge

Einleitung 23

etwa die packende und im Urtext hochpoetische Sure 81 eine
Schilderung der Zukunft geben will, in der die »Tiere zusam-
mengeführt sind«: nämlich in Zoologischen Gärten ... und
was dergleichen Entgleisungen mehr sind. Die Aḥmadiya ist
die einzige islamische Sekte, welche Koranübersetzungen
nicht nur gestattet, sondern fördert und sich dadurch, wie
auch aus anderen Gründen, in Gegensatz zum orthodoxen
Islam stellt.

Wie der Koran durch die Jahrhunderte hin die Grundlage
jeder religiösen und philosophischen Richtung, unerschöpf-
liche Symbolquelle für Mystik und Dichtung, immer wieder
bewährter Trost für Millionen von Gläubigen gewesen ist –
ob sie auch seine Worte gleich nicht verstanden –, so darf auch
seine Bedeutung für die bildende Kunst nicht unterschätzt
werden. Der Islam hat sich möglichst weitgehend von der
Darstellung lebender Wesen ferngehalten, dafür ist aber die
Ornamentik – Arabeske und geometrisches Ornament – und
noch mehr die Schriftkunst von alters her in den islamischen
Ländern gepflegt worden. Das Wort Gottes in möglichster
Vollkommenheit zu schreiben war der höchste Ehrgeiz der
Kalligraphen, ganz gleich, ob sie in den ersten Jahrhunderten
die wuchtige, eckige Kūfī-Schrift, deren Strenge sich langsam
lockerte, auf Pergament malten, ob sie die Buchstaben auf
kunstvoll ornamentierten Grund setzten, ob sie aus Versen
des Koran jene herrlichen Schriftfriese entwarfen, die dann in
Stein gehauen oder in schimmernder Fayence eingelegt die
Tore und Kuppeln der Moscheen krönten, ob sie die gewaltigen Seiten der für einen Herrscher bestimmten Koran-Exemplare mit harmonisch bewegter Nashi- oder Ṯuluṯ-Schrift in
Schwarz und Gold füllten oder winzige, nur mit der Lupe zu
entziffernde Koran-Exemplare schrieben, deren Anfangssei-
ten meist mit reichem Rankenwerk, mit goldenen und blauen
Arabesken verziert waren und die in kunstvolle Leder- oder
Lackeinbände kamen – jeder Kalligraph, Vergolder, Stein-
metz, Mosaikleger, Buchbinder tat sein Bestes, um dem Wort
Gottes eine würdige äußere Form zu geben; und viele Herr-

scher haben im Laufe der Jahrhunderte selbst kunstreiche Koran-Exemplare geschrieben.

In wie vielen Häusern hängen anstelle der in anderen Kulturen üblichen Bilder eingerahmte Koransprüche in zierlichem Duktus, die nicht nur den Sinn des frommen Bewohners immer wieder auf das heilige Buch richten sollen, sondern gleichzeitig als Schutzmittel, als Amulette, verwendet werden. Wie viele Taxichauffeure haben einen winzigen Koran als Talisman an der Windschutzscheibe hängen! Und in wie vielen Häusern sieht man über dem Bett der Eheleute einen in einer gestickten schönen Seidenhülle hängenden Koran, der gewissermaßen den ehelichen Frieden sichern soll.

Da im Koran selbst anbefohlen wird, nur Reine dürften ihn berühren, wird er in einer besonderen Hülle aufbewahrt, und Unreine – wie etwa Frauen an bestimmten Tagen – dürfen das Exemplar nicht anrühren; erst nach der großen Waschung ist es ihnen wieder zugänglich. Rezitiert werden darf der Text ebenfalls nur von einem Gläubigen im Zustande ritueller Reinheit. Um den hohen Rang des Koran zu dokumentieren, pflegt man ihn – zumindest in der Türkei – auf den höchsten Bord im Bücherregal zu stellen oder in Bauernhäusern wohl auch sorglich an der Decke aufzuhängen. Bevor man ihn öffnet, küßt man ihn.

Hier ist der Glaube an das Wort Gottes zwischen beiden Buchdeckeln bis zu seiner letzten Konsequenz getrieben; so weit, daß manche Fromme sogar die jetzt in der Türkei übliche Druckanordnung für göttlich geoffenbart halten und aus den Zahlen und Buchstabenwerten nicht etwa nur der Suren, nein sogar der durch eine erst seit wenigen Jahrhunderten bestehenden Tradition eingeteilten Seiten magische Interpretationskünste versuchen. Gegen die ersten Versuche, den Koran zu drucken, hatte sich ohnehin bei den Frommen Widerstand erhoben, da man fürchtete, Druckfehler könnten den Text entweihen. Vielerlei mit dem Koran getriebene Praktiken streifen schon an Magie. Die Macht des göttlichen

Einleitung 25

Wortes ist für den Muslim wirksam, ob er sie verstehe oder
nicht, und die Rezitation dieser oder jener Sure, die drei-,
sieben- oder vierzigmal wiederholt wird, gilt als ein ver-
dienstlicher Akt, kann auch die Erfüllung eines Gelübdes
sein: »Wenn das und das geschieht, will ich vierzig Yā-sīn
rezitieren!« – Yā-sīn, die 36. Sure, wird vor allem für die
Verstorbenen rezitiert, gilt aber auch sonst als besonders wir-
kungsvoll.

So gründet sich das islamische Leben in allen seinen Äußerungen auf den Koran. Daß eine Übersetzung, die, von
Nichtmuslimen verfaßt, von Nichtmuslimen gelesen wird,
dem Leser schwer einen Eindruck von der Macht gibt, die
dieses Buch für rund 350 Millionen Gläubige hat, ist selbstverständlich. Doch hat sich in den letzten Jahrzehnten ein
Wandel in unserem abendländischen Verständnis gegenüber
der islamischen Kultur angebahnt. Eine französische Gelehrte, Denise Masson, hat es jüngst unternommen, durch
einen sorgfältigen Vergleich der im Koran ausgesprochenen
Grundlehren über Gott, Welt, Schöpfung, Jenseits, Prophe-
tologie u. a. mit den Lehren des Judentums und des Christentums eine Grundlage für eine bessere Verständigung zwischen den drei großen Religionen, die doch einer gemeinsa-
men historischen Wurzel entsprungen sind, zu schaffen. Das
Anliegen aller drei ist, wie Masson mit Recht betont, den
Menschen zu zeigen, daß alles von Gott kommt und wieder
zu ihm zurückkehren wird.

Und wenn dem deutschen Leser eine unbefangene Aufnahme dieser Gedanken schwerfallen mag durch die vielen
Probleme juristischer, politischer und sehr privater Natur,
die im Koran neben diesem Hauptgedanken zu finden sind,
die aber für den Muslim nichts anderes besagen, als daß jede
seiner Lebensäußerungen in Übereinstimmung mit dem Willen Gottes sein soll, einem Willen, nach dessen Warum man
nicht fragen kann – wenn diese für unser Gefühl fremdartige
Verquickung der religiösen und alltäglichen Sphäre ihn
zunächst verwirren mag, so ist es gut, sich hier an Goethe zu

erinnern, der den Koran in den *Noten und Abhandlungen zum West-östlichen Divan* so gekennzeichnet hat:

»Glauben und Unglauben teilen sich in Oberes und Unteres; Himmel und Hölle sind den Bekennern und Leugnern zugedacht. Nähere Bestimmung des Gebotenen und Verbotenen, fabelhafte Geschichten jüdischer und christlicher Religion, Amplifikationen aller Art, grenzenlose Tautologien und Wiederholungen bilden den Körper dieses heiligen Buches, das uns, so oft wir auch darangehen, immer von neuem anwidert, dann aber anzieht, in Erstaunen setzt und am Ende Verehrung abnötigt.«

Annemarie Schimmel

Der Koran

ERSTE SURE

Die Öffnende[1]

Geoffenbart zu Mekka

1 (0) *Im Namen Allahs,*
des Erbarmers, des Barmherzigen!

2 (1) Lob sei Allah, dem Weltenherrn,
3 (2) Dem Erbarmer, dem Barmherzigen,
4 (3) Dem König am Tag des Gerichts!
5 (4) Dir dienen wir und zu Dir rufen um Hilfe wir;
6 (5) Leite uns den rechten Pfad,
7 (6) Den Pfad derer, denen Du gnädig bist,
 (7) Nicht derer, denen Du zürnst, und nicht der Irrenden.

ZWEITE SURE

Die Kuh

Geoffenbart zu Medina

Im Namen Allahs,
des Erbarmers, des Barmherzigen!

1 (1) A. L. M.[2]
2 Dies Buch, daran ist kein Zweifel, ist eine Leitung für die
Gottesfürchtigen,
3 (2) Die da glauben an das Verborgene und das Gebet
verrichten und von unsrer Gabe spenden:

---

1 So genannt als den Koran eröffnende Sure.
2 *alif-lām-mīm.*

28 *Sure 2*

4 (3) Und die da glauben an das, was auf dich herabgesandt ward und herabgesandt ward vor dir, und fest aufs Jenseits vertrauen.

5 (4) Diese folgen der Leitung ihres Herrn, und ihnen wird's wohlergehen.

6 (5) Siehe, den Ungläubigen ist's gleich, ob du sie warnst oder nicht warnst, sie glauben nicht.

7 (6) Versiegelt hat Allah ihre Herzen und Ohren, und über ihren Augen ist eine Hülle, und für sie ist schwere Strafe.

8 (7) Etliche der Menschen sprechen wohl: »Wir glauben an Allah und an den Jüngsten Tag«; doch sind sie keine Gläubigen.

9 (8) Betrügen wollen sie Allah und die Gläubigen, und nur sich selber betrügen sie und wissen es nicht.

10 (9) Ihre Herzen sind krank, und Allah mehrt ihre Krankheit, und für sie ist schwere Strafe für ihr Lügen.

11 (10) Spricht man zu ihnen: »Stiftet nicht Verderben auf der Erde«, so sprechen sie: »Wir sind ja die Rechtschaffenen.«

12 (11) Ist's aber nicht, daß sie die Verderbenstifter sind? Doch wissen sie's nimmer.

13 (12) Spricht man zu ihnen: »Glaubet, wie die Leute gläubig wurden«, so sprechen sie: »Sollen wir glauben, wie die Toren glaubten?« Ist's aber nicht, daß sie die Toren sind? Doch begreifen sie's nicht.

14 (13) Wenn sie mit den Gläubigen zusammentreffen, so sprechen sie: »Wir glauben«; sind sie jedoch allein mit ihren Satanen[3], so sprechen sie: »Siehe, wir stehen zu euch und treiben nur Spott.«

15 (14) Allah wird sie verspotten und weiter in ihrer Rebellion verblendet irre gehen lassen.

16 (15) Sie sind's, die erkauft haben den Irrtum für die Leitung, doch brachte ihr Geschäft ihnen keinen Gewinn, und nimmer waren sie geleitet.

---

3 Die Teufel sind Provokateure, wahrscheinlich Muhammad feindlich gesonnene Juden.

Die Kuh 29

17 (16) Sie gleichen dem, der ein Feuer anzündet; und so es alles ringsum erleuchtet, nimmt Allah ihr Licht von hinnen und läßt sie in Finsternissen, daß sie nicht sehen.

18 (17) Taub, stumm und blind, so tun sie nicht Buße.

19 (18) Oder gleich einer Wetterwolke vom Himmel, geschwängert von Finsternissen, Donner und Blitz ... ihre Finger stecken sie in ihre Ohren vor den krachenden Schlägen in Todesgrausen, aber Allah umgibt die Ungläubigen.

20 (19) Der Blitz benimmt ihnen fast das Augenlicht; sooft er aufflammt, wandeln sie in ihm, erlischt er jedoch über ihnen, so stehen sie da; und so Allah wollte, raubte Er ihnen Gehör und Gesicht, denn Allah hat Macht über alle Dinge.

21 O ihr Menschen[4], dienet euerm Herrn, der euch und die Früheren erschaffen; vielleicht fürchtet ihr Ihn.

22 (20) Der euch die Erde zu einem Bett gemacht und den Himmel darüber erbaut, und vom Himmel Wasser herniedersandte und durch dieses Früchte hervorbrachte zu eurer Nahrung. Stellt Ihm daher nicht Götter zur Seite, wo ihr's wisset.

23 (21) Und so ihr in Zweifel seid über das, was Wir auf Unsern Diener herniedersandten, so bringt eine gleiche Sure hervor und rufet eure Götzen zu Zeugen, so ihr wahrhaft seid.

24 (22) Wenn ihr's jedoch nicht tut – und ihr vermögt es nimmer – so fürchtet das Feuer, dessen Speise Menschen und Steine[5] sind und das bereitet ward für die Ungläubigen.

25 (23) Verheiße aber denen, die glauben und das Rechte tun, daß Gärten für sie bestimmt sind, durcheilt von Bächen; und sooft sie gespeist werden mit einer ihrer Früchte als Speise, sprechen sie: »Dies war unsre Speise zuvor«; und ähnliche werden ihnen gegeben; und darinnen werden sie

---

4 Mit Menschen sind gewöhnlich die Mekkaner, mit »O ihr Gläubige« oder »O ihr, die ihr glaubt« die Medinenser und die Ausgewanderten aus Mekka angeredet.

5 Die steinernen Götzen.

30   *Sure 2*

reine Gattinnen empfahen und sollen ewig darinnen verweilen.

26 (24) Siehe, Allah schämt sich nicht, ein Gleichnis mit einer Mücke zu machen oder mit etwas darüber; denn die Gläubigen wissen, daß es die Wahrheit von ihrem Herrn ist. Die Ungläubigen aber sprechen: »Was will Allah mit diesem Gleichnis?« Viele führt Er hierdurch irre, und viele leitet Er recht; doch nur die Frevler führt Er irre;

27 (25) Die den Bund Allahs nach seiner Aufrichtung brechen und zerschneiden, was Allah geboten hat verbunden zu sein, und auf der Erde Verderben anstiften, sie werden die Verlorenen sein.

28 (26) Wie glaubet ihr nicht an Allah, wo ihr tot waret und Er euch lebendig machte? Alsdann wird Er euch töten, alsdann wird Er euch lebendig machen, alsdann kehrt ihr zu Ihm zurück.

29 (27) Er ist's, der für euch alles auf Erden erschuf; alsdann stieg Er zum Himmel empor und bildete ihn zu sieben Himmeln; und Er hat Macht über alle Dinge.

30 (28) Und als dein Herr zu den Engeln sprach: »Siehe, Ich will auf der Erde einen einsetzen an Meiner Statt[6]«, da sprachen sie: »Willst Du auf ihr einen einsetzen, der auf ihr Verderben anstiftet und Blut vergießt? Und wir verkünden Dein Lob und heiligen Dich.« Er sprach: »Siehe, Ich weiß, was ihr nicht wisset.«

31 (29) Und Er lehrte Adam aller Dinge Namen; dann zeigte Er sie den Engeln und sprach: »Verkündet mir die Namen dieser Dinge, so ihr wahrhaft seid.«

32 (30) Sie sprachen: »Preis Dir, wir haben nur Wissen von dem, was Du uns lehrtest; siehe, Du bist der Wissende, der Weise.«

33 (31) Er sprach: »O Adam, verkünde ihnen ihre Namen.« Und als er ihnen ihre Namen verkündet hatte,

---

6 Adam wird hier als »Statthalter Gottes« eingesetzt und für höher als die Engel erklärt; diese Theorie vom Werte des Menschen hat besonders der Modernist Sir Muhammad Iqbāl zur Grundlage seiner Philosophie gemacht.

Die Kuh 31

sprach Er: »Sprach Ich nicht zu euch: Ich weiß das Verborgene der Himmel und der Erde, und Ich weiß, was ihr offenkund tut und was ihr verberget?«

34 (32) Und als Wir zu den Engeln sprachen: »Werfet euch nieder vor Adam«, da warfen sie sich nieder bis auf Iblis[7], der sich in Hoffart weigerte und einer der Ungläubigen ward.

35 (33) Und Wir sprachen: »O Adam, bewohne du und dein Weib den Garten[8] und esset von ihm in Hülle und Fülle, wo immer ihr wollt; aber nahet nicht jenem Baume, sonst seid ihr Ungerechte.«

36 (34) Aber der Satan ließ sie aus ihm straucheln und vertrieb sie aus der Stätte, in der sie weilten. Und Wir sprachen: »Hinfort mit euch! Der eine sei des andern Feind; und auf der Erde sei euch eine Wohnung und ein Nießbrauch für eine Zeit.«

37 (35) Und es empfing Adam von seinem Herrn Worte[9], und Er kehrte sich wieder zu ihm; denn siehe, Er ist der Vergeber, der Barmherzige.

38 (36) Wir sprachen: »Hinfort mit euch von dort allesamt! Und wenn zu euch von Mir eine Leitung kommt, wer dann Meiner Leitung folgt, über die soll keine Furcht kommen, und nicht sollen sie traurig sein.[10]

39 (37) Wer aber nicht glaubt und Unsre Zeichen verleugnet, die sollen des Feuers Gefährten werden; in ihm sollen sie ewig verweilen!«

40 (38) O ihr Kinder Israel, gedenket Meiner Gnade, mit der Ich euch begnadete, und haltet Meinen Bund, so will auch Ich den Bund mit euch halten; Mich allein sollt ihr ehren.

41 Und glaubet an das, was Ich herabsandte zur Bestätigung eurer Schrift, und seid nicht die ersten Ungläubigen und

7 Diabolus; der Teufel.
8 Das arabische Wort für Paradies ist »Garten«, anknüpfend an das biblische »der Garten Eden«.
9 Worte des Gebets.
10 Der Islam kennt keine Erbsünde. Trotz der Ausstoßung aus dem Paradies bleibt dem Menschen die Möglichkeit, auf Gottes Pfad zu wandeln.

32   *Sure 2*

verkaufet nicht Meine Zeichen für winzigen Preis; Mich allein
sollt ihr fürchten.

42 (39) Und kleidet nicht die Wahrheit in die Lüge und
verbergt nicht die Wahrheit wider euer Wissen.[11]

43 (40) Und verrichtet das Gebet und gebt Almosen und
beugt euch mit den Beugenden.

44 (41) Wollt ihr den Leuten Frömmigkeit gebieten und
eurer Seelen vergessen, wo ihr doch die Schrift leset? Habt ihr
denn keine Einsicht?

45 (42) Und nehmt eure Zuflucht zur Geduld und zum
Gebet; siehe, fürwahr, es ist ein schweres Ding, nur nicht für
die Demütigen,

46 (43) Die da glauben, daß sie ihrem Herrn begegnen
werden, und daß sie zu Ihm heimkehren.

47 (44) O ihr Kinder Israel, gedenket Meiner Gnade, mit
der Ich euch begnadete, und daß Ich euch vor aller Welt
bevorzugte.

48 (45) Und fürchtet einen Tag, an dem eine Seele für eine
andre nichts leisten kann, an dem von ihr keine Fürbitte angenommen und kein Lösegeld genommen wird und ihnen nicht
geholfen wird.

49 (46) Und gedenket, als Wir euch vom Volke Pharaos
erretteten, das euch mit schlimmer Pein heimsuchte; sie
erschlugen eure Knaben und ließen nur eure Mädchen am
Leben; dies war eine große Prüfung von euerm Herrn.

50 (47) Und als Wir für euch das Meer teilten und euch
erretteten und das Volk Pharaos vor euerm Angesicht ertränkten.

51 (48) Und als Wir mit Moses vierzig Nächte lang den
Bund schlossen; alsdann, in seiner Abwesenheit, nahmt ihr
euch das Kalb und sündigtet.

52 (49) Alsdann vergaben Wir euch nach diesem, auf daß
ihr dankbar wäret.

---

11 Indem ihr die Schrift fälscht und verkehrt.

Die Kuh 33

53 (50) Und als Wir dem Moses die Schrift und die Unterscheidung[12] gaben, auf daß ihr geleitet würdet.

54 (51) Und als Moses zu seinem Volke sprach: »O mein Volk, ihr habt euch dadurch versündigt, daß ihr euch das Kalb nahmt. Kehret um zu euerm Schöpfer und schlagt (die Schuldigen unter) euch tot. Dies wird euch Gutes einbringen bei euerm Schöpfer.« Und so kehrte Er sich wieder zu euch, denn Er ist der Vergeber, der Barmherzige.

55 (52) Und als ihr spracht: »O Moses, nimmer glauben wir dir, bis wir nicht Allah deutlich schauen«, da erfaßte euch das Wetter vor euern Augen.

56 (53) Alsdann erweckten Wir euch wieder nach euerm Tode, auf daß ihr dankbar wäret.

57 (54) Und Wir ließen die Wolken euch überschatten und sandten hernieder auf euch das Manna und die Wachteln: »Esset von dem Guten, das Wir euch zur Speise gaben.« Und nicht wider Uns frevelten sie, sondern wider sich selber.

58 (55) Und als Wir sprachen: »Betretet diese Stadt und esset von ihr in Hülle und Fülle, wo immer ihr wollt, und tretet ein in das Tor unter Niederwerfung und sprechet: ›Hittatun!‹[13], Wir wollen euch eure Sünden verzeihen und wollen das Heil der Frommen mehren!«

59 (56) Da vertauschten die Ungerechten das Wort mit einem andern, das nicht zu ihnen gesprochen ward,[14] und Wir sandten auf die Ungerechten Zorn vom Himmel hernieder für ihren Frevel.

60 (57) Und als Moses Wasser für sein Volk verlangte, sprachen Wir: »Schlag mit deinem Stabe den Felsen.« Und es entsprangen ihm zwölf Quellen, so daß alles Volk seine Tränke kannte.[15] »Esset und trinket von Allahs Gabe und sündigt hinfort nicht auf Erden durch Verderbenstiften.«

---

12 Arabisch *furqān*.

13 Vergebung!

14 Die Kommentatoren meinen, daß die Juden *habbatun* »Korn« oder *hintatun* »Gerste« statt *hittatun* gesagt hätten.

15 Indem für jeden Stamm eine Quelle da war.

34   *Sure 2*

61 (58) Und als ihr spracht: »O Moses, nimmer halten wir's
aus bei einerlei Speise. Bitte deinen Herrn für uns, daß Er uns
hervorbringe, was die Erde sprießen lässet an Gemüse und
Gurken und Knoblauch und Linsen und Zwiebeln«, sprach
er: »Wollt ihr das Bessere mit dem Schlechteren eintauschen?
Fort mit euch nach Ägypten, dort findet ihr das Verlangte!«
Und sie wurden mit Schimpf und Elend geschlagen und
zogen sich Allahs Zorn zu, darum, daß sie Allahs Zeichen verleugneten und die Propheten ungerechterweise ermordeten; dies darum, daß sie rebellierten und Übertreter
waren.

62 (59) Siehe sie, die da glauben, und die Juden und die
Nazarener und die Sabäer[16] – wer immer an Allah glaubt und
an den Jüngsten Tag und das Rechte tut, die haben ihren Lohn
bei ihrem Herrn, und Furcht kommt nicht über sie, und nicht
werden sie traurig sein.

63 (60) Und als Wir mit euch den Bund schlossen und über
euch den Berg[17] hoben, (da sprachen Wir:) »Haltet, was Wir
euch gaben, mit Kräften und bedenket, was darinnen ist, auf
daß ihr gottesfürchtig seid.«

64 (61) Nach diesem aber kehrtet ihr euch ab, und ohne
Allahs Huld und Barmherzigkeit gegen euch wäret ihr verloren gewesen.

65 Ihr kennt doch diejenigen unter euch, die sich in betreff
des Sabbats vergingen, zu denen Wir sprachen: »Werdet aus-
gestoßene Affen[18]!«

66 (62) Und Wir machten sie zu einem Exempel für Mit-
und Nachwelt und zu einer Lehre für die Gottesfürchtigen.

67 (63) Und als Moses zu seinem Volk sprach: »Siehe, Gott

---

16 Die sogenannten Johanneschristen, nicht mit Sterne anbetenden Sabiern zu
   verwechseln.
17 Der Sinai wurde nach einer rabbinischen Sage über die Häupter der Israeliten
   erhoben, um sie zu schrecken.
18 Einige Bewohner von Elath sollen zu Davids Zeit in Affen verwandelt worden sein als Strafe dafür, daß sie am Sabbat fischten.

Die Kuh

gebietet euch eine *Kuh*[19] zu opfern«, sprachen sie: »Treibst du Spott mit uns?« Er sprach: »Da sei Gott vor, daß ich einer der Toren wäre.«

68 Sie sprachen: »Bitte deinen Herrn für uns, uns zu erklären, was es für eine Kuh sein soll.« Er sprach: »Siehe, Er spricht, es sei eine Kuh, weder alt noch ein Kalb; in mittlerem Alter zwischen beiden; und nun tut, was euch geboten ist.«

69 (64) Sie sprachen: »Bitte deinen Herrn für uns, uns zu erklären, von welcher Farbe sie sein soll.« Er sprach: »Siehe, Er spricht, es sei eine gelbe Kuh von hochgelber Farbe, eine Lust den Beschauern.«

70 (65) Sie sprachen: »Bitte deinen Herrn für uns, uns zu erklären, wie beschaffen sie sein soll; denn siehe, alle Kühe scheinen uns ähnlich, und siehe, so Allah will, sind wir geleitet.«

71 (66) Er sprach: »Siehe, Er spricht, es sei eine Kuh nicht gefügsam durch Pflügen der Erde und Bewässern des Ackers; sie sei gesund, und es sei kein Makel an ihr.« Sie sprachen: »Nun kommst du mit der Wahrheit.« Hierauf opferten sie die Kuh, doch fast hätten sie's nimmer getan.

72 (67) Und wenn ihr jemand ermordet und über den Mörder strittet, und Allah herausbringen wollte, was ihr verheimlichtet,

73 (68) Dann sprachen Wir: »Schlagt ihn mit einem Stück von ihr.« So macht Allah die Toten lebendig und zeigt euch Seine Zeichen, auf daß ihr verständig würdet.

74 (69) Nach diesem aber verhärteten sich eure Herzen und wurden zu Stein und noch härter; und siehe, es gibt Steine, aus denen Bäche entströmen; andre spalten sich und es entströmt ihnen Wasser; andre wiederum fürwahr, welche aus Furcht vor Allah niederstürzten; und Allah ist nicht achtlos eures Tuns.

19 Die Erzählung bezieht sich auf 4. Mose 19,2 (die Opferung und Verbrennung einer roten Kuh) oder auf 5. Mose 21,3 ff. (Opferung einer jungen Kuh, wenn ein Totschlag entdeckt worden ist).

36   *Sure 2*

75 (70) Wünscht ihr, daß sie[20] euch Glauben schenken?
Aber ein Teil von ihnen hat Allahs Wort vernommen und
verstanden und hernach wissentlich verkehrt.[21]

76 (71) Wenn sie den Gläubigen begegnen, so sprechen sie:
»Wir glauben«; wenn sie jedoch allein untereinander sind, so
sprechen sie: »Wollt ihr ihnen erzählen, was Allah euch
offenbarte, auf daß sie mit euch darüber vor euerm Herrn
streiten?« Seht ihr das denn nicht ein?

77 (72) Wissen sie nicht, daß Allah weiß, was sie verhehlen
und was sie offenkund' tun?

78 (73) Unter ihnen gibt's auch Ungelehrte, welche die
Schrift nicht kennen, sondern nur Phantasien, und nur Ver-
mutungen haben.

79 Aber wehe jenen, welche die Schrift mit ihren Händen
schreiben und dann sprechen: »Dies ist von Allah«, um sich
dafür winzigen Preis zu erkaufen. Wehe ihnen um die Schrift
ihrer Hände, und wehe ihnen um ihren Gewinn!

80 (74) Und sie sprechen: »Das Feuer wird uns nur gezählte
Tage berühren.« Sprich: »Habt ihr mit Allah einen Bund
(daraufhin) gemacht? Dann wird Allah nimmer Seinen Bund
brechen. Oder sprecht ihr von Allah, was ihr nicht wisset?«

81 (75) Nein, wer Übles erworben hat und wen seine Sünde
umgibt, jene werden des Feuers Gefährten sein und werden
ewig darinnen verweilen.

82 (76) Wer aber glaubt und das Rechte tut, die werden des
Paradieses Gefährten sein und werden ewig darinnen verweilen.

83 (77) Und als Wir mit den Kindern Israel einen Bund
schlossen, (sprachen Wir:) »Dienet keinem denn Allah, tut
Gutes euern Eltern und Verwandten und Waisen und Armen
und sprecht von den Leuten nur Gutes und verrichtet das
Gebet und entrichtet das Almosen.« Hernach kehrtet ihr
euch bis auf wenige ab und wurdet abtrünnig.

20 Die Juden.
21 Wiederum die Beschuldigung, daß die Juden die Schrift gefälscht hätten.

Die Kuh 37

84 (78) Und als Wir einen Bund mit euch schlossen, daß ihr nicht euer Blut vergösset und euch nicht aus euern Wohnungen vertriebet da gelobtet ihr es, und ihr waret selber Zeugen.

85 (79) Dann aber waret ihr diejenigen, die ihr euch erschluget, und ihr vertriebt einen Teil von euch aus seinen Wohnungen, indem ihr in Sünde und Feindschaft einander wider sie beistandet. Kommen sie aber als Gefangene zu euch, so löset ihr sie aus, wo es euch doch verwehrt war, sie zu vertreiben. Glaubt ihr denn nur einen Teil der Schrift und verleugnet einen andern? Wer aber solches unter euch tut, den trifft kein andrer Lohn als Schande in diesem Leben, und am Tag der Auferstehung werden sie der schwersten Strafe überantwortet werden; denn Allah ist nicht achtlos eures Tuns.

86 (80) Sie sind die, welche das irdische Leben für das Jenseits erkaufen; deshalb soll ihre Strafe ihnen nicht erleichtert werden, und sie sollen keine Hilfe finden.

87 (81) Und dem Moses gaben Wir die Schrift und ließen ihm Gesandte nachfolgen; und Wir gaben Jesus, dem Sohn der Maria, die deutlichen Zeichen und stärkten ihn mit dem Heiligen Geist. Sooft euch aber ein Gesandter brachte, was euch nicht gefiel, wurdet ihr da nicht hoffärtig und ziehet einen Teil der Lüge und erschlugt andere?

88 (82) Und sie sprachen: »Unsre Herzen sind unbeschnitten.« Nein; verflucht hat sie Allah wegen ihres Unglaubens, und so glaubten nur wenige.

89 (83) Und als zu ihnen ein Buch²² von Allah kam, ihre frühere Offenbarung zu bestätigen – und zuvor hatten sie um Sieg über die Ungläubigen gefleht –, und als nun zu ihnen kam, was sie kannten, da verleugneten sie es. Drum Allahs Fluch auf die Ungläubigen!

90 (84) Für einen schlechten Preis verkauften sie ihre Seelen, daß sie nicht glaubten an das, was Allah niedergesandt,

22 Der Koran.

38   *Sure 2*

aus Neid, daß Allah in Seiner Huld, wem von Seinen Dienern
Er will, offenbart. Zorn über Zorn haben sie sich zugezogen.
Und die Ungläubigen trifft schändende Strafe.

91 (85) Und als man zu ihnen sprach: »Glaubet an das, was
Allah auf euch niedersandte«, sprachen sie: »Wir glauben an
das, was auf uns niedergesandt ward.« Sie glauben aber nicht
an das Spätere, wiewohl es die Wahrheit ist, bestätigend, was
sie besitzen. Sprich: »Und weshalb erschlugt ihr Allahs Propheten zuvor, so ihr Gläubige seid?«

92 (86) Und es kam auch Moses mit den deutlichen Zeichen
zu euch. Dann aber nahmt ihr euch das Kalb in seiner Abwesenheit und sündigtet.

93 (87) Und als Wir den Bund mit euch schlossen und den
Berg über euch hoben, (sprachen Wir:) »Nehmet an, was Wir
euch brachten, mit Kräften und höret.« Sie sprachen: »Wir
hören und rebellieren.« Und sie mußten um ihres Unglaubens willen das Kalb in ihre Herzen trinken. Sprich: »Schlimmes befahl euch euer Glaube, so ihr Gläubige seid.«

94 (88) Sprich: »Wenn eure künftige Wohnung bei Allah
für euch besonders ist und nicht für die andern Menschen, so
wünschet euch den Tod, wenn ihr wahrhaft seid.«

95 (89) Nimmer aber vermögen sie's zu wünschen wegen
dessen, was ihre Hände vorausgesandt. Und Allah kennt die
Frevler.

96 (90) Und fürwahr du findest, daß sie noch gieriger am
Leben hängen als die Götzendiener. Der eine von ihnen
wünscht tausend Jahre zu leben; aber nicht brächte er sich
fern von der Strafe, auch wenn er am Leben bliebe. Und Allah
schaut ihr Tun.

97 (91) Sprich: »Wer Gabriels Feind ist«, – denn er ist's, der
deinem Herzen mit Allahs Erlaubnis (den Koran) offenbarte,
als eine Bestätigung des Früheren und eine Leitung und eine
Heilsbotschaft für die Gläubigen:

98 (92) Wer ein Feind ist Allahs und Seiner Engel und
Seiner Gesandten und Gabriels und Michaels, (den trifft
Allahs Zorn) denn siehe, Allah ist ein Feind der Ungläubigen.

Die Kuh 39

99 (93) Und auch zu dir sandten Wir deutliche Zeichen hernieder, und nur die Frevler glauben sie nicht.

100 (94) Sooft sie einen Bund (mir dir) eingehen, will ihn ein Teil von ihnen verwerfen? Ja, die meisten von ihnen glauben nicht.

101 (95) Und als zu ihnen ein Gesandter von Allah kam, ihre Offenbarung bestätigend, da warf ein Teil jener, denen die Schrift gegeben war, Allahs Buch hinter ihren Rücken, als ob sie es nicht kenneten.

102 (96) Und sie folgten dem, was die Satane wider Salomos Reich lehrten; nicht daß Salomo ungläubig war, vielmehr waren die Satane ungläubig, indem sie die Leute Zauberei lehrten und was den beiden Engeln in Babel, dem Hārūt und Mārūt[23], offenbart war. Doch lehrten sie keinen, bevor sie nicht sprachen: »Wir sind nur eine Verführung; sei daher kein Ungläubiger.« Von ihnen lernte man, womit man Zwietracht zwischen Mann und Weib stiftet; doch konnten sie niemand ohne Allahs Erlaubnis damit Schaden tun. Und sie lernten, was ihnen schadete und nichts nützte; und sie wußten wohl, daß, wer solches erkaufte, keinen Teil hätte am Jenseits. Und fürwahr, um Schlimmes verkauften sie ihre Seelen. O daß sie es wüßten!

103 (97) Hätten sie aber geglaubt und wären gottesfürchtig gewesen, so hätten sie bessern Lohn von Allah erhalten. Hätten sie das doch gewußt!

104 (98) O ihr, die ihr glaubt, sprechet nicht: »Rā'inā«, sondern sprechet: »Unẓurnā«[24] und gehorchet; denn den Ungläubigen wird schmerzliche Strafe zuteil.

105 (99) Die Ungläubigen unter dem Volk der Schrift und den Götzendienern wünschen nicht, daß irgend etwas Gutes

---

23 Zwei Engel, die sich in Zuhra (Venus) verliebten und zur Strafe an den Füßen in einer Grube bei Babel aufgehängt wurden, wo sie die Menschen Zauberei lehren.

24 Das erste bedeutet: »Sieh uns an«, das zweite: »Schau uns an«. Das erste brachten die Juden jedoch mit dem Hebräischen in Beziehung und deuteten es als »Unser Bösewicht«. Die Worte waren eine Art Gruß.

40 Sure 2

von euerm Herrn auf euch herabgesandt wird. Allah aber erwählt für Seine Barmherzigkeit, wen Er will, denn Allah ist voll großer Huld.

106 (100) Was Wir auch an Versen aufheben[25] oder in Vergessenheit bringen, Wir bringen bessere oder gleiche dafür. Weißt du nicht, daß Allah über alle Dinge Macht hat?

107 (101) Weißt du nicht, daß Allahs ist die Herrschaft der Himmel und der Erde und daß ihr außer Allah keinen Schützer noch Helfer habt?

108 (102) Oder wollt ihr euern Gesandten fragen wie Moses zuvor gefragt ward? Wer aber den Glauben mit dem Unglauben vertauscht hat, der ist schon abgeirrt vom ebenen Weg.

109 (103) Viele vom Volke der Schrift möchten euch, nachdem ihr gläubig geworden, wieder ungläubig machen, aus dem Neid ihrer Seelen, nachdem ihnen die Wahrheit deutlich kundgetan ward. Vergebt ihnen und meidet sie, bis Allah mit Seinem Befehl kommt. Siehe, Allah hat Macht über alle Dinge.

110 (104) Und verrichtet das Gebet und zahlt die Armenspende; und was ihr Gutes für eure Seelen voraussendet, das werdet ihr finden bei Allah. Siehe, Allah schaut euer Tun.

111 (105) Und sie sprechen: »Nimmer geht ein ins Paradies ein andrer denn Juden oder Nazarener.« Solches sind ihre Wünsche. Sprich: »Bringt her euern Beweis, so ihr wahrhaft seid.«

112 (106) Nein; wer sein Angesicht Allah hingibt[26] und Gutes tut, der hat seinen Lohn bei seinem Herrn, und keine Furcht kommt über sie, und nicht werden sie traurig sein.

113 (107) Und es sprechen die Juden: »Die Nazarener (fußen) auf nichts«; und es sprechen die Nazarener: »Die Juden (fußen) auf nichts.« Und doch lesen sie die Schrift. Ebenso sprechen gleich ihren Worten die, so da keine Kennt-

25 Nach den Muslimen sollen 225 Koranverse durch spätere abrogiert sein.
26 D. h., wer den Islam bekennt.

Die Kuh 41

nis haben. ALah aber wird richten unter ihnen am Tag der
Auferstehung über das, worin sie uneins sind.

114 (108) Und wer ist sündiger als wer verhindert, daß in
Allahs Moscheen Sein Name genannt wird, und sich beeifert,
sie zu zerstören?[27] Jene können sie nicht anders als in Furcht
betreten. Hinieden trifft sie Schande und im Jenseits
schmerzliche Strafe.

115 (109) Und Allahs ist der Westen und der Osten, und
wohin ihr euch daher wendet, dort ist Allahs Angesicht.[28]
Siehe, Allah ist weit (und breit) und wissend.

116 (110) Und sie sprechen: »Allah hat einen Sohn
erzeugt.« Preis Ihm! Nein; was in den Himmeln und auf
Erden, alles gehorcht Ihm.

117 (111) Der Schöpfer der Himmel und der Erde, und so
Er ein Ding beschließt, spricht Er nur zu ihm »Sei!« und es
ist.

118 (112) Und es sprechen die, welche kein Wissen haben:
»Wenn doch Allah zu uns spräche oder du uns ein Zeichen
brächtest!« So sprachen auch gleich ihren Worten die Früheren; ihre Herzen sind einander ähnlich; schon zeigten Wir
deutlich die Zeichen für Leute von Glauben.

119 (113) Siehe, Wir entsandten dich mit der Wahrheit als
einen Freudenboten und einen Warner; und nicht wirst
du nach den Bewohnern des Höllenpfuhls befragt werden.

120 (114) Nicht werden die Juden und die Nazarener mit
dir zufrieden sein, es sei denn du folgtest ihrer Religion.
Sprich: »Siehe, Allahs Leitung, das ist die Leitung.« Und
fürwahr, folgtest du nach dem, was dir an Kenntnis zuteil
ward, ihren Gelüsten, so würdest du bei Allah keinen Schützer noch Helfer finden.

121 (115) Die, denen Wir die Schrift gaben und die sie
richtig lesen, die glauben an sie; wer aber nicht an sie glaubt,
das sind die Verlorenen.

27 Die Mekkaner.
28 V. 144 präzisiert diese Offenbarung betr. der Gebetsrichtung.

42 Sure 2

122 (116) O ihr Kinder Israel, gedenket Meiner Gnade, mit der Ich euch begnadete, und daß Ich euch vorzog vor aller Welt.

123 (117) Und fürchtet einen Tag, an dem eine Seele für die andre nichts leisten kann, an dem kein Lösegeld von ihr angenommen wird, an dem ihr keine Fürbitte frommt, und an dem sie keine Hilfe finden. –

124 (118) Und als Abraham von seinem Herrn durch Gebote, die er erfüllte, geprüft ward, sprach Er: »Siehe, Ich mache dich zu einem Imām[29] für die Menschen.« Er sprach: »Und von meiner Nachkommenschaft?« Er sprach: »Meinen Bund erlangen nicht die Ungerechten.«

125 (119) Und als Wir das Haus[30] zu einem Versammlungsort für die Menschen und einem Asyl machten und (sprachen:) »Nehmt Abrahams Stätte[31] als Bethaus an«, und Wir Abraham und Ismael verpflichteten: »Reinigt Mein Haus für die es Umwandelnden und darin Verweilenden und die sich Beugenden und Niederwerfenden!«

126 (120) Und als Abraham sprach: »Mein Herr, mache dieses Land sicher und versorge sein Volk mit Früchten, wer da glaubet von ihnen an Allah und an den Jüngsten Tag«, sprach Er: »Und wer nicht glaubt, dem will Ich wenig geben; alsdann will Ich ihn stoßen in die Feuerspein; und schlimm ist die Fahrt (dorthin).

127 (121) Und als Abraham und Ismael die Fundamente des Hauses legten, (sprachen sie:) »O unser Herr, nimm es an von uns; siehe, Du bist der Hörende, der Wissende.

128 (122) O unser Herr, und mache uns Dir zu Muslimen und von unsrer Nachkommenschaft eine Gemeinde von Muslimen. Und zeige uns unsre Riten und kehre Dich zu uns, denn siehe, Du bist der Vergebende, der Barmherzige.

129 (123) O unser Herr, und erwecke unter ihnen einen Gesandten, der ihnen Deine Zeichen verkündet und sie lehret

29 Leiter, Führer, Vorbeter.
30 Die Ka'ba.
31 Abraham ist nach islamischer Auffassung der Erbauer der Ka'ba.

Die Kuh　43

die Schrift und die Weisheit und sie reiniget; siehe, Du bist
der Mächtige, der Weise.«

130 (124) Und wer, außer dem, dessen Seele töricht ist,
verschmähte die Religion Abrahams? Fürwahr, Wir erwählten ihn hinieden, und siehe, wahrlich, im Jenseits gehört er zu
den Rechtschaffenen.

131 (125) Als sein Herr zu ihm sprach: »Werde Muslim[32]«,
sprach er: »Ich ergebe mich völlig dem Herrn der Welten.«

132 (126) Und Abraham legte es seinen Kindern ans Herz,
und Jakob (sprach:) »O meine Kinder, siehe, Allah hat euch
den Glauben erwählt; so sterbet nicht ohne Muslime geworden zu sein.«

133 (127) Oder waret ihr Augenzeugen, als der Tod Jakob
nahte? Da er sprach zu seinen Söhnen: »Was werdet ihr nach
mir anbeten?« Sie sprachen: »Anbeten werden wir deinen
Gott und den Gott deiner Väter Abraham und Ismael und
Isaak, einen einigen Gott, und Ihm sind wir völlig ergeben.«

134 (128) Jenes Volk ist nun dahingefahren; ihm ward nach
seinem Verdienst, und euch wird nach euerm Verdienst. Und
nicht werdet ihr nach ihrem Tun befragt werden.

135 (129) Und sie sprechen: »Werdet Juden oder Nazarener, auf daß ihr geleitet seid.« Sprich: »Nein; die Religion
Abrahams, der den rechten Glauben bekannte und kein Götzendiener war, (ist unsre Religion.«)

136 (130) Sprecht: »Wir glauben an Allah und was Er zu
uns niedersandte, und was Er niedersandte zu Abraham und
Ismael und Isaak und Jakob und den Stämmen, und was gegeben ward Moses und Jesus, und was gegeben ward den Propheten von ihrem Herrn. Keinen Unterschied machen wir
zwischen einem von ihnen; und wahrlich, wir sind Muslime.«

137 (131) Glauben sie demnach, was ihr glaubt, so sind sie
geleitet; wenden sie sich jedoch ab, dann sind sie Abtrünnige,

---

32 D. h.: Ergib dich völlig in Gottes Willen. Abraham gilt als Vertreter der
essentiellen Religion, des Islam, der vor jeder anderen Religion vorhanden
war und als dessen Erneuerer Muhammad auftrat.

44 *Sure 2*

und Allah wird dir wider sie genügen, denn Er ist der Hörende, der Wissende.

138 (132) Die Taufe[33] Allahs (haben wir), und was ist besser als Allahs Taufe? Und wahrlich, Ihm dienen wir.

139 (133) Sprich: »Wollt ihr mit uns rechten über Allah, wo Er unser Herr und euer Herr ist? Wir haben unsre Werke, und ihr habt eure Werke, und wir sind aufrichtig zu Ihm.«

140 (134) Oder wollt ihr sprechen: »Siehe, Abraham und Ismael und Isaak und Jakob und die Stämme waren Juden oder Nazarener?« Sprich: »Wißt ihr es besser oder Allah? Und wer ist sündiger als wer ein Zeugnis verbirgt, das er von Allah hat? Aber Allah ist nicht achtlos eures Tuns.«

141 (135) Jenes Volk ist nun von hinnen gefahren. Ihm ward nach Verdienst, und euch wird nach Verdienst; und nicht werdet ihr befragt werden nach ihrem Tun.

142 (136) Sprechen werden die Toren unter dem Volk: »Was wendet er sie ab von ihrer Qibla[34], die sie früher hatten?« Sprich: »Allahs ist der Westen und der Osten; Er leitet, wen Er will, auf den rechten Pfad.«

143 (137) Und so machten Wir euch zu einem Volk in der Mitte, auf daß ihr Zeugen seid in betreff der Menschen; und der Gesandte wird in betreff eurer Zeuge sein.

(138) Und Wir setzten die Qibla ein, die du früher hattest,[35] allein um zu wissen, wer dem Gesandten folgte und wer sich auf seiner Ferse umkehrt. Wahrlich, ein schweres Ding ist's, doch nicht für die, welche Allah geleitet hat. Und nicht läßt Allah euern Glauben verlorengehen. Siehe, Allah ist wahrlich gütig und barmherzig gegen die Menschen.

144 (139) Wir sahen dich dein Antlitz in den Himmel[36] kehren, aber Wir wollen dich zu einer Qibla wenden, die dir

---

33 Bzw. »Färbung«; dies ist metaphorisch vom Islam zu verstehen, da durch ihn alle Unterschiede ausgelöscht werden.

34 Die Richtung des Antlitzes, welche beim Gebet eingenommen wird.

35 Zuerst hatte Muhammad für die Gläubigen keine bestimmte Gebetsrichtung festgesetzt; nach der Flucht gab er ihnen gleich den Juden die Richtung nach Jerusalem, bis V. 144 ihnen die Qibla nach der Ka'ba vorschreibt.

36 D. h. nach jeglicher Himmelsrichtung.

Die Kuh 45

gefallen soll. Wende dein Angesicht nach der Richtung der heiligen Moschee, und wo immer ihr seid, wendet eure Angesichter nach der Richtung zu ihr; und siehe jene, denen das Buch gegeben ward, wissen wahrlich, daß dies die Wahrheit von ihrem Herrn ist. Und Allah ist nicht achtlos ihres Tuns.

145 (140) Brächtest du denen, welchen die Schrift gegeben ward, jegliches Zeichen, so würden sie doch deiner Qibla nicht folgen; und auch du sollst ihrer Qibla nicht folgen; die einen von ihnen folgen nicht der Qibla der andern. Und wahrlich, folgtest du ihren Gelüsten nach dem, was dir von der Kenntnis zuteil ward, siehe, wahrlich dann wärest du einer der Ungerechten.

146 (141) Sie, denen Wir die Schrift gaben, kennen ihn[37], wie sie ihre Kinder kennen; und siehe wahrlich, ein Teil von ihnen verbirgt die Wahrheit, wiewohl sie sie kennen.

147 (142) Die Wahrheit ist von deinem Herrn, sei daher keiner der Zweifler.

148 (143) Und jeder hat eine Richtung, nach der er sich kehrt; wetteifert daher nach dem Guten; wo immer ihr seid, Allah wird euch zusammenbringen; siehe, Allah hat Macht über alle Dinge.

149 (144) Von wannen du immer herauskommst, kehre dein Angesicht in der Richtung der heiligen Moschee; denn siehe, wahrlich es ist die Wahrheit von deinem Herrn, und Allah ist nicht achtlos eures Tuns.

150 (145) Vor wannen du immer herauskommst, kehre dein Antlitz in der Richtung der heiligen Moschee, und wo ihr immer seid, kehret euer Angesicht in der Richtung zu ihr, damit die Leute keinen Streitgrund wider euch haben, außer wider die Ungerechten unter ihnen. Fürchtet sie nicht, sondern fürchtet Mich; und ich will Meine Gnade gegen euch vollenden, und vielleicht werdet ihr geleitet.

151 (146) Demgemäß entsandten Wir zu euch einen

---

37 Statt »kennen ihn« wohl eher »kennen es«.

46   *Sure 2*

Gesandten aus euch, euch Unsre Zeichen zu verlesen und euch zu reinigen und euch das Buch und die Weisheit zu lehren und euch zu lehren, was ihr nicht wußtet.

152 (147) Drum gedenket Mein, daß Ich eurer gedenke, und danket Mir und seid nicht undankbar gegen Mich.

153 (148) O ihr, die ihr glaubt, suchet Hilfe in Standhaftigkeit und Gebet; siehe, Allah ist mit den Standhaften.

154 (149) Und sprechet nicht von denen, die erschlagen wurden in Allahs Pfad: »Sie sind tot.« Nein, (sprechet:) »Sie sind lebendig.« Doch ihr versteht es nicht.

155 (150) Und wahrlich, prüfen werden Wir euch mit Furcht und Hunger und Verlust an Gut und Seelen und Früchten; aber Heil verkünde den Standhaften:

156 (151) Ihnen, die da, so ein Unheil sie trifft, sprechen: »Siehe, wir sind Allahs, und siehe, zu Ihm kehren wir heim.«

157 (152) Sie – Segnungen über sie von ihrem Herrn und Barmherzigkeit! Und sie, sie sind die Geleiteten.

158 (153) Siehe, Ṣafā und Marwa[38] sind auch Heiligtümer Allahs; drum, wer immer nach dem Hause (Allahs) pilgert oder in ihm einkehrt, der begeht keine Sünde, wenn er beide umwandelt. Wer aber aus freien Stücken Gutes tut, siehe, so ist Allah dankbar und wissend.

159 (154) Siehe, sie, die etwas verbergen von dem, was Wir herabsandten an deutlichen Zeichen und Leitung, nach dem, was Wir deutlich kundtaten den Menschen in der Schrift, verfluchen wird sie Allah, und verfluchen werden sie die Fluchenden:

160 (155) Außer denen, die da umkehren und sich bessern und deutlich (die Zeichen) kundtun; zu ihnen kehre Ich Mich um, denn Ich bin der Vergebende, der Barmherzige.

161 (156) Siehe, wer ungläubig ist und als Ungläubiger stirbt, sie, über sie der Fluch Allahs und der Engel und der Menschen insgesamt!

---

38 Zwei Berge im heiligen Gebiet von Mekka, wo die heidnischen Araber zuvor Götzen verehrten.

Die Kuh 47

162 (157) Ewig verweilen sie in ihm; nicht wird ihnen erleichtert die Strafe und nicht werden sie angeschaut[39].

163 (158) Und euer Gott ist ein einiger Gott; es gibt keinen Gott außer Ihm, dem Erbarmer, dem Barmherzigen.

164 (159) Siehe, in der Schöpfung der Himmel und der Erde, und in dem Wechsel der Nacht und des Tages, und in den Schiffen, welche das Meer durcheilen mit dem, was den Menschen nützt, und was Allah vom Himmel und niedersendet an Wasser, womit Er die Erde belebt nach ihrem Tode, und was Er auf ihr ausbreitete an allerlei Getier, und in dem Wechsel der Winde und der Wolken, die fronen müssen dem Himmel und der Erde, wahrlich, darinnen sind Zeichen für ein Volk von Verstand!

165 (160) Und doch gibt es Leute, die neben Allah Götzen setzen und sie lieben, wie man Allah lieben soll. Aber die Gläubigen sind stärker in der Liebe zu Allah; obgleich die Frevler sehen werden, wenn sie die Strafe sehen, daß die Stärke Allahs ist allzumal, und daß Allah streng im Strafen ist:

166 (161) Wenn sich einst die Anführer[40] von den Verführten lossagen, nachdem sie die Strafe sahen, und die Stricke zwischen ihnen zerschnitten sind:

167 (162) Und die Verführten sprechen: »O wäre uns doch eine Rückkehr, dann würden wir uns von ihnen lossagen, wie sie sich von uns lossagten!« Also wird Allah ihnen ihre Werke zeigen. Seufzen wird über sie kommen, und nicht entrinnen sie dem Feuer.

168 (163) O ihr Menschen, esset von dem, was auf Erden erlaubt und gut ist, und folget nicht den Fußstapfen des Satans; siehe, er ist euch ein offenkundiger Feind.

169 (164) Er heißt euch nur Übles und Schändliches, und daß ihr gegen Allah sprechet, was ihr nicht wisset.

170 (165) Und wenn man zu ihnen spricht: »Befolget, was Allah herabgesandt hat«, sprechen sie: »Nein, wir befolgen,

39 Oder: nicht wird mit ihnen verzogen.
40 Die Sektenhäupter

48   *Sure 2*

was wir an unsren Vätern erschauten.« Wie? Obgleich ihre
Väter nichts wußten und nicht geleitet waren?

171 (166) Die Ungläubigen gleichen dem, der da anruft,
was nichts hört als einen Ruf oder eine Stimme.[41] Taub,
stumm, blind, so haben sie keinen Verstand.

172 (167) O ihr, die ihr glaubt, esset von den guten Dingen,
mit denen Wir euch versorgten, und danket Allah, so ihr Ihm
dienet.

173 (168) Verwehrt hat Er euch nur Krepiertes und Blut
und Schweinefleisch und das, über dem ein andrer als Allah
angerufen ward. Wer aber dazu gezwungen wird, ohne Verlangen danach und ohne sich zu vergehen, auf dem sei keine
Sünde; siehe Allah ist verzeihend und barmherzig.

174 (169) Siehe die, welche die Schrift verbergen, die Allah
herabgesandt hat, und sie für einen winzigen Preis verkaufen,
die werden nichts anders in ihre Bäuche fressen als das Feuer,
und Allah wird nicht sprechen zu ihnen am Tag der Auferstehung und wird sie nicht für rein erklären; und für sie ist
schmerzliche Strafe.

175 (170) Sie sind's, welche die Leitung für den Irrtum
verkauften und die Verzeihung für die Strafe. Drum, wie
werden sie leiden im Feuer!

176 (171) Dies, dieweil Allah herniedersandte das Buch mit
der Wahrheit; und siehe, wer uneins ist über das Buch, wahrlich, die sind in großer Abtrünnigkeit.

177 (172) Nicht besteht die Frömmigkeit darin, daß ihr
eure Angesichter gen Westen oder Osten kehret; vielmehr ist
fromm, wer da glaubt an Allah und den Jüngsten Tag und die
Engel und die Schrift und die Propheten, und wer sein Geld
aus Liebe zu Ihm ausgibt für seine Angehörigen und die Waisen und die Armen und den Sohn des Weges[42] und die Bettler
und die Gefangenen; und wer das Gebet verrichtet und die
Armensteuer zahlt; und die, welche ihre Verpflichtungen halten, wenn sie sich verpflichtet haben, und standhaft sind in

41 Sie sind dumm wie das Vieh, das nur Laute hört, aber den Sinn nicht begreift.
42 Den Wandersmann.

Die Kuh 49

Unglück, Not und Drangsalszeit; sie sind's, die da lauter sind, und sie, sie sind die Gottesfürchtigen.

178 (173) O ihr, die ihr glaubt, vorgeschrieben ist euch die Wiedervergeltung im Mord: Der Freie für den Freien, der Sklave für den Sklaven, und das Weib für das Weib! Der aber, dem von seinem Bruder etwas verziehen wird, bei dem lasse man Güte walten; doch Entschädigung sei ihm reichlich.

(174) Dies ist eine Erleichterung von euerm Herrn und eine Barmherzigkeit. Und wer sich nach diesem vergeht, den treffe schmerzliche Strafe.

179 (175) Und in der Wiedervergeltung liegt Leben für euch, o ihr Leute von Verstand; vielleicht werdet ihr gottesfürchtig.

180 (176) Vorgeschrieben ist euch, wenn einem von euch der Tod naht und er Gut hinterläßt, für die Eltern und die Verwandten in Billigkeit zu verfügen; eine Pflicht für die Gottesfürchtigen!

181 (177) Und wer die Verfügung ändert, nachdem er sie hörte, dann trifft die Schuld die, welche sie ändern. Siehe, Allah ist hörend und wissend.

182 (178) Wer aber vom Erblasser eine Unbill oder Sünde befürchtet und zwischen ihnen Frieden stiftet, der begeht keine Sünde; siehe Allah ist verzeihend und barmherzig.

183 (179) O ihr, die ihr glaubt, vorgeschrieben ist euch das Fasten, wie es den Früheren vorgeschrieben ward; vielleicht werdet ihr gottesfürchtig.

184 (180) Gezählte Tage! Wenn aber einer unter euch krank ist oder auf Reisen, (der faste die gleiche) Anzahl von andern Tagen; und sie, die es vermöchten (und nicht fasten), sollen zur Sühne einen Armen speisen. Und wer aus freien Stücken Gutes tut, dem soll Gutes werden; und daß ihr fastet, ist euch gut, wenn ihr es begreift.

185 (181) Der Monat Ramadān, in welchem der Koran herabgesandt wurde als eine Leitung für die Menschen und als

50 *Sure 2*

Zeugnis der Leitung und Unterscheidung[43] – wer von euch den Mond sieht, der beginne das Fasten in ihm. Wer jedoch krank ist oder auf einer Reise, der (faste) eine (gleiche) Anzahl andrer Tage. Allah wünscht es euch leicht und nicht schwer zu machen, und daß ihr die Zahl (der Tage) erfüllt und Allah dafür, daß Er euch leitet, preist; und vielleicht seid ihr dankbar.

186 (182) Und wenn dich Meine Diener nach Mir fragen, siehe, Ich bin nahe; Ich will antworten dem Ruf des Rufenden, so Er Mich ruft; doch sollen sie auch auf Mich hören und sollen an Mich glauben; vielleicht wandeln sie recht.

187 (183) Erlaubt ist euch, zur Nacht des Fastens eure Weiber heimzusuchen. Sie sind euch ein Kleid, und ihr seid ihnen ein Kleid. Allah weiß, daß ihr euch selbst betrogt; doch kehrt Er sich zu euch und vergibt euch. Und jetzt ruhet bei ihnen und trachtet nach dem, was Allah euch vorschrieb. Und esset und trinket, bis ihr einen weißen Faden von einem schwarzen Faden in der Morgenröte unterscheidet. Alsdann haltet streng das Fasten bis zur Nacht und ruhet nicht bei ihnen, sondern verweilet in den Moscheen. Dies sind die Schranken Allahs; kommt ihnen nicht zu nahe. Also deutet Allah Seine Zeichen den Menschen; vielleicht werden sie gottesfürchtig.

188 (184) Und fresset nicht euer Gut unter euch unnütz und bestechet nicht damit die Richter, auf daß ihr einen Teil des Gutes der Leute sündhaft fresset, wiewohl ihr es wisset.

189 (185) Sie werden dich nach den Neumonden befragen. Sprich: »Sie sind Zeitbestimmungen für die Menschen und die Pilgerfahrt.« Und Frömmigkeit ist's nicht, daß ihr von hinten in eure Häuser geht, sondern Frömmigkeit besteht in Gottesfurcht. Drum betretet eure Häuser durch die Türen und fürchtet Allah; vielleicht ergeht es euch wohl.[44]

43 *furqān.*
44 Dies war wahrscheinlich ein abergläubischer Brauch der heidnischen Araber nach ihrer Rückkehr von Mekka.

Die Kuh 51

190 (186) Und bekämpft in Allahs Pfad, wer euch bekämpft; doch übertretet nicht[45]; siehe, Allah liebt nicht die Übertreter.

191 (187) Und erschlagt sie, wo immer ihr auf sie stoßt, und vertreibt sie, von wannen sie euch vertrieben; denn Verführung ist schlimmer als Totschlag. Bekämpft sie jedoch nicht bei der heiligen Moschee, es sei denn, sie bekämpften euch in ihr. Greifen sie euch jedoch an, dann schlagt sie tot. Also ist der Lohn der Ungläubigen.

192 (188) So sie jedoch ablassen, siehe, so ist Allah verzeihend und barmherzig.

193 (189) Und bekämpfet sie, bis die Verführung aufgehört hat, und der Glauben an Allah da ist. Und so sie ablassen, so sei keine Feindschaft, außer wider die Ungerechten.

194 (190) Der heilige Monat – für den heiligen Monat und (für) die heiligen Stätten Vergeltung![46] Wenn sich einer wider euch erhebt, erhebt euch wider ihn, so wie er sich wider euch erhob, und fürchtet Allah und wisset, daß Allah mit den Gottesfürchtigen ist.

195 (191) Und spendet in Allahs Weg und stürzt euch nicht mit eigner Hand ins Verderben; und tut Gutes, denn siehe, Allah liebt die Gutes Tuenden.

196 (192) Und vollziehet die Pilgerfahrt und den Besuch[47] um Allahs willen; und so ihr behindert seid, dann bringt ein kleines Opfer dar. Und schert eure Häupter nicht eher, als bis

---

45 Indem ihr zuerst den Kampf beginnt.

46 D. h., im Religionskrieg sei es erlaubt, auch im heiligen Monat und an der heiligen Stätte Vergeltung zu üben.

47 Der Besuch, die ῾umra, ist die kleine Pilgerfahrt, die aus dem siebenmaligen Umkreisen der Ka῾ba besteht, dem dann der siebenmalige Lauf zwischen den Hügeln Safā und Marwā zugefügt ist. Der Ausdruck *tamattu῾*, der hier gebraucht wird, bedeutet die Verbindung von ῾umra und großer Pilgerfahrt mit Unterbrechung des *iḥrām*, d. h., nach Vollendung des kurzen Besuches kehrt der Pilger für kurze Zeit in den normalen Stand zurück, legt dann wieder die Weihekleidung an, in welcher die V. 197 genannten Beschäftigungen zu vermeiden sind, und vollführt die große Pilgerfahrt. So hat es Muhammad 632 selbst gehalten. Die ῾umra kann auch selbständig vollzogen werden, z. B. beim Besuch in Mekka außerhalb der Pilgertage.

52   *Sure 2*

das Opfer seine Opferstätte erreicht hat. Und wer von euch
krank ist oder einen Schaden am Haupt hat, der leiste Ersatz
dafür mit Fasten, einem Almosen oder einem Opfer. Und so
ihr in Sicherheit seid, und wer verbindet den Besuch mit der
Pilgerfahrt, bringe ein kleines Opfer dar. Wer aber nichts
findet, der faste drei Tage während der Pilgerfahrt und sieben, wenn ihr zurückkehrt; das sind zehn im ganzen. Solches
tue auch der, dessen Familie nicht die heilige Moschee auf-
suchte. Und fürchtet Allah und wisset, daß Allah streng
straft.

197 (193) Die (Zeit der) Pilgerfahrt (sind) die bekannten Monate. Wer sich in ihnen der Pilgerfahrt unterzieht,
der enthalte sich des Beischlafs und des Unrechts und des
Streites auf der Pilgerfahrt. Und was ihr Gutes tut, Allah
weiß es. Und versorgt euch mit Zehrung; aber die beste
Zehrung ist die Gottesfurcht. Und fürchtet Mich, ihr Verständigen.

198 (194) Es ist keine Sünde, daß ihr Gewinn von euerm
Herrn begehrt.[48] Und wenn ihr herabeilt vom 'Arafat, so
gedenket Allahs an dem heiligen Ort und gedenket Sein, wie
Er euch geleitet hat, wiewohl ihr zuvor Verirrte waret.

199 (195) Alsdann hastet weiter,[49] von wannen[50] die Leute
hasten, und bittet Allah um Nachsicht; siehe, Allah ist verzeihend und barmherzig.

200 (196) Und wenn ihr eure Riten beendet habt, dann
gedenket Allahs wie ihr eurer Väter gedenket oder mit noch
innigerem Gedenken. Unter den Leuten sprechen wohl
einige: »Unser Herr, gib uns hienieden!« Aber solcher soll am
Jenseits keinen Teil haben.

201 (197) Andre unter ihnen sprechen: »Unser Herr, gib
uns hienieden Gutes und im Jenseits Gutes und hüte uns vor
der Strafe des Feuers.«

48 Durch Handelsgeschäfte während der Pilgerfahrt: religiöser und praktischer
   Nutzen sind hier, wie oft im Koran, verbunden.
49 Die Rückkehr vom 'Arafat geschieht im Laufschritt.
50 Nach Paret wahrscheinlich Muzdalifa.

Die Kuh 53

202 (198) Jene sollen ihren Teil haben nach Verdienst, und Allah ist schnell im Rechnen.

203 (199) Und gedenket Allahs in (den) bestimmten Tagen[51]. Und wer sich (damit) in zwei Tagen beeilt, der begeht keine Sünde, und wer länger verweilt, auch der begeht keine Sünde, wenn er gottesfürchtig ist. Und fürchtet Allah und wisset, daß ihr zu Ihm versammelt werdet.

204 (200) Unter den Leuten ist einer, dessen Rede über das irdische Leben dich Wunder nimmt, und er nimmt Allah zum Zeugen für das, was in seinem Herzen ist, wiewohl er der streitsüchtigste im Disput ist.

205 (201) Und wenn er den Rücken kehrt, dann beeifert er sich, im Lande Unheil zu stiften und Acker und Saat zu verwüsten; Allah aber liebt nicht das Verderben.

206 (202) Spricht man zu ihm: »Fürchte Allah«, so ergreift ihn sündiger Stolz. Drum ist sein Lohn Dschehannam, und wahrlich schlimm ist der Pfühl!

207 (203) Und unter den Leuten ist auch einer, der seine Seele verkauft im Trachten nach Allahs Wohlgefallen; und Allah ist gütig gegen Seine Diener.

208 (204) O ihr, die ihr glaubt, tretet ein in das Heil[52] insgesamt und folget nicht den Fußstapfen des Satans; siehe, er ist euch ein offenkundiger Feind.

209 (205) Und so ihr strauchelt, nachdem die deutlichen Zeichen zu euch gekommen sind, so wisset, daß Allah mächtig und weise ist.

210 (206) Erwarten sie (etwas andres,) als daß Allah zu ihnen kommt in den Schatten der Wolken und Engel? Und der Befehl ist vollzogen, und zu Allah kehren die Dinge zurück.

211 (207) Frage die Kinder Israel, wie viele deutliche Zeichen Wir ihnen gaben. Wer aber die Gnade Allahs vertauscht, nachdem sie zu ihm gekommen – dann, siehe, ist Allah streng im Strafen.

51 8.–12. Dū l-Ḥiǧǧa.
52 In den Islām.

54 *Sure 2*

212 (208) Ausgeputzt ist den Ungläubigen das irdische Leben, und sie verspotten die Gläubigen; aber die Gottesfürchtigen werden über ihnen sein am Tag der Auferstehung; und Allah wird versorgen, wen Er will, ohne Maß.

213 (209) Die Menschen waren *eine* Gemeinde; und dann entsandte Allah Propheten als Freudenboten und Mahner und sandte mit ihnen die Schrift mit der Wahrheit hinab, damit sie unter den Menschen richtete in dem, worin sie uneins waren. Uneins aber waren nur jene, denen sie gegeben ward, nachdem ihnen die deutlichen Beweise geworden, aus Neid aufeinander. Und so leitete Allah die Gläubigen zu der Wahrheit, über die sie mit Seiner Erlaubnis uneins gewesen waren; denn Allah leitet, wen Er will, auf einen rechten Pfad.

214 (210) Oder wähnt ihr einzutreten in das Paradies, ohne daß zu euch das gleiche kam wie zu den Früheren? Es traf sie Unglück und Drangsal, und sie wurden so hin- und hergeschüttelt, daß der Gesandte und seine Gläubigen sprachen: »Wann kommt Allahs Hilfe?« Ist aber nicht Allahs Hilfe nahe?

215 (211) Sie werden dich befragen, was sie ausgeben sollen (als Almosen). Sprich: »Was ihr ausgebt an Gutem, das sei für die Eltern und die Verwandten und die Waisen und Armen und den Sohn des Weges; und was ihr tut an Gutem, siehe, Allah weiß es.«

216 (212) Vorgeschrieben ist euch der Kampf, doch ist er euch ein Abscheu.

(213) Aber vielleicht verabscheut ihr ein Ding, das gut für euch ist, und vielleicht liebt ihr ein Ding, das schlecht für euch ist; und Allah weiß, ihr aber wisset nicht.

217 (214) Sie werden dich befragen nach dem Kampf im heiligen Monat. Sprich: »Kämpfen in ihm ist schlimm; aber Abwendigmachen von Allahs Weg und Ihn und die heilige Moschee verleugnen und Sein Volk daraus vertreiben, ist schlimmer bei Allah; und Verführung ist schlimmer als Totschlag.« Und sie werden nicht eher aufhören, euch zu bekämpfen, als bis sie euch von euerm Glauben abtrünnig

Die Kuh 55

machten, so sie dies vermögen. Wer sich aber von euch von seinem Glauben abtrünnig machen läßt und als Ungläubiger stirbt, deren Werke sind vergeblich hienieden und im Jenseits, und des Feuers Gefährten sind sie und verweilen ewig darinnen.

218 (215) Siehe sie, die da glauben und auswandern und streiten in Allahs Weg, sie mögen hoffen auf Allahs Barmherzigkeit, denn Allah ist verzeihend und barmherzig.

219 (216) Sie werden dich befragen nach dem Wein[53] und dem Spiel[54]. Sprich: »In beiden liegt große Sünde und Nutzen für die Menschen. Die Sünde in ihnen ist jedoch größer als ihr Nutzen.« Und sie werden dich befragen, was sie ausgeben sollen (als Almosen).

(217) Sprich: »Den Überfluß.« So macht euch Allah die Zeichen klar. Vielleicht denkt ihr nach

220 (218) Über die irdische Welt und das Jenseits. Und sie werden dich nach den Waisen befragen. Sprich: »Ihnen förderlich sein ist gut.«

(219) Und macht ihr euch mit ihnen zu schaffen, so sind sie eure Brüder; und Allah unterscheidet den Missetäter vom Gerechten; und, wenn Allah wollte, wahrlich, Er stürzte euch in Bedrängnis! Siehe, Allah ist mächtig und weise.

221 (220) Und heiratet nicht eher Heidinnen als sie gläubig geworden sind; wahrlich, eine gläubige Sklavin ist besser als eine Heidin, auch wenn sie euch gefällt. Und verheiratet (eure Töchter) nicht eher an Heiden als sie gläubig wurden; und wahrlich ein gläubiger Sklave ist besser als ein Heide, auch wenn er euch gefällt.

(221) Sie laden ein zum Feuer, Allah aber ladet ein zum Paradiese und zur Verzeihung, wenn Er will, und macht Seine Zeichen den Menschen klar; vielleicht nehmen sie's zu Herzen.

---

53 Zur Entwicklung des Weinverbotes lese man in folgender Reihenfolge: Sure 16,69; 4,43; 2,219; 5,90.

54 Arabisch *maisir*. Dieses Glücksspiel wurde mit Pfeilen um ein junges Kamel gespielt, das dann geschlachtet und an die Armen verteilt wurde.

222 (222) Und sie werden dich über die Reinigung befragen. Sprich: »Sie ist ein Schaden.« Enthaltet euch daher eurer Weiber während der Reinigung und nahet ihnen nicht eher als bis sie rein sind. Sind sie jedoch rein, so suchet sie heim, wie Allah es euch geboten hat. Siehe, Allah liebt die sich Bekehrenden und liebt die sich Reinigenden.

223 (223) Eure Weiber sind euch ein Acker. Gehet zu euerm Acker, von wannen ihr wollt; aber schicket (etwas) zuvor für eure Seelen und fürchtet Allah und wisset, daß ihr Ihm begegnen werdet. Und verkünde Freude den Gläubigen.

224 (224) Und machet Allah nicht zum Ziel für eure Schwüre, daß ihr fromm und gottesfürchtig sein wollt und Frieden stiftend unter den Menschen. Allah ist hörend und wissend.

225 (225) Allah wird euch nicht strafen für ein Unbedachtes in euern Schwüren; jedoch wird Er euch bestrafen für eurer Herzen Absicht. Allah ist verzeihend und milde.

226 (226) Für die, welche schwören, sich von ihren Weibern zu trennen, seien vier Monate Wartezeit festgesetzt. Geben sie dann ihr Vorhaben auf, siehe, so ist Allah verzeihend und barmherzig.

227 (227) Und so sie zur Scheidung entschlossen sind, siehe, so ist Allah hörend und wissend.

228 (228) Und die geschiedenen Frauen sollen warten, bis sie dreimal die Reinigung gehabt haben, und es ist ihnen nicht erlaubt, zu verheimlichen, was Allah in ihren Schößen erschaffen hat, so sie an Allah glauben und an den Jüngsten Tag. Und geziemender ist es für ihre Eheherren, sie in diesem Zustande zurückzunehmen, so sie sich aussöhnen wollen. Und sie sollen (gegen ihre Gatten) verfahren, wie (jene) gegen sie in Güte; doch haben die Männer den Vorrang vor ihnen; und Allah ist mächtig und weise.

229 (229) Die Scheidung ist zweimal (erlaubt); dann aber müßt ihr sie in Güte behalten oder mit Gut entlassen. Und es ist euch nicht erlaubt, etwas von dem, was ihr ihnen gabt, zu nehmen, außer es fürchteten beide, nicht Allahs Gebote hal-

Die Kuh   57

ten zu können. Und so ihr fürchtet, daß beide Allahs Gebote
nicht halten können, so begehen beide keine Sünde, wenn sie
sich mit etwas loskauft[55]. Dies sind Allahs Gebote; übertretet
sie daher nicht; denn wer Allahs Gebote übertritt, das sind
Ungerechte.

230 (230) Und so er sie (ein drittes Mal) entläßt, so ist sie
ihm nicht mehr erlaubt, ehe sie nicht einen andern Gatten
geheiratet hat. Wenn dieser sie entläßt, so begehen beide
keine Sünde, wenn sie wieder zueinander zurückkehren, im
Glauben, Allahs Gebote erfüllen zu können. Und dies sind
die Gebote Allahs, die Er verständigen Leuten klarmacht.

231 (231) Und so ihr euch von euern Weibern scheidet und
sie ihre Frist erreicht haben, so haltet sie fest in Güte oder
entlasset sie in Güte; und haltet sie nicht fest mit Gewalt, so
daß ihr euch vergeht. Wer dieses tut, der sündigt wider sich.
Und treibt nicht Spott mit Allahs Zeichen[56] und gedenket der
Gnade Allahs gegen euch und des Buches und der Weisheit,
die Er zu euch hinabsandte, euch damit zu ermahnen. Und
fürchtet Allah, und wisset, daß Allah jedes Ding weiß.

232 (232) Wenn ihr euch von euern Weibern scheidet und
sie ihre Frist erreicht haben, so hindert sie nicht, ihre Gatten
zu heiraten, so sie sich in Billigkeit geeinigt haben. Dies ist
eine Mahnung für denjenigen unter euch, der an Allah glaubt
und an den Jüngsten Tag. Dies ist das Lauterste und Reinste
für euch. Und Allah weiß, doch ihr wisset nicht.

233 (233) Und die (geschiedenen) Mütter sollen ihre Kinder
zwei volle Jahre säugen, so jemand will, daß die Säugung
vollständig sei; und dem Vater soll ihre Versorgung und Kleidung nach Billigkeit obliegen. Niemand soll über Vermögen
bemüht werden. Eine Mutter soll nicht wegen ihres Kindes
bedrängt werden und ebenso auch der Vater nicht wegen
seines Kindes; und dasselbe gilt für den Erben[57]. Wenn sie

---

55 Indem sie dem Mann etwas von ihrer Hochzeitsgabe, die er für sie gezahlt,
   zurückgibt.
56 Unter »Zeichen« sind fast stets die Koranverse zu verstehen.
57 Nämlich des Vaters. Der Vormund ist gemeint.

58   *Sure 2*

jedoch beide nach gegenseitigem Einvernehmen und Bera-
tung das Kind entwöhnen wollen, so begehen sie keine
Sünde. Und so ihr euer Kind säugen lassen wollt, so begeht
ihr keine Sünde, wofern ihr den ausbedungenen Lohn nach
Billigkeit gebt. Und fürchtet Allah und wisset, daß Allah euer
Tun schaut.

234 (234) Und diejenigen von euch, welche verscheiden
und Gattinnen hinterlassen – so müssen diese vier Monate
und zehn Tage warten. Haben sie aber ihre Frist erreicht, so
trifft euch keine Sünde für das, was sie mit sich selber nach
Billigkeit tun; und Allah weiß euer Tun.

235 (235) Und ihr begeht keine Sünde, wenn ihr den Frauen
den Vorschlag zur Verlobung macht[58] oder euch (diese
Absicht) vornehmt. Gott weiß, daß ihr ihrer gedenken werdet. Jedoch versprechet euch nicht heimlich mit ihnen, es sei
denn, ihr sprächet geziemende Worte.

(236) Und beschließet den Ehebund nicht eher als nach
Ablauf der bestimmten Frist; und wisset, daß Allah weiß, was
in euern Herzen ist; hütet euch deshalb vor Ihm und wisset,
daß Allah verzeihend und mild ist.

236 (237) Ihr begeht keine Sünde, wenn ihr euch von euern
Weibern scheidet, bevor ihr sie berührt oder ihnen eine Mitgift festgesetzt habt. Und sorget für sie – der Bemittelte nach
Vermögen und der Unbemittelte nach Vermögen – in Billigkeit; dies ist Pflicht für die Rechtschaffenen.

237 (238) Scheidet ihr euch jedoch von ihnen, bevor ihr sie
berührt habt, und habt ihnen bereits eine Mitgift festgesetzt,
so sei es die Hälfte von dem, was ihr festsetztet, es sei denn,
sie ließen ab oder er, in dessen Hand das Eheband ist, ließe ab.
Und Ablassen steht der Frömmigkeit näher. Und vergesset
nicht der Güte gegeneinander; siehe, Allah schaut euer
Tun.

238 (239) Beobachtet das Gebet und (besonders) das mitt-
lere Gebet und steht vor Gott in Ehrfurcht.

58 Es sind die Witwen gemeint; zu ergänzen ist: innerhalb der vier Monate und
   zehn Tage.

Die Kuh 59

239 (240) Und so ihr in Furcht seid, (betet) zu Fuß oder Pferd; und so ihr sicher seid, so gedenket Allahs, wie Er euch lehrte, was ihr nicht wußtet.

240 (241) Und diejenigen von euch, welche verscheiden und Gattinnen hinterlassen, sollen ihren Gattinnen Versorgung für ein Jahr testieren, ohne sie aus (dem Hause) zu weisen. Gehen sie aber hinaus, so trifft euch keine Schuld für das, was sie mit sich selber nach Billigkeit tun. Und Allah ist mächtig und weise.

241 (242) Und den Geschiedenen sei eine Versorgung nach Billigkeit festgesetzt; dies ist eine Pflicht für die Gottesfürchtigen.

242 (243) So macht euch Allah Seine Zeichen klar, auf daß ihr verstehet.

243 (244) Sahest du nicht auf die, welche ihre Wohnungen verließen, ihrer Tausende, aus Todesfurcht? Und es sprach Allah zu ihnen: »Sterbet!« Alsdann machte Er sie lebendig. Siehe, Allah ist wahrlich voll Güte gegen die Menschen; jedoch danken Ihm die meisten Menschen nicht.

244 (245) Und kämpfet in Allahs Weg und wisset, daß Allah hörend und wissend ist.

245 (246) Wer ist's, der Allah ein schönes Darlehen leiht? Er wird's ihm verdoppeln um viele Male. Und Allah schließt und öffnet (die Hand), und zu Ihm müßt ihr zurück.

246 (247) Schautest du nicht auf die Versammlung der Kinder Israel nach Moses (Tod), als sie zu ihrem Propheten[59] sprachen: »Erwecke uns einen König; wir wollen kämpfen in Allahs Weg.« Er sprach: »Ist's nicht vielleicht, wenn euch vorgeschrieben wird zu kämpfen, kämpfet ihr nicht?« Sie sprachen: »Und warum sollten wir nicht kämpfen in Allahs Weg, wo wir aus unsern Wohnungen vertrieben sind und von unsern Kindern?« Und als ihnen nun der Kampf vorgeschrieben ward, kehrten sie den Rücken mit Ausnahme weniger von ihnen. Und Allah kennt die Ungerechten.

59 Samuel.

60 Sure 2

247 (248) Und es sprach zu ihnen ihr Prophet: »Siehe, Allah hat euch den Saul[60] zum König erweckt.« Sie sprachen: »Woher soll ihm sein das Königreich über uns, wo wir würdiger sind des Königreiches denn er und ihm nicht Fülle des Gutes gegeben ward?« Er sprach: »Siehe, Allah hat ihn erwählt über euch und hat ihn gemehrt an Größe des Wissens und Leibes. Und Allah gibt Sein Königreich, wem Er will, und Allah ist weit (und breit) und wissend.«

248 (249) Und es sprach zu ihnen ihr Prophet: »Siehe, das Zeichen seines Königtums ist, daß die Lade zu euch kommen wird, in der eine Gegenwart[61] ist von euerm Herrn und ein Rest des Nachlasses des Hauses Moses und des Hauses Aaron; die Engel werden sie tragen. Siehe, hierin ist wahrlich ein Zeichen für euch, so ihr Gläubige seid.«

249 (250) Und als nun Saul mit seinen Scharen abzog, sprach er: »Siehe, Allah wird euch mit einem Bach prüfen.[62] Drum, wer von ihm trinkt, gehört nicht zu mir, und wer nicht von ihm schmeckt, der gehört zu mir, es sei denn, wer mit seiner Hand eine Handvoll schöpft.« Und sie tranken von ihm mit Ausnahme weniger. Und als er an ihm vorübergegangen war, er und die Gläubigen bei ihm, sprachen sie: »Wir haben heute keine Kraft wider Goliath und seine Scharen.« Da sprachen die, welche glaubten Allah zu begegnen: »Wie oft hat ein kleiner Haufen einen großen Haufen mit Allahs Willen besiegt! und Allah ist mit den Standhaften.«

250 (251) Und als sie wider Goliath und seine Scharen auf den Plan traten, sprachen sie: »Unser Herr, gieße Standhaftigkeit über uns aus und festige unsre Füße und hilf uns wider das Volk der Ungläubigen.«

251 (252) Und so schlugen sie sie mit Allahs Willen, und es erschlug David den Goliath; und Allah gab ihm das Königtum und die Weisheit und lehrte ihn, was Er wollte. Und so

---

60 Arabisch: Ṭālūt.
61 sakīna, vgl. Anm. 6, S. 187.
62 Hier sind die Geschichte Sauls und die Gideons (Ri. 7,4) ineinandergeflossen.

Die Kuh 61

nicht Allah in Schranken hielte die Menschen, die einen durch die andern, wahrlich, die Erde wäre verdorben. Aber Allah ist voll Güte gegen alle Welt.

252 (253) Solches sind Allahs Zeichen; Wir verkünden sie dir in Wahrheit, denn siehe, wahrlich du bist einer der Entsendeten.

253 (254) Jene Gesandten – die einen von ihnen bevorzugten Wir vor der andern; zu einigen von ihnen sprach Allah und erhöhte andere um Stufen. Und Wir gaben Jesus, dem Sohn der Maria, die deutlichen Zeichen und stärkten ihn mit dem Heiligen Geist, und so Allah wollte, so hätten die Spätern nicht gestritten, nachdem zu ihnen die deutlichen Zeichen kamen; aber sie waren uneins, und die einen von ihnen glaubten und die andern waren ungläubig. Und so Allah wollte, hätten sie nicht gestritten, jedoch tut Allah, was Er will.

254 (255) O ihr, die ihr glaubt, spendet von dem, womit Wir euch versorgten, bevor ein Tag kommt, an dem kein Verkaufen ist und keine Freundschaft und keine Fürbitte. Und die Ungläubigen sind Ungerechte.

255 (256) Allah! es gibt keinen Gott außer Ihm, dem Lebendigen, dem Ewigen! Nicht ergreift Ihn Schlummer und nicht Schlaf. Sein ist, was in den Himmeln und was auf Erden. Wer ist's, der da Fürsprache einlegt bei Ihm ohne Seine Erlaubnis? Er weiß, was zwischen ihren Händen ist und was hinter ihnen,[63] und nicht begreifen sie etwas von Seinem Wissen, außer was Er will. Weit reicht Sein Thron über die Himmel und die Erde, und nicht beschwert Ihn beider Hut. Denn Er ist der Hohe, der Erhabene.[64]

256 (257) Es sei kein Zwang im Glauben. Klar ist nunmehr unterschieden das Rechte vom Irrtum; und wer den Ṭāġūt[65] verleugnet und an Allah glaubt, der hält sich an der stärksten

---

63 Er kennt Gegenwart und Zukunft.

64 Der berühmte Thronvers, der ungezählte Male als Schutzvers verwendet wird.

65 Die Götzen der heidnischen Araber, eigtl. »Ober-Rebell«.

62   *Sure 2*

Handhabe, in der kein Spalt ist; und Allah ist hörend und wissend.

257 (258) Allah ist der Schützer der Gläubigen; Er führt sie aus den Finsternissen zum Licht.

(259) Die Ungläubigen aber – ihre Schützer sind die Ṭā-ġūt; sie führen sie aus dem Licht in die Finsternisse; jene sind des Feuers Gefährten und verweilen ewig in ihm.

258 (260) »Sahest du nicht auf den[66], der mit Abraham wegen seines Herrn stritt, daß Allah ihm das Königreich gegeben?« Da sprach Abraham: »Mein Herr ist der, welcher lebendig macht und tötet.« Er sprach: »Ich bin's, der lebendig macht und tötet.« Sprach Abraham: »Siehe, Allah bringt die Sonne vom Osten, so bring du sie vom Westen.« Da ward der Ungläubige verwirrt, denn Allah leitet nicht die Ungerechten.

259 (261) Oder wie der[67], welcher an einer Stadt vorüberging, die wüst in Trümmern lag. Er sprach: »Wie wird Allah diese nach ihrem Tode wieder lebendig machen?« Da ließ ihn Allah hundert Jahre gestorben sein; alsdann erweckte Er ihn und sprach: »Wie lange hast du verweilt?« Er sprach: »Ich verweilte einen Tag oder den Teil eines Tages.« Er sprach: »Nein; du verweiltest hundert Jahre; schau nach deiner Speise und deinem Trank; sie sind nicht verdorben. Und schau nach deinem Esel, denn Wir wollen dich machen zu einem Zeichen für die Menschen; und schau zu den Gebeinen (des Esels), wie Wir sie zusammenlegen und alsdann mit Fleisch bekleiden.« Und als ihm dies gezeigt war, sprach er: »Ich weiß, daß Allah über alle Dinge mächtig ist.«

260 (262) Und als Abraham sprach: »Mein Herr, zeig mir, wie Du die Toten lebendig machst«, sprach Er: »Glaubst du etwa noch nicht?« Er sprach: »Ja; doch möchte mein Herz sicher sein.« Er sprach: »So nimm vier Vögel und ziehe sie zu

66 Nimrod.
67 Vgl. 1. Kön. 19,4–8; nach einigen Kommentatoren soll es sich jedoch um Esra handeln.

Die Kuh 63

dir.[68] Alsdann lege auf jeden Berg ein Stück von ihnen; dann rufe sie, und sie werden eilends zu dir kommen. Und wisse, daß Allah mächtig und weise ist.«

261 (263) Die da ihr Gut ausgeben in Allahs Weg, gleichen einem Korn, das in sieben Ähren schießt, in deren jeder Ähre hundert Körner sind. Und Allah gibt doppelt, wem Er will, und Allah ist umfassend und wissend.

262 (264) Die da ausgeben ihr Gut in Allahs Weg und dann ihren Gaben nicht folgen lassen Vorhalten der Gabe und Unrecht, die finden ihren Lohn bei ihrem Herrn; keine Furcht wird über sie kommen und nicht werden sie trauern.

263 (265) Gütige Rede und Verzeihung ist besser als ein Almosen, dem Unrecht folgt; und Allah ist reich und milde.

264 (266) O ihr, die ihr glaubt, vereitelt nicht eure Almosen durch Vorhalten und Unrecht, gleich dem, der sein Gut ausgibt, um von den Leuten gesehen zu werden, und nicht an Allah glaubt und an den Jüngsten Tag. Das Gleichnis jenes ist das Gleichnis eines Felsens mit Erdreich darüber; und es trifft ihn ein Platzregen und läßt ihn hart. Sie richten nichts aus mit ihrem Verdienst; denn Allah leitet nicht das ungläubige Volk.

265 (267) Das Gleichnis jener aber, welche ihr Gut ausgeben im Trachten nach Allahs Wohlgefallen und aus Seelenstärke, ist das Gleichnis eines Gartens auf einem Hügel; es trifft ihn ein Platzregen, und da bringt er seine Speise zwiefältig. Und so ihn kein Platzregen trifft, so doch Tau. Und Allah schaut euer Tun.

266 (268) Wünscht einer von euch, daß ihm ein Garten sei von Palmen und Reben, durcheilt von Bächen, in dem er allerlei Früchte hat, und daß ihn das Alter trifft, während er schwache Sprößlinge hat, und da trifft ihn[69] ein feuriger Wirbelsturm und er verbrennt? So erklärt euch Allah die Zeichen; vielleicht beherzigt ihr sie.

267 (269) O ihr, die ihr glaubt, spendet von dem Guten, das ihr erwarbt, und von dem, was Wir für euch der Erde entstei-

---

68 Vgl. hierzu 1. Mose 15,9.
69 Den Garten.

64   *Sure 2*

gen lassen, und suchet nicht das Schlechte darunter aus zum
Spenden,

(270) Das ihr selber nicht nähmet oder ihr drücktet dabei
ein Auge zu; und wisset, Allah ist reich und gepriesen.

268 (271) Der Satan droht euch Armut an und befiehlt euch
Schändliches, Allah aber verheißt euch seine Vergebung und
Huld. Und Allah ist umfassend und wissend.

269 (272) Er gibt die Weisheit, wem Er will, und wem da
Weisheit gegeben ward, dem ward hohes Gut gegeben; aber
keiner beherzigt es außer den Verständigen.

270 (273) Und was ihr spendet als Spende oder gelobet als
Gelübde, siehe, Allah weiß es, und die Ungerechten finden
keine Retter.

271 Wenn ihr die Almosen öffentlich gebt, so ist's schön,
und so ihr sie verbergt und sie den Armen gebt, so ist's besser
für euch und sühnt eure Missetaten. Und Allah kennt euer
Tun.

272 (274) Nicht liegt dir[70] ihre Leitung ob, doch Allah
leitet, wen Er will. Und was ihr an Gut spendet, das ist für
eure Seelen. Und nicht spendet, es sei denn im Trachten nach
Allahs Angesicht; und was ihr spendet an Gut, soll euch wieder gegeben werden und nicht soll euch Unrecht geschehen –

273 Für die Armen, die behindert sind durch Allahs Weg
und nicht vermögen das Land zu durchwandern. Der Tor hält
sie für reich wegen ihrer Bescheidenheit; du erkennst sie an
(diesen) ihren Zeichen: Sie bitten die Leute nicht in lästiger
Weise. Und was ihr spendet an Gutem, siehe, Allah weiß es.

274 (275) Die, welche ihr Gut spenden bei Nacht und Tag
und im Verborgenen und öffentlich, die haben ihren Lohn bei
ihrem Herrn; nicht soll Furcht über sie kommen, und nicht
sollen sie traurig sein.

275 (276) Die, welche Wucher fressen, sollen nicht anders
auferstehen, als wie einer aufersteht, den der Satan durch
Berührung geschlagen hat. Solches darum, daß sie sprechen:

70 Muhammad.

Die Kuh

»Verkauf ist nur das gleiche wie Wucher.« Und Allah hat das
Verkaufen erlaubt, aber den Wucher verwehrt; und wer
Ermahnung von seinem Herrn bekommt und sich enthält,
dem wird (Vergebung) für das Vergangene, und seine Sache
ist bei Allah; wer es aber von neuem tut, die sind des Feuers
Gefährten und werden ewig darinnen verweilen.

276 (277) Auswischen wird Allah den Wucher, und vermehren wird Er die Almosen, und Allah liebt keinen Ungläubigen und Sünder.

277 Siehe, wer da glaubt und das Rechte tut und das Gebet
verrichtet und die Armenspende zahlt, deren Lohn ist bei
ihrem Herrn, und keine Furcht soll über sie kommen und
nicht sollen sie traurig sein.

278 (278) O ihr, die ihr glaubt, fürchtet Allah und lasset den
Rest des Wuchers fahren, so ihr Gläubige seid.

279 (279) Tut ihr's jedoch nicht, so vernehmt Krieg von
Allah und Seinem Gesandten. So ihr aber umkehrt, sollt ihr
euer Kapital haben. Tuet nicht Unrecht, auf daß ihr nicht
Unrecht erleidet.

280 (280) Wenn jemand in (Zahlungs-)Schwierigkeit ist, so
übt Nachsicht, bis es ihm leichtfällt; schenkt ihr's jedoch als
Almosen, so ist's besser für euch, so ihr es wisset.

281 (281) Und fürchtet einen Tag, an dem ihr zu Allah
zurückkehren müsset. Alsdann erhält jede Seele ihren Lohn
nach Verdienst, und es soll ihnen nicht Unrecht geschehen.

282 (282) O ihr, die ihr glaubt, wenn ihr euch mit einer
Schuld auf einen benannten Termin verschuldet, so schreibet
ihn auf, und es schreibe zwischen euch ein Schreiber wie es
Rechtens ist. Und nicht weigere sich ein Schreiber zu schreiben, wie Allah es ihn gelehrt hat. Er schreibe, und der Schuldner diktiere, und er fürchte Allah, seinen Herrn, und schreibe
nicht zu wenig auf. Ist aber der Schuldner einfältig und krank,
oder vermag er nicht zu diktieren, so diktiere sein Sachwalter
für ihn, wie es Rechtens ist, und nehmet von euern Leuten
zwei zu Zeugen. Sind nicht zwei Mannspersonen da, so sei es
ein Mann und zwei Frauen, die euch zu Zeugen passend

erscheinen, daß, wenn die eine von beiden irrt, die andere sie erinnern kann. Und nicht sollen sich die Zeugen weigern, wenn sie gerufen werden. Und verschmähet es nicht, sie niederzuschreiben, ob klein oder groß, mit ihrem Termin. Dies ist für euch gerechter vor Allah und bestätigt das Zeugnis besser und hütet euch sicherer vor Zweifel. Ist aber die Ware da und gebt ihr sie einer dem andern, so begeht ihr keine Sünde, wenn ihr nichts schriftlich macht. Und nehmt Zeugen bei euern Geschäften, und nicht geschehe dem Schreiber oder Zeugen Eintrag. Tut ihr's, so ist's eine Sünde von euch. Und fürchtet Allah, denn Allah lehrt euch, und Allah weiß alle Dinge.

283 (283) Und wenn ihr auf einer Reise seid und keinen Schreiber findet, so seien Pfänder angenommen. Und so einer von euch dem andern anvertraut, so gebe der, dem das Unterpfand anvertraut ist, es wieder zurück und fürchte Allah, seinen Herrn. Und verhehlt nicht das Zeugnis; wer es verhehlt, siehe, dessen Herz ist böse; und Allah weiß euer Tun.

284 (284) Allahs ist, was in den Himmeln und was auf Erden; und ob ihr offenbart, was in euern Seelen ist, oder es verbergt, Allah wird euch dafür zur Rechenschaft ziehen; und Er verzeiht, wem Er will, und straft, wen Er will; und Allah ist mächtig über alle Dinge.

285 (285) Es glaubt der Gesandte an das, was zu ihm herabgesandt ward von seinem Herrn, und die Gläubigen alle glauben an Allah und Seine Engel und Seine Schriften und Seine Gesandten. Wir machen keinen Unterschied zwischen einem Seiner Gesandten. Und sie sprechen: »Wir hören und wir gehorchen; deine Vergebung, unser Herr! Und zu Dir ist die Heimkehr!«

286 (286) Nicht belastet Allah eine Seele über Vermögen. Ihr wird, was sie verdient, und auf sie kommt was Verdienst. Unser Herr, strafe uns nicht für Vergeßlichkeit oder Sünde! Unser Herr, lege uns nicht auf eine Last, wie Du sie den Früheren auflegtest! Unser Herr, und laß uns nicht tragen,

Das Haus 'Imrān 67

wozu unsre Kraft nicht ausreicht; und vergib uns und verzeihe uns und erbarme Dich unser! Du bis unser Beschützer.
Und hilf uns wider das ungläubige Volk!

DRITTE SURE

Das Haus 'Imrān

Geoffenbart zu Medina

*Im Namen Allahs,
des Erbarmers, des Barmherzigen!*

1 A. L. M.[1]
2 Allah – es gibt keinen Gott außer Ihm, dem Lebendigen,
dem Ewigen.
3 (2) Herabgesandt hat Er auf dich das Buch in Wahrheit,
bestätigend, was ihm vorausging. Und herabsandte Er die
Tora und das Evangelium zuvor als eine Leitung für die Menschen und sandte (nun) die Unterscheidung[2].
4 (3) Siehe die, welche Allahs Zeichen verleugnen, für sie ist
strenge Strafe. Und Allah ist mächtig, ein Rächer.
5 (4) Siehe Allah – nicht ist Ihm verborgen ein Ding auf
Erden und im Himmel.
6 Er ist's, der euch bildet in den Mutterschößen, wie Er
will. Es gibt keinen Gott außer Ihm, dem Mächtigen, dem
Weisen!
7 (5) Er ist's, der auf dich herabsandte das Buch. In ihm
sind evidente Verse, sie, die Mutter[3] des Buches, und andre
dunkle. Diejenigen nun, in deren Herzen Neigung zum Irren
ist, die folgen dem Dunkeln in ihm, im Trachten nach Spaltung und im Trachten nach seiner Deutung. Seine Deutung

1 *alif-lām-mīm.*
2 Den *furqān.*
3 Der Kern, der grundlegende Teil der Schrift.

68   *Sure 3*

weiß jedoch niemand als Allah. Und die Festen im Wissen
sprechen: »Wir glauben es; alles ist von unserm Herrn.« Aber
nur die Verständigen beherzigen es.

8 (6) Unser Herr, laß unsere Herzen nicht mehr irregehen,
nachdem Du uns leitetest, und gib uns von Dir her Barmherzigkeit! Siehe, Du bist der Geber.

9 (7) Unser Herr, siehe, Du versammelst die Menschen an
einem Tage, an dem kein Zweifel ist; siehe, Allah bricht nicht
das Versprechen.

10 (8) Siehe die Ungläubigen – nimmer hilft ihnen ihr Gut
noch ihre Kinder etwas wider Allah; und sie sind die Speise
des Feuers.

11 (9) Nach dem Brauch des Volkes Pharaos und derer, die
vor ihnen waren, ziehen sie Unsere Zeichen Lügen. Und
Allah ergriff sie in ihren Sünden, denn Allah ist streng im
Strafen.

12 (10) Sprich zu den Ungläubigen: »Ihr sollt übermocht
und zu Dschehannam versammelt werden; und schlimm ist
der Pfühl!«

13 (11) Es ward euch ein Zeichen in zwei Haufen, die aufeinander stießen. Ein Haufen kämpfte in Allahs Weg, und der
andre war ungläubig. Sie sahen sie als zweimal soviel als sie
selber mit sehendem Auge.[4] Und Allah stärkt mit seiner
Hilfe, wen Er will. Siehe, hierin ist wahrlich eine Lehre für
die Verständigen.

14 (12) Verlockend ist den Menschen gemacht die Liebe für
die Freuden an Frauen und Kindern und aufgespeicherten
Talenten von Gold und Silber und Rassepferden und Herden
und Ackerland. Solches ist der Nießbrauch des Lebens
hienieden; aber Allah – bei Ihm ist die schönste Heimstatt.

---

4 Bezieht sich auf die Schlacht von Badr (624), als es zum Zusammenstoß zwischen den von Medina anrückenden Muslimen und einer mekkanischen Karawane, die durch rasch herangeholte Hilfstruppen sehr verstärkt worden war,
kam, wobei etliche vornehme Mekkaner getötet wurden und die Muslime
ihren ersten Sieg erfochten, der ihr Selbstbewußtsein sichtlich stärkte.

Das Haus 'Imrān

15 (13) Sprich: »Soll ich euch besseres als dies verkünden?«
Die Gottesfürchtigen finden bei ihrem Herrn Gärten, durcheilt von Bächen, ewig darinnen zu verweilen, und reine Gattinnen und Allahs Wohlgefallen. Und Allah schaut seine Diener,

16 (14) Welche sprechen: »Unser Herr, siehe wir glauben; drum vergib uns unsre Sünden und hüte uns vor der Feuerspein«,

17 (15) Die Standhaften und die Wahrhaften und die Andachtsvollen und die Spendenden und die im Morgengrauen um Verzeihung Flehenden.

18 (16) Bezeugt hat Allah, daß es keinen Gott gibt außer Ihm; und die Engel und die Wissenden, stehend in Gerechtigkeit (verkünden:) »Es gibt keinen Gott außer Ihm, dem Mächtigen, dem Weisen.«

19 (17) Siehe, die Religion bei Allah ist der Islām. Und die, denen die Schrift gegeben ward, waren nicht eher uneins, als nachdem das Wissen zu ihnen gekommen war – aus Neid aufeinander. Und wer die Zeichen Allahs verleugnet – siehe, Allah ist schnell im Rechnen.

20 (18) Und so sie mit dir streiten, so sprich: »Ich habe mein Angesicht ergeben in Allah,[5] und so, wer mir nachfolgt.«

(19) Und sprich zu jenen, denen die Schrift gegeben ward, und zu den Unbelehrten[6]: »Werdet ihr Muslime?« Und so sie Muslime werden, sind sie geleitet; kehren sie sich jedoch ab, so liegt dir nur die Predigt ob. Und Allah schaut Seine Diener.

21 (20) Siehe jene, die nicht an Allahs Zeichen glauben und die Propheten ohne Grund morden und von den Menschen morden, wer ihnen Rechtschaffenheit befiehlt – ihnen verkünde schmerzliche Strafe.

22 (21) Sie sind's, deren Werke nichtig sind hienieden und im Jenseits; und nicht finden sie Helfer.

23 (22) Sahest du nicht auf jene, denen ein Teil von der

5 Ich bin Muslim.
6 Den heidnischen Arabern.

70   *Sure 3*

Schrift gegeben ward, als sie aufgefordert wurden zum Buch
Allahs, daß es richte zwischen ihnen? Alsdann kehrte ein Teil
von ihnen den Rücken und wendete sich ab.

24 (23) Solches, dieweil sie sprachen: »Nimmer wird uns
das Feuer berühren, es sei denn gezählte Tage.« Und es
betrog sie in ihrem Glauben, was sie selber erdachten.

25 (24) Aber wie, wenn Wir sie versammeln für einen Tag,
an dem kein Zweifel ist, und jeder Seele nach Verdienst vergolten wird, und sie nicht Unrecht erleiden sollen?

26 (25) Sprich: »O Allah, König des Königtums, Du gibst
das Königtum, wem Du willst, und nimmst das Königtum,
wem Du willst; und Du ehrest, wen Du willst, und demü-
tigst, wen Du willst. In Deiner Hand ist das Gute; siehe, Du
hast Macht über alle Dinge.

27 (26) Du lässest die Nacht übergehen in den Tag und
lässest den Tag übergehen in die Nacht; und Du lässest erstehen das Lebendige aus dem Toten und lässest das Tote aus
dem Lebendigen erstehen, und versorgst, wen Du willst,
ohne Maß.«

28 (27) Nicht sollen sich die Gläubigen die Ungläubigen zu
Beschützern nehmen, unter Verschmähung der Gläubigen.
Wer solches tut, der findet von Gott in nichts Hilfe – außer
ihr fürchtetet euch vor ihnen. Beschützen aber wird euch
Allah selber, und zu Allah geht die Heimkehr.

29 Sprich: »Ob ihr verbergt, was in euern Brüsten ist, oder
ob ihr es kundtut, Allah weiß es; Er weiß, was in den Himmeln und was auf Erden; und Allah hat Macht über alle
Dinge.«

30 (28) An einem Tage wird jede Seele bereit finden, was sie
an Gutem getan; und was sie an Bösem getan – wünschen
wird sie, daß zwischen ihr und Ihm ein weiter Raum sei. Und
behüten wird euch Allah selber; und Allah ist gütig gegen
Seine Diener.

31 (29) Sprich: »So ihr Allah liebet, so folget mir. Lieben
wird euch Allah und wird euch eure Sünden verzeihen, denn
Allah ist verzeihend und barmherzig.« Sprich:

Das Haus 'Imrān

32 »Gehorchet Allah und dem Gesandten; denn wenn ihr den Rücken kehrt – siehe, Allah liebt nicht die Ungläubigen.«

33 (30) Siehe, Allah erwählte Adam und Noah und das Haus Abraham und das Haus 'Imrān[7] vor allen Menschen;

34 Eins des andern Samen, und Allah ist hörend und wissend.

35 (31) (Gedenke,) da das Weib 'Imrāns betete: »Mein Herr, siehe, ich gelobe Dir, was in meinem Schoße ist, zu eigen; so nimm es von mir an; siehe, Du bist der Hörende, der Wissende.«

36 Und als sie es geboren hatte, sprach sie: »Mein Herr, siehe, ich habe es als Mägdlein geboren.« Und Allah wußte wohl, was sie geboren hatte, denn ein Knabe ist kein Mägdlein. »Und ich habe es Maria genannt, und siehe, ich befehle sie und ihren Samen in Deine Hut vor dem Satan, dem Gesteinigten[8].«

37 (32) Und so nahm sie Allah von ihr huldreich an und ließ sie wachsen in holdem Wachstum, und es pflegte sie Zacharias. Sooft Zacharias zu ihr in die Zelle trat, fand er Speise bei ihr. Da sprach er: »O Maria, woher ist dir dies?« Sie sprach: »Es ist von Allah; siehe Allah versorgt, wen Er will, ohne zu rechnen.«

38 (33) Dort rief Zacharias zu seinem Herrn und sprach: »Mein Herr, gib mir von Dir her guten Samen; siehe Du bist der Gebetserhörer.«

39 Und da riefen ihm die Engel, während er zum Gebete in der Zelle stand, zu:

---

7 Nach dem Koran ist 'Imrān, der sonst in den Traditionen als Vater Mosis auftritt, der Vater der Jungfrau Maria; diese und Elisabeth sind Schwestern und bilden mit Jesus, Johannes und Zacharias das »Haus 'Imrān«. In Sure 19,28 ist Maria als »Schwester Aarons« bezeichnet, was wohl bedeuten soll: »aus der Familie Aarons«.

8 Der Satan heißt der Gesteinigte, weil ihn Abraham mit Steinwürfen forttrieb, als er ihn zu verführen suchte, Ismael nicht zu opfern. Nach koranischer Auffassung sollte Ismael, nicht Isaak, geopfert werden.

72   *Sure 3*

(34) »Allah verheißt dir Johannes, den Bestätiger eines
Wortes von Allah, einen Herrn, einen Asketen und Propheten von den Rechtschaffenen.«

40 (35) Er sprach: »Mein Herr, woher soll mir ein Knabe
werden, wo mich das Alter überkommen hat und mein Weib
unfruchtbar ist?« Er sprach: »Also tut Allah, was Er
will.«

41 (36) Er sprach: »Mein Herr, gib mir ein Zeichen.« Er
sprach: »Dein Zeichen ist, daß du drei Tage lang zu den Leuten nicht sprechen wirst außer durch Winken. Und gedenke
deines Herrn häufig und preise Ihn am Abend und am
Morgen.«

42 (37) Und (gedenke,) da die Engel sprachen: »O Maria,
siehe, Allah hat dich auserwählt und hat dich gereinigt und
hat dich erwählt vor den Weibern aller Welt.

43 (38) O Maria, sei andachtsvoll zu Deinem Herrn und
wirf dich nieder und beuge dich mit den sich Beugenden.«

44 (39) Dies ist eine der Verkündigungen des Verborgenen,
die Wir dir[9] offenbaren. Denn nicht warst du bei ihnen als sie
ihre Rohre[10] warfen, wer von ihnen Maria pflegen sollte. Und
nicht warst du bei ihnen, als sie miteinander stritten.

45 (40) (Gedenke,) da die Engel sprachen: »O Maria, siehe,
Allah verkündet dir ein Wort[11] von Ihm; sein Name ist der
Messias Jesus, der Sohn der Maria, angesehen hienieden und
im Jenseits und einer der (Allah) Nahen.

46 (41) Und reden wird er mit den Menschen in der Wiege[12]
und in der Vollkraft, und er wird einer der Rechtschaffenen
sein.«

47 (42) Sie sprach: »Mein Herr, woher soll mir ein Sohn
werden, wo mich kein Mann berührte?« Er sprach: »Also
schafft Allah, was Er will; wenn Er ein Ding beschlossen hat,
spricht Er nur zu ihm: ›Sei!‹ und es ist.«

---

9 Muhammad.
10 D. h. Pfeile, wie die Araber beim Maisirspiel, vgl. S. 55 Anm. 54.
11 Das fleischgewordene Wort.
12 Vgl. hierzu das außerkanonische Evangelium infantiae.

Das Haus 'Imrān   73

48 (43) Und Er wird ihn lehren das Buch und die Weisheit und die Tora und das Evangelium

49 Und wird ihn entsenden zu den Kindern Israel. (Sprechen wird er:) »Siehe, ich komme zu euch mit einem Zeichen von euerm Herrn. Siehe, ich will euch erschaffen aus Ton die Gestalt eines Vogels und will in sie hauchen, und sie soll werden ein Vogel mit Allahs Erlaubnis[13]; und ich will heilen den Mutterblinden und Aussätzigen und will die Toten lebendig machen mit Allahs Erlaubnis, und ich will euch verkünden, was ihr esst und was ihr aufspeichern sollt in euern Häusern. Siehe, hierin ist wahrlich ein Zeichen für euch, so ihr gläubig seid.

50 (44) Und als ein Bestätiger (komme ich) von der Tora, die vor mir war, und um euch zu erlauben einen Teil von dem, was euch verwehrt war; und ich komme zu euch mit einem Zeichen von euerm Herrn. So fürchtet Allah und gehorchet mir;

51 siehe, Allah ist mein Herr und euer Herr, drum dienet Ihm. Dies ist ein rechter Weg.«

52 (45) Und als Jesus ihren Unglauben wahrnahm, sprach er: »Welches sind meine Helfer zu Allah hin?« Es sprachen die Jünger: »Wir sind Allahs Helfer; wir glauben an Allah, und bezeug, daß wir Muslime sind.

53 (46) Unser Herr, wir glauben an das, was Du hinabgesandt hast, und folgen dem Gesandten. Drum schreib uns unter die Bezeugenden.«

54 (47) Und sie schmiedeten Listen, und Allah schmiedete Listen; und Allah ist der beste Listenschmied.

55 (48) (Gedenke,) da Allah sprach: »O Jesus, siehe, Ich will dich verscheiden lassen und will dich erhöhen zu Mir und will dich von den Ungläubigen säubern und will deine Nachfolger über die Ungläubigen setzen bis zum Tag der Auferstehung. Alsdann ist zu Mir eure Wiederkehr, und Ich will richten zwischen euch über das, worin ihr uneins seid.

13 Auch dieses Wunder steht im Evangelium infantiae und im Thomasevangelium.

56 (49) Was aber die Ungläubigen anlangt, so werde Ich sie peinigen mit schwerer Pein hienieden und im Jenseits; und nicht werden sie Helfer finden.«

57 (50) Was aber die Gläubigen und das Rechte Tuenden anlangt, so wird Er ihnen ihren Lohn heimzahlen. Und Allah liebt nicht die Ungerechten.

58 (51) Solches verlesen Wir dir von den Zeichen und der weisen Ermahnung.

59 (52) Siehe, Jesus ist vor Allah gleich Adam[14]; Er erschuf ihn aus Erde, alsdann sprach Er zu ihm: »Sei!«, und er ward.

60 (53) Die Wahrheit von deinem Herrn! Drum sei keiner der Zweifler.

61 (54) Und wer sich über sie mit dir streitet, nachdem das Wissen zu dir kam, so sprich: »Kommt herzu, laßt uns rufen unsre Söhne und eure Söhne, unsre Weiber und eure Weiber und unsre Seelen und eure Seelen. Alsdann wollen wir zu Allah flehen und mit Allahs Fluch die Lügner belegen.«

62 (55) Siehe, dies ist eine wahre Geschichte, und es gibt keinen Gott außer Allah, und siehe Allah, wahrlich Er ist der Mächtige, der Weise.

63 (56) Und so ihr den Rücken kehrt, siehe, so kennt Allah die Missetäter.

64 (57) Sprich: »O Volk der Schrift, kommt herbei zu einem gleichen Wort[15] zwischen uns, daß wir nämlich Allah allein dienen und nichts neben Ihn stellen und daß nicht die einen von uns die andern zu Herren annehmen neben Allah.« Und so sie den Rücken kehren, so sprechet: »Bezeuget, daß wir Muslime sind.«

65 (58) O Volk der Schrift, warum streitet ihr über Abraham, wo die Tora und das Evangelium erst nach ihm herabgesandt ward? Habt ihr denn nicht Verstand?

66 (59) Streitet doch über das, wovon ihr Wissen habt; weshalb aber streitet ihr über das, wovon ihr kein Wissen habt? Allah weiß, ihr aber wisset nicht.

14 Keiner der beiden hatte einen menschlichen Vater.
15 Zu einem Vergleich.

Das Haus 'Imrān

67 (60) Abraham war weder Jude noch Christ; vielmehr war er lauteren Glaubens, ein Muslim, und keiner derer, die Gott Gefährten geben.

68 (61) Siehe diejenigen Menschen, die Abraham am nächsten stehen, sind wahrlich jene, die ihm folgen, und das sind der Prophet und die Gläubigen. Und Allah ist der Gläubigen Hort.

69 (62) Ein Teil vom Volk der Schrift möchte euch verführen, doch verführen sie nur sich selber und wissen es nicht.

70 (63) O Volk der Schrift, weshalb verleugnet ihr die Zeichen Allahs, wo ihr sie doch bezeugt?

71 (64) O Volk der Schrift, weshalb kleidet ihr die Wahrheit in Lüge und verbergt die Wahrheit wider euer Wissen?

72 (65) Und es sprach ein Teil vom Volk der Schrift: »Glaubet an das, was hinabgesandt ward zu den Gläubigen, bei Tagesanbruch und leugnet es ab bei seinem Ende; vielleicht kehren sie um;

73 (66) Und glaubet nur denen, die eure Religion befolgen.« Sprich: »Siehe die (wahre) Leitung ist Allahs Leitung, daß (auch) einem (andern) gegeben würde, was euch gegeben ward.« Oder so sie mit euch vor euerm Herrn streiten, so sprich: »Siehe, die Huld ist in Allahs Hand, Er gewährt sie, wem Er will. Und Allah ist umfassend und wissend.

74 (67) Er erkürt für Seine Barmherzigkeit, wen Er will, denn Allah ist voll großer Huld.«

75 (68) Und unter dem Volk der Schrift gibt's solche – vertraust du ihnen ein Talent an, geben sie's dir wieder, und auch solche – vertraust du ihnen einen Dinar an, geben sie ihn dir nicht wieder, so du nicht stets hinter ihm her bist.

(69) Solches, darum daß sie sprechen: »Uns liegt gegen die Unbelehrbaren keine Pflicht ob.« Und sie sprechen eine Lüge wider Allah und wissen es.

76 (70) Wer jedoch seiner Verpflichtung nachkommt und gottesfürchtig ist – siehe, Allah liebt die Gottesfürchtigen.

77 (71) Siehe, diejenigen, welche ihren Bund mit Allah und ihre Eidschwüre um geringen Preis verkaufen, die haben kei-

76 Sure 3

nen Anteil am Jenseits, und nicht spricht Allah mit ihnen, und nicht schaut Er zu ihnen am Tag der Auferstehung, und nicht reinigt Er sie, und ihnen wird schmerzliche Strafe.

78 (72) Und siehe, wahrlich ein Teil ist unter ihnen, der mit seinen Zungen die Schrift verkehrt, damit ihr es für einen Teil der Schrift haltet, während es nicht zur Schrift gehört. Und sie sprechen: »Es ist von Allah«; jedoch ist es nicht von Allah, und sie sprechen eine Lüge wider Allah, obwohl sie es wissen.

79 (73) Nicht geziemt es einem Menschen, daß Allah ihm gibt die Schrift und die Weisheit und das Prophetentum und daß er alsdann zu den Leuten spräche: »Seid meine Diener neben Allah.«[16] Vielmehr: »Seid Gottesgelehrte, darum daß ihr die Schrift lerntet und studiertet.«

80 (74) Und nicht gebietet Er euch, daß ihr euch die Engel oder die Propheten zu Herren annehmt. Sollte Er euch den Unglauben gebieten, nachdem ihr Muslime geworden?

81 (75) Und da Allah mit den Propheten den Bund[17] schloß, (sprach Er:) »Wahrlich, dies ist das Buch und die Weisheit, die Ich euch gebe; alsdann wird zu euch kommen ein Gesandter, bestätigend, was ihr habt. Wahrlich ihr sollt ihm glauben und sollt ihm helfen.« Er sprach: »Seid ihr einverstanden und nehmt ihr unter dieser Bedingung das Bündnis mit Mir an?« Sie sprachen: »Wir sind einverstanden.« Er sprach: »So bezeuget es, und Ich will mit euch ein Zeuge sein.«

82 (76) Wer darum nach diesem den Rücken kehrt, jenes sind die Frevler.

83 (77) Verlangen sie etwa eine andre als Allahs Religion? Ihm ergibt sich, was in den Himmeln und auf Erden, gehorsam oder wider Willen, und zu Ihm müssen sie zurück.

84 (78) Sprich: »Wir glauben an Allah und was auf uns herabgesandt ward, und was herabgesandt ward auf Abraham und Ismael und Isaak und Jakob und die Stämme, und was

16 Dies bezieht sich auf die Gottheit Christi, welche infolge Fälschung der Schrift von den Christen behauptet wird, wie V. 78 sagt.
17 Nach dem Talmud hatte Gott bei der Bundschließung auf dem Sinai alle früheren, gegenwärtigen und künftigen Propheten versammelt.

Das Haus 'Imrān 77

gegeben ward Moses und Jesus und den Propheten von ihrem Herrn; wir machen keinen Unterschied zwischen einem von ihnen, und Ihm sind wir ergeben.«

85 (79) Und wer eine andre Religion als den Islām begehrt, nimmer soll sie von ihm angenommen werden, und im Jenseits wird er verloren sein.

86 (80) Wie soll Allah ein Volk leiten, das ungläubig ward nach seinem Glauben und bezeugte, daß der Gesandte wahrhaft sei, und nachdem die deutlichen Zeichen zu ihnen kamen? Aber Allah leitet nicht das ungerechte Volk.

87 (81) Sie – ihr Lohn ist, daß über sie der Fluch Allahs und der Engel und der Menschen insgesamt kommt.

88 (82) Ewig bleiben sie in ihm; nicht wird ihnen erleichtert die Strafe und nicht werden sie angeschaut:

89 (83) Außer denen, die nach diesem umkehren und sich bessern. Denn siehe, Allah ist verzeihend und barmherzig.

90 (84) Siehe, wer ungläubig wird nach seinem Glauben und dann zunimmt an Unglauben – nimmer wird ihre Umkehr angenommen, und sie, sie sind die Irrenden.

91 (85) Siehe, wer da ungläubig ist und im Unglauben stirbt – nimmer wird von einem angenommen der Erde Fülle an Gold, auch wenn er sich damit loskaufen wollte. Sie – ihnen wird schmerzliche Strafe, und nicht finden sie Helfer.

92 (86) Nimmer erlangt ihr die Gerechtigkeit, ehe ihr nicht spendet von dem, was ihr liebt; und was immer ihr spendet, siehe, Allah weiß es.

93 (87) Alle Speise war erlaubt den Kindern Israel, außer was Israel sich selber verwehrte, bevor die Tora herabgesandt ward. Sprich: »So bringt die Tora und leset sie, so ihr wahrhaft seid.«

94 (88) Und wer nach diesem eine Lüge wider Allah erdichtet, das sind die Ungerechten.

95 (89) Sprich: »Wahrhaft ist Allah. So folget der Religion Abrahams, des Lautern im Glauben, der neben Allah keine Götter setzte.

78 *Sure 3*

96 (90) Siehe, das erste Haus, gegründet für die Menschen, wahrlich, das war das in Bekka[18] – ein gesegnetes und eine Leitung für alle Welt.

97 (91) In ihm sind deutliche Zeichen – die Stätte Abrahams. Und wer es betritt, ist sicher. Und der Menschen Pflicht gegen Allah ist die Pilgerfahrt zum Hause, wer da den Weg zu ihm machen kann.

(92) Wer aber ungläubig ist – siehe, Allah ist reich ohne alle Welt[19].«

98 (93) Sprich: »O Volk der Schrift, weshalb verleugnet ihr die Zeichen Allahs, wo Allah Zeuge eures Tuns ist?«

99 (94) Sprich: »O Volk der Schrift, warum wendet ihr ab von Allahs Weg die Gläubigen? Ihr trachtet ihn krumm zu machen, wo ihr ihn doch bezeugt. Doch Allah ist nicht achtlos eures Tuns.«

100 (95) O ihr, die ihr glaubt, wenn ihr einem Teile jener, denen die Schrift gegeben ward, gehorcht, so werden sie euch wieder nach euerm Glauben ungläubig machen.

101 (96) Wie aber werdet ihr ungläubig werden, wo euch die Zeichen Allahs verlesen werden und unter euch Sein Gesandter ist? Und wer an Allah festhält, der ist geleitet auf den rechten Pfad.

102 (97) O ihr, die ihr glaubt, fürchtet Allah in geziemender Furcht und sterbet nicht anders denn als Muslime.

103 (98) Und haltet fest an Allahs Seil insgesamt und zerfallet nicht und gedenket der Gnaden Allahs gegen euch, da ihr Feinde waret und Er eure Herzen so zusammenschloß, daß ihr durch Seine Gnade Brüder wurdet:

(99) Und da ihr am Rand einer Feuersgrube waret, und Er euch ihr entriß. Also macht auch Allah Seine Zeichen klar, auf daß ihr euch leiten lasset

104 (100) Und daß aus euch eine Gemeinde werde, einladend zum Guten und gebietend, was Rechtens ist, und verbietend das Unrecht; und jene – ihnen wird's wohl ergehen.

18 Anderer Name für Mekka.
19 Allah kann alle Welt entbehren.

Das Haus 'Imrān 79

105 (101) Und seid nicht wie jene, die gespalten und uneins sind, nachdem die deutlichen Zeichen zu ihnen kamen; jene – ihnen wird schmerzliche Strafe,

106 (102) An einem Tag, da weiß werden Gesichter und schwarz werden Gesichter.[20] Und was jene anlangt, deren Gesichter schwarz wurden, (sprechen wird Allah zu ihnen:) »Wurdet ihr ungläubig nach euerm Glauben? So schmecket die Strafe, darum daß ihr ungläubig wurdet.«

107 (103) Und was jene anlangt, deren Angesichter weiß wurden, die sollen sein in Allahs Barmherzigkeit, und ewig sollen sie drinnen verweilen.

108 (104) Dies sind die Zeichen Allahs; Wir verkünden sie dir in Wahrheit. Und Allah will nicht Ungerechtigkeit gegen die Welt.

109 (105) Und Allahs ist, was in den Himmeln und was auf Erden, und zu Allah kehren die Dinge zurück.

110 (106) Ihr seid die beste Gemeinde, die für die Menschen erstand. Ihr heißet was Rechtens ist und ihr verbietet das Unrechte und glaubet an Allah. Und wenn das Volk der Schrift geglaubt hätte, wahrlich, es wäre gut für sie gewesen! Unter ihnen sind Gläubige, aber die Mehrzahl von ihnen sind Frevler.

111 (107) Nimmer werden sie euch ein Leid zufügen, es sei denn ein (geringer) Schaden, und so sie wider euch kämpfen, werden sie euch den Rücken kehren; alsdann werden sie nicht errettet werden.

112 (108) Mit Schmach werden sie geschlagen, wo immer sie getroffen werden, außer sie seien in der Fessel Allahs und in der Fessel der Menschen[21]. Und sie ziehen sich Zorn von Allah zu und werden mit Armut geschlagen. Solches darum, daß sie Allahs Zeichen verleugneten und die Propheten ungerechterweise ermordeten. Solches darum, daß sie rebellierten und Übertreter waren.

20 Die Gerechten erhalten weiße, die Verdammten schwarze Gesichter.
21 D. h., es sei denn, daß sie sich zum Islām bekehren oder sich unterwerfen.

80   *Sure 3*

113 (109) Nicht sind sie (alle) gleich. Unter dem Volk der
Schrift ist eine (fest) stehende Gemeinde, welche die Zeichen
Allahs zur Zeit der Nacht liest und sich niederwirft.

114 (110) Diese glauben an Allah und an den Jüngsten Tag
und heißen was Rechtens ist und verbieten das Unrecht und
wetteifern in den guten Werken; und sie gehören zu den
Rechtschaffenen.

115 (111) Und was sie Gutes tun, nimmer wird es ihnen
bestritten; und Allah kennt die Gottesfürchtigen.

116 (112) Siehe die Ungläubigen, nimmer sollen ihnen Gut
und Kinder etwas vor Allah helfen; und jene sind des Feuers
Gefährten, und ewig sollen sie darinnen verweilen.

117 (113) Das Gleichnis dessen, was sie spenden in diesem
irdischen Leben, ist das Gleichnis des Windes, in dem Eises-
hauch ist, welcher den Acker von Leuten trifft, die wider sich
selber sündigten. Und so vernichtet er ihn, und nicht war
Allah wider sie ungerecht, sondern wider sich selber waren
sie ungerecht.

118 (114) O ihr, die ihr glaubt, schließet keine Freundschaft außer mit euch. Sie werden nicht zaudern, euch zu
verderben, und wünschen euern Untergang. Schon ward
offenkund Haß aus ihrem Mund, aber was ihre Brust verbirgt, ist schlimmer. Schon machten Wir euch die Zeichen
klar, so ihr Verstand besitzet.

119 (115) Sieh da! ihr seid's, die ihr sie liebt, doch lieben sie
nicht euch; und ihr glaubet an das ganze Buch. Und so sie
euch begegnen, sprechen sie: »Wir glauben«; sind sie jedoch
allein, so beißen sie wider euch aus Grimm die Fingerspitzen.
Sprich: »Sterbt an euerm Grimm.« Siehe, Allah kennt das
Innerste der Brüste.

120 (116) Wenn euch ein Gutes trifft, empfinden sie's übel,
und so euch ein Übel trifft, so freuen sie sich dessen. Aber so
ihr standhaft und gottesfürchtig seid, wird ihre List euch kein
Leid antun. Siehe, Allah ist rings um ihr Tun.

121 (117) Und (gedenke,) als du deine Familie in der Mor-

Das Haus 'Imrān   81

genfrühe verließest, um den Gläubigen ein Lager zu bereiten
zum Kampf[22]; und Allah hörte und wußte es:

122 (118) Als zwei Haufen von euch besorgten, den Mut zu
verlieren und Allah beider Hort war. Und auf Allah drum
wahrlich sollen die Gläubigen bauen.

123 (119) Und auch bei Badr half euch Allah, als ihr verächtlich erschienet; drum fürchtet Allah; vielleicht seid ihr
dankbar.

124 (120) Als du zu den Gläubigen sprachst: »Genügt es
euch denn nicht, daß euer Herr euch mit dreitausend hernie-
dergesendeten Engeln hilft?«

125 (121) »Ja, wenn ihr standhaft und gottesfürchtig seid
und sie über euch kommen in wilder Hast, wird euer Herr
euch helfen mit fünftausend gezeichneten Engeln.«

126 (122) Und dies machte Allah allein als Freudenbotschaft für euch, und auf daß eure Herzen in Ruhe wären –
denn nur von Allah, dem Mächtigen, dem Weisen, kommt
der Sieg –

127 Und damit Er abschnitte ein Glied von den Ungläubigen oder sie niederwürfe, daß sie zuschanden gemacht umkehrten.

128 (123) Dich geht es gar nichts an, ob Er sich wieder zu
ihnen kehrt oder ob Er sie straft, denn sie sind Ungerechte.

129 (124) Und Allahs ist, was in den Himmeln und was auf
Erden; Er verzeiht, wem Er will, und straft, wen Er will, und
Allah ist verzeihend und barmherzig.

130 (125) O ihr, die ihr glaubt, fresset nicht den Wucher in
doppelter Verdoppelung, sondern fürchtet Allah; vielleicht
ergeht es euch wohl.

131 (126) Und fürchtet das Feuer, das für die Ungläubigen
bereitet ward,

132 Und gehorchet Allah und dem Gesandten; vielleicht
findet ihr Barmherzigkeit;

---

22 Dies bezieht sich auf die Schlacht am Berge Uḥud (625).

82   *Sure 3*

133 (127) Und wetteilet nach der Verzeihung eures Herrn und einem Garten²³, dessen Land (weit ist wie) die Himmel und die Erde, bereitet für die Gottesfürchtigen,

134 (128) Die da spenden in Freud' und in Leid und den Zorn verhalten und den Menschen vergeben. Und Allah liebt die Gutes Tuenden.

135 (129) Und diejenigen, die, wenn sie etwas Schändliches getan oder wider sich gesündigt haben, Allahs gedenken und für ihre Sünden um Verzeihung flehen – und wer vergibt die Sünden, wenn nicht Allah? – und nicht beharren in dem, was sie wissentlich taten;

136 (130) Sie – ihr Lohn ist Verzeihung von ihrem Herrn und Gärten durcheilt von Bächen, ewig darinnen zu verweilen; und herrlich ist der Lohn der Wirkenden.

137 (131) Schon vor euch sind Verordnungen (zur Strafe) ergangen. So durchwandert die Erde und schauet, wie der Ausgang derer war, welche (die Wahrheit) der Lüge ziehen.

138 (132) Dies (der Koran) ist eine Klarlegung für die Menschen und eine Leitung und eine Ermahnung für die Gottesfürchtigen.

139 (133) Und seid nicht verzagt und traurig; ihr werdet obsiegen, so ihr gläubig seid.

140 (134) Wenn euch eine Wunde betroffen hat, so hat eine Wunde gleich ihr schon (andre) Leute betroffen. Und diese Tage (des Siegs und der Niederlage) lassen wir wechseln unter den Menschen, damit Allah die Gläubigen erkennt und sich aus ihnen Märtyrer erwählt.²⁴ – Und Allah liebt nicht die Ungerechten –

141 (135) Und damit Allah die Gläubigen heimsucht und die Ungläubigen vertilgt.

142 (136) Oder wähnt ihr, einzugehen in das Paradies, ohne daß Allah die Glaubensstreiter unter euch und die Standhaften erkannte?

23 Das Paradies; vgl. Anm. 8, S. 31.
24 Wahrscheinlich beziehen sich diese Verse auf die Niederlage am Berge Uḥud.

Das Haus 'Imrān 83

143 (137) Und ihr wünschtet doch auch den Tod, bevor ihr ihm begegnet. Nun sahet ihr ihn, und ihr werdet ihn schauen.

144 (138) Und Muhammad ist nur ein Gesandter; schon vor ihm gingen die Gesandten dahin. Und so, ob er stirbt oder fällt, werdet ihr umkehren auf euern Fersen? Und wer umkehrt auf seinen Fersen, nimmer schadet er Allah etwas; aber Allah wird wahrlich die Dankbaren belohnen.

145 (139) Und niemand stirbt ohne Allahs Erlaubnis gemäß dem Termine setzenden Buch. Und wer den Lohn der Welt begehrt, dem geben Wir von ihr, und wer den Lohn des Jenseits begehrt, dem geben Wir von ihm; wahrlich Wir belohnen die Dankbaren.

146 (140) Und wie viele Propheten kämpften wider (einen Feind,) bei dem viele Myriaden waren! Aber nicht verzagten sie bei dem, was sie in Allahs Weg betraf, und nicht wurden sie schwach und nicht demütigten sie sich. Und Allah liebt die Standhaften.

147 (141) Und nicht war ihr Wort ein andres, als daß sie sprachen: »Unser Herr, verzeihe uns unsre Sünden und unsre Vergehen in unserer Sache; und festige unsre Füße und hilf uns wider das ungläubige Volk.«

148 Und Allah gab ihnen den Lohn der Welt und den schönsten Lohn des Jenseits. Und Allah liebt die Gutes Tuenden.

149 (142) O ihr, die ihr glaubt, so ihr den Ungläubigen gehorcht, kehren sie euch um auf euern Fersen[25], und ihr kehret um als Verlorene.

150 (143) Nein, Allah ist euer Herr, und Er ist der beste der Helfer.

151 (144) Wahrlich, Wir werden in die Herzen der Ungläubigen Schrecken werfen, darum daß sie neben Allah Götter setzten, wozu Er keine Ermächtnis niedersandte; und ihre Wohnstätte wird sein das Feuer, und schlimm ist die Herberge der Ungerechten.

25 D. h., sie verführen euch zum Unglauben.

84   *Sure 3*

152 (145) Und wahrlich, schon hatte Allah euch Sein Versprechen gehalten, als ihr sie mit Seiner Erlaubnis vernichtetet, bis daß ihr verzagtet und über den Befehl strittet und rebelliertet, nachdem Er euch hatte sehen lassen, was ihr wünschtet.

(146) Einige von euch verlangten nach dieser Welt und andere verlangten nach dem Jenseits. Alsdann kehrte Er euch von ihnen ab (zur Flucht), um euch zu prüfen; und wahrlich, jetzt hat Er euch vergeben, denn Allah ist voll Huld wider die Gläubigen.

153 (147) Als ihr hinaufstieget und auf niemand sahet, während der Prophet hinter euch her rief, da belohnte Er euch mit Kummer über Kummer, damit ihr nicht über das euch Verlorengegangene²⁶ bekümmert und über das, was euch befiel. Und Allah kennt euer Tun.

154 (148) Alsdann sandte Er auf euch nach dem Kummer Sicherheit nieder. Müdigkeit überkam einen Teil von euch; ein andrer Teil aber – ihre Seelen regten sie auf, ungerecht von Allah zu denken in heidnischem Denken. Sie sprachen: »Haben wir irgend etwas von der Sache?« Sprich: »Siehe, die ganze Sache ist Allahs.« Sie verbargen in ihren Seelen, was sie dir nicht kundtaten, indem sie sprachen: »Hätten wir etwas von der Sache gehabt, wären wir hier nicht erschlagen!« Sprich: »Wäret ihr auch in euern Häusern gewesen, wahrlich, hinaus wären jene gezogen, denen der Tod verzeichnet war, zu ihren Ruhestätten – und damit Allah prüfte, was in euern Brüsten ist, und, was in euerm Herzen, erforschte.« Und Allah kennt das Innerste der Brüste.

155 (149) Siehe, diejenigen von euch, welche am Tage des Zusammenstoßes der beiden Scharen den Rücken kehrten, der Satan nur machte sie straucheln für etwas von ihrem Tun. Aber wahrlich, nunmehr hat Allah ihnen vergeben; siehe, Allah ist verzeihend und milde.

156 (150) O ihr, die ihr glaubt, seid nicht gleich den

---

26 Die Beute.

Das Haus 'Imrān   85

Ungläubigen, die da sprechen von ihren Brüdern, da sie das Land durchwanderten oder Streiter waren: »Wären sie bei uns geblieben, sie wären nicht gestorben und nicht erschlagen.« Allah bestimmte dies als Kummer für ihre Herzen. Und Allah macht lebendig und tot, und Allah schaut euer Tun.

157 (151) Und wahrlich, so ihr im Wege Allahs erschlagen werdet oder sterbet, wahrlich, Verzeihung von Allah und Barmherzigkeit ist besser, als was ihr zusammenscharrt.

158 (152) Und wahrlich, wenn ihr sterbet oder erschlagen werdet, werdet ihr zu Allah versammelt.

159 (153) Und um der Barmherzigkeit Allahs willen warst du lind zu ihnen; wärest du aber rauh und harten Herzens gewesen, so hätten sie sich von rings um dich zerstreut. Drum vergib ihnen und bete für sie um Verzeihung und ziehe sie zu Rate in der Sache; und so du entschlossen bist, dann vertrau auf Allah; siehe, Allah liebt die auf ihn Trauenden.

160 (154) Wenn euch Allah hilft, so gibt's keinen, der euch übermag; wenn Er euch aber im Stich läßt, wer könnte euch da helfen ohne Ihn? Drum wahrlich, auf Allah mögen die Gläubigen vertrauen.

161 (155) Und nicht ist's des Propheten Sache zu unterschlagen[27]. Und wer unterschlägt, soll, was er unterschlägt, am Tag der Auferstehung bringen. Alsdann wird jeder Seele nach Verdienst vergolten, und es soll ihnen nicht Unrecht geschehen.

162 (156) Und ist's denn, daß der, welcher dem Wohlgefallen Allahs nachging, sei wie der, welcher sich Zorn von Allah zuzog und dessen Asyl Dschehannam ist? Und schlimm ist die Fahrt (dorthin).

163 (157) Sie sind in verschiedenem Rang bei Allah, und Allah schaut ihr Tun.

164 (158) Wahrlich, huldreich war Allah gegen die Gläubigen, da Er unter ihnen einen Gesandten von ihnen erweckte, ihnen Seine Zeichen zu verlesen und sie zu reinigen und das

---

27 Muhammad war angeklagt, einen Teil der Beute unterschlagen zu haben.

86 *Sure 3*

Buch und die Weisheit zu lehren, denn siehe, sie waren zuvor in offenkundigem Irrtum.

165 (159) Und da euch ein Unglück betraf, nachdem ihr das Doppelte erlangtet,[28] sprecht ihr da etwa: »Woher dies?« Sprich: »Es kommt von euch selber.« Siehe, Allah hat Macht über alle Dinge.

166 (160) Und was euch betraf am Tage des Zusammenstoßes der beiden Haufen, das geschah mit Allahs Erlaubnis, und damit Er die Gläubigen erkennete und auch erkennete die Heuchler. Und gesprochen ward zu ihnen: »Heran! Kämpfet in Allahs Weg!« oder: »Wehrt ab!« Sie aber sprachen: »Wenn wir wüßten zu kämpfen, wahrlich, wir wären euch gefolgt!« Einige von ihnen waren an jenem Tage dem Unglauben näher als dem Glauben.

167 (161) Sie sprachen mit ihrem Munde, was nicht in ihren Herzen war; und Allah weiß sehr wohl, was sie verbergen:

168 (162) Sie, die da von ihren Brüdern sprachen, während sie daheim geblieben: »Hätten sie uns gehorcht, wären sie nicht erschlagen.« Sprich: »So wehret von euch den Tod ab, so ihr wahrhaft seid.«

169 (163) Und wähnet nicht die in Allahs Weg Gefallenen für tot; nein, lebend bei ihrem Herrn, werden sie versorgt:

170 (164) Freudig über das, was Allah von Seiner Huld ihnen gab, und von Freude erfüllt über die hinter ihnen, die sie noch nicht eingeholt, daß keine Furcht über sie kommen wird und sie nicht trauern werden:

171 (165) Von Freude erfüllt über die Gnaden von Allah und Huld, und daß Allah den Lohn der Gläubigen nicht verlorengehen läßt.

172 (166) Die da Allah und dem Gesandten nach der Wunde, die sie erlitten, entsprachen, für die von ihnen, welche Gutes taten und gottesfürchtig waren, ist großer Lohn (bestimmt):

173 (167) Die da, als die Leute zu ihnen sprachen: »Siehe,

---

28 Der Sinn ist, daß der Sieg bei Badr ums Doppelte die Niederlage am Uḥud aufwog.

Das Haus 'Imrān　　　　　　　　　87

die Leute haben sich bereits wider euch geschart; fürchtet sie
drum!« – nur stärker wurden im Glauben und sprachen:
»Unser Genüge ist Allah, und trefflich ist der Beschützer!«

174 (168) Sie kehrten daher mit Gnade von Allah und Huld
zurück, ohne daß sie ein Übel getroffen hätte, und sie gingen
dem Wohlgefallen Allahs nach; und Allah ist voll großer
Huld.

175 (169) Jener Satan[29] will nur seine Helfer gefürchtet
machen; fürchtet sie aber nicht, sondern fürchtet Mich, so ihr
Gläubige seid.

176 (170) Und laß dich nicht von jenen betrüben, die um
die Wette dem Unglauben nacheilen; siehe, nimmer können
sie Allah etwas zuleide tun. Allah wird ihnen keinen Anteil
am Jenseits geben, und für sie ist große Strafe.

177 (171) Siehe, wer den Glauben für den Unglauben verkauft, nimmer vermögen sie Allah etwas zuleide zu tun, und
für sie ist schmerzliche Strafe.

178 (172) Und nicht sollen die Ungläubigen wähnen, daß,
was Wir ihnen an Frist gewähren, für ihre Seelen gut ist; Wir
schenken ihnen nur langes Leben, daß sie wachsen in Sünde.
Und für sie ist schändende Strafe.

179 (173) Und Allah gedenkt die Gläubigen nur so lange in
der Lage zu belassen, in welcher ihr seid, bis daß Er die
Schlechten von den Guten gesondert hat.

(174) Und Allah gedenkt nicht, euch das Verborgene zu
offenbaren, sondern Allah erkiest von Seinen Gesandten,
wen Er will; so glaubet an Allah und Seine Gesandten; und so
ihr glaubet und gottesfürchtig seid, so wird euch großer Lohn
sein.

180 (175) Und nicht sollen diejenigen, die da filzig sind mit
dem, was Allah ihnen gab in Seiner Huld, wähnen, es diene
ihnen zum Guten; nein, zum Bösen soll es ihnen dienen.

(176) Als Halskette sollen sie tragen, womit sie filzig

---

29 Dies geht auf den Führer der Quraišiten.

88   *Sure 3*

waren, am Tag der Auferstehung! Und Allahs ist das Erbe der
Himmel und der Erde, und Allah kennt euer Tun.

181 (177) Wahrlich, gehört hat Allah das Wort jener, die da
sprachen: »Siehe, Allah ist arm und wir sind reich.«[30] Niederschreiben wollen wir ihre Worte und ihr ungerechtes Ermorden der Propheten und wollen sprechen: »Schmecket des
Brennens Strafe!

182 (178) Dies für das, was eure Hände vorausschickten,
und dieweil Allah nicht ungerecht gegen Seine Diener ist.«

183 (179) Die da sprechen: »Siehe, Allah hat uns verpflichtet, keinem Gesandten zu glauben, bevor er uns ein Opfer
bringt, welches das Feuer (vom Himmel) verzehrt!«

(180) (Zu jenen) sprich: »Schon kamen zu euch Gesandte
vor mir mit den deutlichen Zeichen und mit dem, wovon ihr
sprecht. Weshalb denn ermordetet ihr sie, so ihr wahrhaft
seid?«

184 (181) Und so sie dich der Lüge zeihen, so sind schon
vor dir Gesandte der Lüge geziehen, wiewohl sie mit den
deutlichen Zeichen, den Schriften und dem erleuchtenden
Buch kamen.

185 (182) Jede Seele soll den Tod schmecken, und ihr sollt
nur euern Lohn empfangen am Tag der Auferstehung; und
wer da dem Feuer entnommen und ins Paradies geführt wird,
der soll glückselig sein. Und das irdische Leben ist nur ein
trügerischer Nießbrauch.

186 (183) Wahrlich, geprüft sollt ihr werden in euerm Gut
und an euch selber, und wahrlich, hören sollt ihr viel Leid von
denen, welchen die Schrift vor euch gegeben ward und von
denen, die Allah Gefährten geben. So ihr jedoch standhaft
seid und gottesfürchtig – siehe, dieses ist der Dinge Ratschluß.

187 (184) Und als Allah den Bund schloß mit denen, welchen die Schrift gegeben ward, (und sprach:) »Wahrlich, tut

---

30 Als Muhammad von dem jüdischen Stamm Qainuqāʿ Tribut verlangte, ant-
    wortete ihm ihr Häuptling, Allah müsse arm sein, wenn sie für ihn borgen
    kämen.

Das Haus 'Imrān   89

sie den Menschen kund und verberget sie nicht« – da warfen
sie dieselbe hinter ihre Rücken und verkauften sie für winzigen Preis. Und schlimm ist, was sie erkauften!

188 (185) Wähne nicht, daß die, welche sich ihrer Tat
freuen und gerühmt zu werden wünschen für das, was sie
nicht taten, wähne nicht, sie seien entronnen der Strafe. Ihnen
wird schmerzliche Strafe.

189 (186) Und Allahs ist das Reich der Himmel und der
Erde, und Allah ist mächtig über alle Dinge.

190 (187) Siehe, in der Schöpfung der Himmel und der
Erde und in dem Wechsel der Nacht und des Tages sind
wahrlich Zeichen für die Verständigen:

191 (188) Die da Allahs gedenken im Stehen und Sitzen und
(Liegen) auf ihren Seiten und nachdenken über die Schöpfung
der Himmel und der Erde (und sprechen:) »Unser Herr,
nicht umsonst hast Du dieses erschaffen. Preis Dir! Hüte uns
vor der Feuerspein!

192 (189) Unser Herr, siehe, wen Du ins Feuer führst, den
stürzest Du in Schande, und die Ungerechten haben keine
Helfer.

193 (190) Unser Herr, siehe, wir hörten einen Rufer, der
zum Glauben rief (und sprach:) ›Glaubet an euern Herrn!‹
und so glaubten wir.

(191) Unser Herr, und vergib uns drum unsre Sünden und
bedecke unsre Missetaten und laß uns abscheiden mit den
Frommen.

194 (192) Unser Herr, und gib uns, was du uns verheißen
durch deine Gesandten, und stürze uns nicht in Schande am
Tag der Auferstehung. Siehe, Du brichst nicht dein Versprechen.«

195 (193) Und es antwortet ihnen ihr Herr: »Siehe, Ich
lasse nicht verlorengehen das Werk des Wirkenden unter
euch, sei es Mann oder Weib; die einen von euch sind von den
andern.

(194) Und diejenigen, die da auswanderten und aus ihren
Häusern vertrieben wurden und in Meinem Wege litten und

90 *Sure 4*

kämpften und fielen – wahrlich, bedecken will Ich ihre Missetaten, und wahrlich, führen will Ich sie in Gärten, durcheilt von Bächen:

(195) Als Lohn von Allah; und Allah – bei Ihm ist der schönste Lohn.

196 (196) Laß dich nicht trügen durch den Wandel der Ungläubigen im Lande.

197 Ein winziger Nießbrauch – dann ist ihr Heim Dschahannam, und schlimm ist der Pfühl!

198 (197) Wer jedoch seinen Herrn fürchtet, denen werden Gärten sein, durcheilt von Wasserbächen, ewig darinnen zu verweilen; eine Aufnahme von Allah – und was bei Allah ist, ist gut für die Frommen.

199 (198) Und siehe, unter dem Volk der Schrift, wahrlich, da gibt es solche, die an Allah glauben und an das, was zu euch hinabgesandt ward, und was hinabgesandt ward zu ihnen, sich zu Allah demütigend und nicht um winzigen Preis die Zeichen Allahs verkaufend.

(199) Jene – ihr Lohn ist bei ihrem Herrn; siehe, Allah ist schnell im Rechnen.

200 (200) O ihr, die ihr glaubt, duldet und wetteifert in Geduld und haltet aus und fürchtet Allah; vielleicht ergeht es euch wohl.«

VIERTE SURE

Die Weiber

Geoffenbart zu Medina

*Im Namen Allahs,
des Erbarmers, des Barmherzigen!*

1 (1) O ihr Menschen, fürchtet euern Herrn, der euch erschaffen aus einem Wesen und aus ihm erschuf seine Gattin und aus ihnen viele Männer und *Weiber* entstehen ließ. Und

Die Weiber

fürchtet Allah, in dessen Namen ihr einander bittet, und eurer Mutter Schoß. Siehe, Allah wacht über euch.

2 (2) Und gebet den Waisen ihr Gut und tauschet nicht (euer) Schlechtes mit (ihrem) Guten ein und fresset nicht ihr Gut zu dem eurigen hinzu; siehe, das ist ein großes Verbrechen.

3 (3) Und so ihr fürchtet, nicht Gerechtigkeit gegen die Waisen zu üben, so nehmt euch zu Weibern, die euch gut dünken, (nur) zwei oder drei oder vier; und so ihr (auch dann) fürchtet, nicht billig zu sein, heiratet nur eine oder was eure Rechte (an Sklavinnen) besitzt.[1] Solches schützt euch eher vor Ungerechtigkeit.

4 Und gebet den Weibern ihre Morgengabe freiwillig. Und so sie euch gern etwas davon erlassen, so genießet es bekömmlich und zum Wohlsein.

5 (4) Und gebet nicht den Idioten euer Gut, das Allah euch gegeben hat zum Unterhalt. Versorget sie mit ihm und kleidet sie und sprechet zu ihnen mit freundlichen Worten.

6 (5) Und prüfet die Waisen, bis sie die Ehereife erreicht haben; und so ihr in ihnen Vernünftigkeit wahrnehmet, so händigt ihnen ihr Gut ein. Und fresset es nicht verschwenderisch und in Eile,

(6) Falls sie nicht großjährig werden möchten. Der reiche (Vormund) enthalte sich sein, und der arme zehre von ihm nach Billigkeit.

(7) Und so ihr ihnen ihr Gut einhändigt, nehmt Zeugen wider sie. Allah nimmt ebenfalls genügende Rechenschaft.

7 (8) Die Männer sollen einen Teil von der Hinterlassenschaft ihrer Eltern und Verwandten empfangen und ebenfalls sollen die Weiber einen Teil von der Hinterlassenschaft ihrer Eltern und Verwandten empfangen. Sei es wenig oder viel, sie sollen einen bestimmten Teil haben.

8 (9) Und so die Verwandten und die Waisen und Armen

---

1 Aus der Forderung, die Frauen gleichmäßig zu behandeln, haben islamische Modernisten die Forderung nach der Einehe aufgestellt.

bei der Teilung zugegen sind, so schenket ihnen etwas davon und sprechet freundliche Worte zu ihnen.

9 (10) Und fürchten sollen sich die, (den Waisen Unrecht anzutun,) welche, so sie schwache Nachkommen hinterließen, für sie bangen würden; Allah sollen sie fürchten und sollen geziemende Worte sprechen.

10 (11) Siehe, wer der Waisen Gut ungerecht frißt, der frißt sich Feuer in seinen Bauch und wird in der Flamme brennen.

11 (12) Allah schreibt euch vor hinsichtlich eurer Kinder, dem Knaben zweier Mädchen Anteil zu geben. Sind es aber (nur) Mädchen, mehr als zwei, sollen sie zwei Dritteile der Hinterlassenschaft erhalten. Ist's nur ein Mädchen, soll sie die Hälfte haben. Und die Eltern sollen ein jeder von ihnen den sechsten Teil der Hinterlassenschaft haben, so er ein Kind hat; hat er jedoch kein Kind, und seine Eltern beerben ihn, soll seine Mutter den dritten Teil haben. Und so er Brüder hat, soll seine Mutter den sechsten Teil nach Bezahlung eines etwa gemachten Legats oder einer Schuld haben. Eure Eltern und eure Kinder, ihr wisset nicht, wer von beiden euch an Nutzen näher steht. (Dies ist) ein Gebot von Allah; siehe, Allah ist wissend und weise.

12 (13) Und euch sei die Hälfte dessen, was eure Gattinnen hinterlassen, so sie kein Kind haben; haben sie jedoch ein Kind, so sollt ihr den vierten Teil haben von ihrer Hinterlassenschaft, nach Abzug eines etwa gemachten Legats oder einer Schuld.

(14) Und sie sollen den vierten Teil eurer Hinterlassenschaft haben, so ihr kein Kind habt; habt ihr jedoch ein Kind, so sollen sie den achten Teil eurer Hinterlassenschaft haben nach Abzug eines von ihnen etwa gemachten Vermächtnisses oder einer Schuld.

(15) Und so ein Mann oder eine Frau entfernte Verwandten zu Erben einsetzen, und er hat einen Bruder oder eine Schwester, so soll ein jeder von ihnen den sechsten Teil empfangen. Sind aber mehrere vorhanden, so sollen sie sich in den

Die Weiber

dritten Teil teilen nach Abzug eines von ihm etwa gemachten Vermächtnisses oder einer Schuld,

(16) Ohne Benachteiligung. (Dies ist) eine Verordnung Allahs, und Allah ist wissend und weise.

13 (17) Dies sind Allahs Verordnungen; und wer Allah und Seinem Gesandten gehorcht, den führt Er ein in Gärten, durcheilt von Bächen, ewig darinnen zu verweilen; und dies ist die große Glückseligkeit.

14 (18) Wer aber wider Allah und Seinen Gesandten rebelliert und Seine Gebote übertritt, den führt Er ein in ein Feuer, ewig darinnen zu verweilen, und es trifft ihn schändende Strafe.[2]

15 (19) Und wer von euern Weibern eine Hurerei begeht, so nehmet vier von euch zu Zeugen wider sie. Und so sie es bezeugen, so schließet sie ein in die Häuser, bis der Tod ihnen naht oder Allah ihnen einen Weg gibt.

16 (20) Und diejenigen, die es von euch begehen[3], strafet beide. Und so sie bereuen und sich bessern, so lasset ab von ihnen. Siehe, Allah ist vergebend und barmherzig.

17 (21) Vergebung ist nur bei Allah für diejenigen, welche in Unwissenheit Übles taten und in Bälde bereuten; diesen vergibt Allah; und Allah ist wissend und weise.

18 (22) Aber keine Vergebung ist für jene, welche das Üble taten, bis daß, wenn der Tod einem von ihnen naht, sie sprechen: »Siehe, ich bekehre mich jetzt«; und auch nicht für jene, die als Ungläubige sterben. Für jene bereiteten Wir schmerzliche Strafe.

19 (23) O ihr, die ihr glaubt, nicht ist euch erlaubt, Weiber wider ihren Willen zu beerben. Und hindert sie nicht an der Verheiratung mit einem andern, um einen Teil von dem, was ihr ihnen gabt, ihnen zu nehmen, es sei denn, sie hätten offenkundig Hurerei begangen. Verkehrt in Billigkeit mit ihnen; und so ihr Abscheu wider sie empfindet, empfindet ihr viel-

---

2 Vgl. zu V. 14 ff. Georges-H. Bousquet, *La morale de l'Islam et son éthique sexuelle*, Paris 1954.
3 Die Päderasten?

94   *Sure 4*

leicht Abscheu wider etwas, in das Allah reiches Gut gelegt hat.

20 (24) Und so ihr eine Gattin gegen eine andere eintauschen wollt und ihr habt der einen ein Talent gegeben, so nehmt nichts von ihm fort. Wolltet ihr es etwa fortnehmen in Verleumdung und offenbarer Sünde[4]?

21 (25) Und wie könntet ihr es fortnehmen, wo ihr einander bereits beiwohntet, und sie von euch einen festen Bund empfingen?

22 (26) Und heiratet nicht Frauen, die eure Väter geheiratet hatten, es sei denn bereits zuvor geschehen. Siehe, es ist eine Schande und ein Abscheu und ein übler Weg.

23 (27) Verwehrt sind euch eure Mütter, eure Töchter, eure Schwestern, eure Vatersschwestern und Mutterschwestern, eure Bruderstöchter und Schwestertöchter, eure Nährmütter und Milchschwestern und die Mütter eurer Weiber und eure Stieftöchter, die in eurem Schutze sind, von euern Weibern, die ihr heimsuchtet. Habt ihr sie jedoch noch nicht heimgesucht, so ist's keine Sünde. Ferner die Ehefrauen eurer Söhne aus euern Lenden; und nicht sollt ihr zwei Schwestern zusammen haben, es sei denn bereits geschehen. Siehe Allah ist verzeihend und barmherzig.

24 (28) Und (verwehrt sind euch) verheiratete Frauen außer denen, die eure Rechte besitzt[5]. Dies ist Allahs Vorschrift für euch. Und erlaubt ist euch außer diesem, daß ihr mit euerm Geld Frauen begehrt, zur Ehe und nicht in Hurerei. Und gebet denen, die ihr genossen habt, ihre Morgengabe. Dies ist eine Vorschrift; doch soll es keine Sünde sein, wenn ihr über die Vorschrift hinaus miteinander Übereinkunft trefft. Siehe, Allah ist wissend und weise.

25 (29) Und wer von euch nicht vermögend genug ist, gläubige Frauen zu heiraten, der heirate von den gläubigen Sklavinnen, die seine Rechte besitzt; und Allah kennt sehr wohl euern Glauben. Ihr seid einer vom andern. Drum heiratet sie

4 Indem ihr sie des Unglaubens bezichtigt.
5 Dieser Ausdruck bedeutet stets »Sklaven« oder »Sklavinnen«.

Die Weiber 95

mit Erlaubnis ihrer Herren und gebet ihnen ihre Morgengabe nach Billigkeit. Sie seien jedoch keusch und sollen nicht Hurerei treiben und sich keine Geliebten halten.

(30) Sind sie aber verheiratet und begehen Ehebruch, so treffe sie die Hälfte der Strafe der verheirateten (freien) Frauen. (Diese Verordnung ist) für den von euch, der die Sünde fürchtet; doch besser ist's für euch, davon abzustehen. Und Allah ist verzeihend und barmherzig.

26 (31) Allah will euch dies kundtun und will euch nach der Weise derer, die vor euch lebten, leiten und sich zu euch kehren. Und Allah ist wissend und weise.

27 (32) Und Allah will sich zu euch kehren; jene aber, die den Lüsten folgen, wünschen, daß ihr abweichet in großem Abweichen.

28 Allah will es euch leicht machen, und der Mensch ward schwach erschaffen.

29 (33) O ihr, die ihr glaubt, fresset nicht euer Gut unter euch in Nichtigkeiten, es sei denn im Handel nach gegenseitiger Übereinkunft; und begeht nicht Selbstmord; siehe, Allah ist barmherzig gegen euch.

30 (34) Und wer dieses tut in Feindschaft und Frevel, wahrlich, den werden Wir brennen lassen im Feuer; denn dies ist Allah ein Leichtes.

31 (35) So ihr die großen Sünden meidet, die euch verboten sind, so bedecken Wir eure Vergehen und führen euch ein in Ehren.

32 (36) Und begehret nicht das, womit Allah den einen von euch vor dem andern auszeichnete. Den Männern soll sein ein Anteil nach Verdienst, und den Weibern ein Anteil nach Verdienst; und bittet Allah um Seine Huld; siehe, Allah weiß alle Dinge.

33 (37) Einem jeden haben Wir Verwandte gegeben, was die Eltern oder Angehörigen oder diejenigen, mit denen ihr eure Rechte verbunden, hinterlassen, zu erben. So gebet ihnen ihren Anteil; siehe, Allah ist von allen Dingen Zeuge.

34 (38) Die Männer sind den Weibern überlegen wegen

96 *Sure 4*

dessen, was Allah den einen vor den andern gegeben hat, und weil sie von ihrem Geld (für die Weiber) auslegen. Die rechtschaffenen Frauen sind gehorsam und sorgsam in der Abwesenheit (ihrer Gatten), wie Allah für sie sorgte. Diejenigen aber, für deren Widerspenstigkeit ihr fürchtet – warnet sie, verbannet sie in die Schlafgemächer und schlagt sie. Und so sie euch gehorchen, so suchet keinen Weg wider sie; siehe, Allah ist hoch und groß.

35 (39) Und so ihr einen Bruch zwischen beiden[6] befürchtet, dann sendet einen Schiedsrichter von ihrer Familie und einen Schiedsrichter von seiner Familie. Wollen sie sich aussöhnen, so wird Allah Frieden zwischen ihnen stiften. Siehe, Allah ist wissend und weise.

36 (40) Und dienet Allah und setzet Ihm nichts an die Seite; und seid gut gegen die Eltern, die Verwandten, die Waisen, die Armen, den Nachbar, sei er verwandt oder aus der Fremde, gegen den vertrauten Freund, den Sohn des Weges und den Besitz eurer Rechten. Siehe, Allah liebt nicht den Hochmütigen, den Prahler.

37 (41) Die da geizig sind und den Leuten gebieten, geizig zu sein, und verbergen, was Allah ihnen in Seiner Huld gab; und den Ungläubigen haben Wir schändende Strafe bereitet:

38 (42) Und jenen, die da ihr Gut spenden vor den Augen der Leute und nicht glauben an Allah und an den Jüngsten Tag; und wer den Satan zum Nächsten hat – ein schlimmer Nächster!

39 (43) Was aber käme über sie, so sie an Allah glaubten und an den Jüngsten Tag und spendeten von dem, was Allah ihnen bescherte? Und Allah kennt sie.

40 (44) Siehe, Allah, nicht tut Er Unrecht im Gewicht eines Stäubchens[7], und so da ist eine gute Tat, wird Er sie verdoppeln und wird geben von Sich her großen Lohn.

6 Mann und Weib.
7 Nach andern: Ameise.

Die Weiber   97

41 (45) Und wie (wird es mit den Ungläubigen stehen,)
wenn Wir vor jedem Volk einen Zeugen bringen, und wenn
Wir dich wider sie zum Zeugen bringen?

42 An jenem Tage werden die Ungläubigen, die wider den
Gesandten rebellierten, wünschen, daß sie dem Boden gleich
gemacht würden, und werden nichts vor Allah verbergen.

43 (46) O ihr, die ihr glaubt, nähert euch nicht trunken
dem Gebet (sondern wartet,) bis ihr wisset, was ihr sprechet,
und auch nicht von Samen befleckt, es sei denn, ihr zö-
get des Weges, bis ihr euch gewaschen habt. Seid ihr krank
oder auf einer Reise, oder es kommt einer von euch von
der Senke, oder ihr habt die Weiber berührt und findet kein
Wasser, so nehmt dafür guten Sand und reibet euer Gesicht
und eure Hände ab; siehe, Allah ist nachsichtig und verzeihend.

44 (47) Schautest du nicht auf jene, denen ein Teil von der
Schrift gegeben ward[8]? Sie verkaufen den Irrtum und wünschen, daß ihr vom Weg abirrt.

45 Aber Allah kennt sehr wohl eure Feinde, und Allah
genügt als Beschützer, und Allah genügt als Helfer.

46 (48) Unter den Juden gibt's welche, die die Stellung der
Wörter verkehren und sagen: »Wir haben vernommen und
rebellieren; und höre du, ohne zu vernehmen, und sieh uns
an[9].« Es ist ein Umbiegen mit ihren Zungen und ein Stechen
in den Glauben.

(49) Und wenn sie sprächen: »Wir hören und gehorchen,
und höre du und schau uns an[10]«, so wäre es besser für sie und
richtiger. Jedoch hat sie Allah für ihren Unglauben verflucht;
und nur wenige von ihnen glauben.

47 (50) O ihr, denen die Schrift gegeben ward, glaubet an
das, was Wir hinabsandten, bestätigend was ihr habt, bevor
Wir (eure) Gesichter auswischen und sie ihren Hinterteilen

---

8 Die Juden.
9 Arabisch *rā'inā*.
10 Arabisch *unẓurnā*. Dasselbe Wortspiel wie Sure 2,104.

98   *Sure 4*

gleich machen oder euch verfluchen, wie Wir die Sabbatgesellen verfluchten[11]. Und Allahs Befehl ward vollzogen.

48 (51) Siehe, Allah vergibt nicht, daß man Ihm Götter beigesellt; doch verzeiht Er, was außer diesem ist, wem Er will. Und wer Allah Götter beigesellt, der hat eine gewaltige Sünde ersonnen.

49 (52) Sahest du nicht auf die, welche sich selber für rein erachten? Allah aber erklärt für rein, wen Er will; und es soll euch nicht um ein Fädchen am Dattelkern Unrecht geschehen.

50 (53) Schau, wie sie Lüge wider Allah ersinnen; und dies genügt als offenkundige Sünde.

51 (54) Sahest du nicht auf die, denen ein Teil von der Schrift gegeben ward? Sie glauben an den Ģibt und den Ṭāģūt[12] und sprechen von den Ungläubigen: »Sie sind des Weges besser geleitet als die Gläubigen.«

52 (55) Diese sind es, welche Allah verflucht hat; und wen Allah verflucht hat, wahrlich nimmer findet er einen Helfer.

53 (56) Sollen sie etwa einen Anteil am Königreich empfangen, wo sie selbst dann den Menschen nicht einmal ein Keimgrübchen im Dattelkern geben würden?

54 (57) Beneiden sie etwa die Leute um das, was Allah ihnen in Seiner Huld schenkte? Wir gaben dem Hause Abraham die Schrift und die Weisheit und gaben ihnen ein gewaltiges Königreich.

55 (58) Und einige von ihnen glauben an ihn[13], andre aber kehrten sich von ihm ab; und Dschahannam[14] genügt (ihnen) als Flamme.

56 (59) Siehe, wer da Unsre Zeichen verleugnet, den werden Wir im Feuer brennen lassen. Sooft ihre Haut gar ist,

---

11 Sure 2,65.
12 Beides Götzen der heidnischen Araber. Einige Juden gingen aus Haß gegen Muhammad zu den Quraišiten über.
13 An Muhammad.
14 Arabisch *ğahannam* »Hölle; Feuer, Flamme«.

Die Weiber 99

geben Wir ihnen eine andre Haut, damit sie die Strafe schmecken. Siehe Allah ist mächtig und weise.

57 (60) Diejenigen aber, die da glauben und das Rechte tun, die werden Wir einführen in Gärten, durcheilt von Bächen, darinnen zu verweilen ewig und immerdar; und reine Gattinnen sollen ihnen darinnen sein, und führen werden Wir sie in überschattenden Schatten.

58 (61) Siehe, Allah gebietet euch, wiederzugeben die Unterpfänder ihren Besitzern, und so ihr unter den Leuten richtet, in Billigkeit zu richten. Siehe, Allah – wie herrlich ist das, wozu Er euch mahnt! Siehe, Allah hört und sieht.

59 (62) O ihr, die ihr glaubt, gehorchet Allah und gehorchet dem Gesandten und denen, die Befehl unter euch haben.[15] Und so ihr in etwas uneins seid, so bringet es vor Allah und den Gesandten, so ihr an Allah glaubt und an den Jüngsten Tag. Dies ist die beste und die schönste Auslegung.

60 (63) Sahest du nicht auf die, welche behaupten, sie glaubten an das, was auf dich hinabgesandt ward, und hinabgesandt ward vor dir? Sie wollen sich richten lassen vor dem Ṭāġūt, wiewohl ihnen befohlen ward, nicht an ihn zu glauben. Und es will sie der Satan in tiefer Abirrung irre führen.

61 (64) Und so zu ihnen gesprochen wird: »Heran zu dem, was Allah offenbarte, und zum Gesandten!« Dann siehst du die Heuchler sich schroff von dir abwenden.

62 (65) Wie aber, wenn sie ein Unheil betrifft für das, was ihre Hände zuvor taten? Dann kommen sie zu dir, schwörend bei Allah: »Siehe, wir wünschen nur Gutes und Versöhnung.«

63 (66) Allah weiß, was in ihren Herzen ist. Drum wende dich ab von ihnen und ermahne sie und sprich zu ihnen in ihre Seelen dringende Worte.

64 (67) Und Wir entsandten Gesandte nur, daß ihnen

---

15 Die islamische Regierungsform ist die Theokratie. Zunächst muß Allah Gehorsam geleistet werden, dann dem Propheten, dann der »Autorität«, welche sie auch sei. Icbāl übersetzt »von euch« und sieht darin die Grundlage für ein demokratisches Staatswesen.

gehorcht würde mit Allahs Erlaubnis. Und wenn sie, nachdem sie wider sich gesündigt, zu dir kämen und Allah um Verzeihung bäten, und der Gesandte für sie um Verzeihung bäte, wahrlich, sie würden Allah vergebend und barmherzig erfinden.

65 (68) Aber nein, bei deinem Herrn, nicht eher werden sie glauben, bis sie dich zum Richter über ihre Streitsachen einsetzen. Alsdann werden sie in ihren Herzen keine Schwierigkeit finden in deinem Entscheid und sich in Ergebung ergeben.

66 (69) Und so Wir ihnen vorgeschrieben hätten: »Tötet euch selber oder verlasset eure Wohnungen«, so hätten es nur wenige von ihnen getan. Hätten aber sie getan, wozu sie aufgefordert wurden, es wäre besser für sie gewesen und bekräftigender (für ihren Glauben).

67 (70) Und alsdann hätten Wir ihnen wahrlich von uns her gewaltigen Lohn gegeben,

68 Und wahrlich Wir hätten sie auf den rechten Weg geleitet.

69 (71) Und wer Allah gehorcht und dem Gesandten, die sollen sein bei denen von den Propheten und den Gerechten und den Märtyrern und den Frommen, denen Allah gnädig gewesen; das ist eine schöne Kameradschaft!

70 (72) Solches ist die Huld von Allah; und Allahs Wissen genügt.

71 (73) O ihr, die ihr glaubt, seid auf eurer Hut und rücket in Trupps aus oder rücket aus in Masse.

72 (74) Und wahrlich unter euch gibt's welche, die zurückbleiben; und so euch ein Unglück trifft, sprechen sie: »Uns ist Allah gnädig gewesen, daß wir nicht bei ihnen waren.«

73 (75) So euch aber eine Huld von Allah zuteil wird, wahrlich dann sprechen sie – wiewohl zwischen euch und ihnen keine Freundschaft war –: »Ach wäre ich doch bei ihnen gewesen, dann hätte ich großes Glück davongetragen!«

74 (76) Und so soll kämpfen in Allahs Weg, wer das irdische Leben verkauft für das Jenseits. Und wer da kämpft in

Die Weiber 101

Allahs Weg, falle er oder siege er, wahrlich, dem geben Wir gewaltigen Lohn.

75 (77) Und was ist euch, daß ihr nicht kämpfet in Allahs Weg und für die schwachen unter den Männern und die Weiber und Kinder, die da sprechen: »Unser Herr, führe uns hinaus aus dieser Stadt[16] voll tyrannischer Bewohner, und gib uns von Dir her einen Beschützer, und gib uns von Dir her einen Helfer?«

76 (78) Wer da glaubt, kämpft in Allahs Weg, und wer da nicht glaubt, kämpft im Weg des Ṭāġūt. So bekämpfet des Satans Freunde. Siehe, des Satans List ist schwach.

77 (79) Sahst du nicht auf die, zu denen gesprochen ward: »Hemmet eure Hände (vom Kampf) und verrichtet das Gebet und zahlet die Armenspende?« Doch wenn ihnen der Kampf vorgeschrieben wird, dann fürchtet ein Teil von ihnen die Menschen, wie sie Allah fürchten, ja noch mehr, und sprechen: »Unser Herr, warum schriebst du uns den Kampf vor und verziehst nicht mit uns bis zum nahen Termin?« Sprich: »Der Nießbrauch der Welt ist winzig, und das Jenseits ist besser für den Gottesfürchtigen; und nicht sollt ihr um eines Dattelkerns Fädchen Unrecht erleiden.«

78 (80) Wo immer ihr seid, einholen wird euch der Tod, auch wenn ihr wäret in ragenden Türmen. Und so ihnen ein Gutes widerfährt, sprechen sie: »Dieses ist von Allah.« Und so ihnen ein Übles widerfährt; sprechen sie: »Dieses ist von dir.« Sprich: »Alles ist von Allah.« Was aber ist diesem Volk, daß sie kaum ein Wort verstehen?

79 (81) Was immer Gutes dir widerfährt, ist von Allah, und was immer Böses dir widerfährt, ist von dir selber. Und Wir entsandten dich zu den Menschen als einen Gesandten, und Allah genügt als Zeuge.

80 (82) Wer dem Gesandten gehorcht, der gehorcht Allah, und wer den Rücken kehrt, ... so haben Wir dich nicht entsandt zum Hüter über sie.

16 Mekka.

102   *Sure 4*

81 (83) Und sie sprechen: »Gehorsam!« Sobald sie jedoch
von dir heraustreten, brütet ein Teil von ihnen des Nachts
über etwas andres als deine Worte nach. Allah aber schreibt
auf, worüber sie brüten. Drum wende dich ab von ihnen und
vertrau auf Allah, und Allah genügt als Beschützer.
82 (84) Ist's nicht, daß sie den Koran studieren? Und so er
von einem andern als Allah wäre, wahrlich sie fänden in ihm
viele Widersprüche.
83 (85) Und wenn zu ihnen eine Sache kommt, die Sicherheit oder Furcht einflößt, verbreiten sie dieselbe. Wenn sie
dieselbe aber dem Gesandten oder denen, die Befehl unter
ihnen haben, hinterbrächten, so würden es diejenigen erfahren, die es von ihnen herausbringen wollen. Und ohne Allahs
Huld gegen euch und Seine Barmherzigkeit wäret ihr sicher
bis auf wenige dem Satan gefolgt.
84 (86) So kämpf in Allahs Weg; nur du sollst (dazu)
gezwungen werden; und sporne die Gläubigen an. Vielleicht
hemmt Allah die Kühnheit der Ungläubigen, denn Allah ist
gewaltiger an Kühnheit und gewaltiger an Züchtigen.
85 (87) Wer Fürsprache einlegt für eine gute Sache, der soll
seinen Anteil an ihr haben; und wer Fürsprache einlegt für
eine schlechte Sache, der soll ein Gleiches von ihr haben. Und
Allah wacht über alle Dinge.
86 (88) Und so ihr gegrüßt werdet mit einem Gruß, so
grüßet mit schönerem wieder oder gebet ihn zurück. Siehe,
Allah nimmt Rechenschaft von allen Dingen.
87 (89) Allah, es gibt keinen Gott außer Ihm; wahrlich, Er
wird euch versammeln zum Tag der Auferstehung; kein
Zweifel ist daran; und wessen Wort ist zuverlässiger als Allahs?
88 (90) Und weshalb seid ihr hinsichtlich der Heuchler
zwei Parteien, wo Allah sie für ihr Tun umgekehrt hat? Wollt
ihr recht leiten, wen Allah irregeführt hat? Und wen Allah
irreführt, nimmer findest du für ihn einen Weg.
89 (91) Sie wünschen, daß ihr ungläubig werdet, wie sie
ungläubig sind, und daß ihr (ihnen) gleich seid. Nehmet aber

Die Weiber   103

keinen von ihnen zum Freund, ehe sie nicht auswanderten in
Allahs Weg. Und so sie den Rücken kehren, so ergreifet sie
und schlagt sie tot, wo immer ihr sie findet; und nehmet
keinen von ihnen zum Freund oder Helfer:

90 (92) Außer denen, die zu einem Volke kommen, mit
dem ihr ein Bündnis habt, oder zu euch kommen, dieweil ihre
Brüste beklommen sind, wider euch zu kämpfen oder ihr
eigenes Volk zu bekämpfen. So Allah es wollte, wahrlich, Er
hätte ihnen Macht über euch gegeben, und sicherlich hätten
sie wider euch gekämpft. Wenn sie jedoch von euch scheiden,
ohne euch zu bekämpfen, und euch Frieden anbieten, so gibt
euch Allah keinen Weg wider sie.

91 (93) Andre werdet ihr finden, welche mit euch und mit
ihrem Volke in Frieden leben wollen. Sooft diese in Empö-
rung zurückfallen, sollen sie in ihr umgekehrt werden. Und
so sie sich nicht von euch trennen noch euch Frieden anbieten
und ihre Hände hemmen, so nehmet sie und schlagt sie tot,
wo immer ihr auf sie stoßet. Und über sie haben Wir euch
offenkundige Macht gegeben.

92 (94) Ein Gläubiger darf keinen Gläubigen töten, es sei
denn aus Versehen; und wer einen Gläubigen aus Versehen
tötet, der soll einen gläubigen Nacken[17] befreien, und das
Sühngeld soll seiner Familie gezahlt werden, es sei denn, sie
schenken es als Almosen. Und so er ein Gläubiger ist aus
einem euch feindlichen Volk, so befreie er einen gläubigen
Nacken; ist er aber aus einem mit euch verbündeten Volk, so
zahle er das Sühngeld an seine Familie und befreie einen gläubigen Nacken. Und wer nicht (die Mittel) findet, der faste
zwei Monate hintereinander. Dies ist eine Buße von Allah,
und Allah ist wissend und weise.

93 (95) Und wer einen Gläubigen mit Vorsatz tötet, dessen
Lohn ist Dschahannam; ewig soll er darin verweilen, und
Allah zürnt ihm und verflucht ihn und bereitet für ihn gewal-
tige Strafe.

17 Einen Gefangenen.

104 *Sure 4*

94 (96) O ihr, die ihr glaubt, so ihr auszieht in Allahs Weg, so machet einen Unterschied, und sprechet nicht zu jedem, der euch Frieden anbietet: »Du bist kein Gläubiger«, in euerm Trachten nach dem Gewinn des irdischen Lebens[18]. Bei Allah ist reiche Beute. Also waret ihr zuvor, doch Allah war gnädig gegen euch. Drum machet einen Unterschied; siehe, Allah kennt euer Tun.

95 (97) Und nicht sind diejenigen Gläubigen, welche (daheim) ohne Bedrängnis sitzen, gleich denen, die in Allahs Weg streiten mit Gut und Blut. Allah hat die, welche mit Gut und Blut streiten, im Rang über die, welche (daheim) sitzen, erhöht. Allen hat Allah das Gute versprochen; aber den Eifernden hat Er vor den (daheim) Sitzenden hohen Lohn verheißen.

96 (98) Rangstufen von Ihm und Vergebung und Barmherzigkeit; denn Allah ist nachsichtig und barmherzig.

97 (99) Siehe, diejenigen, welche wider sich gesündigt hatten, nahmen die Engel fort und sprachen zu ihnen: »Wozu gehört ihr?« Sie sprachen: »Wir sind die Schwachen im Land.« Sie sprachen: »Ist nicht Allahs Land weit genug, daß ihr hättet auswandern können in dasselbe?« Und jene, ... ihre Behausung ist Dschahannam, und schlimm ist die Fahrt (dorthin):

98 (100) Außer den Schwachen unter den Männern und Frauen und Kindern, die sich nicht zu helfen vermögen und nicht des Weges geleitet sind.

99 Ihnen verzeiht Allah vielleicht, denn Allah ist nachsichtig und verzeihend.

100 (101) Und wer auswandert in Allahs Weg, wird auf der Erde manche Zuflucht und Hilfsmittel finden. Und wer sein Haus verläßt und zu Allah und Seinem Gesandten auswandert, und der Tod ereilt ihn dann, dessen Lohn fällt Allah zu; und Allah ist verzeihend und barmherzig.

101 (102) Und so ihr das Land durchzieht, so begeht ihr

18 Indem sie ihn als Ungläubigen überfallen und Beute machen.

Die Weiber   105

keine Sünde, wenn ihr das Gebet abkürzt aus Furcht, die Ungläubigen könnten euch überfallen. Siehe, die Ungläubigen sind euch ein offenkundiger Feind.

102 (103) Und wenn du unter ihnen bist und mit ihnen das Gebet verrichtest, so soll ein Teil mit dir stehen, doch sollen sie ihre Waffen ergreifen. Und wenn sie sich niedergeworfen haben, so sollen sie hinter euch treten, und es soll eine andre Abteilung kommen, die noch nicht gebetet hat, und soll mit dir beten; doch sollen sie auf der Hut sein und ihre Waffen ergreifen. Die Ungläubigen hätten es gern, daß ihr eure Waffen und eure Sachen außer acht ließet, um euch dann auf einmal zu überfallen. Und ihr begehet keine Sünde, wenn euch der Regen Schaden zufügt oder wenn ihr krank seid, eure Waffen fortzulegen. Seid jedoch auf eurer Hut. Siehe, Allah hat für die Ungläubigen schändende Strafe bereitet.

103 (104) Und wenn ihr das Gebet beendet habt, dann gedenket Allahs, sei es stehend, sitzend oder auf euern Seiten (liegend). Und wenn ihr in Sicherheit seid, so verrichtet das Gebet; siehe, das Gebet ist für die Gläubigen eine Vorschrift, die für bestimmte Zeiten festgesetzt ist.

104 (105) Und erlahmet nicht in der Verfolgung des Volks[19]; leidet ihr, siehe, so leiden sie, wie ihr leidet. Ihr aber erhoffet von Allah, was sie nicht erhoffen; und Allah ist wissend und weise.

105 (106) Siehe, Wir haben zu dir das Buch in Wahrheit hinabgesandt, damit du zwischen den Menschen richtest, wie dir Allah Einsicht gegeben. Aber mit den Verrätern disputiere nicht.

106 Und bitte Allah um Verzeihung (für sie); siehe, Allah ist verzeihend und barmherzig.

107 (107) Und verwende dich nicht für die, welche einander betrügen; siehe, Allah liebt nicht einen Betrüger und Sünder.

108 (108) Sie verbergen sich vor den Menschen, doch kön-

19 Der Ungläubigen.

nen sie sich nicht vor Allah verbergen; und Er ist bei ihnen, wenn sie des Nachts besprechen, was Ihm nicht gefällt. Allah überschaut all ihr Tun.

109 (109) Ihr verteidiget sie wohl in diesem Leben; wer aber wird sie vor Allah am Tag der Auferstehung verteidigen oder wer wird ihr Schützer sein?

110 (110) Und wer eine Missetat tut oder wider sich sündigt und dann Allah um Verzeihung bittet, wird Allah verzeihend und barmherzig finden.

111 (111) Und wer eine Sünde begeht, begeht sie nur gegen sich selber; und Allah ist wissend und weise.

112 (112) Und wer ein Vergehen oder eine Sünde begeht und sie auf einen Unschuldigen legt, der beladet sich mit Verleumdung und offenbarer Sünde.

113 (113) Und ohne Allahs Huld und Barmherzigkeit gegen dich hätte wahrlich ein Teil von ihnen versucht, dich irrezuführen; aber nur sich selber führen sie irre, ohne dir das geringste zu schaden. Und hinabgesandt hat Allah die Schrift und die Weisheit und hat dich gelehrt, was du nicht wußtest; und Allahs Huld war groß gegen dich.

114 (114) Nichts Gutes ist in einem großen Teil ihrer geheimen Reden, es sei denn, wenn einer Almosen oder was Rechtens ist oder Frieden unter den Menschen gebietet. Und wer solches tut im Trachten nach Allahs Huld, wahrlich, dem werden Wir gewaltigen Lohn geben.

115 (115) Wer sich aber von dem Gesandten trennt, nachdem ihm die Leitung offenkund getan, und einen andern Weg als den der Gläubigen befolgt, dem wollen Wir den Rücken kehren, wie er den Rücken gekehrt hat, und wollen ihn in Dschahannam brennen lassen; und schlimm ist die Fahrt dorthin.

116 (116) Siehe, Allah vergibt es nicht, daß Ihm Götter zur Seite gesetzt werden, doch vergibt Er alles außer diesem, wem Er will. Wer Allah Götter zur Seite setzt, der ist weit abgeirrt.

117 (117) Siehe, sie rufen außer Ihm Weiber an, ja sie rufen einen rebellischen Satan an!

Die Weiber 107

118 (118) Verflucht hat ihn Allah, und er sprach: »Wahrlich, nehmer will ich einen bestimmten Teil Deiner Diener

119 Und will sie in die Irre führen und sie lüstern machen und ihnen befehlen, daß sie den Tieren die Ohren abschneiden[20] und ihnen befehlen, die Schöpfung Allahs zu verändern.« Und wer sich den Satan zum Beschützer nimmt und Allah verwirft, der ist offenbar verloren.

120 (119) Er macht ihnen Versprechungen und weckt ihre Lüste; aber der Satan macht ihnen nur Versprechungen in Trug.

121 (120) Sie – ihre Behausung ist Dschahannam, und nicht finden sie ein Entkommen aus ihr.

122 (121) Wer aber glaubt und das Rechte tut, wahrlich jene führen Wir ein in Gärten, durcheilt von Bächen, darinnen zu verweilen ewig und immerdar. Das ist eine wahre Verheißung von Allah; und wessen Wort ist wahrhafter als Allahs?

123 (122) Nicht nach euern Wünschen und den Wünschen des Volkes der Schrift. Wer Böses getan, dem wird es vergolten, und nicht findet er außer Allah einen Schützer oder Helfer.

124 (123) Wer aber Rechtes tut, sei es Mann oder Weib, und er ist gläubig –jene sollen eingehen ins Paradies und sollen nicht um ein Keimgrübchen im Dattelkern Unrecht erleiden.

125 (124) Und wer hätte einen schönern Glauben, als wer sein Angesicht Allah ergibt und das Gute tut und die Religion Abrahams, des Lautern im Glauben, befolgt; und Allah nahm sich Abraham zum Freund.

126 (125) Und Allahs ist, was in den Himmeln und was auf Erden, und Allah ist rings um alle Dinge.

127 (126) Und sie werden dich über die Weiber befragen. Sprich: »Allah hat euch über sie belehrt und hat euch in der Schrift verkündet in betreff verwaister Mädchen, denen ihr nicht gebt, was euch vorgeschrieben, und die ihr nicht heira-

20 Dies geschah aus Aberglauben.

108 *Sure 4*

ten wollt; ebenso betreffs schwacher Kinder, und daß ihr
gegen die Waisen Gerechtigkeit üben sollt. Und was ihr
Gutes tut, siehe, Allah weiß es.«

128 (127) Und so eine Frau von ihrem Ehemann rohe
Behandlung[21] oder Abneigung befürchtet, so begehen sie
keine Sünde, wenn sie sich versöhnen, denn Versöhnung ist
das beste. Die Seelen sind dem Geiz zugänglich; doch so ihr
Gutes tut und gottesfürchtig seid, siehe, so kennt Allah euer
Tun.

129 (128) Nimmer ist es euch möglich, in (gleicher) Billigkeit gegen eure Weiber zu verfahren, auch wenn ihr danach
trachtetet. Doch wendet euch nicht gänzlich (von der einen
oder andern) ab, so daß ihr sie wie in der Schwebe lasset.
Söhnet ihr euch aus und fürchtet ihr Allah, siehe, so ist Allah
verzeihend und barmherzig.

130 (129) Wenn sie sich jedoch trennen, so kann Allah
beide aus Seinem Reichtum entschädigen, denn Allah ist
umfassend und weise.

131 (130) Und Allahs ist, was in den Himmeln und was auf
Erden. Wir haben bereits denen, welchen vor euch die Schrift
gegeben ward, und euch eingeschärft, Allah zu fürchten. Und
so ihr ungläubig seid – siehe, Allahs ist, was in den Himmeln
und auf Erden, und Allah ist reich und rühmenswert.

132 (131) Und Allahs ist, was in den Himmeln und was auf
Erden, und Allah genügt als Beschützer.

133 (132) So Er es will, nimmt Er euch fort, ihr Menschen,
und setzt andre hin; Allah ist hierzu mächtig.

134 (133) Wer den Lohn der Welt will, so ist bei Allah der
Lohn hienieden und im Jenseits; und Allah ist hörend und
schauend.

135 (134) O ihr, die ihr glaubt, bleibt fest in der Gerechtigkeit, so ihr Zeugnis ablegt zu Allah, und sei es auch wider
euch selber oder eure Eltern und Verwandten, handle es sich
um arm oder reich, denn Allah steht näher als beide. Und

---

21 Oder: Verletzung der ehelichen Pflicht.

Die Weiber 109

folget nicht der Leidenschaft, daß ihr abweichet (vom Recht). Ob ihr euch auch hin- und herwendet und abkehret, siehe, Allah weiß, was ihr tut.

136 (135) O ihr, die ihr glaubt, glaubet an Allah und Seinen Gesandten und an das Buch, das er auf Seinen Gesandten herabgesandt hat, und die Schrift, die Er zuvor herabkommen ließ. Wer nicht glaubt an Allah und Seine Engel und die Schriften und Seine Gesandten und an den Jüngsten Tag, der ist weit abgeirrt.

137 (136) Siehe, diejenigen, welche glauben und hernach ungläubig werden, dann wieder glauben und dann noch zunehmen an Unglauben, denen verzeiht Allah nicht und nicht leitet Er sie des Weges.

138 (137) Verkündige den Heuchlern, daß ihnen schmerzliche Strafe bestimmt ist.

139 (138) Wer sich die Ungläubigen zu Freunden nimmt vor den Gläubigen, suchen sie etwa Ehre bei ihnen? Siehe, die Ehre ist Allahs allein.

140 (139) Und bereits sandte Er auf euch in dem Buch[22] (das Wort) hernieder: »So ihr die Zeichen Allahs hört, wird man sie nicht glauben, sondern verspotten.« Sitzet drum nicht mit ihnen, ehe sie nicht zu einem andern Gespräch übergehen. Siehe, ihr würdet dann ihnen gleich werden. Siehe, Allah versammelt die Heuchler und Ungläubigen allzumal in Dschahannam:

141 (140) Die euch belauern und, so euch ein Sieg von Allah ward, sprechen: »Waren wir nicht mit euch?« Hatten aber die Ungläubigen Erfolg, sprechen sie: »Trugen wir nicht den Sieg über euch davon und schützten euch vor den Gläubigen?« Drum wird Allah richten zwischen euch am Tag der Auferstehung, und nimmer wird Allah den Ungläubigen gegen die Gläubigen einen Weg geben.

142 (141) Siehe, die Heuchler wollen Allah betrügen, doch betrügt Er sie; und so sie zum Gebet dastehen, stehen sie

---

22 Sure 6,68.

110   *Sure 4*

nachlässig da, um von den Leuten gesehen zu werden, und
gedenken Allahs nur wenig:

143 (142) Hin und her schwankend zwischen diesem,
weder zu diesen noch jenen gehörend: Und wen Allah irreführt, nimmer findest du einen Weg für ihn.

144 (143) O ihr, die ihr glaubt, nehmt nicht die Ungläubigen zu Freunden vor den Gläubigen. Wollt ihr etwa Allah
offenkundige Gewalt über euch geben?

145 (144) Siehe, die Heuchler sollen sein in der untersten
Feuerstiefe; und nimmer findest du einen Helfer für sie:

146 (145) Außer für die, welche umkehren und sich bessern
und ihre Zuflucht zu Allah nehmen und lautern Glaubens zu
Allah sind; diese sollen sein mit den Gläubigen, und wahrlich, geben wird Allah den Gläubigen gewaltigen Lohn.

147 (146) Warum sollte Allah euch strafen, wenn ihr dankbar seid und glaubt? Denn Allah ist dankbar und wissend.

148 (147) Nicht liebt Allah öffentliche Rede vom Bösen, es
sei denn jemandem Unrecht geschehen; und Allah ist hörend
und wissend.

149 (148) Ob ihr Gutes kundtut oder verbergt oder Böses
vergebt, siehe, Allah ist nachsichtig und mächtig.

150 (149) Siehe die, welche nicht an Allah glauben und an
Seine Gesandten und einen Unterschied machen wollen zwischen Allah und Seinen Gesandten und sprechen: »Wir glauben an einige und glauben an andre nicht«, und einen Weg
dazwischen einschlagen wollen:

151 (150) Jene sind die wahren Ungläubigen, und den
Ungläubigen haben Wir schändende Strafe bereitet.

152 (151) Die aber an Allah glauben und an Seine Gesandten und zwischen keinem von ihnen einen Unterschied
machen, wahrlich, jenen werden Wir ihren Lohn zahlen; und
Allah ist verzeihend und barmherzig.

153 (152) Verlangen wird das Volk der Schrift von dir, ihnen ein Buch vom Himmel hinabzusenden. Aber etwas Größeres als dies verlangten sie schon von Moses. Und sie sprachen: »Zeig uns Allah deutlich!« Da erfaßte sie das Wetter

Die Weiber   111

für ihre Sünde. Alsdann nahmen sie sich das Kalb, nachdem
die deutlichen Zeichen zu ihnen gekommen waren; aber Wir
vergaben ihnen dies und gaben Moses offenkundige Gewalt.

154 (153) Und Wir hoben den Berg über sie, als Wir den
Bund mit ihnen schlossen, und sprachen zu ihnen: »Tretet ein
durch das Tor, euch niederwerfend«; und Wir sprachen zu
ihnen: »Übertretet nicht den Sabbat.« Und Wir schlossen ein
festes Bündnis mit ihnen.

155 (154) Und darum, daß sie das Bündnis zerrissen und
Allahs Zeichen verleugneten und die Propheten ungerechterweise ermordeten und sprachen: »Unsere Herzen sind unbeschnitten« – aber Allah hat sie wegen ihres Unglaubens versiegelt, so daß nur wenige glauben –

156 (155) Und weil sie ungläubig waren und wider Maria
eine große Verleumdung aussprachen,

157 (156) Und weil sie sprachen: »Siehe, wir haben den
Messias Jesus, den Sohn der Maria, den Gesandten Allahs,
ermordet« – doch ermordeten sie ihn nicht und kreuzigten
ihn nicht, sondern einen ihm ähnlichen[23] – ... (darum verfluchten Wir sie). Und siehe, diejenigen, die über ihn uneins
sind, sind wahrlich im Zweifel in betreff seiner. Sie wissen
nichts von ihm, sondern folgen nur Meinungen; und nicht
töteten sie ihn in Wirklichkeit,

158 Sondern es erhöhte ihn Allah zu Sich; und Allah ist
mächtig und weise.

159 (157) Und wahrlich vom Volke der Schrift wird jeder
an ihn glauben vor seinem Tode[24]; und am Tag der Auferstehung wird er wider sie Zeuge sein.

160 (158) Und wegen der Sünde der Juden haben Wir ihnen
gute Dinge verwehrt, die ihnen erlaubt waren, wie auch
wegen ihres Abwendens vieler von Allahs Weg,

161 (159) Und weil sie Wucher nahmen, wiewohl er ihnen
verboten war, und das Gut der Leute in unnützer Weise fra-

---

23 Dies ist auch Lehre der Gnostiker.
24 Dies geht wahrscheinlich auf den Tod Jesu nach seiner Wiederkunft, nachdem er den Antichrist erschlagen hat.

112 Sure 4

ßen. Und für die Ungläubigen unter ihnen haben Wir schmerzliche Strafe bereitet.

162 (160) Aber denen unter ihnen, welche fest stehen im Wissen, und den Gläubigen, die da glauben an das, was zu dir hinabgesandt ward und hinabgesandt ward vor dir, und das Gebet verrichten und die Armenspende zahlen und an Allah glauben und an den Jüngsten Tag, wahrlich, jenen werden Wir gewaltigen Lohn geben.

163 (161) Siehe, Wir haben dir Offenbarung gegeben, wie Wir Noah Offenbarung gaben und den Propheten nach ihm, und Offenbarung gaben Abraham und Ismael und Isaak und Jakob, und den Stämmen und Jesus und Hiob und Jonas und Aaron und Salomo; und Wir gaben David den Psalter.

164 (162) Und von (einigen) Gesandten haben Wir dir zuvor erzählt und von (andern) Gesandten haben Wir dir nicht erzählt – und es redete Allah mit Moses in Rede –

165 (163) Und von Gesandten, Freudenverkündern und Warnern, damit die Menschen nach den Gesandten vor Allah keine Entschuldigung hätten. Und Allah ist mächtig und weise.

166 (164) Aber Allah bezeugt, was Er zu dir hinabgesandt hat; nach Seinem Wissen hat Er es hinabgesandt, und die Engel bezeugen es; und Allah genügt als Zeuge.

167 (165) Siehe diejenigen, welche ungläubig sind und abwendig machen von Allahs Weg, sind abgeirrt in weitem Irrtum.

168 (166) Siehe diejenigen, welche nicht glauben und Unrecht tun, nicht wird Allah ihnen verzeihen und nicht leitet Er sie des Weges,

169 (167) Es sei denn des Weges nach Dschahannam, darinnen zu verweilen ewig und immerdar. Dieses ist Allah leicht.

170 (168) O ihr Menschen, gekommen ist zu euch der Gesandte mit der Wahrheit von eurem Herrn, drum glaubet; gut ist's für euch. So ihr aber ungläubig seid, siehe, so ist Allahs, was in den Himmeln und auf Erden, und Allah ist wissend und weise.

Die Weiber 113

171 (169) O Volk der Schrift, überschreitet nicht euern Glauben und sprechet von Allah nur die Wahrheit. Der Messias Jesus, der Sohn der Maria, ist der Gesandte Allahs und Sein Wort, das Er in Maria legte, und Geist von Ihm. So glaubet an Allah und an Seinen Gesandten und sprechet nicht: »Drei.«[25] Stehet ab davon, gut ist's euch. Allah ist nur ein einiger Gott; Preis Ihm, daß Ihm sein sollte ein Sohn! Sein ist, was in den Himmeln und was auf Erden, und Allah genügt als Beschützer.

172 (170) Nimmer ist der Messias zu stolz, ein Diener Allahs zu sein, und nicht auch die nahestehenden Engel.

(171) Und wer zu stolz ist, Ihm zu dienen und voll Hoffart ist, versammeln wird Er sie zu sich insgesamt.

173 (172) Was aber diejenigen anlangt, die da glauben und das Rechte tun, zahlen wird Er ihnen ihren Lohn und mehren aus Seiner Huld. Was aber die Stolzen und Hoffärtigen anlangt, strafen wird Er sie mit schmerzlicher Strafe.

(173) Und nicht werden sie finden für sich außer Allah einen Schützer oder Helfer.

174 (174) O ihr Menschen, gekommen ist nunmehr zu euch ein Beweis von euerm Herrn, und hinabgesandt haben Wir zu euch ein deutliches Licht.

175 Was nun anlangt die, welche glauben und an Allah sich halten, wahrlich, führen wird Er sie in Seine Barmherzigkeit und Huld und wird sie leiten zu Sich eines rechten Weges.

176 (175) Sie werden dich um Auskunft fragen. Sprich: Allah unterweist euch in betreff entfernter Verwandtschaft. So ein Mann kinderlos stirbt, aber eine Schwester hat, so soll sie die Hälfte von dem haben, was er hinterläßt; und er soll sie beerben, wenn sie kein Kind hat. Sind aber zwei Schwestern da, sollen sie zwei Dritteile von seiner Hinterlassenschaft haben. Sind aber Brüder und Schwestern da, so soll der Mann den Anteil von zwei Frauen haben. Allah macht es euch klar, daß ihr nicht irrt; und Allah weiß alle Dinge.

25 Seid keine Tritheisten.

FÜNFTE SURE

Der Tisch

Geoffenbart zu Medina

Im Namen Allahs,
des Erbarmers, des Barmherzigen!

1 (1) O ihr, die ihr glaubt, haltet eure Verträge. Erlaubt ist euch (als Speise) das unvernünftige Vieh, außer dem, was euch verlesen wird, und außer der Jagd, während ihr auf der Pilgerfahrt seid. Siehe, Allah verordnet, was Er will.

2 (2) O ihr, die ihr glaubt, verletzet nicht die Wallfahrtsgebräuche Allahs noch den heiligen Monat[1], noch das Opfertier und seinen Halsschmuck[2], noch auch diejenigen, welche nach dem heiligen Hause ziehen im Verlangen nach der Huld und dem Wohlgefallen ihres Herrn.

(3) Habt ihr jedoch (den Pilgermantel[3]) abgelegt, dann jaget. Und nicht verführe euch der Haß gegen Leute, die euch von der heiligen Moschee abhalten wollen,[4] zur Übertretung; helfet einander zur Rechtschaffenheit und Gottesfurcht und helfet einander nicht zur Sünde und Feindschaft. Und fürchtet Allah; siehe Allah ist streng im Strafen.

3 (4) Verwehrt ist euch Krepiertes, Blut, Schweinefleisch und das, über dem ein andrer Name als Allahs (beim Schlachten) angerufen ward; das Erwürgte, das Erschlagene, das durch Sturz oder Hörnerstoß Umgekommene, das von reißenden Tieren Gefressene, außer dem, was ihr reinigt, und das auf (Götzen-)Steinen Geschlachtete. Und durch Pfeillose zu verteilen ist Frevel. Verzweifeln wird an diesem Tage, wer euren Glauben verleugnet. Drum fürchtet sie nicht, sondern fürchtet Mich.

1 Der Monat Muḥarram.
2 Das Opfertier wurde mit Kränzen geschmückt.
3 Den Iḥrām. Mit der Ablegung desselben ist die Pilgerfahrt beendet und das Alltagsleben beginnt wieder.
4 Dies geht auf die Quraišiten, die Muhammad 1400 Mann nach Ḥudaibīya entgegensandten, um ihn am Besuch der Ka'ba zu hindern.

Der Tisch   115

(5) Heute habe Ich euch vollendet euern Glauben und habe
erfüllt an euch Meine Gnade, und es ist Mein Wille, daß der
Islām euer Glauben ist. Und wenn einer ohne Hinneigung
zur Sünde durch Hunger bedrängt wird, siehe, so ist Allah
verzeihend und barmherzig.

4 (6) Sie werden dich fragen, was ihnen denn erlaubt ist.
Sprich: »Erlaubt sind euch die guten Dinge und (die Beute)
wilder, wie Hunde abgerichteter Tiere, indem ihr sie lehrt,
wie Allah euch belehrt hat.[5] Esset von dem, was sie für euch
fangen, und nennet Allahs Namen darüber und fürchtet
Allah. Siehe, Allah ist schnell im Rechnen.«

5 (7) Heute sind euch die guten Dinge erlaubt und die
Speise derer, denen die Schrift gegeben ward, ist euch erlaubt,
wie eure Speise ihnen erlaubt ist. Und (erlaubt sind euch zu
heiraten) züchtige Frauen, die gläubig sind, und züchtige
Frauen von denen, welchen die Schrift vor euch gegeben
ward, so ihr innen ihre Morgengabe gegeben habt und züchtig mit ihner lebt ohne Hurerei und keine Konkubinen
nehmt. Wer den Glauben verleugnet, dessen Werk ist frucht-
los und im Jenseits ist er einer der Verlorenen.

6 (8) O ihr, die ihr glaubt, wenn ihr hintretet zum Gebet, so
waschet euer Gesicht und eure Hände bis zu den Ellbogen
und wischet eure Häupter und eure Füße bis zu den Knöcheln
ab.

(9) Und so ihr durch Samen befleckt seid, so reinigt euch.
Und so ihr krank oder auf einer Reise seid oder einer von euch
kommt vom Abtritt oder ihr habt die Weiber berührt und
findet nicht Wasser, so nehmet guten Sand und wischet euch
das Gesicht und die Hände damit ab. Allah will euch keine
Last auflegen, jedoch will Er euch reinigen und Seine Gnade
an euch vollenden; vielleicht seid ihr dankbar.

7 (10) Und gedenket der Gnade Allahs gegen euch und
Seines Bundes, den Er mit euch schloß, als ihr spracht: »Wir

---

5 Der Mensch kann die Tiere nur lehren, wenn Gott es ihm zunächst eingegeben
  hat.

116   *Sure 5*

hören und gehorchen«[6]; und fürchtet Allah; siehe, Allah
kennt das Innerste der Brüste.

8 (11) O ihr, die ihr glaubt, steht fest in Gerechtigkeit,
wenn ihr vor Allah Zeugen seid, und nicht verführe euch Haß
gegen Leute zur Ungerechtigkeit. Seid gerecht, das ist näher
der Gottesfurcht. Und fürchtet Allah; siehe, Allah kennt euer
Tun.

9 (12) Verheißen hat Allah denen, die glauben und das
Rechte tun, Verzeihung und gewaltigen Lohn.

10 (13) Wer aber nicht glaubt und Unsre Zeichen der Lüge
zeiht, die sind Gefährten des Höllenpfuhls.

11 (14) O ihr, die ihr glaubt, gedenket der Gnade Allahs
gegen euch, als ein Volk trachtete seine Hände nach euch
auszustrecken; Er aber hemmte ihre Hände. Und fürchtet
Allah, und auf Allah sollen die Gläubigen trauen.

12 (15) Und wahrlich, es schloß Allah einen Bund mit den
Kindern Israel, und aus ihnen erweckten Wir zwölf Führer,
und es sprach Allah: »Siehe, Ich bin mit euch. Fürwahr, wenn
ihr das Gebet verrichtet und die Armenspende zahlt und an
Meine Gesandten glaubt und ihnen helft und Allah eine
schöne Anleihe leiht, wahrlich, dann bedecken Wir eure Missetaten und wahrlich, dann führen Wir euch ein in Gärten,
durcheilt von Bächen. Drum wer nach diesem von euch nicht
glaubt, der ist abgeirrt von dem ebenen Weg.«

13 (16) Und dieweil sie den Bund brachen, haben Wir sie
verflucht und haben ihre Herzen verhärtet. Sie vertauschten die Wörter an ihren Stellen und vergaßen einen Teil von
dem, was ihnen gesagt ward.[7] Und nicht sollst du ablassen, die Verräter unter ihnen zu entdecken, bis auf wenige.
Und vergib ihnen und verzeih; siehe, Allah liebt die Gutes
Tuenden.

---

6 Unklar ist, ob es sich hierbei um den Bund Gottes mit den Gläubigen, ob um
  den präexistenten Bund des *alastu* (s. Sure 7,172) oder den Bund Muhammads
  an der ‘Aqaba handelt.
7 Dies geht auf die angeblichen Verheißungen Muhammads im Alten Testament.

Der Tisch 117

14 (17) Und mit denen, welche sprechen: »Siehe, wir sind Nazarener« schlossen Wir einen Bund. Sie aber vergaßen einen Teil von dem, was ihnen gesagt ward; darum erregten Wir Feindschaft und Haß unter ihnen bis zum Tag der Auferstehung. Und sicherlich wird Allah ihnen ansagen, was sie getan.

15 (18) O Volk der Schrift, nunmehr ist Unser Gesandter zu euch gekommen, euch vieles von der Schrift kundzutun, was ihr verbargt, und um vieles zu übergehen. Gekommen ist nunmehr zu euch von Allah ein Licht und ein klares Buch,

16 Mit dem Allah leitet, wer Seinem Wohlgefallen nachgeht, zu Wegen des Heils, und sie herausführt aus den Finsternissen zum Licht mit Seiner Erlaubnis und sie leitet auf einen rechten Pfad.

17 (19) Wahrlich, ungläubig sind, die da sprechen: »Siehe, Allah, das ist der Messias, der Sohn der Maria.«[8] Sprich: »Und wer hätte über Allah Macht, so Er den Messias, den Sohn der Maria, und seine Mutter und, wer auf der Erde allzumal, vernichten wollte?«

(20) Und Allahs ist das Reich der Himmel und der Erde und was dazwischen. Er erschafft, was Er will, und Allah hat Macht über alle Dinge.

18 (21) Und es sprechen die Juden und die Nazarener: »Wir sind Allahs Kinder und Seine Geliebten.« Sprich: »Und weshalb straft Er euch für eure Sünden?« Nein, ihr seid Menschen von denen, die Er erschaffen. Er verzeiht, wem Er will, und Allahs ist das Reich der Himmel und der Erde und was dazwischen, und zu Ihm ist die Heimkehr.

19 (22) O Volk der Schrift, gekommen ist nunmehr zu euch Unser Gesandter, euch aufzuklären über das Ausbleiben[9] der Gesandten, damit ihr nicht sagt: »Zu uns kommt weder ein Freudenbote noch ein Warner.« Und gekommen ist nun zu euch ein Freudenbote und ein Warner, und Allah hat Macht über alle Dinge.

8 »Allah« steht hier prädikativ.
9 Wörtlich: über die Zwischenzeit zwischen dem Erscheinen der Propheten.

Sure 5

20 (23) Und (gedenke,) als Moses zu seinem Volk sprach: »O Leute, gedenket der Gnade Allahs gegen euch, da Er unter euch Propheten erweckte und euch Könige einsetzte und euch gab, was Er keinem von aller Welt gegeben.

21 (24) O Volk, betritt das heilige Land, das Allah euch bestimmte; und kehret nicht den Rücken, auf daß ihr nicht als Verlorene umkehrt.«

22 (25) Sie sprachen: »O Moses, siehe, darinnen ist ein Volk von Recken, und siehe, nimmer betreten wir es, ehe sie es nicht verlassen haben. So sie es verlassen, dann wollen wir es betreten.«

23 (26) Sprachen zwei Männer, welche (ihren Herrn) fürchteten, denen Allah gnädig gewesen war: »Gehet ein zu ihnen durch das Tor; und wenn ihr durch dasselbe eingetreten seid, siehe, dann werdet ihr obsiegen. Und auf Allah vertrauet, so ihr Gläubige seid.«

24 (27) Sie sprachen: »O Moses, siehe, nimmer werden wir es betreten, solange sie darinnen sind. Gehe du und dein Herr und kämpfet; siehe, wir bleiben hier sitzen.«

25 (28) Er sprach: »Mein Herr, siehe, ich habe nur Macht über mich selber und meinen Bruder, mache drum eine Scheidung zwischen uns und diesem frevelhaften Volk.«

26 (29) Er sprach: »Siehe, verwehrt soll es ihnen sein vierzig Jahre lang; umherirren sollen sie auf der Erde. Bekümmere dich nicht um das frevelhafte Volk.«

27 (30) Und verkünde ihnen die Geschichte der beiden Söhne Adams der Wahrheit gemäß, als sie ein Opfer opferten. Angenommen ward es von dem einen von ihnen, und nicht angenommen von dem andern. Er sprach: »Wahrlich, ich schlage dich tot!« (Der andre) sprach: »Siehe, Allah nimmt nur von den Gottesfürchtigen an.

28 (31) Wahrlich, streckst du auch deine Hand zu mir aus, um mich totzuschlagen, so strecke ich doch nicht meine Hand zu dir aus, um dich zu erschlagen; siehe, ich fürchte Allah, den Herrn der Welten.

29 (32) Siehe, ich will, daß du meine und deine Sünde trägst

Der Tisch 119

und ein Gefährte des Feuers wirst; und dies ist der Lohn der Ungerechten.«

30 (33) Da trieb ihn seine Seele an, seinen Bruder zu erschlagen, und so erschlug er ihn und ward einer der Verlorenen.

31 (34) Und es entsandte Allah einen Raben, daß er auf dem Boden scharrte, um ihm zu zeigen, wie er die Missetat an seinem Bruder verbergen könnte. Er sprach: »O weh mir, bin ich zu kraftlos, zu sein wie dieser Rabe und die Missetat an meinem Bruder zu verbergen?« Und so ward er reuig.

32 (35) Aus diesem Grunde haben Wir den Kindern Israel verordnet, daß wer eine Seele ermordet, ohne daß er einen Mord oder eine Gewalttat im Lande begangen hat, soll sein wie einer, der die ganze Menschheit ermordet hat. Und wer einen am Leben erhält, soll sein, als hätte er die ganze Menschheit am Leben erhalten.

(36) Und es kamen zu ihnen Unsre Gesandten mit den deutlichen Zeichen; dann aber waren viele von ihnen ausschweifend auf Erden.

33 (37) Siehe, der Lohn derer, welche Allah und Seinen Gesandten befehden und Verderben auf der Erde betreiben, ist nur der, daß sie getötet oder gekreuzigt oder an Händen und Füßen wechselseitig verstümmelt oder aus dem Lande vertrieben werden. Das ist ihr Lohn hienieden, und im Jenseits wird ihnen schmerzliche Strafe:

34 (38) Außer jenen, welche bereuen, bevor ihr sie in eurer Gewalt habt. Und wisset, daß Allah verzeihend und barmherzig ist.

35 (39) O ihr, die ihr glaubt, fürchtet Allah und trachtet nach Vereinigung mit Ihm und streitet in Allahs Weg; vielleicht ergeht es euch wohl.

36 (40) Siehe, die Ungläubigen – hätten sie auch alles, was auf der ganzen Erde ist, und das gleiche dazu, um sich damit von der Strafe des Auferstehungstages loszukaufen, nicht würde es von ihnen angenommen. Und ihnen wird schmerzliche Strafe.

120 *Sure 5*

37 (41) Sie möchten wohl dem Feuer entrinnen, doch entrinnen sie nicht aus ihm; und ihnen wird dauernde Strafe.

38 (42) Und der Dieb und die Diebin, schneidet ihnen ihre Hände ab als Lohn für ihre Taten. (Dies ist) ein Exempel von Allah, und Allah ist mächtig und weise.

39 (43) Wer aber nach seiner Sünde umkehrt und sich bessert, siehe, zu dem kehrt sich auch Allah; siehe Allah ist verzeihend und barmherzig.

40 (44) Weißt du nicht, daß Allahs das Reich der Himmel und der Erde ist? Er straft, wen Er will, und verzeiht, wem Er will, und Allah hat Macht über alle Dinge.

41 (45) O du Gesandter, laß dich nicht durch die, welche miteinander im Unglauben wetteifern, betrüben von jenen, die da mit ihrem Munde sprechen: »Wir glauben«, doch glauben ihre Herzen nicht; und von den Juden – Horchern auf Lüge und Horchern auf andre –, nicht kommen sie zu dir. Sie vertauschen die Wörter an ihren Stellen und sprechen: »Wenn dies zu euch gebracht wird, so nehmet es an, und wenn es euch nicht gebracht wird, so hütet euch davor.« Wen Allah verführen will, für den vermagst du wider Allah nichts. Sie, deren Herzen Allah nicht reinigen will, empfangen hienieden Schande und im Jenseits gewaltige Strafe:

42 (46) Horcher auf Lüge, Fresser von Unerlaubtem – so sie zu dir kommen, richte zwischen ihnen oder wende dich von ihnen ab. Und so du dich von ihnen abwendest, nimmer werden sie dir etwas zuleide tun. Und so du richtest, richte zwischen ihnen in Gerechtigkeit. Siehe, Allah liebt die Gerechtigkeit Übenden.

43 (47) Wie aber werden sie dich zu ihrem Richter machen, wo sie die Tora besitzen, in welcher Allahs Verordnung enthalten ist? Nach diesem werden sie dir den Rücken kehren; und solches sind keine Gläubigen.

44 (48) Siehe, hinabgesandt haben Wir die Tora, in der sich eine Leitung und ein Licht befinden, mit der die Propheten, welche Muslime waren, die Juden richteten; und die Rabbinen und Lehrer (richteten) nach dem vom Buche Allahs, was

Der Tisch   121

ihrer Hut anvertraut ward und das sie bezeugten. Drum
fürchtet nicht die Menschen, sondern fürchtet Mich und verkaufet nicht Meine Zeichen um geringen Preis. Und wer nicht
richtet nach dem, was Allah hinabgesandt hat – das sind Ungläubige.

45 (49) Und Wir schrieben ihnen darin vor: »Leben um
Leben, Auge um Auge, Nase für Nase, Ohr für Ohr, Zahn
für Zahn und Wiedervergeltung von Wunden.« Und wer es
vergibt als ein Almosen, so ist's ihm eine Sühne. Wer aber
nicht richtet nach dem, was Allah herniedergesandt hat, das
sind die Ungerechten.

46 (50) Und in ihren Spuren ließen Wir folgen Jesus, den
Sohn der Maria, zu bestätigen die Tora, die vor ihm war, und
Wir gaben ihm das Evangelium, darinnen eine Leitung und
ein Licht, bestätigend die Tora, die vor ihm war, eine Leitung
und Ermahnung für die Gottesfürchtigen;

47 (51) Und damit das Volk des Evangeliums richte nach
dem, was Allah in ihm herabgesandt hat; und wer nicht richtet nach dem, was Allah hinabgesandt hat – das sind die
Frevler.

48 (52) Und Wir sandten hinab zu dir das Buch in Wahrheit, bestätigend, was ihm an Schriften vorausging, und
Amen darüber sprechend[10]. Drum richte zwischen ihnen
nach dem, was Allah hinabsandte, und folge nicht ihren
Gelüsten, (abweichend) von der Wahrheit, die zu dir gekommen. Jedem von euch gaben Wir eine Norm und eine Heer-
straße.

(53) Und so Allah es wollte, wahrlich Er machte euch zu
einer einzigen Gemeinde; doch will Er euch prüfen in dem,
was Er euch gegeben. Wetteifert darum im Guten. Zu Allah
ist eure Heimkehr allzumal, und Er wird euch aufklären,
worüber ihr uneins seid.

49 (54) Und so richte du unter ihnen nach dem, was Allah
hinabgesandt, und folge nicht ihren Lüsten und hüte dich vor

10 Oder: und es schützend.

122 *Sure 5*

ihnen, daß sie dich verführen, (abzuweichen) von etwas von dem, was Allah zu dir hinabgesandt. Und wenn sie den Rükken kehren, so wisse, daß Allah sie für einen Teil ihrer Sünden treffen will. Und siehe, wahrlich viele der Menschen sind Frevler.

50 (55) Wünschen sie etwa die Rechtsprechung der (Zeit der) Unwissenheit[11]: Wer aber richtet besser als Allah für verständige Leute?

51 (56) O ihr, die ihr glaubt, nehmt euch nicht die Juden und Christen zu Freunden[12]; sie sind untereinander Freunde, und wer von euch sie zu Freunden nimmt, siehe, der ist von ihnen. Siehe, Allah leitet nicht ungerechte Leute.

52 (57) Und so schaust du die, deren Herz krank ist, zu ihnen um die Wette laufen und sprechen: »Wir fürchten, es möchte uns ein Glückswechsel befallen.« Aber vielleicht, daß Allah den Sieg bringt oder eine Sache von Sich, so daß sie bereuen, was sie in ihren Herzen geheimhielten.

53 (58) Und die Gläubigen werden sprechen: »Sind dies etwa die, welche bei Allah ihren heiligsten Eid schwuren, daß sie zu euch stehen?« Eitel sind ihre Werke, und sie werden verloren sein.

54 (59) O ihr, die ihr glaubt, wenn sich einer von euch von seinem Glauben abkehrt, wahrlich, dann erhebt Allah ein Volk, das Er liebt und das Ihn liebt, demütig vor den Gläubigen, stolz wider die Ungläubigen, streitend in Allahs Weg und nicht fürchtend den Tadel des Tadelnden. Das ist Allahs Huld; Er gibt sie, wem Er will, und Allah ist weitumfassend und wissend.

55 (60) Siehe, euer Beschützer ist Allah und Sein Gesandter, und die Gläubigen, die das Gebet verrichten und die Armenspende zahlen und sich vor Ihm beugen.

56 (61) Und wer Allah und Seinen Gesandten und die Gläubigen zu Freunden annimmt, siehe, das ist Gottes Schar; sie sind die Obsiegenden.

11 Die Zeit des Heidentums, bevor sie Muslime wurden.
12 Freund, *walī*, hat einen stärker vertragsmäßigen als emotionalen Sinn.

Der Tisch 123

57 (62) O ihr, die ihr glaubt, nehmt nicht von denen, welchen die Schrift vor euch gegeben ward, diejenigen, die über euern Glauben spotten und scherzen, und auch nicht die Ungläubigen zu Freunden, und fürchtet Allah, so ihr Gläubige seid.

58 (63) (Und die,) so ihr zum Gebet ruft, ihren Spott und Scherz damit treiben; dies, dieweil sie unverständige Leute sind.

59 (64) Sprich: »O Volk der Schrift, verwerfet ihr uns etwa nur deshalb, weil wir an Allah glauben und an das, was Er zu uns hinabsandte und zuvor hinabsandte, und weil die Mehrzahl von euch Frevler sind?«

60 (65) Sprich: »Kann ich euch etwas Schlimmeres verkünden als das, was euer Lohn bei Allah ist? Wen Allah verflucht hat und wem Er zürnt – und verwandelt hat Er einige von ihnen zu Affen und Schweinen – und wer dem Ṭāġūt dient, die befinden sich in schlimmem Zustand und sind weit abgeirrt vom ebenen Pfad.«

61 (66) Und als sie zu euch kamen, sprachen sie: »Wir glauben«; doch kamen sie im Unglauben und gingen fort in ihm. Allah aber weiß sehr wohl, was sie verbergen.

62 (67) Und du schaust viele von ihnen wettlaufen zur Sünde und Bosheit und zum Essen des Verbotenen. Wahrlich, schlimm ist ihr Tun.

63 (68) Wenn ihnen die Rabbinen und Lehrer ihre sündige Rede und ihr Fressen des Verbotenen nicht untersagt hätten, wahrlich, schlimm wäre ihr Tun.

64 (69) Und es sprechen die Juden: »Die Hand Allahs ist gefesselt.«[13] Gefesselt werden ihre Hände[14] und verflucht werden sie für ihre Worte. Nein, ausgestreckt sind Seine beiden Hände. Er spendet, wie Er will, und wahrlich, viele von ihnen wird das, was auf dich herabgesandt ward von deinem Herrn, zunehmen lassen in Widerspenstigkeit und Unglau-

13 D. h., Allah hat aufgehört, gütig zu sein.
14 Am Jüngsten Tage sollen die Juden vor Gott mit an den Hals gefesselten Händen erscheinen.

ben, und werfen werden Wir zwischen sie Feindschaft und
Haß bis zum Tag der Auferstehung. Sooft sie anzünden ein
Feuer zum Krieg, wird es Allah auslöschen. Und sie betreiben auf Erden Verderben, Allah aber liebt nicht die Verderben Stiftenden.

65 (70) Und wenn das Volk der Schrift glaubte und gottesfürchtig wäre, wahrlich, Wir bedeckten ihre Missetaten, und
wahrlich, Wir führten sie in die Gärten der Wonne.

66 Und so sie erfülleten die Tora und das Evangelium und
was zu ihnen von ihrem Herrn hinabgesandt ward, wahrlich,
sie speisten von (dem, was) über ihnen und unter ihren
Füßen. Unter ihnen ist eine Gemeinde, welche die rechte
Mitte inne hält; doch viele von ihnen – schlimm ist was sie
tun.

67 (71) O du Gesandter, verkünde alles, was hinabgesandt
ward auf dich von deinem Herrn. Und so du es nicht tust, so
hast du nicht verkündet Seine Sendung. Und Allah wird dich
schützen vor den Menschen; siehe Allah leitet nicht die Ungläubigen.

68 (72) Sprich: »O Volk der Schrift, ihr fußet auf nichts,
ehe ihr nicht erfüllet die Tora und das Evangelium und was
hinabgesandt ward zu euch von euerm Herrn.« Und wahrlich, vermehren wird vielen von ihnen, was hinabgesandt
ward zu dir von deinem Herrn, die Widerspenstigkeit und
den Unglauben; und betrübe dich nicht über die Ungläubigen.

69 (73) Siehe die Gläubigen und die Juden und die Sabäer
und die Nazarener – wer da glaubt an Allah und an den Jüngsten Tag und das Rechte tut –, keine Furcht soll über sie
kommen, und nicht sollen sie traurig sein.

70 (74) Wahrlich, Wir schlossen mit den Kindern Israel
einen Bund und schickten zu ihnen Gesandte. Sooft als zu
ihnen ein Gesandter kam mit dem, was ihre Seelen nicht
begehrten, ziehen sie die einen der Lüge und die andern
ermordeten sie.

71 (75) Und sie gedachten, daß keine Strafe kommen

Der Tisch 125

würde, und so wurden sie blind und taub. Alsdann kehrte sich Allah zu ihnen; alsdann wurden (wieder) viele von ihnen blind und taub; aber Allah schaut ihr Tun.

72 (76) Wahrlich, ungläubig sind, welche sprechen: »Siehe, Allah, das ist der Messias, der Sohn der Maria.« Und es sprach doch der Messias: »O ihr Kinder Israel, dienet Allah meinem Herrn und euerm Herrn.« Siehe, wer Allah Götter an die Seite stellt, dem hat Allah das Paradies verwehrt, und seine Behausung ist das Feuer; und die Ungerechten finden keine Helfer.

73 (77) Wahrlich, ungläubig sind, die da sprechen: »Siehe, Allah ist ein dritter von drei.« Aber es gibt keinen Gott denn einen einigen Gott. Und so sie nicht ablassen von ihren Worten, wahrlich, so wird den Ungläubigen unter ihnen schmerzliche Strafe.

74 (78) Wollen sie denn nicht umkehren zu Allah und Ihn um Verzeihung bitten? Und Allah ist verzeihend und barmherzig.

75 (79) Nicht ist der Messias, der Sohn der Maria, etwas andres als ein Gesandter; vorausgingen ihm Gesandte, und seine Mutter war aufrichtig[15]. Beide aßen Speise. Schau, wie Wir ihnen die Zeichen deutlich erklären! Alsdann schau, wie sie sich abwenden.

76 (80) Sprich: »Wollt ihr anbeten neben Allah, was euch weder schaden noch nützen kann?« Und Allah, Er ist der Hörende, der Wissende.

77 (81) Sprich: »O Volk der Schrift, übertretet nicht in euerm Glauben die Wahrheit und folget nicht den Gelüsten von Leuten, die bereits zuvor abgeirrt sind und viele irregeführt haben und abirrten von dem ebenen Weg.«

78 (82) Verflucht sind die Ungläubigen unter den Kindern Israel durch die Zunge Davids und Jesus, des Sohnes der Maria; solches, dieweil sie rebellisch waren und sich vergingen;

15 Sie gab sich nicht als göttlich aus.

79 Sie verboten einander nicht das Verwerfliche, das sie begingen. Wahrlich, schlimm ist ihr Tun!

80 (83) Du wirst viele von ihnen sich mit den Ungläubigen befreunden sehen. Wahrlich, schlimm ist, was ihre Seelen ihnen vorausschickten! Allah zürnt ihnen drob, und in der Strafe werden sie ewig verweilen.

81 (84) Und so sie an Allah geglaubt hätten und den Propheten und was hinabgesandt ward zu ihm, so hätten sie sich dieselben nicht zu Freunden genommen; jedoch sind viele von ihnen Frevler.

82 (85) Wahrlich, du wirst finden, daß unter allen Menschen die Juden und die, welche Allah Götter zur Seite stellen, den Gläubigen am meisten feind sind, und wirst finden, daß den Gläubigen diejenigen, welche sprechen: »Wir sind Nazarener«, am freundlichsten gegenüberstehen. Solches, dieweil unter ihnen Priester und Mönche sind, und weil sie nicht hoffärtig sind.

83 (86) Und wenn sie hören, was hinabgesandt ward zum Gesandten, siehst du ihre Augen von Tränen überfließen infolge der Wahrheit, die sie darin erkennen, indem sie sprechen: »Unser Herr, wir glauben; so schreib uns ein unter jene, die es bezeugen.

84 (87) Und weshalb sollten wir nicht glauben an Allah und an die Wahrheit, die zu uns gekommen ist, und begehren, daß unser Herr uns einführt mit den Rechtschaffenen?«

85 (88) Und belohnt hat sie deshalb Allah für ihre Worte mit Gärten, durcheilt von Bächen, ewig darinnen zu verweilen; und solches ist der Lohn der Gutes Tuenden.

86 Wer aber nicht glaubt und Unsre Zeichen der Lüge zeiht, das sind die Gefährten des Höllenpfuhls.

87 (89) O ihr, die ihr glaubt, verwehret nicht die guten Dinge, die Allah euch erlaubt hat, und übertretet nicht; siehe, Allah liebt nicht die Übertreter.

88 (90) Und speiset von dem, was Allah euch bescherte als erlaubt und gut, und fürchtet Allah, an den ihr glaubt.

89 (91) Nicht wird Allah euch strafen für ein unbedachtes

Der Tisch 127

Wort in euern Eiden; jedoch wird Er euch strafen für das, was ihr mit Bedacht beschworen habt. Die Sühne dafür soll sein die Speisung von zehn Armen mit der Speise, die ihr gewöhnlich euern Familien gebt, oder ihre Bekleidung oder die Befreiung eines Nackens[16]. Wer aber nicht (die Mittel dazu) findet, der faste drei Tage. Dies ist die Sühne eurer Eide, so ihr geschworen habt, und hütet eure Eide. Also macht euch Allah Seine Zeichen klar; vielleicht seid ihr dankbar.

90 (92) O ihr, die ihr glaubt, siehe, der Wein, das Spiel[17], die Bilder und die Pfeile[18] sind ein Greuel von Satans Werk. Meidet sie; vielleicht ergeht es euch wohl.

91 (93) Der Satan will nur zwischen euch Feindschaft und Haß werfen durch Wein und Spiel und euch abwenden von dem Gedanken an Allah und dem Gebet. Wollt ihr deshalb nicht davon ablassen?

92 Und gehorchet Allah und gehorchet dem Gesandten und seid auf eurer Hut. Und so ihr den Rücken kehrt, so wisset, daß Unserm Gesandten nur eine offenkundige Predigt obliegt.

93 (94) Diejenigen, welche gläubig sind und das Gute tun, haben keine Sünde in dem, was sie aßen, begangen, wenn sie nur gottesfürchtig sind und glauben und das Gute tun und weiter gottesfürchtig sind und glauben und weiter gottesfürchtig sind und Gutes tun. Und Allah liebt die Gutes Tuenden.

94 (95) O ihr, die ihr glaubt, wahrlich, Allah will euch versuchen mit dem Wild, das eure Hände oder eure Lanzen erlangen, damit Allah erkennt, wer Ihn im Verborgenen fürchtet. Und wer sich nach diesem vergeht, dem soll schmerzliche Strafe sein.

95 (96) O ihr, die ihr glaubt, tötet nicht das Wild, während ihr auf der Pilgerfahrt seid. Und wer es von euch vorsätzlich tötet, der soll es ersetzen durch ein gleiches an Vieh nach dem

16 Aus der Gefangenschaft.
17 Vgl. V. 3. Das Losen mit Pfeilen.
18 Die Pfeile, die beim Losen gebraucht werden.

Spruch von zwei redlichen Männern unter euch, und es soll als Opfer nach der Kaʿba gebracht werden. Oder die Sühne sei die Speisung von zwei Armen oder als Ersatz dafür faste er, damit er das Unheil seiner Tat schmecke. Es vergibt Allah, was vergangen; wer es aber wieder tut, an dem nimmt Allah Rache dafür. Und Allah ist mächtig und ein Rächer.

96 (97) Erlaubt ist euch der Fisch im Meer und seine Speise als eine Versorgung für euch und für die Reisenden. Und verwehrt ist euch das Wild des Landes während der Pilgerfahrt; und fürchtet Allah, zu dem ihr versammelt werdet.

97 (98) Gemacht hat Allah die Kaʿba, das heilige Haus, zu einem Asyl für die Menschen und den heiligen Monat und das Opfer und die Zieraten (des Opfers), auf daß ihr wisset, daß Allah weiß, was in den Himmeln und was auf Erden ist, und daß Allah alle Dinge weiß.

98 Wisset, daß Allah streng straft und daß Allah verzeihend und barmherzig ist.

99 (99) Dem Gesandten liegt nur die Predigt ob, und Allah weiß, was ihr offenkund macht und was ihr verheimlicht.

100 (100) Sprich: »Nicht ist gleich das Schlechte und das Gute, ob dir auch die Menge des Schlechten gefällt.« Drum fürchtet Allah, ihr Verständigen; vielleicht ergeht es euch wohl.

101 (101) O ihr, die ihr glaubt, fragt nicht nach Dingen, die, so sie euch kund würden, euch würden wehe tun. Und so ihr nach ihnen fragt, wenn der (ganze) Koran hinabgesandt ist, werden sie euch kundgetan werden. Allah vergibt dies, denn Allah ist verzeihend und milde.

102 Nach ihnen fragten schon Leute vor euch, alsdann aber glaubten sie nicht hieran.

103 (102) Allah hat nichts festgesetzt hinsichtlich Baḥīra oder Sāʾiba oder Waṣīla oder Ḥāmi,[19] vielmehr ersinnen die

---

19 Dies sind Termini technici für Opfertiere bei den heidnischen Arabern, die gezeichnet und frei auf der Weide gehen durften. Da sich mit ihnen heidnischer Aberglaube verband, verbot Muhammad diese Opfertiere. Baḥīra war eine Kamelstute, die zehn Junge gehabt hatte; Sāʾiba war einfach eine

Der Tisch 129

Ungläubigen Lügen wider Allah, und die meisten von ihnen haben keiner Verstand.

104 (103) Und als zu ihnen gesprochen ward: »Kommt her zu dem, was Allah hinabgesandt hat, und zum Gesandten«, sprachen sie: »Uns genügt das, worin wir unsre Väter erfanden.« Aber is's nicht, daß ihre Väter nichts wußten und nicht geleitet wurden?

105 (104) O ihr, die ihr glaubt, nehmt euch in acht. Wer irrt, soll euch nicht schaden, so ihr geleitet seid. Zu Allah geht eure Heimkehr allzumal, und dann wird Er euch verkünden, was ihr getan.

106 (105) O ihr, die ihr glaubt: Zeugnis sei unter euch, wenn einem von euch der Tod naht, zur Zeit des Testierens. Zwei redliche Leute seien es von euch oder zwei andre, die nicht von euch sind, so ihr das Land durchzieht und euch das Unglück des Todes betrifft. Schließet sie nach dem Gebet ein, und, so ihr Zweifel hegt, sollen sie schwören bei Allah: »Wir verkaufen es[20] nicht um einen Preis, und wäre es auch ein Glied unsrer Sippe; und nicht verbergen wir Allahs Zeugnis; siehe, dann wären wir wahrlich Sünder.«

107 (106) Wenn es aber bekannt wird, daß beide sich versündigt haben, so sollen zwei andre von jenen, die sie für schuldig halten, die nächsten Anverwandten, an ihre Stelle treten und bei Allah schwören: »Wahrlich, unser Zeugnis ist wahrer als ihr Zeugnis, und nicht vergehen wir uns; siehe, dann wären wir Ungerechte.«

108 (107) Auf solche Weise ist es leichter, daß sie das Zeugnis wahrheitsgemäß ablegen, oder fürchten, daß nach ihrem Eid ein andrer Eid geschworen werde. Und fürchtet Allah und höret, und Allah leitet nicht die Frevler.

109 (108) Eines Tage wird Allah versammeln die Gesandten und wird sprechen: »Was ward euch geantwortet?« Sie wer-

Kamelstute. Waṣīla bezeichnete auch Schafe und Ziegen, Ḥāmi war ein Kamelhengst, der zehn Junge gezeugt hatte.
20 Unser Zeugnis.

130   *Sure 5*

den sprechen: »Uns ist kein Wissen (davon); siehe, Du bist
der Wisser der Geheimnisse.«

110 (109) Dann wird Allah sprechen: »O Jesus, Sohn der
Maria, gedenke Meiner Gnade gegen dich und deine Mutter,
als Ich dich mit dem Heiligen Geist stärkte, auf daß du reden
solltest zu den Menschen in der Wiege und als Erwachsener,

(110) Und als Ich dich lehrte die Schrift und die Weisheit
und die Tora und das Evangelium, und als du aus Ton mit
Meiner Erlaubnis die Gestalt eines Vogels erschufst und in sie
hineinhauchtest und sie ein Vogel ward mit meiner Erlaubnis;[21] und als du die Blinden und Aussätzigen mit Meiner
Erlaubnis heiltest und die Toten herauskommen ließest mit
Meiner Erlaubnis; und als Ich die Kinder Israel von dir
zurückhielt, als du ihnen die deutlichen Zeichen brachtest.
Und da sprachen die Ungläubigen unter ihnen: ›Dies ist
nichts als offenkundige Zauberei.‹

111 (111) Und als Ich den Jüngern inspirierte: ›Glaubet an
Mich und an Meinen Gesandten.‹ Sie sprachen: ›Wir glauben,
und sei du Zeuge, daß wir Muslime sind‹;

112 (112) Und als die Jünger sprachen: ›O Jesus, Sohn der
Maria, ist dein Herr imstande, zu uns einen *Tisch* vom Himmel herabzusenden?‹ Er sprach: ›Fürchtet Allah, so ihr gläubig seid.‹

113 (113) Sie sprachen: ›Wir wollen von ihm essen und
unsre Herzen sollen in Frieden sein, und wissen wollen wir,
daß du uns tatsächlich die Wahrheit gesagt hast, und wollen
ihre Zeugen sein.‹

114 (114) Da sprach Jesus, der Sohn der Maria: ›O Allah,
unser Herr, sende zu uns einen Tisch vom Himmel herab,
daß es ein Festtag für uns werde, für den ersten und letzten
von uns, und ein Zeichen von Dir; und versorge uns, denn Du
bist der beste Versorger.‹[22]

21 Dieses Wunder sowie Jesu Sprechen in der Wiege wird auch in einem außer-
kanonischen Evangelium von der Kindheit Jesu berichtet.
22 Dieser Vers ist viel gedeutet worden. Einige beziehen den Tisch auf die

Der Tisch   131

115 (115) Da sprach Allah: ›Siehe, Ich sende ihn zu euch
hinab, und wer hernach von euch ungläubig ist, siehe, den
werde Ich strafen mit einer Strafe, wie Ich keinen von aller
Welt strafen werde.‹«

116 (116) Und wenn Allah sprechen wird: »O Jesus, Sohn
der Maria, hast du zu den Menschen gesprochen: ›Nehmet
mich und meine Mutter als zwei Götter neben Allah an?‹«
Dann wird er sprechen: »Preis sei Dir! Es steht mir nicht zu,
etwas zu sprechen, was nicht wahr ist. Hätte ich es gesprochen, dann wüßtest Du es. Du weißt, was in meiner Seele ist,
ich aber weiß nicht, was in Deiner Seele ist. Siehe, Du bist der
Wisser der Geheimnisse.

117 (117) Nichts andres sprach ich zu ihnen, als was Du
mich hießest, nämlich: ›Dienet Allah, meinem Herrn und
euerm Herrn.‹ Und ich war Zeuge wider sie, solange ich unter
ihnen weilte. Seitdem Du mich aber Dir nahmst, bist Du ihr
Wächter, und Du bist aller Dinge Zeuge.

118 (118) Wenn Du sie strafst, siehe, so sind sie Deine
Diener, und wenn Du ihnen verzeihst, so bist Du der Mächtige, der Weise.«

119 (119) Sprechen wird Allah: »An diesem Tage wird die
Wahrhaftigkeit den Wahrhaftigen frommen; ihnen werden
sein Gärten, durcheilt von Bächen, darinnen sie verweilen
ewig und immerdar.« Wohlgefallen hat Allah an ihnen, und
sie sollen Wohlgefallen finden an Ihm; dies ist die große
Glückseligkeit.

120 (120) Allahs ist das Reich der Himmel und der Erde
und alles, was in ihnen ist; und Er hat Macht über alle Dinge.

Eucharistie, andere auf die Brotvermehrung, wieder andere auf die Vision
Petri Apg. 10,9; Bausani vermutet ein Echo der Brotbitte des Vaterunsers
darin.

SECHSTE SURE

Das Vieh

Geoffenbart zu Mekka

Im Namen Allahs,
des Erbarmers, des Barmherzigen!

1 (1) Das Lob sei Allah, der erschaffen die Himmel und die Erde und gemacht die Finsternisse und das Licht; und doch setzen die Ungläubigen ihrem Herrn (andre) gleich.

2 (2) Er ist's, der euch erschuf aus Ton; alsdann bestimmte Er einen Termin, und ein bestimmter Termin ist bei Ihm. Ihr aber zweifelt daran.

3 (3) Und Er ist Allah in den Himmeln und auf Erden. Er kennt euer Geheimes und Öffentliches und weiß, was ihr verdient.

4 (4) Und nicht kam zu ihnen ein Zeichen von den Zeichen ihres Herrn, von dem sie sich nicht abwendeten.

5 (5) Und nun ziehen sie die Wahrheit der Lüge, als sie zu ihnen kam; aber bald wird zu ihnen kommen die Kunde von dem, was sie verspotteten.

6 (6) Sehen sie denn nicht, wie viele Geschlechter Wir vor ihnen vernichteten, denen Wir auf der Erde Wohnung gegeben hatten wie ihnen nimmer? Und Wir sandten den Himmel im Regenguß auf sie nieder und ließen die Flüsse unter ihnen eilen. Und so vertilgten Wir sie in ihren Sünden und ließen nach ihnen andre Geschlechter entstehen.

7 (7) Und hätten Wir auf dich herabgesandt eine Schrift auf Pergament, und hätten sie sie mit ihren Händen berührt, wahrlich, gesprochen hätten die Ungläubigen: »Dies ist nichts als offenkundige Zauberei.«

8 (8) Und sie sprechen: »Warum ist denn kein Engel zu ihm herabgesandt?« Aber wenn Wir einen Engel hinabgesandt hätten, so wäre die Sache entschieden gewesen, und dann wäre er nicht mit ihnen verzogen.

Das Vieh   133

9 (9) Und wenn Wir ihn[1] zu einem Engel gemacht hätten,
wahrlich, Wir hätten ihn zu einem Manne gemacht und wahrlich, Wir hätten ihnen verdunkelt, was sie verdunkeln.

10 (10) Und wahrlich, verspottet wurden schon Gesandte
vor dir, und es umgab die Lacher unter ihnen, was sie verspotteten.

11 (11) Sprich: »Wandert durch das Land und schauet, wie
der Ausgang derer war, welche der Lüge ziehen.«

12 (12) Sprich: »Wes ist, was in den Himmeln und auf
Erden?« Sprich: »Allahs.« Vorgeschrieben hat Er sich die
Barmherzigkeit. Wahrlich, versammeln wird Er euch am Tag
der Auferstehung, kein Zweifel ist daran. Diejenigen aber,
welche sich selber verderben, die glauben nicht.

13 (13) Sein ist, was da wohnt in der Nacht und im Tage,
und Er ist der Hörende, der Wissende.

14 (14) Sprich: »Sollte ich einen andern als Allah zum
Beschützer nehmen, den Bildner der Himmel und der Erde,
der da Speise gibt und nicht Speise empfängt?« Sprich: »Siehe,
mir ward geboten, der erste zu sein, der sich ergibt[2] und (dem
befohlen ward:) »Nicht sei einer derer, die (Allah) Gefährten
geben.«

15 (15) Sprich: »Siehe, ich fürchte, wenn ich wider meinen
Herrn rebelliere, die Strafe eines gewaltigen Tages.«

16 (16) Von wem sie abgewendet wird an jenem Tage, dem
wird Barmherzigkeit zuteil; und das ist die offenkundige
Glückseligkeit.

17 (17) Und so dich Allah mit einem Leid trifft, so kann Er
es allein fortnehmen; und so Er dir Gutes gibt, so hat Er
Macht über alle Dinge.

18 (18) Und Er ist der Zwingherr über Seine Diener, und Er
ist der Weise, der Kundige.

19 (19) Sprich: »Was ist das größte Zeugnis?« Sprich:
»Allah ist Zeuge zwischen mir und zwischen euch, und offenbart ward mir dieser Koran, euch damit zu warnen und jeden,

1 Muhammad.
2 D. h. den Islām bekennt.

134   *Sure 6*

zu dem er gelangt. Siehe, wollt ihr wirklich bezeugen, daß es
neben Allah andre Götter gibt?« Sprich: »Ich bezeuge es
nicht.« Sprich: »Siehe, Er ist ein einiger Gott, und siehe, ich
bin unschuldig an eurer Vielgötterei.«

20 (20) Sie, denen Wir die Schrift gaben, kennen ihn[3], wie
sie ihre Kinder kennen; diejenigen, welche sich selber ins
Verderben stürzen, die glauben nicht.

21 (21) Und wer ist sündiger, als wer wider Allah eine Lüge
ersinnt oder Seine Zeichen der Lüge zeiht? Siehe, den Sündern ergeht es nicht wohl.

22 (22) Und eines Tages versammeln Wir sie allzumal; alsdann werden Wir zu denen, die Allah Gefährten geben, sprechen: »Wo sind eure ›Gefährten‹, die ihr (als vorhanden) behauptetet?«

23 (23) Alsdann werden sie keine andre Ausrede haben, als
daß sie sprechen: »Bei Allah, unserm Herrn, wir gaben Ihm
keine Gefährten.«

24 (24) Schau, wie sie wider sich selber lügen, und wie das,
was sie ersannen, von ihnen schweift.

25 (25) Und einige unter ihnen hören auf dich, doch haben
Wir auf ihre Herzen Hüllen gelegt, daß sie ihn[4] nicht verstehen, und in ihre Ohren eine Schwere; und obwohl sie jedes
Zeichen sehen, so glauben sie nicht daran, so daß, wenn sie
zu dir kommen, um mit dir zu streiten, die Ungläubigen
sprechen: »Siehe, das sind weiter nichts als Fabeln der Früheren.«

26 (26) Und sie verbieten es und entfernen sich davon. Sie
aber vertilgen nur sich selber und wissen es nicht.

27 (27) Und sähest du nur, wie sie über das Feuer gestellt
werden und dann sprechen: »Ach, daß wir doch zurückgebracht würden, wir würden dann nicht die Zeichen unsers
Herrn der Lüge zeihen und würden gläubig sein!«

28 (28) Ja, dann ist ihnen klargeworden, was sie zuvor
verheimlichten. Aber wenn sie auch zurückgebracht würden,

3 Muhammad.
4 Den Koran.

Das Vieh 135

sie würden doch wieder zu dem ihnen Verbotenen zurückkehren; denn siehe, sie sind wahrlich Lügner.

29 (29) Und sie sprechen: »Es gibt kein andres als unser
irdisches Leben, und nicht werden wir auferweckt.«

30 (30) Aber sähest du sie nur, wenn sie vor ihren Herrn
gestellt werden! Er wird sprechen: »Ist dies nicht wirklich?«
Sie werden sprechen: »Jawohl, bei unserm Herrn!« Er wird
sprechen: »So schmecket die Strafe darum, daß ihr nicht
glaubtet!«

31 (31) Verloren sind jene, welche die Begegnung mit Allah
leugnen; bis plötzlich die ›Stunde‹ über sie kommt und sie
sprechen: »Weh uns über das, was wir vernachlässigten!«
Und sie werden ihre Lasten auf ihrem Rücken tragen. Ist's
nicht schlimm, was sie tragen werden?

32 (32) Und das irdische Leben ist nur ein Spiel und ein
Scherz; und wahrlich, das jenseitige Haus ist besser für die
Gottesfürchtigen. Seht ihr das nicht ein?

33 (33) Wir wissen nunmehr, daß dich ihre Worte in der Tat
betrüben; aber siehe, nicht dich zeihen sie der Lüge, sondern
die Ungerechten verleugnen Allahs Zeichen.

34 (34) Und schon vor dir wurden Gesandte der Lüge
geziehen, und sie ertrugen die Beschuldigung der Lüge und
das Leid, das man ihnen zufügte, bis Unsre Hilfe zu ihnen
kam. Und Allahs Worte ändert niemand ab, und wahrlich,
schon kam zu dir die Kunde von den Gesandten.

35 (35) Und wenn dir ihre Abkehr schwerfällt, und wenn
du imstande bist, einen Schacht in der Erde zu finden oder
eine Leiter in den Himmel, auf daß du ihnen ein Zeichen
brächtest, ... und so Allah wollte, so versammelte Er sie
unter der Leitung; drum sei keiner der Unwissenden.

36 (36) Er erhört nur jene, die auf Ihn hören; und die
Toten, erwecken wird sie Allah; alsdann kehren sie zu Ihm
zurück.

37 (37) Und sie sprechen: »Wenn nur ein Zeichen auf ihn
herabgesandt würde von seinem Herrn!« Sprich: »Siehe,

136 *Sure 6*

Allah ist mächtig, ein Zeichen hinabzusenden, jedoch würde die Mehrzahl von ihnen es nicht wissen.«

38 (38) Kein Getier gibt's auf der Erde und keinen Vogel, der mit seinen Schwingen fliegt, die nicht wären Völker gleich euch.[5] Nichts haben Wir in der Schrift übergangen, alsdann werden sie zu ihrem Herrn versammelt.

39 (39) Und jene, welche Unsre Zeichen der Lüge zeihen, sind taub und stumm in Finsternissen. Wen Allah will, leitet Er irre, und wen Er will, den führt Er auf einen rechten Pfad.

40 (40) Sprich: »Was glaubt ihr? Wenn zu euch kommt die Strafe von Allah, oder es kommt zu euch die ›Stunde‹, werdet ihr zu einem andern rufen als Allah, so ihr wahrhaftig seid?

41 (41) Nein, zu Ihm werdet ihr rufen, und befreien wird Er euch von dem, um dessentwillen ihr zu Ihm ruft, so Er will, und vergessen werdet ihr, was ihr Ihm beigesellet.«

42 (42) Und wahrlich, schon sandten Wir zu Völkern vor dir und erfaßten sie mit Drangsal und Not, daß sie vielleicht sich demütigten.

43 (43) Aber hätten sie sich nur, als Unsre Not zu ihnen kam, gedemütigt! Jedoch, verhärtet waren ihre Herzen und ausgeputzt hatte ihnen der Satan ihr Tun.

44 (44) Und da sie die Ermahnungen vergessen hatten, öffneten Wir ihnen die Pforten aller Dinge, bis daß, als sie sich des ihnen Gegebenen erfreuten, Wir sie plötzlich erfaßten, und da verzweifelten sie.

45 (45) Und abgeschnitten ward die Wurzel des ungerechten Volkes; und das Lob sei Allah, dem Weltenherrn!

46 (46) Sprich: »Was glaubt ihr? Nähme euch Allah euer Gehör und Gesicht und versiegelte eure Herzen, welcher Gott außer Allah würde es euch wiedergeben?« Schau, wie Wir die Zeichen klarmachen, sie aber wenden sich ab!

47 (47) Sprich: »Was glaubt ihr? Wenn Allahs Strafe unver-

---

5 Hier wird eine Ähnlichkeit zwischen menschlicher und tierischer Gesellschaft angedeutet. Vgl. damit die Tatsache, daß nicht nur die Menschen, sondern die ganze Natur nach koranischer Ansicht sich im Preise Gottes vereinen.

Das Vieh   137

sehens über euch kommt oder offenkund, werden andre vertilgt werden als die Ungerechten?«

48 (48) Und Wir entsandten nur die Gesandten als Freudenverkünder und Warner, und wer da glaubt und sich bessert, keine Furcht kommt über sie und nicht sollen sie trauern.

49 (49) Jene aber, die Unsre Zeichen der Lüge zeihen, treffen wird sie die Strafe für ihre Freveltaten.

50 (50) Sprich: »Nicht spreche ich zu euch: ›Bei mir sind Allahs Schätze‹, und nicht: ›Ich weiß das Verborgene.‹ Auch spreche ich nicht zu euch: ›Ich bin ein Engel‹; ich folge nur dem, was mir geoffenbart ward.« Sprich: »Ist etwa gleich der Blinde dem Sehenden? Wollt ihr denn nicht in euch gehen?«

51 (51) Und warne damit[6] jene, welche fürchten, versammelt zu werden zu ihrem Herrn, außer dem sie keinen Beschützer und Fürsprecher haben; vielleicht werden sie gottesfürchtig.

52 (52) Und verstoß nicht jene, welche ihren Herrn anrufen in der Frühe und am Abend, Sein Angesicht verlangend. Nicht liegt dir's ob, sie in etwas zu beurteilen, und nicht liegt ihnen ob, dich irgendwie zu beurteilen. Und so du sie verstößest, bist du einer der Ungerechten.

53 (53) Und also haben Wir die einen durch die andern geprüft, auf daß sie sprechen: »Sind's diese, denen Allah unter uns gnädig war?« Kennt denn nicht Allah am besten die Dankbaren?

54 (54) Und wenn jene, die da glauben an Unsre Zeichen, zu dir kommen, so sprich: »Frieden sei auf euch! Vorgeschrieben hat sich selber euer Herr die Barmherzigkeit, so daß, wenn einer von euch in Unwissenheit etwas Böses tut und alsdann hernach umkehrt und sich bessert, so ist Er nachsichtig und barmherzig.«

55 (55) Und also machen wir die Zeichen klar, auf daß der Weg der Übeltäter erkannt werde.

6 Mit dem Koran.

138 *Sure 6*

56 (56) Sprich: »Verboten ward mir, zu dienen denen, die ihr neben Allah anruft.« Sprich: »Nicht folge ich euern Gelüsten, irren würde ich alsdann und nicht rechtgeleitet sein.«

57 (57) Sprich: »Siehe, ich folge einer deutlichen Lehre von meinem Herrn; ihr aber zeihet sie der Lüge. Nicht vermag ich, was ihr zu beschleunigen wünschet; das Urteil ist allein Allahs. Verkünden wird Er die Wahrheit; und Er ist der beste Schlichter.«

58 (58) Sprich: »Stünde in meiner Macht, was ihr zu beschleunigen wünschet, wahrlich, entschieden wäre die Sache zwischen mir und zwischen euch. Allah aber kennt sehr wohl die Ungerechten.«

59 (59) Und bei Ihm sind die Schlüssel des Verborgenen; Er kennt sie allein; Er weiß, was zu Land und Meer ist, und kein Blatt fällt nieder, ohne daß Er es weiß; und kein Korn ist in den Finsternissen der Erde und nichts Grünes und nichts Dürres, das nicht stünde in einem deutlichen Buch.

60 (60) Er ist's, der euch zu sich nimmt zur Nacht[7], und Er weiß, was ihr schaffet am Tag. Alsdann erweckt Er euch an ihm, auf daß ein bestimmter Termin erfüllet würde. Alsdann ist zu Ihm eure Heimkehr, alsdann verkündet Er euch eure Werke.

61 (61) Und Er ist der Zwingherr über Seine Diener, und Er sendet über euch Wächter, so daß, wenn zu einem von euch der Tod kommt, Unsre Gesandten (die Engel) ihn zu sich nehmen; und sie sind nicht lässig.

62 (62) Alsdann werden sie zurückgebracht zu Allah, ihrem wahren Gebieter. Ist nicht Sein das Urteil? Und Er ist der schnellste Rechner.

63 (63) Sprich: »Wer errettet euch aus den Finsternissen zu Land und Meer, so ihr zu Ihm rufet in Demut und insgeheim: Wahrlich, wenn Du uns hieraus errettest, wahrlich, dann sind wir dankbar?«

---

7 Im Schlaf gehen die Seelen zu Gott; daher die Wichtigkeit, die der Muslim den Träumen beimißt.

Das Vieh 139

64 (64) Sprich: »Allah errettet euch daraus und aus aller Trübsal; alsdann stellt ihr Ihm Gefährten zur Seite.«

65 (65) Sprich: »Er hat Macht dazu, auf euch eine Strafe zu senden von über euch oder von unter euern Füßen und euch in Sekten zu verwirren und dem einen des andern Gewalt zu schmecken zu geben.« Schau, wie Wir die Zeichen klarmachen! Vielleicht werden sie verständig.

66 (66) Und es zieh ihn[8] dein Volk der Lüge, und er ist die Wahrheit. Sprich: »Ich bin nicht euer Beschützer.

67 Jede Prophezeiung hat ihre bestimmte Zeit, und gewißlich werdet ihr's merken.«

68 (67) Und wenn du jene siehst, welche über Unsre Zeichen reden, so kehre dich ab von ihnen, bis sie ein andres Gespräch beginnen. Und so dich der Satan dies vergessen läßt, so sitze nicht nach der Verwarnung mit dem Volk der Sünder.

69 (68) Und nicht haben die Gottesfürchtigen in etwas Rechenschaft über sie abzulegen; jedoch sei eine Warnung; vielleicht bleiben sie gottesfürchtig.

70 (69) Und verlaß jene, welche mit ihrem Glauben Scherz und Spott treiben und welche das irdische Leben betrogen hat, und ermahne sie damit[9], daß jede Seele nach Verdienst dem Verderben preisgegeben wird; außer Allah hat sie weder einen Beschützer noch Fürsprecher, und so sie auch jegliches Entgelt darwägen wollte, nicht würde es von ihr angenommen werden. Jene, die nach Verdienst dem Verderben preisgegeben werden, ihnen soll sein ein Trunk aus siedendem Wasser und schmerzliche Strafe für ihren Unglauben.

71 (70) Sprich: »Sollen wir anrufen außer Allah, was uns weder nützt noch schadet? Sollen wir auf unsern Fersen umkehren, nachdem uns Allah geleitet, gleich jenem, den die Satane verführten, daß er ratlos ward im Lande, wiewohl seine Gefährten ihn zur rechten Leitung rufen: Komm zu uns!?« Sprich: »Siehe, Allahs Leitung, das ist die Leitung,

8 Den Koran.
9 Mit dem Koran.

140   *Sure 6*

und geboten ward uns, uns zu ergeben[10] dem Herrn der Welten:

72 (71) Und daß ihr das Gebet verrichtet und Ihn fürchtet, denn Er ist's, zu dem ihr versammelt werdet.«

73 (72) Und Er ist's, der da schuf die Himmel und die Erde in Wahrheit, und am Tag, da Er spricht: »Sei!«, so ist's.

(73) Sein Wort ist die Wahrheit, und Sein ist das Reich an dem Tag, da in die Posaune gestoßen wird. Er kennt das Verborgene und Offenkundige, und Er ist der Weise, der Kundige.

74 (74) Und (gedenke,) als Abraham sprach zu seinem Vater Azar[11]: »Nimmst du Bilder zu Göttern an? Siehe, ich sehe dich und dein Volk in offenkundigem Irrtum.«

75 (75) Und ebenso zeigten Wir Abraham das Königreich der Himmel und der Erde, damit er zu den Festen im Glauben gehöre.

76 (76) Und da die Nacht ihn überschattete, sah er einen Stern. Er sprach: »Das ist mein Herr.« Als er aber unterging, sprach er: »Nicht liebe ich, was untergeht.«

77 (77) Und als er den Mond aufgehen sah, sprach er: »Das ist mein Herr.« Und als er unterging, sprach er: »Wahrlich, wenn mich nicht mein Herr leitet, so bin ich einer der Irrenden.«

78 (78) Und als er die Sonne aufgehen sah, sprach er: »Das ist mein Herr; das ist das Größte.« Als sie jedoch unterging, sprach er: »O mein Volk, ich habe nichts mit euern Göttern zu schaffen.

79 (79) Siehe, ich wende mein Angesicht lautern Glaubens zu dem, der die Himmel und die Erde erschaffen, und nicht gehöre ich zu denen, die (Allah) Gefährten geben.«

80 (80) Und es stritt sein Volk mit ihm. Er sprach: »Wollt ihr mit mir über Allah streiten, wo Er mich schon geleitet hat? Ich fürchte nicht die Gefährten, die ihr Ihm gabt, (die mir

10 Muslime zu sein.
11 Die Bibel kennt Alazar als Abrahams Diener. Bekannt ist Goethes dichterische Gestaltung dieser Szene.

Das Vieh   141

nicht schaden,) es sei denn, daß mein Herr etwas will. Es umfaßt mein Herr alle Dinge mit Seinem Wissen. Wollt ihr euch denn nicht ermahnen lassen?

81 (81) Und wie sollte ich fürchten, was ihr Ihm beigesellt, wo ihr nicht fürchtet, daß ihr Allah beigesellt habt, wozu Er euch keine Vollmacht hinabsandte? Und welche der beiden Parteien ist der Sicherheit würdiger, so ihr begreift?«

82 (82) Diejenigen, welche glauben und ihren Glauben nicht durch Ungerechtigkeit verdunkeln, denen ist die Sicherheit, und sie sind geleitet.

83 (83) Und dies ist Unser Beweis, den Wir Abraham wider sein Volk gaben. Wir erhöhen zu (den) Stufen (der Weisheit,) wen Wir wollen; siehe, dein Herr ist weise und wissend.

84 (84) Und Wir schenkten ihm Isaak und Jakob und leiteten beide; und Noah leiteten Wir zuvor; und aus seinen Nachkommen den David und Salomo und Hiob und Joseph und Moses und Aaron; und also lohnen Wir denen, die Gutes tun.

85 (85) Und den Zacharias und Johannes und Jesus und Elias; alle waren Rechtschaffene;

86 (86) Und Ismael und Elisa und Jonas und Lot, alle begnadeten Wir vor den Geschöpfen;

87 (87) Und einige ihrer Väter und ihrer Brüder, und Wir erlasen sie und leiteten sie auf einen rechten Weg.

88 (88) Das ist Allahs Leitung: Er leitet mit ihr, wen Er will von Seinen Dienern; hätten sie Ihm aber Gefährten gegeben, wahrlich, umsonst wäre ihr Tun gewesen.

89 (89) Diese sind's, denen Wir gaben die Schrift, den Befehl[12] und das Prophetentum. Wenn aber diese (ihre Nachkommen) nicht daran glauben, so haben Wir diese (Gaben) einem Volke anvertraut, das diese nicht verleugnet.

90 (90) Das sind jene, welche Allah geleitet hat; drum strebe ihrer Leitung nach. Sprich: »Nicht verlange ich von

12 Oder: die Weisheit

142   *Sure 6*

euch einen Lohn hierfür; es ist nichts andres als eine Ermahnung für alle Welt.«

91 (91) Und nicht bewerten sie Allah mit richtigem Wert, wenn sie sprechen: »Nicht hat Allah auf einen Menschen etwas herabgesandt.« Sprich: »Wer hat hinabgesandt das Buch, das Moses brachte als ein Licht und eine Leitung für die Menschen, das ihr auf Pergamente schriebt, es offenkund machend, doch viel verbergend[13], wiewohl euch gelehrt ward, was ihr nicht wußtet noch eure Väter?« Sprich: »Allah.« Alsdann laß sie an ihrem Geschwätz sich weiter vergnügen.

92 (92) Und dieses Buch, das Wir hinabsandten, ist gesegnet; es bestätigt das Frühere, und verwarnen sollst du (mit ihm) die Mutter der Städte[14] und wer rings um sie (wohnt). Wer da glaubt an das Jenseits, glaubt daran und gibt wohl acht auf seine Gebete.

93 (93) Wer ist aber sündiger, als wer wider Allah eine Lüge ersinnt oder spricht: »Mir ist offenbart«[15], wo ihm nichts offenbart ward, und wer da spricht: »Hinabsenden werde ich sicherlich, was Allah hinabgesendet hat?« Aber schautest du nur die Ungerechten in des Todes Schlünden, während die Engel ihre Hände ausstrecken (und sprechen:) »Gebt eure Seelen heraus! Heute sollt ihr mit der Strafe der Schande belohnt werden, darum daß ihr wider Allah die Unwahrheit spracht und Seine Zeichen voll Hoffart verschmähtet!

94 (94) Und nun seid ihr zu Uns gekommen, allein, so wie Wir euch erschufen das erste Mal, und ihr ließet hinter euch, was Wir euch bescherten, und nicht schauen Wir bei euch eure Fürsprecher, von denen ihr wähntet, sie seien unter euch Gefährten (Allahs.) Wahrlich, nun ist ein Schnitt zwi-

---

13 Die Juden werden hier beschuldigt, Stellen, die auf Muhammad Bezug hatten, unterdrückt zu haben.
14 Mekka.
15 Dies geht wahrscheinlich auf Musailima oder einen andern falschen Propheten unter den Arabern.

Das Vieh 143

schen euch gemacht, und von euch schweiften eure Wahngebilde.«

95 (95) Siehe, Allah läßt keimen das Korn und den Dattelkern, hervorbringt Er das Lebendige aus dem Toten und hervor das Tote aus dem Lebendigen. Das ist Allah, und wie seid ihr abgewendet?

96 (96) Anbrechen läßt Er den Morgen, und bestimmt hat Er die Nacht zur Ruhe und Sonne und Mond zur Berechnung (der Zeit). Das ist die Anordnung des Mächtigen, des Wissenden.

97 (97) Und Er ist's, der für euch die Sterne gemacht hat, daß ihr von ihnen geleitet werdet in den Finsternissen zu Land und Meer! Deutlich haben Wir die Zeichen nunmehr erklärt für verständige Leute.

98 (98) Und Er ist's, der euch entstehen ließ aus *einem* Menschen; und (Er gab euch) eine Stätte und einen Lagerraum[16]. Deutlich haben Wir die Zeichen nunmehr erklärt für einsichtige Leute.

99 (99) Und Er ist's, der da hinabsendet vom Himmel Wasser, und Wir bringen heraus durch dasselbe die Keime aller Dinge; und aus ihnen bringen Wir Grünes hervor, aus dem Wir dichtgeschichtetes Korn hervorbringen; und aus den Palmen, aus ihrer Blütenscheide niederhängende Fruchtbüschel; und Gärten von Reben und Oliven und Granatäpfeln, einander ähnlich und unähnlich. Schaut nach ihrer Frucht, wenn sie sich bildet und reift. Siehe, hierin sind wahrlich Zeichen für gläubige Leute.

100 (100) Und doch gaben sie Allah zu Gefährten die Dschinn[17], die Er erschaffen, und logen Ihm in Unwissenheit Söhne und Töchter an. Preis Ihm! Und erhaben ist Er über das, was sie Ihm zuschreiben.

---

16 In den Lenden und im Mutterleib.

17 Arabisch *ǧinn*, die aus Feuer erschaffenen Wesen, die zwischen Engeln und Menschen stehen. Muhammad ist nicht nur zu den Menschen, sondern auch zu den feuergeschaffenen Geistwesen als Prophet gesandt. Die Modernisten haben die Dschinn als »Mikroben« o. ä. hinwegzuinterpretieren gesucht.

144   *Sure 6*

101 (101) Der Schöpfer der Himmel und der Erde, woher sollte Er ein Kind haben, wo Er keine Gefährtin hat? Und erschaffen hat Er jedes Ding und Er kennt jedes Ding.

102 (102) Das ist Allah, euer Herr; es gibt keinen Gott außer Ihm, dem Schöpfer aller Dinge; drum dienet Ihm, und Er ist aller Dinge Hüter.

103 (103) Nicht erreichen Ihn die Blicke, Er aber erreicht die Blicke; und Er ist der Scharfsinnige, der Kundige.

104 (104) Gekommen sind nunmehr zu euch Beweise von euerm Herrn; wer da schaut, so ist's für ihn selber, und wer blind ist, so ist's wider ihn selber, und nicht bin ich über euch ein Wächter.

105 (105) Und also machen Wir die Zeichen klar, und damit sie sagen: »Du hast studiert«, und damit Wir ihn[18] für Leute von Verstand deutlich machen.

106 (106) Folge dem, was dir offenbart ward von deinem Herrn; es gibt keinen Gott außer Ihm; und wende dich ab von denen, die Ihm Gefährten geben.

107 (107) Und so Allah es wollte, gäben sie Ihm keine Gefährten; und nicht machten Wir dich zum Wächter über sie, und nicht bist du ein Hüter über sie.

108 (108) Und schmähet nicht diejenigen, die sie außer Allah anrufen, daß sie Allah in Feindschaft aus Unwissenheit schmähen. So haben Wir jedem Volke sein Tun herausgeputzt; alsdann aber ist ihre Heimkehr zu Allah, und verkünden wird Er ihnen, was sie getan.

109 (109) Und geschworen haben sie bei Allah den heiligsten Eid, daß, wenn ein Zeichen zu ihnen käme, wahrlich dann würden sie daran glauben. Sprich: »Allein bei Allah sind die Zeichen; doch was tut euch kund, daß, wenn sie kommen, sie nicht daran glauben?«

110 (110) Und umkehren wollen Wir ihre Herzen und Blicke, sowie sie das erste Mal nicht daran glaubten; und Wir wollen sie in ihrer Widerspenstigkeit irregehen lassen.

18 Den Koran.

Das Vieh 145

111 (111) Und hätten Wir auch die Engel zu ihnen herniedergesandt und hätten die Toten zu ihnen gesprochen, und hätten Wir alle Dinge vor ihnen in Scharen versammelt, sie hätten nicht geglaubt, es sei denn, daß Allah es gewollt; jedoch ist die Mehrzahl von ihnen unwissend.

112 (112) Und also haben Wir jedem Propheten einen Feind gegeben, die Satane der Menschen und der Dschinn; einer gibt dem andern prunkende Rede ein zum Trug. Und so dein Herr es gewollt, hätten sie es nicht getan; darum verlaß sie und was sie ersinnen.

113 (113) Und laß sich ihr[19] zuneigen die Herzen derer, die nicht an das Jenseits glauben, und laß sie ihr Wohlgefallen daran finden und laß sie gewinnen, was sie gewinnen.

114 (114) Sollte ich einen andern Richter als Allah suchen, wo Er es ist, der zu euch das Buch als ein deutliches hinabgesandt hat? Und diejenigen, denen Wir die Schrift gaben, wissen, daß es in Wahrheit von deinem Herrn hinabgesandt ward. So sei keiner der Zweifler.

115 (115) Und vollkommen ist das Wort deines Herrn in Wahrhaftigkeit und Gerechtigkeit. Niemand vermag Seine Worte zu ändern; und Er ist der Hörende, der Wissende.

116 (116) Und wenn du der Mehrzahl derer auf Erden folgtest, sie würden dich abirren lassen von Allahs Weg; sie folgen nur einem Wahn und siehe, sie lügen.

117 (117) Siehe, dein Herr, Er weiß sehr wohl, wer von Seinem Wege abirrt, und kennt sehr wohl die Geleiteten.

118 (118) So esset das, worüber Allahs Name gesprochen ward, so ihr an Seine Zeichen glaubt.

119 (119) Und was ist euch, daß ihr nicht esset von dem, worüber Allahs Name gesprochen ward, wo Er euch schon erklärte, was Er euch verwehrt hat, außer wozu ihr gezwungen werdet? Aber siehe, wahrlich viele führen euch irre mit ihren Gelüsten in Unwissenheit. Siehe, dein Herr kennt sehr wohl die Übertreter.

19 Der prunkenden Rede.

146 *Sure 6*

120 (120) Und meidet das Äußere und Innere der Sünde. Siehe, diejenigen, welche Sünde begehen, werden sicherlich nach Verdienst belohnt werden.

121 (121) Und esset nicht von dem, worüber Allahs Name nicht gesprochen ward; denn siehe wahrlich, es ist Sünde. Und siehe wahrlich, die Satane werden ihren Freunden eingeben, mit euch zu streiten; doch, so ihr ihnen gehorchet, siehe wahrlich, dann seid ihr Götzendiener.

122 (122) Und soll etwa der, welcher tot war, und den Wir lebendig machten und dem Wir ein Licht gaben, damit zu wandeln unter den Menschen, gleich sein jenem, der in den Finsternissen ist und nicht aus ihnen herausgehen kann? Also haben Wir den Ungläubigen ihr Tun ausgeputzt.

123 (123) Und also haben Wir in jede Stadt ihre größten Sünder gesetzt, damit sie in ihnen ihre Listen treiben, doch belisten sie sich nur selber und wissen es nicht.

124 (124) Und so ein Zeichen zu ihnen kommt, sprechen sie: »Nimmer glauben wir, ehe nicht zu uns kommt, was zu den Gesandten Allahs kam.« Allah weiß sehr wohl, wem Er Seine Sendung gibt. Wahrlich, treffen wird die Sünder Entehrung bei Allah und strenge Strafe für ihre Ränke.

125 (125) Und wen Allah leiten will, dem weitet Er seine Brust für den Islām, und wen Er irreführen will, dem macht Er die Brust knapp und eng, als wollte Er den Himmel erklimmen. Also straft Allah die Ungläubigen.

126 (126) Und dies ist der rechte Weg deines Herrn. Nunmehr haben Wir Unsre Zeichen Leuten, die beherzigen, ausgelegt.

127 (127) Ihnen ist eine Wohnung des Friedens bei ihrem Herrn, und Er ist ihr Schützer für ihr Tun.

128 (128) Und am Tag, da Er sie allzumal versammelt, (spricht er:) »O Schar der Dschinn, ihr habt euch viel mit den Menschen zu schaffen gemacht!« Und es sprechen dann ihre Freunde unter den Menschen: »Unser Herr, wir hatten Nutzen voneinander, doch erreichten wir unsern Termin, den Du uns setztest.« Er wird sprechen: »Das Feuer ist euere Her-

Das Vieh 147

berge; ewig verweilet darinnen, es sei denn, was Allah will.«
Siehe, dein Herr ist der Weise, der Wissende.

129 (129) Und also setzen Wir die einen der Sünder über die andern um ihrer Werke willen.

130 (130) »O Schar der Dschinn und Menschen, kamen nicht zu euch Gesandte von euch, euch Meine Zeichen zu verkünden und euch das Eintreffen dieses eures Tages zu verkünden?« Sie werden sprechen: »Wir zeugen wider uns selber.« Betrogen hat sie das irdische Leben, und sie legen wider sich Zeugnis ab, daß sie Ungläubige waren.

131 (131) Solches, dieweil dein Herr die Städte nicht in ihrer Sünde vertilgt, während ihre Bewohner in Sorglosigkeit sind.

132 (132) Und für alle sind Grade je nach ihrem Tun; und dein Herr ist nicht achtlos eures Tuns.

133 (133) Und dein Herr ist der Reiche, der Barmherzige. So Er will, kann Er euch hinfortnehmen und kann euch nachfolgen lassen, wen Er will, wie Er euch entstehen ließ aus der Nachkommenschaft anderer.

134 (134) Siehe, was euch angedroht wird, wahrlich es kommt, und ihr könnt es nicht vereiteln.

135 (135) Sprich: »O mein Volk, handelt nach euerm Vermögen, siehe, ich handele (nach meinem Befehl); und gewißlich werdet ihr wissen,

(136) Wem der Ausgang der Wohnung[20] sein wird. Siehe, nicht ergeht es den Ungerechten wohl.«

136 (137) Und sie haben für Allah von dem, was Er an Feldfrüchten und *Vieh* wachsen ließ, einen Anteil bestimmt und sprechen: »Dies ist für Allah« – in ihrer Meinung – »und dies ist für unsre ›Gefährten‹.« Was aber für ihre Gefährten ist, das kommt nicht zu Allah, und was Allahs ist, das kommt zu ihren Gefährten. Übel ist ihr Urteil!

137 (138) Und ebenso haben ihre ›Gefährten‹ die Mehrzahl ihrer Anbeter verlockt, ihre Kinder zu morden[21], um sie zu

20 Das Paradies.
21 Eine Anspielung auf das Lebendigbegraben von neugeborenen Mädchen.

148 *Sure 6*

verderben und ihren Glauben zu verdunkeln. Und so Allah es gewollt hätte, hätten sie es nicht getan; drum verlaß sie und was sie ersinnen.

138 (139) Und sie sprechen: »Dieses Vieh und diese Früchte sind verboten, wenn wir es nicht erlauben« – in ihrer Meinung – und: »Es gibt Vieh, dessen Rücken verboten ist[22].« Und es gibt Vieh, über das sie nicht Allahs Namen sprechen, es wider Ihn erdichtend. Wahrlich, Er wird ihnen lohnen für ihre Erdichtungen.

139 (140) Und sie sprechen: »Was im Schoß dieses Viehs ist, ist unsern Männern erlaubt und unsern Gattinnen verwehrt.« Ist's aber tot (geboren), so haben beide Anteil daran. Wahrlich, lohnen wird Er ihnen ihre Behauptungen; siehe, Er ist weise und wissend.

140 (141) Verloren sind diejenigen, welche ihre Kinder töricht in ihrer Unwissenheit mordeten, und welche verwehrten, was Allah ihnen beschert, indem sie wider Ihn (eine Lüge) erdichteten. Sie irrten und waren nicht geleitet.

141 (142) Und Er ist's, welcher wachsen läßt Gärten mit Rebspalieren und ohne Rebspaliere und die Palmen und das Korn, dessen Speise verschieden ist, und die Oliven und die Granatäpfel, einander gleich und ungleich. Esset von ihrer Frucht, so sie Frucht tragen, und gebet die Gebühr davon am Tag der Ernte; und seid nicht verschwenderisch; siehe, Er liebt nicht die Verschwender.

142 (143) Und unter den Kamelen gibt es Lasttiere und Schlachttiere; esset von dem, was euch Allah beschert, und folget nicht den Fußstapfen des Satans; siehe, Er ist euch ein offenkundiger Feind.

143 (144) (Ihr habt) acht zu Paaren: Von den Schafen zwei und von den Ziegen zwei. Sprich: »Hat Er die beiden Männchen verwehrt oder die beiden Weibchen, oder was der Mutterschoß der Weibchen in sich schließt? Verkündet es mir mit Wissen, so ihr wahrhaft seid.«

22 Das keine Lasten tragen darf.

Das Vieh 149

144 (145) Und von den Kamelen zwei und von den Rindern zwei. Sprich: »Hat Er die beiden Männchen oder die beiden Weibchen verwehrt, oder, was der Mutterschoß der Weibchen in sich schließt? Oder waret ihr Zeugen, als Allah euch dieses befohlen?« Wer aber ist sündiger als der, welcher wider Allah eine Lüge ersinnt, um Leute ohne Wissen irrezuführen? Siehe, Allah leitet nicht die Ungerechten.

145 (146) Sprich: »Ich finde nichts in dem, was mir offenbart ward, dem Essenden verboten zu essen, als Krepiertes oder vergossenes Blut oder Schweinefleisch – denn dies ist ein Greuel – oder Unheiliges, über dem ein andrer als Allah angerufen ward.« Wer aber gezwungen wird, ohne Begehr und ohne Ungehorsam (wider Allah), nun dann ist dein Herr verzeihend und barmherzig.

146 (147) Den Juden haben Wir alles (Vieh) mit Klauen verwehrt, und vom Rindvieh und Schafen verboten Wir ihnen das Fett, außer was auf ihren Rücken oder ihren Eingeweiden oder am Knochen sitzt. Hiermit lohnten Wir sie wegen ihrer Abtrünnigkeit; und siehe, wahrlich, Wir sind wahrhaft.

147 (148) Und so sie dich der Lüge zeihen, so sprich: »Euer Herr ist voll weiter Barmherzigkeit; aber nicht soll abgewendet werden Seine Strenge von den Sündern.«

148 (149) Gewißlich, sprechen werden die, welche (Allah) Gefährten geben: »Wenn es Allah gewollt, so hätten wir Ihm keine Gefährten gegeben, wie auch nicht unsre Väter; und Er hat uns auch nichts verwehrt.« Also ziehen auch die, welche vor ihnen waren, der Lüge, bis sie Unsre Strenge schmeckten. Sprich: »Habt ihr Wissen, so bringt es uns zum Vorschein. Ihr folgt nur einem Wahn, und ihr lügt nur.«

149 (150) Sprich: »Allahs ist der überzeugende Beweis, und so Er gewollt, Er hätte euch insgesamt geleitet.«

150 (151) Sprich: »Her mit euren Zeugen, zu bezeugen, daß Allah dieses verwehrt hat!« Und so sie es bezeugten, so leg du nicht Zeugnis mit ihnen ab und folge nicht den Gelüsten jener, welche Unsre Zeichen der Lüge zeihen und die

150 **Sure 6**

nicht glauben an das Jenseits und ihrem Herrn seinesgleichen geben.

151 (152) Sprich: »Kommet her, verkünden will ich, was euer Herr euch verboten: Ihr sollt Ihm nichts an die Seite stellen, und den Eltern sollt ihr Gutes tun; und nicht sollt ihr eure Kinder aus Armut töten, Wir werden euch und sie versorgen; und nähert euch nicht Schändlichkeiten, den öffentlichen und geheimen; und tötet kein Leben, das Allah verwehrt hat, es sei denn mit gerechtem Grund²³. Das hat Er euch geboten; vielleicht begreift ihr es.

152 (153) Und kommt nicht dem Gut der Waise zu nahe, außer um es zu mehren, bis sie herangewachsen; und gebet Maß und Waage in Gerechtigkeit. Wir beladen keine Seele über Vermögen. Und im Spruch seid gerecht, wäre es auch gegen einen Anverwandten, und haltet den Bund Allahs. Solches gebot Er euch, damit ihr es zu Herzen nähmet:

153 (154) Und ›dies ist Mein rechter Weg‹; so folget ihm und folget nicht den Pfaden (andrer), damit ihr nicht von Seinem Pfade getrennt werdet. Solches gebot Er euch, auf daß ihr Ihn fürchtetet.«

154 (155) Alsdann gaben Wir Moses die Schrift, vollkommen für den, der das Gute tut, und eine Klarlegung aller Dinge, und eine Leitung und Barmherzigkeit, damit sie an die Begegnung mit ihrem Herrn glauben.

155 (156) Und dieses Buch, das Wir hinabsandten, ist gesegnet. So folget ihm und seid gottesfürchtig, damit ihr Barmherzigkeit findet:

156 (157) Und daß ihr nicht sprächet: »Siehe, die Schrift ward nur auf zwei Gemeinden vor uns niedergesandt, und wahrlich, wir waren zu unwissend, um sie zu begreifen.«

157 (158) Oder daß ihr sprächet: »Wäre die Schrift auf uns herabgesandt, wir hätten uns besser leiten lassen als sie.« Und nunmehr kam zu euch eine deutliche Lehre von euerm Herrn und eine Leitung und Barmherzigkeit. Und wer ist sündiger,

---

23 Im Krieg gegen die Ungläubigen.

Das Vieh 151

als wer Allahs Zeichen der Lüge zeiht und sich von ihnen abkehrt? Wahrlich, lohnen werden Wir jene, die sich von Unsern Zeichen abkehren, mit schlimmer Strafe; dafür daß sie sich abwendeten.

158 (159) Können sie auf etwas andres ausschauen, als daß die Engel zu ihnen kommen, oder daß dein Herr kommt oder einige der Zeichen deines Herrn kommen? Am Tage, an dem einige der Zeichen deines Herrn kommen, dann soll einer Seele ihr Glaube nichts frommen, die zuvor nicht glaubte, noch Gutes tat in ihrem Glauben. Sprich: »Wartet! Siehe, wir warten.«

159 (160) Siehe, diejenigen, die ihren Glauben spalteten und zu Sekten wurden, mit ihnen hast du nichts zu schaffen. Ihre Sache steht Allah anheim. Alsdann wird Er ihnen verkünden, was sie getan.

160 (161) Wer mit Gutem kommt, dem soll das Zehnfache werden, und wer mit Bösem kommt, der soll nur das Gleiche als Lohn empfangen; und es soll ihnen nicht Unrecht geschehen.

161 (162) Sprich: »Siehe, mich hat mein Herr auf einen rechten Pfad geleitet, zu einem feststehenden Glauben, zur Religion des Abraham, des lautern (im Glauben,) der (Allah) keine Gefährten gab.«

162 (163) Sprich: »Siehe, mein Gebet, meine Verehrung und mein Leben und mein Tod gehören Allah, dem Herrn der Welten.

163 Er hat keinen Gefährten, und solches ist mir geheißen, und ich bin der erste der Muslime.«

164 (164) Sprich: »Sollte ich einen Herrn außer Allah begehren, welcher der Herr aller Dinge ist?« Jede Seele schafft nur für sich, und eine belastete (Seele) soll nicht einer andern Last tragen. Alsdann ist zu euerm Herrn eure Heimkehr, und dann wird Er euch verkünden, worüber ihr uneins waret.

165 (165) Und Er ist's, der euch zu Nachfolgern auf der Erde machte und die einen von euch über die andern um

152 *Sure 7*

Stufen erhöhte, auf daß Er euch prüfte durch das, was Er euch gegeben. Siehe, dein Herr ist schnell zur Strafe, und siehe, wahrlich, Er ist verzeihend und barmherzig.

SIEBENTE SURE

Der Wall

Geoffenbart zu Mekka

*Im Namen Allahs,
des Erbarmers, des Barmherzigen!*

1 (1) A. L. M. S.[1]

2 Ein Buch ward hinabgesandt zu dir – und es sei in deiner Brust keine Beängstigung darüber –, auf daß du mit ihm warnest, und als eine Mahnung für die Gläubigen.

3 (2) Folget dem, was zu euch hinabgesandt ward von euerm Herrn, und folget keinen andern Beschützern neben Ihm. Wenig aber lassen sich mahnen.

4 (3) Und wie viele Städte vertilgten Wir, und es kam Unsre Strafe des Nachts über sie oder als sie den Mittagsschlaf hielten.

5 (4) Und es war ihr Rufen, da Unsre Strafe zu ihnen kam, kein andres als: »Siehe, wir waren Ungerechte.«

6 (5) Und wahrlich, zur Rechenschaft ziehen wollen Wir diejenigen, zu denen Wir sandten, und wahrlich, zur Rechenschaft ziehen wollen Wir auch die Gesandten.

7 (6) Und wahrlich, mit Wissen wollen Wir ihnen (ihre Handlungen) aufzählen, denn nicht waren Wir abwesend.

8 (7) Und das Gewicht wird an jenem Tage die Wahrheit sein, und wessen Waage schwer ist, denen wird's wohl ergehen.

---

1 *alif-lām-mīm-ṣād.*

Der Wall 153

9 (8) Wessen Waage aber leicht sein wird, das sind diejenigen, die ihre Seelen verlieren, dieweil sie sich wider Unsre Zeichen versündigten.

10 (9) Und wahrlich, Wir gaben euch auf der Erde eine Stätte und gaben euch auf ihr den Lebensunterhalt. – Wie wenig seid ihr dankbar!

11 (10) Und wahrlich, Wir erschufen euch; alsdann bildeten Wir euch; alsdann sprachen Wir zu den Engeln: »Werfet euch nieder vor Adam!« Und nieder warfen sie sich außer Iblis; nicht gehörte er zu denen, die sich niederwarfen.

12 (11) Er sprach: »Was hinderte dich, dich niederzuwerfen, als Ich es dich hieß?« Er sprach: »Ich bin besser als er. Du hast mich aus Feuer erschaffen, ihn aber erschufst Du aus Ton.«

13 (12) Er sprach: »Hinab mit dir aus ihm[2]! Nicht ist dir erlaubt, hoffärtig in ihm zu sein. Drum hinaus mit dir, siehe, du bist einer der Gedemütigten.«

14 (13) Er sprach: »Gib mir Frist bis zum Tag der Auferweckung.«

15 (14) Er sprach: »Siehe, dir ward Frist gegeben.«

16 (15) Er sprach: »Darum daß Du mich in die Irre geführt hast, will ich ihnen auflauern auf Deinem rechten Wege;

17 (16) Alsdann will ich über sie kommen von vorn und von hinten, von ihrer Rechten und von ihrer Linken, und nicht sollst Du die Mehrzahl von ihnen dankbar finden.«

18 (17) Er sprach: »Hinaus aus ihm, verachtet und verstoßen! Wahrlich, wer von ihnen dir folgt, mit euch allzumal erfülle Ich Dschahannam!«

19 (18) »Und, o Adam, wohne du und dein Weib im Paradiese und esset wovon ihr wollt. Nähert euch jedoch nicht diesem Baume, sonst seid ihr Ungerechte.«

20 (19) Und es flüsterte ihnen der Satan ein, daß er ihnen kundtun wolle, was ihnen verheimlicht war – ihre Scham.

---

2 Dem Paradiese.

Und er sprach: »Euer Herr hat euch diesen Baum nur verboten, damit ihr nicht Engel würdet oder ewig lebtet.«

21 (20) Und er schwur ihnen: »Siehe, ich bin euch ein guter Berater.«

22 (21) Und er verführte sie durch List, und als sie von dem Baume geschmeckt hatten, ward ihnen offenbar ihre Scham, und sie hoben an, Blätter des Paradieses über sich zusammenzuheften. Und es rief sie ihr Herr: »Verbot Ich euch nicht jenen Baum und sprach zu euch: ›Siehe, der Satan ist euch ein offenkundiger Feind?‹«

23 (22) Sie sprachen: »Unser Herr, wir haben wider uns selber gesündigt, und so Du uns nicht verzeihst und Dich unser erbarmst, wahrlich, dann sind wir verloren.«

24 (23) Er sprach: »Hinab mit euch! Einer sei des andern Feind. Und es sei euch auf der Erde eine Stätte und ein Nießbrauch auf Zeit.«

25 (24) Er sprach: »Auf ihr sollt ihr leben, und auf ihr sollt ihr sterben, und aus ihr sollt ihr hervorgeholt werden.

26 (25) O Kinder Adams, hinab sandten Wir auf euch Kleidung, eure Blöße zu bedecken, und Prunkgewandung; aber das Kleid der Gottesfurcht, das ist besser.« Dies ist eines der Zeichen Allahs; vielleicht lassen sie sich ermahnen.

27 (26) »O Kinder Adams, nicht verführe euch der Satan, wie er eure Eltern aus dem Paradies vertrieb, ihnen ihre Kleidung raubend, um ihnen ihre Blöße zu zeigen. Siehe, er sieht euch, er und seine Schar, wo ihr sie nicht sehet. Siehe, Wir machten die Satane zu Beschützern der Ungläubigen.«

28 (27) Und so sie eine Schandbarkeit begehen, sprechen sie: »Wir fanden unsere Väter darin, und Allah hat es uns befohlen.« Sprich: »Siehe, Allah befiehlt keine Schandbarkeit. Wollt ihr wider Allah sprechen, was ihr nicht wisset?«

29 (28) Sprich: »Mein Herr hat Gerechtigkeit befohlen.« So wendet euer Angesicht zu jeder Moschee und rufet Ihn an in lauterem Glauben. Gleichwie Er euch schuf, kehret ihr (zu Ihm) zurück.

30 Einen Teil hat Er geleitet und einen Teil nach Gebühr

Der Wall 155

dem Irrtum übergeben. Siehe, sie haben sich die Satane neben Allah zu Beschützern angenommen und wähnen, sie seien geleitet.

31 (29) O Kinder Adams, leget euern Putz an bei jeder Moschee und esset und trinket und schweifet nicht aus; siehe, Er liebt nicht die Ausschweifenden.

32 (30) Sprich: »Wer hat den Putz Allahs verwehrt, den Er erschaffen für Seine Diener, und die guten Dinge des Unterhalts?« Sprich: »Sie sind für die Gläubigen im irdischen Leben, besonders am Tag der Auferstehung.« So machen Wir die Zeichen den Verständigen klar.

33 (31) Sprich: »Verwehrt hat mein Herr nur die Schandbarkeiten, die öffentlichen und geheimen, und die Sünde und ungerechte Gewalttat, und daß ihr Allah das an die Seite setzet, wozu Er euch keine Vollmacht herabsandte, und daß ihr von Allah sprechet, was ihr nicht wisset.«

34 (32) Und jedes Volk hat einen Termin; und so sein Termin gekommen ist, so können sie ihn um keine Stunde aufschieben oder beschleunigen.

35 (33) O Kinder Adams, wenn zu euch Gesandte aus euch kommen, die euch Meine Zeichen verkünden, dann soll, wer da gottesfürchtig ist und sich bessert, keine Furcht soll über sie kommen und nicht sollen sie traurig sein.

36 (34) Diejenigen aber, welche Unsre Zeichen der Lüge zeihen und sich in Hoffart von ihnen abwenden, sie sind des Feuers Gefährten und sollen ewig darinnen verweilen.

37 (35) Und wer ist sündiger, als wer wider Allah eine Lüge ersinnt oder Unsre Zeichen der Lüge zeiht? Jene soll erreichen ihr Teil aus dem Buch, bis Unsre Boten[3] zu ihnen kommen, sie mit sich zu nehmen, und sprechen: »Wo ist das, was ihr außer Allah anriefet?« Sie werden sprechen: »Sie sind von uns geschweift.« Und sie zeugen wider sich selber, daß sie Ungläubige waren.

38 (36) Er wird sprechen: »Tretet ein mit den Scharen der

3 Die Engel.

156 *Sure 7*

Dschinn und Menschen, die vor euch lebten, ins Feuer.« Und sooft eine Schar eintritt, verflucht sie ihre Schwester[4], bis sie allzumal eingetreten sind und die letzte von der ersten spricht: »Unser Herr, jene haben uns irregeführt; so gib ihnen die doppelte Feuerspein.« Er wird sprechen. »Jedem sei das Doppelte.« Doch verstehet ihr dies nicht.

39 (37) Und es wird die erste zu der letzten sprechen: »Was habt ihr für einen Vorzug vor uns? Schmecket die Strafe nach Verdienst.«

40 (38) Siehe, diejenigen, die Unsre Zeichen der Lüge zeihen und sich hoffärtig von ihnen abwenden, nicht werden ihnen geöffnet die Tore des Himmels, und nicht gehen sie ein ins Paradies, ehe denn ein Kamel durch ein Nadelöhr geht; und also belohnen Wir die Missetäter.

41 (39) Ihnen sei Dschahannam der Pfühl und über ihnen seien Decken (aus Feuer); und also belohnen Wir die Sünder.

42 (40) Diejenigen aber, welche glauben und das Rechte tun, – nicht belasten Wir eine Seele über Vermögen –, jene sollen des Paradieses Gefährten sein und darinnen ewig verweilen.

43 (41) Und nehmen wollen Wir aus ihren Brüsten alles an Groll, eilen sollen unter ihnen Bäche, und sie sprechen: »Das Lob sei Allah, der uns hierhergeleitet hat! Nicht wären wir geleitet gewesen, hätte uns nicht Allah geleitet! Wahrlich, es kamen die Gesandten unseres Herrn mit der Wahrheit.« Und es soll ihnen zugerufen werden: »Dies ist das Paradies; ihr seid zu seinen Erben gemacht für eure Werke.«

44 (42) Und rufen werden des Paradieses Gefährten zu den Gefährten des Feuers: »Nun haben wir, was unser Herr uns verheißen, als Wahrheit erfunden. Habt ihr auch, was euer Herr euch verhieß, als Wahrheit erfunden?« Sie werden sprechen: »Jawohl.« Und rufen wird unter ihnen ein Rufer: »Allahs Fluch über die Ungerechten,

---

4 Die vorausgegangene Schar.

Der Wall 157

45 (43) Die von Allahs Weg abtrünnig machen und ihn zu krümmen suchen und nicht an das Jenseits glauben!«

46 (44) Und zwischen ihnen ist eine Scheide; und auf den *Wällen* sind Männer, die alle an ihren Merkmalen[5] erkennen; und sie rufen den Paradiesesgefährten zu: »Frieden sei auf euch!« Sie können es aber nicht betreten, wiewohl sie es begehren.

47 (45) Und so ihre Blicke zu den Gefährten des Feuers gewendet werden, sprechen sie: »Unser Herr, bring uns nicht zu den Ungerechten.«

48 (46) Und es rufen die Gefährten der Wälle zu Männern, die sie an ihren Merkmalen erkennen und sprechen: »Was hat euch euer Sammeln (von Schätzen) und eure Hoffart gefrommt?

49 (47) Sind das jene, von denen ihr schwuret, daß Allah ihnen nicht Barmherzigkeit zuwenden würde? Gehet ein ins Paradies, keine Furcht soll über euch kommen und nicht sollt ihr traurig sein.«

50 (48) Und rufen werden die Gefährten des Feuers zu den Paradiesesgefährten: »Schüttet auf uns etwas Wasser oder etwas von dem, was euch Allah bescherte.«[6] Sie sprechen: »Siehe, Allah hat beides für die Ungläubigen verwehrt;

51 (49) Die mit ihrem Glauben ihren Scherz und Spott trieben und die das irdische Leben betrog.« Und heute vergessen Wir sie, wie sie das Eintreffen dieses ihres Tages vergaßen und Unsere Zeichen leugneten.

52 (50) Und wahrlich, nunmehr brachten Wir ihnen ein Buch. Wir erklärten es mit Wissen als eine Leitung und Barmherzigkeit für Gläubige.

53 (51) Warten sie etwa auf etwas andres als seine Deutung? Am Tag, da seine Deutung kommen wird, werden diejenigen, die sie sich zuvor aus dem Sinn geschlagen hatten, sprechen: »In der Tat kamen die Gesandten unsers Herrn mit der

---

5 Die Merkmale der Gefährten des Paradieses sind die weiße Farbe, die der Bewohner Dschahannams die schwarze.

6 Die Früchte des Paradieses.

158   *Sure 7*

Wahrheit. Haben wir wohl Fürsprecher, für uns Fürsprache einzulegen, oder könnten wir zurückgebracht werden, daß wir anders handeln, denn wir zuvor handelten?« Aber sie haben sich selber ins Verderben gebracht, und ihre Erdichtungen schweiften von ihnen.

54 (52) Siehe, euer Herr ist Allah, welcher die Himmel und die Erde in sechs Tagen erschuf; alsdann setzte Er sich auf den Thron. Er lässet die Nacht den Tag verhüllen – sie verfolgt ihn schnell; und (Er schuf) die Sonne, den Mond und die Sterne, die Seinem Befehle fronen. Ist nicht Sein die Schöpfung und der Befehl?[7] Gesegnet sei Allah, der Herr der Welten!

55 (53) Rufet euern Herrn in Demut und im Verborgenen an; siehe, Er liebt nicht die Übertreter.

56 (54) Und stiftet nicht Verderben auf Erden an, nachdem sie in Ordnung gebracht ward, und rufet Ihn an in Furcht und Verlangen; siehe, Allahs Barmherzigkeit ist nahe denen, die Gutes tun.

57 (55) Er ist's, der die Winde als Verheißung Seiner Barmherzigkeit voraussendet, bis daß, wenn sie schwere Wolken aufgehoben haben, Wir sie treiben zu einem toten Land und Wasser darauf herniedersenden, womit Wir allerlei Früchte hervorbringen. Also bringen Wir die Toten hervor. Vielleicht lasset ihr euch ermahnen.

58 (56) Und das gute Land bringt seine Pflanzen hervor mit der Erlaubnis seines Herrn, und das schlechte bringt nur wenig hervor. Also machen Wir Unsre Zeichen den Dankbaren klar.

59 (57) Wahrlich, Wir entsandten schon Noah zu seinem Volk, und er sprach: »O mein Volk, dienet Allah; ihr habt keinen andern Gott; siehe, ich fürchte für euch die Strafe eines gewaltigen Tages.«

---

7 *ḥalq* und *amr* (vgl. die ähnlichen Aussagen Sure 32,4; 10,3; 65,12). *ḥalq*, Schöpfung, dürfte mehr die physikalische Schöpfung bezeichnen, während *amr*, Befehl, die finalistische, vorherbestimmende Aktivität Gottes zu bedeuten scheint.

Der Wall 159

60 (58) Es sprachen die Häupter seines Volkes: »Siehe, wahrlich, wir sehen dich in offenkundigem Irrtum.«

61 (59) Er sprach: »O mein Volk, nicht ist an mir ein Irrtum, sondern ein Gesandter bin ich vom Herrn der Welten.

62 (60) Ich bestelle euch die Sendung meines Herrn und rate euch gut und weiß von Allah, was ihr nicht wisset.

63 (61) Verwundert ihr euch etwa, daß da zu euch eine Mahnung von euerm Herrn kommt, durch einen Mann von euch, auf daß er euch warne, und daß ihr gottesfürchtig werdet und vielleicht Erbarmen findet?«

64 (62) Sie aber ziehen ihn der Lüge, doch erretteten Wir ihn und die bei ihm waren in der Arche und ertränkten die, welche Unsre Zeichen der Lüge ziehen; siehe, sie waren ein blindes Volk.

65 (63) Und zu 'Ād[8] (sandten Wir) ihren Bruder Hūd. Er sprach: »O mein Volk, dienet Allah; ihr habt keinen Gott außer Ihm. Wollt ihr (Ihn) nicht fürchten?«

66 (64) Es sprachen die Häupter der Ungläubigen seines Volkes: »Siehe, wahrlich wir sehen dich in Torheit, und siehe, wahrlich, wir erachten dich für einen der Lügner.«

67 (65) Er sprach: »O mein Volk, es ist keine Torheit an mir, sondern ein Gesandter bin ich von dem Herrn der Welten.

68 (66) Ich bestelle euch die Sendung meines Herrn, und ich bin euch ein getreuer Berater.

69 (67) Verwundert ihr euch etwa, daß zu euch eine Mahnung von euerm Herrn kommt, durch einen Mann aus euch, auf daß er euch warne? Und gedenket, daß Er euch eingesetzt hat als Nachfolger des Volkes Noahs und euch an Leibesgröße mehrte. Drum gedenket der Wohltaten Allahs; vielleicht ergeht es euch wohl.«

70 (68) Sie sprachen: »Bist du zu uns gekommen, damit wir Allah allein dienen und verlassen, was unsre Väter anbeteten? So bring uns, was du uns androhst, so du wahrhaft bist.«

---

8 Ein alter heidnischer Stamm der Araber, nebst den Tamūdäern nördlich von Mekka ansässig. Über Hūd und Ṣāliḥ wissen wir nichts Zuverlässiges.

160   *Sure 7*

71 (69) Er sprach: »Überfallen wird euch Rache und Zorn
von euerm Herrn. Wollt ihr mit mir streiten über Namen, mit
denen ihr sie[9] benanntet, ihr und eure Väter, und wozu euch
Allah keine Vollmacht hinabsandte? So wartet, und siehe, ich
warte mit euch.«

72 (70) Und Wir erretteten ihn und seine Anhänger in Unsrer Barmherzigkeit; und Wir schnitten ab die Wurzel derer,
welche Unsre Zeichen der Lüge ziehen und nicht glaubten.

73 (71) Und zu Ṯamūd (entsandten wir) ihren Bruder Ṣāliḥ.
Er sprach: »O mein Volk, dienet Allah, ihr habt keinen Gott
außer Ihm. Schon kam zu euch ein deutlicher Beweis von
unserm Herrn. Diese Kamelin Allahs ist euch ein Zeichen[10];
drum lasset sie weiden in Allahs Land und rühret sie nicht an
zum Bösen, oder es erfaßt euch schmerzliche Strafe.

74 (72) Und gedenket, wie Er euch zu Nachfolgern ʿĀds
machte und euch eine Stätte auf Erden gab, daß ihr in ihren
Ebenen euch Schlösser erbauet und in die Berge euch Wohnungen grubt. Und gedenket der Wohltaten Allahs und stiftet
auf der Erde kein Verderben an.«

75 (73) Es sprachen die Häupter der Hoffärtigen seines
Volks zu denen, die für schwach galten – zu denen, die da
glaubten von ihnen: »Wisset ihr, daß Ṣāliḥ entsendet ward
von seinem Herrn?« Sie sprachen: »Siehe, wir glauben an das,
mit dem er entsandt ward.«

76 (74) Es sprachen die Hoffärtigen: »Siehe, wir glauben
nicht an das, woran ihr glaubt.«

77 (75) Und so schnitten sie der Kamelin die Flechsen
durch und trutzten dem Befehl ihres Herrn und sprachen: »O
Ṣāliḥ, bring uns, was du uns drohst, so du ein Gesandter
bist.«

78 (76) Und da erfaßte sie das Erdbeben, und sie lagen am
Morgen auf ihren Brüsten da.

---

9 Die Götzen. Sie sind weiter nichts als Namen.
10 Ṣāliḥ soll dieselbe zu seiner Beglaubigung aus einem Felsen hervorgebracht
   haben. Eine nicht ganz unhaltbare Hypothese über Ṣāliḥ stellt Palmer, *The
   Qurʾān*, Bd. 1, S. 147, auf.

Der Wall 161

79 (77) Und so wendete er sich von ihnen und sprach: »O mein Volk, wahrlich, ich bestellte euch die Sendung meines Herrn und riet euch gut, ihr aber liebtet nicht die Berater.«

80 (78) Und Lot (entsandten Wir,) da er zu seinem Volke sprach: »Wollt ihr Schandbarkeiten begehen, wie keins der Geschöpfe sie zuvor beging?

81 (79) Wahrlich, ihr kommt zu den Männern im Gelüst anstatt zu den Weibern! Ja, ihr seid ein ausschweifend Volk!«

82 (80) Und die Antwort seines Volkes war keine andre, als daß sie sprachen: »Treibet sie hinaus aus eurer Stadt, siehe, sie sind Leute, die sich rein stellen.«

83 (81) Und Wir erretteten ihn und seine Familie außer seinem Weib, das sich versäumte.

84 (82) Und Wir ließen einen Regen auf sie regnen. Und so schau, wie das Ende der Sünder war.

85 (83) Und zu Midian (entsandten Wir) ihren Bruder Šuʿaib[11]. Er sprach: »O mein Volk, dienet Allah; ihr habt keinen Gott außer Ihm. Schon ist ein deutlicher Beweis von euerm Herrn zu euch gekommen. So gebet volles Maß und Gewicht und schädigt die Leute nicht in ihren Sachen und stiftet auf der Erde nach ihrer Ordnung kein Verderben an. Das ist besser für euch, so ihr glaubt.

86 (84) Und lauert nicht auf jedem Weg drohend und abwendend von Allahs Weg alle, die an Ihn glauben, und suchet ihn nicht zu krümmen. Und gedenket, da ihr wenig waret und Er euch vermehrte, und schauet, wie das Ende der Verderbenstifter war.

87 (85) Und so ein Teil von euch glaubt an das, womit ich gesandt bin, und ein Teil nicht glaubt, so wartet, bis Allah zwischen uns richtet, denn Er ist der beste Richter.«

88 (86) Es sprachen die Häupter der Hoffärtigen seines Volkes: »Wahrlich, wir werden dich hinaustreiben, o Šuʿaib, samt den Gläubigen, die bei dir sind, aus unsern Städten, oder

11 Der Jethro der Bibel (2. Mose 18).

162   *Sure 7*

ihr kehret zurück zu unsrer Religion.« Er sprach: »Etwa
auch, wenn sie uns ein Greuel ist?

89 (87) Wir hätten ja wider Allah eine Lüge ersonnen, wenn
wir zu eurer Religion zurückkehrten, nachdem uns Allah von
ihr errettet. Wir kehren nicht zu ihr zurück, es sei denn, daß
Allah, unser Herr, es will. Unser Herr umfaßt alle Dinge mit
Wissen. Auf Allah vertrauen wir. Unser Herr, öffne die
Wahrheit zwischen uns und unserm Volk, Du bist der beste
Öffner.«

90 (88) Und es sprachen die Häupter der Ungläubigen
in seinem Volk: »Wahrlich, wenn ihr Šuʿaib folgt, siehe,
wahrlich, dann seid ihr verloren.«

91 (89) Und es erfaßte sie das Erdbeben, und am Morgen
lagen sie in ihrem Haus auf den Brüsten da.

92 (90) Diejenigen, die Šuʿaib der Lüge ziehen, wurden, als
hätten sie nie darinnen gewohnt. Diejenigen, die Šuʿaib der
Lüge ziehen, waren die Verlorenen.

93 (91) Und so kehrte er sich von ihnen ab und sprach: »O
mein Volk, wahrlich, ich bestellte euch die Sendung meines
Herrn und riet euch gut; aber wie sollte ich mich bekümmern
über ein ungläubig Volk?«

94 (92) Und Wir sandten in keine Stadt einen Propheten, es
sei denn, daß Wir ihre Bewohner mit Drangsal und Leid
erfaßten, damit sie sich demütigten.

95 (93) Alsdann vertauschten Wir das Böse mit Gutem, bis
sie reich wurden und sprachen: »Auch unsere Väter erfuhren
Leid und Freude.« Und so erfaßten Wir sie unversehens,
ohne daß sie es merkten.

96 (94) Hätte aber das Volk der Städte geglaubt und wäre
gottesfürchtig gewesen, wahrlich, Wir hätten ihnen aufgetan
Segnungen vom Himmel und von der Erde. Sie aber ziehen
der Lüge, und so erfaßten Wir sie für ihr Tun.

97 (95) Und waren denn die Bewohner der Städte sicher,
daß Unser Zorn nicht über sie käme zur Nachtzeit, während
sie schliefen?

98 (96) Oder waren die Bewohner der Städte sicher, daß

Der Wall 163

Unser Zorn nicht über sie käme am lichten Tag, während sie spielten?

99 (97) Und waren sie denn sicher vor der List Allahs? Aber sicher vor Allahs List sind nur die Verlorenen.

100 (98) Und sind denn nicht diejenigen, die das Land nach seinen (früheren) Bewohnern erbten, überzeugt, daß, wenn Wir wollten, Wir sie treffen können für ihre Sünden und ihre Herzen versiegeln, so daß sie nicht hören?

101 (99) Was diese Städte anlangt, so erzählen Wir dir ihre Geschichten. Und wahrlich, zu ihnen kamen ihre Gesandten mit den deutlichen Zeichen, doch mochten sie nicht an das glauben, was sie zuvor für Lüge erklärt hatten. Also versiegelt Allah die Herzen der Ungläubigen.

102 (100) Und Wir fanden nicht die Mehrzahl von ihnen dem Bund getreu, sondern wahrlich, die Mehrzahl von ihnen fanden Wir als Frevler.

103 (101) Alsdann entsandten Wir nach ihnen Moses mit Unsern Zeichen zu Pharao und seinen Häuptern. Sie aber versündigten sich gegen sie, und schau, wie der Ausgang der Verderbenstifter war.

104 (102) Und es sprach Moses: »O Pharao, siehe, ich bin ein Gesandter vom Herrn der Welten.

105 (103) Es ziemt sich mir, nichts als die Wahrheit von Allah zu sprechen. Gekommen bin ich zu euch mit einem deutlichen Beweis von euerm Herrn, drum entlaß mit mir die Kinder Israels.«

106 Er sprach: »So du mit einem Zeichen kamst, so gib es her, so du wahrhaft bist.«

107 (104) Da warf er seinen Stab nieder, und siehe, da ward er eine deutliche Schlange.

108 (105) Und er zog seine Hand heraus, und siehe, da war sie weiß für die Beschauer. [12]

109 (106) Es sprachen die Häupter vom Volke Pharaos: »Siehe, wahrlich, dies ist ein gelehrter Zauberer:

---

12 Die »weiße Hand« wird in der islamischen Poesie zum Sinnbild der prophetischen Kraft.

164 Sure 7

110 (107) Vertreiben will er euch aus euerm Land, was befehlt ihr da?«

111 (108) Sie sprachen: »Entlaß ihn und seinen Bruder und sende zu den Städten Sammelnde,

112 (109) Dir jeden gelehrten Zauberer zu bringen.«

113 (110) Und es kamen die Zauberer zu Pharao. Sie sprachen: »Siehe, bekommen wir wirklich einen Lohn, wenn wir die Obsiegenden sind?«

114 (111) Er sprach: »Jawohl, und wahrlich, ihr sollt mir nahe stehen.«

115 (112) Sie sprachen: »O Moses, entweder wirf du oder wir werfen.«

116 (113) Er sprach: »Werfet.« Und da sie geworfen hatten, bezauberten sie die Augen der Leute und entsetzten sie und kamen mit einem gewaltigen Zauber.

117 (114) Und Wir offenbarten Moses: »Wirf deinen Stab!« Und da verschlang er ihren Trug.

118 (115) So erwies sich die Wahrheit, und nichtig ward ihr Werk.

119 (116) Und sie wurden daselbst übermocht und kehrten gedemütigt um.

120 (117) Und es warfen sich die Zauberer nieder in Anbetung

121 (118) Und sprachen: »Wir glauben an den Herrn der Welten,

122 (119) Den Herrn Mosis und Aarons.«

123 (120) Es sprach Pharao: »Glaubt ihr an Ihn, bevor ich es euch erlaube? Siehe, diese List habt ihr ersonnen wider die Stadt, um ihre Bewohner daraus zu vertreiben. Aber ihr sollt erfahren . . .

124 (121) Wahrlich, ab haue ich euch wechselseitig Hand und Fuß; alsdann, wahrlich, kreuzige ich euch insgesamt.«

125 (122) Sie sprachen: »Siehe, zu unserm Herrn kehren wir zurück.

126 (123) Und nur deshalb nimmst du Rache an uns, weil wir an die Zeichen unsers Herrn glauben, nachdem sie zu uns

Der Wall 165

gekommen Unser Herr, gieße Geduld über uns und nimm
uns zu Dir als Muslime.«

127 (124) Und es sprachen die Häupter von Pharaos Volk:
»Willst du zulassen, daß Moses und sein Volk im Lande Verderben stiften und dich und deine Götter verlassen?« Er
sprach: »Wir wollen ihre Söhne morden und ihre Töchter am
Leben lassen; und siehe, wir werden sie bändigen.«

128 (125) Es sprach Moses zu seinem Volk: »Rufet zu Allah
um Hilfe und bleibet standhaft; siehe, die Erde ist Allahs, Er
gibt sie zum Erbe, wem Er will von Seinen Dienern, und der
Ausgang ist für die Gottesfürchtigen.«

129 (126) Sie sprachen: »Wir litten, bevor du zu uns kamst
und nach deinem Kommen.« Er sprach: »Vielleicht will euer
Herr euern Feind vertilgen und euch im Land zu seinen
Nachfolgern machen; und Er will schauen, wie ihr euch (in
ihm) benehmt.«

130 (127) Und schon hatten Wir das Volk Pharaos mit
(Hunger-)Jahren und Mangel an Früchten erfaßt, daß sie sich
mahnen ließen;

131 (128) Doch wenn das Gute zu ihnen kam, sprachen sie:
»Das gebührt uns.« Wenn sie aber ein Übel befiel, so sahen sie
in Moses und den Seinigen ein Omen. Aber, war nicht ihr
Omen allein bei Allah? Jedoch die meisten von ihnen erkannten es nicht.

132 (129) Und sie sprachen: »Was auch immer für ein Zeichen du uns bringen magst, uns zu bezaubern, so glauben wir
dir doch nicht.«

133 (130) Und so sandten Wir über sie die Flut und die
Heuschrecken und die Läuse und die Frösche und das Blut als
deutliche Zeichen. Sie aber benahmen sich hoffärtig und
waren ein sündig Volk.

134 (131) Und sobald die Plage sie traf, sprachen sie: »O
Moses, bete für uns zu deinem Herrn, dieweil Er ein Bündnis
mit dir geschlossen. Wahrlich, wenn du uns von der Plage
befreist, so glauben wir dir, und wahrlich, wir entlassen mit
dir die Kinder Israel.«

166   *Sure 7*

135 Sobald Wir aber die Plage von ihnen genommen hatten und der Termin für sie verstrichen war, dann brachen sie ihr Wort.

136 (132) Und so nahmen Wir Rache an ihnen und ertränkten sie im Meer, darum daß sie Unsre Zeichen der Lüge ziehen und nicht auf sie achteten.

137 (133) Und zum Erbe gaben Wir dem Volk, das für schwach erachtet war, den Osten und Westen der Erde, die Wir gesegnet hatten, und erfüllt ward das schöne Wort deines Herrn an den Kindern Israel, darum daß sie standhaft geblieben. Und Wir zerstörten die Werke und Bauten Pharaos und seines Volkes.

138 (134) Und Wir führten die Kinder Israel durchs Meer, und sie kamen zu einem Volk, das seinen Götzen ergeben war. Sie sprachen: »O Moses, mach uns einen Gott, wie sie Götter haben.« Er sprach: »Siehe, ihr seid ein unwissend Volk:

139 (135) Siehe, zugrunde gehen wird ihre Anbetung[13] und eitel ist ihr Tun.«

140 (136) Er sprach: »Soll ich euch einen andern Gott suchen als Allah, der euch vor aller Welt bevorzugt?«

141 (137) Und (gedenket,) da Wir euch vor dem Volke Pharaos erretteten, die euch mit schlimmer Pein bedrängten und eure Söhne töteten und (nur) eure Töchter am Leben ließen. Und hierin war eine gewaltige Prüfung von euerm Herrn.

142 (138) Und Wir bestimmten Moses dreißig Nächte und vollendeten sie mit zehn (andern,) so daß die festgesetzte Zeit seines Herrn in vierzig Nächten erfüllt ward. Und Moses sprach zu seinem Bruder Aaron: »Sei mein Stellvertreter bei meinem Volk und verhalte dich wohl und folge nicht dem Weg der Verderbenstifter.«

143 (139) Und als Moses zu der von Uns festgesetzten Zeit kam und sein Herr mit ihm geredet hatte, sprach er: »Mein

---

13 Wörtlich: das, worauf sie sind.

Der Wall 167

Herr, laß mich sehen, auf daß ich Dich schaue.« Er sprach:
»Nimmer wirst du Mich sehen; aber schau zu dem Berge, und
so er an seiner Stätte bleibt, dann sollst du Mich sehen.« Und
als sich sein Herr dem Berg enthüllte, machte Er ihn zu
Staub.[14] Und es stürzte Moses ohnmächtig nieder.

(140) Und als er zu sich kam, sprach er: »Preis Dir! Ich
bekehre mich zu Dir, und ich bin der erste der Gläubigen.«

144 (141) Er sprach: »O Moses, siehe, Ich habe dich
erwählt vor den Menschen durch Meine Sendung und Meine
Zwiesprache. So nimm, was Ich dir gegeben, und sei einer der
Dankbaren.«

145 (142) Und Wir schrieben für ihn auf die Tafeln eine
Ermahnung in betreff aller Dinge und eine Erklärung für alle
Dinge. »Und so nimm sie an mit Kräften und befiehl deinem
Volke, das Schönste in ihnen anzunehmen. Zeigen will Ich
euch die Wohnung der Frevler.

146 (143) Abwenden aber will Ich von Meinen Zeichen
diejenigen, die ohne Grund sich hoffärtig auf der Erde benehmen; und wenn sie auch alle Zeichen sehen, wahrlich, sie
glauben nicht daran, und wenn sie auch den rechten Weg
sehen, so nehmen sie ihn nicht als Weg an; sehen sie aber den
Weg des Irrtums, so nehmen sie ihn als Weg an.

(144) Solches, darum, daß sie Unsre Zeichen der Lüge ziehen und sich nicht um dieselben kümmerten.

147 (145) Und sie, die Unsre Zeichen und das Eintreffen
des Jenseits als Lüge erklären, umsonst sind ihre Werke gewesen. Sollten sie anders belohnt werden als nach ihren
Werken?«

148 (146) Und es machte das Volk Mosis während seiner
Abwesenheit aus seinen Schmucksachen ein leibhaftiges
Kalb, welches blökte. Und sahen sie nicht, daß es nicht mit
ihnen sprechen und sie nicht des Weges leiten konnte?

(147) Sie nahmen es sich und wurden Ungerechte.

149 (148) Und als sie es bitterlich bereuten und sahen, daß

---

14 Dies ist eine talmudische Legende.

sie geirrt hatten, sprachen sie: »Wahrlich, wenn sich unser Herr nicht unser erbarmt und uns verzeiht, wahrlich dann sind wir verloren!«

150 (149) Und als Moses zu seinem Volke zurückkehrte, zornig und bekümmert, sprach er: »Schlimm ist, was ihr in meiner Abwesenheit begingt. Wollt ihr den Befehl eures Herrn beschleunigen?« Und er warf die Tafeln nieder und packte seinen Bruder bei seinem Haupt, ihn zu sich zerrend. Er sprach: »Sohn meiner Mutter, siehe, das Volk machte mich schwach und hätte mich fast ermordet. Drum lasse nicht die Feinde über mich frohlocken und setze mich nicht unter das Volk der Ungerechten.«

151 (150) Er sprach: »Mein Herr, vergib mir und meinem Bruder und laß uns eintreten in Deine Barmherzigkeit; denn Du bist der barmherzigste der Barmherzigen.«

152 (151) Siehe, diejenigen, die sich das Kalb nahmen, wahrlich, einholen wird sie Zorn von ihrem Herrn und Schande im irdischen Leben. Und also belohnen Wir diejenigen, die (Lügen) erdichten.

153 (152) Diejenigen aber, welche das Böse taten und dann hernach umkehren und gläubig werden – siehe, dein Herr wird wahrlich hernach verzeihend und barmherzig sein.

154 (153) Und als sich Mosis Zorn beruhigt hatte, nahm er die Tafeln, und in ihrer Schrift war eine Leitung und Barmherzigkeit für jene, die ihren Herrn fürchten.

155 (154) Und es erwählte Moses aus seinem Volke siebzig Mann für die von uns bestimmte Zeit. Und da das Erdbeben sie erfaßte, sprach er: »Mein Herr, hättest Du es gewollt, Du hättest sie zuvor vertilgt und mich. Willst Du uns verderben ob dem, was die Toren von uns taten? Dies ist nur eine Versuchung von Dir. Irreführen willst Du mit ihr, wen Du willst, und leiten, wen Du willst. Du bist unser Beschützer, drum verzeihe uns und erbarme Dich unser; und Du bist der beste der Verzeihenden.

156 (155) Und verzeichne uns Gutes in dieser Welt und im Jenseits; siehe, zu Dir sind wir zurückgekehrt.« Er sprach:

Der Wall 169

»Meine Strafe, Ich treffe mit ihr, wen Ich will, und Meine
Barmherzigkeit umfaßt alle Dinge. Und wahrlich, verzeichnen
will Ich sie für jene, die gottesfürchtig sind und die
Armenspende zahlen, und für die, welche an Unsre Zeichen
glauben:

157 (156) Die da folgen dem Gesandten, dem ungelehrten[15]
Propheten, von dem sie geschrieben finden bei sich in der
Tora und dem Evangelium. Gebieten wird er ihnen, was
Rechtens ist, und verbieten das Ungerechte, und wird ihnen
gewähren die guten (Speisen) und verwehren die schlechten;
und abnehmen wird er ihnen ihre Last und die Joche, die auf
ihnen waren. Und jene, die an ihn glauben und ihn stärken
und ihm helfen und dem Licht folgen, das mit ihm hinabgesandt
ward, ihnen wird's wohlergehen.«

158 (157) Sprich: »O ihr Menschen, siehe, ich bin zu euch
insgesamt ein Gesandter Allahs,

(158) Des das Reich der Himmel und der Erde ist. Es gibt
keinen Gott außer Ihm; Er macht lebendig und tot. Drum
glaubet an Allah und an Seinen Gesandten, den ungelehrten
Propheten, der an Allah glaubt und Seine Worte, und folget
Ihm; vielleicht werdet ihr geleitet.«

159 (159) Und unter Mosis Volk ist eine Gemeinde, welche
in der Wahrheit (andre) leitet und gerecht nach ihr handelt.

160 (160) Und Wir zerteilten sie in zwölf Stämme und Nationen
und offenbarten Moses, als sein Volk von ihm Wasser
zu trinken begehrte: »Schlag mit deinem Stab den Felsen.«
Und es entströmten ihm zwölf Quellen. Jedermann erkannte
seine Tränke. Und Wir überschatteten sie mit Wolken und
sandten hinab auf sie das Manna und die Wachteln. »Esset von
dem Guten, das Wir euch beschert.« Und nicht wider Uns
versündigten sie sich, sondern sie sündigten wider sich selber.

161 (161) Und als zu ihnen gesprochen ward: »Bewohnet
diese Stadt und esset von ihr, was ihr wollt, und sprechet
›Hittatun‹[16], und gehet ein in das Tor unter Niederwerfung,

15 Oder auch: dem Propheten der Heiden.
16 Vergebung!

170   *Sure 7*

dann vergeben Wir euch eure Fehle – wahrlich, ein Mehr geben Wir den Rechtschaffenen ...«

162 (162) Da vertauschten die Ungerechten unter ihnen das Wort mit einem andern,[17] das nicht zu ihnen gesprochen ward. Drum sandten Wir auf sie Strafe vom Himmel hernieder, darum, daß sie sündigten.

163 (163) Und stell sie zur Rede über die Stadt, welche am Meer lag,[18] als sie[19] sich am Sabbat vergingen, als ihre Fische zu ihnen an ihrem Sabbattage sichtbarlich kamen, aber an dem Tage, da sie keinen Sabbat feierten, nicht kamen. Also prüften Wir sie, darum daß sie Frevler waren.

164 (164) Und als eine Sippe unter ihnen sprach: »Warum warnet ihr ein Volk, das Allah vertilgen oder mit einer strengen Strafe strafen will?« Sie sprachen: »Als Entschuldigung (für uns) bei euerm Herrn; und vielleicht werden sie gottesfürchtig.«

165 (165) Und als sie ihre Verwarnung vergaßen, retteten Wir diejenigen, welche das Böse untersagt hatten, und erfaßten die Ungerechten mit strenger Strafe, darum daß sie frevelten.

166 (166) Und als sie sich trutzig von dem Verbotenen abwendeten, sprachen Wir zu ihnen: »Seid verstoßene Affen!«

167 Und (gedenke,) da dein Herr verkündete, Er wolle wider sie[20] bis zum Tage der Auferstehung (Bedrücker) entsenden, die sie mit schlimmer Pein plagen sollten. Siehe, dein Herr ist wahrlich schnell im Strafen, und siehe, wahrlich, Er ist verzeihend und barmherzig.

168 (167) Und Wir verteilten sie auf der Erde zu Nationen. Unter ihnen sind rechtschaffene, und solche, die es nicht sind, und Wir suchten sie heim mit Gutem und Bösem, auf daß sie zurückkehrten.

---

17 Vgl. Sure 2,59.
18 Es soll Elath am Roten Meer gewesen sein.
19 Die Bewohner der Stadt.
20 Die Juden

Der Wall 171

169 (168) Und es folgten ihnen Nachkommen, welche die Schrift erbten; doch greifen sie nur nach den Gütern dieser Welt und sprechen: »Gewißlich wird uns verziehen.« Und wenn sich ihnen ein ähnlicher Gewinn bietet, greifen sie wieder danach. Aber wurden sie nicht durch die Schrift in Bündnis genommen, nur die Wahrheit von Allah auszusagen? Und sie studieren, was in ihr steht! Aber die Behausung des Jenseits ist besser für die Gottesfürchtigen. Haben sie denn keine Einsicht?

170 (169) Und die, welche festhalten an der Schrift und das Gebet verrichten – siehe, nicht lassen Wir den Lohn der Rechtschaffenen verlorengehen.

171 (170) Und da Wir den Berg[21] über ihnen schüttelten, als wäre es ein Schatten, und sie glaubten, daß er über sie fallen würde, (sprachen Wir:) »Nehmet an, was Wir euch geben, mit Kräften und beherzigt seinen Inhalt; vielleicht seid ihr gottesfürchtig.«

172 (171) Und als dein Herr aus den Rücken der Kinder Adams ihre Nachkommenschaft zog und wider Sich selber zu Zeugen nahm (und sprach:) »Bin Ich nicht euer Herr?« sprachen sie: »Jawohl, wir bezeugen es.«[22] (Dies taten Wir,) damit sie nicht am Tag der Auferstehung sprächen: »Siehe, wir waren dessen achtlos!«

173 (172) Oder sprächen: »Siehe, unsre Väter gaben (Allah) Gefährten zuvor, und wir sind ihre Nachkommenschaft. Willst Du uns etwa vertilgen ob dem, was Nichtiges Tuende taten?«

174 (173) So machen Wir Unsre Zeichen klar; vielleicht kehren sie zurück.

175 (174) Und verlies ihnen die Geschichte dessen, dem

---

21 Sinai.
22 Der Tag des Urvertrages, an dem Gott die Seelen fragt: *alastu birabbikum*, und sie durch ihre bejahende Antwort ein für alle Male seine Macht und Herrschaft anerkennen, ist das Lieblingsmotiv der Mystiker und Dichter.

172 *Sure 7*

Wir Unsre Zeichen gaben,[23] doch ließ er sie beiseite, und so
folgte ihm der Satan, und er ward einer der Verführten.

176 (175) Und hätten Wir es gewollt, wahrlich, Wir hätten
ihn dadurch erhöht; jedoch neigte er sich der Erde zu und
folgte seinem Gelüst. Und sein Gleichnis ist das Gleichnis
eines Hundes; stürzest du auf ihn los, die Zunge läßt er heraushängen, und lässest du ihn zufrieden, die Zunge läßt er
heraushängen. Also ist das Gleichnis der Leute, die Unsre
Zeichen der Lüge zeihen. Drum erzähle ihnen die Geschichte, vielleicht bedenken sie es.

177 (176) Schlimm ist das Gleichnis der Leute, die Unsre
Zeichen der Lüge zeihen und wider sich selber sündigen.

178 (177) Wen Allah leitet, der ist der Geleitete, und wen
Er irreführt, das sind die Verlorenen.

179 (178) Und wahrlich, Wir erschufen für Dschahannam
viele der Dschinn und Menschen. Herzen haben sie, mit
denen sie nicht verstehen, Augen haben sie, mit denen sie
nicht sehen, und Ohren haben sie, mit denen sie nicht hören;
sie sind wie das Vieh, ja gehen noch mehr irre; sie sind die
Achtlosen.

180 (179) Und Allahs sind die schönsten Namen. Drum
rufet Ihn an mit ihnen und verlasset jene, welche Seine
Namen verketzern. Wahrlich, belohnt sollen sie werden für
ihr Tun!

181 (180) Und unter denen, die Wir erschufen, ist ein Volk,
welches in der Wahrheit leitet und durch sie gerecht handelt.

182 (181) Diejenigen aber, welche Unsre Zeichen der Lüge
zeihen, wollen Wir Stufe für Stufe strafen, von wannen sie's
nicht wissen.

183 (182) Und verziehe Ich auch mit ihnen, siehe, Meine
List ist sicher.

184 (183) Und wollen sie denn nicht bedenken, daß ihr

---

23 Dies soll nach den einen auf Bileam gehen, nach anderen auf einen jüdischen
 Rabbi, der einen Propheten zu Muhammads Zeit ankündigte, jedoch Muhammad nicht anerkennen wollte.

Der Wall   173

Gefährte[24] nicht besessen ist? Er ist nichts als ein offenkundiger Warner.

185 (184) Und wollen sie denn nicht schauen zu dem Reich
der Himmel und der Erde und zu allen Dingen, die Allah
erschaffen, (und erkennen,) daß ihr Termin schon genaht ist?
Und an welcne Kunde nach dieser wollen sie glauben?

186 (185) Wen Allah irreführt, der hat keinen Leiter; und
Er läßt sie in ihrer Widerspenstigkeit irregehen.

187 (186) Und sie werden dich nach der ›Stunde‹ befragen,
auf wann sie festgesetzt ist. Sprich: »Von ihr weiß allein mein
Herr, und Er allein wird sie zu ihrer Zeit bekanntmachen.
Schwer lastet sie auf die Himmel und die Erde; nicht anders
als unversehens überkommt sie euch.«

(187) Sie werden dich fragen, als ob du über sie unterrichtet
wärest. Sprich: »Allein Allah weiß von ihr; jedoch weiß es die
Mehrzahl der Menschen nicht.«

188 (188) Sprich: »Ich vermag nichts über das, was mir
frommt oder schadet, es sei denn wie Allah will. Und wüßte
ich das Verborgene, wahrlich, des Guten hätte ich in Menge,
und nicht berührte mich Schlimmes. Ich bin nur ein Warner
und ein Freudenverkünder für ein gläubig Volk.«

189 (189) Er ist's, der euch erschuf von einem Menschen,
und von ihm machte Er sein Weib, auf daß er ihr beiwohne.
Und da er bei ihr geruht hatte, trug sie eine leichte Last und
ging umher mit ihr. Und da sie schwer ward, riefen sie zu
Allah, ihrem Herrn: »Wahrlich, wenn Du uns ein fehlerloses
(Kind) gibst, wahrlich, dann werden wir dankbar sein!«

190 (190) Als Er ihnen jedoch ein fehlerloses gegeben hatte,
gaben sie Ihm Gefährten (zum Lohn) für Seine Gabe. Aber
erhaben ist Allah über das, was sie Ihm beigesellen.

191 (191) Wollen sie Ihm etwa beigesellen, was nichts
erschaffen kann und selber erschaffen ist,

192 Und was weder ihnen helfen kann noch sich selber?

193 (192) Und so ihr sie zur Leitung einladet, folgen sie

24 Muhammad.

174   *Sure 7*

euch nicht. Es ist gleich, ob ihr sie einladet oder ob ihr
schweigt.

194 (193) Siehe jene, denen sie neben Allah dienen, sind
Diener gleich ihnen. Rufet sie an und lasset sie euch antworten, so ihr wahrhaft seid.

195 (194) Haben sie etwa Füße zum Gehen? Oder haben sie
Hände zum Greifen? Oder haben sie Augen zum Sehen?
Oder haben sie Ohren zum Hören? Sprich: »Rufet eure
Gefährten an, alsdann schmiedet Listen wider mich und hal-
tet mich nicht hin.

196 (195) Siehe, mein Beschützer ist Allah, der das Buch
hinabgesandt hat; und Er beschützt die Rechtschaffenen.

197 (196) Die aber, die ihr neben Ihm anrufet, vermögen
weder euch zu helfen noch sich selber.«

198 (197) Und so ihr sie zur Leitung auffordert, so hören
sie nicht, und du siehst sie nach dir schauen, und doch sehen
sie nicht.

199 (198) Gebrauche Nachsicht, gebiete das Rechte und
meide die Unwissenden.

200 (199) Und wenn dich ein Reizen vom Satan reizen will,
so nimm deine Zuflucht zu Allah; siehe, Er ist hörend und
wissend.

201 (200) Siehe, die Gottesfürchtigen, so sie ein Phantom
vom Satan rührt, werden eingedenk[25], und siehe, dann sehen
sie.

202 (201) Und ihre Brüder werden sie[26] tiefer in den Irrtum
führen; alsdann werden sie nicht davon abstehen.

203 (202) Und wenn du kein Zeichen[27] zu ihnen bringst,
sprechen sie: »Warum hast du es nicht eingesammelt[28]?«
Sprich: »Ich folge nur dem, was mir von meinem Herrn
offenbart ward.« Dies sind klare Beweise von deinem Herrn
und eine Leitung und Barmherzigkeit für gläubige Leute.

---

25 Sie gedenken Allahs; und dann sehen sie ihre Torheit ein.
26 Die Satane; ihre Brüder sind die Menschen, die dem Satan Gehör geben.
27 Keinen Koranvers.
28 Nämlich von denen, die deine Eingeber sind.

Die Beute 175

204 (203) Und wenn der Koran verlesen wird, so höret zu und schweiget; vielleicht findet ihr Barmherzigkeit.

205 (204) Und gedenke deines Herrn in deiner Seele in Demut und Furcht und ohne laute Worte am Abend und Morgen. Und sei keiner der Achtlosen.

206 (205) Siehe, diejenigen, die bei deinem Herrn sind, sind nicht zu hoffärtig, Ihm zu dienen, und preisen Ihn und werfen sich vor Ihm nieder.

ACHTE SURE

Die Beute

Geoffenbart zu Medina

Im Namen Allahs,
des Erbarmers, des Barmherzigen!

1 (1) Sie werden dich über *die Beute*[1] fragen. Sprich: »Die Beute gehört Allah und dem Gesandten.« Drum fürchtet Allah und ordnet dies in Eintracht; und gehorchet Allah und Seinem Gesandten, so ihr gläubig seid.

2 (2) Siehe, nur das sind Gläubige, deren Herzen, wenn Allah genannt wird, in Furcht erbeben und deren Glauben wächst, so ihnen Unsre Zeichen vorgelesen werden, und die auf Allah vertrauen;

3 (3) Die das Gebet beobachten und von dem, was Wir ihnen beschert spenden;

4 (4) Das sind die wahren Gläubigen. Rangstufen sind ihnen bei ihrem Herrn und Verzeihung und großmütige Versorgung.

---

1 Es handelt sich um die Beute, die in der Schlacht bei Badr (624; vgl. Anm. 4, S. 68) gemacht wurde. Die alten Leute, die an der Schlacht nicht teilgenommen hatten, verlangten gleichfalls einen Anteil an der Beute. Die Sure befaßt sich zum größten Teil mit dieser Schlacht.

176   *Sure 8*

5 (5) (Gedenke,) wie dich dein Herr aus deinem Hause[2] für die Wahrheit ziehen ließ, und siehe, ein Teil der Gläubigen hatte fürwahr Widerwillen.

6 (6) Sie stritten mit dir über die Wahrheit[3], nachdem sie deutlich kundgeworden war, als würden sie zum Tode geführt und hätten ihn vor Augen;

7 (7) Und als Allah euch verhieß, daß eine der beiden Scharen euer sein solle[4], und ihr wünschtet, daß es die unbewaffnete wäre. Allah aber wollte die Wahrheit Seiner Worte bestätigen und die Wurzel der Ungläubigen abschneiden;

8 (8) Auf daß Er die Wahrheit bestätigte und das Nichtige als nichtig erwiese, auch wenn es die Sünder nicht wollten;

9 (9) Als ihr zu eurem Herrn um Hilfe schriet, und Er euch antwortete: »Siehe, Ich helfe euch mit tausend Engeln[5], einer hinter dem andern.«

10 (10) Und Allah tat dies nur als Freudenbotschaft, und um damit eure Herzen zu beruhigen; denn nur bei Allah ist die Hilfe; siehe, Allah ist mächtig und weise.

11 (11) (Gedenke,) als euch Schlaf überkam als eine Sicherheit von Ihm und Er vom Himmel Wasser[6] auf euch hinabsandte, um euch damit zu reinigen und euch von der Beflekkung des Satans zu befreien und eure Herzen zu gürten und die Füße damit zu festigen;

12 (12) Als dein Herr den Engeln offenbarte: »Ich bin mit euch, festigt drum die Gläubigen. Wahrlich in die Herzen der Ungläubigen werfe Ich Schrecken. So haut ein auf ihre Hälse und haut ihnen jeden Finger ab.«

---

2 In Medina.
3 D. h. über den Kampf und seinen Ausgang.
4 Muhammad zog aus, um eine unbewaffnete Karawane der Mekkaner anzugreifen, doch erhielt Abū Sufyān, der Leiter derselben, von Mekka eine Unterstützung von tausend Mann. Die Anhänger Muhammads wollten nun allein die Karawane angreifen, während Muhammad mit seinen Getreuesten sich dahin entschied, das Geleit zu bekämpfen.
5 Sure 3,120 ist von dreitausend Engeln die Rede.
6 Muhammads Leute hatten in ihrem Lager kein Wasser zur Verfügung, so daß sie dadurch beunruhigt wurden. Des Nachts fiel jedoch ein Regen.

Die Beute 177

13 (13) Solches, darum daß sie gegen Allah und Seinen Gesandten widerspenstig waren. Wer aber widerspenstig gegen Allah und Seinen Gesandten ist – siehe, so ist Allah streng im Strafen.

14 (14) Dies ist für euch; schmecket es denn, und für die Ungläubigen ist die Feuerspein.

15 (15) O ihr, die ihr glaubt, so ihr auf die schlachtbereiten Ungläubigen stoßt, so wendet ihnen nicht den Rücken.

16 (16) Und wer ihnen an jenem Tage den Rücken kehrt, außer, er werde sich ab zum Kampf oder zum Anschluß zu einem Trupp, der hat sich Zorn von Allah zugezogen und seine Herberge ist Dschahannam, und schlimm ist die Fahrt (dorthin).

17 (17) Und nicht erschlugt ihr sie, sondern Allah erschlug sie; und nicht warfst du, als du warfst, sondern Allah warf.[7] Und prüfen wollte Er die Gläubigen mit einer schönen Prüfung von Ihm. Siehe, Allah ist hörend und wissend.

18 (18) Solches geschah, damit Allah die List der Ungläubigen schwächte.

19 (19) So ihr eine Entscheidung haben wollt, die Entscheidung ist schon zu euch gekommen. Und so ihr abstehet, so ist's besser für euch. Kehrt ihr jedoch wieder um, so kehren auch Wir um; und nicht soll euch eure Schar etwas frommen, so viel auch ihrer sind, denn Allah ist mit den Gläubigen.

20 (20) O ihr, die ihr glaubt, gehorchet Allah und Seinem Gesandten und kehret euch nicht von Ihm ab, wo ihr (den Koran) höret.

21 (21) Und seid nicht wie jene, welche sprechen: »Wir hören«, und doch hören sie nicht.

22 (22) Siehe, schlimmer als das Vieh sind bei Allah die Tauben und Stummen, die nicht begreifen.

23 (23) Und hätte Allah etwas Gutes in ihnen gekannt, wahrlich, Er hätte sie hören lassen. Aber hätte Er sie auch

---

7 In der Schlacht soll Muhammad eine Handvoll Sand gegen die Quraišiten geworfen haben, wodurch diese geblendet wurden.

178   *Sure 8*

hören lassen, wahrlich, sie hätten sich abgekehrt und wegge-
wendet.

24 (24) O ihr, die ihr glaubt, antwortet Allah und Seinem
Gesandten, wenn sie euch einladen zu dem, was euch Leben
gibt. Und wisset, daß Allah zwischen den Mann und sein
Herz kommt und daß ihr zu Ihm versammelt werdet.

25 (25) Und hütet euch vor Aufruhr; nicht trifft er die
Ungerechten unter euch vornehmlich; und wisset, daß Allah
streng im Strafen ist.

26 (26) Und gedenket, da ihr wenige waret und schwach
erachtet im Lande und da ihr fürchtetet, von den Leuten
hinfortgerafft zu werden. Er aber nahm euch auf und stärkte
euch mit Seiner Hilfe und versorgte euch mit guten Dingen;
vielleicht seid ihr dankbar.

27 (27) O ihr, die ihr glaubt, betrügt nicht Allah und den
Gesandten und übt nicht Treulosigkeit wider Wissen.

28 (28) Und wisset, daß euer Gut und eure Kinder nur eine
Versuchung sind, und daß bei Allah gewaltiger Lohn ist.

29 (29) O ihr, die ihr glaubt, so ihr Allah fürchtet, wird Er
euch Erlösung[8] geben und wird euch eure Missetaten vergeben und euch verzeihen; und Allah ist voll großer Huld.

30 (30) Und (gedenke,) als die Ungläubigen wider dich
Listen schmiedeten, um dich festzunehmen oder dich zu
ermorden oder dich zu vertreiben. Und Listen schmiedeten
sie, und Allah schmiedete Listen; und Allah ist der beste der
Listenschmiede.

31 (31) Und als ihnen Unsre Zeichen verlesen wurden,
sprachen sie: »Wir haben gehört; wollten wir, so sprächen
wir das gleiche; siehe, dies sind nichts als die Fabeln der Früheren.«

32 (32) Und als sie sprachen: »O Allah, wenn dieses die
Wahrheit von Dir ist, so regne auf uns Steine vom Himmel
oder bringe schmerzliche Strafe über uns.«

33 (33) Allah aber wollte sie nicht strafen, während du

---

8 Wörtlich: Er wird für euch eine Entscheidung (*furqān*) machen.

Die Beute 179

unter ihnen warst; auch wollte Er sie nicht strafen, da sie Ihn um Verzeihung baten.

34 (34) Nichts aber steht dem im Wege, daß Allah sie dafür straft, wenn sie (die Gläubigen) von der heiligen Moschee abhalten, ohne deren Beschützer zu sein. Siehe, ihre Beschützer sind allein die Gottesfürchtigen. Jedoch weiß es die Mehrzahl von ihnen nicht.

35 (35) Und ihr Gebet bei dem (Gottes-)Haus ist nichts anderes als Pfeifen und Händeklatschen. So schmecket die Strafe für euern Unglauben.

36 (36) Siehe, die Ungläubigen geben ihr Gut aus, um (die Gläubigen) von Allahs Weg abzuwenden. Sie sollen es nur ausgeben; alsdann kommt Seufzen über sie, alsdann werden sie übermocht.

(37) Und die Ungläubigen, zu Dschahannam sollen sie versammelt werden,

37 (38) Damit Allah die Bösen von den Guten trennt und die Bösen übereinander tut und aus allen einen Haufen macht und sie in Dschahannam wirft. Jenes sind die Verlorenen.

38 (39) Sprich zu den Ungläubigen: So sie abstehen, wird ihnen das Frühere verziehen; tun sie's aber wieder, so ist schon die Strafe der Früheren dagewesen.

39 (40) Und kämpfet wider sie, bis kein Bürgerkrieg mehr ist und bis alles an Allah glaubt. Stehen sie ab, siehe, so sieht Allah ihr Tun.

40 (41) Und so sie den Rücken kehren, so wisset, daß Allah euer Beschützer ist, der beste Beschützer und der beste Helfer.

41 (42) Und wisset, wenn ihr etwas erbeutet, so gehört der fünfte Teil davon Allah und dem Gesandten und (seinen) Verwandten und den Waisen und Armen und dem Sohn des Weges, so ihr an Allah glaubt und an das, was Wir auf Unsern Diener hinabsancten am Tag der Entscheidung, dem Tag der Begegnung der beiden Scharen. Und Allah hat Macht über alle Dinge.

42 (43) Als ihr auf dem diesseitigen Talrand waret,

und sie auf dem jenseitigen und die Karawane unter euch, da würdet ihr, hättet ihr euch auch verabredet[9], doch uneins über die Verabredung gewesen sein. Aber (der Kampf fand statt,) damit Allah eine Sache entschiede, die geschehen sollte;

(44) Auf daß, wer da umkäme, unter deutlichem Beweis umkäme, und wer da am Leben bliebe, unter deutlichem Beweis am Leben bliebe. Und siehe wahrlich, Allah ist hörend und wissend.

43 (45) (Gedenke,) als Allah sie dir in deinem Traume als wenig zeigte. Und hätte Er sie dir als viele gezeigt, wahrlich, ihr wäret kleinmütig gewesen und hättet über die Sache miteinander gehadert. Allah aber bewahrte euch (davor); siehe, Er kennt das Innerste der Brüste.

44 (46) Und als Er sie euch beim Zusammentreffen in euren Augen als wenig erscheinen ließ und euch in ihren Augen verkleinerte, damit Allah eine Sache vollendete, die geschehen sollte. Und zu Allah kehren die Dinge zurück.

45 (47) O ihr, die ihr glaubt, so ihr auf eine Schar treffet, stehet fest und gedenket häufig Allahs; vielleicht ergeht es euch wohl.

46 (48) Und gehorchet Allah und Seinem Gesandten und hadert nicht miteinander, damit ihr nicht kleinmütig werdet und euer Sieg euch verlorengeht. Und seid standhaft; siehe, Allah ist mit den Standhaften.

47 (49) Und seid nicht gleich jenen, welche übermütig aus ihren Wohnungen kamen und um von den Leuten gesehen zu werden, und sie machen abwendig von Allahs Weg, und Allah überschaut ihr Tun;

48 (50) Und als der Satan ihnen ihr Tun verlockend machte und sprach: »Kein Mensch wird euch heute überwinden; und siehe, ich bin euch nahe.« Als aber die beiden Scharen einander sahen, wich er zurück auf seinen Fersen und sprach: »Siehe, ich bin euer los und ledig; siehe, ich sehe, was ihr

9 Zum Angriff.

Die Beute   181

nicht sehet[10]; siehe, ich fürchte Allah; und Allah ist streng im Strafen.«

49 (51) Als die Heuchler und diejenigen, in deren Herzen Krankheit, sprachen: »Betrogen hat jene ihr Glauben[11].« Wer aber auf Allah traut – siehe, so ist Allah mächtig und weise.

50 (52) Sähest du nur die Engel die Ungläubigen zu sich nehmen, wie sie ihnen ihr Gesicht und den Rücken schlagen und (sprechen:) »Schmecket die Strafe des Verbrennens!

51 (53) Solches für das, was eure Hände voraussandten!« Und weil Allah nicht ungerecht ist gegen Seine Diener.

52 (54) Sie gleichen dem Volke Pharaos und denen, die vor ihnen waren, die Allahs Zeichen verleugneten, und da erfaßte sie Allah in ihren Sünden; siehe, Allah ist stark und streng im Strafen.

53 (55) Solches, dieweil Allah Seine Gnade nicht ändert, mit der Er ein Volk begnadet, ehe sie nicht ändern, was in ihren Seelen ist. Und siehe, Allah ist hörend und wissend.

54 (56) Sie gleichen dem Volke Pharaos und denen, die vor ihnen waren, welche die Zeichen ihres Herrn der Lüge ziehen. Und da vertilgten Wir sie in ihren Sünden und ertränkten das Volk Pharaos; und alle waren Ungerechte.

55 (57) Siehe, schlimmer als das Vieh sind bei Allah die Ungläubigen, die nicht glauben:

56 (58) Die, so du einen Bund mit ihnen machst, jedesmal den Bund brechen und nicht gottesfürchtig sind.

57 (59) Und so du sie im Krieg gefangennimmst, verscheuche mit ihnen[12] ihr Gefolge; vielleicht lassen sie sich mahnen.

58 (60) Und so du Verräterei von deinem Volke befürchtest, erweise ihm das gleiche. Siehe, Allah liebt nicht die Verräter.

59 (61) Und denke nicht, daß die Ungläubigen gewinnen; sie vermögen (Allah) nicht zu schwächen.

---

10 Nämlich die unsichtbaren Engelscharen, die den Gläubigen helfen.
11 Indem er sie verführte, ein stärkeres Heer anzugreifen.
12 Nämlich durch die Strafen, die du über sie verhängst.

182   *Sure 8*

60 (62) So rüstet wider sie, was ihr vermögt an Kräften und Rossehaufen, damit in Schrecken zu setzen Allahs Feind und euern Feind und andre außer ihnen, die ihr nicht kennt, Allah aber kennt. Und was ihr auch spendet in Allahs Weg, Er wird es euch wiedergeben, und es soll euch kein Unrecht geschehen.

61 (63) Sind sie aber zum Frieden geneigt, so sei auch du ihm geneigt und vertrau auf Allah; siehe, Er ist der Hörende, der Wissende.

62 (64) Und so sie dich betrügen wollen, so ist Allah dein Genüge. Er ist's, der dich mit Seiner Hilfe stärkt und mit den Gläubigen,

63 Und der ihre Herzen verbunden hat. Hättest du auch alles auf Erden dahingegeben, du hättest ihre Herzen nicht verbunden; aber Allah verband sie; siehe, Er ist mächtig und weise.

64 (65) O du Prophet, dein Genüge ist Allah und wer dir folgt von den Gläubigen.

65 (66) O du Prophet, feuere die Gläubigen zum Kampfe an; sind auch nur zwanzig Standhafte unter euch, sie überwinden zweihundert, und so unter euch hundert sind, so überwinden sie tausend der Ungläubigen, dieweil sie ein Volk ohne Einsicht sind.

66 (67) Nunmehr hat es euch Allah leichtgemacht, denn Er weiß, daß in euch Schwachheit ist. Und so unter euch hundert Standhafte sind, überwinden sie zweihundert; und so unter euch tausend sind, überwinden sie zweitausend mit Allahs Erlaubnis. Und Allah ist mit den Standhaften.

67 (68) Noch vermochte kein Prophet Gefangene zu machen, ehe er nicht auf Erden gemetzelt. Ihr wollt die Güter dieser Welt, Allah aber will das Jenseits, und Allah ist mächtig und weise.[13]

68 (69) Wäre nicht eine Schrift von Allah zuvorgekommen,

---

13 Der hier ausgesprochene Tadel, daß die Muslime nicht alle Gefangenen in der Schlacht von Badr töteten, gilt nicht für alle Kämpfe (vgl. Sure 47,4; 8,69).

Die Beute 183

so hätte euch für das, was ihr nahmt, gewaltige Strafe betroffen.

69 (70) So esset von dem, was ihr erbeutetet, was erlaubt ist und gut. Und fürchtet Allah; siehe, Allah ist nachsichtig und barmherzig.

70 (71) O du Prophet, sprich zu den Gefangenen in euern Händen: »So Allah Gutes in euern Herzen erkennt, wird Er euch Besseres geben als was euch genommen und wird euch verzeihen. Denn Allah ist verzeihend und barmherzig.«

71 (72) Und so sie Verrat an dir üben wollen, so haben sie schon zuvor an Allah Verrat geübt. Er gab sie deshalb in eure Gewalt, und Allah ist wissend und weise.

72 (73) Siehe, diejenigen, welche glauben und ausgewandert sind und mit Gut und Blut Allahs Weg stritten und (dem Propheten) Herberge und Hilfe gewährten, die sollen sein einer des andern Verwandter. Und jene, welche glauben, aber nicht auswarderten, die sollen in nichts in Verwandtschaft mit euch stehen, ehe sie nicht ausgewandert sind. So sie euch aber in Sachen des Glaubens um Hilfe angehen, so liegt es euch ob, ihnen zu helfen, außer gegen ein Volk, zwischen dem und euch ein Bündnis besteht. Und Allah schaut euer Tun.

73 (74) Und die Ungläubigen sind (auch) einer des andern Verwandter; so ihr dies nicht tut, entsteht Aufruhr im Land und großes Verderben.

74 (75) Die Gläubigen aber, welche auswanderten und in Allahs Weg stritten und (dem Propheten) Herberge und Hilfe gewährten, das sind die Gläubigen in Wahrheit. Ihnen gebührt Verzeihung und großmütige Versorgung.

75 (76) Und die, welche hernach gläubig wurden und auswanderten und mit euch stritten, auch diese gehören zu euch. Und die Blutsverwandten sind einer des andern nächste Verwandten.[14] (Dies ist) in Allahs Buch; siehe, Allah weiß alle Dinge.

14 Diese Offenbarung schränkt wieder V. 72 ein.

NEUNTE SURE

Die Reue

Geoffenbart zu Medina[1]

1 (1) Schuldlosigkeit sei von Allah und Seinem Gesandten denjenigen von den Götzendienern, mit denen ihr einen Vertrag geschlossen habt.

2 (2) Ziehet deshalb im Lande vier Monate lang[2] umher und wisset, daß ihr Allah nicht zuschanden machen könnt und daß Allah die Ungläubigen zuschanden macht.

3 (3) Und eine Ankündigung sei von Allah und Seinem Gesandten an die Menschen am Tag der größern Pilgerfahrt, daß Allah los und ledig der Götzendiener ist, ebenso wie Sein Gesandter. Und so ihr Buße tut, so ist's besser für euch, kehrt ihr jedoch den Rücken, so wisset, daß ihr Allah nicht zuschanden machen könnt. Und verheiße den Ungläubigen schmerzliche Strafe.

4 (4) Ausgenommen sind jedoch diejenigen der Götzendiener, mit denen ihr einen Vertrag geschlossen habt und die es hernach in nichts fehlen ließen und noch keinem wider euch beistanden. Ihnen gegenüber müßt ihr den Vertrag bis zu der (ihnen bewilligten) Frist halten. Siehe, Allah liebt die Gottesfürchtigen.

5 (5) Sind aber die heiligen Monate verflossen, so erschlaget die Götzendiener, wo ihr sie findet, und packet sie und belagert sie und lauert ihnen in jedem Hinterhalt auf. So sie jedoch bereuen und das Gebet verrichten und die Armensteuer zahlen, so laßt sie ihres Weges ziehen. Siehe, Allah ist verzeihend und barmherzig.

6 (6) Und so einer der Götzendiener dich um Zuflucht angeht, so gewähre ihm Zuflucht, auf daß er Allahs Wort ver-

---

1 Dies ist die einzige Sure, bei welcher die Formel »Im Namen Allahs usw.« fehlt; einige Kommentatoren vermuten daher, sie habe ursprünglich mit der vorhergehenden eine Einheit gebildet.

2 In den Monaten Raǧab, Dū l-Qaʻda, Dū l-Ḥiǧǧa und Muḥarram, in denen in vorislamischer Zeit jede Fehde ruhte.

Die Reue 185

nimmt. Alsdann laß ihn die Stätte seiner Sicherheit erreichen. Solches, weil sie ein unwissend Volk sind.

7 (7) Wie können aber die Götzendiener mit Allah und Seinem Gesandten in ein Bündnis treten, außer jenen, mit denen ihr bei der heiligen Moschee einen Vertrag schlosset? Und solange sie euch treu bleiben, so haltet ihnen Treue. Siehe, Allah liebt die Gottesfürchtigen.

8 (8) Wie, wo sie, wenn sie euch besiegten, weder Blutsbande noch Bündnis halten würden? Mit ihrem Munde stellen sie euch zufrieden, ihre Herzen jedoch sind (euch) abgeneigt, und die Mehrzahl von ihnen sind Frevler.

9 (9) Sie verkaufen Allahs Zeichen um einen winzigen Preis und machen von Allahs Weg abwendig; siehe, böse ist ihr Tun.

10 (10) Sie halten einem Gläubigen gegenüber weder Blutsbande noch Bündnis; und sie, sie sind die Übertreter.

11 (11) So sie jedoch bereuen und das Gebet verrichten und die Armensteuer zahlen, so sind sie eure Brüder im Glauben. Und Wir machen die Zeichen klar für ein verständig Volk.

12 (12) Und so sie nach dem Vertrag ihren Eid brechen und euern Glauben höhnen, so bekämpfet die Führer des Unglaubens. Siehe, in ihnen ist keine Treue. Vielleicht stehen sie ab.

13 (13) Wollt ihr nicht kämpfen wider ein Volk, das seinen Eid brach, und das da plant, den Gesandten zu vertreiben, und die zuerst mit euch (den Streit) angefangen haben? Fürchtet ihr sie etwa? Doch Allah ist würdiger, von euch gefürchtet zu werden, so ihr gläubig seid.

14 (14) Bekämpfet sie; Allah wird sie strafen durch eure Hände und sie mit Schmach bedecken und wird euch Sieg über sie verleihen und wird heilen die Brüste[3] eines gläubigen Volks;

15 (15) Und hinwegnehmen wird Er den Zorn ihrer Herzen. Und Allah kehrt sich zu, wem Er will, und Allah ist wissend und weise.

---

3 Die Herzen.

186 Sure 9

16 (16) Oder wähnt ihr, ihr würdet verlassen sein, und daß Allah noch nicht diejenigen kennt, die da stritten von euch und außer Allah und Seinem Gesandten und den Gläubigen keinen zum Freund annahmen? Und Allah kennt euer Tun.

17 (17) Den Götzendienern kommt es nicht zu, die Moscheen Allahs zu besuchen, durch ihren Unglauben wider sich selber zeugend. Sie – umsonst sind ihre Werke, und im Feuer werden sie ewig verweilen.

18 (18) Besuchen nur soll die Moscheen Allahs, wer da glaubt an Allah und an den Jüngsten Tag und das Gebet verrichtet und die Armensteuer zahlt und Allah allein fürchtet. Und vielleicht ist's, daß jene zu den Geleiteten gehören.

19 (19) Setzt ihr etwa das Tränken des Pilgers und den Besuch der heiligen Moscheen gleich dem, der da glaubt an Allah und an den Jüngsten Tag, und der da eifert in Allahs Weg[4]? Nicht sind sie gleich vor Allah; und Allah leitet nicht das sündige Volk.

20 (20) Diejenigen, welche gläubig wurden und auswanderten und in Allahs Weg eiferten mit Gut und Blut, nahmen die höchste Stufe bei Allah ein. Und sie, sie sind die Glückseligen.

21 (21) Es verheißet ihnen ihr Herr Barmherzigkeit von Ihm und Wohlgefallen, und Gärten sind ihnen, in denen beständige Wonne.

22 (22) Verweilen sollen sie in ihnen ewig und immerdar. Siehe, Allah – bei Ihm ist gewaltiger Lohn.

23 (23) O ihr, die ihr glaubt, sehet weder in euern Vätern noch euern Brüdern Freunde, so sie den Unglauben dem Glauben vorziehen; und wer von euch sie zu Freunden nimmt, das sind Ungerechte.

24 (24) Sprich: »So eure Väter und eure Söhne und eure Brüder und eure Weiber und eure Sippe und das Gut, das ihr erworben, und die Ware, deren Unverkäuflichkeit ihr

---

4 Diese Redensart bedeutet stets den Heiligen Krieg gegen die Ungläubigen.

Die Reue 187

befürchtet, und die Wohnungen, die euch wohlgefallen, euch lieber sind als Allah und Sein Gesandter und das Eifern in Seinem Weg, so wartet, bis Allah mit Seinem Befehl kommt.« Und Allah leitet nicht die Frevler.

25 (25) Wahrlich, schon half euch Allah auf vielen Kampf-gefilden und am Tag von Ḥunain, als ihr stolz waret auf eure Menge.[5] Doch sie frommte euch nichts; und eng ward euch die Erde bei ihrer Weite; alsdann kehrtet ihr den Rücken zur Flucht.

26 (26) Alsdann sandte Allah Seine Gegenwart[6] auf Seinen Gesandten und auf die Gläubigen nieder und sandte Heer-scharen hernieder, die ihr nicht sahet, und strafte die Ungläu-bigen. Und das ist der Lohn der Ungläubigen.

27 (27) Alsdann kehrt sich Allah hernach zu, wem Er will, denn Allah ist verzeihend und barmherzig.

28 (28) O ihr, die ihr glaubt, siehe, die Götzendiener sind unrein. Drum sollen sie sich nicht nach diesem ihrem Jahr der heiligen Moschee nähern. Und so ihr dadurch Armut befürchtet, so wird euch Allah sicherlich, so Er will, aus Seinem Überfluß versorgen; siehe, Allah ist wissend und weise.

29 (29) Kämpfet wider jene von denen, welchen die Schrift gegeben ward, die nicht glauben an Allah und an den Jüngsten Tag und nicht verwehren, was Allah und Sein Gesandter verwehrt haben, und nicht bekennen das Bekenntnis der Wahrheit, bis sie den Tribut aus der Hand[7] gedemütigt ent-richten.

30 (30) Und es sprechen die Juden: »'Uzair ist Allahs Sohn.«[8] Und es sprechen die Nazarener: »Der Messias ist Allahs Sohn.« Solches ist das Wort ihres Mundes. Sie führen

---

5 In der Schlacht im Tale Ḥunain bei Mekka im achten Jahre der Flucht gerieten die Muslime, die 12000 Mann stark gegen 4000 kämpften, zuerst in Unord-nung, wurden aber wieder von Muhammad und seiner nächsten Umgebung zum Sieg geführt.

6 Die *sakina*, entspricht dem hebräischen *šĕḳīnā* im Talmud.

7 D. h. ohne Vermittler.

8 Das sprechen die Juden an keiner bekannten Stelle aus. 'Uzair: Esra.

188 *Sure 9*

ähnliche Reden wie die Ungläubigen von zuvor. Allah schlag
sie tot! Wie sind sie verstandeslos!

31 (31) Sie nehmen ihre Rabbinen und Mönche neben Allah
und dem Messias, dem Sohn der Maria, zu Herren an, wo
ihnen doch allein geboten ward, einem einzigen Gott zu dienen, außer dem es keinen Gott gibt. Preis Ihm, (Er steht
hoch) über dem, was sie neben Ihn setzen.

32 (32) Verlöschen wollen sie Allahs Licht mit ihrem
Munde; aber Allah will allein Sein Licht vollenden, auch
wenn es den Ungläubigen zuwider ist.

33 (33) Er ist's, der entsandt hat Seinen Gesandten mit der
Leitung und der Religion der Wahrheit, um sie sichtbar zu
machen über jede andre Religion, auch wenn es den Ungläubigen zuwider ist.

34 (34) O ihr, die ihr glaubt, siehe, wahrlich viele der Rabbinen und Mönche fressen das Gut der Leute unnütz und
machen abwendig von Allahs Weg. Aber wer da Gold und
Silber aufspeichert und es nicht spendet in Allahs Weg, ihnen
verheiße schmerzliche Strafe.

35 (35) An einem Tage soll es an Dschahannams Feuer
glühend gemacht werden, und gebrandmarkt werden sollen
damit ihre Stirnen, Seiten und Rücken: »Das ist's, was ihr
aufspeichertet für eure Seelen; so schmecket, was ihr aufspeichertet.«

36 (36) Siehe, die Anzahl der Monate bei Allah sind zwölf
Monate, in dem Buche Allahs, an dem Tage, da Er die Himmel und die Erde erschuf. Von ihnen sind vier heilig. Das ist
der wahrhafte Glauben. Drum versündigt euch nicht in ihnen
und bekämpfet die Götzendiener insgesamt, wie sie euch
bekämpfen insgesamt, und wisset, daß Allah mit den Gottesfürchtigen ist.

37 (37) Siehe, das Verschieben (des Monats Moharram auf
den Monat Safar) ist eine Mehrung des Unglaubens. Die
Ungläubigen sind hierdurch irregeführt. Sie erlauben es in
einem Jahr und verwehren es in einem andern Jahr, damit sie
die Anzahl der von Allah geheiligten (Monate) ausgleichen

Die Reue 189

und so erlauben, was Allah verwehrt hat.[9] Ausgeputzt ist ihnen das Böse ihres Tuns; aber Allah leitet nicht die Ungläubigen.

38 (38) O ihr, die ihr glaubt, was war euch, daß, als zu euch gesprochen ward: »Ziehet hinaus in Allahs Weg«, ihr euch schwer zu Erde neigtet? Habt ihr mehr Wohlgefallen am irdischen Leben als am Jenseits? Aber der Nießbrauch des irdischen Lebens ist gegenüber dem Jenseits nur ein winziger.

39 (39) So ihr nicht ausziehet, wird Er euch strafen mit schmerzlicher Strafe und ein andres Volk an eure Stelle setzen; und ihr schadet Ihm in nichts, denn Allah hat Macht über alle Dinge.

40 (40) Wenn ihr ihm[10] nicht helfet, so hat ihm zuvor Allah geholfen, als ihn die Ungläubigen vertrieben, selbzweit[11], als beide in der Höhle waren und er zu seinem Gefährten sprach: »Traure nicht; siehe, Allah ist mit uns.« Und da sandte Allah Seine Gegenwart[12] auf ihn nieder und stärkte ihn mit Heerscharen, die ihr nicht sahet, und erniedrigte das Wort der Ungläubigen und erhöhte Allahs Wort. Und Allah ist mächtig und weise.

41 (41) Ziehet aus, leicht und schwer, und eifert mit Gut und Blut in Allahs Weg. Solches ist besser für euch, so ihr es begreifet.

42 (42) Wäre ein naher Gewinn und eine bequeme Fahrt gewesen, wahrlich, sie wären dir gefolgt. Aber weit war ihnen der Abstand. Und doch schwören sie bei Allah: »Hätten wir es vermocht, wir wären mit euch ausgezogen.« Sie vertilgen sich selber. Und Allah weiß es wahrlich, daß sie Lügner sind.

43 (43) Allah vergebe dir! Warum gewährtest du es ihnen, bevor dir die Wahrhaften offenkundig wurden und du die Lügner erkanntest?

9 Die ungläubigen Araber pflegten die Heilighaltung eines Monats, wenn sie ihnen ungelegen kam, auf einen andern Monat zu verschieben.
10 Muhammad.
11 Muhammads Begleiter auf der Flucht war Abū Bekr.
12 Wiederum die *sakīna*.

190 *Sure 9*

44 (44) Nicht werden dich um Erlaubnis bitten die, welche an Allah glauben und an den Jüngsten Tag, nicht zu eifern mit Gut und Blut; und Allah kennt die Gottesfürchtigen.

45 (45) Um Erlaubnis bitten dich nur jene, die nicht an Allah glauben und an den Jüngsten Tag, und deren Herzen noch zweifeln, und die in ihrem Zweifel hin und her schwanken.

46 (46) Und so sie zum Ausmarsch gewillt gewesen wären, so hätten sie für ihn gerüstet. Aber Allah wollte nicht ihr Ausziehen, und so machte Er sie schlaff, und es ward gesprochen: »Sitzet (daheim) mit den Sitzenden!«

47 (47) Wären sie mit euch ausgezogen, so würden sie euch nur zur Last gewesen sein und hätten, zwischen euch umherlaufend, euch zum Aufruhr gereizt, und manche von euch hätten auf sie gehört. Aber Allah kennt die Ungerechten.

48 (48) Wahrlich, schon zuvor trachteten sie nach Aufruhr und verkehrten deine Angelegenheiten, bis die Wahrheit kam und Allahs Befehl erschien, wiewohl er ihnen zuwider war.

49 (49) Einige von ihnen sprechen zu dir: »Gewähre es mir und versuche mich nicht.« Sind sie nicht schon in Versuchung gefallen? Und siehe wahrlich, Dschahannam wird umfassen die Ungläubigen.

50 (50) Trifft dich ein Heil, so betrübt es sie; trifft dich ein Unheil, so sprechen sie: »Wir haben uns schon zuvor gesichert.« Und sie kehren vergnügt den Rücken.

51 (51) Sprich: »Nimmer trifft uns ein andres, als was Allah uns verzeichnet. Er ist unser Beschützer, und auf Allah sollen alle Gläubigen vertrauen.«

52 (52) Sprich: »Erwartet ihr etwa, daß uns nicht eins der beiden schönsten Dinge treffen wird[13]?« Und wir erwarten von euch, daß euch Allah mit einer Strafe treffen wird, sei es von Ihm oder durch unsre Hand. Und so wartet; siehe, wir warten mit euch.

13 Sieg oder Märtyrertod.

Die Reue   191

53 (53) Sprich: »Spendet willig oder unwillig, nimmer wird es von euch angenommen. Siehe, ihr seid ein Volk von Frevlern.«

54 (54) Und nichts anderes verhindert die Annahme ihrer Spenden, als daß sie nicht glauben an Allah und an Seinen Gesandten und nur mit Trägheit das Gebet verrichten und nur widerwillig spenden.

55 (55) Laß dich deshalb ihr Gut und ihre Kinder nicht wundernehmen. Siehe, Allah will sie damit nur im irdischen Leben strafen, und damit ihre Seelen zugrunde gehen, während sie ungläubig sind.

56 (56) Und sie schwören bei Allah, daß sie wahrlich zu euch gehören; jedoch sind sie ein furchtsam Volk.

57 (57) Fänden sie nur einen Zufluchtsort oder Höhlen oder einen Schlupfwinkel, sie würden sich zu Ihm wenden in wilder Hast.

58 (58) Und einige unter ihnen lästern dich in betreff der Almosen. So ihnen von ihnen gegeben wird, sind sie zufrieden, und so ihnen nicht von ihnen gegeben wird, dann sind sie verdrossen.

59 (59) Und wären sie doch zufrieden mit dem, was ihnen Allah gibt und Sein Gesandter, und sprächen: »Unser Genüge ist Allah. Fürwahr, Allah wird uns geben aus Seinem Überfluß und (ebenso) Sein Gesandter; siehe, zu Allah beten wir in Inbrunst.«

60 (60) Die Almosen sind nur für die Armen und Bedürftigen und die, welche sich um sie bemühen, und die, deren Herzen gewonnen sind, und für die Gefangenen und die Schuldner und den Weg Allahs und den Sohn des Weges. (Das ist) eine Vorschrift von Allah; siehe, Allah ist wissend und weise.[14]

61 (61) Und einige unter ihnen gibt's, welche den Propheten kränken und sprechen: »Er ist Ohr.« Sprich: »Ein Ohr des Guten für euch. Er glaubt an Allah und glaubt den Gläu-

14 Dieser Vers abrogiert oder präzisiert Sure 76,8; 17,26; 30,39 und 2,215.

Sure 9

bigen und ist eine Barmherzigkeit gegen die Gläubigen unter euch.«

(62) Wer aber den Gesandten Allahs kränkt, denen soll sein schmerzliche Strafe.

62 (63) Sie schwören euch bei Allah, um euch zu gefallen. Aber Allah und Sein Gesandter sind würdiger, daß sie ihm gefallen, so sie Gläubige sind.

63 (64) Wissen sie nicht, daß für den, der Allah und Seinen Gesandten befehdet, Dschahannams Feuer ist, ewig darinnen zu verweilen? Das ist die gewaltige Schande.

64 (65) Es fürchten die Heuchler, es möchte eine Sure auf sie hinabgesandt werden, die ihnen ankündet, was in ihren Herzen ist. Sprich: »Spottet nur; siehe, Allah bringt zum Vorschein, wovor ihr euch fürchtet.«

65 (66) Und wahrlich, wenn du sie fragst, wahrlich, dann sprechen sie: »Wir plauderten nur und scherzten.« Sprich: »Verspottet ihr etwa Allah und Seine Zeichen und Seinen Gesandten?«

66 (67) Entschuldigt euch nicht. Ungläubig wurdet ihr nach euerm Glauben. Wenn Wir auch einem Teile von ihnen vergeben, so strafen Wir einen andern Teil, darum daß sie sich versündigten.

67 (68) Heuchler und Heuchlerinnen sind die einen wie die andern. Sie gebieten das Unrechte und verbieten das Rechte und schließen ihre Hände. Vergessen haben sie Allah, und so hat Er sie vergessen. Siehe, die Heuchler sind Frevler.

68 (69) Verheißen hat Allah den Heuchlern und Heuchlerinnen und den Ungläubigen Dschahannams Feuer, ewig darinnen zu verweilen. Das ist ihr Genüge. Und verflucht hat sie Allah und für sie ist ewige Strafe.

69 (70) (Ihr seid) gleich denen, die vor euch waren. Sie waren mächtiger denn ihr an Kraft und reicher an Gut und Kindern und sie erfreuten sich ihres Anteils. So erfreut ihr euch eures Anteils gleich denen, die sich vor euch ihres Anteils erfreuten, und schwätzet wie jene schwatzten. Sie –

Die Reue   193

umsonst sind ihre Werke hienieden und im Jenseits, und sie,
sie sind die Verlorenen.

70 (71) Kam nicht die Kunde derer, die vor ihnen waren,
zu ihnen? Vom Volke des Noah, von ʿĀd, von Tamūd und
vom Volke Abrahams und den Bewohnern Midians und der
umgekehrten (Städte)[15]? Es kamen zu ihnen ihre Gesandten
mit den deutlichen Zeichen, und Allah wollte ihnen kein
Unrecht tun, doch taten sie sich selber Unrecht.

71 (72) Und die Gläubigen, Männer und Frauen, sind einer
des andern Freunde; sie gebieten das Rechte und verbieten
das Unrechte und verrichten das Gebet und zahlen die
Armensteuer und gehorchen Allah und Seinem Gesandten.
Sie – wahrlich, Allah erbarmt sich ihrer; siehe, Allah ist mächtig und weise.

72 (73) Verheißen hat Allah den Gläubigen, Männern und
Frauen, Gärten durcheilt von Bächen, ewig darinnen zu verweilen, und gute Wohnungen in Edens Gärten. Aber Wohlgefallen bei Allah ist besser als dies. Das ist die große Glückseligkeit.

73 (74) O du Prophet, streite wider die Ungläubigen und
Heuchler und verfahre hart mit ihnen. Und ihre Herberge ist
Dschahannam, und schlimm ist die Fahrt (dorthin).

74 (75) Sie schwören bei Allah, sie hätten es nicht gesprochen[16], jedoch sprachen sie wahrlich des Unglaubens Wort
und wurden ungläubig nach ihrem Islām und planten, was
ihnen nicht gelang. Und sie mißbilligten es nur, weil Allah
und Sein Gesandter sie aus Seiner Huld reich gemacht hatte.
Und so sie sich bekehren, ist's besser für sie; wenden sie sich
jedoch (wieder) ab, so wird Allah sie strafen mit schmerzlicher Strafe hienieden und im Jenseits, und sollen auf Erden
weder Beschützer noch Helfer finden.

75 (76) Und unter ihnen haben einige einen Bund mit Allah
geschlossen, (indem sie sprachen:) »Wahrlich, wenn Er uns

15 Sodom und Gomorrha.
16 Dies bezieht sich auf einen Anschlag auf Muhammads Leben in Medina.

194   *Sure 9*

aus Seiner Huld gibt, wahrlich, dann wollen wir Almosen
geben und wahrlich, dann wollen wir rechtschaffen sein.«

76 (77) Da Er ihnen aber aus Seiner Huld gegeben hatte,
geizten sie damit und kehrten den Rücken im Abfall.

77 (78) Und so ließ Er Heuchelei in ihren Herzen nachfolgen bis zum Tag, da sie mit Ihm zusammentreffen, darum daß
sie Allah nicht gehalten, was sie Ihm versprachen, und weil sie
logen.

78 (79) Wissen sie denn nicht, daß Allah ihr Verborgenes
kennt und ihr geheimes Gespräch, und daß Allah die Geheimnisse kennt?

79 (80) Diejenigen, welche solche Gläubige verhöhnen, die
aus freien Stücken Almosen geben, und die, welche nichts
finden als ihr Erarbeitetes, und über sie spotten – Allah spottet über sie, und ihnen wird sein schmerzliche Strafe.

80 (81) Bitte um Verzeihung für sie oder bitte nicht um
Verzeihung für sie; ob du auch siebzigmal um Verzeihung für
sie bätest, so wird ihnen doch Allah nimmer verzeihen. Solches, darum daß sie nicht glaubten an Allah und Seinen
Gesandten; und Allah leitet nicht die Frevler.

81 (82) Es freuten sich die in ihren Wohnungen Zurückge-
bliebenen[17], dem Gesandten Allahs zuwider gehandelt zu
haben, und hatten keine Lust, mit Gut und Blut in Allahs
Weg zu eifern und sprachen: »Ziehet nicht aus in der Hitze.«
Sprich: »Dschahannams Feuer ist heißer.« O daß sie es doch
begriffen!

82 (83) Und so mögen sie wenig lachen und viel weinen
zum Lohn für ihr Tun.

83 (84) Und so dich Allah heimkehren läßt zu einer Anzahl
von ihnen und sie dich um Erlaubnis bitten hinauszuziehen,
so sprich: »Nimmerdar sollt ihr mit mir ausziehen und nimmerdar sollt ihr mit mir wider einen Feind kämpfen. Siehe, es
gefiel euch das erste Mal (daheim) zu sitzen, und so sitzet
(daheim) mit den Dahintenbleibenden.«

17 Dies soll sich auf die beziehen, welche nicht an der Schlacht bei Tabūk
   teilnahmen.

Die Reue   195

84 (85) Und nimmerdar bete über einen von ihnen, wenn er starb, und stehe nicht bei seinem Grabe. Siehe, sie glaubten nicht an Allah und Seinen Gesandten und starben als Frevler.

85 (86) Und laß dich nicht wundernehmen ihr Gut und ihre Kinder; siehe, Allah will sie damit nur strafen hienieden, daß ihre Seelen abscheiden, während sie ungläubig sind.

86 (87) Und da eine Sure hinabgesandt ward (des Inhalts): »Glaubet an Allah und streitet mit Seinem Gesandten«, baten dich die Begüterten unter ihnen und sprachen: »Laß uns bei den (Daheim-)Sitzenden.«

87 (88) Es gefiel ihnen, bei den Dahintenbleibenden zu sein, und es wurden ihre Herzen versiegelt, so daß sie nicht begreifen.

88 (89) Jedoch der Gesandte und die Gläubigen bei ihm eifern mit Gut und Blut, und sie – das Gute wird ihnen (zum Lohn), und sie – ihnen wird's wohl ergehen.

89 (90) Bereitet hat Allah für sie Gärten, durcheilt von Bächen, ewig darinnen zu verweilen. Das ist die große Glückseligkeit.

90 (91) Und es kamen Ausflüchte machend einige der (Steppen-)Araber, auf daß ihnen Erlaubnis würde, (daheim zu bleiben). Und sitzen blieben (daheim) diejenigen, die Allah und Seinen Gesandten belogen hatten. Wahrlich, treffen wird die Ungläubigen unter ihnen schmerzliche Strafe.

91 (92) Nicht versündigen sich die Schwachen und die Kranken und die, welche nichts zum Ausgeben finden, (daß sie zu Hause bleiben,) so sie es nur mit Allah und Seinem Gesandten treu meinen. Gegen die Rechtschaffenen gibt es keinen Weg; und Allah ist verzeihend und barmherzig.

92 (93) Auch nicht gegen die, zu denen du, als sie zu dir kamen, daß du sie ausrüstetest, sprachst: »Ich finde nichts, um euch damit auszurüsten.« Da kehrten sie um, während ihren Augen Tränen vor Trauer darüber entströmten, daß sie nichts fanden zum Ausgeben.

93 (94) Nur gegen die ist der Weg, die dich um Erlaubnis bitten (daheim zu bleiben), wiewohl sie reich sind. Es gefällt

196   *Sure 9*

ihnen, bei den Dahintenbleibenden zu sein. Versiegelt hat
Allah ihre Herzen, und so verstehen sie nicht.

94 (95) Sie werden sich bei euch entschuldigen, so ihr zu
ihnen zurückkehrt. Sprich: »Entschuldigt euch nicht: nimmer glauben wir euch. Allah hat uns schon über euer Verhalten benachrichtigt. Wahrlich, schauen wird Allah und Sein
Gesandter euer Tun. Alsdann werdet ihr zurückgebracht
werden zum Wisser des Verborgenen und Offenbaren, und
ankündigen wird Er euch, was ihr getan.«

95 (96) Wahrlich, beschwören werden sie euch bei Allah,
wenn ihr zu ihnen zurückgekehrt seid, daß ihr von ihnen
abstehet. So stehet ab von ihnen! Siehe, sie sind ein Greuel
und ihre Herberge ist Dschahannam als Lohn für ihr Tun.

96 (97) Sie werden euch beschwören, mit ihnen zufrieden
zu sein. Aber so ihr auch mit ihnen zufrieden seid, so ist Allah
doch nicht zufrieden mit einem Volk von Frevlern.

97 (98) Die (Steppen-)Araber sind verstockt in Unglauben
und Heuchelei, und es ist sehr wahrscheinlich, daß sie die
Vorschriften, welche Allah auf Seinen Gesandten hernieder-
gesendet hat, nicht kennen. Und Allah ist wissend und weise.

98 (99) Und unter den (Steppen-)Arabern sind welche, die
ihre Spenden als erzwungene Schuld ansehen und auf die
Wechsel (eures Glückes) lauern. Über sie wird ein Unheils-
wechsel kommen; denn Allah ist hörend und wissend.

99 (100) Aber etliche unter den (Steppen-)Arabern glauben
auch an Allah und den Jüngsten Tag und betrachten ihre
Spenden als Annäherungen zu Gott und den Gebeten des
Gesandten. Und ist's nicht, daß sie eine Annäherung für sie
sind? Wahrlich, einführen wird sie Allah in Seine Barmherzigkeit! Siehe, Allah ist verzeihend und barmherzig.

100 (101) Und jene, die da vorauszogen, die ersten der
Auswanderer[18] und die Helfer[19], und jene, die ihnen folgten in
schönem Tun, Wohlgefallen hat Allah an ihnen, und Wohlgefallen haben sie an Ihm, und bereitet hat Er ihnen Gärten,

18 Die zuerst aus Mekka nach Medina flüchteten.
19 Die Medinenser, die Muhammad beistanden.

Die Reue 197

durcheilt von Bächen, ewig und immerdar darinnen zu weilen. Das ist die große Glückseligkeit.

101 (102) Und unter denen der (Steppen-)Araber, die rings um euch sind, gibt es Heuchler; und auch unter dem Volke Medinas gibt's hartnäckige Heuchler. Nicht kennst du sie, (o Muhammad;) Wir kennen sie; wahrlich, strafen wollen Wir sie zwiefältig; alsdann sollen sie überantwortet werden gewaltiger Strafe.

102 (103) Und andre haben ihre Sünden bekannt; sie vermischten eine rechtschaffene Handlung mit einer andern bösen. Vielleicht daß Allah sich wieder zu ihnen kehrt; siehe, Allah ist verzeihend und barmherzig.

103 (104) Nimm von ihrem Gut als Almosen, damit du sie dadurch reinigst und heiligst; und bete für sie; siehe, deine Gebete bringen Beruhigung, und Allah ist hörend und wissend.

104 (105) Wissen sie denn nicht, daß Allah die Bekehrung Seiner Diener aufnimmt, und daß Er die Almosen annimmt, und daß Allah der Vergebende, der Barmherzige ist?

105 (106) Und sprich: »Wirket!« Und wahrlich, schauen wird Allah euer Werk, und Sein Gesandter und die Gläubigen. Und wahrlich, zurück sollt ihr gebracht werden zu dem Wisser des Verborgenen und Offenbaren, und ankündigen wird Er euch euer Tun.

106 (107) Und andre warten auf Allahs Befehl, ob Er sie strafen oder ob Er sich zu ihnen kehren wird. Und Allah ist wissend und weise.

107 (108) Andre haben eine Moschee erbaut, um Unheil und Unglauben und Spaltungen zwischen den Gläubigen anzustiften und zu einem Hinterhalt für den, welcher zuvor Allah und Seinen Gesandten bekriegte. Und wahrlich, sie schwören: »Wir bezwecken nur Gutes.« Aber Allah ist Zeuge, daß sie Lügner sind.[20]

20 Der Überlieferung nach hatten zwölf Männer eine Moschee nahe der von Qubā' gebaut, um Spaltung unter den Muslimen hervorzurufen.

198   *Sure 9*

108 (109) Stehe nimmerdar in ihr. Wahrlich, es gibt eine Moschee[21], gegründet auf Frömmigkeit vom ersten Tag an; geziemender ist's, daß du in ihr stehst. In ihr sind Leute, die sich zu reinigen wünschen, und Allah liebt die sich Reinigenden.

109 (110) Ist nun etwa der besser, der sein Gebäude auf Gottesfurcht und auf Allahs Huld gegründet hat, oder der, welcher sein Gebäude gegründet hat auf den Rand fortgespülten Schwemmsandes, der mit ihm in Dschahannams Feuer gespült wird? Und Allah leitet nicht die Ungerechten.

110 (111) Ihr Gebäude, das sie erbaut, wird nicht aufhören, Zweifel in ihren Herzen zu erregen, als bis ihre Herzen zerschnitten sind, und Allah ist wissend und weise.

111 (112) Siehe, Allah hat von den Gläubigen ihr Leben und ihr Gut für das Paradies erkauft. Sie sollen kämpfen in Allahs Weg und töten und getötet werden. Eine Verheißung hierfür ist gewährleistet in der Tora, im Evangelium und im Koran; und wer hält seine Verheißung getreuer als Allah? Freut euch daher des Geschäfts, das ihr abgeschlossen habt; und das ist die große Glückseligkeit.

112 (113) Die sich Bekehrenden, die (Allah) Dienenden, die Lobpreisenden, die Fastenden, die sich Beugenden, die sich Niederwerfenden, die das Rechte Gebietenden und das Unrechte Verbietenden, die Allahs Gebote Beobachtenden ... und Heil verkünde den Gläubigen.

113 (114) Nicht kommt es dem Propheten und den Gläubigen zu, für die Götzendiener um Verzeihung zu bitten, und wären es auch Angehörige, nachdem ihnen deutlich kundgetan, daß sie des Höllenpfuhls Gefährten sind.

114 (115) Und auch Abraham betete nur um Verzeihung für seinen Vater infolge eines Versprechens, das er ihm gegeben. Als ihm aber offenkund ward, daß er ein Feind Allahs

---

21 Die Moschee zu Qubā', etwa zwei Meilen von Medina entfernt, zu der Muhammad kurz vor seinem Betreten Medinas den Grundstein legte, war die erste öffentliche Gebetsstätte des Islām.

Die Reue 199

war, sagte er sich los von ihm. Siehe, Abraham aber war wahrlich mitleidsvoll und milde.

115 (116) Und nicht leitet Allah Leute irre, nachdem Er sie recht geleitet, als bis Er ihnen deutlich gezeigt, was sie zu fürchten haben. Siehe, Allah weiß alle Dinge.

116 (117) Siehe, Allah, Sein ist das Reich der Himmel und der Erde, Er macht lebendig und tot, und außer Allah ist euch kein Schützer und Helfer.

117 (118) Wahrlich, gekehrt hat sich Allah zum Propheten und den Ausgewanderten und den Helfern, die ihm folgten in der Stunde der Drangsal, nachdem fast die Herzen eines Teiles von ihnen abgewichen wären. Alsdann kehrte Er sich zu ihnen; siehe, Er ist gütig zu ihnen und barmherzig.

118 (119) Auch zu jenen drei[22] (kehrte Er sich), die zurückgeblieben waren, bis daß die Erde ihnen bei ihrer Weite eng ward; und ihre Seelen wurden ihnen so eng, daß sie einsahen, daß es vor Allah keine Zuflucht gäbe als bei Ihm. Alsdann kehrte Er sich zu ihnen, damit sie sich bekehrten. Siehe, Allah ist der Vergebende, der Barmherzige.

119 (120) O ihr, die ihr glaubt, fürchtet Allah und seid mit den Wahrhaften.

120 (121) Keinen Grund hatten die Bewohner Medinas und ihre Umwohner von den (Steppen-)Arabern, hinter dem Gesandten Allahs zurückzubleiben und ihr Leben dem seinigen vorzuziehen. Solches, darum daß sie weder Durst noch Mühsal, noch Hunger in Allahs Weg betroffen hätte. Und nicht treten sie einen Tritt, der die Ungläubigen erzürnt, und nicht tut ein Feind ihnen etwas an, ohne daß es ihnen als gutes Werk aufgeschrieben wird.

121 (122) Und sie spenden auch keine Spende, sei es eine kleine oder große, und durchqueren kein Wadi, das ihnen nicht aufgezeichnet wird, auf daß Allah das beste ihrer Werke ihnen lohne.

---

22 Drei der Helfer nahmen am Zug nach Tabūk nicht teil und wurden dafür mit dem Interdikt belegt und erst nach fünfzigtägiger Reue begnadigt.

122 (123) Und nicht sollen die Gläubigen insgesamt ausziehen. Von jeder Schar von ihnen soll eine Abteilung nicht ausziehen, um einander in der Religion zu belehren und um ihr Volk, wenn es zu ihnen heimkehrt, zu warnen, auf der Hut zu sein.

123 (124) O ihr, die ihr glaubt, kämpfet wider die Ungläubigen an euern Grenzen, und wahrlich, lasset sie Härte in euch verspüren. Und wisset, daß Allah mit den Gottesfürchtigen ist.

124 (125) Und wenn da eine Sure herabgesandt wird, so sprechen einige von ihnen: »Wer von euch ist durch sie im Glauben gestärkt?« Was aber die Gläubigen anlangt, so stärkt sie dieselben im Glauben, und sie freuen sich.

125 (126) Was aber jene anlangt, in deren Herzen Krankheit ist, so fügt sie Zweifel zu ihrem Zweifel hinzu, und sie sterben als Ungläubige.

126 (127) Sehen sie denn nicht, daß sie in jedem Jahre einmal oder zweimal geprüft werden? Doch darauf bekehren sie sich nicht und lassen sich nicht mahnen.

127 (128) Und wenn da eine Sure herabgesandt wird, schauen sie einander an (und sprechen:) »Sieht euch jemand?« Alsdann kehren sie sich ab. Allah wendet ihre Herzen ab, dieweil sie ein unverständig Volk sind.

128 (129) Wahrlich, nunmehr kam zu euch ein Gesandter aus euch; schwer liegen auf ihm eure Missetaten. Fürsorglich ist er für euch, gegen die Gläubigen gütig und barmherzig.

129 (130) Und so ihr den Rücken kehrt, so sprich: »Mein Genüge ist Allah! Es gibt keinen Gott außer Ihm. Auf Ihn traue ich, und Er ist der Herr des herrlichen Thrones.«

ZEHNTE SURE

Jonas (Frieden sei auf ihm!)

Geoffenbart zu Mekka

Im Namen Allahs,
des Erbarmers, des Barmherzigen!

1 (1) A. L. R.[1] Dieses sind die Zeichen des weisen Buches.

2 (2) Ist es den Menschen[2] wunderbar, daß Wir einem Manne von ihnen offenbarten: »Warne die Menschen und verheiße deren, die da glauben, daß sie bei ihrem Herrn den Lohn für ihre Lauterkeit finden?« Die Ungläubigen sprechen: »Siehe, dies ist wahrlich ein offenkundiger Zauberer.«

3 (3) Siehe, Allah ist euer Herr, der erschaffen die Himmel und die Erde in sechs Tagen. Alsdann setzte Er sich auf den Thron, um den Befehl zu führen[3]. Keinen Fürbitter gibt es ohne Seine Erlaubnis. Das ist Allah, euer Herr; und so dienet Ihm. Wollt ihr das nicht bedenken?

4 (4) Zu Ihm ist eure Heimkehr allzumal; Allahs Verheißung ist wahrhaftig. Siehe, Er bringt das Geschöpf hervor; alsdann läßt Er es zurückkehren, auf daß Er belohne, die da glauben und in Gerechtigkeit das Rechtschaffene tun. Und die Ungläubigen – ihnen wird sein ein siedender Trunk und schmerzliche Strafe, darum daß sie nicht glaubten.

5 (5) Er ist's, der gemacht die Sonne zu einer Leuchte und den Mond zu einem Licht; und verordnet hat Er ihm Wohnungen[4], auf daß ihr wisset die Anzahl der Jahre und die Berechnung (der Zeit). Und erschaffen hat Allah dies allein zur Wahrheit. Klar macht Er die Zeichen für ein begreifend Volk.

6 (6) Siehe, in dem Wechsel der Nacht und des Tages und in

---

1 *alif-lām-rā.*
2 Den Mekkanern.
3 Wörtlich: um die Sache zu lenken.
4 Die Mondstationen.

allem, was Allah erschaffen in den Himmeln und auf der Erde, sind wahrlich Zeichen für gottesfürchtige Leute.

7 (7) Siehe, diejenigen, welche nicht hoffen, Uns zu begegnen, und an dem irdischen Leben Wohlgefallen finden und sich dabei beruhigen und Unserer Zeichen achtlos sind:

8 (8) Sie – ihre Herberge ist das Feuer für ihr Tun.

9 (9) Siehe, diejenigen, welche glauben und das Rechte tun, leiten wird sie ihr Herr um ihres Glaubens willen. Eilen werden unter ihnen Bäche in Gärten der Wonne.

10 (10) Ihr Gebet wird sein in ihnen: »Preis Dir, o Allah!« und ihr Gruß in ihnen: »Frieden!«

(11) Und das Ende ihres Gebetes: »Das Lob sei Allah dem Weltenherrn!«

11 (12) Und so Allah den Menschen das Schlimme beschleunigte, wie sie das Gute beschleunigen möchten, wahrlich, entschieden wäre ihr Termin. Und so lassen Wir die, welche nicht hoffen, Uns zu begegnen, in ihrer Übertretung irregehen.

12 (13) Und so dem Menschen ein Unglück widerfährt, so ruft er Uns an, auf der Seite (liegend), sitzend oder stehend. Haben Wir aber sein Unglück von ihm fortgenommen, so geht er weiter, als hätte er Uns nicht angerufen wider das Unheil, das ihm widerfahren. Also ist ausgeputzt den Übertretern ihr Tun.

13 (14) Und wahrlich, schon vertilgten Wir die Geschlechter vor euch, nachdem sie gesündigt und nicht an ihre Gesandten, die zu ihnen kamen mit den deutlichen Zeichen, geglaubt. Also lohnen Wir den Sündern.

14 (15) Alsdann machten Wir euch zu ihren Nachfolgern auf der Erde, um zu schauen, wie ihr handeln würdet.

15 (16) Und so ihnen Unsre deutlichen Zeichen verkündet werden, sprechen diejenigen, welche auf Unsre Begegnung nicht hoffen: »Bring uns einen andern Koran als diesen oder ändre ihn ab.« Sprich: »Nicht steht es mir frei, ihn abzuändern aus eignem Antrieb. Ich folge nur dem, was mir offen-

Jonas (Frieden sei auf ihm!) 203

bart wird. Siehe, ich fürchte, wenn ich wider meinen Herrn mich empöre, die Strafe eines gewaltigen Tages.«

16 (17) Sprich: »Hätte Allah es gewollt, so hätte ich ihn euch nicht verlesen und euch nicht damit belehrt. Und ich verweilte doch schon unter euch Jahre zuvor[5].« Begreift ihr denn nicht?

17 (18) Und wer ist sündiger, als wer wider Allah eine Lüge ersinnt oder Seine Zeichen der Lüge zeiht? Siehe, den Sündern ergeht es nicht wohl.

18 (19) Und sie dienen neben Allah dem, was ihnen weder schaden noch nützen kann; und sie sprechen: »Dies sind unsre Fürsprecher bei Allah.« Sprich: »Wollt ihr Allah ansagen, was Er nicht kennt in den Himmeln und auf der Erde? Preis Ihm! und erhaben ist Er ob dem, was wir Ihm beigesellt.«

19 (20) Und die Menschen waren nur eine Gemeinde. Und sie wurden uneins, und wäre nicht ein Wort von deinem Herrn vorausgegangen, entschieden wäre zwischen ihnen das, worüber sie uneins sind.

20 (21) Und sie sprechen: »Warum ist kein Zeichen von seinem Herrn auf ihn herabgesandt?« Drum sprich: »Das Verborgene ist nur Allahs. Drum wartet; siehe, ich warte mit euch.«

21 (22) Und als Wir die Leute Unsre Barmherzigkeit schmecken ließen, nachdem sie ein Unglück betroffen, siehe, da machten sie einen Anschlag wider Unsre Zeichen. Sprich: »Schneller im Anschlag ist Allah.« Siehe, Unsre Gesandten[6] schreiben eure Anschläge auf.

22 (23) Er ist's, der euch reisen lässet zu Land und Meer, so daß, wenn ihr auf den Schiffen seid – und sie mit ihnen mit gutem Wind dahineilen und sich dessen freuen, überkommt sie plötzlich ein Sturmwind und über sie kommen die Wogen von allen Seiten, und sie glauben, daß sie rings von ihnen

---

5 »Jahre zuvor«, wörtlich »ein Leben lang«, d. h. nach arabischer Rechnung vierzig Jahre.
6 Die Engel, die Buch führen.

umschlossen sind; dann rufen sie zu Allah in lauterem Glauben: »Wahrlich, wenn Du uns hieraus errettest, dann sind wir Dir gewißlich dankbar.«

23 (24) Wenn Wir sie jedoch errettet haben, dann üben sie wieder Gewalt auf der Erde ohne Grund. O ihr Menschen, die Vergewaltigung eures eignen Selbst ist nur ein Nießbrauch des irdischen Lebens. Alsdann ist eure Heimkehr zu Uns, und ansagen werden Wir euch, was ihr getan.

24 (25) Siehe, das Gleichnis des irdischen Lebens ist nur wie das Wasser, das Wir von dem Himmel hinabsenden; und es wird aufgenommen vom Gewächs der Erde, von dem Menschen und Vieh sich nähren, bis daß, wenn die Erde empfangen ihren Flitter und sich geputzt hat, und ihre Bewohner glauben, sie hätten Macht über sie, dann kommt zu ihr Unser Befehl in der Nacht oder am Tag, und Wir machen sie abgemäht, gleich als ob sie gestern nicht reich gewesen. Also machen Wir die Zeichen klar für ein nachdenkend Volk.

25 (26) Und Allah ladet ein zur Wohnung des Friedens und leitet, wen Er will, auf einen rechten Pfad.

26 (27) Denen, die Gutes taten, wird Gutes und noch mehr. Nicht sollen ihre Angesichter bedeckt werden von Schwärze oder Schmach. Sie sind des Paradieses Gefährten und werden ewig darinnen verweilen.

27 (28) Denen aber, die Böses taten, wird Böses in gleichem Maß, und bedecken soll sie Schmach. Keinen Schützer sollen sie haben wider Allah, und es soll sein, als ob ihre Angesichter mit einem finstern Stück der Nacht verhüllt wären. Sie sind des Feuers Gefährten und sollen ewig darinnen verweilen.

28 (29) Eines Tages versammeln Wir sie allzumal; alsdann sprechen Wir zu denen, die (Allah) Gefährten gaben: »An euern Platz, ihr und eure ›Gefährten‹!« Und dann machen Wir einen Zwischenraum zwischen ihnen, und sprechen werden ihre ›Gefährten‹: »Nicht dientet ihr uns.

29 (30) Und es genügt Allah als Zeuge zwischen uns und euch. Siehe, wahrlich, wir waren achtlos auf eure Anbetung.«

30 (31) Daselbst soll jede Seele prüfen, was sie voraus-

Jonas (Frieden sei auf ihm!) 205

geschickt, und zurückgebracht werden sie zu Allah, ihrem wahren Herrn, und schweifen wird von ihnen, was sie ersonnen.

31 (32) Sprich: »Wer versorgt euch vom Himmel und von der Erde her? Oder wer hat Gewalt über Gehör und Gesicht? Und wer bringt das Lebendige aus dem Toten hervor, und bringt hervor das Tote aus dem Lebendigen? Und wer führt den Befehl?« Und wahrlich, sprechen werden sie: »Allah.« So sprich: »Wollt ihr Ihn denn nicht fürchten?«

32 (33) Und dieser Gott ist euer wahrer Herr; und was bliebe ohne die Wahrheit als der Irrtum? Wie seid ihr so verkehrt?

33 (34) So bewahrheitet sich das Wort deines Herrn wider die Frevler, dieweil sie nicht glaubten.

34 (35) Sprich: »Gibt es unter euern ›Gefährten‹ einen, der das Geschöpf hervorbringt und es wieder zurückkehren lässet?« Sprich: »Allah bringt das Geschöpf hervor, alsdann läßt Er es wieder zurückkehren.« Und wie seid ihr so abgekehrt?

35 (36) Sprich: »Gibt es etwa unter euern ›Gefährten‹ einen, der zur Wahrheit leitet?« Sprich: »Allah leitet zur Wahrheit.« Und ist nun der, welcher zur Wahrheit leitet, würdiger, daß man ihm nachfolge, oder wer nicht leitet, es sei denn, er werde geleitet? Und was fehlt euch, daß ihr so urteilt?

36 (37) Und die Mehrzahl von ihnen folgt nur einer Meinung. Aber die Meinung nützt nichts gegenüber der Wahrheit. Siehe, Allah kennt ihr Tun.

37 (38) Und dieser Koran konnte nicht ohne Allah ersonnen werden. Vielmehr ist er eine Bestätigung dessen, was ihm vorausging, und eine Erklärung der Schrift – kein Zweifel ist daran – vom Herrn der Welten.

38 (39) Oder sprechen sie: »Er hat ihn ersonnen?« Sprich: »So bringet eine gleiche Sure; und rufet an, wen ihr vermögt, außer Allah, so ihr wahrhaft seid.«

39 (40) Aber der Lüge ziehen sie, was sie mit ihrem Wissen nicht umfaßten, wiewohl seine Deutung noch nicht zu ihnen gekommen. Also ziehen auch jene, die vor ihnen lebten, der Lüge. Und schau, wie das Ende der Ungerechten war.

40 (41) Und einige von ihnen glauben daran, während andre von ihnen nicht daran glauben. Und dein Herr kennt sehr wohl die Verderbenstifter.

41 (42) Und so sie dich der Lüge zeihen, so sprich: »Mein Tun ist für mich und euer Tun ist für euch. Ihr seid los und ledig meines Tuns und ich bin los und ledig eures Tuns.«

42 (43) Und einige von ihnen hören dir zu; kannst du aber die Tauben hörend machen, wenn sie nicht Verstand haben?

43 (44) Und andre von ihnen schauen auf dich. Kannst du aber die Blinden leiten, wenn sie nicht sehen?

44 (45) Siehe, Allah fügt den Menschen kein Unrecht zu, vielmehr fügen die Menschen sich selber Unrecht zu.

45 (46) Und an dem Tage, an dem Er sie versammelt, wird es ihnen sein, als hätten sie nur eine Stunde vom Tage gesäumt. Sie werden einander erkennen. Dann sind jene verloren, welche die Begegnung mit Allah leugneten und nicht geleitet waren.

46 (47) Ob Wir dich schauen lassen einen Teil von dem, was Wir ihnen androhten, oder ob Wir dich zu Uns nehmen, zu Uns ist ihre Heimkehr. Alsdann wird Allah Zeuge sein für ihr Tun.

47 (48) Und jedes Volk hat seinen Gesandten. Und als ihr Gesandter kam, ward zwischen ihnen in Gerechtigkeit entschieden, und sie litten nicht Unrecht.

48 (49) Und sie sprechen: »Wann (tritt ein) diese Drohung, so ihr wahrhaft seid?«

49 (50) Sprich: »Ich habe keine Macht über mein eigen Weh und Wohl ohne Allahs Willen. Jedes Volk hat seinen Termin. Wenn sein Termin gekommen ist, so können sie keine Stunde (von ihm) verschieben oder beschleunigen.«

50 (51) Sprich: »Was meint ihr? Wenn Seine Strafe zu euch kommt bei Nacht oder bei Tag, was werden dann die Sünder von ihr beschleunigen?

Jonas (Frieden sei auf ihm!)

51 (52) Werdet ihr dann, wenn sie eintrifft, an sie glauben? Und doch wolltet ihr sie beschleunigen.«

52 (53) Alsdann wird zu den Sündern gesprochen: »Schmecket die Strafe der Ewigkeit! Wollt ihr einen andern Lohn empfangen als was ihr verdientet?«

53 (54) Und sie werden Auskunft von dir verlangen, ob dies wahr ist. Sprich: »Ja, bei meinem Herrn, es ist die Wahrheit! Und ihr vermögt (Ihn) nicht schwach zu machen.«

54 (55) Und wenn dann eine jede sündige Seele alles, was auf Erden ist, besäße, wahrlich sie möchte sich damit lösen. Und offen werden sie die Reue kundtun, wenn sie die Strafe gesehen. Und es wird in Gerechtigkeit zwischen ihnen entschieden werden, und nicht sollen sie Unrecht leiden.

55 (56) Siehe, ist nicht Allahs, was in den Himmeln und auf Erden? Siehe, ist nicht Allahs Verheißung Wahrheit? Jedoch die meisten von ihnen wissen es nicht.

56 (57) Er macht lebendig und tot, und zu Ihm kehrt ihr zurück.

57 (58) O ihr Menschen, nunmehr kam eine Mahnung zu euch von euerm Herrn und eine Arznei für das, was in euren Brüsten, und eine Leitung und Barmherzigkeit für die Gläubigen.

58 (59) Sprich: »Durch die Huld Allahs und Seine Barmherzigkeit! Und hieran mögen sie sich freuen; das ist besser als all ihr Sammeln.«

59 (60) Sprich: »Was meint ihr von der Nahrung, die Allah euch hinabsandte, und von der ihr das eine verwehrt, das andre erlaubt gemacht habt?« Sprich: »Hat Allah euch Erlaubnis gegeben oder erdichtet ihr wider Allah?«

60 (61) Was aber wird das Denken jener, die wider Allah Lügen ersannen, am Tag der Auferstehung sein? Siehe wahrlich, Allah ist voll Huld gegen die Menschen, jedoch sind die meisten von ihnen nicht dankbar.

61 (62) Du sollst kein Geschäft eingehen und sollst aus dem Koran nichts verlesen, und ihr sollt kein Werk betreiben, ohne daß Wir Zeugen sind, wie ihr euch darin einlasset. Und

208   Sure 10

nicht ist deinem Herrn das Gewicht eines Stäubchens auf
Erden und im Himmel verborgen; und nichts ist kleiner oder
größer als dies, das nicht in einem offenkundigen Buch
stünde.

62 (63) Ist's nicht, daß über Allahs Freunde keine Furcht
kommt und daß sie nicht trauern werden?

63 (64) Diejenigen, welche glauben und gottesfürchtig
waren,

64 (65) Ihnen wird frohe Botschaft sein im irdischen Leben
und im Jenseits. Unabänderlich sind Allahs Worte. Das ist die
große Glückseligkeit.

65 (66) Und laß dich nicht ihr Reden betrüben. Siehe, die
Macht ist Allahs insgesamt; Er ist der Hörende, der Wissende.

66 (67) Siehe, ist nicht Allahs alles, was in den Himmeln
und was auf Erden? Und wem folgen denn jene, welche neben
Allah ›Gefährten‹ anrufen? Siehe, sie folgen nur einem Wahn,
und siehe, sie sind nichts als Lügner.

67 (68) Er ist's, der für euch die Nacht gemacht, auf daß ihr
in ihr ruhet, und den Tag zum Sehen. Siehe, hierin sind wahrlich Zeichen für ein hörend Volk.

68 (69) Sie sprechen: »Erzeugt hat Allah einen Sohn.« Preis
Ihm! Er ist der Reiche. Sein ist, was in den Himmeln und was
auf Erden. Habt ihr Bürgschaft hierfür? Oder sprecht ihr
wider Allah, was ihr nicht wisset?

69 (70) Sprich: »Siehe, diejenigen, welche wider Allah
Lügen ersinnen, ihnen wird's nicht wohl ergehen.«

70 (71) Ein Nießbrauch in der Welt! Alsdann ist ihre Heimkehr zu Uns; alsdann geben Wir ihnen zu schmecken die
strenge Strafe, darum daß sie nicht glaubten.

71 (72) Und verlies ihnen die Geschichte Noahs, da er
sprach zu seinem Volke: »O mein Volk, wenn euch auch
lästig ist mein Wohnen (unter euch) und mein Ermahnen mit
Allahs Zeichen, so vertraue ich auf Allah. Bestellt nur eure
Sache und eure Gefährten, und (bestellt sie) nicht im Dunkeln; alsdann entscheidet über mich und wartet nicht.

Jonas (Frieden sei auf ihm!) 209

72 (73) Und so ihr den Rücken kehrt, so verlange ich keinen Lohn von euch. Siehe, mein Lohn ist allein bei Allah, und befohlen ward mir, ein Muslim zu sein.«

73 (74) Sie aber ziehen ihn der Lüge; und so retteten Wir ihn und die Seinigen in die Arche und machten sie zu Nachfolgern und ertränkten jene, die Unsre Zeichen der Lüge ziehen. Und schau, wie das Ende der Gewarnten war.

74 (75) Alsdann schickten Wir nach ihm Gesandte zu ihren Völkern, und sie brachten ihnen die deutlichen Zeichen. Sie aber wollten nicht glauben, was sie zuvor der Lüge geziehen. Also versiegeln Wir die Herzen der Übertreter.

75 (76) Alsdann schickten Wir nach ihnen Moses und Aaron zu Pharao und seinen Häuptern mit Unsern Zeichen. Sie aber waren hoffärtig und waren ein sündig Volk.

76 (77) Und da die Wahrheit von Uns zu ihnen kam, sprachen sie: »Siehe, dies ist wahrlich ein offenkundiger Zauber.«

77 (78) Es sprach Moses: »Sprechet ihr von der Wahrheit, nachdem sie zu euch gekommen: ›Ist dies Zauberei?‹ Aber den Zauberern ergeht es nicht wohl.«

78 (79) Sie sprachen: »Bist du zu uns gekommen, um uns abwendig zu machen von dem, bei dem wir unsre Väter erfanden, und daß euch beiden werde die Macht im Land? Und wir glauben nicht an euch.«

79 (80) Und es sprach Pharao: »Bringt mir alle kundigen Zauberer.«

80 Und da die Zauberer kamen, sprach Moses zu ihnen: »Werfet, was ihr zu werfen habt.«

81 (81) Und da sie geworfen hatten, sprach Moses: »Den Zauber, den ihr vorgebracht habt, siehe wahrlich, Allah wird ihn vereiteln. Siehe, Allah läßt das Werk der Verderbenstifter nicht gedeihen.

82 (82) Und bewahrheiten wird Allah die Wahrheit durch Seine Worte, auch wenn es den Sündern mißfällt.«

83 (83) Und niemand glaubte an Moses außer einer Sippe seines Volkes aus Furcht vor Pharao und seinen Häuptern, daß sie sie straften. Und siehe wahrlich, Pharao war erhaben

210   *Sure 10*

im Lande, und siehe wahrlich, er war einer der Ausschweifenden.

84 (84) Und es sprach Moses: »O mein Volk, so ihr an Allah glaubt, so vertraut auf Ihn, so ihr Muslime seid.«

85 (85) Und sie sprachen: »Auf Allah vertrauen wir. Unser Herr, laß das ungerechte Volk uns nicht strafen,

86 (86) Und errette uns durch Deine Barmherzigkeit vor dem ungläubigen Volk.«

87 (87) Und Wir offenbarten Moses und seinem Bruder: »Bereitet euerm Volk in Ägypten Häuser und machet in den Häusern eine Qibla[7] und verrichtet das Gebet und verkündet Freude den Gläubigen.«

88 (88) Und es sprach Moses: »Unser Herr, siehe, Du hast Pharao und seinen Häuptern Pracht gegeben und Güter im irdischen Leben. Unser Herr, auf daß sie abirren von Deinem Wege! Unser Herr, vertilge ihre Güter und verhärte ihre Herzen, daß sie nicht glauben, bis sie die schmerzliche Strafe sehen.«

89 (89) Er sprach: »Euer Gebet ist erhört. Verhaltet euch wohl und folget nicht dem Weg der Unwissenden.«

90 (90) Und Wir führten die Kinder Israel durchs Meer; und es folgte ihnen Pharao mit seinen Heerscharen, bis daß, als sie am Ertrinken waren, er sprach: »Ich glaube, daß es keinen Gott gibt als den, an welchen die Kinder Israel glauben, und ich bin einer der Muslime.«

91 (91) »Jetzt; und zuvor rebelliertest du und warst einer der Verderbenstifter.

92 (92) Und so wollen Wir dich heute erretten mit deinem Leibe, damit du für die Spätern ein Zeichen seiest.« Und siehe wahrlich, viele der Menschen achten nicht auf Unsre Zeichen.

93 (93) Und Wir bereiteten den Kindern Israel eine zuverlässige Wohnung und versorgten sie mit dem Guten. Und nicht eher wurden sie uneins, als bis das Wissen[8] zu

---

7 Die Qibla in den Moscheen ist derjenige Teil, welcher nach Mekka weist. Hier bedeutet es einfach eine Gebetsstätte.
8 Das Gesetz.

Jonas (Frieden sei auf ihm!) 211

ihnen kam. Siehe, dein Herr wird unter ihnen entscheiden am Tag der Auferstehung in betreff dessen, worüber sie uneins sind.

94 (94) Und so du in Zweifel bist über das, was Wir zu dir hinabsandten, so frage diejenigen, welche die Schrift vor dir lasen. Wahrlich, gekommen ist zu dir die Wahrheit von deinem Herrn, drum sei keiner der Zweifler.

95 (95) Und sei auch nicht zu jenen, welche Allahs Zeichen der Lüge zeihen, sonst bist du einer der Verlorenen.

96 (96) Siehe, diejenigen, wider welche das Wort deines Herrn gefällt ist, werden nicht glauben,

97 (97) Auch wenn alle Zeichen zu ihnen kämen, bis sie die schmerzliche Strafe sehen.

98 (98) Und wenn nicht – einer Stadt, die geglaubt, hätte doch ihr Glauben gefrommt. Aber nur das Volk des *Jonas* befreiten Wir als es geglaubt, von der Strafe der Schande in der irdischen Welt und gewährten ihm einen Nießbrauch für eine Zeit.

99 (99) Und wenn dein Herr gewollt hätte, so würden alle auf der Erde insgesamt gläubig werden. Willst du etwa die Leute zwingen, gläubig zu werden?

100 (100) Und keine Seele kann gläubig werden ohne Allahs Erlaubnis; und Seinen Zorn wird Er über die senden, welche nicht begreifen.

101 (101) Sprich: »Schaut, was da in den Himmeln und auf Erden ist.« Doch nützen weder Zeichen noch Warner bei einem ungläubigen Volk.

102 (102) Und erwarten sie etwa anderes als Tage wie die derer, die vor ihnen dahingingen? Sprich: »Wartet nur, siehe, ich warte mit euch.«

103 (103) Alsdann werden Wir Unsre Gesandten und die Gläubigen erretten. Also ist es Unsre Pflicht, die Gläubigen zu erretten.

104 (104) Sprich: »O ihr Menschen, so ihr in Zweifel über meinen Glauben seid, so diene ich nicht denen, welchen ihr neben Allah dient, sondern ich diene Allah, der euch zu Sich

212   *Sure 11*

nehmen wird; und geboten ward mir, einer der Gläubigen zu
sein.«

105 (105) Und »Richte dein Angesicht zu der (wahren)
Religion in lauterm Glauben und gehöre nicht zu jenen, die
(Allah) Gefährten geben.«

106 (106) Und rufe nicht außer Allah an, was dir weder
nützen noch schaden kann; denn, tust du es, siehe, alsdann
gehörst du zu den Ungerechten.

107 (107) Und so dich Allah mit einem Übel trifft, so ist
keiner, der es hinfortnimmt, außer Ihm; und so Er dir Gutes
plant, so kann niemand Seine Huld abwenden. Er trifft
damit, wen Er will von Seinen Dienern, und Er ist der Verzeihende, der Barmherzige.

108 (108) Sprich: »O ihr Menschen, nunmehr kam zu euch
die Wahrheit von euerm Herrn. Und wer da geleitet ist, der
ist nur zu seinem eigenen Besten geleitet; und wer irregeht,
der geht nur zu seinem eigenen Schaden irre. Und ich bin
nicht euer Hüter.«

109 (109) Und folge dem, was dir geoffenbart ward; und
harre aus, bis Allah richtet; und Er ist der beste der Richter.

ELFTE SURE

Hūd

Geoffenbart zu Mekka

Im Namen Allahs,
des Erbarmers, des Barmherzigen!

1 (1) A. L. R.[1] Ein Buch, dessen Verse wohl gefügt, alsdann
erklärt sind, von einem Weisen, einem Kundigen,

2 (2) Auf daß ihr allein Allah dienet. Siehe, ich bin zu euch
von Ihm (entsandt) als ein Warner und Freudenverkünder,

---

1 *alif-lām-rā.*

Hūd 213

3 (3) Und daß ihr euern Herrn um Verzeihung bittet und euch dann zu Ihm bekehrt. Er versorgt euch mit schönen Dingen bis zu einem bestimmten Termin und wird jedem, der Huld verdient, Seine Huld gewähren. Kehrt ihr euch jedoch ab, so fürchte ich für euch die Strafe eines großen Tages.

4 (4) Zu Allah ist eure Heimkehr, und Er hat Macht über alle Dinge.

5 (5) Ist's nicht, daß sie ihre Brüste zusammenfalten, um sich vor Ihm zu verbergen?

(6) Aber, ob sie sich auch in ihre Kleider hüllten, weiß Er denn nicht, was sie verbargen und was sie zeigen?

(7) Siehe, Er kennt das Innerste der Brüste.

6 (8) Kein Kreuchtier auf Erden gibt's, dessen Versorgung nicht Ihm obläge, und Er kennt seine Stätte und seinen Ruheplatz[2]. Alles ist in einem offenkundigen Buch.

7 (9) Er ist's, der erschaffen die Himmel und die Erde in sechs Tagen, und es war Sein Thron auf dem Wasser, damit Er euch prüfte, wer von euch an Werken der beste wäre.

(10) Und wahrlich, wenn du sprichst: »Siehe, erweckt werdet ihr nach dem Tode«, wahrlich, dann sprechen die Ungläubigen: »Siehe, dies ist nichts als offenkundiger Zauber.«

8 (11) Und wahrlich, wenn Wir die Strafe auf eine berechnete Frist verschieben, wahrlich, dann sprechen sie: »Was hält sie zurück?« Wird sie nicht eines Tages zu ihnen kommen, wo keiner sie von ihnen abwehren wird, und umringen wird sie, was sie verspotteten.

9 (12) Und wahrlich, wenn Wir dem Menschen von Uns Barmherzigkeit zu schmecken geben und sie dann von ihm fortnehmen, siehe wahrlich, dann verzweifelt er und ist undankbar.

10 (13) Und wahrlich, wenn Wir ihm nach Drangsal, die ihn betroffen, Gnade zu schmecken geben, wahrlich, dann

---

2 Wörtlich: seinen Aufbewahrungsplatz (im Tode).

spricht er: »Von mir gewichen ist das Übel.« Siehe wahrlich, er ist freudig und prahlt;

11 (14) Außer jenen, welche standhaft sind und das Rechte tun; für sie ist Verzeihung und großer Lohn.

12 (15) Und vielleicht möchtest du einen Teil von dem, was dir offenbart ward, zurückhalten, und deine Brust ist darüber beklommen, daß sie sprechen: »Warum ward nicht ein Schatz auf ihn herabgesandt oder kam ein Engel mit ihm?« Du aber bist nur ein Warner, und Allah hat Macht über alle Dinge.

13 (16) Oder sie sprechen: »Er hat ihn ersonnen.« Sprich: »So bringt zehn gleiche Suren her, (von euch) erdichtet, und rufet an, wen ihr vermögt, außer Allah, so ihr wahrhaft seid.«

14 (17) Und wenn sie euch nicht erhören, so wisset, daß er nur in Allahs Weisheit hinabgesandt wurde und daß es keinen Gott außer Ihm gibt. Seid ihr nun Muslime?

15 (18) Wer das irdische Leben begehrt und seine Pracht, dem wollen Wir seine Werke damit lohnen, und sie sollen daran nicht verkürzt werden.

16 (19) Sie sind es, für die es im Jenseits nichts gibt als das Feuer, und umsonst ist all ihr Tun hienieden gewesen und eitel ihre Werke.

17 (20) (Ist ihnen etwa der gleich,) der einem deutlichen Beweis von seinem Herrn folgt und dem ein Zeuge von Ihm (den Koran) vorliest, und dem das Buch Mosis vorausging als eine Leitung und Barmherzigkeit? Diese glauben daran, und wer ihn verleugnet und zu der Rotte (der Ungläubigen) gehört, dem ist das Feuer verheißen. Sei daher ohne Zweifel über ihn. Siehe, er ist die Wahrheit von deinem Herrn; jedoch glauben die meisten Menschen nicht.

18 (21) Und wer ist sündiger, als wer wider Allah eine Lüge ersinnt? Sie werden vor ihren Herrn gestellt werden, und sprechen werden die Zeugen: »Diese sind es, die wider ihren Herrn logen.« Soll nicht Allahs Fluch die Sünder treffen,

19 (22) Welche von Allahs Pfad abwendig machen und ihn zu krümmen suchen und nicht an das Jenseits glauben?

20 Sie vermochten auf der Erde (Allahs Macht) nicht zu

Hūd   215

schwächen und außer Allah haben sie keinen Beschützer. Verdoppelt soll ihnen die Strafe werden! Sie vermochten nicht zu hören und sahen nicht.

21 (23) Sie sind's, die ihre Seelen ins Verderben stürzten, und von ihnen schweifte, was sie ersonnen.

22 (24) Ohne Zweifel sind sie im Jenseits am tiefsten verloren.

23 (25) Siehe, diejenigen, die da glauben und das Rechte tun und sich vor ihrem Herrn demütigen, sie sind des Paradieses Gefährten, ewig darinnen zu verweilen.

24 (26) Das Gleichnis der beiden Parteien ist wie der Blinde und Taube und der Sehende und Hörende. Sind diese Exempel wohl einander gleich? Wollt ihr euch denn nicht ermahnen lassen?

25 (27) Und wahrlich, Wir entsandten den Noah zu seinem Volk: »Siehe, ich (komme) zu euch als ein offenkundiger Warner,

26 (28) Daß ihr keinen anbetet außer Allah. Siehe, ich fürchte für euch die Strafe eines schmerzlichen Tages.«

27 (29) Und es sprachen die Häupter seines Volkes, die nicht glaubten: »Wir sehen in dir nur einen Menschen gleich uns, und wir sehen dir nur die niedrigsten unter uns folgen in übereiltem Entschluß, und wir sehen auch keinen Vorzug in euch über uns, sondern erachten euch für Lügner.«

28 (30) Er sprach: »O mein Volk, was meint ihr? Wenn ich einen deutlichen Beweis von meinem Herrn habe und Er mir Barmherzigkeit von Sich gegeben hat, gegen die ihr blind seid, sollen wir sie euch da aufzwingen, wo ihr sie nicht wollt?

29 (31) Und, o mein Volk, ich verlange dafür kein Geld von euch; mein Lohn ist allein bei Allah, und ich verstoße nicht die Gläubigen Siehe, begegnen werden sie ihrem Herrn, jedoch sehe ich, daß ihr ein unwissend Volk seid.

30 (32) Und, o mein Volk, wer hülfe mir wider Allah, wenn ich sie verstöße? Wollt ihr euch denn nicht ermahnen lassen?

31 (33) Und nicht spreche ich zu euch: ›Bei mir sind Allahs Schätze‹; auch nicht: ›Ich weiß das Verborgene‹; auch spreche

216   *Sure 11*

ich nicht: ›Ich bin ein Engel.‹ Und ich spreche nicht von
denen, die eure Augen verachten: ›Nimmer wird Allah ihnen
Gutes geben.‹ Allah weiß sehr wohl, was in ihren Seelen ist;
siehe, sonst gehörte ich wahrlich zu den Sündern.«

32 (34) Sie sprachen: »O Noah, schon hast du mit
uns gestritten und viel des Streitens mit uns gemacht. So
bring uns, was du uns androhst, so du zu den Wahrhaften
gehörst.«

33 (35) Er sprach: »Bringen wird es euch Allah nur, wann
Er will, und ihr könnet Ihn nicht schwächen.

34 (36) Und nicht frommte euch mein Rat, wollte ich euch
raten, wenn Allah euch irreführen will. Er ist euer Herr, und
zu Ihm müßt ihr zurückkehren.«

35 (37) Oder sprechen sie[3]: »Er hat ihn ersonnen?« Sprich:
»Habe ich ihn ersonnen, so komme auf mich meine Schuld;
ich aber habe nichts mit eurer Verschuldung zu schaffen.«

36 (38) Und geoffenbart ward Noah: »Nimmer wird von
deinem Volke glauben, als wer schon gläubig geworden. Und
betrübe dich nicht über ihr Tun.

37 (39) Und baue dir die Arche vor Unsern Augen und nach
Unsrer Offenbarung, und sprich Mir nicht weiter von den
Ungerechten; siehe, sie sollen ertrinken.«

38 (40) Und er machte die Arche, und sooft die Häupter
seines Volkes an ihm vorübergingen, verspotteten sie ihn. Er
sprach: »Verspottet ihr uns, siehe, so werden wir über euch
spotten, wie ihr spottet. Und wahrlich, dann werdet ihr
wissen,

39 (41) Zu wem eine Strafe kommt, die ihn mit Schande
bedeckt, und auf wen eine immerwährende Strafe niederfährt.«

40 (42) (So begab es sich,) bis daß Unser Befehl kam und
der Ofen siedete[4]. Wir sprachen: »Bring von allem ein Pär-
chen hinein und deine Familie, mit Ausnahme dessen, über

3 Hier wendet sich der Koran wieder gegen die Mekkaner, die behaupteten, er
  wäre Muhammads Machwerk.
4 Das Wasser der Sündflut war auch nach den Rabbinen siedend heiß.

Hūd 217

den der Spruch zuvor erging, und die Gläubigen.« Mit ihm aber glaubten nur wenige.

41 (43) Und er sprach: »Steiget in sie hinein. Im Namen Allahs sei ihre Fahrt und ihre Landung! Siehe, mein Herr ist wahrlich nachsichtig und barmherzig.«

42 (44) Und sie zog mit ihnen einher in Wogen gleich Bergen. Und Noah rief zu seinem Sohn, der sich abseits hielt: »Mein Söhnchen, steig mit uns ein und sei nicht einer der Ungläubigen.«

43 (45) Er sprach: »Ich will mich auf einen Berg begeben, der mich vor dem Wasser schützen wird.« Er sprach: »Keiner ist heute vor Allahs Befehl geschützt außer dem, dessen Er sich erbarmt hat.« Und eine Woge trennte beide, und er ertrank.[5]

44 (46) Und es ward gesprochen: »O Erde, verschlinge dein Wasser, und o Himmel, halt ein!« Und es nahm ab das Wasser, und vollzogen ward der Befehl, und sie hielt an auf al-Ḡūdī[6]. Und es ward gesprochen: »Fort mit dem Volk der Ungerechten!«

45 (47) Und es rief Noah zu seinem Herrn und sprach: »Mein Herr, siehe, mein Sohn gehörte zu meiner Familie, und siehe, Deine Verheißung ist die Wahrheit und Du bist der gerechteste Richter!«

46 (48) Er sprach: »O Noah, siehe, er gehörte nicht zu deiner Familie; siehe, dies ist ein unrechtschaffenes Benehmen. Frag Mich nicht nach dem, von dem dir kein Wissen ward. Siehe, Ich warne dich, nicht einer der Toren zu werden.«

47 (49) Er sprach: »Mein Herr, siehe, ich nehme meine Zuflucht zu Dir, daß ich Dich nicht nach etwas frage, von dem ich kein Wissen habe; und wenn Du mir nicht verzeihst und Dich meiner erbarmst, bin ich einer der Verlorenen.«

5 Dieser Sohn soll nach den Auslegern Kanaan gewesen sein, der jedoch ein Enkel Noahs war. Diese Legende mag auf Grund von 1. Mose 9,20–25 entstanden sein.

6 Diesen Namen trägt heute ein Berg in der nordöstlichen Türkei.

218   *Sure 11*

48 (50) Gesprochen ward: »O Noah, steig hinunter mit
Unserm Frieden und Unsern Segnungen auf dir und auf
einem Teile von jenen, die bei dir sind. Andre aber wollen
Wir (hienieden) versorgen; alsdann trifft sie von Uns
schmerzliche Strafe.

49 (51) Dies ist eine der geheimen Geschichten; Wir offenbaren sie dir; nicht wußtest du sie noch dein Volk zuvor. Und
sei standhaft; siehe der (gute) Ausgang ist den Gottesfürchtigen.«

50 (52) Und zu ʿĀd (sandten Wir) ihren Bruder *Hūd*. Er
sprach: »O mein Volk, dienet Allah; ihr habt keinen andern
Gott als Ihn. Ihr seid nichts als Erdichter[7].

51 (53) O mein Volk, ich verlange dafür keinen Lohn von
euch; siehe, mein Lohn ist bei dem, der mich erschuf. Begreift
ihr denn nicht?

52 (54) Und, o mein Volk, bittet euern Herrn um Verzeihung für euch; alsdann bekehret euch zu Ihm. Niedersenden
wird Er auf euch den Himmel in Regengüssen.

(55) Und wird eure Kraft mehren mit Kraft; und wendet
euch nicht ab in Sünden.«

53 (56) Sie sprachen: »O Hūd, nicht kamst du mit einem
deutlichen Zeichen zu uns, und wir wollen unsre Götter nicht
auf dein Wort verlassen, und wir glauben dir nicht.

54 (57) Wir können nur sagen, daß dich einer unsrer Götter
mit einem Übel heimgesucht hat.« Er sprach: »Siehe, ich
nehme Allah zu Zeugen, und bezeuget es selber, daß ich
nichts zu schaffen habe mit den Götzen,

55 (58) Die ihr neben Ihn setzet. So planet wider mich
allzumal; alsdann wartet nicht.

56 (59) Siehe, ich vertraue auf Allah, meinen Herrn und
euern Herrn. Kein Tier ist auf Erden, das Er nicht an seiner
Stirnlocke hielte. Siehe, mein Herr ist auf rechtem Wege.

57 (60) Und wenn ihr den Rücken kehrt, so habe ich euch
(die Botschaft) überbracht, mit der ich zu euch entsandt

---

7 Eure Götzen, die ihr anbetet, sind nur eure Erdichtungen.

Hūd 219

ward, und nachfolgen lassen wird euch mein Herr ein ander Volk; und ihr könnt ihm nichts schaden; siehe, mein Herr gibt acht auf alle Dinge.«

58 (61) Und als Unser Befehl kam, erretteten Wir Hūd und diejenigen, die mit ihm glaubten, durch Unsre Barmherzigkeit; und Wir erretteten sie von harter Strafe.

59 (62) Und jene 'Ād verleugneten die Zeichen ihres Herrn und rebellierten wider Seine Gesandten und folgten dem Befehl eines jeden widerspenstigen Gewaltigen.

60 (63) Und es folgte ihnen in dieser Welt Fluch; und am Tag der Auferstehung (wird zu ihnen gesprochen:) »Ist's nicht, daß 'Ād seinen Herrn verleugnete? Ist's nicht, (daß gesprochen ward:) ›Fort mit 'Ād, dem Volke Hūds‹?«

61 (64) Und zu Ṯamūd (entsandten Wir) ihren Bruder Ṣāliḥ. Er sprach: »O mein Volk, dienet Allah, ihr habt keinen andern Gott als Ihn. Er hat euch aus der Erde hervorgebracht und hat euch auf derselben Wohnung gegeben. Drum bittet Ihn um Verzeihung, alsdann bekehret euch zu Ihm; siehe, mein Herr ist nahe und erhört.«

62 (65) Sie sprachen: »O Ṣāliḥ, wir hatten unsre Hoffnung zuvor auf dich gesetzt. Willst du uns verbieten, zu verehren, was unsre Väter verehrten? Und siehe, wir sind in starkem Zweifel über das, wozu du uns aufforderst.«

63 (66) Er sprach: »O mein Volk, was meint ihr? Wenn ich einen deutlichen Beweis von meinem Herrn habe und Er mir Seine Barmherzigkeit erwiesen hat, wer würde mich da vor Allah erretten, wenn ich wider Ihn rebellierte? Und so bringt ihr nur größeres Verderben über mich.

64 (67) Und, o mein Volk, diese Kamelin Allahs ist euch ein Zeichen; laßt sie daher in Allahs Land weiden und tut ihr kein Leid an, sonst erfaßt euch nahe Strafe.«

65 (68) Sie aber zerschnitten ihr die Flechsen; und er sprach: »Ergötzet euch in euern Wohnungen noch drei Tage. Dies ist eine Verheißung ohne Falsch.«

66 (69) Und da Unser Befehl kam, erretteten wir Ṣāliḥ und die Gläubigen, die bei ihm waren, in Unsrer Barmherzigkeit

220   *Sure 11*

von der Schande jenes Tages. Siehe, dein Herr, Er ist der
Starke, der Mächtige.

67 (70) Und die Sünder erfaßte der Schrei[8], und sie lagen in
ihren Wohnungen auf der Brust da,

68 (71) Als hätten sie nicht in ihnen gewohnt. Ist's nicht,
(daß gesprochen ward:) »Siehe, Ṯamūd verleugnete seinen
Herrn?« Ist's nicht, (daß gesprochen ward:) »Fort mit
Ṯamūd!«

69 (72) Und wahrlich, es kamen Unsre Gesandten zu Abraham mit der Verheißung. Sie sprachen: »Frieden!« Er sprach:
»Frieden!« Und er säumte nicht, ihnen ein gebratenes Kalb zu
bringen.

70 (73) Und da er sah, daß sie nicht ihre Hände daran
legten, schöpfte er Verdacht wider sie und fürchtete sich vor
ihnen. Sie sprachen: »Fürchte dich nicht, siehe, wir sind zum
Volke Lots entsandt.«

71 (74) Und sein Weib stand da und lachte. Und Wir verkündeten ihr Isaak und nach Isaak Jakob.

72 (75) Sie sprach: »Ach, weh mir! Soll ich gebären, wo ich
eine alte Frau bin und dieser mein Ehgemahl ein Greis ist?
Siehe, das ist ein wundersam Ding.«

73 (76) Sie sprachen: »Wunderst du dich über Allahs
Befehl? Die Barmherzigkeit Allahs und Seine Segnungen
kommen auf euch, o Volk des Hauses! Siehe, Er ist gepriesen
und gerühmt.«

74 (77) Und als die Furcht von Abraham gewichen und zu
ihm die Verheißung gekommen war, stritt er mit Uns über
das Volk Lots.

75 Siehe wahrlich, Abraham war milde, mitleidig und
weichherzig.

76 (78) »O Abraham, steh ab hiervon, siehe, schon ist deines Herrn Befehl gekommen, und über sie bricht unabwend-
bare Strafe herein.«

77 (79) Und als Unsre Gesandten zu Lot kamen, beküm-

8 Gabriels.

Hūd 221

merte er sich über sie, und sein Arm war machtlos für sie, und er sprach »Dies ist ein böser Tag!«

78 (80) Und es kam sein Volk zu ihm geeilt, und sie hatten zuvor Böses verübt. Er sprach: »O mein Volk, diese meine Töchter sind reiner für euch; drum fürchtet Allah und bringt nicht Schande über mich in meinen Gästen. Ist kein rechtschaffener Mann unter euch?«

79 (81) Sie sprachen: »Du weißt doch, daß wir keinen Anspruch auf deine Töchter erheben; und wahrlich, du weißt, was wir wollen.«

80 (82) Er sprach: »Hätte ich doch Stärke wider euch, oder könnte ich zu einer starken Stütze meine Zuflucht nehmen!«

81 (83) Sie[9] sprachen: »O Lot, wir sind Gesandte deines Herrn; nimmermehr werden sie zu dir gelangen. So mach dich auf mit deiner Familie in der dunkelsten Nacht, und keiner von euch wende sich um! Nur deine Frau – siehe, treffen wird sie, was die andern trifft. Siehe, was ihnen angedroht ist, (erfüllt sich) am Morgen. Ist nicht der Morgen schon nahe?«

82 (84) Und da Unser Befehl gekommen war, kehrten Wir ihr das Oberste zuunterst und ließen auf sie Backsteine hageldicht niederregnen,

83 Gezeichnet[10] von deinem Herrn; und sie[11] ist nicht fern[12] von den Frevlern.

84 (85) Und zu Midian (entsandten Wir) ihren Bruder Šuʿaib[13]. Er sprach: »O mein Volk, dienet Allah; ihr habt keinen andern Gott als Ihn; und verkürzet nicht Maß und Gewicht. Siehe, ich sehe, daß es euch wohl ergeht, aber ich fürchte für euch die Strafe eines allumfassenden Tages.

85 (86) Und, o mein Volk, gebt rechtes Maß und Gewicht

9 Die Engel.
10 Gezeichnet mit den Namen derer, die sie treffen sollten.
11 Mekka.
12 Vielleicht auch: »sie sind nicht fern«.
13 Vgl. Anm. 11, S. 161.

222   *Sure 11*

und verkürzt nicht die Leute in ihrem Gut und richtet kein
Unheil an auf Erden durch Verderbenstiften.

86 (87) Allahs Rest[14] ist das beste für euch, so ihr gläubig
seid.

(88) Und ich bin kein Hüter über euch.«

87 (89) Sie sprachen: »O Šuʻaib, befiehlt dir dein Gebet[15],
daß wir aufgeben sollen, was unsre Väter anbeteten, und daß
wir mit unserm Gut nicht schalten sollen nach Belieben?
Siehe, wahrlich du bist der Milde und Gerechte!«

88 (90) Er sprach: »O mein Volk, was meint ihr? Wenn ich
einen deutlichen Beweis von meinem Herrn habe und Er
mich mit einer schönen Versorgung von Sich versorgt hat,
und wenn ich euch nicht folgen will zu dem, was ich mir
selber verwehrt habe, will ich da etwas anderes als eure Besse-
rung, so weit ich's vermag? Und mein Gelingen ist allein bei
Allah. Auf Ihn vertraue ich und zu Ihm kehre ich mich.

89 (91) Und, o mein Volk, eure Widersetzlichkeit gegen
mich verführe euch nicht, daß euch das gleiche trifft wie
das, was das Volk Noahs oder das Volk Hūds oder das Volk
Şāliḥs getroffen hat. Und ihr seid nicht fern von dem Volke
Lots.

90 (92) Und bittet euern Herrn um Verzeihung, alsdann
kehrt euch zu Ihm; siehe, mein Herr ist barmherzig und lie-
bevoll.«

91 (93) Sie sprachen: »O Šuʻaib, wir verstehen nicht viel
von dem, was du sprichst, und siehe, wir sehen dich schwach
unter uns. Und wäre nicht deine Familie, so steinigten wir
dich, und du wärest machtlos wider uns.«

92 (94) Er sprach: »O mein Volk, hat meine Familie mehr
Wert bei euch als Allah, und werfet ihr Ihn geringschätzig
hinter euch? Siehe, mein Herr übersieht euer Tun.

93 (95) Und, o mein Volk, handelt nach euerm Vermögen,
siehe, auch ich handle. Wahrlich, wissen werdet ihr,

---

14 »Der Rest Gottes« oder »das Bleibende« meint entweder: »was Gott euch
   Bleibendes geben wird« oder »das bleibende gute Werk«.
15 Gebet hier im allgemeineren Sinne von »Kult, Religion«.

Hūd   223

(96) Wen eine Strafe treffen wird, die ihn schändet, und wer
ein Lügner ist. Und wartet; siehe, ich warte mit euch.«

94 (97) Und da Unser Befehl kam, retteten Wir Šuʿaib und
die Gläubigen, die bei ihm waren, in Unsrer Barmherzigkeit,
und die Ungerechten erfaßte der Schrei, und sie lagen in ihren
Wohnungen auf der Brust da,

95 (98) Als hätten sie nie in ihnen gewohnt. War's nicht,
(daß gesprochen ward:) »Fort mit Midian, wie Ṯamūd fortge-
rafft ward?«

96 (99) Und wahrlich, Moses hatten Wir entsandt mit
Unsern Zeichen und offenbarer Macht

97 Zu Pharao und seinen Großen. Und sie folgten Pharaos
Befehl, und Pharaos Befehl war nicht gerecht.

98 (100) Vorangehen soll er seinem Volk am Tag der Auferstehung und sie hinabführen ins Feuer; und schlimm ist der
hinabzusteigende Abstieg.

99 (101) Es folgte ihnen hienieden Fluch, und am Tag der
Auferstehung – schlimm ist die Gabe, die (ihnen) gegeben
wird.

100 (102) Dies ist von der Kunde der Städte; Wir erzählen
es dir; einige von ihnen stehen, und (andre) sind niederge-
mäht.

101 (103) Und Wir taten ihnen nicht unrecht, sondern sie
taten sich selber Unrecht an, und ihre Götter nützten ihnen
nichts, die sie außer Allah anriefen, als deines Herrn Befehl
kam; sie vermehrten nur ihr Verderben.

102 (104) Also war die Strafe deines Herrn, als Er die ungerechten Städte strafte. Siehe, Seine Strafe ist schmerzlich und
streng.

103 (105) Siehe, hierin ist wahrlich ein Zeichen für den, der
die Strafe des Jenseits fürchtet. Das ist ein Tag, an dem die
Menschen versammelt werden sollen, und das ist ein Tag, der
bezeugt ist.

104 (106) Und Wir verschieben ihn nur bis zu einem festgesetzten Termin.

105 (107) Wenn jener Tag kommt, dann wird keine Seele

Sure 11

sprechen, es sei denn mit Seiner Erlaubnis, und die einen von ihnen sollen elend sein und (die andern) glückselig.

106 (108) Was die Elenden anlangt, so sollen sie ins Feuer kommen und drinnen seufzen und stöhnen.

107 (109) Ewig sollen sie darinnen verbleiben, solange die Himmel und die Erde dauern, es sei denn, daß dein Herr es anders wolle; siehe, dein Herr tut, was Er will.

108 (110) Was aber die Glückseligen anlangt, so sollen sie ins Paradies kommen und ewig darinnen verweilen, solange die Himmel und Erde dauern, es sei denn, daß dein Herr es anders wolle – eine ununterbrochene Gabe.

109 (111) Und sei nicht im Zweifel über das, was diese verehren; sie verehren nur, was ihre Väter zuvor verehrten. Siehe, wahrlich Wir wollen ihnen ihr Teil unverkürzt geben.

110 (112) Und wahrlich, Wir gaben dem Moses die Schrift, und es entstand Uneinigkeit über sie. Und wäre nicht ein Wort von deinem Herrn zuvor ergangen, wahrlich, es wäre unter ihnen entschieden. Und siehe, wahrlich sie sind in starkem Zweifel über sie.

111 (113) Und siehe, wahrlich dein Herr wird allen nach ihren Werken lohnen; siehe, Er kennt ihr Tun.

112 (114) Darum verhalte dich wohl, wie dir geheißen ward, und wer sich mit dir bekehrt hat, und widersetzet euch nicht. Siehe, Er schaut euer Tun.

113 (115) Und neiget euch nicht zu den Ungerechten, sonst erfaßt euch das Feuer, und außer Allah habt ihr keinen Beschützer, und ihr findet keinen Helfer.

114 (116) Und verrichte das Gebet an den beiden Tagesenden und in der ersten Wache der Nacht.[16] Siehe, die guten Werke vertreiben die bösen. Dies ist eine Ermahnung für die Bedenkenden.

---

16 In Mekka waren zunächst zwei Gebete und ein Nachtgebet festgesetzt worden, dazu kam in Medina das Nachmittagsgebet; wann die Zahl auf die heute üblichen fünf erhöht wurde, läßt sich schwer feststellen. Sie wird in der Legende mit der Himmelsreise des Propheten verbunden.

Hūd 225

115 (117) Und sei standhaft; und siehe, Allah läßt nicht den Lohn der Rechtschaffenen verlorengehen.

116 (118) Und waren nicht unter den Geschlechtern, die vor euch lebten, die Tugendhaften, welche den Missetaten auf Erden wehrten, nur wenige von denen, die Wir erretteten? Aber die Ungerechten führten ihr üppiges Leben weiter fort und sündigten.

117 (119) Und dein Herr hätte die Städte nicht ungerechterweise vertilgt, wären ihre Bewohner rechtschaffen gewesen.

118 (120) Und so dein Herr es gewollt, wahrlich, Er hätte alle Menschen zu einer einzigen Gemeinde gemacht;

119 aber nur diejenigen werden aufhören, uneins zu sein, derer sich dein Herr erbarmt. Und dazu hat Er sie erschaffen. Denn erfüllt soll werden das Wort deines Herrn: »Wahrlich, erfüllen will Ich Dschahannam mit den Dschinn und Menschen insgesamt.«

120 (121) Und alles, was Wir dir von den Geschichten der Gesandten erzählen, festigen wollen Wir dein Herz damit, und gekommen ist hierin zu dir die Wahrheit und eine Ermahnung und Warnung für die Gläubigen.

121 (122) Und sprich zu denen, die nicht glauben: »Handelt nach euerm Vermögen, siehe, wir handeln auch;

122 Und wartet, siehe, wir warten mit euch.«

123 (123) Und Allahs ist das Verborgene in den Himmeln und der Erde, und zu Ihm kehren alle Dinge zurück. Drum diene Ihm und vertrau auf Ihn, und dein Herr ist nicht achtlos eures Tuns.

ZWÖLFTE SURE

Joseph (Frieden sei auf ihm!)

Geoffenbart zu Mekka

Im Namen Allahs,
des Erbarmers, des Barmherzigen!

1 (1) A. L. R.[1] Dies sind die Zeichen des deutlichen Buches.

2 (2) Siehe, Wir haben es hinabgesandt als einen arabischen Koran; vielleicht begreift ihr (es).

3 (3) Erzählen wollen Wir dir die schönste der Geschichten durch die Offenbarung dieses Korans; siehe, zuvor warst du achtlos (auf sie).

4 (4) Als Joseph zu seinem Vater sprach: »O mein Vater, siehe, ich sah elf Sterne, und die Sonne und den Mond, ich sah sie, wie sie sich vor mir niederwarfen« –

5 (5) Sprach Jakob: »Mein Söhnchen, erzähle dein Gesicht nicht deinen Brüdern, sonst möchten sie dir eine List planen; siehe, der Satan ist den Menschen ein offenkundiger Feind.

6 (6) Und gemäß diesem wird dich dein Herr erlesen und wird dich lehren die Deutung der Geschichten und wird Seine Gnade an dir vollenden und an dem Hause Jakobs, gleichwie Er sie vollendete an deinen Vätern zuvor, an Abraham und Isaak. Siehe, dein Herr ist wissend und weise.«

7 (7) Wahrlich, in Joseph und seinen Brüdern waren Zeichen für die Fragenden:

8 (8) Da sie sprachen: »Wahrlich, Joseph und sein Bruder sind unserm Vater lieber als wir, wiewohl wir eine Schar sind. Siehe, unser Vater ist wahrlich in offenkundigem Irrtum;

9 (9) Tötet Joseph oder treibt ihn in die Ferne. Eures Vaters Angesicht wird euch dann wieder gehören, und nach seiner Entfernung werdet ihr rechtschaffene Leute sein.«

10 (10) Einer unter ihnen aber sprach: »Tötet Joseph nicht, sondern werft ihn in die Tiefe der Zisterne. Eine der Karawanen wird ihn dann herausziehen, so ihr es tut.«

1 *alif-lām-rā.*

Joseph (Frieden sei auf ihm!) 227

11 (11) Sie sprachen: »O unser Vater, warum vertraust du uns nicht Joseph an? Siehe wahrlich, wir meinen es gut mit ihm.

12 (12) Schicke ihn morgen mit uns, damit er sich erfreue und spiele; und siehe wahrlich, wir wollen ihn hüten!«

13 (13) Er sprach: »Siehe wahrlich, mich betrübt es, daß ihr ihn wegnehmen wollt. Und ich fürchte, der Wolf möchte ihn fressen, wenn ihr nicht acht auf ihn gebt.«

14 (14) Sie sprachen: »Wahrlich, wenn ihn der Wolf fräße, wo wir eine Schar sind, siehe wahrlich, dann soll es uns übel ergehen!«

15 (15) Und als sie mit ihm abgezogen waren und sich geeinigt hatten, ihn in die Tiefe der Zisterne zu werfen, da offenbarten Wir ihm: »Wahrlich, verkünden wirst du ihnen diese ihre Handlung, ohne daß sie dich erkennen.«

16 (16) Und des Abends kamen sie weinend zu ihrem Vater.

17 (17) Sie sprachen: »O unser Vater, siehe, wir liefen um die Wette fort und ließen Joseph bei unsern Sachen zurück, und da fraß ihn der Wolf. Du aber glaubst uns doch nicht, auch wenn wir die Wahrheit sprächen.«

18 (18) Und sie brachten sein Hemd mit falschem Blut. Er sprach: »Nein; erdichtet habt ihr euch etwas; also (gilt) geziemende Geduld und die Anrufung Allahs um Hilfe wider euern Bericht.«

19 (19) Und es kam eine Karawane, und sie schickten ihren Wasserschöpfer aus, und er ließ seinen Eimer hinab. Da rief er: »O Glück! Hier ist ein Jüngling!« Und sie verbargen ihn als Ware, Allah aber wußte ihr Tun.

20 (20) Und sie verkauften ihn für einen winzigen Preis, für ein paar Dirhem, denn sie schätzten ihn nicht hoch.

21 (21) Und es sprach sein Käufer, ein Ägypter, zu seiner Frau: »Mach seine Wohnung geehrt, vielleicht nützt er uns oder nehmen wir ihn als Sohn an.« Und so gaben Wir Joseph eine Stätte im Lande und lehrten ihn die Deutung der

Sure 12

Geschichten. Und Allah ist Seiner Sache gewachsen, jedoch wissen es die meisten Menschen nicht.

22 (22) Und als er seine Vollkraft erreicht hatte, gaben Wir ihm Weisheit und Wissen; und also belohnen Wir die Rechtschaffenen.

23 (23) Und sie, in deren Haus er war, stellte ihm nach und verriegelte die Türen und sprach: »Komm her!« Er sprach: »Allah verhüte es! Siehe, mein Herr hat mir eine gute Wohnung gegeben. Siehe, den Ungerechten ergeht es nicht wohl.«

24 (24) Und sie verlangte nach ihm; und auch er hätte nach ihr verlangt, wenn er nicht ein Zeichen von seinem Herrn gesehen hätte. Also (taten Wir,) um Schlechtigkeit und Schändlichkeit von ihm abzuwehren. Siehe, er war einer Unserer lauteren Diener.

25 (25) Und sie liefen beide zur Tür, und sie zerriß sein Hemd von hinten; und sie trafen auf ihren Herrn bei der Tür. Sie sprach: »Was ist der Lohn dessen, der gegen deine Familie Böses im Schilde führt, das Gefängnis oder schmerzliche Strafe?«

26 (26) Er sprach: »Sie stellte mir nach.« Und es bezeugte ein Zeuge aus ihrer Familie: »Wenn sein Hemd vorn zerrissen ist, so hat sie die Wahrheit gesprochen, und er ist ein Lügner.

27 (27) Ist sein Hemd jedoch hinten zerrissen, so hat sie gelogen, und er hat die Wahrheit gesprochen.«

28 (28) Und da er sein Hemd hinten zerrissen sah, sprach er: »Siehe, das ist eine eurer Listen! Siehe, eure List ist groß!

29 (29) Joseph, wende dich ab hiervon, und du, (o Weib,) bitte ihn für deine Schuld um Verzeihung; siehe, du hast gesündigt.«

30 (30) Und es sprachen die Weiber in der Stadt: »Die Frau des Hochmögenden hat ihrem Burschen nachgestellt. Er hat sie zur Liebe entflammt; siehe, wahrlich, wir sehen sie in offenkundigem Irrtum.«

31 (31) Und als sie von ihrer Bosheit vernahm, schickte sie zu ihnen und bereitete ihnen ein Gelage und gab einer jeden von ihnen ein Messer und sprach (zu Joseph:) »Komm heraus

Joseph (Frieden sei auf ihm!) 229

zu ihnen.« Und da sie ihn sahen, rühmten sie ihn und schnitten sich in die Hände und sprachen: »Allah behüte! Das ist kein Mensch, das ist ein edler Engel!«

32 (32) Sie sprach: »Und dieser ist's, um dessentwillen ihr mich tadeltet. Und wahrlich, ich stellte ihm nach, doch widerstand er. Und wahrlich, wenn er nicht nach meinem Geheiß tut, soll er ins Gefängnis geworfen und verächtlich behandelt werden.«

33 (33) Er sprach: »Mein Herr, das Gefängnis ist mir lieber als das, wozu sie mich einladen. Und wenn Du nicht von mir ihre List abwendest, gebe ich ihnen in meiner Jugend nach und werde einer der Toren.«

34 (34) Und es erhörte ihn sein Herr und wendete ihre List von ihm ab. Siehe, Er ist der Hörende, der Wissende.

35 (35) Alsdann beliebte es ihnen, nachdem sie die Zeichen (seiner Unschuld) gesehen hatten, ihn für eine Zeit einzusperren.

36 (36) Und mit ihm kamen zwei Jünglinge ins Gefängnis. Einer derselben sprach: »Siehe, ich sah mich Wein auspressen.« Und der andre sprach: » Siehe, ich sah mich auf meinem Haupte Brot tragen, von dem die Vögel fraßen. Verkünde uns die Deutung hiervon. Siehe, wir sehen, daß du einer der Rechtschaffenen bist.«

37 (37) Er sprach: »Ehe euch noch das Essen gebracht wird, mit dem ihr versorgt werdet, will ich euch die Deutung hiervon sagen. Dies ist etwas von dem, was mich mein Herr gelehrt hat. Siehe, ich verließ die Religion der Leute, die nicht an Allah glauben und das Jenseits leugnen,

38 (38) Und ich folge der Religion meiner Väter Abraham, Isaak und Jakob. Und ist es nicht erlaubt, etwas Allah beizugesellen. Dies ist von Allahs Huld gegen uns und gegen die Menschen; jedoch sind die meisten Menschen nicht dankbar.

39 (39) O meine Kerkergenossen, sind Herren, geteilt untereinander, besser als Allah, der Einige, der Allmächtige?

40 (40) Ihr verehret außer Ihm nichts als Namen, die ihr selber erfunden habt und eure Väter, und wozu Allah euch

230 Sure 12

keine Vollmacht gab. Das Gericht ist allein Allahs. Befohlen
hat Er, daß ihr Ihm allein dienet. Das ist der wahrhafte Glauben, jedoch wissen es die meisten Menschen nicht.

41 (41) O meine Kerkergenossen, was den einen von euch
anlangt, so wird er seinem Herrn Wein kredenzen, der andre
aber wird gekreuzigt werden, und fressen werden die Vögel
von seinem Haupt. Beschlossen ist die Sache, über die ihr
mich um Aufschluß fragt.«

42 (42) Und er sprach zu dem von den beiden, dessen
Befreiung er annahm: »Gedenke meiner bei deinem Herrn.«
Und so ließ Satan ihn das Gedenken seines Herrn vergessen,
so daß er noch einige Jahre im Gefängnis blieb.

43 (43) Und es sprach der König: »Siehe, ich sah sieben
fette Kühe, es fraßen sie sieben magere – und sieben grüne
Ähren und (sieben) andre dürre. O ihr Großen, gebt mir
Aufschluß über mein Gesicht, so ihr das Gesicht auslegen
könnt.«

44 (44) Sie sprachen: »Traumphantasien sind's, und wir
wissen nichts von Traumdeutung.«

45 (45) Und es sprach der, welcher von den beiden freige-
lassen war, denn er gedachte (Josephs) nach (langer) Zeit:
»Ich will euch seine Deutung ansagen; entsendet mich.«

46 (46) »Joseph, o du Wahrhafter, gib uns Aufschluß über
sieben fette Kühe, die von sieben magern gefressen werden,
und von sieben grünen und andern dürren Ähren, auf daß ich
zu den Leuten zurückkehre, damit sie es wissen.«

47 (47) Er sprach: »Ihr werdet sieben Jahre säen wie üblich.
Und was ihr schneidet, lasset es in seinen Ähren bis auf weniges, von dem ihr esset.

48 (48) Alsdann kommen nach diesem sieben harte (Jahre),
welche verzehren werden, was ihr zuvor für sie eingebracht
habt, bis auf weniges von dem, was ihr bewahrt.

49 (49) Alsdann kommt nach diesem ein Jahr, in welchem
die Menschen Regen haben und in dem sie (Wein) pressen.«

50 (50) Und es sprach der König: »Bringt ihn mir.« Und als
der Bote zu ihm kam, sprach er: »Kehre zurück zu deinem

Joseph (Frieden sei auf ihm!) 231

Herrn und frag ihn, was die Frauen vorhatten, die sich in die
Hände schnitten. Siehe, mein Herr kennt ihre List.«

51 (51) Er sprach: »Was war eure Absicht, als ihr dem
Joseph nachstelltet?« Sie sprachen: »Allah behüte! Wir wissen nichts Böses von ihm.« Da sprach die Frau des Hochmögenden: »Nunmehr ist die Wahrheit offenkund. Ich stellte
ihm nach, und siehe wahrlich, er gehört zu den Rechtschaffenen.«

52 (52) »Dies, (so sprach Joseph,) damit (mein Herr)
wüßte, daß ich nicht während seiner Abwesenheit Verrat wider ihn übte, und daß Allah nicht die List der Verräter leitet.

53 (53) Und nicht rechtfertige ich mich selber; siehe, die
Seele ist geneigt zum Bösen[2], es sei denn, daß sich mein Herr
erbarmt; siehe, mein Herr ist verzeihend, barmherzig.«

54 (54) Und es sprach der König: »Bringt mir ihn, ich will
ihn für mich haben.« Und als er mit ihm geredet hatte, sprach
er: »Siehe, von heute an bist du bei uns in Amt und Vertrauen.«

55 (55) Er sprach: »Setze mich über die Speicher des Landes; siehe, ich bin ein kluger Hüter.«

56 (56) Und also gaben Wir Joseph eine Stätte im Land, um
in ihm zu wohnen, wo er wollte. Wir treffen mit Unsrer
Barmherzigkeit, wen Wir wollen, und lassen nicht verlorengehen den Lohn der Rechtschaffenen.

57 (57) Und wahrlich, der Lohn des Jenseits ist besser für
die, welche glauben und gottesfürchtig sind.

58 (58) Und es kamen Josephs Brüder und traten bei ihm
ein, und er erkannte sie, sie aber erkannten ihn nicht.

59 (59) Und als er sie mit ihrem Proviant verproviantiert
hatte, sprach er: »Bringt mir euern Bruder von euerm Vater.
Seht ihr nicht, daß ich volles Maß gebe, und daß ich der beste
Gastgeber bin?

60 (60) Und wenn ihr mir ihn nicht bringt, sollt ihr kein
Maß bei mir haben und sollt mir nicht nahen.«

---

2 *nafs ammāra.* Der Koran unterscheidet drei Stufen der Seele: »die Böses
gebietende Seele« (*nafs ammāra*), die »tadelnde Seele« (*nafs lawwāma*; Sure
75,2) und die »beruhigte Seele« (*nafs muṭma'innā*; Sure 89,27).

232   Sure 12

61 (61) Sie sprachen: »Wir wollen ihn von unserm Vater begehren, und siehe, wir tun es gewißlich.«

62 (62) Und er sprach zu seinen Dienern: »Stecket ihr Geld in ihre Lasten; vielleicht bemerken sie es, wenn sie zu ihren Familien heimgekehrt sind, und kommen vielleicht zurück.«

63 (63) Und als sie zu ihrem Vater zurückgekehrt waren, sprachen sie: »O unser Vater, das Maß ist uns verwehrt; so schicke unsern Bruder mit uns, daß wir Maß erhalten. Und siehe, wir hüten ihn gewißlich.«

64 (64) Er sprach: »Kann ich ihn euch etwa anders anvertrauen als wie ich euch zuvor seinen Bruder anvertraute? Allah aber ist der beste Hüter, und Er ist der barmherzigste Erbarmer.«

65 (65) Und als sie ihre Habe öffneten, fanden sie ihr Geld wieder. Sie sprachen: »O unser Vater, was wünschen wir mehr? Unser Geld ist uns wiedergegeben, und so wollen wir für unsre Familien Getreide einkaufen und unsern Bruder hüten und werden eine Kamelslast mehr nehmen. Das ist ein leichtes Maß.«

66 (66) Er sprach: »Nimmermehr sende ich ihn mit euch, es sei denn, ihr gelobet mir vor Allah, ihn mir gewißlich wiederzubringen, falls ihr nicht rings umschlossen seid[3].« Und als sie es ihm gelobt hatten, sprach er: »Allah ist Bürge für unsre Worte.«

67 (67) Und er sprach: »O meine Söhne, tretet nicht ein durch *ein* Tor; tretet ein durch verschiedene Tore. Und ich kann euch nichts gegen Allah helfen. Der Spruch ist allein Allahs, auf Ihn traue ich, und vertrauen sollen auf Ihn alle Vertrauenden.«

68 (68) Und als sie eingetreten waren, wie ihr Vater es ihnen befohlen hatte, nützte ihnen dieses nichts gegen Allah, außer daß es ein Verlangen in Jakobs Seele erfüllte. Und siehe, wahrlich, er besaß Wissen, das Wir ihn gelehrt hatten; jedoch wissen es die meisten Menschen nicht.

3 D. h. gänzlich behindert seid.

Joseph (Frieden sei auf ihm!) 233

69 (69) Und als sie bei Joseph eingetreten waren, nahm er seinen Bruder bei sich auf. Er sprach: »Siehe, ich bin dein Bruder, betrübe dich nicht über das, was sie getan.«

70 (70) Und als er sie mit ihrem Proviant verproviantiert hatte, steckte er seinen Becher in den Kamelssattel seines Bruders. Alsdann rief ein Ausrufer: »O ihr Reisende, wahrlich, ihr seid Diebe.«

71 (71) Sie sprachen, indem sie sich zu ihnen wandten: »Was vermisset ihr denn?«

72 (72) Sie sprachen: »Wir vermissen den Becher des Königs, und wer ihn wiederbringt, soll eine Kamelslast (Getreide) erhalten; und ich verbürge mich dafür.«

73 (73) Sie sprachen: »Bei Gott, wahrlich, ihr wisset, daß wir nicht gekommen sind, um Verderben im Land zu stiften; und wir sind keine Diebe.«

74 (74) Sie sprachen: »Und was soll sein Lohn sein, so ihr Lügner seid?«

75 (75) Sie sprachen: »Der, in dessen Kamelssattel er gefunden wird, soll zum Lohn dafür sein Entgelt sein; also lohnen wir den Ungerechten.«

76 (76) Und er begann mit ihren Säcken vor dem Sack seines Bruders; alsdann zog er ihn aus dem Sack seines Bruders. Also gaben Wir dem Joseph die List ein. Nicht wäre es ihm nach des Königs Gesetz erlaubt gewesen, seinen Bruder festzunehmen, wenn es nicht Allah beliebt hätte. Wir erhöhen um Stufen, wen Wir wollen, und über jedem Wissenden ist Er der Wissende.

77 (77) Sie sprachen: »Wenn er stahl, so hat sein Bruder zuvor gestohlen.« Joseph aber hielt es bei sich verborgen und offenbarte es ihnen nicht. Er sprach (jedoch bei sich:) »Ihr seid in übler Lage; und Allah weiß sehr wohl, was ihr redet.«

78 (78) Sie sprachen: »O Hochmögender, siehe, er hat einen Vater, einen alten Scheich; so nimm einen von uns an seiner Statt; siehe, wir sehen, daß du rechtschaffen bist.«

79 (79) Er sprach: »Das verhüte Allah, daß wir einen

234 **Sure 12**

andern festnehmen, als bei dem wir unser Eigentum fanden; siehe, sonst wären wir gewißlich Sünder.«

80 (80) Und da sie an ihm verzweifelten, gingen sie abseits, sich zu beraten. Es sprach ihr Ältester: »Wisset ihr nicht, daß euer Vater von euch ein Gelöbnis vor Allah abnahm, und wie ihr euch zuvor gegen Joseph verginget? Nimmermehr drum verlasse ich das Land, ehe mein Vater es mir nicht erlaubt oder Allah für mich richtet; denn Er ist der beste Richter.

81 (81) Kehret zurück zu euerm Vater und sprechet: ›O unser Vater, siehe, dein Sohn hat gestohlen; und wir bezeugen nur, was wir wissen, und nicht können wir das Verborgene abwehren.

82 (82) Frag nur in der Stadt, in der wir gewesen, und die Karawane, mit der wir angekommen sind; und siehe, wahrlich, wir sprachen die Wahrheit.‹«

83 (83) Er sprach: »Nein, erdichtet habt ihr euch etwas; und so (gilt) geziemende Geduld. Vielleicht bringt mir sie Allah alle (beide) wieder. Siehe, Er ist der Wissende, der Weise.«

84 (84) Und er kehrte ihnen den Rücken und sprach: »O mein Kummer um Joseph!« Und es wurden seine Augen weiß vor Kümmernis, denn er war gramerfüllt.

85 (85) Sie sprachen: »Bei Allah, du hörst nicht auf, an Joseph zu denken, bis du hinfällig geworden bist und umkommst.«

86 (86) Er sprach: »Siehe, ich klage nur meinen Kummer und Gram zu Allah, und ich weiß von Allah, was ihr nicht wisset.

87 (87) O meine Söhne, ziehet aus und suchet Kunde von Joseph und seinem Bruder und verzweifelt nicht an Allahs Erbarmen; siehe, an Allahs Erbarmen verzweifeln nur die Ungläubigen.

88 (88) Und als sie bei ihm eintraten, sprachen sie: »O Hochmögender, wir und unsre Familie sind von Not heimgesucht, und wir bringen (nur) wenig Geld. So gib uns volles

Joseph (Frieden sei auf ihm!) 235

Maß und schenke uns Almosen; siehe, Allah belohnt die Almosenspendenden.«

89 (89) Er sprach: »Wisset ihr, was ihr Joseph und seinem Bruder in eurer Torheit antatet?«

90 (90) Sie sprachen: »Siehe, bist du fürwahr etwa Joseph?« Er sprach: »Ich bin Joseph, und dies ist mein Bruder. Allah ist gnädig gegen uns gewesen. Siehe, wenn einer gottesfürchtig und standhaft ist, siehe, so läßt Allah den Lohn der Rechtschaffenen nicht verlorengehen.«

91 (91) Sie sprachen: »Bei Allah, wahrlich, erwählt hat dich Allah vor uns und siehe, wir waren wahrlich Sünder.«

92 (92) Er sprach: »Kein Tadel treffe euch heute! Allah verzeiht euch, und Er ist der Barmherzigste der Erbarmer.

93 (93) Nehmet dieses mein Hemd mit euch und legt es auf das Antlitz meines Vaters, dann wird er sehend werden. Und bringt alle eure Familien zu mir.«

94 (94) Und als die Karawane aufgebrochen war, sprach ihr Vater: »Siehe, wahrlich, ich spüre Josephs Geruch, auch wenn ihr sagt, daß ich fasele.«

95 (95) Sie sprachen: »Bei Allah siehe, wahrlich, du bist in deinem alten Irrtum.«

96 (96) Und als nun der Freudenbote kam, warf er es über sein Gesicht, und da ward er wieder sehend.

(97) Er sprach: »Sprach ich nicht zu euch: Siehe, ich weiß von Allah, was ihr nicht wisset?«

97 (98) Sie sprachen: »O unser Vater, verzeihe uns unsre Sünden, siehe, wir waren Sünder.«

98 (99) Er sprach: »Fürwahr, ich will euern Herrn um Verzeihung für euch bitten; siehe, Er ist der Verzeihende, Barmherzige.«

99 (100) Und da sie bei Joseph eingetreten waren, nahm er seine Eltern bei sich auf und sprach: »Tretet ein in Ägypten, so Allah will, in Sicherheit!«

100 (101) Und er setzte seine Eltern auf den Thron, und sie warfen sich ehrfürchtig vor ihm nieder. Und er sprach: »O mein Vater, dies ist die Deutung meines früheren Gesichts.

Nunmehr hat mein Herr es Wahrheit werden lassen und hat mir wohlgetan, da Er mich aus dem Gefängnis nahm und euch aus der Wüste herbrachte, nachdem der Satan zwischen mir und meinen Brüdern Zwietracht gestiftet. Siehe, mein Herr ist gütig, zu wem Er will; siehe, Er ist der Wissende, der Weise.

101 (102) Mein Herr, Du gabst mir Herrschaft und lehrtest mich der Geschichten Deutung. Schöpfer der Himmel und der Erde, Du bist mein Hort in dieser Welt und in der nächsten; laß mich zu Dir abscheiden als Muslim und vereine mich mit den Gerechten.«

102 (103) Dies ist eine der verborgenen Geschichten, die Wir dir offenbaren. Du warst nicht zugegen, als sie sich verbanden und Listen schmiedeten.

103 Und die meisten Menschen, wie sehr du es auch begehrst, glauben nicht.

104 (104) Und du sollst auch keinen Lohn hierfür von ihnen verlangen; dies ist nur eine Ermahnung für die Geschöpfe.

105 (105) Und wie viele Zeichen sind nicht in den Himmeln und auf Erden, an denen sie vorübergehen, indem sie sich von ihnen abwenden.

106 (106) Und die meisten von ihnen glauben nicht an Allah, indem sie Ihm auch Gefährten geben.

107 (107) Glauben sie denn nicht, daß der Tag des Gerichts mit der Strafe Allahs über sie kommt und daß die ›Stunde‹ plötzlich über sie kommen wird, ohne daß sie sich's versehen?

108 (108) Sprich: »Dies ist mein Weg; ich rufe zu Allah auf Grund eines Beweises, ich und wer mir folgt. Und Preis sei Allah, und ich bin keiner derer, die Ihm Gefährten geben.«

109 (109) Und auch vor dir entsandten Wir nur Männer von den Bewohnern der Städte, denen Wir Offenbarungen gaben. Wollen sie denn nicht das Land durchwandern und schauen, wie der Ausgang derer war, die vor ihnen lebten? Und wahr-

Der Donner 237

lich, die Wohnung des Jenseits ist besser für die Gottesfürchtigen. Begreifet ihr denn nicht?

110 (110) Erst wenn die Gesandten verzweifelten und glaubten, daß sie belogen würden, kam Unsre Hilfe zu ihnen; und Wir erretteten, wen Wir wollten; und Unsre Strafe ward nicht abgewendet von dem Volk der Sünder.

111 (111) Wahrlich, in ihren Geschichten ist eine Lehre für die Verständigen. Nicht ist er[4] eine ersonnene Geschichte, sondern eine Bestätigung dessen, was ihm vorausging, und eine Erklärung aller Dinge und eine Leitung und Barmherzigkeit für ein gläubig Volk.

DREIZEHNTE SURE

Der Donner
Geoffenbart zu Mekka

Im Namen Allahs,
des Erbarmers, des Barmherzigen!

1 (1) A. L. M. R.[1] Dies sind die Zeichen des Buches; und was herabgesandt ward zu dir von deinem Herrn, ist die Wahrheit, jedoch glauben die meisten Menschen nicht.

2 (2) Allah ist's, der die Himmel erhöht hat ohne Säulen, die ihr seht; alsdann setzte Er sich auf den Thron und zwang zum Frondienst Sonne und Mond. Alles eilt zu einem bestimmten Termin. Er lenkt alle Dinge; Er macht die Zeichen klar. Vielleicht glaubt ihr an die Begegnung mit euerm Herrn.

3 (3) Und Er ist's, der die Erde ausbreitete und festgegründete (Berge) und Flüsse in sie setzte; und von allen Früchten schuf Er auf ihr zwei Arten. Er lässet die Nacht den Tag

4 Der Koran.
1 *alif-lām-mīm-rā.*

238 **Sure 13**

bedecken. Siehe, hierin sind wahrlich Zeichen für nachdenkende Leute.

4 (4) Und auf der Erde sind dicht beieinander (verschiedene) Stücke und Rebengärten und Korn und Palmen, zu mehreren und einzeln aus der Wurzel. Getränkt von *einem* Wasser, machten Wir doch die einen als Speise vorzüglicher als die andern. Siehe, hierin sind wahrlich Zeichen für ein verständig Volk.

5 (5) Und wenn du dich verwunderst, so ist wunderbar ihr Wort: »Wenn wir zu Staub geworden sind, sollen wir dann wirklich neu erschaffen werden?«

(6) Das sind die, welche ihren Herrn verleugnen, und die, auf deren Nacken die Joche sein werden. Und sie werden des Feuers Gefährten sein und ewig darinnen verweilen.

6 (7) Und sie werden dich eher das Üble als das Gute beschleunigen heißen. Aber schon vor ihnen waren Exempel; und siehe, dein Herr ist wahrlich voll Verzeihung gegen die Menschen trotz ihrer Sünden; und siehe, dein Herr ist wahrlich streng im Strafen.

7 (8) Und es sprechen die Ungläubigen: »Warum ward nicht auf ihn ein Zeichen von seinem Herrn herabgesandt?« Du bist nur ein Warner, und jegliches Volk hat einen Führer.

8 (9) Allah weiß, was jedes Weib (im Schoße) trägt, und um was sich die Schöße verengen und ausdehnen. Und jedes Ding hat bei Ihm sein Maß.

9 (10) Der Wisser des Verborgenen und Offenbaren, der Große, der Erhabene!

10 (11) Gleich ist Ihm, wer von euch sein Wort verbirgt oder äußert, wer sich in der Nacht verbirgt und hervortritt am Tage.

11 (12) Ein jeder hat vor sich und hinter sich (Engel), die einander ablösen und ihn behüten auf Allahs Geheiß. Siehe, Allah verändert nicht Sein Verhalten zu einem Volk, ehe es nicht seiner Seelen Gedanken verändert; und so Allah Böses mit einem Volke vorhat, so kann es niemand abwehren, und außer Ihm haben sie keinen Beschützer.

Der Donner 239

12 (13) Er ist's, der euch sehen lässet den Blitz in Furcht und Verlangen, und der die schweren Wolken hervorbringt.

13 (14) Und der *Donner* lobpreist Ihn und die Engel, aus Furcht vor Ihm. Und Er entsendet Seine Blitze und trifft mit ihnen, wen Er will, während sie über Allah streiten; und Er ist der an Macht Gewaltige.

14 (15) Ihm gebührt die Anrufung; und jene, die sie außer Ihm anrufen, erhören sie nicht anders, als daß sie jenem gleichen, der seine Hände zum Wasser reckt, damit es seinen Mund erreicht, wo es ihn doch nicht erreichen kann. Das Gebet der Ungläubigen geschieht nur im Irrtum.

15 (16) Und vor Allah wirft sich nieder, was in den Himmeln und auf Erden ist, willig und widerwillig; selbst der Schatten am Morgen und am Abend.

16 (17) Sprich: »Wer ist der Herr der Himmel und der Erde?« Sprich: »Allah.« Sprich: »Habt ihr euch denn außer Ihm Beschützer angenommen, die selbst sich selber weder nützen noch schaden können?« Sprich: »Ist etwa der Blinde und der Sehende gleich? Oder sind etwa die Finsternisse und das Licht gleich? Oder haben sie Allah Gefährten gegeben, die erschaffen haben, wie Er erschuf, so daß ihre Schöpfung ihnen gleich (der Seinigen) vorkommt?« Sprich: »Allah ist der Schöpfer aller Dinge; und Er ist der Einige, der Allmächtige.«

17 (18) Hinabsendet Er vom Himmel Wasser, und es strömen die Bäche nach ihrem Vermögen, und der Wildstrom trägt aufschwellenden Schaum; und ein gleicher Schaum entsteht aus dem, was man im Feuer schmilzt im Verlangen nach Schmuck und Gerät. In dieser Weise zeigt Allah Wahrheit und Irrtum. Was den Schaum anlangt, so vergeht er wie Blasen, das aber, was den Menschen nützt, bleibt auf der Erde: Also macht Allah Gleichnisse.

18 (19) Diejenigen, welche auf ihren Herrn hören, sollen das Beste erhalten; die aber nicht auf Ihn hören – auch wenn sie alles auf Erden besäßen und noch einmal so viel dazu, würden sich damit nicht loskaufen können. Übel ist ihre Abrechnung

240 *Sure 13*

und ihre Herberge ist Dschahannam, und schlimm ist der
Pfühl!

19 (19) Und soll etwa der, welcher weiß, daß das, was zu
dir von deinem Herrn hinabgesandt ward, die Wahrheit ist,
gleich dem Blinden sein? Nur die Verständigen lassen sich
ermahnen.

20 (20) Sie, die den Bund Allahs halten und den Pakt nicht
brechen,

21 (21) Und die, welche verbinden, was Allah zu verbinden
befohlen hat, und die ihren Herrn fürchten und Furcht haben
vor dem Übel der Abrechnung,

22 (22) Und die standhaft bleiben, im Verlangen nach dem
Angesicht ihres Herrn, und das Gebet verrichten und von
dem, was Er ihnen beschert, im Verborgenen und öffentlich
spenden und das Böse durch das Gute abweisen – für diese ist
der Lohn der Wohnung –

23 (23) Edens Gärten, in die sie eintreten sollen nebst den
Rechtschaffenen von ihren Vätern, ihren Frauen und ihrer
Nachkommenschaft; und die Engel sollen eintreten zu ihnen
von allen Toren (und sprechen:)

24 (24) »Frieden sei auf euch, darum daß ihr standhaft
bliebet!« Und schön ist der Lohn der Wohnung.

25 (25) Diejenigen aber, welche den Bund Allahs brechen
nach Eingehung des Paktes und zerreißen, was Allah zu verbinden geheißen hat, und Verderben auf der Erde anstiften,
sie erwartet der Fluch und eine üble Wohnung.

26 (26) Allah versorgt reichlich, wen Er will, und bemißt.
Und sie freuen sich des irdischen Lebens, doch ist das irdische
Leben im Vergleich zum Jenseits nur ein Nießbrauch.

27 (27) Und es sprechen die Ungläubigen: »Warum ist kein
Zeichen von seinem Herrn auf ihn hinabgesandt?« Sprich:
»Siehe, Allah führt irre, wen Er will, und leitet zu sich, wer
sich bekehrt,

28 (28) Die, welche glauben und deren Herzen in Frieden
sind im Gedenken an Allah. Sollten auch nicht im Gedenken
an Allah die Herzen in Frieden sein?

Der Donner 241

29 Diejenigen, welche glauben und das Rechte tun, Heil erwartet sie und eine schöne Heimstatt.«

30 (29) Also entsandten Wir dich in ein Volk, dem Völker vorausgingen, damit du ihnen verläsest, was Wir dir offenbarten. Doch sie glauben nicht an den Erbarmer. Sprich: »Er ist mein Herr; es gibt keinen Gott außer Ihm; auf Ihn vertraue ich, und zu Ihm bekehre ich mich.«

31 (30) Und gäbe es auch einen Koran, mit dem die Berge versetzt oder die Erde zerrissen oder mit den Toten geredet werden könnte ... (sie glaubten doch nicht.) Aber Allahs ist der Befehl allzumal. Und wissen denn etwa die Gläubigen nicht, daß, wenn Allah wollte, Er die Menschen allzumal rechtleitete?

(31) Und das Unheil soll nicht ablassen, die Ungläubigen zu treffen oder sich nahe bei ihren Wohnungen niederzulassen, bis Allahs Drohung sich erfüllt. Siehe, Allah bricht nicht sein Versprechen.

32 (32) Und schon vor dir wurden Propheten verspottet, und Ich verzog lange mit den Ungläubigen. Alsdann erfaßte Ich sie, und wie war Meine Strafe!

33 (33) Und wer ist es denn, der über jeder Seele steht, um ihr Tun (aufzuschreiben?) Und dennoch geben sie Allah Gefährten. Sprich: »Nennet sie!« Oder wollt ihr Ihm etwas verkünden, was Er auf der Erde nicht kennt? Oder sind es nicht nur hohle Namen? Aber den Ungläubigen ward ihr Anschlag ausgeputzt, und sie wichen ab vom Weg. Wen aber Allah irreführt, der findet keinen Leiter.

34 (34) Sie erhalten schon im irdischen Leben Strafe; aber wahrlich, die Strafe des Jenseits ist härter, und sie finden keinen Beschützer vor Allah.

35 (35) Das Bild des Paradieses, das den Gottesfürchtigen verheißen ward: durcheilt ist es von Bächen, und dauernd ist seine Speise und sein Schatten. Das ist der Lohn der Gottesfürchtigen; und der Lohn der Ungläubigen ist das Feuer.

36 (36) Und sie, denen Wir die Schrift gaben, freuen sich über das, was zu dir hinabgesandt ward, doch gibt's eine

242　　　　　　　　　　　*Sure 13*

Rotte, die einen Teil davon ableugnet. Sprich: »Geheißen ward mir, allein Allah zu dienen und Ihm keine Gefährten zu geben. Zu Ihm bete ich, und zu Ihm ist meine Rückkehr.«

37 (37) Und demgemäß sandten Wir ihn als eine Vorschrift in arabischer Sprache nieder. Und wahrlich, wenn du ihrem Gelüste folgtest, nachdem das Wissen zu dir gekommen, so fändest du vor Allah weder einen Beschützer noch Behüter.

38 (38) Und wahrlich, schon vor dir entsandten Wir Gesandte und gaben ihnen Gattinnen und Nachkommenschaft. Kein Gesandter aber konnte ohne Allahs Erlaubnis ein Zeichen bringen. Jedes Zeitalter hat sein Buch.

39 (39) Allah löscht aus und bestätigt, was Er will, und bei Ihm ist die Mutter[2] der Schrift.

40 (40) Und ob Wir dich einen Teil sehen lassen von dem, was Wir ihnen androhten, oder ob Wir dich zu Uns abscheiden lassen, dir liegt nur die Predigt ob und Uns die Abrechnung.

41 (41) Sehen sie denn nicht, daß Wir in ihr Land kommen und ihre Grenzen enger machen? Und Allah richtet, und niemand kann Sein Urteil hemmen; und Er ist schnell im Rechnen.

42 (42) Und Listen schmiedeten schon die Früheren; Allahs aber ist die List allzumal. Er weiß, was jede Seele tut, und wahrlich, die Ungläubigen werden schon sehen, wem der Lohn der Wohnung sein wird.

43 (43) Und es sprechen die Ungläubigen: »Du bist kein Entsandter.« Sprich: »Allah genügt mir als Zeuge zwischen mir und euch, und jeder, bei dem das Wissen der Schrift ist.«

2 Das Urbild.

VIERZEHNTE SURE

Abraham (Frieden sei auf ihm!)

Geoffenbart zu Mekka

Im Namen Allahs,
des Erbarmers, des Barmherzigen!

1 (1) A. L. R.[1] (Dieses) Buch, Wir haben es zu dir hinabgesandt, auf daß du die Menschen aus den Finsternissen zum Lichte führest, mit deines Herrn Erlaubnis, auf den Pfad des Mächtigen, des Rühmenswerten,

2 (2) Allahs, des ist, was in den Himmeln und was auf Erden, und weh ob der strengen Strafe der Ungläubigen,

3 (3) Welche das irdische Leben mehr lieben als das Jenseits und abwendig machen von Allahs Weg und ihn zu krümmen trachten; sie sind in tiefem Irrtum.

4 (4) Und nicht entsandten Wir einen Gesandten, es sei denn mit der Sprache seines Volkes, um ihnen (Unsre Offenbarung) deutlich zu machen. Und Allah führt irre, wen Er will, und leitet recht, wen Er will; und Er ist der Mächtige, der Weise.

5 (5) Und wahrlich Wir entsandten schon Moses mit Unsern Zeichen (und sprachen zu ihm:) »Führe dein Volk aus den Finsternissen zum Licht und erinnere sie an die Tage Allahs[2].« Siehe, hierin sind wahrlich Zeichen für alle Standhaften und Dankbaren.

6 (6) Und (gedenke,) da Moses zu seinem Volke sprach: »Gedenket der Gnade Allahs gegen euch, als Er euch errettete vor dem Volke Pharaos, das euch mit schlimmer Strafe heimsuchte und eure Söhne schlachtete und (nur) eure Töchter leben ließ.« Und hierin lag eine gewaltige Prüfung von euerm Herrn.

7 (7) Und als euer Herr ankündigen ließ: »Wahrlich, so ihr

---

1 *alif-lām-rā*.
2 Die Tage von Gottes Zorn gegen die Ungläubigen; vgl. Sure 45,14.

dankbar seid, will Ich euch mehren. Seid ihr jedoch undankbar, siehe, dann ist Meine Strafe gewißlich streng.«

8 (8) Und es sprach Moses: »Wenn ihr auch undankbar seid, ihr und wer sonst auf Erden allzumal, siehe, so ist Allah doch reich und des Lobes wert.«

9 (9) Kam nicht zu euch die Kunde von jenen, die vor euch waren, von dem Volke Noahs und 'Āds und Ṯamūds und von denen, die nach ihnen lebten?

(10) Nur Allah allein kennt sie. Zu ihnen kamen ihre Gesandten mit den deutlichen Zeichen, doch sie steckten ihre Hände in den Mund und sprachen: »Siehe, wir glauben nicht an eure Sendung, und siehe, wir sind wahrlich in starkem Zweifel über das, wozu ihr uns einladet.«

10 (11) Es sprachen ihre Gesandten: »Ist etwa ein Zweifel an Allah, dem Schöpfer der Himmel und der Erde? Er ruft euch, euch eure Sünden zu vergeben und mit euch bis zu einem bestimmten Termin zu säumen.«

(12) Sie sprachen: »Ihr seid nur Menschen wie wir, ihr wollet uns abwendig machen von dem, was unsre Väter verehrten. Bringt uns eine offenkundige Vollmacht.«

11 (13) Es sprachen ihre Gesandten zu ihnen: »Wir sind nur Menschen wie ihr, jedoch ist Allah gnädig gegen wen Er will von seinen Dienern, und nicht steht es bei uns, euch eine Vollmacht zu bringen,

(14) Es sei denn mit Allahs Erlaubnis; und auf Allah sollen alle Gläubigen vertrauen.

12 (15) Und warum sollten wir nicht auf Allah vertrauen, wo Er uns in unsern Wegen bereits geleitet hat? Und wahrlich, ertragen wollen wir, was ihr uns an Leid zufügt. Und auf Allah sollen die Vertrauenden vertrauen.«

13 (16) Und es sprachen die Ungläubigen zu ihren Gesandten: »Wahrlich, wir vertreiben euch aus unserm Land oder ihr kehrt zurück zu unsrer Religion.« Und es offenbarte ihnen ihr Herr: »Wahrlich, Wir werden die Sünder vertilgen,

14 (17) Und werden euch gewißlich nach ihnen das Land

Abraham (Frieden sei auf ihm!) 245

bewohnen lassen. Solches für den, welcher Meine Stätte[3] und meine Drohungen fürchtet.«

15 (18) Und sie riefen um Hilfe, und zuschanden ging jeder trutzige Rebell.

16 (19) Vor ihm liegt Dschahannam, und getränkt soll er werden mit Eiterfluß.

17 (20) Er soll ihn hinunterschlucken und kaum unter die Gurgel bringen, und kommen soll der Tod zu ihm von allen Seiten, ohne daß er sterben könnte; und vor ihm ist harte Strafe.

18 (21) Das Gleichnis derer, die nicht an ihren Herrn glauben, ist: Ihre Werke sind gleich Asche, welche der Wind an einem Tag des Sturms zerstreut. Ihre Werke sollen ihnen nichts frommen. Das ist der tiefe Irrtum.

19 (22) Siehst du denn nicht, daß Allah in Wahrheit die Himmel und die Erde erschaffen? Wollte Er es, Er raffte euch hinfort und brächte eine neue Schöpfung,

20 (23) Und dies fiele Allah nicht schwer.

21 (24) Und vor Allah werden sie treten allzumal. Und sprechen werden die Schwachen zu den Hoffärtigen: »Siehe, wir folgten euch nach; wollt ihr nun nicht einen Teil der Strafe Allahs an unsrer Stelle übernehmen?«

(25) Sie werden sprechen: »Hätte uns Allah rechtgeleitet, so hätten wir euch auch geleitet. Nun ist es gleich für uns, ob wir mißmutig oder standhaft ertragen; uns ist kein Entrinnen.«

22 (26) Und sprechen wird der Satan, wenn der Spruch gefällt ist: »Siehe, Allah verhieß euch eine wahrhaftige Verheißung. Ich verhieß euch auch, aber ich hinterging euch. Doch hatte ich keine Gewalt über euch,

(27) Sondern ich rief euch nur, und ihr antwortetet mir; tadelt mich deshalb nicht, sondern tadelt euch selber. Ich kann euch nicht Hilfe bringen, und ihr könnt mir nicht helfen. Siehe, ich leugne es, Allah gleich zu sein, dem ihr mich

3 Entweder im Sinn von »Gerichtsstätte« oder »Rang«.

246   *Sure 14*

zuvor beigeselltet.«[4] Siehe, die Sünder trifft schmerzliche
Strafe.

23 (28) Aber jene, die da glaubten und das Rechte taten,
werden geführt in Gärten, durcheilt von Bächen, ewig darinnen zu verweilen mit der Erlaubnis ihres Herrn. Ihr Gruß in
ihnen ist: »Frieden!«

24 (29) Siehst du nicht, womit Allah ein gutes Wort ver-
gleicht?[5] Es ist gleich einem guten Baum, dessen Wurzel fest
ist und dessen Zweige in den Himmel reichen,

25 (30) Und der seine Speise zu jeder Zeit gibt mit seines
Herrn Erlaubnis. Und Allah macht die Gleichnisse für die
Menschen, daß sie sich ermahnen lassen.

26 (31) Und das Gleichnis eines schlechten Worts ist ein
schlechter Baum, der aus der Erde entwurzelt ist und keine
Festigkeit hat.

27 (32) Festigen wird Allah die Gläubigen durch das festi-
gende Wort im irdischen Leben und im Jenseits; und Allah
führt die Ungerechten irre; und Allah tut, was Er will.

28 (33) Sahst du nicht jene, welche Allahs Gnade mit dem
Unglauben vertauschten und ihr Volk hinab ins Haus des
Verderbens brachten,

29 (34) In Dschahannam? Brennen sollen sie in ihr, und
schlimm ist die Stätte!

30 (35) Und sie gaben Allah Seinesgleichen, um von Seinem
Weg in die Irre zu führen. Sprich: »Vergnügt euch nur, eure
Fahrt geht doch ins Feuer.«

31 (36) Sprich zu Meinen Dienern, welche gläubig sind, sie
sollen das Gebet innehalten und spenden von dem, was Wir
ihnen bescherten, insgeheim und öffentlich, bevor ein Tag
kommt, an dem weder Handel noch Freundschaft ist.

32 (37) Allah ist's, der die Himmel und die Erde erschuf,
und Er sendet vom Himmel Wasser hernieder und lockt
durch dasselbe Früchte hervor zu eurer Versorgung. Und Er

4 Wörtlich: Ich leugne es, daß ihr mich zuvor beigeselltet.
5 Das gute Wort ist die Verkündigung des Islam. Vgl. Ps. 1,3.4.

Abraham (Frieden sei auf ihm!)

hat euch dienstbar gemacht die Schiffe, daß sie auf Seinen Befehl das Meer durcheilen. Und dienstbar machte Er euch die Flüsse;

33 Und Er machte euch dienstbar die Sonne und den Mond in rastlosem Wandel.

34 Und dienstbar machte Er euch die Nacht und den Tag. Und Er gibt euch von allem, um was ihr Ihn bittet, und so ihr aufzählen wolltet die Gnadenerweisungen Allahs, ihr könntet sie nicht berechnen. Siehe, der Mensch ist wahrlich ungerecht und undankbar.

35 (38) Und (gedenke,) da *Abraham* sprach: »Mein Herr, mache dieses Land sicher und wende mich und meine Kinder von der Anbetung der Götzen ab.

36 (39) Mein Herr, siehe, irre führten sie viele Menschen, aber wer mir folgt, siehe, der gehört zu mir, und wer sich wider mich empört – siehe, so bist Du der Verzeihende, Barmherzige.

37 (40) Unser Herr, siehe, ich habe einen Teil meiner Nachkommenschaft in einem unfruchtbaren Tal bei Deinem heiligen Hause[6] angesiedelt. Unser Herr, mögen sie das Gebet innehalten! Und erfülle die Herzen der Menschen mit Liebe zu ihnen und versorge sie mit Früchten; vielleicht sind sie Dir dankbar.

38 (41) Unser Herr, siehe, Du weißt, was wir verbergen und was wir offenkund tun, und nichts ist verborgen vor Allah auf Erden und im Himmel.

39 Gelobt sei Allah, der mir in meinem Alter Ismael und Isaak schenkte! Siehe, mein Herr ist wahrlich des Gebetes Erhörer!

40 (42) Mein Herr, mache, daß ich und mein Samen das Gebet innehalten. Unser Herr, und nimm mein Gebet an.

41 Unser Herr, vergib mir und meinen Eltern und den Gläubigen am Tag der Rechenschaft.«

42 (43) Und wähne nicht, daß Allah achtlos ist des Tuns der

---

6 Bei der Ka'ba in Mekka.

248   *Sure 14*

Ungerechten. Siehe, Er säumt nur mit ihnen bis zum Tage, an dem die Blicke stier werden.

43 (44) Herbeigeeilt kommen sie gereckten Hauptes mit stierem Aug' und ödem Herzen.

44 (45) Drum warne die Menschen vor dem Tag, an dem sie die Strafe ereilt. Und sprechen werden die Sünder: »Unser Herr, verzieh mit uns noch um eine kurze Frist; antworten wollen wir dann Deinem Ruf und folgen den Gesandten.« Aber schworet ihr nicht zuvor, daß euch kein Untergang treffen würde?

45 (46) Ihr wohntet in den Wohnungen derer, die wider sich selber sündigten, und es ward euch kundgetan, wie Wir mit ihnen verfuhren, und Wir gaben euch (an ihnen) Exempel.

46 (47) Sie planten ihre Listen, aber ihre List ist bei Allah, und wäre sie auch imstande, Berge zu versetzen.

47 (48) Und wähne nicht, daß Allah die Verheißung, die Er Seinen Gesandten gegeben, nicht hält. Siehe, Allah ist mächtig und ein Rächer.

48 (49) An jenem Tage, an welchem die Erde und die Himmel verwandelt werden, und sie[7] vor Allah treten, den Einigen, den Allmächtigen,

49 (50) An jenem Tage wirst du die Sünder in Fesseln zusammengekoppelt sehen,

50 (51) In Kleidern von Pech, und das Feuer wird über ihre Angesichter schlagen,

51 Damit Allah jeder Seele nach Verdienst lohnt. Siehe, Allah ist schnell im Rechnen.

52 (52) Dies ist eine Ankündigung für die Menschen und diene als Warnung für sie, und sie sollen hieraus erkennen, daß es nur einen einigen Gott gibt, und die Verständigen sollen es bedenken.

7 Die Menschen.

FÜNFZEHNTE SURE

Al-Ḥiǧr[1]

Geoffenbart zu Mekka

Im Namen Allahs,
des Erbarmers, des Barmherzigen!

1 A. L. R.[2] Dies sind die Zeichen des Buches und eines klaren Korans.

2 Oftmals werden die Ungläubigen wünschen, Muslime gewesen zu sein.

3 Laß sie nur schmausen und genießen und sich in Hoffnung ergehen. Wahrlich, sie sollen schon sehen.

4 Und Wir zerstörten keine Stadt ohne niedergeschriebenen Termin[3].

5 Kein Volk kann seinen Termin beschleunigen oder verschieben.

6 Und sie sprechen: »O du, auf den die Warnung herabgesandt ist, siehe, wahrlich, du bist besessen.

7 Warum bringst du uns nicht die Engel, so du wahrhaft bist?«

8 Wir senden die Engel nicht nieder, es sei denn, wenn es notwendig, und auch dann fänden sie[4] keine Nachsicht.[5]

9 Siehe, Wir sandten die Warnung herab, und siehe, Wir wollen sie hüten.

10 Und wahrlich, schon vor dir entsandten Wir (Gesandte) zu den Sekten der Früheren.

11 Aber nie kamen Gesandte zu ihnen, die sie nicht verspottet hätten.

---

1 Ein Tal zwischen Medina und Syrien, das Land des Stammes Ṭamūd, das Petra Strabos.
2 *alif-lām-rā*.
3 Wörtlich: der nicht ein bekanntes Buch gehabt hätte.
4 Die Ungläubigen.
5 Andere Übersetzung (z. B. Hamidullah): Aber wir schicken die Engel nur mit der Wahrheit, und dann fänden sie keine Nachsicht.

250 *Sure 15*

12 Gleiches lassen Wir (jetzt) in die Herzen der Frevler einziehen.

13 Sie glauben nicht an ihn, wiewohl die Strafe der Früheren stattfand.

14 Wenn Wir ihnen auch ein Tor vom Himmel öffneten, beim Hinaufsteigen

15 Würden sie doch sprechen: »Unsre Blicke sind berauscht; ja, wir sind ein verzaubert Volk.«

16 Wahrlich Wir setzten in den Himmel Türme[6] und schmückten sie aus für die Beschauer,

17 Und Wir schützten sie vor jedem gesteinigten Satan,

18 Außer dem verstohlenen Lauscher; dem folgt eine lichte Schnuppe[7].

19 Und die Erde, Wir breiteten sie aus und warfen auf sie die festgegründeten (Berge) und ließen allerlei Dinge in ihr sprießen in abgewogenem Maß.

20 Und Wir gaben euch in ihr Nahrungsmittel und denen, die ihr nicht versorgt.

21 Und es gibt kein Ding, dessen Speicher nicht bei Uns sind, und Wir senden es nur in bestimmtem Maß hinab.

22 Und Wir entsenden die schwangern Winde und entsenden Wasser vom Himmel und geben es euch zu trinken; und nicht ihr seid es, die es aufspeichern;

23 Und, siehe, Wir sind es, die Leben und Tod geben, und Wir sind die Erbenden.

24 Und wahrlich, Wir kennen unter euch diejenigen, die vorangehen, und kennen auch die, welche zurückbleiben.

25 Und siehe, dein Herr wird sie versammeln; siehe, Er ist weise und wissend.

26 Und wahrlich, erschaffen haben Wir den Menschen aus trocknem Lehm, aus geformtem Schlamm;

27 Und die Dschinn erschufen Wir zuvor aus dem Feuer des Samûm.

6 Die zwölf Sternbilder des Zodiakus.
7 Vgl. Sure 37,7–10 und 67,5: Die Dämonen nahen sich dem Himmel, um dort die Gespräche zu belauschen, und werden durch Sternschnuppen vertrieben.

Al-Ḥiǧr 251

28 Und (gedenke,) da dein Herr zu den Engeln sprach: »Siehe, Ich erschaffe einen Menschen aus trocknem Lehm, aus geformtem Schlamm:

29 Und wenn Ich ihn gebildet und ihm von Meinem Geiste eingehaucht habe, so fallet anbetend vor ihm nieder.«

30 Und niederfielen alle die Engel insgesamt,

31 Außer Iblīs; der wollte nicht niederfallen.

32 Er sprach: »O Iblīs, was ist dir, daß du nicht niedergefallen bist?«

33 Er sprach: »Nimmer werde ich niederfallen vor einem Menschen, den Du aus trocknem Lehm erschufst, aus geformtem Schlamm.«

34 Er sprach: »Hinaus aus ihm[8]! Siehe, du bist gesteinigt[9];

35 Und, siehe, auf dir soll der Fluch sein bis zum Tag des Gerichts.«

36 Er sprach: »Mein Herr, verzieh mit mir bis zum Tag der Erweckung «

37 Er sprach: »Siehe, so soll dir Verzug sein,

38 Bis zum Tag der festgesetzten Zeit.«

39 Er sprach: »Mein Herr, dieweil Du mich irreführtest, wahrlich, so will ich ihnen auf Erden (die Dinge) ausschmükken und will sie verführen allzumal,

40 Außer Deinen Dienern unter ihnen, den lauteren.«

41 Er sprach: »Das ist ein Weg bei Mir, ein rechter.

42 Siehe, Meine Diener, nicht ist dir Macht über sie, es sei über die Verführten, die dir folgen.«

43 Und siehe, Dschahannam ist wahrlich verheißen ihnen insgesamt.

44 Ihr sind sieben Tore, und für jedes Tor ist ein besonderer Teil.

45 Siehe, die Gottesfürchtigen kommen in Gärten und Quellen:

---

8 Dem Paradies.
9 Mit Steinen verrieben = verflucht. Vgl. Anm. 8, S. 71. Der Ritus der Steinigung des Satans im Tal von Minā bei Mekka während der Pilgerfahrt geht auf die Versuchung Abrahams zurück.

Sure 15

46 »Tretet ein in Frieden, sicher.«

47 Und nehmen wollen Wir aus ihren Brüsten, was dort ist an Groll, als Brüder sitzend auf Polstern einander genüber.

48 Nicht soll sie rühren in ihnen Müdigkeit, und nimmer sollen sie aus ihnen getrieben werden.

49 Verkünde Meinen Dienern, daß Ich bin der Verzeihende, der Barmherzige,

50 Und daß Meine Strafe eine schmerzliche Strafe ist.

51 Und verkünde ihnen von Abrahams Gästen.

52 Als sie eintraten bei ihm und sprachen: »Frieden!« sprach er: »Siehe, wir fürchten uns vor euch.«

53 Sie sprachen: »Fürchte dich nicht; siehe, wir verheißen dir einen klugen Sohn.«

54 Er sprach: »Verheißet ihr mir dies, wo mich schon das Alter berührt hat? Was verheißet ihr mir da?«

55 Sie sprachen: »Wir verheißen dir in Wahrheit; drum gib nicht die Hoffnung auf.«

56 Er sprach: »Wer gibt die Hoffnung auf seines Herrn Barmherzigkeit auf, wenn nicht die Irrenden?«

57 Er sprach: »Und was ist euer Geschäft, ihr Entsandten?«

58 Sie sprachen: »Siehe, wir sind entsandt zu einem frevelnden Volk.

59 Nur das Haus Lots, retten wollen wir es insgesamt,

60 Außer seinem Weib; wir beschlossen ihr Zaudern.«

61 Und als die Boten zum Hause Lots kamen,

62 Sprach er: »Siehe, ihr seid fremde Leute.«

63 Sie sprachen: »Nein; wir kommen zu dir in dem, was sie bezweifeln.

64 Und wir bringen dir die Wahrheit und wahrlich, wir sind wahrhaft.

65 So mache dich fort mit deiner Familie im Stockdunkel der Nacht und geh hinterdrein. Und niemand von euch wende sich um, sondern gehet, wohin ihr geheißen seid.«

66 Und Wir gaben ihm diesen Befehl, weil jene mit Stumpf und Stiel abgeschnitten werden sollten am Morgen.

67 Und es kam das Volk der Stadt frohlockend an.

Al-Ḥiǧr 253

68 Er sprach: »Siehe, dies sind meine Gäste; drum entehret mich nicht;

69 Und fürchtet Allah und tut mir nicht Schande an.«

70 Sie sprachen: »Haben wir dir nicht alle Welt verboten?«[10]

71 Er sprach: »Fürwahr, hier sind meine Töchter, so ihr es tun wollt.«

72 Bei deinem Leben, siehe wahrlich, in ihrer Trunkenheit gingen sie irre!

73 Und da kam über sie der Schrei[11] am Sonnenaufgang,

74 Und Wir kehrten sie[12] das Oberste zuunterst und ließen auf sie gebrannte Steine niederregnen.

75 Siehe, hierin sind wahrlich Zeichen für Einsichtige.

76 Und siehe wahrlich, sie sind auf einem Weg, der noch vorhanden ist.

77 Siehe, hierin ist wahrlich ein Zeichen für die Gläubigen.

78 Und siehe, die Waldbewohner[13] waren auch Sünder.

79 Und Wir nahmen Rache an ihnen und wahrlich, beide wurden ein offenkundiges Exempel.

80 Und wahrlich, auch das Volk von *al-Ḥiǧr* zieh die Gesandten der Lüge.

81 Und Wir brachten ihnen Unsre Zeichen, doch wendeten sie sich ab von ihnen.

82 Und sie höhlten sich sichere Wohnungen in den Bergen aus,

83 Und da überkam sie der Schrei am Morgen,

84 Und all ihr Tun frommte ihnen nichts.

85 Und Wir erschufen die Himmel und die Erde und was zwischen beiden nur zur Wahrheit, und wahrlich die ›Stunde‹ kommt. Drum vergib (o Muhammad) in schöner Vergebung.

86 Siehe, dein Herr, Er ist der Schöpfer, der Wissende.

10 Haben wir dir nicht verboten, irgendwen als Gast aufzunehmen?
11 Gabriels.
12 Die Städte Sodom und Gomorrha; im Text Singular.
13 Die Midianiter.

254   *Sure 16*

87 Und wahrlich, schon gaben Wir dir sieben von den zu wiederholenden (Versen)[14] und den erhabenen Koran.

88 Richte deine Augen nicht auf das, was Wir einigen von ihnen[15] gaben. Betrübe dich auch nicht über sie. Senke deine Fittiche über die Gläubigen,

89 Und sprich: »Siehe, ich bin nur der deutliche Warner.«

90 (Wir wollen eine Strafe auf sie hinabsenden,) wie Wir sie hinabsandten auf die, welche Teile machten,

91 Die den Koran zerstücken.

92 Und bei deinem Herrn! Wahrlich zur Rechenschaft ziehen wollen Wir sie insgesamt

93 Für ihr Tun.

94 So tue kund, was dir geheißen ward, und kehre dich ab von den Götzendienern.

95 Siehe, Wir schützen dich gegen die Spötter,

96 Welche neben Allah noch einen andern Gott setzen. Aber sie werden schon sehen!

97 Wahrlich, Wir wissen, daß deine Brust beklommen ist über ihre Worte.

98 Aber lobpreise deinen Herrn und falle nieder vor Ihm.

99 Und diene deinem Herrn, bis die Gewißheit zu dir kommt.

SECHZEHNTE SURE

Die Bienen

Geoffenbart zu Mekka

Im Namen Allahs,
des Erbarmers, des Barmherzigen!

1 (1) Eintrifft Allahs Befehl, drum wünscht ihn nicht herbei. Preis Ihm! Und erhaben ist Er über das, was sie Ihm beigesellen.

---

14 Der ersten Sure. Nach andern Kommentatoren wird diese Stelle anders erklärt.
15 Den Ungläubigen.

Die Bienen 255

2 (2) Hernieder sendet Er die Engel mit dem Geist[1] auf Sein Geheiß auf wen Er will von Seinen Dienern (und spricht:) »Kündet an, daß es keinen Gott gibt außer Mir; drum fürchtet Mich.«

3 (3) Erschaffen hat Er die Himmel und die Erde zur Wahrheit. Erhaben ist Er über das, was sie Ihm beigesellen.

4 (4) Erschaffen hat Er den Menschen aus einem Samentropfen; und siehe, Er ist ein offenkundiger Krittler.

5 (5) Und die Tiere, Er erschuf sie für euch; sie liefern euch warme Kleidung und bringen euch Nutzen; und ihr esset von ihnen;

6 (6) Und eine Zierde sind sie euch, wenn ihr sie abends eintreibt und morgens austreibt;

7 (7) Und sie tragen eure Lasten zu Ländern, die ihr nicht hättet erreichen können ohne Mühsal der Seelen. Siehe, euer Herr ist wahrlich gütig und barmherzig.

8 (8) Und (Er erschuf) die Pferde und die Kamele und die Esel, auf daß ihr auf ihnen reitet, und zum Schmuck. Und Er erschuf, was ihr nicht kennet.

9 (9) Und Allahs ist es, den Weg zu zeigen, und einige weichen von ihm ab. Und so Er gewollt, wahrlich, Er hätte euch allesamt rechtgeleitet.

10 (10) Er ist's, der euch von dem Himmel Wasser herniedersendet. Von Ihm ist der Trank und von Ihm sind die Bäume, unter denen ihr weidet.

11 (11) Aufsprießen läßt Er euch durch dasselbe die Saat und den Ölbaum und die Palme und die Reben und allerlei Früchte. Siehe, hierin ist wahrlich ein Zeichen für nachdenkende Leute.

12 (12) Und dienstbar machte Er euch die Nacht und den Tag; und die Sonne, der Mond und die Sterne sind (euch) dienstbar auf Sein Geheiß. Siehe, hierin ist wahrlich ein Zeichen für einsichtige Leute.

---

1 Wichtige Stelle für die koranische Definition des »Geistes«, der durch den göttlichen »Befehl« hervorgeht. Vgl. Sure 7,54 und 17,85.

256 *Sure 16*

13 (13) Und was Er euch erschuf auf Erden, verschieden an Farbe, siehe, ein Zeichen ist wahrlich darin für Leute, die sich warnen lassen.

14 (14) Und Er ist's, der das Meer (euch) dienstbar machte, daß ihr frisches Fleisch daraus esset und Schmuck daraus hervorholet, ihn anzulegen. Und du siehst die Schiffe es durchpflügen, und auf daß ihr suchet nach (den Gaben) Seiner Huld, und daß ihr vielleicht dankbar seid.

15 (15) Und in die Erde warf Er die festgegründeten (Berge), daß sie nicht schwanke mit euch, und Flüsse und Pfade, zu eurer Leitung

16 (16) Und Wegmarken; und durch die Sterne sind sie (auch) geleitet.

17 (17) Und ist denn etwa der, welcher erschuf, gleich dem, der nicht erschuf? Bedenkt ihr denn nicht?

18 (18) Und so ihr aufzählen wollet die Gnaden Allahs, ihr berechnet sie nicht. Siehe, Allah ist wahrlich verzeihend und barmherzig.

19 (19) Und Allah weiß, was ihr verbergt und was ihr offenkund macht.

20 (20) Aber jene, die sie außer Allah anrufen, erschaffen nichts, sondern sind erschaffen.

21 (21) Tot sind sie, ohne Leben; und sie wissen nicht, (22) Wann sie erweckt werden.

22 (23) Euer Gott ist ein einiger Gott, und jene, die nicht glauben ans Jenseits, deren Herzen verleugnen, und sie sind hoffärtig.

23 (24) Zweifellos kennt Allah, was sie verbergen und was sie offenkund tun.

(25) Siehe, Er liebt nicht die Hoffärtigen.

24 (26) Und wird zu ihnen gesprochen: »Was hat euer Herr herabgesandt?« so sprechen sie: »Die Fabeln der Früheren.«

25 (27) Dafür sollen sie am Tag der Auferstehung ihre Lasten voll und ganz tragen und von den Lasten derer, die sie irreführten in ihrer Unwissenheit. Wird ihre Last nicht schlimm sein?

Die Bienen   257

26 (28) Schon die, welche vor ihnen lebten, schmiedeten
Ränke, doch packte Allah ihr Gebäude an den Fundamenten
und das Dach stürzte auf sie von oben, und die Strafe kam
über sie, von wannen sie dieselbe nicht erwarteten.

27 (29) Alsdann wird Er sie am Tag der Auferstehung
zuschanden machen und wird zu ihnen sprechen: »Wo sind
Meine Gefährten, um deretwillen ihr auseinander geraten?«
Die, denen das Wissen gegeben, werden dann sprechen:
»Siehe, Schande und Übel trifft heute die Ungläubigen.«

28 (30) Die Sünder wider sich selber, welche von den
Engeln getötet werden, werden den Frieden anbieten (und
sprechen:) »Wir haben nichts Böses getan.« Nein! Siehe,
Allah weiß, was ihr tatet.

29 (31) »So tretet ein in Dschahannams Tore, ewig darinnen zu verweilen, und wahrlich schlimm ist die Wohnung der
Hoffärtigen.«

30 (32) Aber gesprochen wird zu denen, welche gottesfürchtig waren: »Was hat euer Herr hinabgesandt?« Sie werden sprechen: »Gutes.« Diejenigen, die Gutes tun, erhalten
Gutes hienieden; aber die Wohnung des Jenseits ist besser,
und wahrlich, herrlich ist die Wohnung der Gottesfürchtigen.

31 (33) Die Gärten Edens, sie treten in sie ein, die durcheilt
sind von Bächen; sie erhalten in ihnen, was sie wollen. Also
lohnt Allah den Gottesfürchtigen.

32 (34) Zu den Rechtschaffenen sprechen die Engel, wenn
sie dieselben zu sich nehmen: »Frieden sei auf euch! Tretet ein
ins Paradies für euer Tun.«

33 (35) Was können (die Ungläubigen) anders erwarten, als
daß die Engel (des Todes) zu ihnen kommen, oder daß deines
Herrn Befehl zu ihnen ergeht? So taten auch die, welche vor
ihnen lebten. Allah war nicht ungerecht wider sie, vielmehr
waren sie ungerecht gegen sich selber.

34 (36) Und es traf sie das Böse, das sie taten, und es umgab
sie rings, was sie verspotteten.

35 (37) Und es sprechen die, welche (Allah) Gefährten

258   *Sure 16*

geben: »So Allah gewollt, so hätten wir außer Ihm nichts
angebetet, weder wir noch unsre Väter, und hätten nichts
ohne Ihn[2] verboten.« Also taten auch die, welche vor ihnen
lebten. Aber liegt den Gesandten etwas andres ob als öffentliche Predigt?

36 (38) Und wahrlich, Wir entsandten zu jedem Volke
einen Gesandten (zu predigen:) »Dienet Allah und meidet
den Ṭāġūt.« Und einige von ihnen leitete Allah recht und
andern war der Irrtum bestimmt. Aber wandert durch das
Land und schauet, wie das Ende derer war, die der Lüge
ziehen.

37 (39) Wenn du (o Muhammad) auch ihre Leitung
begehrst, siehe, so leitet Allah doch die, welche Er irreführen
will, und sie finden keinen Helfer.

38 (40) Und sie schwören bei Allah den heiligsten Eid:
»Nicht erweckt Allah den, der gestorben ist.« Nein! Seine
Verheißung ist wahr – jedoch wissen es die meisten Menschen
nicht –,

39 (41) Auf daß Er ihnen klarmacht, worüber sie uneins
sind, und damit die Ungläubigen wissen, daß sie Lügner
waren.

40 (42) Unser Wort zu einem Ding, so Wir es wollen, ist
nur, daß Wir zu ihm sprechen: »Sei!« und so ist's.

41 (43) Und die, welche Allahs wegen, nachdem sie Gewalt
erlitten, ihr Land verließen, wahrlich, hienieden wollen Wir
ihnen eine schöne Wohnung geben, und der Lohn des Jenseits
ist noch größer. Wüßten es nur

42 (44) Jene, die standhaft sind und auf ihren Herrn vertrauen!

43 (45) Und vor dir entsandten Wir nur Männer, denen Wir
Offenbarung gegeben; fragt nur das Volk der Ermahnung[3],
so ihr es nicht wisset.

44 (46) (Wir entsandten sie) mit den deutlichen Zeichen

2 Ohne Seine Erlaubnis.
3 Das Volk der Ermahnung sind die Juden und Christen, denen in ihren Schriften Ermahnung zuteil ward.

Die Bienen   259

und den Schriften; und zu dir sandten Wir die Ermahnung[4]
hinab, auf daß du den Menschen erklärest, was zu ihnen hinabgesandt ward, und daß sie es bedenken.

45 (47) Sind denn etwa die, welche Übles planten, sicher
davor, daß Allah sie nicht in die Erde versinken läßt oder daß
Er die Strafe nicht über sie bringt, von wannen sie es nicht
erwarten?

46 (48) Oder daß Er sie nicht in ihren Beschäftigungen
ergreift, ohne daß sie etwas wider Ihn vermögen?

47 (49) Oder daß Er sie nicht nach und nach erfaßt? Und
siehe, euer Herr ist wahrlich gütig und barmherzig.

48 (50) Haben sie denn nicht gesehen, daß alles, was Allah
erschaffen, seinen Schatten zur Rechten und Linken wendet,
sich niederwerfend vor Allah und sich demütigend?

49 (51) Und vor Allah wirft sich nieder, was in den Himmeln und was auf Erden ist, die Tiere und die Engel, und sie
sind nicht zu stolz.

50 (52) Sie fürchten ihren Herrn, der über ihnen ist, und
tun, was ihnen geheißen.

51 (53) Und gesprochen hat Allah: »Nehmt euch nicht zwei
Götter – Er ist ein einiger Gott; drum verehret nur Mich.«

52 (54) Und Sein ist, was in den Himmeln und auf Erden,
und Ihm gebührt ewiger Kult. Wollt ihr einen andern als
Allah fürchten?

53 (55) Und ihr habt keine Gabe, die nicht von Allah wäre.
Alsdann, wenn euch ein Übel trifft, fleht ihr zu Ihm um
Hilfe.

54 (56) Alsdann, wenn Er euch von dem Übel befreit hat,
siehe, dann gibt ein Teil von euch seinem Herrn Gefährten,

55 (57) So daß sie undankbar sind für das, was Wir ihnen
gaben. Genießet es nur, ihr werdet schon sehen!

56 (58) Und sie bestimmen für das, was sie nicht kennen[5],
einen Teil von dem, womit Wir sie versorgten. Bei Allah,

4 Den Koran.
5 Die Götzen.

260　　　　　　　　　　　*Sure 16*

wahrlich, zur Rechenschaft sollt ihr gezogen werden für eure Erdichtungen!

57 (59) Und sie geben Allah Töchter[6] – Preis Ihm! – und sich, was sie begehren.

58 (60) Und wenn einem von ihnen eine Tochter angekündigt wird, dann bedeckt ein schwarzer Schatten sein Gesicht, und er grollt.

59 (61) Er verbirgt sich vor dem Volk wegen der üblen Nachricht: Soll er es zur Schande behalten oder im Staub vergraben? Ist nicht ihr Urteil falsch?

60 (62) Diejenigen, welche nicht glauben ans Jenseits, sind mit dem Schlechtesten zu vergleichen, Allah aber mit dem Höchsten, und Er ist der Mächtige, der Weise.

61 (63) Und so Allah die Menschen für ihre Sünde strafte, so würde Er nichts, was sich regt, auf der Erde lassen; jedoch verzieht Er mit ihnen bis zu einem bestimmten Termin. Und wenn ihr Termin gekommen ist, so können sie ihn weder für eine Stunde verschieben noch beschleunigen.

62 (64) Und sie geben Allah, was ihnen mißfällt, und ihre Zungen lügen, (wenn sie sprechen,) daß für sie das Beste[7] (als Lohn) ist. Zweifellos ist für sie das Feuer, und sie sollen in dasselbe gejagt werden.

63 (65) Bei Allah, schon vor dir schickten Wir Gesandte zu den Völkern, und der Satan putzte ihnen ihre Werke aus; und heute ist er ihr Beschützer, doch wird sie schmerzliche Strafe treffen.

64 (66) Und Wir sandten nur das Buch zu dir, auf daß du ihnen das klarmachst, worüber sie uneins sind, und als eine Leitung und Barmherzigkeit für gläubige Leute.

65 (67) Und Allah sendet vom Himmel Wasser hinab und

---

6 D. h. die Göttinnen Allāt, Manāt und ʿUzza; die Mekkaner selbst hingegen wünschen für sich keine Töchter, ja begraben oft neugeborene Mädchen lebendig (vgl. Anm. 21, S. 147) – wie niedrig denken sie von Gott, daß sie Ihm Töchter zuschreiben!

7 Das Paradies.

Die Bienen 261

belebt damit die Erde nach ihrem Tod. Siehe, hierin ist wahrlich ein Zeichen für hörende Leute.

66 (68) Und siehe, am Vieh habt ihr wahrlich eine Lehre. Wir tränken euch mit dem, was in ihren Leibern ist in der Mitte zwischen Mist und Blut, mit lauterer Milch, die den Trinkenden so leicht durch die Kehle gleitet.

67 (69) Und unter den Früchten die Palmen und Reben, von denen ihr berauschenden Trank und gute Speise habt. Siehe, hierin ist wahrlich ein Zeichen für einsichtige Leute.

68 (70) Und es lehrte dein Herr die *Biene*: »Suche dir in den Bergen Wohnungen und in den Bäumen und in dem, was sie[8] erbauen.

69 (71) Alsdann speise von jeglicher Frucht und ziehe die bequemen Wege deines Herrn.« Aus ihren Leibern kommt ein Trank verschieden an Farbe, in dem eine Arznei ist für Menschen. Siehe, hierin ist wahrlich ein Zeichen für nachdenkende Menschen.

70 (72) Und Allah hat euch erschaffen; alsdann nimmt Er euch zu sich, doch läßt Er einige von euch das hinfälligste Alter erreichen, daß sie nichts mehr von dem, was sie gewußt, wissen. Siehe, Allah ist wissend und mächtig.

71 (73) Und Allah hat den einen von euch vor dem andern in der Versorgung bevorzugt. Und doch geben die Bevorzugten von ihrer Versorgung nichts zurück an die (Sklaven,) die ihre Rechte besitzt, auf daß sie hierin gleich seien. Wollen sie denn Allahs Gnade verleugnen?

72 (74) Und Allah gab euch aus euch selber Gattinnen und gab euch von euern Gattinnen Söhne und Enkel und versorgte euch mit Gutem. Wollen sie da an das Nichtige glauben und Allahs Gnade verleugnen?

73 (75) Und sie verehren außer Allah, was ihnen weder vom Himmel noch von der Erde etwas zur Versorgung zu geben vermag und machtlos ist.

---

8 Die Menschen.

262 *Sure 16*

74 (76) Darum machet Allah keine Gleichnisse[9]; siehe, Allah weiß, doch ihr wisset nicht.

75 (77) Ein Gleichnis macht Allah: Ein Sklave, ein Mameluk, der über nichts Gewalt hat, und jemand, den Wir mit schöner Versorgung versorgten, und der davon spendet insgeheim und öffentlich, sind diese einander gleich? Gelobt sei Allah! Jedoch verstehen es die meisten Menschen nicht.

76 (78) Und Allah macht (noch) ein Gleichnis: Es sind zwei Männer da, von denen der eine stumm ist und nichts vermag und eine Last seinem Herrn ist, der, wohin er ihn auch wenden mag, nichts Gutes bringt; ist der etwa gleich einem, der befiehlt, was Rechtens ist, und sich auf dem rechten Weg befindet?

77 (79) Und Allahs ist das Verborgene in den Himmeln und auf der Erde. Und das Geschäft der ›Stunde‹ ist nur wie ein Augenblick oder noch kürzer. Siehe, Allah hat Macht über alle Dinge.

78 (80) Und Allah hat euch aus den Leibern eurer Mütter hervorgebracht als Unwissende. Und Er gab euch Gehör und Gesicht und Herzen, auf daß ihr dankbar wäret.

79 (81) Sehen sie nicht die Vögel, wie sie Ihm untertan sind im Himmelsraum? Niemand hält sie in Händen außer Allah. Siehe, hierin ist wahrlich ein Zeichen für gläubige Leute.

80 (82) Und Allah hat euch Behausungen gegeben zur Wohnung; und Er gab euch die Häute des Viehs zu Behausungen, auf daß ihr sie leicht erfindet am Tag eures Aufbruchs und am Tag eures Halts; und ihre Wolle und ihren Pelz und ihre Haare (gab Er euch) zu Gebrauchsgegenständen und Geräten für (gewisse) Zeit.

81 (83) Und Allah gab euch Schatten von dem, was Er erschuf, und gab euch die Berge zu Asylen und gab euch Kleidung zum Schutz gegen die Hitze und Kleider zum Schutz im Kampf. Also vollendet Er Seine Gnade gegen euch, auf daß ihr Muslime werdet.

9 Vgl. 2. Mose 20,4.

Die Bienen 263

82 (84) Und so sie den Rücken kehren, dir liegt nur die öffentliche Predigt ob.

83 (85) Sie erkennen Allahs Gnade und leugnen sie hernach ab, und die meisten von ihnen sind ungläubig.

84 (86) Und eines Tages erwecken Wir aus allen Völkern einen Zeugen; alsdann wird den Ungläubigen keine Erlaubnis gegeben werden, (sich zu entschuldigen,) und ihre Bitten um Gnade sollen nicht angenommen werden.

85 (87) Und wenn die Ungerechten die Strafe sehen, so soll sie ihnen nicht gelindert werden und sie sollen nicht Nachsicht finden.

86 (88) Und wenn diejenigen, welche (Allah) Gefährten gaben, ihre ›Gefährten‹ sehen, werden sie sprechen: »Unser Herr, dies sind unsre ›Gefährten‹, die wir außer Dir anriefen.« Und sie sollen ihnen das Wort entgegnen: »Siehe, ihr seid wahrlich Lügner.«

87 (89) Und an jenem Tage werden sie Allah Frieden bieten, und von ihnen schweifen ihre Erdichtungen.

88 (90) Und diejenigen, die nicht glaubten und von Allahs Weg abwendig machten, sollen von uns Strafe über Strafe erhalten, dafür daß sie Verderben stifteten.

89 (91) Und erwecken werden Wir eines Tages in jedem Volk einen Zeugen wider sie aus ihrer Mitte, und Wir wollen dich als Zeugen wider diese (Mekkaner) bringen. Wir sandten auf dich das Buch hernieder als eine Erklärung für alle Dinge und eine Rechtleitung und Barmherzigkeit und Heilsbotschaft für die Muslime.

90 (92) Siehe Allah gebietet Gerechtigkeit zu üben, Gutes zu tun und die Verwandten zu beschenken und verbietet das Schändliche und Schlechte und Gewalttat. Er ermahnt euch, auf daß ihr es zu Herzen nehmet.

91 (93) Und haltet den Bund Allahs, so ihr ihn eingegangen seid, und brechet nicht eure Eide, nachdem ihr sie bekräftigt; denn nun habt ihr Allah zum Bürgen für euch gemacht. Siehe, Allah weiß, was ihr tut.

92 (94) Und seid nicht wie jene, die ihr Gespinst in Sträh-

264   *Sure 16*

nen auflöste, nachdem sie es festgesponnen, indem ihr, weil
die eine Partei stärker als die andre ist, die Eide nur zu gegenseitigem Betrug leistet. Siehe, Allah prüft euch hierin und
wahrlich, am Tag der Auferstehung wird Er euch klarmachen, worüber ihr uneins seid.

93 (95) Und so Allah es gewollt, hätte Er euch zu einer
einzigen Gemeinde gemacht; jedoch führt Er irre, wen Er
will, und leitet recht, wen Er will; und wahrlich, zur Rechenschaft gezogen werdet ihr für euer Tun.

94 (96) Darum legt nicht Eide ab zu gegenseitigem Betrug,
damit nicht der Fuß ausgleite, nachdem er fest hingesetzt,
und ihr das Übel schmecket, dieweil ihr abwendig machtet
von Allahs Weg, und euch schwere Strafe trifft.

95 (97) Und verkaufet nicht den Bund Allahs um einen
geringen Preis, denn nur bei Allah ist das, was besser für euch
ist, so ihr es versteht.

96 (98) Was bei euch ist, vergeht, und was bei Allah ist,
besteht; und wahrlich, belohnen werden Wir die Standhaften
mit ihrem Lohn für ihre besten Werke.

97 (99) Wer das Rechte tut, sei es Mann oder Weib, wenn er
nur gläubig ist, den wollen Wir lebendig machen zu einem
guten Leben und wollen ihn belohnen für seine besten
Werke.

98 (100) Und so du den Koran liesest, so nimm deine
Zuflucht zu Allah vor dem gesteinigten Satan.

99 (101) Siehe, keine Macht hat er über die, welche gläubig
sind und auf ihren Herrn vertrauen;

100 (102) Siehe, seine Macht reicht nur über die, welche
sich von Ihm[10] abkehren und Ihm Gefährten geben.

101 (103) Und wenn Wir ein Zeichen[11] mit einem andern
vertauschen – und Allah weiß am besten, was Er hinabsendet –, sprechen sie: »Du bist nur ein Erdichter.« Aber die
meisten von ihnen sind ohne Einsicht.

10 Allah.
11 Einen Vers.

Die Bienen 265

102 (104) Sprich: »Herabgesandt hat ihn[12] der Heilige Geist[13] von deinem Herrn in Wahrheit, um die Gläubigen mit ihm zu stärken, und als eine Leitung und Heilsbotschaft für die Muslime.

103 (105) Und wahrlich, Wir wissen auch, daß sie sprechen: ›Siehe, ein Mensch lehrt ihn.‹ Die Sprache dessen, den sie meinen, ist barbarisch[14], und dies ist offenkundig die arabische Sprache.«

104 (106) Siehe, jene, die nicht an Allahs Zeichen glauben, Allah leitet sie nicht, und ihnen wird schmerzliche Strafe.

105 (107) Lügen ersinnen jene, die an Allahs Zeichen nicht glauben, und sie – sie sind Lügner.

106 (108) Wer Allah verleugnet, nachdem er an Ihn geglaubt, es sei denn, er sei dazu gezwungen und sein Herz sei fest im Glauben –, jedoch, wer seine Brust dem Unglauben öffnet – auf sie soll kommen Zorn von Allah und ihnen soll sein schwere Strafe.

107 (109) Solches, darum daß sie das irdische Leben mehr liebten als das Jenseits, und weil Allah die Ungläubigen nicht leitet.

108 (110) Diese sind's, deren Herzen und Gehör und Gesicht Allah versiegelt hat, und sie – sie sind die Achtlosen.

109 Ohne Zweifel sind sie im Jenseits die Verlorenen.

110 (111) Alsdann wird dein Herr jenen, welche nach Prüfungen auswanderten und alsdann kämpften und standhaft waren – siehe, dein Herr wird hernach wahrlich verzeihend und barmherzig sein.

111 (112) Eines Tages wird jede Seele kommen und für sich selber rechten, und jeder Seele wird vergolten ihr Tun, und nicht soll ihnen unrecht geschehen.

---

12 Den Koran.
13 Der Erzengel Gabriel.
14 D. h. nicht-arabisch, vielleicht persisch; die Kommentatoren haben, außer an christliche Persönlichkeiten, meist an Salmān al-Fārisī, »den Perser«, gedacht, der in der religiösen Spekulation des späteren Islām – vor allem in der Šīʿa – eine wichtige Rolle spielt. Vgl. Sure 25,4.

266   *Sure 16*

112 (113) Und Allah macht ein Gleichnis: Eine Stadt[15] war sicher und in Frieden, zu der ihre Versorgung in Hülle und Fülle von allen Orten kam. Und sie war undankbar gegen Allahs Gnaden, und da ließ Allah sie schmecken das Gewand des Hungers und der Furcht für ihr Tun.

113 (114) Und wahrlich, es kam zu ihnen ein Gesandter aus ihnen, und sie ziehen ihn der Lüge, und da erfaßte sie die Strafe, dieweil sie Sünder waren.

114 (115) Esset von dem, was euch Allah bescherte, das Erlaubte und Gute, und danket der Gnade Allahs, so ihr Ihm dienet.

115 (116) Verwehrt hat Er euch nur das Krepierte und Blut und Schweinefleisch und das, worüber (beim Schlachten) ein andrer als Allah angerufen ward. Und wenn jemand gezwungen wird, ohne danach zu verlangen oder in (absichtlicher) Übertretung, siehe, so ist Allah verzeihend und barmherzig.

116 (117) Und sprechet nicht mit lügnerischer Zunge: »Das ist erlaubt und das ist verboten«, um wider Allah eine Lüge zu ersinnen; siehe, denjenigen, die wider Allah Lügen ersinnen, ergeht es nicht wohl.

117 (118) Ein geringer Genuß, und dann trifft sie schmerzliche Strafe.

118 (119) Und den Juden verboten Wir das, was Wir dir zuvor angaben[16]. Und Wir waren nicht ungerecht gegen sie, vielmehr waren sie gegen sich selber ungerecht.

119 (120) Alsdann wird dein Herr gegen die, welche das Böse taten in Unwissenheit und hernach sich bekehrten und besserten – siehe, hernach wird dein Herr wahrlich verzeihend und barmherzig sein.

120 (121) Siehe, Abraham war ein Imām[17], gehorsam gegen Allah und lauter im Glauben, und war keiner der Götzendiener.

15 Mekka.
16 Sure 6,146.
17 Ein Vorsteher in der Religion.

Die Bienen 267

121 (122) Er war dankbar für Seine Gnaden, und Er erwählte ihn und leitete ihn auf einen rechten Pfad.

122 (123) Und Wir gaben ihm hienieden Gutes, und siehe, im Jenseits gehört er zu den Gerechten.

123 (124) Alsdann offenbarten Wir dir: »Folge der Religion Abrahams, des Lautern im Glauben, der kein Götzendiener war.«

124 (125) Der Sabbat ward nur verordnet für die, welche über ihn uneins waren, und siehe, dein Herr wird gewißlich richten zwischen ihnen am Tag der Auferstehung über das, worüber sie uneins sind.

125 (126) Lade ein zum Weg deines Herrn mit Weisheit und schöner Ermahnung; und streite mit ihnen in bester Weise. Siehe, dein Herr weiß am besten, wer von Seinem Wege abgeirrt ist, und Er kennet am besten die Rechtgeleiteten.

126 (127) Und so ihr euch rächen wollt, so rächt euch in gleichem Maße, als euch Böses zugefügt ward. Und so ihr duldet, so ist dies besser für die Duldenden.[18]

127 (128) Und du trage in Geduld. Und deine Geduld kommt nur von Allah. Und betrübe dich nicht über sie, und bekümmere dich nicht über ihre Anschläge.

128 Siehe, Allah ist mit denen, die Ihn fürchten und die Gutes tun.

---

18 Dieser Vers soll die Muslime vor allzu strenger Rache an den Mekkanern warnen, die den Leichnam des in der Schlacht bei Uḥud gefallenen Oheims Muhammads, Ḥamza, verstümmelt hatten.

SIEBZEHNTE SURE

Die Nachtfahrt[1]

Geoffenbart zu Mekka

Im Namen Allahs,
des Erbarmers, des Barmherzigen!

1 (1) Preis dem, der Seinen Diener des *Nachts entführte* von der heiligen Moschee zur fernsten Moschee[2], deren Umgebung Wir gesegnet haben, um ihm Unsre Zeichen zu zeigen. Siehe, er ist der Hörende, der Schauende.

2 (2) Und Wir gaben Moses die Schrift und bestimmten sie zu einer Leitung für die Kinder Israel (und sprachen:) »Nehmet keinen außer Mir zum Beschützer.«

3 (3) Eine Nachkommenschaft derer, die Wir mit Noah (in der Arche) trugen; siehe er war ein dankbarer Diener.

4 (4) Und Wir bestimmten für die Kinder Israel in der Schrift: »Wahrlich, zweimal werdet ihr auf der Erde Verderben anstiften[3] und werdet euch in großer Hoffart erheben.«

5 (5) Und als die Drohung für das erste Mal eintraf, da entsandten Wir wider euch Unsre Diener, begabt mit gewaltiger Macht, und sie durchsuchten das Innerste eurer Wohnungen, und es ward die Drohung vollzogen.

6 (6) Alsdann gaben Wir euch wiederum die Macht über sie und mehrten euch an Gut und Kindern und machten euch zu einer zahlreichen Schar.

7 (7) (Und Wir sprachen:) »So ihr Gutes tut, tut ihr Gutes für euch, so ihr Böses tut, ist's wider euch.« Und als die

---

1 Auch »Die Kinder Israel« genannt.
2 Die Nachtreise Muhammads von der Ka'ba nach Jerusalem und seine Himmelsreise soll am 17. Rabi' al-awwal im Jahr vor der Auswanderung stattgefunden haben; der Tag wird heute als Feiertag begangen. Über die Bedeutung dieser Himmelsreise siehe die in der Bibliographie angegebenen Werke von E. Cerulli, R. Hartmann, B. Schrieke, M. Iqbal und A. Schimmel.
3 Über diese beiden Verbrechen gehen die Kommentatoren auseinander. Nach gewöhnlicher Ansicht sollen es die Ermordung des Jesaja und Johannes des Täufers sein.

Die Nachtfahrt 269

Drohung für das andre Mal eintraf, (da entsandten Wir Unsre Diener,) um euere Angesichter zu kränken und euere Moschee zu betreten, wie sie dieselbe das erste Mal betraten, und, was sie erobert, von Grund aus zu zerstören.

8 (8) Vielleicht, daß euer Herr sich euer erbarmt! Aber tut ihr's wieder, so tun auch Wir es wieder, und bestimmt haben Wir Dschahannam als Gefängnis für die Ungläubigen.

9 (9) Siehe, dieser Koran leitet zum Richtigsten und verheißt den Gläubigen,

(10) Die das Rechte tun, großen Lohn;

10 (11) Aber denen, die nicht ans Jenseits glauben (verheißt er,) daß Wir ihnen schmerzliche Strafe bereitet haben.

11 (12) Und es bittet der Mensch um Schlimmes, wie wenn er um Gutes bäte; denn der Mensch ist voreilig.

12 (13) Und Wir machten die Nacht und den Tag zu zwei Zeichen. Und Wir löschten das Zeichen der Nacht aus und machten das Zeichen des Tages sichtbar, auf daß ihr trachtet nach der Huld[4] eures Herrn und daß ihr wisset die Zahl der Jahre und die Berechnung (der Zeit). Und jedes Ding, Wir haben es klar erklärt.

13 (14) Und jeden Menschen – befestigt haben Wir ihm sein Los[5] an seinem Hals, und heraus wollen Wir für ihn holen am Tag der Auferstehung ein Buch, das ihm geöffnet vorgelegt werden soll, (und Wir werden zu ihm sprechen:)

14 (15) »Lies dein Buch; du selber sollst heute Rechenschaft wider dich ablegen.«

15 (16) Wer rechtgeleitet ist, der ist nur rechtgeleitet zu seinem eigenen Besten, und wer irregeht, der geht irre allein zu seinem eigenen Schaden; und nicht soll tragen eine beladene (Seele noch) eine andre Last. Und Wir straften nicht eher, als Wir einen Gesandten schickten.

16 (17) Und so Wir eine Stadt zerstören wollten, erging Unser Gebot an die Üppigen darinnen. Und sie frevelten

---

4 Nach den Gütern des Lebens, die euer Herr euch in Seiner Huld gewährt.
5 Wörtlich: Vogel, da das Schicksal aus dem Vogelflug gedeutet wurde.

270   *Sure 17*

darinnen, und so erfüllte sich an ihr das Wort, und Wir zerstörten sie von Grund aus.

17 (18) Und wie viele Geschlechter vertilgten Wir nach Noah! Denn dein Herr weiß und schaut die Sünden Seiner Diener zur Genüge.

18 (19) Wer diese Vergänglichkeit begehrt – schnell geben Wir in ihr, was Wir wollen, dem, der Uns beliebt. Alsdann bestimmen Wir Dschahannam für ihn, in der er brennen soll, in Schanden und verstoßen.

19 (20) Wer aber das Jenseits begehrt und nach ihm eifert in geziemendem Eifer und gläubig ist – denen wird ihr Eifer gedankt.

20 (21) Alle wollen Wir versorgen, diese und jene, von den Gaben deines Herrn, und deines Herrn Gaben sollen nicht versagt werden.

21 (22) Schau, wie Wir die einen vor den andern bevorzugten! Doch das Jenseits soll größere Rangstufen haben und größere Auszeichnungen.

22 (23) Setze nicht neben Allah einen anderen Gott, daß du nicht dasitzest, mit Schimpf bedeckt und hilflos.

23 (24) Und bestimmt hat dein Herr, daß ihr Ihm allein dienet und daß ihr gegen eure Eltern gütig seid, sei es, daß der eine von ihnen oder beide bei dir ins Alter kommen. Drum sprich nicht zu ihnen: »Pfui!« und schilt sie nicht, sondern führe zu ihnen ehrfürchtige Rede.

24 (25) Und füge dich ihnen unterwürfig[6] aus Barmherzigkeit und sprich: »Mein Herr, erbarme Dich beider, so wie sie mich aufzogen, da ich klein war.«

25 (26) Euer Herr weiß sehr wohl, was in euern Seelen ist, ob ihr rechtschaffen seid;

(27) Und siehe, Er ist gegen die Bußfertigen verzeihend.

26 (28) Und gib dem Verwandten, was ihm gebührt, und den Armen und dem Sohn des Weges; doch verschwende nicht in Verschwendung.

6 Wörtlich: Laß zu ihnen hängen den Fittich der Unterwürfigkeit.

Die Nachtfahrt 271

27 (29) Siehe, die Verschwender sind die Brüder der Satane, und der Satan war seinem Herrn undankbar.

28 (30) Und so du dich abwendest von ihnen, im Trachten nach deines Herrn Barmherzigkeit, auf die du hoffst, so sprich doch zu ihnen freundliche Worte.[7]

29 (31) Und laß deine Hand nicht an deinen Hals gefesselt sein, und öffne sie nicht, so weit du vermagst, so daß du getadelt und verarmt dasitzest.

30 (32) Siehe, dein Herr gibt reichlich den Unterhalt und bemessen, wem Er will. Siehe, Er kennt und schaut Seine Diener.

31 (33) Tötet nicht eure Kinder aus Furcht vor Verarmung; Wir wollen sie und euch versorgen. Siehe, ihr Töten ist eine große Sünde.

32 (34) Und bleibt fern der Hurerei; siehe, es ist eine Schändlichkeit und ein übler Weg.

33 (35) Und tötet keinen Menschen, den euch Allah verwehrt hat, es sei denn um der Gerechtigkeit willen. Ist aber jemand ungerechterweise getötet, so geben Wir seinem nächsten Anverwandten Gewalt. Doch sei er nicht maßlos im Töten (des Mörders;) siehe, er findet Hilfe.

34 (36) Und bleibt fern dem Gut der Waise, außer zu ihrem Besten, bis sie das Alter der Reife erlangt hat. Und haltet den Vertrag. Siehe, über Verträge werdet ihr zur Rechenschaft gezogen.

35 (37) Und gebet volles Maß, wenn ihr messet, und wäget mit richtiger Waage; so ist's besser und förderlicher zur Erledigung.

36 (38) Und fuße nicht auf dem, wovon du kein Wissen hast; siehe, Gehör, Gesicht und Herz, alles wird dafür zur Rechenschaft gezogen.

37 (39) Und schreite nicht auf der Erde stolz einher; siehe, du kannst die Erde nicht spalten noch die Berge an Höhe erreichen.

---

7 D. h. sprich: »Allah möge geben«, wie man es noch heute im Orient gegenüber Bettlern tut.

38 (40) Alles dies ist übel vor deinem Herrn und verhaßt.

39 (41) Dies ist von dem, was dir dein Herr an Weisheit offenbarte; und setze neben Allah keinen andern Gott, sonst wirst du in Dschahannam geworfen, getadelt und verstoßen.

40 (42) Hat euch denn euer Herr gerade für euch Söhne erwählt und sich von den Engeln Töchter angenommen? Siehe, ihr sprechet wahrlich ein erschreckliches Wort aus.

41 (43) Siehe, Wir haben in diesem Koran mannigfaltige Beweise gegeben, sie zu verwarnen; aber es vermehrt nur ihren Widerwillen.

42 (44) Sprich: »Gäbe es neben Ihm noch Götter, wie sie sprechen, alsdann müßten sie doch nach einem Weg trachten, dem Herrn des Thrones beizukommen.«

43 (45) Preis Ihm! Und erhaben ist Er hoch über ihre Behauptung!

44 (46) Es preisen Ihn die sieben Himmel und die Erde und wer darinnen. Und kein Ding ist, das Ihn nicht lobpreist. Doch versteht ihr nicht ihre Lobpreisung. Siehe, Er ist milde und verzeihend.

45 (47) Wenn du den Koran liesest, so machen Wir zwischen dir und denen, die nicht ans Jenseits glauben, einen verhüllenden Vorhang;

46 (48) Und Wir legen auf ihre Herzen Decken, daß sie ihn nicht verstehen; und machen ihre Ohren schwerhörig.

(49) Und wenn du deinen Herrn im Koran als einen Einigen erwähnst, wenden sie ihren Rücken zur Flucht.

47 (50) Wir wissen sehr wohl, warum sie darauf hören, wenn sie dir zuhören. Und wenn sie insgeheim miteinander reden, dann sprechen die Ungerechten: »Ihr folgt nur einem verzauberten Mann.«

48 (51) Schau, was sie für Gleichnisse mit dir anstellen! Aber sie irren sich und vermögen keinen Weg zu finden.

49 (52) Und sie sprechen: »Wenn wir Gebeine geworden sind und Staub, sollen wir dann etwa zu einer neuen Schöpfung erstehen?«

50 (53) Sprich: »Wäret ihr auch Stein oder Eisen

Die Nachtfahrt 273

51 Oder sonst welches Erschaffene, das euch schwer dünkt (erweckt zu werden) ...« Und sie werden sprechen: »Wer wird uns zurückbringen?« Sprich: »Er, der euch das erste Mal erschuf.« Und dann werden sie das Haupt wider dich schütteln und sprechen: »Wann geschieht's?« Sprich: »Vielleicht geschieht's bald.«

52 (54) Eines Tages wird Er euch rufen, und ihr werdet Ihm antworten mit Lobpreisung und werdet glauben, ihr hättet nur ein wenig verweilt.

53 (55) Und sprich zu Meinen Dienern, sie sollen aufs freundlichste[8] reden. Siehe, der Satan sucht Streit unter ihnen zu stiften; siehe, der Satan ist den Menschen ein offenkundiger Feind.

54 (56) Euer Herr kennt euch sehr wohl; wenn Er will, erbarmt Er sich euer, und, wenn Er will, straft Er euch, und nicht haben Wir dich entsandt, ihr Beschützer zu sein.

55 (57) Und dein Herr kennt jeden, der in den Himmeln und auf Erden ist. Und wahrlich, Wir bevorzugten die einen der Propheten vor den andern, und Wir gaben David die Psalmen.

56 (58) Sprich: »Rufet nur jene an, die ihr neben Ihm (als Götter) annehmt, sie vermögen doch nicht, euch von dem Übel zu befreien oder es abzuwenden.

57 (59) Jene, die sie anrufen, trachten selbst nach Vereinigung mit ihrem Herrn, Ihm am nächsten zu stehen, und hoffen auf Seine Barmherzigkeit und fürchten Seine Strafe. Siehe, die Strafe deines Herrn ist zu fürchten.

58 (60) Und es gibt keine Stadt, die Wir nicht vernichten wollen vor dem Tag der Auferstehung oder doch mit strenger Strafe strafen wollen; das ist in dem Buch verzeichnet.

59 (61) Und nichts hinderte Uns, (dich) zu entsenden, wenn nicht die Früheren sie der Lüge geziehen hätten. Und Wir gaben Ṭamūd die Kamelin sichtbarlich, und

8 Mit den Ungläubigen, um sie nicht zu reizen.

274   *Sure 17*

sie versündigten sich wider sie. Und Wir entsenden nur mit
Zeichen, um Furcht zu erwecken.

60 (62) Und (gedenke,) als Wir zu dir sprachen: »Siehe,
dein Herr umgibt die Menschen.« Und Wir bestimmten das
Gesicht, das Wir dich sehen ließen, nur zu einer Versuchung
für die Menschen, und (ebenso) den verfluchten Baum⁹ im
Koran; und Wir erfüllen sie mit Furcht, und es wird sie nur
stärken in großer Ruchlosigkeit.

61 (63) Und da Wir zu den Engeln sprachen: »Werfet euch
nieder vor Adam!« Da warfen sich alle nieder bis auf Iblīs. Er
sprach: »Soll ich mich niederwerfen vor einem, den Du aus
Ton erschaffen?«

62 (64) Er sprach: »Was dünkt Dir von diesem, den Du
höher ehrtest als mich? Wahrlich, wenn Du mit mir bis zum
Tag der Auferstehung verziehst, will ich seine Nachkommenschaft bis auf wenige ausrotten.«

63 (65) Er sprach: »Hinfort! Und wer dir von ihnen folgt,
siehe, so soll Dschahannam euer Lohn sein, ein reicher Lohn.

64 (66) Verführe nun von ihnen, wen du vermagst, mit
deiner Stimme und bedränge sie mit deinen Reitern und Man-
nen und sei ihr Teilhaber an ihrem Gut und ihren Kindern
und mach ihnen Versprechungen. Aber was ihnen der Satan
verspricht, ist nur Trug.

65 (67) Siehe, Meine Diener, über sie hast du keine Gewalt,
und dein Herr genügt als Beschützer.«

66 (68) Euer Herr ist es, der euch die Schiffe auf dem Meere
treibt, auf daß ihr trachtet nach Seinem Überfluß. Siehe, Er ist
gegen euch barmherzig.

67 (69) Und wenn euch ein Unheil auf dem Meere trifft,
dann sind jene, die ihr außer Ihm anruft, in weiter Ferne. Hat
Er euch aber ans Land gerettet, dann wendet ihr euch ab; und
der Mensch ist undankbar.

68 (70) Seid ihr denn sicher davor, daß Er euch in die Erde

---

9 Den Höllenbaum Zaqqūm, dessen Früchte die Speise der Verdammten sind,
 vgl. Sure 37,62.

Die Nachtfahrt   275

versinken lässet oder wider euch einen Sandsturm entsendet? Alsdann findet ihr keinen Beschützer für euch.

69 (71) Oder seid ihr sicher davor, daß Er euch nicht noch ein andermal aufs Meer hinausführt und wider euch eine Windsbraut entsendet und euch für eure Undankbarkeit ertränkt? Alsdann findet ihr keinen Helfer wider Mich.

70 (72) Und wahrlich, Wir zeichneten die Kinder Adams aus und trugen sie zu Land und Meer und versorgten sie mit guten Dingen und bevorzugten sie hoch vor vielen Unsrer Geschöpfe.

71 (73) Eines Tages werden Wir alle Menschen rufen mit ihren Führern; und jene, denen ihr Buch in ihre Rechte gegeben wird, die sollen es lesen und sollen nicht um einen Faden Unrecht erleiden.

72 (74) Und wer hienieden blind gewesen, der soll auch im Jenseits blind sein und noch mehr vom Weg abirren.

73 (75) Und siehe, fast hätten sie dich von dem, was Wir dir offenbarten, abwendig gemacht, daß du etwas anderes wider Uns erdichtetest, und alsdann hätten sie dich wahrlich zum Freund angenommen.

74 (76) Und wenn Wir dich nicht gefestigt hätten, so hättest du dich beinahe ihnen um ein weniges zugeneigt.

75 (77) Alsdann hätten Wir dich wahrlich das gleiche vom Leben als vom Tod[10] schmecken lassen, und dann hättest du keinen Helfer wider Uns gefunden.

76 (78) Und wahrlich, fast hätten sie dich zum Verlassen des Landes bewogen, um dich daraus zu vertreiben; aber dann hätten sie nur noch ein weniges nach dir darinnen verweilt.[11]

77 (79) (So war Unser) Verfahren mit denen von Unsern Gesandten, die Wir vor dir entsandten, und nicht sollst du eine Änderung in Unserm Verfahren finden.

78 (80) Verrichte das Gebet bei Sonnenuntergang bis zum

---

10 D. h., sowohl im Leben als im Tode hätten Wir dich gestraft.
11 Nach den Kommentatoren hätten die Juden Muhammad aufgefordert, nach Syrien zu gehen, weil dies allein das Land der Propheten sei.

276   *Sure 17*

Dunkel der Nacht und die Morgenlesung. Die Morgenlesung
wird bezeugt.

79 (81) Und bring auch einen Teil der Nacht wach zu; das
dient dir als Überschuß; vielleicht erweckt dich dein Herr zu
einem preislichen Rang.

80 (82) Und sprich: »Mein Herr, laß meinen Eingang und
meinen Ausgang wahrhaftig sein und gewähre mir Deine hel-
fende Macht.«

81 (83) Und sprich: »Gekommen ist die Wahrheit und vergangen das Nichtige. Siehe, das Nichtige ist vergänglich.«

82 (84) Und Wir senden hinab vom Koran, was eine Arznei
ist und eine Barmherzigkeit für die Gläubigen; den Sündern
aber mehrt er nur das Verderben.

83 (85) Und wenn Wir dem Menschen Gnade erweisen,
wendet er sich ab und geht beiseite; und so ihn ein Übel trifft,
verzweifelt er.

84 (86) Sprich: »Jeder handelt nach seiner Weise, und euer
Herr weiß sehr wohl, wer auf den besten Weg geleitet ist.«

85 (87) Und sie werden dich über den Geist[12] befragen.
Sprich: »Der Geist ist auf den Befehl meines Herrn (erschaffen); euch aber ist nur wenig Wissen (hiervon) gegeben.«

86 (88) Und wahrlich, wollten Wir, so nähmen Wir fort,
was Wir dir geoffenbart; alsdann fändest du für dich hierin
wider Uns keinen Beschützer,

87 (89) Außer der Barmherzigkeit deines Herrn; siehe,
Seine Huld gegen dich ist groß.

88 (90) Sprich: »Wahrlich, wenn sich auch die Menschen
und die Dschinn zusammentäten, um einen Koran gleich diesem hervorzubringen, sie brächten keinen gleichen hervor,
auch wenn die einen den andern beiständen.«[13]

89 (91) Und wahrlich, Wir haben den Menschen in diesem
Koran jegliches Gleichnis klar aufgestellt, aber die meisten
Menschen wollen ihn nicht, allein aus Unglauben.

12 Nach den einen Kommentatoren Gabriel; nach den andern die Seele.
13 Hierauf gründet sich die theologische Lehre von der Unnachahmlichkeit des
   Koran.

Die Nachtfahrt 277

90 (92) Und sie sprechen: »Nimmer glauben wir dir, bis du uns aus der Erde eine Quelle hervorbrechen lässest;

91 (93) Oder bis du einen Palmen- und Rebengarten besitzest, in dessen Mitte du die Bäche hervorströmen lässest;

92 (94) Oder bis du den Himmel in Stücken, wie du es behauptest, auf uns niederfallen lässest oder Allah und die Engel als Bürgschaft bringst;

93 (95) Oder bis du ein Haus aus Gold besitzest oder in den Himmel steigst; und wir wollen nicht eher dein Hinaufsteigen glauben, als bis du uns ein Buch hinabgesendet hast, das wir lesen können.« Sprich: »Preis meinem Herrn! Bin ich mehr als ein Mensch, ein Gesandter?«

94 (96) Und nichts hindert die Menschen am Glauben, wenn die Leitung zu ihnen gekommen ist, als daß sie sprechen: »Hat Allah nur einen Menschen entsandt?«

95 (97) Sprich: »Wenn die Engel auf Erden vertraulich wandelten, wahrlich, dann hätten Wir ihnen vom Himmel einen Engel als Gesandten hinabgeschickt.«

96 (98) Sprich: »Allah genügt als Zeuge zwischen mir und zwischen euch; siehe, Er weiß und schaut Seine Diener.«

97 (99) Und wen Allah leitet, der ist der Rechtgeleitete; und wen Er irreführt, nimmer findest du Helfer für sie außer Ihm. Und versammeln werden Wir sie am Tag der Auferstehung auf ihren Gesichtern, blind, stumm und taub. Und ihre Herberge soll sein Dschahannam. Sooft sie erlischt, wollen Wir die Flamme wieder anzünden.

98 (100) Solches ist ihr Lohn, darum daß sie nicht an Unsre Zeichen glaubten und sprachen: »Wenn wir Gebeine und Staub geworden sind, sollen wir dann wieder zu einem neuen Geschöpf erstehen?«

99 (101) Aber sehen sie denn nicht, daß Allah, der die Himmel und die Erde erschaffen hat, imstande ist, ihresgleichen zu schaffen? Und bestimmt hat Er für sie einen Termin, an dem kein Zweifel ist; aber die Sünder verwerfen dies aus Unglauben.

278   *Sure 17*

100 (102) Sprich: »Besäßet ihr die Schätze der Barmherzigkeit meines Herrn, wahrlich, ihr würdet sie festhalten aus Furcht, sie auszugeben; denn der Mensch ist geizig.«

101 (103) Und wahrlich, Wir gaben Moses neun deutliche Zeichen. Erkundige dich nur bei den Kindern Israel. Und als er zu ihnen kam, sprach Pharao zu ihm: »Siehe, o Moses, ich halte dich für verzaubert.«

102 (104) Er sprach: »Du weißt doch, daß niemand anders diese (Zeichen) herabgesandt hat als der Herr der Himmel und der Erde als sichtbare Beweise. Und wahrlich, ich halte dich, o Pharao, für verloren.«

103 (105) Da suchte Pharao sie aus dem Lande zu treiben; aber Wir ertränkten ihn und die bei ihm waren allzumal.

104 (106) Und Wir sprachen nach seiner Vernichtung zu den Kindern Israel: »Bewohnet das Land, und wenn die Verheißung des Jenseits eintrifft, dann werden Wir euch herzubringen in buntem Haufen.«

105 Und in Wahrheit haben Wir ihn[14] hinabgesandt, und in Wahrheit stieg er hinab, und dich entsandten Wir nur als Freudenboten und Warner.

106 (107) Und Wir haben den Koran in Abschnitte geteilt, damit du ihn den Menschen in Zwischenräumen vorliesest; und Wir sandten ihn nach und nach hinab.

107 (108) Sprich: »Glaubt ihr daran oder glaubt ihr nicht daran«, siehe, jene, denen zuvor das Wissen gegeben ward, fallen, wenn er ihnen verlesen wird, anbetend auf ihr Antlitz nieder

108 Und sprechen: »Preis unserm Herrn! Siehe, unsers Herrn Verheißung ist wahrlich erfüllt!«

109 (109) Und sie fallen weinend auf ihr Angesicht nieder und er[15] erhöht ihre Demut.

110 (110) Sprich: »Rufet Ihn Allah an oder rufet Ihn an ar-Raḥmān[16] – wie ihr Ihn auch anrufen mögt, Sein sind die

14 Den Koran.
15 Der Koran; nämlich durch seine Verlesung.
16 Der Erbarmer.

Die Höhle   279

schönsten Namen. Und bete nicht zu laut und auch nicht zu leise, sondern halte den Weg dazwischen inne.«

111 (111) Und sprich: »Gelobt sei Allah, der weder einen Sohn gezeugt noch einen Gefährten im Regiment hat, noch einen Beschützer aus Schwäche.« Und rühme Seine Größe.

ACHTZEHNTE SURE

Die Höhle

Geoffenbart zu Mekka

Im Namen Allahs,
des Erbarmers, des Barmherzigen!

1 (1) Gelobt sei Allah, der das Buch auf Seinen Knecht hinabsandte und es nicht gekrümmt machte,

2 (2) (Sondern) gerade, um anzudrohen strenge Strafe von Ihm, und um den Gläubigen, die das Gute tun, schönen Lohn zu verheißen,

3 Verweilend in ihm immerdar,

4 (3) Und um jene zu warnen, die da sprechen, Allah habe einen Sohn gezeugt,

5 (4) Wovon weder ihnen noch ihren Vätern Wissen ward. Ein schlimmes Wort, das aus ihrem Munde kommt! Sie sprechen nichts als Lüge.

6 (5) Vielleicht nimmst du dir auf ihren Spuren, so sie dieser neuen Offenbarung nicht glauben, das Leben aus Gram.

7 (6) Siehe, Wir erschufen, was auf Erden ist, als ihren Schmuck, auf daß Wir prüfen, wer unter ihnen an Werken der beste ist.

8 (7) Und siehe wahrlich, verwandeln werden Wir, was auf ihr ist, in dürren Staub.

9 (8) Glaubst du wohl, daß die Bewohner *der Höhle* und ar-Raqīm[1] zu Unsern Wunderzeichen gehören?

---

1 Was ar-Raqīm ist, wissen die Kommentatoren nicht. Die einen sagen, es wäre

280   *Sure 18*

10 (9) Da die Jünglinge in die Höhle einkehrten, sprachen sie: »O unser Herr, gewähre uns Barmherzigkeit von Dir und lenke unsre Sache zum besten.«

11 (10) Und Wir schlugen sie auf die Ohren in der Höhle für viele Jahre.

12 (11) Alsdann erweckten Wir sie, um zu wissen, wer von den beiden Parteien am besten den Zeitraum ihres Verweilens berechnete.

13 (12) Wir wollen dir ihre Geschichte der Wahrheit gemäß berichten. Siehe, es waren Jünglinge, die an ihren Herrn glaubten, und Wir hatten sie gemehrt an Leitung,

14 (13) Und hatten ihre Herzen gestärkt, als sie sich erhoben und sprachen: »Unser Herr ist der Herr der Himmel und der Erde, nimmer rufen wir außer Ihm einen Gott an; wahrlich, wir sprächen dann eine große Lüge aus.

15 (14) Dieses unser Volk hat sich andre Götter außer Ihm erwählt, ohne daß sie für sie einen deutlichen Beweis beibringen. Wer aber ist sündiger, als wer wider Allah eine Lüge ersinnt?

16 (15) Wenn ihr euch von ihnen und von dem, was sie außer Allah anbeten, getrennt habt, so kehrt in die Höhle ein; euer Herr wird Seine Barmherzigkeit über euch ausbreiten und eure Sache zum besten leiten.«

17 (16) Und du hättest die Sonne beim Aufgang sich von der Höhle zur Rechten wegneigen und sich beim Untergang zur Linken ausbiegen sehen können, während sie in ihrem Raum weilten. Dies ist eins der Zeichen Allahs. Wen Allah leitet, der ist rechtgeleitet, und wen Er irreführt, für den findest du nimmer einen Beschützer noch Führer.

18 (17) Und du hättest sie für wach gehalten,[2] wiewohl sie schliefen; und Wir kehrten sie nach rechts und links. Und ihr

---

der Berg, in dem sich der christlichen Legende nach die Höhle der Siebenschläfer von Ephesus befand, die andern, es wäre deren Hund, wieder andre, es wäre eine Bleitafel, auf welcher die Namen der Siebenschläfer eingegraben stünden.

2 Sie schliefen mit offenen Augen.

Die Höhle 281

Hund lag mit ausgestreckten Füßen auf der Schwelle. Wärest du auf sie gestoßen, du würdest dich vor ihnen zur Flucht gewendet haben und wärest mit Grausen vor ihnen erfüllt.

19 (18) Und so erweckten Wir sie, damit sie einander fragten. Und einer von ihnen sprach: »Wie lange habt ihr verweilt?« Sie sprachen: »Wir verweilten einen Tag oder den Teil eines Tages.« Sie sprachen: »Euer Herr weiß am besten, wie lange ihr verweilt habt; so entsendet einen von euch mit diesem euren Geld zur Stadt, damit er schaut, wer die reinste Speise hat, und euch Kost von ihm bringt; und er muß freundliche Worte gebrauchen und euch keinem verraten.

20 (19) Denn siehe, so sie euch finden, steinigen sie euch oder zwingen euch wieder zu ihrem Glauben, und nimmermehr wird es euch dann wohlergehen.«

21 (20) Und also verrieten Wir sie (ihnen), damit sie erkenneten, daß Allahs Verheißung wahr ist und daß an der ›Stunde‹ kein Zweifel ist. Als sie nun untereinander über die Begebenheit mit ihnen stritten, sprachen sie: »Bauet ein Gebäude über sie; ihr Herr weiß sehr wohl, wie es mit ihnen steht.« Diejenigen aber, welche in ihrer Sache den Sieg davontrugen, sprachen: »Wir wollen eine Moschee über ihnen errichten.«

22 (21) Wahrlich, sie werden sprechen: »Sie waren ihrer drei und der vierte von ihnen war ihr Hund.« Und (andre) werden sprechen: »Fünf, und der sechste war ihr Hund« – ein Hin- und Herraten über das Verborgene. Und sie werden sprechen: »Sieben und der achte war ihr Hund.« Sprich: »Mein Herr kennt am besten ihre Zahl; nur wenige wissen sie.«

(22) Und äußere über sie im Disput nur eine klare Äußerung und erkundige dich hierüber bei keinem[3].

23 (23) Und sprich von keiner Sache: »Siehe, ich will das morgen tun«,

---

3 Christen.

282   *Sure 18*

24 Es sei denn (du setzest hinzu:) »So Allah will.«[4] Und
gedenke deines Herrn, wenn du es vergessen hast, und sprich:
»Vielleicht leitet mich mein Herr, daß ich diesem (Ereignis)
mit Richtigkeit nahekomme.«

25 (24) Und sie verweilten in ihrer Höhle dreihundert Jahre
und noch neun dazu.[5]

26 (25) Sprich: »Allah weiß am besten, wie lange sie verweilten; Er kennt das Geheimnis der Himmel und der Erde.
Schau und höre auf Ihn. Außer Ihm haben sie keinen Beschützer, und in Seinem Spruch gesellt Er sich keinen bei.«

27 (26) Verlies, was dir von dem Buch deines Herrn geoffenbart ward, dessen Wort niemand verändert, und nimmer
findest du außer Ihm ein Asyl.

28 (27) Gedulde dich mit denen, welche deinen Herrn
anrufen des Morgens und Abends, im Trachten nach Seinem
Angesicht. Und wende deine Augen nicht von ihnen ab im
Trachten nach dem Schmuck des irdischen Lebens; und
gehorche nicht dem, dessen Herz Wir achtlos des Gedenkens
an Uns machten, und der seinem Gelüst folgt und dessen
Treiben zügellos ist.

29 (28) Und sprich: »Die Wahrheit ist von euerm Herrn;
und wer will, der glaube, und wer will, der glaube nicht.
Siehe, für die Sünder haben Wir ein Feuer bereitet, dessen
Rauchwolke sie rings umgeben soll. Und wenn sie um Hilfe
rufen, dann soll ihnen geholfen werden mit Wasser gleich
flüssigem Erz, das ihre Gesichter röstet. Ein schlimmer
Trank und ein übles Ruhebett!«

30 (29) Siehe diejenigen, welche glauben und das Gute

4 Muhammad, der von den Juden nach der Anzahl der Schläfer befragt war,
  hatte ihnen versprochen, am folgenden Tag darüber eine Offenbarung zu
  bringen. Hier wird diese seine Anmaßung getadelt, woraus hervorgeht, daß er
  die Offenbarungen nicht willkürlich hervorrufen konnte. – Kein Muslim
  spricht von einem zukünftigen Ereignis oder einem Vorsatz, ohne hinzuzufü-
  gen: *Inša Allāh* »wenn Gott will«.
5 Nach christlicher Legende begaben sie sich unter Decius in die Höhle und
  kamen unter Theodosius wieder hervor, was noch nicht ein Zeitraum von 150
  Jahren wäre.

Die Höhle 283

tun, – siehe, nicht lassen Wir verlorengehen den Lohn jener, deren Werke gut sind.

31 (30) Für jene sind Edens Gärten, durcheilt von Bächen. Geschmückt werden sie darinnen mit Armspangen von Gold und gekleidet in grüne Kleider von Seide und Brokat, sich lehnend darinnen auf Diwanen. Ein herrlicher Lohn und eine schöne Ruhestätte!

32 (31) Und stelle ihnen als Gleichnis zwei Männer auf, deren einem Wir zwei Rebengärten gaben und sie mit Palmen umzäunten und zwischen denen Wir ein Saatfeld anlegten.

33 Beide Gärten trugen ihre Speise und versagten in nichts.

(32) Und Wir ließen mitten in ihnen einen Bach fließen.

34 Und es ward ihm Frucht und er sprach zu seinem Gefährten in der Unterhaltung: »Ich bin reicher an Gut als du und mächtiger an Leuten.«

35 (33) Und er betrat seinen Garten, sich gegen sich selber versündigend, und sprach: »Nicht glaube ich, daß dieser je zugrunde geht.

36 (34) Und ich glaube nicht, daß sich die ›Stunde‹ erhebt; und wenn ich auch zu meinem Herrn zurückgeholt werde, wahrlich, dann finde ich einen bessern als Tausch.«

37 (35) Sprach sein Gefährte zu ihm in der Wechselrede: »Glaubst du etwa nicht an den, der dich erschaffen aus Staub, alsdann aus einem Samentropfen, alsdann dich gebildet zum Mann?

38 (36) Jedoch ist Allah mein Herr, und ich stelle meinem Herrn niemand zur Seite.

39 (37) Und warum, als du deinen Garten betratest, sprachst du nicht: ›Was Allah will!‹[6] Es gibt keine Kraft außer bei Allah! Wiewohl du siehst, daß ich geringer bin denn du an Gut und Kindern,

40 (38) So wird doch vielleicht mein Herr mir Besseres

---

6 Hierauf gründet sich die Sitte, beim Anblick von etwas Schönem stets zu sagen: *Mā šā Allāh* »Was Gott will«, welche Formel auch den bösen Blick abwehren soll.

geben als deinen Garten und wird Seine Pfeile entsenden auf ihn vom Himmel, daß er zu dürrem Staub wird;

41 (39) Oder sein Wasser versiegt, daß du nimmer imstande bist, es zu finden.«

42 (40) Und rings umgeben (von Allahs Strafgericht) ward seine Frucht, und am andern Morgen hob er an seine Hände zu verdrehen über die Ausgaben, die er gemacht. Denn (die Reben) waren zusammengebrochen mit ihren Stützen, und er sprach: »Ach, hätte ich doch meinem Herrn niemand beigesellt!«

43 (41) Und er hatte keine Schar zu seiner Hilfe außer Allah und konnte auch sich selber nicht helfen.

44 (42) In solchem Falle ist der Schutz von Allah, der Wahrheit. Bei Ihm ist der beste Lohn und der beste Ausgang.

45 (43) Und stelle ihnen ein Gleichnis auf vom irdischen Leben. Gleich ist's dem Wasser, das Wir vom Himmel hinabsenden, und die Pflanzen der Erde nehmen es auf, und dann werden sie dürres Heu, das der Wind verstreut. Und Allah hat Macht über alle Dinge.

46 (44) Und Gut und Kinder sind des irdischen Lebens Schmuck; das Bleibende aber, die guten Werke, sind besser bei deinem Herrn hinsichtlich des Lohnes und besser hinsichtlich der Hoffnung.

47 (45) Und eines Tages werden Wir die Berge vergehen lassen, und schauen wirst du eben die Erde, und versammeln werden Wir sie und keinen von ihnen übersehen.

48 (46) Und aufgestellt werden sie vor deinem Herrn in Reihen, (und Er wird sprechen:) »Wahrlich, ihr seid zu Uns gekommen, wie Wir euch erschaffen zum erstenmal; ihr aber glaubtet, Wir würden nimmer Unser Versprechen halten.«

49 (47) Und hingelegt wird das Buch, und schauen wirst du die Sünder in Ängsten über seinen Inhalt, und sie werden sprechen: »Wehe uns! Was bedeutet dieses Buch! Es ließ nicht die kleinste und nicht die größte (Sünde) unaufgeschrieben.« Und finden werden sie ihre Taten zur Stelle, und keinem wird dein Herr unrecht tun.

Die Höhle   285

50 (48) Und da Wir zu den Engeln sprachen: »Werfet euch nieder vor Adam«, da warfen sie sich nieder außer Iblis, welcher von den Dschinn war und wider seines Herrn Befehl frevelte. Und wollet ihr denn ihn und seine Nachkommenschaft eher denn Mich zu Beschützern nehmen, die euch feind sind? Ein schlimmer Tausch für die Sünder!

51 (49) Ich nahm sie nicht zu Zeugen bei der Schöpfung der Himmel und der Erde noch auch bei ihrer eignen Schöpfung, und nicht nahm Ich die Verführer zum Beistand.

52 (50) Und eines Tages wird Er sprechen: »Rufet Meine ›Gefährten‹ herbei, die ihr ersannet.« Und sie werden sie rufen, doch werden sie ihnen nicht antworten; und Wir werden zwischen sie ein Tal des Verderbens setzen.

53 (51) Und schauen werden die Sünder das Feuer und sollen ahnen, daß sie hineingeworfen werden und sollen kein Entrinnen daraus finden.

54 (52) Und wahrlich, Wir stellten in diesem Koran den Menschen allerlei Gleichnisse auf; doch bestreitet der Mensch die meisten Dinge.

55 (53) Und nichts hindert die Menschen, nachdem die Leitung zu ihnen kam, zu glauben und ihren Herrn um Verzeihung zu bitten, es sei denn (sie warten,) daß die Strafe der Früheren sie heimsucht oder die Marter öffentlich über sie kommt.

56 (54) Und Wir entsenden die Gesandten nur, um Freude zu verkünden und zu warnen; und die Ungläubigen bestreiten sie mit Nichtigem, um damit die Wahrheit zu widerlegen, und treiben mit Meinen Zeichen und den Warnungen, die ihnen gegeben werden, Spott.

57 (55) Wer ist aber sündiger als der, dem die Zeichen seines Herrn verkündet werden, und der sich dann von ihnen abwendet und vergißt, was seine Hand zuvor begangen hat? Siehe, Wir haben auf ihre Herzen Hüllen gelegt, damit sie ihn[7] nicht verstehen und ihre Ohren schwerhörig gemacht.

7 Den Koran.

286 **Sure 18**

(56) Und so du sie einladest zur Leitung, so werden sie doch nimmermehr geleitet.

58 (57) Und dein Herr ist der Verzeihende, der Barmherzige. Hätte Er sie nach Verdienst züchtigen wollen, so hätte Er ihre Strafe beschleunigt. Jedoch ward ihnen eine Verheißung; nimmer finden sie außer Ihm ein Asyl.

59 (58) Und jene Städte zerstörten Wir, da sie sündig geworden, und Wir gaben ihnen eine Ankündigung von ihrem Untergang.

60 (59) Und da Moses zu seinem Diener sprach: »Ich will nicht eher rasten, als bis ich den Zusammenfluß der beiden Meere erreicht habe, und sollte ich hundert Jahre[8] wandern.«

61 (60) Und als sie den Zusammenfluß erreicht hatten, vergaßen sie ihren Fisch, und er nahm seinen Weg ins Meer durch einen Kanal.

62 (61) Und da sie weitergewandert waren, sprach er zu seinem Diener: »Gib uns unser Mahl, denn wir sind von dieser unserer Reise ermattet.«

63 (62) Er sprach: »Sieh nur! als wir beim Felsen einkehrten, da vergaß ich den Fisch, und nur der Satan ließ mich ihn vergessen, daß ich seiner nicht gedachte; und er nahm seinen Weg ins Meer auf wunderbare Weise.«

64 (63) Er sprach: »Das ist's, was wir suchten.«[9] Da kehrten sie auf ihren Spuren wieder zurück.

65 (64) Und sie fanden einen Unserer Diener, dem Wir Unsre Barmherzigkeit gegeben und Unser Wissen gelehrt hatten.

66 (65) Sprach Moses zu ihm: »Soll ich dir folgen, damit du mich lehrest zur Leitung was dir gelehrt ward?«

67 (66) Er sprach: »Siehe, du vermagst nimmer bei mir auszuharren.

---

8 Genauer: einen Zeitraum von achtzig Jahren. Diese Legende ist weder im Alten Testament noch in den rabbinischen Schriften angedeutet.
9 D. h., der Verlust des Fisches führt uns auf die Spur dessen, den wir suchen, nämlich al-Ḫiḍr, des »grünen« Propheten, der aus dem Wasser des Lebens getrunken hat und erst beim Posaunenstoß des Jüngsten Tages sterben soll.

Die Höhle 287

68 (67) Wie könntest du auch ausharren bei dem, was du nicht begreifst?«

69 (68) Er sprach: »Finden wirst du mich, so Allah will, standhaft, und nicht will ich mich deinem Befehl widersetzen.«

70 (69) Er sprach: »Wenn du mir denn folgen willst, so frage mich nach nichts, bis ich es dir ansagen werde.«

71 (70) Und so schritten sie weiter, bis sie auf ein Schiff stiegen, in das er ein Loch machte. Sprach er[10]: »Hast du ein Loch hinein gemacht, damit du seine Mannschaft ertränkst? Ein sonderbares Ding hast du getan.«

72 (71) Er sprach: »Sprach ich nicht, daß du nicht bei mir auszuharren vermöchtest?«

73 (72) Er sprach: »Schilt mich nicht, daß ich es vergaß, und belaste mich nicht mit deinem Befehl zu schwer.«

74 (73) Und so schritten sie weiter, bis sie einen Jüngling trafen, den er erschlug. Sprach er: »Erschlugst du eine schuldlose Seele, frei von Mord? Wahrlich, du hast ein verwerflich Ding getan!«

75 (74) Er sprach: »Sprach ich nicht zu dir, du vermöchtest nicht bei mir auszuharren?«

76 (75) Er sprach: »Wenn ich dich hernach noch nach etwas frage, so sei nicht länger mein Gefährte. Nun hast du meine Entschuldigung.«

77 (76) Und so schritten sie weiter, bis sie zum Volk einer Stadt gelangten. Sie verlangten Speise von ihrem Volk, doch weigerten sie sich, sie zu bewirten. Und sie fanden in ihr eine Mauer, die einstürzen wollte; und da richtete er sie auf. Sprach er: »Wenn du es gewollt, hättest du dafür Lohn empfangen.«

78 (77) Er sprach: »Hier scheide ich mich von dir; ich will dir jedoch die Deutung von dem geben, was du nicht ertragen konntest.

79 (78) Was das Schiff anlangt, so gehörte es armen Leuten,

10 Moses.

288 *Sure 18*

die auf dem Meere arbeiten, und ich wollte es beschädigen, da hinter ihnen ein König war, der jedes Schiff mit Gewalt nahm.

80 (79) Und was den Jüngling anlangt, so waren seine Eltern gläubig, und wir besorgten, er könnte ihnen Gottlosigkeit und Unglauben aufbürden.

81 (80) Und so wünschten wir, daß ihr Herr ihnen zum Tausch einen reineren gäbe und einen liebevolleren.

82 (81) Was dann die Mauer anlangt, so gehörte sie zwei verwaisten Jünglingen in der Stadt. Unter ihr liegt ein Schatz für sie, und da ihr Vater rechtschaffen ist, wollte dein Herr, daß sie ihre Vollkraft erreichten und ihren Schatz höben, als Barmherzigkeit von deinem Herrn. Und nicht nach eignem Ermessen tat ich dies. Dies ist die Deutung dessen, was du nicht zu ertragen vermochtest.«

83 (82) Und sie werden dich nach Dū l-Qarnain[11] befragen. Sprich: »Ich will euch eine Kunde von ihm verlesen.«

84 (83) Siehe, Wir festigten ihn auf Erden und gaben ihm von allen Dingen Mittel (zur Erfüllung seiner Wünsche),

85 Und er folgte seinem Weg,

86 (84) Bis er die Stätte des Sonnenuntergangs erreichte; und er fand, daß sie in einem schlammigen Born unterging. Und er fand bei ihm ein Volk.

(85) Wir sprachen: »O Dū l-Qarnain, sei es, du strafst dies Volk oder du erweisest ihnen Gutes.«

87 (86) Er sprach: »Wer da gesündigt hat, den werden wir strafen; alsdann soll er zu seinem Herrn zurückkehren, daß Er ihn hart straft.

88 (87) Wer aber glaubt und das Gute tut, der soll schönen Lohn empfahen, und ihm werden wir leichte Befehle erteilen.«

89 (88) Alsdann zog er des Weges,

90 (89) Bis er zum Aufgang der Sonne gelangte und fand,

---

11 »Der Zweihörnige«. Dies ist Alexander der Große, der auf Münzen als Jupiter Ammon mit zwei Hörnern dargestellt wird. Nach anderer Deutung wäre es: Herr des Ostens und Westens.

Die Höhle 289

daß sie über einem Volk aufging, dem Wir keinen Schutz vor ihr gegeben hatten.

91 (90) Also war's, doch umfaßten Wir mit Wissen, was bei ihm war (an Leuten.)

92 (91) Alsdann zog er des Weges,

93 (92) Bis er zwischen die beiden Berge gelangte, an deren Fuß er ein Volk fand, das kaum ein Wort verstehen konnte.

94 (93) Sie sprachen: »O Dū l-Qarnain, siehe, Gog und Magog stiften Verderben im Lande. Sollen wir dir Tribut entrichten daraufhin, daß du zwischen uns und ihnen einen Wall baust?«

95 (94) Er sprach: »Das, worin mich mein Herr gefestigt hat, ist besser (als euer Tribut). Und so helfet mir mit Kräften, und ich will zwischen euch und zwischen sie einen Grenzwall ziehen.

96 (95) Bringt mir Eisenstücke.« Und als er (die Kluft) zwischen ihnen ausgefüllt, sprach er: »Blaset.« Und da er es in Feuer gesetzt, sprach er: »Bringt mir flüssig Erz, damit ich es darauf gieße.«

97 (96) Und so waren sie[12] nicht imstande, ihn zu übersteigen, und waren auch nicht imstande, ihn zu durchlöchern.

98 (97) Er sprach: »Dies ist eine Barmherzigkeit von meinem Herrn;

(98) Wenn aber meines Herrn Verheißung naht, wird Er ihn zu einem Staubhaufen machen; und meines Herrn Verheißung ist Wahrheit.«

99 (99) Und an jenem Tage werden Wir sie übereinander wogen lassen; und gestoßen wird in die Posaune, und versammeln werden Wir sie allzumal.

100 (100) Und stellen wollen Wir Dschahannam an jenem Tage vor die Ungläubigen,

101 (101) Deren Augen verhüllt waren vor Meiner Warnung und die nicht zu hören vermochten.

102 (102) Wähnen etwa die Ungläubigen, sie könnten

12 Gog und Magog.

Meine Diener zu Beschützern nehmen neben Mir? Siehe, Wir haben Dschahannam für die Ungläubigen bereitet als Herberge.

103 (103) Sprich: »Sollen wir euch ansagen, wer seine Werke verloren hat:

104 (104) Die, deren Eifer im irdischen Leben irreging, und die da glaubten, rechtschaffen zu handeln?

105 (105) Das sind jene, die nicht glaubten an die Zeichen ihres Herrn und an die Begegnung mit Ihm. Nichtig sind ihre Werke, und nicht werden Wir ihnen Gewicht geben am Tag der Auferstehung.

106 (106) Dies soll sein ihr Lohn – Dschahannam –, darum daß sie ungläubig waren und mit Meinen Zeichen und Gesandten ihren Spott trieben.«

107 (107) Siehe, jene, die da glauben und Gutes tun, denen werden des Paradieses Gärten zur Herberge.

108 (108) Ewig werden sie darinnen verweilen und werden keinen Wechsel begehren.

109 (109) Sprich: »Würde das Meer Tinte für meines Herrn Worte, wahrlich, versiegen würde das Meer vor den Worten meines Herrn, auch wenn wir noch ein gleiches zur Hilfe brächten.«

110 (110) Sprich: »Ich bin nur ein Mensch wie ihr; geoffenbart ward mir, daß euer Gott ein einiger Gott ist. Und wer da hoffet, seinem Herrn zu begegnen, der wirke ein rechtschaffen Werk, und bete niemand neben seinem Herrn an.«

NEUNZEHNTE SURE

Maria[1]

Geoffenbart zu Mekka

Im Namen Allahs,
des Erbarmers, des Barmherzigen!

1 (1) K. H. I. A. Z.[2]

2 Eine Erwähnung der Barmherzigkeit deines Herrn gegen Seinen Diener Zacharias:

3 (2) Da er seinen Herrn im Verborgenen anrief,

4 (3) Sprach er: »Mein Herr, siehe, mein Gebein ist schwach, und mein Haupt schimmert greis,

(4) Und nie war mein Gebet zu Dir erfolglos.

5 (5) Und siehe, ich fürchte für meine Sippe nach mir, denn mein Weib ist unfruchtbar.

6 (6) So gib mir von Dir einen Nachfolger, der mich und das Haus Jakob beerbe, und mache ihn (Dir), mein Herr, wohlgefällig.«

7 (7) »O Zacharias, siehe, Wir verkünden dir einen Knaben, namens Johannes,

(8) Wie Wir zuvor noch keinen benannten.«

8 (9) Er sprach: »Mein Herr, woher soll mir ein Sohn werden, wo mein Weib unfruchtbar ist und ich alt und schwach geworden bin?«

9 (10) Er sprach: »Also sei's! Gesprochen hat dein Herr: Das ist Mir leicht, und auch dich schuf Ich zuvor, da du nicht warst.«

10 (11) Er sprach: »Mein Herr, gib mir ein Zeichen.« Er sprach: »Dein Zeichen sei, daß du, wiewohl gesund, drei Nächte lang nicht zu den Leuten redest.«

11 (12) Und er schritt hinaus zu seinem Volk aus der Nische und deutete ihnen an: »Preiset (den Herrn) morgens und abends.«

---

1 Im Volk auch »Zakariyā« genannt.
2 *kahai'aṣ.*

292 Sure 19

12 (13) (Und Wir sprachen:) »O Johannes, nimm hin die Schrift in Kräften«; und Wir gaben ihm Weisheit, da er ein Kind war,

13 (14) Und Mitleid von Uns und Reinheit; und er war fromm

14 Und voll Liebe gegen seine Eltern und war nicht hoffärtig und trutzig.

15 (15) Und Frieden auf ihn am Tag seiner Geburt und am Tag, da er starb, und am Tag seiner Erweckung zum Leben!

16 (16) Und gedenke auch im Buche der *Maria*. Da sie sich von ihren Angehörigen an einen Ort gen Aufgang zurückzog

17 (17) Und sich vor ihnen verschleierte, da sandten Wir Unsern Geist zu ihr, und er erschien ihr als vollkommener Mann.

18 (18) Sie sprach: »Siehe, ich nehme meine Zuflucht vor dir zum Erbarmer, so du Ihn fürchtest.«

19 (19) Er sprach: »Ich bin nur der Gesandte deines Herrn, um dir einen reinen Knaben zu bescheren.«

20 (20) Sie sprach: »Woher soll mir ein Knabe werden, wo mich kein Mann berührt hat und ich keine Dirne bin?«

21 (21) Er sprach: »Also sei's! Gesprochen hat dein Herr: ›Das ist Mir ein Leichtes‹; und Wir wollen ihn zu einem Zeichen für die Menschen machen und einer Barmherzigkeit von Uns. Und es ist eine beschlossene Sache.«

22 (22) Und so empfing sie ihn und zog sich mit ihm an einen entlegenen Ort zurück.

23 (23) Und es überkamen sie die Wehen an dem Stamm einer Palme. Sie sprach: »O daß ich doch zuvor gestorben und vergessen und verschollen wäre!«

24 (24) Und es rief jemand unter ihr: »Bekümmere dich nicht; dein Herr hat unter dir ein Bächlein fließen lassen;

25 (25) Und schüttele nur den Stamm des Palmbaums zu dir, so werden frische reife Datteln auf dich fallen.

Maria 293

26 (26) So iß und trink und sei kühlen Auges[3], und so du einen Menschen siehst,

(27) So sprich: ›Siehe, ich habe dem Erbarmer ein Fasten gelobt; nimmer spreche ich deshalb heute zu irgend jemand.‹«

27 (28) Und sie brachte ihn zu ihrem Volk, ihn tragend. Sie sprachen: »O Maria, fürwahr, du hast ein sonderbares Ding getan!

28 (29) O Schwester Aarons, dein Vater war kein Bösewicht und deine Mutter keine Dirne.«

29 (30) Und sie deutete auf ihn. Sie sprachen: »Wie sollen wir mit ihm, einem Kind in der Wiege, reden?«

30 (31) Er[4] sprach: »Siehe, ich bin Allahs Diener. Gegeben hat Er mir das Buch, und Er machte mich zum Propheten.

31 (32) Und Er machte mich gesegnet, wo immer ich bin, und befahl mir Gebet und Almosen, solange ich lebe,

32 (33) Und Liebe zu meiner Mutter; und nicht machte Er mich hoffärtig und unselig.

33 (34) Und Frieden auf den Tag meiner Geburt und den Tag, da ich sterbe, und den Tag, da ich erweckt werde zum Leben!«

34 (35) Dies ist Jesus, der Sohn der Maria – das Wort der Wahrheit, das sie bezweifeln.

35 (36) Nicht steht es Allah an, einen Sohn zu zeugen. Preis Ihm! Wenn Er ein Ding beschließt, so spricht Er nur zu ihm: »Sei!« und es ist.

36 (37) Und siehe, Allah ist mein Herr und euer Herr; so dienet Ihm; dies ist ein rechter Weg.

37 (38) Doch die Sekten sind untereinander uneinig; und wehe den Ungläubigen vor der Zeugnisstätte eines gewaltigen Tages!

38 (39) Mache sie hören und schauen einen Tag, da sie zu Uns kommen. Doch die Ungerechten sind heute in offenbarem Irrtum.

3 Sei getrost.
4 Jesus.

Sure 19

39 (40) Und warne sie vor dem Tag des Seufzens, wenn der Befehl vollzogen wird, während sie achtlos sind und nicht glauben.

40 (41) Siehe, Wir erben die Erde und alle, die auf ihr sind, und zu Uns kehren sie zurück.

41 (42) Und gedenke im Buche des Abraham. Siehe, er war aufrichtig, ein Prophet.

42 (43) Da er zu seinem Vater sprach: »O mein Vater, warum verehrst du, was nicht hört und sieht und dir nichts nützt?

43 (44) O mein Vater, siehe, nun ist zu mir ein Wissen gekommen, das nicht zu dir kam. So folge mir, daß ich dich auf den rechten Pfad leite.

44 (45) O mein Vater, diene nicht dem Satan; siehe, der Satan war ein Rebell wider den Erbarmer.

45 (46) O mein Vater, siehe, ich fürchte, daß dich Strafe vom Erbarmer trifft, und du ein Kumpan des Satans wirst.«

46 (47) Er sprach: »Verwirfst du meine Götter, o Abraham? Gibst du dies nicht auf, wahrlich, so steinige ich dich. Verlaß mich für eine Weile.«

47 (48) Er sprach: »Frieden sei auf dir! Ich werde meinen Herrn um Verzeihung für dich anflehen; siehe, Er ist gütig gegen mich.

48 (49) Und trennen will ich mich von euch und von dem, was ihr außer Allah anruft, und will meinen Herrn anrufen. Vielleicht rufe ich meinen Herrn nicht umsonst an.«

49 (50) Und da er sich von ihnen und von dem, was sie außer Allah anbeteten, getrennt hatte, da schenkten Wir ihm Isaak und Jakob und machten beide zu Propheten.

50 (51) Und Wir bescherten ihnen von Unsrer Barmherzigkeit und gaben ihnen die hohe Sprache der Wahrheit.

51 (52) Und gedenke im Buch des Moses. Siehe, er war lauter und war ein Gesandter, ein Prophet.

52 (53) Und Wir riefen ihn und zogen ihn in Unsre Nähe zu geheimer Besprechung.

Maria 295

53 (54) Und Wir bescherten ihm aus Unsrer Barmherzigkeit seiner Bruder Aaron, einen Propheten.

54 (55) Und gedenke im Buch des Ismael; siehe, er war getreu seinem Versprechen und war ein Gesandter, ein Prophet.

55 (56) Und er gebot seinem Volk Gebet und Almosen und war seinem Herrn wohlgefällig.

56 (57) Und gedenke im Buch des Idrīs[5]; siehe, er war aufrichtig, ein Prophet;

57 (58) Und Wir erhoben ihn zu einem hohen Ort.

58 (59) Dies sind jene unter den Propheten von der Nachkommenschaft Adams und von jenen, die Wir mit Noah trugen, und von der Nachkommenschaft Abrahams und Israels und von denen, welche Wir leiteten und erwählten, denen Wir Gnade erwiesen. So ihnen die Zeichen des Erbarmers verlesen wurden, sanken sie anbetend und weinend nieder.

59 (60) Aber es folgte ihnen ein Geschlecht, welches das Gebet unterließ und den Lüsten folgte. Doch wahrlich, dem Verderben gehen sie entgegen,

60 (61) Außer denen, welche umkehren und glauben und rechtschaffen handeln. Jene werden ins Paradies eingehen und sollen in nichts Unrecht erleiden:

61 (62) In Edens Gärten, welche der Erbarmer seinen Dienern im Verborgenen[6] verhieß. Siehe, Seine Verheißung geht in Erfüllung.

62 (63) Nicht hören sie dorten Geschwätz, sondern allein »Frieden«; und sie finden dort ihre Speise des Morgens und Abends.

63 (64) Dies sind die Gärten, welche Wir den gottesfürchtigen unter Unsern Dienern zum Erbe geben.

64 (65) Und Wir kommen nur auf den Befehl deines Herrn

5 Henoch.
6 D. h. als künftig.

Sure 19

hernieder.[7] Ihm gehört, was vor uns und hinter uns ist und was zwischen beiden liegt; und dein Herr ist nicht vergeßlich.

65 (66) Der Herr der Himmel und der Erde und was zwischen ihnen liegt. Drum diene Ihm und beharre in Seiner Anbetung. Weißt du etwa einen gleichen Namens?

66 (67) Und es spricht der Mensch: »Wenn ich einst gestorben bin, soll ich dann wieder zum Leben erstehen?«

67 (68) Gedenkt denn nicht der Mensch, daß Wir ihn zuvor erschufen, da er nichts war?

68 (69) Und bei deinem Herrn, wahrlich, versammeln werden Wir sie und die Satane; alsdann werden Wir sie auf den Knien um Dschahannam setzen.

69 (70) Alsdann werden Wir aus jeder Partei diejenigen, welche am hochmütigsten wider den Erbarmer waren, herausnehmen.

70 (71) Alsdann werden Wir wissen, wer des Verbrennens am würdigsten ist.

71 (72) Und niemand unter euch ist, der nicht hinunter zu ihr[8] stiege; so ist's bei deinem Herrn endgültig beschlossen.

72 (73) Alsdann wollen Wir die Gottesfürchtigen erretten und wollen die Sünder in ihr auf den Knien lassen.

73 (74) Und wenn ihnen Unsre deutlichen Zeichen verlesen werden, sprechen die Ungläubigen zu den Gläubigen: »Welcher der beiden Teile befindet sich an besserem Ort und in besserer Gesellschaft?«

74 (75) Aber wie viele Geschlechter vertilgten Wir vor ihnen, die besser waren an Reichtum und Schau?

75 (76) Sprich: »Wer sich im Irrtum befindet, dem verlängert der Erbarmer die Tage,

(77) Bis sie das, was ihnen angedroht, sehen, sei es die Strafe oder die ›Stunde‹, und dann erkennen, wer sich in schlechterer Lage befindet und schwächer an Streitern ist.«

76 (78) Und mehren wird Allah die Geleiteten an Leitung.

---

7 Hier gibt Gabriel Muhammad Antwort auf die Klage, daß die Offenbarungen nur in langen Zwischenräumen auf ihn kommen.
8 Dschahannam. Auch der Frömmste muß hart an der Hölle vorüber.

Maria 297

(79) Und das Bleibende, die guten Werke, sind besser bei deinem Herrn hinsichtlich des Lohnes und besser hinsichtlich der Vergeltung (als irdische Güter).

77 (80) Sahest du den, der Unsre Zeichen verleugnete und sprach: »Wahrlich, ich werde Gut und Kinder erhalten?«

78 (81) Ist er etwa eingedrungen ins Verborgene oder hat er einen Bund mit dem Erbarmer geschlossen?

79 (82) Mitnichten. Wahrlich, niederschreiben wollen Wir seine Worte und wollen ihm seine Strafe mehren.

80 (83) Und erben lassen wollen Wir ihn, was er sprach, und kommen soll er dann einsam zu Uns.

81 (84) Und andre Götter haben sie sich außer Allah angenommen zum Ruhm.

82 (85) Mitnichten. Sie werden ihre Verehrung ableugnen und werden ihre Widersacher sein.

83 (86) Siehst du nicht, daß Wir die Satane wider die Ungläubigen entsenden, um sie anzureizen?

84 (87) Darum beeile dich nicht wider sie; Wir haben ihnen nur eine Zahl (von Tagen) zugezählt.

85 (88) Eines Tages versammeln Wir die Gottesfürchtigen zum Erbarmer in hohem Empfang.

86 (89) Und treiben die Missetäter nach Dschahannam wie eine Herde zur Tränke.

87 (90) Fürbitte soll dann nur der finden, der mit dem Erbarmer einen Bund schloß.

88 (91) Und sie sprechen: »Gezeugt hat der Erbarmer einen Sohn.«

89 Wahrlich, ihr behauptet ein ungeheuerlich Ding.

90 (92) Fast möchten die Himmel darob zerreißen, und die Erde möchte sich spalten, und es möchten die Berge stürzen in Trümmer,

91 (93) Daß sie dem Erbarmer einen Sohn beilegen,

92 Dem es nicht geziemt, einen Sohn zu zeugen.

93 (94) Keiner in den Himmeln und auf Erden darf sich dem Erbarmer anders nahen wie als Sklave.

94 Wahrlich, Er hat sie berechnet und ihre Zahl gezählt.

298 *Sure 20*

95 (95) Und jeder soll am Tag der Auferstehung einsam zu Ihm kommen.

96 (96) Siehe, diejenigen, die da glauben und Gutes tun, denen wird der Erbarmer Liebe erweisen.

97 (97) Und Wir haben ihn[9] leicht gemacht in deiner Sprache, damit du durch ihn den Gottesfürchtigen Freude verkündest und die Streitsüchtigen warnst.

98 (98) Und wie viele Geschlechter vertilgten Wir vor ihnen! Spürst du noch einen von ihnen auf? Oder hörst du ein Flüstern von ihnen?

ZWANZIGSTE SURE

Ṭā-hā[1]

Geoffenbart zu Mekka

Im Namen Allahs,
des Erbarmers, des Barmherzigen!

1 (1) T. H.

2 Nicht haben Wir den Koran auf dich herabgesandt, daß du elend würdest,

3 (2) Sondern als Ermahnung für die Gottesfürchtigen,

4 (3) Eine Hinabsendung von dem, der die Erde erschuf und die hohen Himmel.

5 (4) Der Erbarmer sitzt auf Seinem Thron;

6 (5) Ihm gehört, was in den Himmeln und was auf Erden, und was zwischen ihnen und unter dem feuchten Grund.

7 (6) Und ob du deine Stimme erhebst, siehe, Er kennt das Geheime und Verborgenste.

9 Den Koran; leicht machten Wir ihn, indem Wir ihn in deiner (d. h. der arabischen) Sprache offenbarten.

1 *Ṭā-hā* wird auch als göttliche Anrede an den Propheten verstanden und daher als männlicher Eigenname verwendet.

Ṭā-hā 299

8 (7) Allah! Es gibt keinen Gott außer Ihm, Er hat die schönsten Namen.

9 (8) Und kam nicht Mosis Geschichte zu dir?

10 (9) Da er ein Feuer sah und zu seiner Sippe sprach: »Verweilet; siehe, ich gewahre ein Feuer.

(10) Vielleicht bringe ich euch einen Brand von ihm oder ich finde durch das Feuer den rechten Pfad.«

11 (11) Und da er zu ihm kam, ward er gerufen: »O Moses!

12 (12) Siehe, Ich bin dein Herr; drum zieh aus deine Schuhe; siehe, du bist im heiligen Tal Ṭuwā²,

13 (13) Und Ich habe dich erwählt, und höre, was (dir) geoffenbart wird.

14 (14) Siehe, Ich bin Allah. Es gibt keinen Gott außer Mir, drum diene Mir und verrichte das Gebet zu Meinem Gedächtnis.

15 (15) Siehe, die ›Stunde‹ kommt – Ich bin daran, sie zu offenbaren.

(16) Daß jede Seele belohnt wird nach ihrem Bemühn.

16 (17) Und laß dich nicht abkehren von ihr durch den, der nicht an sie glaubt und seinem Gelüst folgt, damit du nicht umkommst.

17 (18) Und was ist jenes in deiner Rechten, o Moses?«

18 (19) Er sprach: »Es ist mein Stab, auf den ich mich stütze und mit dem ich Blätter abschlage für meine Herde; und er dient mir noch zu anderen Bedürfnissen.«

19 (20) Er sprach: »Wirf ihn hin, o Moses!«

20 (21) Und da warf er ihn hin, und siehe, da ward er eine laufende Schlange.

21 (22) Er sprach: »Nimm sie und fürchte dich nicht, Wir werden sie in ihren frühern Zustand zurückbringen.

22 (23) Und lege deine Hand dicht an deine Seite; du wirst sie weiß herausziehen, ohne ein Übel – ein ander Zeichen,

23 (24) Auf daß Wir dich schauen lassen Unsre großen Zeichen.

2 Nahe dem Sinai.

300   *Sure 20*

24 (25) Geh zu Pharao, siehe, er überschreitet das Maß.«

25 (26) Er sprach: »Mein Herr, weite mir meine Brust

26 (27 Und mache mir leicht mein Geschäft

27 (28) Und löse den Knoten meiner Zunge,

28 (29) Daß sie mein Wort verstehen.

29 (30) Und gib mir einen Wesir von meiner Sippe,

30 (31) Aaron, meinen Bruder.

31 (32) Stärke durch ihn meinen Rücken

32 (33) Und mach ihn zum Gefährten in meinem Werk

33 (34) Daß wir Dich oft preisen

34 Und oft Deiner gedenken,

35 (35) Denn, siehe, Du schaust uns.«

36 (36) Er sprach: »Dir ist deine Bitte gewährt, o Moses;

37 (37) Und schon begnadeten Wir dich ein andermal,

38 (38) Als Wir deiner Mutter offenbarten, was offenbart ward:

39 (39) ›Wirf ihn in den Kasten und wirf ihn dann ins Meer, und das Meer wird ihn an den Strand schleudern, und nehmen wird ihn Mein Feind und sein Feind.‹ Und geworfen habe Ich Meine Liebe auf dich,

(40) Und daß du erzogen würdest unter Meinem Auge,

40 (41) Da deine Schwester ging und sprach: ›Soll ich euch jemand zeigen, ihn zu nähren?‹ Und so gaben Wir dich deiner Mutter wieder, daß sie ihr Auge kühlte[3] und sich nicht grämte. Und du erschlugst eine Seele, und Wir erretteten dich aus der Trübsal und prüften dich mit Prüfungen.

(42) Und Jahre verweiltest du im Volke von Midian; alsdann kamst du nach einem Ratschluß (hierher), o Moses.

41 (43) Und Ich habe dich für Mich erwählt.

42 (44) Geh du und dein Bruder mit Meinen Zeichen und lasset nicht nach in Meinem Gedenken.

43 (45) Gehet zu Pharao, siehe, er überschreitet das Maß;

44 (46) Und sprechet zu ihm in sanfter Sprache; vielleicht läßt er sich mahnen oder er fürchtet sich.«

---

3 Daß sie sich tröstete.

Ṭā-hā 301

45 (47) Sie sprachen: »Unser Herr, siehe, wir fürchten, daß er frech gegen uns wird und das Maß überschreitet.«

46 (48) Er sprach: »Fürchtet euch nicht; siehe, Ich bin bei euch, Ich höre und sehe.

47 (49) So gehet hin zu ihm und sprechet: ›Siehe, wir sind die Gesandten deines Herrn; so entsende mit uns die Kinder Israel und peinige sie nicht. Gekommen sind wir zu dir mit einem Zeichen von deinem Herrn, und Frieden auf jeden, welcher der Leitung folgt!

48 (50) Siehe, geoffenbart ward uns, daß die Strafe auf jeden kommt, welcher der Lüge zeiht und sich abkehrt.‹«

49 (51) Er sprach: »Und wer ist euer Herr, o Moses?«

50 (52) Er sprach: »Unser Herr ist der, welcher jedem Ding seine Natur gegeben und es leitet.«

51 (53) Er sprach: »Und wie steht's mit den frühern Geschlechtern?«

52 (54) Er sprach: »Das Wissen von ihnen ist bei meinem Herrn in einem Buch. Nicht irrt mein Herr, und Er vergißt nicht:

53 (55) Der euch die Erde gemacht zu einem Lager und euch auf ihr in Wegen ziehen lässet und vom Himmel Wasser herniedersendet, durch das Wir die Arten verschiedener Pflanzen hervorbringen:

54 (56) ›Esset und weidet euer Vieh!‹ Siehe, hierin sind wahrlich Zeichen für Leute von Verstand.

55 (57) Aus ihr haben Wir euch erschaffen und in sie lassen Wir euch zurückkehren und aus ihr lassen Wir euch erstehen ein andermal.«

56 (58) Und wahrlich, Wir zeigten ihm alle Unsre Zeichen, doch zieh er (sie) der Lüge und weigerte sich (zu glauben).

57 (59) Er sprach: »Bist du zu uns gekommen, uns aus unserm Lande zu treiben mit deiner Zauberei, o Moses?

58 (60) Aber wahrlich, wir wollen dir mit gleicher Zauberei kommen. So setze zwischen uns und dir Zeit und Ort fest – wir wollen nicht verfehlen, und du auch nicht –, einen gleichen Platz (für beide.«)

302   *Sure 20*

59 (61) Er sprach: »Am Festtag sei die Vereinbarung und es seien die Leute am hellen Tag versammelt.«

60 (62) Und so wendete sich Pharao ab und versammelte seine List; alsdann kam er.

61 (63) Sprach Moses zu ihnen: »Wehe euch, ersinnet wider Allah keine Lüge;

(64) Sonst vernichtet Er euch durch eine Strafe, denn verloren ging jeder, der (Lügen wider Allah) ersann.«

62 (65) Und sie besprachen ihre Sache untereinander und redeten insgeheim.

63 (66) Sie sprachen: »Siehe, diese beiden sind wahrlich Zauberer; sie wollen uns aus unserm Land mit ihrer Zauberei treiben und mit euern vornehmsten Häuptlingen von hinnen ziehen.

64 (67) So nehmet eure List zusammen; alsdann kommt der Reihe nach; wohl ergeht es heute dem, welcher obsiegt.«

65 (68) Sie sprachen: »O Moses, willst du werfen oder sollen wir die ersten sein zum Werfen?«

66 (69) Er sprach: »Nein; werfet!« Und da kam es ihm durch ihre Zauberei vor, als ob ihre Stricke und Stäbe liefen.

67 (70) Da verspürte Moses Furcht in seiner Seele.

68 (71) Wir sprachen: »Fürchte dich nicht, siehe, du wirst obsiegen.

69 (72) Wirf nur, was in deiner Rechten ist, es wird verschlingen, was sie machten; sie brachten nur die List eines Zauberers hervor, und dem Zauberer ergeht es nicht wohl, von wannen er komme.«

70 (73) Da warfen sich die Zauberer anbetend nieder und sprachen: »Wir glauben an den Herrn Aarons und Mosis.«

71 (74) Er[4] sprach: »Glaubt ihr an Ihn, bevor ich es euch erlaube? Siehe, Er ist wahrlich euer Meister, der euch die Zauberei gelehrt hat. Und wahrlich, ich haue euch eure Hände und Füße wechselseitig ab und kreuzige euch an Pal-

---

4 Pharao.

Ṭā-hā 303

menstämmen, und wahrlich, ihr sollt erfahren, wer von uns stärker und nachhaltiger straft.«

72 (75) Sie sprachen: »Nimmer geben wir dir den Vorzug vor den deutlichen Zeichen, die zu uns kamen, oder vor unserm Schöpfer. Beschließe, was du beschließen magst, du vermagst nur über das irdische Leben zu beschließen. Siehe,

73 Wir glauben an unsern Herrn, daß Er uns unsre Sünden verzeiht und die Zauberei, zu der du uns zwangst, und Allah ist besser und nachhaltiger⁵ (als du).«

74 (76) Siehe, wer zu seinem Herrn kommt, beladen mit Schuld, für den ist Dschahannam; nicht stirbt er in ihr und nicht lebt er.

75 (77) Und wer gläubig zu Ihm kommt und das Gute getan hat, für die sind die höchsten Stufen:

76 (78) Edens Gärten, durcheilt von Wasserbächen; ewig sollen sie darinnen verweilen. Das ist der Lohn der Reinen.

77 (79) Und wahrlich Wir offenbarten Moses: »Mach dich auf des Nachts mit Meinen Dienern und schlage ihnen einen trockenen Pfad im Meer.

(80) Fürchte keinen Überfall und sei unbesorgt.«

78 (81) Und es folgte ihnen Pharao mit seinen Heerscharen, und was sie vom Meer bedeckte, das bedeckte sie;

79 Denn Pharao führte sein Volk irre und nicht recht.

80 (82) O ihr Kinder Israel, Wir erretteten euch von euerm Feind und bestellten euch an die rechte Seite des Berges und sandten auf euch das Manna und die Wachteln nieder:

81 (83) »Esset von dem Guten, das Wir euch bescherten, doch nicht ohne Maß, daß nicht Mein Zorn auf euch niederfährt, der kommt zu Fall.

82 (84) Und siehe, wahrlich, Ich bin verzeihend gegen den, der sich bekehrt und gläubig wird und das Gute tut und sich leiten lässet.

83 (85) »Und was hat dich von deinem Volke fortgetrieben, o Moses?«

5 Im Belohnen.

304 *Sure 20*

84 (86) Er sprach: »Sie folgen meiner Spur, und ich eilte zu Dir, mein Herr, damit Du Wohlgefallen (an mir) fändest.«

85 (87) Er sprach: »Siehe, Wir haben dein Volk nach deinem Fortgang geprüft, und as-Sāmirī[6] hat sie irregeführt.«

86 (88) Da kehrte Moses zu seinem Volke zurück, zornig und bekümmert.

(89) Er sprach: »O mein Volk, hat euch nicht euer Herr eine schöne Verheißung verheißen? Währte euch etwa die Zeit zu lang oder wolltet ihr, daß Zorn von euerm Herrn auf euch niederführe, daß ihr das mir gegebene Versprechen bracht?«

87 (90) Sie sprachen: »Wir haben das dir gegebene Versprechen nicht aus eigner Macht gebrochen, sondern wir wurden geheißen, Lasten von der Zierat des Volkes zu bringen; und so warfen wir sie (ins Feuer), und ebenso auch as-Sāmirī.«

88 Und er brachte ihnen ein leibhaftiges blökendes Kalb heraus. Und sie sprachen: »Dies ist euer Gott und der Gott Moses, der (ihn) vergaß.«

89 (91) Sehen sie denn nicht, daß er ihnen nicht Antwort gibt und ihnen weder schaden noch nützen kann?

90 (92) Und doch hatte Aaron zuvor zu ihnen gesprochen: »O mein Volk, ihr werdet nur durch dasselbe geprüft, und siehe euer Herr ist der Erbarmer. Drum folget mir und gehorchet meinem Befehl.«

91 (93) Sie sprachen: »Nimmermehr lassen wir ab in seiner Anbetung, bis Moses zu uns zurückkehrt.«

92 (94) Er sprach: »O Aaron, was hinderte dich, als du sie irregehen sahst,

93 Mir zu folgen? Bist du rebellisch gegen meinen Befehl gewesen?«

94 (95) Er sprach: »O Sohn meiner Mutter, packe mich nicht an meinem Bart und meinem Haupt. Siehe, ich fürchte, du sprichst: ›Du hast die Kinder Israel gespalten und hast nicht mein Wort beachtet.‹«

6 Eigentlich »der Samaritaner«. Für den Koran der Prototyp der zu bekämpfenden Vertreter der Magie.

Ṭā-hā 305

95 (96) Er sprach: »Und was war dein Geschäft, o Sāmirī?«

96 Er sprach: »Ich sah, was sie nicht sahen; und ich nahm eine Handvoll (Staub) von der Spur des Gesandten[7] und warf ihn (ins Feuer); und also gab es mir meine Seele ein.«

97 (97) Er sprach: »So gehe fort; und siehe, dir soll sein im Leben, daß du sprichst: ›Keine Berührung!‹[8] Und siehe, eine Drohung ist dir, der du nimmer entgehen wirst. Und schaue auf deinen Gott, den du so sehr verehrtest. Wahrlich, wir verbrennen ihn, alsdann zerstäuben wir ihn zu Staub ins Meer.

98 (98) Euer Gott ist allein Allah, außer dem es keinen Gott gibt; Er umfaßt alle Dinge mit Wissen.«

99 (99) Also erzählen Wir dir von den Geschichten, was zuvor geschah; und Wir gaben dir von Uns eine Ermahnung.

100 (100) Wer sich von ihr abwendet, wird tragen am Tage der Auferstehung eine Last.

101 (101) Ewig sollen sie unter ihr sein, und schlimm ist die Bürde für sie am Tag der Auferstehung.

102 (102) An jenem Tag wird in die Posaune gestoßen und versammeln werden Wir an jenem Tage die Missetäter mit blauen[9] Augen.

103 (103) Zuflüstern werden sie einander: »Ihr verweiltet nur zehn (Tage).«[10]

104 (104) Wir wissen sehr wohl, was sie sprechen, wenn ihr des Weges Fürnehmster spricht: »Nur einen Tag verweiltet ihr.«

105 (105) Und sie werden dich wegen der Berge befragen. So sprich: »Zerstäuben wird sie mein Herr zu Staub,

106 (106) Und Er wird sie machen zu einem ebenen Plan,

107 Nicht sollst du schauen in ihnen Krümme noch Unebenheit.

---

7 Des Erzengels Gabriel oder seines Pferdes.

8 D. h., er wurde mit Aussatz geschlagen.

9 Bei den Orientalen sind blaue Augen verhaßt. Vielleicht bedeutet der Ausdruck auch einfach »blind«; vgl. V. 124 (124).

10 D. h., euer Leben währte nur zehn Tage.

306 *Sure 20*

108 (107) An jenem Tage werden sie folgen dem Rufer, in dem keine Krümme; und senken werden sie die Stimmen vor dem Erbarmer, und nichts hörst du als (der Füße) Tappen.

109 (108) An jenem Tage frommt keine Fürbitte außer dessen, dem es der Erbarmer erlaubt und dessen Wort Ihm wohlgefällig ist.

110 (109) Er kennt, was vor ihnen und hinter ihnen, und nicht umfassen sie Ihn mit Wissen.

111 (110) Und beschämt sollen die Angesichter sich neigen vor dem Lebendigen, dem Ewigen, und verloren ist, wer Sünde trägt.

112 (111) Wer aber Rechtes tat und gläubig war, der fürchte weder Unrecht noch Einbuße.«

113 (112) Und demzufolge sandten Wir ihn als arabischen Koran nieder und durchsetzten ihn mit Drohungen, auf daß sie gottesfürchtig würden oder daß er Gedenken in ihnen zeitigte.

114 (113) Und erhaben ist Allah, der König, die Wahrheit! Und übereile dich nicht mit dem Koran, bevor dir seine Offenbarung vollendet, und sprich: »Mein Herr, mehre mich an Wissen.«

115 (114) Und wahrlich, Wir schlossen einen Bund mit Adam zuvor, doch er vergaß (ihn), und Wir fanden in ihm keine Festigkeit.

116 (115) Und da Wir zu den Engeln sprachen: »Fallet nieder vor Adam«, da fielen sie nieder, und nur Iblīs weigerte sich.

117 Und Wir sprachen: »O Adam, siehe, dieser ist dir und deinem Weib ein Feind. Und nicht treibe er euch beide aus dem Paradies, daß du elend wirst.

118 (116) Siehe, dir ward, daß du nicht hungerst in ihm und nicht nackend bist;

119 (117) Und daß du nicht dürstest in ihm und nicht Hitze erleidest.«

120 (118) Und es flüsterte der Satan ihm zu und sprach: »O

Ṭā-hā 307

Adam, soll ich dich weisen zum Baume der Ewigkeit und des Reichs, das nicht vergeht?«

121 (119) Und sie aßen von ihm, und es erschien ihnen ihre Blöße, und sie begannen über sich zu nähen Blätter des Gartens, und Adam ward ungehorsam wider seinen Herrn und ging irre.

122 (120) Alsdann erkieste ihn sein Herr und kehrte sich zu ihm und leitete ihn.

123 (121) Er sprach: »Hinfort von hier allzumal, einer des andern Feind! Und wenn von Mir Leitung zu euch kommt,

(122) Wer dann Meiner Leitung folgt, der soll nicht irregehen und nicht elend werden.

124 (123) Wer sich aber von Meiner Ermahnung abkehrt, siehe, dem sei ein Leben in Drangsal,

(124) Und erwecken wollen Wir ihn am Tage der Auferstehung blind.«

125 (125) Sprechen wird er: »Mein Herr, warum erwecktest Du mich blind, wo ich doch sehend war?«

126 (126) Sprechen wird Er: »Also sei's! Zu dir kamen Unsre Zeichen, und du vergaßest sie, und also bist du heute vergessen.«

127 (127) Und also lohnen Wir dem Übertreter, der nicht glaubt an die Zeichen seines Herrn, und wahrlich, die Strafe des Jenseits wird sehr hart sein und nachhaltig.

128 (128) Beachten sie[11] denn nicht, wie viele Geschlechter Wir zuvor vertilgten, in deren Wohnsitzen sie wandeln? Siehe, hierin sind wahrlich Zeichen für Leute von Verstand!

129 (129) Und wäre nicht zuvor ein Wort von deinem Herrn ergangen, wahrlich, erfolgt wäre eine ewige Pein! Aber ein Termin ist gesetzt.

130 (130) So ertrag, was sie sprechen, und lobpreise deinen Herrn vor Sonnenaufgang und -untergang; und in den Stunden der Nacht preise Ihn und an den Enden des Tages, auf daß du wohlgefällig wirst.

11 Die Mekkaner.

308   *Sure 21*

131 (131) Und hefte deine Blicke nicht auf das, was Wir
einigen von ihnen gewährten – den Schimmer des irdischen
Lebens, um sie damit zu prüfen. Denn deines Herrn Versorgung ist besser und bleibender.

132 (132) Und gebiete deinem Hause das Gebet und ver-
harre in ihm. Wir fordern nicht von dir, daß du dich versorgst, *Wir* wollen dich versorgen, und der Ausgang ist der
Frömmigkeit.

133 (133) Und sie sprechen »Warum kommt er uns nicht
mit einem Zeichen von seinem Herrn?« Aber kam nicht zu
ihnen der deutliche Beweis dessen, was in den frühern Schriften steht?

134 (134) Und hätten Wir sie vor ihm vertilgt durch eine
Strafe, dann wahrlich hätten sie gesprochen: »Unser Herr,
warum entsandtest Du nicht einen Gesandten zu uns? So
wären wir Deinen Zeichen gefolgt vor unsrer Demütigung
und Schande.«

135 (135) Sprich: »Ein jeder wartet. So wartet ihr und wissen werdet ihr, wer des ebenen Pfades Betreter war und rechtgeleitet ward.«

EINUNDZWANZIGSTE SURE

Die Propheten
Geoffenbart zu Mekka

Im Namen Allahs,
des Erbarmers, des Barmherzigen!

1 (1) Genaht ist den Menschen ihre Abrechnung, aber in
Achtlosigkeit kehren sie sich ab.

2 (2) Die jüngste Ermahnung, die zu ihnen kam von ihrem
Herrn, hören sie nur spottend an,

3 (3) Spaßend in ihren Herzen. Und die Frevler sprechen

Die Propheten 309

insgeheim: »Ist dieser mehr als ein Mensch wie ihr? Wollt ihr etwa der Zauberei, wo ihr sie erkennt, nahetreten?«

4 (4) Sprich: »Mein Herr kennt, was im Himmel und auf Erden gesprochen wird. Er ist der Hörende, der Wissende.«

5 (5) Sie hingegen sprechen: »Es sind wirre Träume. Ja, er hat ihn erdichtet, er ist ja ein Dichter. Er bringe uns ein Zeichen, so wie die Früheren entsandt wurden.«

6 (6) Nicht glaubte vor ihnen irgendeine Stadt, die Wir zerstörten; würden sie denn glauben?

7 (7) Und vor dir entsandten Wir nur Männer, denen Wir uns geoffenbart. Fragt nur das Volk der Ermahnung[1], so ihr's nicht wisset.

8 (8) Und nicht gaben Wir ihnen einen Leib, der keine Speise genoß, und nicht waren sie ewig.

9 (9) Alsdann bewahrheiteten Wir ihnen die Verheißung und erretteten sie und wen Wir wollten und vertilgten die Übertreter.

10 (10) Wahrlich, Wir haben nun zu ihnen ein Buch hinabgesandt, in dem eure Warnung steht. Wollt ihr denn nicht einsehen?

11 (11) Und wie viele Städte, die sündig waren, zerstörten Wir von Grund aus und erweckten nach ihnen ein ander Volk!

12 (12) Und da sie Unsern Zorn verspürten, siehe, da flohen sie vor ihm.

13 (13) »Fliehet nicht, (so sprachen höhnend die Engel,) kehret zurück zu dem, das euch mit Übermut erfüllte, und zu euern Wohnungen; vielleicht fragt man euch.«

14 (14) Sie sprachen: »O weh uns, wahrlich, wir waren Sünder!«

15 (15) Und dieser ihr Ruf hörte nicht eher auf, als bis Wir sie zu Schwaden gemacht, verloschen.

16 (16) Und nicht erschufen Wir den Himmel und die Erde und was dazwischen im Scherz.

---

1 Die Juden und Christen.

310 Sure 21

17 (17) Hätten Wir uns ein Spiel bereiten wollen, Wir hätten es in Uns gefunden, wenn Wir solches getan.

18 (18) Vielmehr schleudern Wir die Wahrheit wider die Lüge, und sie zerschmettert ihr Haupt, und siehe, da vergeht sie. Weh aber euch für eure Aussagen (von Gott).

19 (19) Sein ist, was in den Himmeln und was auf Erden, und wer Ihm ist, ist nicht zu stolz, Ihm zu dienen, und wird nicht müde.

20 (20) Sie preisen Ihn bei Nacht und Tag und ermatten nicht.

21 (21) Nehmen sie sich Götter von der Erde, die lebendig machen können?

22 (22) Gäbe es in beiden[2] Götter außer Allah, so wären beide verdorben. Doch Preis sei Allah, dem Herrn des Throns, (der erhaben ist) ob dem, was sie aussagen.

23 (23) Nicht wird Er befragt nach dem, was Er tut, sie aber werden befragt.

24 (24) Nehmen sie sich etwa außer Ihm Götter? Sprich: »Her mit euerm Beweis.« Dies ist die Ermahnung derer, die mit mir (leben), und die Ermahnung derer, die vor mir; aber die meisten von ihnen kennen die Wahrheit nicht und wenden sich ab.

25 (25) Und nicht entsandten Wir vor dir einen Gesandten, dem Wir nicht offenbart: »Es gibt keinen Gott außer Mir, so dienet Mir.«

26 (26) Und sie sprechen: »Der Erbarmer hat Kinder[3] erzeugt.« Preis Ihm! Es sind nur geehrte Diener.

27 (27) Sie sprechen vor Ihm kein Wort und tun nach Seinem Geheiß.

28 (28) Er weiß, was vor ihnen ist und was hinter ihnen[4], und nicht können sie Fürsprache einlegen,

(29) Außer für den, an dem Er Wohlgefallen hat; und sie zagen vor Furcht.

2 Himmel und Erde.
3 Die Engel.
4 Ihre früheren Taten und die künftigen.

Die Propheten

29 (30) Und wer von ihnen spricht: »Siehe, ich bin ein Gott neben Ihm« – solches lohnen Wir mit Dschahannam. Also lohnen Wir die Frevler.

30 (31) Sehen denn nicht die Ungläubigen, daß die Himmel und die Erde eine feste Masse bildeten und Wir sie dann spalteten und aus dem Wasser alles Lebendige machten? Glauben sie denn nicht?

31 (32) Und Wir setzten festgegründete (Berge) in die Erde, damit sie nicht schwankte mit ihnen, und Wir machten auf ihr breite Täler zu Wegen, auf daß sie rechtgeleitet würden.

32 (33) Und Wir machten den Himmel zu einem behüteten Dach; und doch kehren sie sich ab von Seinen Zeichen.

33 (34) Und Er ist's, der die Nacht erschuf und den Tag und die Sonne und den Mond, die alle rollen in ihrer Sphäre.

34 (35) Und nicht geben Wir einem Menschen vor dir Unsterblichkeit. Drum, wenn du stirbst, werden sie ewig leben?

35 (36) Jede Seele schmeckt den Tod, und auf die Probe wollen Wir euch stellen mit Bösem und Gutem, und zu Uns kehrt ihr zurück.

36 (37) Und wenn dich die Ungläubigen sehen, so empfangen sie dich nicht anders als mit Spott: »Ist das jener, der eure Götter erwähnt?« Und an die Ermahnung des Erbarmers glauben sie nicht.

37 (38) Erschaffen ward der Mensch aus Übereilung[5]. (Aber) wahrlich, zeigen werde Ich euch Meine Zeichen, und lasset sie Mich nicht beschleunigen.

38 (39) Und sie werden sprechen: »Wann tritt diese Drohung ein, so ihr aufrichtig seid?«

39 (40) Wüßten nur die Ungläubigen die Zeit, da sie das Feuer nicht abwehren können von ihren Gesichtern und ihren Rücken, und wo sie nicht gerettet werden!

40 (41) Aber kommen wird es unversehens über sie und

---

5 D. h., sein Wesen ist Übereilung.

312   *Sure 21*

wird sie verwirren, ohne daß sie es abwehren können; und
nicht soll mit ihnen verzogen werden.

41 (42) Und verspottet wurden schon vor dir Gesandte,
aber dann umgab die Spötter unter ihnen das, was sie verspotteten.

42 (43) Sprich: »Wer beschützt euch bei Nacht oder Tag
vor dem Erbarmer?« Jedoch kehren sie sich von der Ermahnung ihres Herrn ab.

43 (44) Oder haben sie Götter, die ihnen außer Uns helfen?
Sie vermögen nicht sich selber zu helfen noch sollen sie vor
Uns errettet werden.

44 (45) Ja, Wir versorgten sie und ihre Väter, solange ihr
Leben währte. Sehen sie denn nicht, daß Wir in das Land
kommen und es von allen Seiten einengen? Werden etwa sie
obsiegen?

45 (46) Sprich: »Ich warne euch nur mit der Offenbarung«,
doch hören die Tauben nicht den Ruf, wenn sie gewarnt
werden.

46 (47) Aber wahrlich, wenn sie ein Hauch von der Strafe
deines Herrn berührt, dann sprechen sie gewißlich: »O wehe
uns, siehe, wir waren Sünder!«

47 (48) Und aufstellen werden Wir gerechte Waagen zum
Tag der Auferstehung, und keine Seele soll in etwas Unrecht
erleiden. Und wäre es das Gewicht eines Senfkorns, Wir
brächten es herbei, und Wir genügen als Rechner.

48 (49) Und wahrlich, Wir gaben Moses und Aaron die
Unterscheidung[6] und ein Licht und eine Ermahnung für die
Gottesfürchtigen,

49 (50) Welche ihren Herrn im Verborgenen fürchten und
vor der ›Stunde‹ bangen.

50 (51) Und auch dies ist eine gesegnete Ermahnung, die
Wir hinabgesandt haben. Wollt ihr sie etwa verleugnen?

---

6 Al-Furqân; ein Wort, das ebenso von der Tora wie vom Koran gebraucht
  wird: die Unterscheidung zwischen recht und unrecht. Vgl. hierzu auch
  Abraham Geiger, *Was hat Muhammad aus dem Judenthume aufgenommen?*,
  Bonn 1833.

Die Propheten 313

51 (52) Und wahrlich, dem Abraham gaben Wir seine Rechtleitung zuvor, denn Wir kannten ihn.

52 (53) Da er zu seinem Vater und seinem Volke sprach: »Was sind das für Bilder, die ihr verehrt?«

53 (54) Sie sprachen: »Wir fanden unsre Väter bereits ihnen dienen.«

54 (55) Er sprach: »Wahrlich, ihr und eure Väter seid in offenkundigem Irrtum.«

55 (56) Sie sprachen: »Bist du mit der Wahrheit zu uns gekommen oder scherzest du?«

56 (57) Er sprach: »Mitnichten; euer Herr ist der Herr der Himmel und der Erde, der sie erschuf, und hiervon lege ich euch Zeugnis ab.

57 (58) Und, bei Allah, wahrlich, ich will eine List gegen eure Götzen ersinnen, wenn ihr den Rücken gekehrt habt.«

58 (59) Und er schlug sie in Stücke mit Ausnahme des obersten von ihnen, damit sie es ihm zuschrieben.

59 (60) Sie sprachen: »Wer hat dies mit unsern Göttern getan? Siehe wahrlich, das ist ein Frevler!«

60 (61) Sie sprachen: »Wir hörten einen Jüngling von ihnen reden, der Abraham heißt.«

61 (62) Sie sprachen: »So bringt ihn vor die Augen des Volks, vielleicht zeugen sie (wider ihn).«

62 (63) Sie sprachen: »Hast du dies getan mit unsern Göttern, o Abraham?«

63 (64) Er sprach: »Mitnichten; getan hat dies der oberste von ihnen. Fragt sie nur, so sie reden können.«

64 (65) Da kamen sie wieder zu sich und sprachen: »Siehe, ihr seid Sünder.«

65 (66) Alsdann verkehrten sie sich wieder[7] (und sprachen:) »Wahrlich du weißt, daß diese nicht reden.«

66 (67) Er sprach: »Verehrt ihr denn außer Allah, was euch weder etwas nützen noch schaden kann?

---

7 Wörtlich: wurden sie auf ihre Köpfe gekehrt.

314   *Sure 21*

67 Pfui über euch und über das, was ihr außer Allah anbetet! Habt ihr denn keine Einsicht?«

68 (68) Sie sprachen: »Verbrennt ihn und helft euern Göttern, so ihr handeln wollt.«

69 (69) Wir sprachen: »O Feuer, sei kühl und ein Frieden auf Abraham!«

70 (70) Und sie planten eine List wider Abraham, und Wir machten sie zu Verlorenen.

71 (71) Und Wir erretteten ihn und Lot zu dem Lande, durch das Wir alle Welt segneten.

72 (72) Und Wir schenkten ihm Isaak und Jakob obendrein und machten alle rechtschaffen.

73 (73) Und Wir machten sie zu Vorbildern, nach Unserm Geheiß rechtzuleiten, und offenbarten ihnen das Tun von Gutem und die Verrichtung des Gebets und das Entrichten von Almosen, und sie verehrten (Uns).

74 (74) Und dem Lot gaben Wir Weisheit und Erkenntnis und retteten ihn aus der Stadt, die Ruchloses beging. Siehe, sie waren schlechte Leute, Missetäter.

75 (75) Und Wir ließen ihn eingehen in Unsre Barmherzigkeit; siehe, er war einer der Rechtschaffenen.

76 (76) Und zuvor erhörten Wir Noah, da er rief, und retteten ihn und seine Familie von der großen Trübsal.

77 (77) Und Wir halfen ihm wider das Volk, das Unsre Zeichen der Lüge zieh. Sie waren ein böses Volk, und Wir ertränkten sie allzumal.

78 (78) Und (gedenke) Davids und Salomos, als sie über den Acker richteten, da in ihm die Schafe der Leute zur Nachtzeit weideten. Und Wir waren Zeuge ihres Spruchs.

79 (79) Und Wir gaben Salomo Einsicht hierin, und beiden gaben Wir Weisheit und Erkenntnis. Und Wir machten David die Berge und die Vögel dienstbar, (mit ihm Unsern) Preis zu verkünden. Und Wir taten es.

80 (80) Und Wir lehrten ihn die Kunst, Panzer für euch zu verfertigen, daß sie euch schützten vor eurer Gewalttat. Und seid ihr wohl dankbar?

Die Propheten 315

81 (81) Und Salomo (machten Wir dienstbar) die Windsbraut, zu eilen auf sein Geheiß zum Land, das wir gesegnet. Und Wir wußten alle Dinge.

82 (82) Und einige der Satane (machten Wir ihm dienstbar), die da für ihn tauchten und Werke außer diesem wirkten. Und Wir hüteten sie.

83 (83) Und (gedenke) des Hiob, da er seinen Herrn rief: »Siehe, mich hat die Plage berührt, doch Du bist der barmherzigste der Barmherzigen.«

84 (84) Da erhörten Wir ihn und befreiten ihn von seiner Plage und gaben ihm seine Familie (wieder) und ebenso viele obendrein als eine Barmherzigkeit von Uns und eine Ermahnung für die Diener (Allahs).

85 (85) Und Ismael und Idrīs[8] und Dū l-Kifl[9] – alle waren standhaft,

86 (86) Und Wir führten sie ein in Unsre Barmherzigkeit; siehe, sie waren rechtschaffen.

87 (87) Und Dū n-Nūn[10], da er erzürnt fortging und wähnte, Wir hätten keine Macht über ihn. Und er rief in den Finsternissen: »Es gibt keinen Gott außer Dir! Preis Dir! Siehe, ich war einer der Sünder!«

88 (88) Da erhörten Wir ihn und erretteten ihn aus der Trübsal; und also erretten Wir die Gläubigen.

89 (89) Und (gedenke) des Zacharias, da er zu seinem Herrn rief: »O mein Herr, lasse mich nicht kinderlos; doch bist Du der beste der Erben.«

90 (90) Und da erhörten Wir ihn und schenkten ihm Johannes, und setzten seine Gattin für ihn instand. Siehe, sie wetteiferten im Guten und riefen Uns an mit Liebe und Ehrfurcht und demütigten sich vor Uns.

91 (91) Und sie, die ihren Schoß keusch hielt, und in die

---

8 Henoch.
9 Dū l-Kifl, der Mann des Loses, soll Elias, Josua oder Zacharias sein; auch an Buddha ist gedacht worden.
10 Der Mann des Fisches, d. h. Jonas.

316 Sure 21

Wir bliesen von Unserm Geiste, und die Wir nebst ihrem Sohne zu einem Zeichen machten für alle Welt.

92 (92) Siehe, diese eure Religion ist eine einige Religion, und Ich bin euer Geist; so dienet Mir.

93 (93) Und sie zerrissen ihre Sache unter sich; alle kehren zu Uns zurück.

94 (94) Und wer das Rechte tut und gläubig ist, dessen Eifer soll nicht verleugnet werden; und siehe, Wir schreiben (ihn) auf für ihn.

95 (95) Und ein Bann sei auf jeder Stadt, die Wir vertilgten, daß sie nicht wiederkehren,

96 (96) Bis Gog und Magog (den Weg) geöffnet haben und sie von allen Höhen herbeieilen.

97 (97) Und es naht die wahrhaftige Drohung. Und siehe da, starr blicken die Augen der Ungläubigen, (und sie rufen:) »O wehe uns, wir waren dessen achtlos! Ja, wir waren Sünder!«

98 (98) Siehe ihr und was ihr anbetet außer Allah, Dschahannams Brennstoff ist's; hinab werdet ihr zu ihr steigen.

99 (99) Wären dies Götter, nicht stiegen sie zu ihr hinab. Und alle sollen ewig in ihr bleiben.

100 (100) Stöhnen sollen sie in ihr, und nicht sollen sie in ihr (Trost) hören.

101 (101) Siehe jene, denen Wir zuvor das Gute bestimmten, fern sollen sie von ihr sein.

102 (102) Keinen Laut werden sie von ihr hören, und in dem, was ihre Seelen begehrten, werden sie ewig verweilen.

103 (103) Nicht soll sie betrüben das größte Grausen, und entgegen sollen ihnen die Engel kommen (und sprechen:) »Dies ist euer Tag, der euch verheißen ward.«

104 (104) An jenem Tag werden Wir den Himmel zusammenrollen wie eine Schriftrolle. Wie Wir die erste Schöpfung hervorbrachten, wollen Wir sie wieder hervorbringen. Diese Verheißung liegt Uns ob; siehe, Wir führen sie aus.

105 (105) Und wahrlich, Wir schrieben in den Psalmen

Die Pilgerfahrt 317

nach (der Offenbarung) der Ermahnung: »Erben sollen die
Erde Meine gerechten Diener.«[11]

106 (106) Siehe, hierin[12] ist wahrlich eine Predigt für ein
Volk, das (Gott) dient.

107 (107) Und Wir entsandten dich nur als eine Barmherzigkeit für alle Welt.

108 (108) Sprich: »Mir ward nur offenbart, daß euer Gott
ein einiger Gott ist. Wollt ihr drum Muslime sein?«

109 (109) Und so sie den Rücken kehren, so sprich: »Ich
habe euch insgemein angekündigt, doch weiß ich nicht, ob
nahe oder fern, was euch angedroht ward.

110 (110) Siehe, Er weiß eure laute Rede und weiß, was ihr
verheimlicht.

111 (111) Und ich weiß nicht, ob es[13] vielleicht eine Versuchung für euch sei und ein Nießbrauch für eine Weile.«

112 (112) Sprich: »Mein Herr, richte Du in Wahrheit!«
Und unser Herr ist der Erbarmer, der um Hilfe wider eure
Äußerungen Anzuflehende.

ZWEIUNDZWANZIGSTE SURE

Die Pilgerfahrt

Geoffenbart zu Mekka

*Im Namen Allahs,
des Erbarmers, des Barmherzigen!*

1 (1) O ihr Menschen[1], fürchtet euern Herrn. Siehe, das
Erdbeben der ›Stunde‹ ist ein gewaltig Ding.

2 (2) An dem Tage, den ihr schauen werdet, wird jede
Säugende vergessen ihres Säuglings, und ablegen wird jede

11 Die Ermahnung ist das mosaische Gesetz. Dies ist das einzige direkte Zitat
aus der Bibel Ps. 37,29.
12 Im Koran.
13 Das Ausbleiben der angedrohten Strafe.
1 Ihr Mekkaner.

318 *Sure 22*

Schwangere ihre Last, und schauen wirst du die Menschen als Trunkene, wiewohl sie nicht trunken sind; doch Allahs Strafe ist streng.

3 (3) Und unter den Menschen ist einer, der über Allah ohne Wissen streitet und jedem rebellischen Satan folgt.

4 (4) Geschrieben ist wider ihn, daß er den, der ihn zum Beschützer nimmt, irreführen und zur Strafe der Flamme leiten soll.

5 (5) O ihr Menschen, wenn ihr betreffs der Auferstehung in Zweifel seid, so haben Wir euch erschaffen aus Staub, alsdann aus einem Samentropfen, alsdann aus geronnenem Blut, alsdann aus Fleisch, geformtem und ungeformtem, auf daß Wir euch (Unsre Allmacht) erwiesen. Und Wir lassen ruhen in den Mutterschößen, was Wir wollen, bis zu einem benannten Termin; alsdann lassen Wir euch hervorgehen als Kinder; alsdann lassen Wir euch eure Reife erreichen; und der eine von euch wird abberufen und der andre von euch bleibt zurück bis zum verächtlichsten Alter, daß er alles, was er wußte, vergaß. Und du sahst die Erde dürre; doch wenn Wir Wasser auf sie herniedersenden, dann regt sie sich und schwillt an und läßt von jeglicher schönen Art sprießen.

6 (6) Solches dieweil Allah die Wahrheit ist, und weil Er die Toten lebendig macht, und weil Er Macht hat über alle Dinge:

7 (7) Und weil die ›Stunde‹ zweifellos kommt, und weil Allah alle in den Gräbern erweckt.

8 (8) Und unter den Menschen ist einer, der über Allah streitet, ohne Wissen, ohne Leitung und ohne erleuchtendes Buch.

9 (9) (Hoffärtig) wendet er sich zur Seite, um von Allahs Weg abwendig zu machen. Schande soll ihm sein hienieden, und zu schmecken wollen Wir ihm geben am Tag der Auferstehung die Strafe des Verbrennens.

10 (10) »Solches für das, was deine Hände vorausgeschickt, und weil Allah nicht ungerecht ist gegen Seine Diener.«

11 (11) Und da gibt es einen Menschen, welcher Allah

Die Pilgerfahrt

auf dem Rande verehrt. Und so ihm Gutes zuteil wird, so verbleibt er darin, wird er jedoch von einer Versuchung heimgesucht, dann kehrt er sein Angesicht um unter Verlust des Diesseits und Jenseits. Solches ist das offenbare Verderben!

12 (12) Er ruft außer Allah an, was ihm weder schaden noch nützen kann; das ist ein tiefer Irrtum!

13 (13) Er ruft an, was ihm eher schadet als nützt; fürwahr, schlimm ist der Beschützer und schlimm der Gefährte!

14 (14) Siehe, Allah führt jene, die glauben und das Rechte tun, in Gärten, durcheilt von Bächen; siehe, Allah tut, was Er will.

15 (15) Wer da glaubt, daß Allah ihm[2] nimmer hilft hienieden und im Jenseits, der spanne ein Seil zum Himmel[3]; alsdann schneide er es ab und schaue zu, ob seine List vernichten kann, was ihn erzürnt.

16 (16) Und also haben Wir ihn[4] als deutliche Zeichen hinabgesandt, und weil Allah leitet, wen Er will.

17 (17) Siehe, die Gläubigen und die Juden und die Sabier und die Christen und die Magier und die Polytheisten – Allah wird zwischen ihnen entscheiden am Tag der Auferstehung; siehe, Allah ist Zeuge aller Dinge.

18 (18) Siehst du nicht, daß alles, was in den Himmeln und auf Erden ist, sich vor Allah niederwirft, die Sonne, der Mond, die Sterne, die Berge, die Bäume und die Tiere und viele Menschen? Vielen aber gebührt die Strafe;

(19) Und wen Allah verächtlich macht, der findet keinen, der ihn ehrt. Siehe, Allah tut, was Er will.

19 (20) Diese beiden[5] sind zwei Streitende, die über ihren Herrn streiten. Aber für die Ungläubigen sind Kleider aus Feuer geschnitten; gegossen wird siedendes Wasser über ihre Häupter,

---

2 Muhammad.
3 Um sich daran aufzuhängen.
4 Den Koran.
5 Die Gläubigen und die Ungläubigen.

320   *Sure 22*

20 (21) Das ihre Eingeweide und ihre Haut schmilzt;

21 Und eiserne Keulen sind für sie bestimmt.

22 (22) Sooft sie aus ihr[6] vor Angst zu entrinnen suchen, sollen sie in sie zurückgetrieben werden und: »Schmecket die Strafe des Verbrennens.«

23 (23) Siehe, Allah führt jene, die glauben und Gutes tun, in Gärten, durcheilt von Bächen. Geschmückt sollen sie sein in ihnen mit Armspangen von Gold und Perlen, und ihre Kleidung darinnen soll aus Seide sein;

24 (24) Denn sie wurden geleitet zum besten Wort und wurden geleitet zum gepriesenen Pfad.

25 (25) Siehe, diejenigen, welche nicht glauben und abwendig machen von Allahs Weg und der heiligen Moschee, die Wir für die Menschen bestimmten, in gleicher Weise für den Einheimischen als für den Fremden,

(26) Und diejenigen, welche sie frevlerisch zu entweihen suchen, denen geben Wir von einer schmerzlichen Strafe zu kosten.

26 (27) Und (gedenke), da Wir Abraham die Stätte des Hauses[7] zur Wohnung gaben (und zu ihm sprachen:) »Setze Mir nichts an die Seite und reinige Mein Haus für die es Umwandelnden und für die im Gebete Stehenden oder sich Beugenden.

27 (28) Und verkündige den Menschen die *Pilgerfahrt*. Laß sie zu dir kommen zu Fuß und auf allen schlanken (Kamelen,) ankommend aus allen tiefen Talwegen:

28 (29) Auf daß sie Zeugnis ablegen von den Vorteilen, die sie dadurch haben, und den Namen Allahs aussprechen an den bestimmten Tagen[8] über dem Vieh, mit dem Wir sie versorgten. So esset von ihm und speiset den Armen und den Bettler.

---

6 Dschahannam.

7 Die Ka'ba.

8 Die ersten zehn Tage des Monats Dū l-Ḥiǧǧa. Der Name Allahs wird beim Opfern über dem Vieh ausgesprochen.

Die Pilgerfahrt   321

29 (30) Alsdann sollen sie ihre Vernachlässigung[9] erledigen und sollen ihre Gelübde erfüllen und das alte Haus umwandeln.«

30 (31) So (sei's). Und wer Allahs Gebote ehrt, dem wird es gut ergehen bei seinem Herrn. Und erlaubt ist euch das Vieh (als Speise) mit Ausnahme dessen, was euch angesagt ward. Und so meidet den Götzengreuel und meidet das Wort der Lüge

31 (32) Als lauter gegen Allah, ohne Ihm Gefährten zu geben; denn wer Allah Gefährten gibt, ist wie das, was vom Himmel fällt und von den Vögeln erhascht oder vom Wind zu einem fernen Ort verweht wird.

32 (33) So (ist's.) Wer aber Allahs Gebräuche[10] ehrt, der beweist Herzensfrömmigkeit.

33 (34) Ihr könnt sie[11] bis zu einem bestimmten Termin benutzen, alsdann aber ist ihr Opferplatz bei dem alten Haus.

34 (35) Und allen Völkern gaben Wir Opferzeremonien, auf daß sie Allahs Namen aussprächen über dem Vieh, mit dem Wir sie versorgten. Und euer Gott ist ein einiger Gott. Drum ergebt euch Ihm; und verkündige Freude denen, die sich (vor Allah) demütigen,

35 (36) Deren Herz bei Allahs Erwähnung vor Ehrfurcht erbebt, und denen, die standhaft alles, was sie trifft, erdulden, und denen, die das Gebet verrichten, und von dem, was Wir ihnen bescherten, spenden.

36 (37) Und die Kamele haben Wir euch zu den Opfergebräuchen Allahs bestimmt; ihr habt Gutes in ihnen. Und so sprechet Allahs Namen über sie aus, wenn sie gebunden dastehen.[12] Und wenn sie auf die Seite gestürzt sind, so esset von ihnen und speiset den demütig Bittenden und den ver-

---

9 Sie sollen sich das Haar, den Bart und die Nägel schneiden lassen, was dem Pilger verboten ist von dem Augenblick an, da er das Pilgerkleid angelegt hat, bis zum Opfer im Tale Minā.
10 Die Opfergebräuche.
11 Das Opfervieh.
12 Sie werden am linken Vorderfuß gebunden und dürfen nur auf drei Füßen stehen.

schämten Armen. Also haben Wir sie euch dienstbar gemacht, auf daß ihr dankbar seid.

37 (38) Nimmermehr erreicht ihr Fleisch und ihr Blut Allah, jedoch erreicht Ihn eure Frömmigkeit. Also hat Er sie euch dienstbar gemacht, auf daß ihr Allah dafür preiset, daß Er euch leitete; und verkündige Freude den Rechtschaffenen.

38 (39) Siehe, Allah schirmt die Gläubigen; siehe, Allah liebt nicht den Treulosen, den Ungläubigen.

39 (40) Gewähr ist denen gegeben, die bekämpft wurden, dieweil ihnen Gewalt angetan ward; und siehe, wahrlich, Allah hat Macht, ihnen beizustehen:

40 (41) Jene, die schuldlos aus ihren Wohnungen vertrieben wurden, nur weil sie sprechen: »Unser Herr ist Allah.« Und wofern nicht Allah den einen Menschen durch die andern wehrte, wahrlich, so wären Klöster, Kirchen, Bethäuser und Moscheen, in denen Allahs Name (so) häufig genannt wird, zerstört. Und wem Allah helfen will, dem hilft Er wahrlich. Siehe, Allah ist stark und mächtig.

41 (42) Denen (hilft Er), die, wenn Wir ihnen im Lande Wohnung gegeben haben, das Gebet verrichten und die Armenspende entrichten und das Rechte gebieten und das Unrechte untersagen. Und Allahs ist der Ausgang der Dinge.

42 (43) Und wenn sie dich der Lüge zeihen, so hat schon vor ihnen das Volk Noahs und 'Āds und Tamūds

43 Und das Volk Abrahams und das Volk Lots

44 Und die Bewohner Midians (ihre Propheten) der Lüge geziehen. Und auch Moses ward der Lüge geziehen. Und Ich verzog mit den Ungläubigen, alsdann erfaßte Ich sie, und wie war der Wechsel, den Ich verursachte!

45 (44) Und wie viele sündige Städte vertilgten Wir, und sie liegen wüst auf ihren Fundamenten da! Wie viele Brunnen sind verlassen und wie viele hohe Burgen!

46 (45) Reisten sie denn nicht im Lande, und haben sie keine Herzen, zu begreifen oder Ohren, zu hören? Und

Die Pilgerfahrt 323

siehe, nicht sind ihre Augen blind, blind sind vielmehr ihre Herzen in ihrer Brust.

47 (46) Und sie werden dich heißen, die Strafe zu beschleunigen, aber nimmer bricht Allah Sein Versprechen, und siehe, ein Tag ist bei deinem Herrn gleich tausend Jahren von denen, die ihr rechnet.

48 (47) Und mit wie viel Städten verzog Ich, wiewohl sie sündig waren! Alsdann erfaßte Ich sie, und zu Mir ist der Heimgang.

49 (48) Sprich: »O ihr Menschen, ich bin euch nur ein offenkundiger Warner;

50 (49) Und diejenigen, welche glauben und das Rechte tun, denen ist Verzeihung und ehrenvolle Versorgung;

51 (50) Und diejenigen, welche eifern, Unsre Zeichen kraftlos zu machen, das sind des Höllenpfuhls Bewohner.«

52 (51) Und nicht entsandten Wir vor dir einen Gesandten oder Propheten, dem nicht, wenn er vorlas, der Satan in seine Lesung (Falsches) warf; aber Allah vernichtet des Satans Einstreuungen. Alsdann wird Allah Seine Zeichen bestätigen; und Allah ist wissend und weise:

53 (52) Auf daß Er des Satans Einstreuung zu einer Versuchung für jene mache, in deren Herzen Krankheit ist und deren Herzen verhärtet sind. Und siehe, die Sünder sind in tiefem Irrtum.

54 (53) Und auf daß diejenigen, denen das Wissen gegeben ward, erkennen, daß er[13] die Wahrheit von deinem Herrn ist und daß sie an Ihn glauben und ihre Herzen in Ihm Frieden genießen. Und siehe, Allah leitet gewißlich die Gläubigen auf einen rechten Pfad.

55 (54) Und die Ungläubigen hören nicht auf, ihn zu bezweifeln, bis die ›Stunde‹ plötzlich über sie kommt oder über sie kommt die Strafe eines unheilvollen Tags.

56 (55) Das Reich ist an jenem Tage Allahs; richten wird Er

13 Der Koran.

unter ihnen, und diejenigen, welche glaubten und das Gute taten, werden eingehen in die Gärten der Wonne.

57 (56) Diejenigen aber, die ungläubig waren und Unsre Zeichen der Lüge ziehen – schändende Strafe wird sie treffen.

58 (57) Und jene, welche in Allahs Weg auswanderten und alsdann fielen oder starben, wahrlich, die wird Allah mit schöner Versorgung versorgen. Denn siehe, Allah, wahrlich, Er ist der beste Versorger.

59 (58) Wahrlich, eingehen lassen wird Er sie in einem Eingang, der ihnen gefällt; und siehe, Allah ist wahrlich wissend und gütig.

60 (59) So (wird's sein). Und wer sich Recht verschafft nach dem Maße des Unrechts, das ihm angetan ward, und alsdann wieder Gewalt erleidet, wahrlich, dem wird Allah helfen. Siehe, Allah ist vergebend, verzeihend.

61 (60) Also (wird's sein;) denn Allah läßt die Nacht folgen auf den Tag und den Tag folgen auf die Nacht, und Allah ist hörend und schauend.

62 (61) Also (wird's sein,) denn Allah ist die Wahrheit, und was sie außer Ihm anrufen, ist die Lüge, und Allah ist der Erhabene, der Große.

63 (62) Siehst du nicht, daß Allah Wasser vom Himmel hinabsendet und daß die Erde grün wird? Siehe, Allah ist wahrlich gütig und kundig.

64 (63) Sein ist, was in den Himmeln und was auf Erden, und siehe, Allah ist wahrlich der Reiche, der Rühmenswerte.

65 (64) Siehst du nicht, daß Allah euch unterworfen hat, was auf Erden ist, und die Schiffe, die das Meer auf Sein Geheiß durcheilen? Und Er hält den Himmel, daß er nicht auf die Erde falle, es sei denn mit Seiner Erlaubnis. Siehe, Allah ist wahrlich gütig gegen die Menschen und barmherzig.

66 (65) Und Er ist's, der euch das Leben gab; alsdann wird Er euch sterben lassen, alsdann wird Er euch (wieder) lebendig machen. Siehe, der Mensch ist wahrlich undankbar.

67 (66) Jedem Volk gaben Wir Gebräuche, die sie beobachten; drum laß sie nicht mit dir hierüber streiten und rufe (sie)

Die Pilgerfahrt 325

zu deinem Herrn. Siehe, du folgst wahrlich der rechten Leitung.

68 (67) Streiten sie jedoch mit dir, so sprich: »Allah kennt am besten euer Tun.

69 (68) Allah wird richten zwischen euch am Tag der Auferstehung über das, worin ihr uneins seid.

70 (69) Weißt du nicht, daß Allah kennt, was im Himmel und auf Erden ist? Siehe, dies steht in einem Buch; siehe, dies ist leicht für Allah.«

71 (70) Und sie beten außer Allah an, wofür Er keine Vollmacht herabgesandt hat, und wovon ihnen kein Wissen ward; und die Sünder haben keinen Helfer.

72 (71) Und wenn ihnen Unsre Zeichen als deutliche Beweise verlesen werden, dann erkennst du in den Angesichtern der Ungläubigen Mißfallen. Am liebsten fielen sie her über die, welche ihnen Unsre Zeichen vorlesen. Sprich: »Soll ich euch Schlimmeres als dies ankündigen? Das Feuer, das Allah den Ungläubigen angedroht hat? Und schlimm ist die Fahrt (dorthin)!«

73 (72) O ihr Menschen, ein Gleichnis ward gemacht; so höret es. Siehe jene, die ihr außer Allah anruft, nimmer erschaffen sie eine Fliege, auch wenn sie sich dazu versammelten; und wenn ihnen die Fliege etwas raubte, sie könnten es ihr nicht entreißen. Schwach ist der Bittende und der Gebetene.

74 (73) Nicht bewerten sie Allah nach Seinem wahren Wert. Siehe, Allah ist wahrlich der Starke, der Mächtige.

75 (74) Allah erwählt aus den Engeln Gesandte und aus den Menschen. Siehe, Allah ist hörend und schauend.

76 (75) Er weiß, was vor ihnen ist und was hinter ihnen, und zu Allah kehren die Dinge zurück.

77 (76) O ihr, die ihr glaubt, beugt euch und werfet euch nieder und dienet euerm Herrn und tut das Gute; vielleicht ergeht es euch wohl.

78 (77) Und eifert in Allahs Weg im rechten Eifer. Er hat euch erwählt und hat euch in der Religion nichts Schweres

326 *Sure 23*

auferlegt: Die Religion eures Vaters Abraham. Er hat euch »Muslime« genannt,

(78) Zuvor und in diesem (Buch), damit der Gesandte Zeuge sei wider euch und ihr Zeugen seid wider die Menschen. Drum verrichtet das Gebet und entrichtet die Armenspende und haltet fest an Allah. Er ist euer Gebieter, und herrlich ist der Gebieter und herrlich der Helfer!

DREIUNDZWANZIGSTE SURE

Die Gläubigen

Geoffenbart zu Mekka

Im Namen Allahs,
des Erbarmers, des Barmherzigen!

1 (1) Wohl ergeht es den *Gläubigen*,

2 (2) Die sich demütigen in ihrem Gebet,

3 (3) Und die sich fernhalten von eitlem Geschwätz

4 (4) Und die die Armenspende entrichten

5 (5) Und die sich der Weiber enthalten –

6 (6) Es sei denn ihrer Gattinnen oder derer, die ihre Rechte besitzt; denn siehe (hierin) sind sie nicht zu tadeln.

7 (7) Wer aber über dies hinaus begehrt, das sind die Übertreter –

8 (8) Und die das ihnen anvertraute Gut und ihr Versprechen hüten

9 (9) Und die ihre Gebete beobachten:

10 (10) Das sind die Erben,

11 (11) Welche das Paradies ererben, ewig darinnen zu weilen.

12 (12) Und wahrlich, Wir erschufen den Menschen aus reinstem Ton,

13 (13) Alsdann setzten Wir ihn als Samentropfen in eine sichere Stätte,

Die Gläubigen 327

14 (14) Alsdann schufen Wir den Tropfen zu geronnenem Blut und schufen den Blutklumpen zu Fleisch und schufen das Fleisch zu Gebein und bekleideten das Gebein mit Fleisch; alsdann brachten Wir ihn[1] hervor als eine andre Schöpfung, und gesegnet sei Allah, der beste der Schöpfer!

15 (15) Alsdann werdet ihr nach diesem wahrlich sterben.

16 (16) Alsdann werdet ihr am Tag der Auferstehung erweckt werden.

17 (17) Und wahrlich, Wir erschufen über euch sieben Himmel, und nicht sind Wir achtlos der Schöpfung.

18 (18) Und Wir senden Wasser vom Himmel herab nach Gebühr und geben ihm Wohnung in der Erde, und siehe, Wir haben Macht, es wieder fortzunehmen.

19 (19) Und Wir lassen euch durch dasselbe Palmen- und Rebengärten sprießen, in denen ihr reiche Früchte habt, und von denen ihr esset,

20 (20) Und einen Baum, der auf dem Berge Sinai wächst und der Öl hervorbringt und einen Saft zum Essen.

21 (21) Und siehe, in dem Vieh habt ihr wahrlich eine Lehre. Wir geben euch zu trinken von dem, was in ihren Leibern ist, und vielen Nutzen habt ihr in ihnen, und von ihnen esset ihr.

22 (22) Und auf ihnen und auf den Schiffen werdet ihr getragen.

23 (23) Und wahrlich, Wir entsandten Noah zu seinem Volk, und er sprach: »O mein Volk, dienet Allah. Ihr habt keinen andern Gott als Ihn. Wollt ihr (Ihn) nicht fürchten?«

24 (24) Und es sprachen die Häupter der Ungläubigen seines Volks: »Dies ist nur ein Mensch gleich euch, der sich über euch erheben will. Und so Allah gewollt hätte, wahrlich, Er hätte Engel entsandt. Wir hörten dies nicht von unsern Vorvätern.

1 Den Menschen.

328   *Sure 23*

25 (25) Siehe, dies ist nur ein besessener Mann, drum wartet mit ihm eine Zeitlang.«

26 (26) Er sprach: »Mein Herr, hilf mir wider ihre Beschuldigung der Lüge.«

27 (27) Und so offenbarten Wir ihm: »Mache die Arche unter Unsern Augen und nach Unsrer Offenbarung, und wenn Unser Befehl ergeht und der Ofen siedet,

(28) Dann bringe in sie von allen (Gattungen) ein Paar und deine Familie außer dem, über den das Wort zuvor erging; und rede nicht mit Mir in betreff der Sünder, denn siehe, sie sollen ertränkt werden.

28 (29) Und wenn du und wer bei dir ist die Arche bestiegen haben, so sprich: »Das Lob sei Allah, der uns errettet hat von dem Volk der Sünder.«

29 (30) Und sprich: »Mein Herr, gib mir einen gesegneten Ausgang, denn Du bist der beste der Ausganggeber.«

30 (31) Siehe, hierin sind wahrlich Zeichen, und siehe, wahrlich, Wir stellen auf die Probe.

31 (32) Alsdann ließen Wir nach ihnen andre Geschlechter erstehen.

32 (33) Und Wir entsandten unter sie einen Gesandten von ihnen (mit der Botschaft:) »Dienet Allah, ihr habt keinen Gott außer Ihm; wollt ihr (Ihn) nicht fürchten?«

33 (34) Und es sprachen die Häupter seines Volkes, die nicht glaubten und welche die Begegnung des Jenseits für eine Lüge hielten und die Wir im irdischen Leben reich versehen hatten: »Das ist nur ein Mensch gleich euch; er isset von dem, was ihr esset,

(35) Und trinket von dem, was ihr trinket.

34 (36) Und wenn ihr einem Menschen gleich euch gehorchet, siehe, dann seid ihr wahrlich verloren.

35 (37) Verkündet er euch, daß ihr, wenn ihr tot seid und Staub und Gebein geworden, wieder erstehen werdet?

36 (38) Hinweg, hinweg mit dieser Verheißung!

37 (39) Es gibt nur unser irdisches Leben; wir sterben und wir leben und werden nicht erweckt.

Die Gläubigen   329

38 (40) Es ist nur ein Mensch, der eine Lüge wider Allah ersonnen hat, und wir glauben ihm nicht.«

39 (41) Er sprach: »Mein Herr, errette mich vor ihrer Beschuldigung der Lüge.«

40 (42) Er sprach: »Noch ein kleines, und wahrlich, sie werden es bereuen.«

41 (43) Alsdann erfaßte sie der Schrei[2] nach Gebühr, und Wir machten sie zu Spreu. Hinfort drum mit dem sündigen Volk!

42 (44) Alsdann ließen Wir nach ihnen andre Geschlechter erstehen,

43 (45) Und kein Volk kann seinen Termin beschleunigen oder aufschieben.

44 (46) Alsdann entsandten Wir Unsre Gesandten, einen nach dem andern. Sooft ein Gesandter zu seinem Volke kam, ziehen sie ihn der Lüge; und so ließen Wir ein Volk dem andern folgen und machten sie zum Exempel. Drum hinweg mit einem ungläubigen Volk!

45 (47) Alsdann entsandten Wir Moses und seinen Bruder Aaron mit Unsern Zeichen und offenkundiger Vollmacht

46 (48) Zu Pharao und seinen Häuptern; sie aber waren hoffärtig und ein hochmütig Volk.

47 (49) Und sie sprachen: »Sollen wir zwei Menschen gleich uns glauben, wo ihr Volk uns dienstbar ist?«

48 (50) Und sie ziehen beide der Lüge, und so wurden sie vernichtet.

49 (51) Und wahrlich, Wir gaben Moses das Buch, auf daß sie[3] geleitet würden.

50 (52) Und Wir machten den Sohn der Maria und seine Mutter zu einem Zeichen und gaben beiden eine Höhe zur Wohnung, eine Stätte der Sicherheit und eines Quells.

51 (53) »O ihr Gesandten, esset von den guten (Speisen) und tut das Rechte; siehe, Ich weiß, was ihr tut.

2 Des Strafengels.
3 Das Volk Israel.

330 *Sure 23*

52 (54) Und siehe, diese eure Religion ist eine einige Religion, und Ich bin euer Herr; drum fürchtet Mich.«

53 (55) Aber sie zerrissen ihre Sache untereinander in Sekten; jegliche Partei freut sich ihres Anteils.

54 (56) Drum laß sie in ihrem Wirrsal für eine Weile.

55 (57) Glauben sie etwa, daß das, was Wir ihnen an Gut und Kindern bescheren,

56 (58) Wir ihnen als gute Gaben eilig gewähren? Nein, sie verstehen es nicht.

57 (59) Siehe, jene, welche in Furcht vor ihrem Herrn erbeben,

58 (60) Und jene, welche an die Zeichen ihres Herrn glauben,

59 (61) Und jene, die ihrem Herrn keine Gefährten geben,

60 (62) Und die da geben, was sie geben, mit zagendem Herzen, dieweil sie zu ihrem Herrn zurückkehren:

61 (63) Jene eilen um die Wette nach dem Guten und kommen einander danach zuvor.

62 (64) Und Wir belasten eine Seele nur nach Vermögen, und bei Uns ist ein Buch, das die Wahrheit spricht; und es soll ihnen nicht Unrecht geschehen.

63 (65) Aber ihre Herzen sind hierüber in tiefem Irrtum, und ihre Werke sind anders als diese, die sie ausüben,

64 (66) Bis daß sie, wenn Wir die Üppigen unter ihnen mit der Strafe erfassen, um Hilfe schreien.

65 (67) »Schreiet nicht um Hilfe heute, denn ihr findet keine Hilfe bei Uns.

66 (68) Meine Zeichen wurden euch verlesen, ihr aber kehrtet euch um auf euern Fersen,

67 (69) Hoffärtig dawider, und schwatzet Unsinn in nächtlichem Geplauder.«

68 (70) Wollen sie denn nicht die Worte bedenken, ob zu ihnen kam, was nicht zu ihren Vorvätern kam?

69 (71) Oder erkennen sie nicht ihren Gesandten und verleugnen ihn deshalb?

70 (72) Oder sprechen sie: »Er ist besessen?« Doch nein,

Die Gläubigen 331

gekommen ist er zu ihnen mit der Wahrheit, und die Mehrzahl von ihnen hat Abscheu wider die Wahrheit.

71 (73) Und wenn die Wahrheit ihren Lüsten gefolgt wäre, wahrlich zugrunde wären die Himmel und die Erde gegangen und was darinnen. Aber Wir brachten ihnen ihre Warnung[4], doch kehren sie sich von ihrer Warnung ab.

72 (74) Oder verlangst du von ihnen einen Lohn? Aber der Lohn deines Herrn ist der beste, und Er ist der beste Versorger.

73 (75) Und siehe, du forderst sie wahrlich auf zu einem rechten Pfad,

74 (76) Und siehe, jene, die nicht an das Jenseits glauben, weichen ab von dem Pfad.

75 (77) Und hätten Wir uns ihrer erbarmt und sie von ihrer Drangsal befreit, wahrlich, sie hätten doch in ihrer Gottlosigkeit, in der sie verirrt sind, beharrt.

76 (78) Und wahrlich, Wir hatten sie mit der Strafe erfaßt, doch hatten sie sich nicht ihrem Herrn unterworfen und sich nicht gedemütigt.

77 (79) Bis daß, als Wir ihnen das Tor strenger Strafe öffneten, sie zur Verzweiflung gebracht wurden.[5]

78 (80) Und Er ist's, der euch Gehör, Gesicht und Herz gab; wenige sind's, die Dank wissen.

79 (81) Und Er ist's, der euch auf Erden erschuf, und zu Ihm werdet ihr versammelt.

80 (82) Und Er ist's, der lebendig macht und tötet, und von Ihm rührt der Wechsel der Nacht und des Tages her. Begreift ihr denn nicht?

81 (83) Sie aber sprechen, wie die Früheren sprachen:

82 (84) Sie sprechen: »Wenn wir gestorben und Staub und Gebein worden sind, sollen wir dann wieder erweckt werden?

83 (85) Wahrlich, uns und unsern Vätern zuvor ist dies

4 Der Koran.
5 Die Strafe wird auf eine Hungersnot gedeutet, die strenge Strafe auf die Niederlage bei Badr. Vgl. Anm. 4, S. 68.

angekündigt worden; dies sind jedoch nur Fabeln der Früheren.«

84 (86) Sprich: »Wessen ist die Erde und was darinnen, so ihr es wisset?«

85 (87) Wahrlich, sie werden sprechen: »Allahs.« Sprich: »Wollt ihr euch denn nicht ermahnen lassen?«

86 (88) Sprich: »Wer ist der Herr der sieben Himmel und der Herr des erhabenen Throns?«

87 (89) Wahrlich, sie werden sprechen: »Allah.« Sprich: »Wollt ihr Ihn denn nicht fürchten?«

88 (90) Sprich: »In wessen Hand ist das Reich aller Dinge, der beschützt und nicht beschützt wird – so ihr es wisset?«

89 (91) Wahrlich, sie werden sprechen: »In Allahs.« Sprich: »Und wie seid ihr so verzaubert?«

90 (92) Ja, Wir haben ihnen die Wahrheit gebracht, und wahrlich, sie leugnen sie.

91 (93) Allah hat keine Kinder erzeugt, und es ist kein Gott bei Ihm; sonst würde jeder Gott an sich genommen haben, was er erschaffen, und einer hätte sich über den andern erhöht. Preis sei Allah! (Er ist erhaben) ob dem, was sie von Ihm aussagen.

92 (94) Er kennt das Verborgene und das Offenkundige und erhaben ist Er ob dem, was sie Ihm zur Seite stellen.

93 (95) Sprich: »Mein Herr, wenn Du mich schauen lassen willst, was Du ihnen ankündigtest,

94 (96) Mein Herr, so setze mich nicht unter das ungerechte Volk.«

95 (97) Und siehe, Wir haben Macht dazu, dir zu zeigen, was Wir ihnen ankündigten.

96 (98) Wende ab das Böse mit Gutem; Wir wissen sehr wohl, was sie (von dir) aussagen.

97 (99) Und sprich: »Mein Herr, ich nehme meine Zuflucht zu Dir vor den Einflüsterungen der Satane,

98 (100) Und ich nehme meine Zuflucht zu Dir, mein Herr, daß sie mir nicht zu nahe kommen.«

Die Gläubigen   333

99 (101) Erst wenn der Tod einem von ihnen naht, wird er
sprechen. »Mein Herr, sende mich zurück,

100 (102) Auf daß ich Gutes tue, was ich unterließ.« –
»Keineswegs!« Siehe, dies ist das Wort, das Er spricht. Und
hinter ihnen ist eine Schranke bis zum Tag, da sie erweckt
werden.

101 (103) Und wenn in die Posaune gestoßen wird, dann
soll an jenem Tage keine Verwandtschaft unter ihnen gelten,
und sie sollen nicht einander befragen;

102 (104) Und die, deren Waage schwer ist, ihnen wird's
wohl ergehen.

103 (105) Deren Waage jedoch leicht ist, die werden ihre
Seelen verlieren in Dschahannam für immerdar.

104 (106) Verbrennen wird das Feuer ihre Angesichter, und
die Zähne werden sie in ihm fletschen.

105 (107) »Wurden euch nicht Meine Zeichen verlesen und
ziehet ihr sie nicht der Lüge?«

106 (108) Sie werden sprechen: »Unser Herr, unser Unglück obsiegte über uns, und wir waren ein irrend Volk.

107 (109) Unser Herr, führe uns heraus von hier, und wenn
wir rückfällig sind, wahrlich, so sind wir Sünder.«

108 (110) Er wird sprechen: »Hinfort mit euch! Hinein (ins
Feuer!) Und redet nicht mit Mir.«

109 (111) Siehe, es war ein Teil Meiner Diener, welche
sprachen: »Unser Herr, wir glauben; drum vergib uns
und habe Erbarmen mit uns, denn Du bist der beste Erbarmer.«

110 (112) Ihr aber nahmet sie mit Spott auf, bis daß sie euch
Meine Ermahnung vergessen ließen und ihr sie verlachtet.

111 (113) Siehe, Ich belohne sie heute für ihre Standhaftigkeit, und sie sollen glückselig sein.

112 (114) Er wird sprechen: »Wieviel der Jahre verweiltet
ihr auf Erden?«

113 (115) Sie werden sprechen: »Wir verweilten einen Tag
oder nur den Teil eines Tages; frag nur die Rechnungführen-
den (Engel).«

334   *Sure 24*

114 (116) Er wird sprechen: »Ihr habt nur ein kleines verweilt, wenn ihr es nur wüßtet.«

115 (117) Glaubtet ihr etwa, Wir hätten euch zum Scherz
erschaffen, und daß ihr nicht zu Uns zurückkehren müßtet?

116 Doch erhaben ist Allah, der König, die Wahrheit! Es
gibt keinen Gott außer Ihm, dem Herrn des edlen Thrones.

117 Und wer neben Allah einen andern Gott anruft, für den
er keinen Beweis hat, der hat Rechenschaft vor seinem Herrn
abzulegen. Siehe, den Ungläubigen ergeht es nicht wohl.

118 (118) Und sprich: »Mein Herr vergib und habe Erbarmen, denn Du bist der beste der Erbarmer.«

VIERUNDZWANZIGSTE SURE

Das Licht
Geoffenbart zu Medina

*Im Namen Allahs,
des Erbarmers, des Barmherzigen!*

1 (1) Eine Sure, die Wir herabsandten und zum Gesetz
erhoben! Und Wir sandten deutliche Zeichen in ihr herab, auf
daß ihr euch ermahnen lasset.

2 (2) Die Hure und den Hurer, geißelt jeden von beiden mit
hundert Hieben[1]; und nicht soll euch Mitleid erfassen zuwider dem Urteil Allahs, so ihr an Allah glaubt und an den
Jüngsten Tag. Und eine Anzahl der Gläubigen soll Zeuge
ihrer Strafe sein.

3 (3) Der Hurer soll nur eine Hure heiraten oder eine Heidin; und die Hure soll nur einen Hurer heiraten oder einen
Heiden. Und verwehrt ist solches den Gläubigen.

---

1 Beachtenswert ist, daß für Ehebrecher und Ehebrecherin das gleiche Strafmaß
angesetzt wird!

Das Licht 335

4 (4) Diejenigen, welche züchtige Frauen verleumden und hernach nicht vier Zeugen beibringen, die geißelt mit achtzig Hieben und nehmet nie mehr ihr Zeugnis an, denn es sind Frevler –

5 (5) Außer jenen, welche hernach bereuen und sich bessern; denn siehe, Allah ist wahrlich verzeihend und barmherzig.

6 (6) Und diejenigen, welche ihre Gattinnen verleumden und keine Zeugen haben außer sich selber – viermal soll ein jeder sein Zeugnis vor Allah beteuern, daß er wahrhaftig ist,

7 (7) Und zum fünftenmal, daß Allahs Fluch auf ihn komme, so er ein Lügner sei.

8 (8) Aber abwenden soll es die Strafe von ihr, wenn sie viermal vor Allah bezeugt, daß er ein Lügner ist,

9 (9) Und das fünfte Mal, daß Allahs Zorn auf sie komme, wenn er die Wahrheit gesprochen.

10 (10) Und ohne Allahs Huld und Barmherzigkeit gegen euch, und wäre Allah nicht vergebend und weise . . . (so hätte Er sofortige Strafe verhängt.)

11 (11) Siehe, diejenigen, welche die Lüge aufbrachten, eine Anzahl von euch, erachten es nicht für ein Übel für euch; nein, es ist gut für euch. Jedem Manne von ihnen soll sein, was er verdient hat an Sünde, und derjenige, welcher es übernahm, sie zu vergrößern, soll gewaltige Strafe empfangen.[2]

12 (12) Warum, als ihr es hörtet, dachten nicht die gläubigen Männer und Frauen bei sich Gutes und sprachen: »Dies ist eine offenkundige Lüge?«

13 (13) Warum brachten sie nicht vier Zeugen hierfür?

---

2 Dies und das Folgende bezieht sich auf den Skandal in bezug auf Muhammads Lieblingsfrau, der jungen ‘A’iša, welche eines Nachts auf dem Zuge Muhammads gegen den Stamm Muṣṭaliq hinter dem Lager zurückblieb und von Safwān ibn al-Muʿattal, der ebenfalls zurückgeblieben war und sie schlafend fand, am Morgen ins Lager gebracht wurde. Dieser Vorfall gab Anlaß zu Verdächtigungen ihrer ehelichen Treue. Die Verleumder erhielten achtzig Peitschenhiebe, mit Ausnahme des angesehenen ‘Abdullāh ibn Ubba, welcher zur Strafe nicht Muslim werden durfte.

336   *Sure 24*

Doch da sie die Zeugen nicht brachten, sind sie vor Allah Lügner.

14 (14) Und ohne Allahs Huld zu euch und Seine Barmherzigkeit hienieden und im Jenseits hätte euch für eure Ausstreuung eine gewaltige Strafe getroffen,

15 Als ihr es mit euern Zungen äußertet und mit euerm Munde spracht, wovon ihr kein Wissen hattet und es für ein Leichtes hieltet, wo es vor Allah schwer ist.

16 (15) Und warum, als ihr es hörtet, sprachet ihr nicht: »Es kommt uns nicht zu, hierüber zu reden?« Preis Dir! Dies ist eine gewaltige Verleumdung.

17 (16) Allah ermahnt euch, nie wieder ähnliches zu tun, so ihr gläubig seid.

18 (17) Und Allah macht euch die Zeichen klar, und Allah ist wissend und weise.

19 (18) Siehe, diejenigen, welche Gefallen daran finden, daß Schändliches ruchbar wird von den Gläubigen, sollen schmerzliche Strafe empfangen,

(19) Hienieden und im Jenseits; und Allah weiß, doch ihr wisset nicht.

20 (20) Und ohne Allahs Huld gegen euch und Seine Barmherzigkeit, und wäre Allah nicht gütig und barmherzig, . . . (hätte Er euch sofort gestraft.)

21 (21) O ihr, die ihr glaubt, folget nicht den Fußstapfen des Satans, denn wer den Fußstapfen des Satans folgt – siehe, er heißt euch Schandbares und Verbotenes. Und ohne Allahs Huld gegen euch und Seine Barmherzigkeit würde kein einziger von euch rein sein. Jedoch reinigt Allah, wen Er will, und Allah ist hörend und wissend.

22 (22) Und nicht sollen die Vermögenden und Begüterten unter euch schwören, nichts mehr ihren Verwandten und den Armen und denen, die in Allahs Weg ausgewandert sind, zu geben, sondern sie sollen vergeben und verzeihen.[3] Wünschet

---

3 Dies soll sich auf Abū Bekr beziehen, welcher einem seiner Verwandten, der an der Verleumdung der ʿĀʾiša teilgenommen hatte, jegliche Unterstützung entziehen wollte.

Das Licht 337

ihr nicht, daß Allah euch vergebe? Und Allah ist vergebend und barmherzig.

23 (23) Siehe, diejenigen, welche züchtige Frauen, die unbedacht, aber doch gläubig sind, verleumden, sind verflucht hienieden und im Jenseits und empfangen gewaltige Strafe.

24 (24) Eines Tages werden ihre Zungen und ihre Hände und Füße wider sie zeugen für ihr Tun.

25 (25) An jenem Tage wird Allah ihnen nach Gebühr zahlen, und sie sollen erfahren, daß Allah die offenkundige Wahrheit ist.

26 (26) Schlechte Weiber für schlechte Männer und schlechte Männer für schlechte Weiber, und gute Weiber für gute Männer und gute Männer für gute Weiber. Diese werden rein sein von dem, was sie über sie sprechen – Vergebung und eine hehre Versorgung!

27 (27) O ihr, die ihr glaubt, gehet nicht ein in Häuser, die nicht eure Häuser sind, bevor ihr um Erlaubnis gebeten und ihre Bewohner begrüßt habt. Solches ist besser für euch; vielleicht lasset ihr euch ermahnen.

28 (28) Und wenn ihr niemand darinnen findet, so tretet nicht eher ein, als bis euch Erlaubnis gegeben ward; und wenn zu euch gesprochen wird: »Kehret um!«, so kehret um; das ist reiner für euch. Und Allah weiß, was ihr tut.

29 (29) Es ist keine Sünde, wenn ihr unbewohnte Häuser betretet, in denen ihr Bequemlichkeit findet. Und Allah weiß, was ihr offen tut und was ihr verbergt.

30 (30) Sprich zu den Gläubigen, daß sie ihre Blicke zu Boden schlagen und ihre Scham hüten. Das ist reiner für sie. Siehe, Allah kennt ihr Tun.

31 (31) Und sprich zu den gläubigen Frauen, daß sie ihre Blicke niederschlagen und ihre Scham hüten und daß sie nicht ihre Reize zur Schau tragen, es sei denn, was außen ist, und daß sie ihren Schleier über ihren Busen schlagen und ihre Reize nur ihren Ehegatten zeigen oder ihren Vätern oder den Vätern ihrer Ehegatten oder ihren Söhnen oder den Söhnen

338 *Sure 24*

ihrer Ehegatten oder ihren Brüdern oder den Söhnen ihrer
Brüder oder den Söhnen ihrer Schwestern oder ihren Frauen
oder denen, die ihre Rechte besitzt, oder ihren Dienern, die
keinen Trieb haben, oder Kindern, welche die Blöße der
Frauen nicht beachten. Und sie sollen nicht ihre Füße zusam-
menschlagen, damit nicht ihre verborgene Zierat bekannt
wird. Und bekehret euch zu Allah allzumal, o ihr Gläubigen;
vielleicht ergeht es euch wohl.

32 (32) Und verheiratet die Ledigen unter euch und eure
braven Diener und Mägde. So sie arm sind, wird Allah sie
reich machen aus Seinem Überfluß, denn Allah ist allumfas-
send und wissend.

33 (33) Und diejenigen, welche niemand zur Ehe finden,
mögen keusch leben, bis Allah sie aus Seinem Überfluß reich
macht. Und diejenigen von denen, die eure Rechte besitzt,
und die ein Schriftstück[4] begehren – schreibt es ihnen, wenn
ihr Gutes in ihnen wisset, und gebet ihnen von Allahs Gut,
das Er euch gegeben. Und zwingt nicht eure Sklavinnen zur
Hurerei, so sie keusch leben wollen, im Trachten nach dem
Gewinn des irdischen Lebens. Und wenn sie einer zwingt,
siehe, so ist Allah, nachdem sie gezwungen wurden, vergebend und barmherzig.

34 (34) Und wahrlich, Wir sandten zu euch deutliche Zeichen und einen Fall[5], wie er sich ähnlich mit denen, die vor
euch hingingen, zutrug und eine Ermahnung für die Gottesfürchtigen.

35 (35) Allah ist das *Licht* der Himmel und der Erde. Sein
Licht ist gleich einer Nische, in der sich eine Lampe befindet;
die Lampe ist in einem Glase, und das Glas gleich einem
flimmernden Stern. Es wird angezündet von einem gesegneten Baum, einem Ölbaum, weder vom Osten noch vom
Westen, dessen Öl fast leuchtete, auch wenn es kein Feuer
berührte – Licht über Licht! Allah leitet zu Seinem Licht, wen

4 Freilassungsurkunde.
5 Dies weist vielleicht auf die Geschichte Josephs mit der Frau des Potiphar oder
   auf die Jungfrau Maria.

Das Licht 339

Er will, und Allah macht Gleichnisse für die Menschen, und Allah kennt alle Dinge.

36 (36) In den Häusern, in denen Allah erlaubt hat, daß Er erhöht und Sein Name verkündet werde, preisen Ihn des Morgens und Abends

37 (37) Männer, die weder Ware noch Handel abhält von dem Gedanken an Allah und der Verrichtung des Gebets und dem Entrichten der Armenspende, aus Furcht vor einem Tag, an dem sich die Herzen und die Blicke verdrehen,

38 (38) Damit sie Allah belohne für ihre schönsten Werke und ihnen Seine Huld mehre. Und Allah versorgt, wen Er will, ohne Maß.

39 (39) Die Werke der Ungläubigen aber gleichen der Luftspiegelung in einer Ebene, die der Dürstende für Wasser hält, bis daß, wenn er zu ihr kommt, er nichts findet; doch findet er, daß Allah bei ihm ist, und Allah zahlt ihm seine Rechnung voll aus, denn Allah ist schnell im Rechnen.

40 (40) Oder gleich den Finsternissen auf hoher See, die eine Woge deckt, über der eine Woge ist, über der sich Wolken befinden – Finsternisse, die einen über die andern –, wenn einer seine Hand ausstreckt, sieht er sie kaum. Und wem Allah kein Licht gibt, der hat kein Licht.

41 (41) Sahst du nicht, daß Allah – es preisen Ihn alle in den Himmeln und auf Erden und die Vögel, ihre Schwingen breitend. Jedes kennt sein Gebet und seine Lobpreisung, und Allah weiß, was sie tun.

42 (42) Und Allahs ist das Reich der Himmel und der Erde, und zu Allah ist der Heimgang.

43 (43) Sahst du nicht, daß Allah die Wolken treibt und sie dann wieder versammelt und sie dann aufhäuft? Und du siehst den Regen mitten aus ihnen herauskommen. Und Er sendet Berge[6] vom Himmel hernieder, erfüllt mit Hagel, und Er trifft damit, wen Er will, und wendet sie ab, von wem Er will. Der Glanz Seines Blitzes raubt fast die Blicke!

6 Wolken.

340   *Sure 24*

44 (44) Allah läßt wechseln die Nacht und den Tag; siehe,
hierin ist wahrlich eine Lehre für die Verständigen.

45 Und Allah erschuf alle Tiere aus Wasser; und unter
ihnen sind einige, die auf ihrem Bauch und andre, die auf zwei
Füßen und andre, die auf vieren gehen. Allah schafft, was Er
will; siehe, Allah hat Macht über alle Dinge.

46 (45) Wahrlich, Wir sandten deutliche Zeichen herab,
und Allah leitet, wen Er will, auf den rechten Pfad.

47 (46) Sie werden sprechen: »Wir glauben an Allah und an
Seinen Gesandten und gehorchen«; alsdann aber wendet sich
ein Teil von ihnen ab, und dies sind keine Gläubigen.

48 (47) Und wenn sie zu Allah und Seinem Gesandten
eingeladen werden, daß er zwischen ihnen entscheide, dann
kehrt sich ein Teil von ihnen ab.

49 (48) Wäre aber die Wahrheit auf ihrer Seite, sie kämen zu
ihm in Unterwürfigkeit.

50 (49) Ist etwa in ihren Herzen Krankheit, oder zweifeln
sie oder fürchten sie, daß Allah und Sein Gesandter ungerecht
gegen sie sein würden? Nein, sie sind es, die ungerecht handeln.

51 (50) Die Rede der Gläubigen, wenn sie zu Allah und
Seinem Gesandten eingeladen werden, daß er zwischen ihnen
richte, ist nur, daß sie sprechen: »Wir hören und gehorchen.«
Und sie sind's, denen es wohl ergeht.

52 (51) Und wer Allah und Seinem Gesandten gehorcht
und Allah scheut und fürchtet – sie sind es, die glückselig
sind.

53 (52) Und sie schworen bei Allah ihren heiligsten Eid,
daß sie, wenn du ihnen Befehl gäbest, gewißlich auszuziehen
würden. Sprich: »Schwöret nicht; Gehorsam ist geziemend;
siehe Allah weiß, was ihr tut.«

54 (53) Sprich: »Gehorchet Allah und gehorchet dem
Gesandten.« Und wenn ihr den Rücken kehrt, so ruht auf
ihm nur seine Bürde und auf euch eure Bürde; und so ihr ihm
gehorchet, seid ihr rechtgeleitet, und dem Gesandten liegt
nur die deutliche Predigt ob.

Das Licht 341

55 (54) Verheißen hat Allah denen von euch, die glauben und das Rechte tun, daß Er sie zu Nachfolgern auf Erden einsetzen wird, wie Er denen, die vor ihnen lebten, die Nachfolge gewährte, und daß Er für sie ihre Religion, die Er für sie gutgeheißen hat, befestigen will, und daß Er ihnen nach ihrer Furcht Sicherheit zum Tausch geben will. »Sie sollen Mir dienen; sie sollen Mir nichts an die Seite stellen. Und wer nach diesem ungläubig ist, das sind die Missetäter.«

56 (55) Und verrichtet das Gebet und entrichtet die Armenspende und gehorchet dem Gesandten; vielleicht findet ihr Barmherzigkeit.

57 (56) Wähne nicht, daß die Ungläubigen (Allah) auf Erden machtlos machen können. Ihre Herberge ist das Feuer, und schlimm ist die Fahrt (dorthin).

58 (57) O ihr, die ihr glaubt, lasset euch dreimal um Erlaubnis bitten (um Eintritt) von denen, die eure Rechte besitzt[7], und denen von euch, die noch nicht die Reife erlangt haben: vor dem Gebet der Morgenfrühe und zur Zeit, da ihr eure Kleider am Mittag ablegt und nach dem Abendgebet – eure drei Blößen. Euch und sie trifft jedoch keine Sünde nach diesen (Zeiten), wo sich der eine von euch um den andern zu schaffen macht. Also macht euch Allah Seine Zeichen klar, und Allah ist wissend und weise.

59 (58) Und wenn eure Kinder die Reife erlangt haben, so sollen sie euch um Erlaubnis bitten, wie die, welche vor ihnen waren, um Erlaubnis baten. Also macht euch Allah Seine Zeichen klar, und Allah ist wissend und weise.

60 (59) Und eure Matronen, die nicht mehr auf Heirat hoffen, begehen keine Sünde, wenn sie ihre Kleider ablegen, ohne ihre Zierde[8] zu enthüllen. Doch ist es besser für sie, sich dessen zu enthalten; und Allah ist hörend und wissend.

61 (60) Es ist kein Vergehen für den Blinden und kein

---

7 Von den Sklaven.
8 Die Auslegung dieses Verses, der V. 31 ergänzt, ist von vielen auf die Gesichter, von anderen auf die Geschlechtsteile oder die zur Begehrlichkeit reizenden Teile bezogen worden.

342   *Sure 24*

Vergehen für den Lahmen und keine Vergehen für den Kranken und für euch selber, in euern Häusern oder den Häusern
eurer Väter oder den Häusern eurer Mütter oder den Häusern
eurer Brüder oder den Häusern eurer Schwestern oder den
Häusern eurer Vatersbrüder oder den Häusern eurer Vatersschwestern oder den Häusern eurer Mutterbrüder oder in
denen, deren Schlüssel ihr besitzet, oder eures Freundes zu
essen. Ihr begeht keine Sünde, ob ihr zusammen oder gesondert esset.

(61) Und wenn ihr in ein Haus tretet, so begrüßet einander
mit einem Gruß von Allah, einem gesegneten, guten. Also
macht euch Allah Seine Zeichen klar, auf daß ihr begreifet.

62 (62) Gläubige sind nur, die an Allah und Seinen Gesandten glauben und, wenn sie bei ihm wegen einer Angelegenheit
versammelt sind, nicht eher fortgehen, als bis sie ihn um
Erlaubnis gefragt haben. Siehe diejenigen, die dich um
Erlaubnis fragen, das sind die, welche an Allah und an Seinen
Gesandten glauben. Und wenn sie dich um Erlaubnis zu
einem ihrer Geschäfte bitten, so gib sie, wem du willst von
ihnen, und bitte Allah für sie um Verzeihung. Siehe, Allah ist
verzeihend und barmherzig.

63 (63) Machet nicht die Anrede an den Gesandten unter
euch gleich eurer Anrede untereinander. Allah kennt diejenigen unter euch, die sich unvermerkt davonmachen, (hinter
andern) Schutz suchend. Und hüten sollen sich jene, die sich
Seinem Befehle widersetzen, daß sie nicht von Prüfung heimgesucht oder von schmerzlicher Strafe betroffen werden.

64 (64) Ist nicht Allahs, was in den Himmeln und auf Erden
ist? Er kennet euern Zustand, und eines Tages werden sie zu
Ihm zurückgebracht, und Er wird ihnen ankündigen, was sie
getan. Und Allah weiß alle Dinge.

FÜNFUNDZWANZIGSTE SURE

Die Unterscheidung

Geoffenbart zu Mekka

Im Namen Allahs,
des Erbarmers, des Barmherzigen!

1 (1) Gesegnet sei der, welcher die *Unterscheidung*[1] hinabsandte auf Seinen Diener, auf daß er aller Welt[2] ein Warner sei:

2 (2) Des das Reich der Himmel und der Erde ist, und der kein Kind erzeugte und der keinen Gefährten hat im Reich und der alle Dinge erschaffen und sie weislich geordnet hat.

3 (3) Und sie nehmen außer Ihm Götter an, die nichts erschaffen haben, sondern selber erschaffen wurden.

(4) Und sie vermögen weder sich zu schaden noch zu nützen, noch haben sie Macht über Leben und Tod und Erwekkung.

4 (5) Und es sprechen die Ungläubigen: »Dies ist nichts als eine Lüge, die er ersonnen hat, und geholfen hat ihm ein ander Volk«; doch äußern sie Ungerechtigkeit und Lüge.

5 (6) Und sie sprechen: »Die Fabeln der Früheren (sind es,) die er aufgeschrieben hat, und sie wurden ihm diktiert am Morgen und Abend.«

6 (7) Sprich: »Herabgesandt hat ihn der, welcher das Verborgene im Himmel und auf Erden kennt; siehe, Er ist verzeihend und barmherzig.«

7 (8) Und sie sprechen: »Was ist mir das für ein Gesandter! Er isset Speise und wandelt auf den Bazaren. Wäre zu ihm nur ein Engel herabgesandt und wäre als Warner bei ihm,

8 (9) Oder würde doch ein Schatz zu ihm herabgeworfen oder hätte er einen Garten, davon zu essen!« Und es sprechen die Ungerechten: »Ihr folgt keinem andern als einem verzauberten Mann.«

1 Den Koran.
2 Die drei Wesensklassen, Menschen, Engel und Dschinn, sind gemeint.

344   *Sure 25*

9 (10) Schau, wie sie Gleichnisse mit dir anstellen! Doch irren sie und finden nicht den Weg.

10 (11) Gesegnet sei der, welcher, so Er will, dir Besseres gibt als dies, Gärten, durcheilt von Bächen, und dir Schlösser gibt.

11 (12) Ja, und als Lüge erklären sie die ›Stunde‹. Aber bereitet haben Wir für den, welcher die ›Stunde‹ leugnet, eine Glut.

12 (13) Wenn sie[3] sie aus der Ferne sieht, dann hören sie ihr Rasen und Brüllen,

13 (14) Und wenn sie in einen engen Ort von ihr geworfen werden, zusammengefesselt, dann werden sie um Vernichtung rufen.

14 (15) »Rufet heute nicht nach *einer* Vernichtung, sondern rufet nach vielen Vernichtungen.«

15 (16) Sprich: »Ist dies besser oder der Garten der Ewigkeit, welcher den Gottesfürchtigen verheißen ward, der ihnen Lohn ist und (Ziel der) Heimfahrt?«

16 (17) Ihnen soll sein darinnen, was sie begehren, in ewigem Verweilen; es ist eine Verheißung, die zu fordern ist von deinem Herrn.

17 (18) Und eines Tages wird Er sie und was sie außer Allah anbeteten, versammeln, und Er wird sprechen: »Führtet ihr etwa diese Meine Diener irre, oder irrten sie des Weges?«

18 (19) Sie werden sprechen: »Preis Dir, es ziemt uns nicht, andre Beschützer als Dich anzunehmen, jedoch versorgtest Du sie und ihre Väter so reichlich, daß sie die Ermahnung vergaßen und ein verworfenes Volk wurden.«

19 (20) »Und nun haben sie euch in euern Worten der Lüge geziehen, und ihr könnt weder (die Strafe) abwenden noch (euch) helfen.«[4]

(21) Und wer von euch sündig ist, dem geben Wir große Strafe zu schmecken.

20 (22) Und vor dir entsandten Wir keine Gesandten, die

3 Die Glut.
4 Dies sind Allahs Worte.

Die Unterscheidung 345

nicht Speise aßen und auf den Bazaren wandelten; und Wir machten die einen von euch zur Versuchung der andern. Wollt ihr standhaft aushalten? Dein Herr ist sehend.

21 (23) Und es sprechen diejenigen, die nicht auf Unsre Begegnung hoffen: »Wenn nicht die Engel zu uns herabgesandt werden oder wenn wir nicht unsern Herrn sehen . . .« Wahrlich, hoffärtig sind sie in ihren Seelen und vergehen sich schwer.

22 (24) Eines Tages, wenn sie die Engel sehen werden, an jenem Tage wird keine frohe Botschaft für die Sünder sein, und sie werden sprechen: »Fern, fern sei's!«

23 (25) Und herantreten werden Wir zu den Werken, die sie gewirkt, und wollen sie machen zu verstreutem Staub.

24 (26) Die Bewohner des Paradieses werden an jenem Tage einen bessern Wohnort haben und eine schönere Mittagsruhe.

25 (27) An jenem Tage werden sich die Himmel mit den Wolken spalten, und herabgesandt sollen die Engel werden.

26 (28) Das Reich wird an jenem Tage, das wahrhaftige, des Erbarmers sein, und ein Tag soll es sein für die Ungläubigen, ein harter.

27 (29) Und an jenem Tage wird der Sünder seine Hände beißen und sprechen: »O daß ich doch einen Weg mit dem Gesandten genommen hätte!

28 (30) O weh, daß ich doch nicht den und den zum Freunde genommen hätte!

29 (31) Wahrlich, er führte mich in die Irre abseits von der Warnung, nachdem sie an mich ergangen, denn der Satan ist des Menschen Verräter.«

30 (32) Und es sprach der Gesandte: »Mein Herr, siehe, mein Volk hält diesen Koran für eitles Geschwätz.«

31 (33) Und also gaben Wir jedem Propheten einen Feind aus den Frevlern; doch dein Herr genügt als Leiter und Helfer.

32 (34) Und es sprechen die Ungläubigen: »Warum ist nicht der Koran auf einmal auf ihn herabgesandt?« Also

346   *Sure 25*

(geschah's,) damit Wir dein Herz damit festigten, und Wir
trugen ihn langsam und deutlich vor.

33 (35) Und sie werden dir kein Gleichnis vorlegen, ohne
daß Wir dir die Wahrheit bringen und die beste Deutung.

34 (36) Diejenigen, welche auf ihren Angesichtern versammelt werden zu Dschahannam, die werden die übelste Stätte
haben und des Weges am verirrtesten sein.

35 (37) Und wahrlich, Wir gaben Moses die Schrift und
gaben ihm seinen Bruder Aaron zum Wesir.

36 (38) Und Wir sprachen: »Gehet zum Volke derer, die
Unsre Zeichen der Lüge zeihen, denn vernichten wollen Wir
sie von Grund aus.«

37 (39) Und das Volk Noahs – als sie die Gesandten der
Lüge ziehen, ertränkten Wir sie und machten sie den Menschen zu einem Zeichen; und Wir haben für die Ungerechten
schmerzliche Strafe bereitet.

38 (40) Und 'Ād und Tamūd und die Bewohner von
ar-Rass[5] und viele Geschlechter zwischen diesen . . .

39 (41) Für alle machten Wir Gleichnisse und alle vernichteten Wir von Grund aus.

40 (42) Und wahrlich, sie[6] kamen vorüber an der Stadt, auf
die ein Unheilsregen regnete. Sahen sie sie denn nicht? Aber
sie hofften nicht auf die Erweckung.

41 (43) Und da sie dich sahen, trieben sie nur ihren Spott
mit dir: »Ist dies der, den Allah als Gesandten entsendet hat?

42 (44) Er hätte uns wahrlich beinahe von unsern Göttern
abtrünnig gemacht, wenn wir nicht an ihnen festgehalten hätten.« Aber wahrlich, wissen werden sie, wenn sie die Strafe
sehen, wer des Weges am verirrtesten war.

43 (45) Was meinst du wohl? Wer als seinen Gott sein
Gelüst annimmt, willst du etwa dessen Beschützer sein?

44 (46) Oder glaubst du, daß die Mehrzahl von ihnen hört
oder Verstand hat? Sie sind nur wie das Vieh; nein, sie sind
des Weges noch mehr verirrt.

5 Ein unbekannter Ort.
6 Die Mekkaner.

Die Unterscheidung   347

45 (47) Sahst du nicht auf deinen Herrn, wie Er den Schatten verlängert hat? Und wenn Er es gewollt, Er hätte ihn stehen lassen; alsdann machen Wir die Sonne zu einem Weiser zu Ihm,

46 (48) Alsdann ziehen Wir ihn zu Uns ein in leichter Weise.[7]

47 (49) Und Er ist's, der euch die Nacht gemacht hat zu einem Gewand und den Schlaf zur Ruhe, und der den Tag zum Auferstehen bestimmte.

48 (50) Und Er ist's, der die Winde sendet als Freudenboten vor Seiner Barmherzigkeit[8] her; und Wir senden vom Himmel reines Wasser herab,

49 (51) Auf daß Wir mit ihm ein totes Land lebendig machen und es Unsern Geschöpfen zu trinken geben, dem Vieh und den Menschen in Menge.

50 (52) Und wahrlich, Wir haben es unter ihnen verteilt, damit sie sich ermahnen lassen; doch die meisten Menschen lehnen es ab aus Undankbarkeit.

51 (53) Und so Wir es gewollt, Wir hätten in jede Stadt einen Warner entsandt.

52 (54) So gehorche nicht den Ungläubigen und eifere wider sie mit ihm[9] in großem Eifer.

53 (55) Und Er ist's, der die beiden Wasser losgelassen hat, das eine süß und frisch, das andre salzig und bitter, und zwischen beide hat Er eine Scheidewand gemacht und eine verbotene Schranke.

54 (56) Und Er ist's, der aus Wasser den Menschen erschaffen, und Er gab ihm Blutsverwandtschaft und Schwägerschaft; denn dein Herr ist mächtig.

55 (57) Und sie verehren außer Allah, was ihnen weder nützt noch schadet; und der Ungläubige ist wider seinen Herrn ein Helfer (des Satans).

---

7 Vielleicht ist V. 45 f. eine Anspielung auf 2. Kön. 20,9–12.
8 Der Regen ist gemeint.
9 Dem Koran.

348   Sure 25

56 (58) Und Wir haben dich nur als Freudenboten und
Warner entsandt.

57 (59) Sprich: »Nicht verlange ich einen Lohn dafür von
euch, es sei denn, daß jeder, der will, den Weg zu seinem
Herrn ergreift.«

58 (60) Und vertraue auf den Lebendigen, der nicht stirbt,
und lobpreise Ihn – und Er kennet die Sünden Seiner Diener
zur Genüge –

59 Der erschaffen hat die Himmel und die Erde und, was
zwischen ihnen ist, in sechs Tagen; alsdann setzte Er sich auf
den Thron – der Erbarmer. Frag nach Ihm einen Kundigen.

60 (61) Und wenn zu ihnen gesprochen wird: »Werfet euch
nieder vor dem Erbarmer«, sprechen sie: »Und was ist der
Erbarmer? Sollen wir uns etwa niederwerfen vor dem, was du
uns befiehlst?« Und es vermehrt ihren Abscheu.

61 (62) Gesegnet sei der, welcher im Himmel Burgen[10]
machte und eine Lampe in ihm machte und einen leuchtenden
Mond!

62 (63) Und Er ist's, der die Nacht und den Tag erschuf,
einander zu folgen für den, der sich ermahnen lassen und
dankbar sein will.

63 (64) Und die Diener des Erbarmers sind diejenigen,
welche auf Erden sanftmütig wandeln; und, wenn die
Toren[11] sie anreden, sprechen sie: »Frieden!«

64 (65) Und jene, welche die Nacht verbringen, vor ihrem
Herrn sich niederwerfend und stehend;

65 (66) Und diejenigen, welche sprechen: »Unser Herr,
wende ab von uns Dschahannams Strafe. Siehe, ihre Strafe ist
ewige Pein,

66 Siehe, schlimm ist sie als Stätte und Wohnung.«

67 (67) Und diejenigen, welche beim Spenden weder verschwenderisch noch geizig sind; sondern zwischen diesem
stehen;

10 Die Sternbilder des Zodiakus.
11 Die Götzendiener.

Die Unterscheidung 349

68 (68) Und diejenigen, welche neben Allah nicht einen andern Gott anrufen und nicht die Seele töten, die Allah verboten hat, es sei denn nach Gebühr, und nicht huren; und wer dieses tut, findet Strafe.

69 (69) Verdoppelt soll ihm werden die Strafe am Tag der Auferstehung, und er soll ewig in ihr verweilen, entehrt;

70 (70) Außer dem, der sich bekehrt und glaubt und gerechtes Werk wirkt. Umwandeln wird Allah ihr Böses zu Gutem; denn Allah ist verzeihend und barmherzig.

71 (71) Und wer sich bekehrt und das Rechte tut, zu dem kehrt sich Allah;

72 (72) Und diejenigen, die nicht falsch Zeugnis ablegen und die, wenn sie bei Geschwätz vorübergehen, hochsinnig vorübergehen;

73 (73) Und diejenigen, die, wenn sie mit den Zeichen ihres Herrn ermahnt werden, nicht dabei niederfallen wie taub und blind;

74 (74) Und diejenigen, welche sprechen: »Unser Herr, gib uns an unsern Gattinnen und Sprößlingen Augentrost und mache uns für die Gottesfürchtigen zu Vorbildern.«

75 (75) Jene werden belohnt werden mit dem Söller (des Paradieses) für ihre Standhaftigkeit und sollen darinnen empfangen werden mit Gruß und Frieden.

76 (76) Ewig sollen sie darinnen verweilen – eine schöne Wohnung und Stätte!

77 (77) Sprich: »Nicht kümmert sich mein Herr um euch, wenn ihr Ihn nicht anrufet. Ihr habt (den Gesandten) der Lüge geziehen. Aber wahrlich ewige Pein wird euch treffen.«

SECHSUNDZWANZIGSTE SURE

Die Dichter

Geoffenbart zu Mekka

Im Namen Allahs,
des Erbarmers, des Barmherzigen!

1 (1) T. S. M.[1]

2 Das sind die Zeichen des deutlichen Buches.

3 (2) Vielleicht härmst du deine Seele zu Tode, daß sie nicht gläubig werden.

4 (3) Wenn Wir wollten, hinab sendeten Wir auf sie vom Himmel ein Zeichen, und ihre Nacken beugten sich ihm unterwürfig.

5 (4) Aber keine neue Mahnung kommt zu ihnen vom Erbarmer, von der sie sich nicht abwendeten,

6 (5) Und die sie nicht der Lüge ziehen; aber wahrlich, kommen wird zu ihnen eine Kunde von dem, was sie verspotteten.

7 (6) Schauten sie denn nicht die Erde an, wieviel Wir auf ihr sprießen ließen von jeglicher edlen Art?

8 (7) Siehe, hierin ist wahrlich ein Zeichen, und doch sind die meisten von ihnen nicht gläubig.

9 (8) Und siehe, dein Herr, wahrlich, Er ist der Mächtige, der Barmherzige.

10 (9) Und da dein Herr Moses rief: »Gehe zu dem sündigen Volk,

11 (10) Dem Volke Pharaos, ob sie Mich nicht fürchten«,

12 (11) Sprach er: »Mein Herr, ich fürchte, daß sie mich der Lüge ziehen;

13 (12) Und meine Brust ist beengt, und meine Zunge ist schwer. Drum schicke zu Aaron;

14 (13) Und auf mir lastet eine Schuld wider sie, und ich fürchte, sie bringen mich um.«

---

1 *ṭā-sīn-mīm.*

Die Dichter 351

15 (14) Er sprach: »Keineswegs. Gehet nur beide hin mit Unsern Zeichen; siehe, Wir sind bei euch und hören auf euch.

16 (15) Und gehet zu Pharao und sprechet: ›Siehe, wir sind die Gesandten des Herrn der Welten,

17 (16) Daß du mit uns die Kinder Israel entsendest.‹«

18 (17) Er[2] sprach: »Erzogen wir dich nicht unter uns als Kind? Und du verweiltest Jahre deines Lebens unter uns,

19 (18) Und tatest die Tat, die du getan! Du bist ein Undankbarer!«

20 (19) Er sprach: »Ich tat es wohl, doch war ich ein Irrender.

21 (20) Und ich floh von euch, da ich euch fürchtete; und es schenkte mir mein Herr Weisheit und machte mich zu einem der Gesandten.

22 (21) Und das ist die Huld, die du mir erwiesest, daß du die Kinder Israel knechtetest!«

23 (22) Sprach Pharao: »Und was ist der Herr der Welten?«

24 (23) Er sprach: »Der Herr der Himmel und der Erde und was zwischen beiden ist, so ihr dies glaubt.«

25 (24) Er sprach zu denen, die um ihn waren: »Hört ihr nicht?«

26 (25) Er[3] sprach: »Euer Herr und der Herr eurer Vorväter.«

27 (26) Er sprach: »Euer Gesandter, der zu euch entsandt ward, ist wahrlich besessen.«

28 (27) Er sprach: »Der Herr des Ostens und des Westens und was zwischen beiden ist, so ihr begreift.«

29 (28) Er sprach: »Wahrlich, wenn du einen andern Gott als mich annimmst, so sperre ich dich ein.«

30 (29) Er sprach: »Wie, wenn ich mit offenkundiger Sache zu dir komme?«

31 (30) Er sprach: »So gib sie her, so du wahrhaftig bist.«

32 (31) Da warf er seinen Stab hin, und siehe, da ward er ein offenkundiger Drache.

2 Pharao.
3 Moses.

352   *Sure 26*

33 (32) Und er zog seine Hand heraus, und da war sie weiß für die Zuschauer.

34 (33) Er sprach zu den Häuptern um ihn: »Siehe, dies ist wahrlich ein kundiger Zauberer.

35 (34) Er will euch aus euerm Land mit seiner Zauberei treiben. Was befehlt ihr da?«

36 (35) Sie sprachen: »Halte ihn und seinen Bruder hin und schicke in die Städte Versammelnde,

37 (36) Dir jeglichen kundigen Zauberer zu bringen.«

38 (37) Da wurden die Zauberer versammelt zu verabredeter Zeit an festgesetztem Tag,

39 (38) Und gesprochen ward zu den Leuten: »Seid ihr versammelt?

40 (39) Vielleicht folgen wir den Zauberern, wenn sie die Obsiegenden sind.«

41 (40) Und als die Zauberer kamen, sprachen sie zu Pharao: »Siehe, werden wir einen Lohn haben, wenn wir die Obsiegenden sind?«

42 (41) Er sprach: »Jawohl. Und siehe wahrlich, ihr sollt dann zu den Nahestehenden gehören.«

43 (42) Es sprach Moses zu ihnen: »Werfet hin, was ihr zu werfen habt.«

44 (43) Da warfen sie hin ihre Stricke und ihre Stäbe und sprachen: »Bei Pharaos Macht, siehe, wahrlich, wir sind die Obsiegenden.«

45 (44) Da warf Moses seinen Stab hin, und da verschlang er ihren Trug.

46 (45) Da fielen die Zauberer anbetend nieder.

47 (46) Sie sprachen: »Wir glauben an den Herrn der Welten,

48 (47) Den Herrn Mosis und Aarons.«

49 (48) Er sprach: »Glaubt ihr an Ihn, bevor ich es euch erlaube? Siehe, wahrlich, er ist euer Meister, der euch die Zauberei gelehrt hat; und wahrlich ihr sollt (mich) kennenlernen!

Die Dichter 353

(49) Wahrlich, ich haue euch eure Hände und Füße wechselseitig ab und kreuzige euch insgesamt.«

50 (50) Sie sprachen: »Kein Leid! Siehe, zu unserm Herrn kehren wir zurück.

51 (51) Siehe, wir hoffen, daß uns unser Herr unsre Sünden verzeihen wird, da wir die ersten Gläubigen sind.«

52 (52) Und Wir offenbarten Moses: »Zieh fort des Nachts mit Meinen Dienern; siehe, ihr werdet verfolgt.«

53 (53) Und es schickte Pharao in die Städte Versammelnde:

54 (54) »Siehe, diese sind wahrlich ein winziger Haufen,

55 (55) Und wahrlich, sie sind ergrimmt wider uns,

56 (56) Aber wahrlich, wir sind eine Menge und auf der Hut.«

57 (57) So führten Wir sie fort von Gärten und Quellen

58 (58) Und Schätzen und edler Stätte.

59 (59) Also (geschah's,) und Wir gaben sie zum Erbe den Kindern Israel.

60 (60) Und sie folgten ihnen um Sonnenaufgang.

61 (61) Und da die beiden Scharen einander sahen, sprachen Mosis Gefährten: »Siehe, wahrlich, wir sind eingeholt.«

62 (62) Er sprach: »Keineswegs; siehe, mit mir ist mein Herr; Er wird mich leiten.«

63 (63) Und da offenbarten Wir Moses: »Schlag mit deinem Stabe das Meer.« Und da spaltete es sich und jeder Teil ward gleich einem gewaltigen Berg.

64 (64) Und dann brachten Wir die andern heran,

65 (65) Und Wir erretteten Moses und die mit ihm insgesamt.

66 (66) Alsdann ertränkten Wir die andern.

67 (67) Siehe, hierin ist wahrlich ein Zeichen; doch die meisten von ihnen glauben nicht.

68 (68) Und siehe, dein Herr – wahrlich, Er ist der Mächtige, der Barmherzige.

69 (69) Und verlies ihnen die Geschichte Abrahams,

354   *Sure 26*

70 (70) Da er zu seinem Vater und seinem Volke sprach: »Was betet ihr an?«

71 (71) Sie sprachen: »Wir beten Götzen an und dienen ihnen den ganzen Tag.«

72 (72) Er sprach: »Hören sie euch, wenn ihr sie anruft?

73 (73) Oder nützen oder schaden sie euch?«

74 (74) Sie sprachen: »Nein, doch fanden wir unsre Väter desgleichen tun.«

75 (75) Er sprach: »Habt ihr auch wohl bedacht, was ihr anbetet,

76 (76) Ihr und eure Vorväter?

77 (77) Denn siehe, sie sind mir Feinde, außer dem Herrn der Welten,

78 (78) Der mich erschuf und mich leitet,

79 (79) Und der mich speiset und tränkt;

80 (80) Und so ich krank bin, heilt Er mich.

81 (81) Und der mich sterben lässet, alsdann wieder lebendig macht;

82 (82) Und der, wie ich hoffe, mir meine Sünde verzeihen wird am Tag des Gerichts.

83 (83) Mein Herr, gib mir Weisheit und laß mich zu den Rechtschaffenen kommen,

84 (84) Und gib mir einen guten Namen[4] unter den Spätern,

85 (85) Und mache mich zu einem der Erben des Gartens der Wonne,

86 (86) Und vergib meinem Vater; siehe, er ist einer der Irrenden.

87 (87) Und tue mir nicht Schande an am Tag der Auferweckung,

88 (88) Am Tage, da weder Gut noch Söhne helfen,

89 (89) Es sei denn, wer zu Allah kommt mit heilem Herzen.«

---

4 Wörtlich: eine Zunge der Wahrheit.

Die Dichter 355

90 (90) Und nahe gebracht soll werden das Paradies den Gottesfürchtigen

91 (91) Und sichtbar gemacht der Höllenpfuhl den Verirrten,

92 (92) Und es soll zu ihnen gesprochen werden: »Wo ist das, was ihr anbetetet

93 (93) Außer Allah? Werden sie euch helfen oder wird ihnen geholfen werden?«

94 (94) Und sie sollen häuptlings in sie hinabgestürzt werden, sie und die Verirrten

95 (95) Und Iblīs' Scharen insgesamt.

96 (96) Sprechen werden sie, darinnen miteinander hadernd:

97 (97) »Bei Allah, siehe wir waren wahrlich in offenkundigem Irrtum,

98 (98) Als wir euch mit dem Herrn der Welten gleichsetzten;

99 (99) Und allein die Sünder haben uns verführt.

100 (100) Und wir haben niemand zum Fürsprecher

101 (101) Und keinen warmen Freund;

102 (102) Doch wäre uns eine Rückkehr, dann würden wir gläubig sein.«

103 (103) Siehe, hierin ist wahrlich ein Zeichen, und doch glaubten die meisten nicht.

104 (104) Und siehe, dein Herr – wahrlich, Er ist der Mächtige, der Barmherzige.

105 (105) Der Lüge zieh das Volk Noahs die Gesandten,

106 (106) Da ihr Bruder Noah zu ihnen sprach: »Wollt ihr nicht gottesfürchtig sein?

107 (107) Siehe, ich bin euch ein getreuer Gesandter;

108 (108) So fürchtet Allah und gehorchet mir.

109 (109) Und ich verlange dafür keinen Lohn von euch; mein Lohn ist allein beim Herrn der Welten.

110 (110) So fürchtet Allah und gehorchet mir.«

111 (111) Sie sprachen: »Sollen wir dir etwa glauben, wo dir das Gesindel (allein) folgt?«

356   *Sure 26*

112 (112) Er sprach: »Ich habe kein Wissen von ihrem Tun;

113 (113) Siehe, ihre Abrechnung ist allein bei meinem Herrn; begriffet ihr es nur!

114 (114) Und ich bin kein Verstoßer der Gläubigen;

115 (115) Ich bin nichts als ein offenkundiger Warner.«

116 (116) Sie sprachen: »Wahrlich, wenn du nicht ein Ende machst, o Noah, so wirst du gesteinigt.«

117 (117) Er sprach: »Mein Herr, siehe, mein Volk zeiht mich der Lüge.

118 (118) Entscheide drum zwischen mir und ihnen und rette mich und die Gläubigen, welche bei mir sind.«

119 (119) Und so erretteten Wir ihn und die, welche bei ihm waren, in der beladenen Arche;

120 (120) Alsdann ertränkten Wir den Rest der übrigen.

121 (121) Siehe, hierin ist wahrlich ein Zeichen, und dennoch glaubten die meisten nicht.

122 (122) Und siehe, dein Herr – wahrlich Er ist der Mächtige, der Barmherzige.

123 (123) Der Lüge zieh ʿĀd die Gesandten,

124 (124) Da zu ihnen ihr Bruder Hūd sprach: »Wollt ihr nicht gottesfürchtig sein?

125 (125) Siehe, ich bin euch ein getreuer Gesandter;

126 (126) So fürchtet Allah und gehorchet mir.

127 (127) Und nicht verlange ich dafür einen Lohn von euch; mein Lohn ist allein bei dem Herrn der Welten.

128 (128) Bauet ihr auf jedem Hügel ein Wahrzeichen zur Spielerei

129 (129) Und errichtet Bauten, daß ihr vielleicht unsterblich seid?

130 (130) Und wenn ihr angreifet, greift ihr tyrannisch an?

131 (131) So fürchtet Allah und gehorchet mir,

132 (132) Und fürchtet den, der euch reichlich versorgte mit dem, was ihr wisset,

133 (133) Euch reichlich versorgte mit Vieh und Söhnen

134 (134) Und Gärten und Quellen.

Die Dichter   357

135 (135) Siehe, ich fürchte für euch die Strafe eines gewaltigen Tages.«

136 (136) Sie sprachen: »Es ist uns gleich, ob du predigst oder nicht predigst,

137 (137) Dies ist nichts andres als eine Erdichtung der Früheren,

138 (138) Und wir werden keine Strafe erleiden.«

139 (139) Und so ziehen sie ihn der Lüge, und da vertilgten Wir sie. Siehe, hierin war wahrlich ein Zeichen, und doch glaubten die meisten von ihnen nicht.

140 (140) Und siehe, dein Herr – wahrlich Er ist der Mächtige, der Barmherzige.

141 (141) Der Lüge zieh Ṯamūd die Gesandten,

142 (142) Da zu ihnen ihr Bruder Ṣāliḥ sprach: »Wollt ihr nicht gottesfürchtig sein?

143 (143) Siehe, ich bin euch ein getreuer Gesandter;

144 (144) So fürchtet Allah und gehorchet mir,

145 (145) Und ich verlange dafür keinen Lohn von euch; mein Lohn ist allein beim Herrn der Welten.

146 (146) Werdet ihr etwa in dem, was hier ist, sicher zurückbleiben?

147 (147) In Gärten und Quellen?

148 (148) Und in Saaten und Palmen mit zarter Blütenscheide?

149 (149) Und aus den Bergen haut ihr euch Wohnungen geschickt aus!

150 (150) So fürchtet Allah und gehorchet mir,

151 (151) Und gehorchet nicht dem Befehl der Übertreter,

152 (152) Die auf Erden Verderben stiften und nicht Heil.«

153 (153) Sie sprachen: »Du bist nichts als ein Verzauberter.

154 (154) Du bist nur ein Mensch gleich uns; so gib ein Zeichen her, so du wahrhaftig bist.«

155 (155) Er sprach: »Diese Kamelin, sie soll einen Trunk haben und ihr sollt einen Trunk haben an einem bestimmten Tag.

156 (156) Doch tuet ihr kein Böses an, oder euch erfaßt die Strafe eines gewaltigen Tages.«

157 (157) Sie aber zerschnitten ihr die Flechsen und bereuten es am Morgen;

158 (158) Und es erfaßte sie die Strafe. Siehe, hierin lag wahrlich ein Zeichen, doch glaubten die meisten von ihnen nicht.

159 (159) Und siehe, dein Herr – wahrlich, Er ist der Mächtige, der Barmherzige.

160 (160) Der Lüge zieh das Volk Lots die Gesandten,

161 (161) Da zu ihnen ihr Bruder Lot sprach: »Wollt ihr nicht (Allah) fürchten?

162 (162) Siehe, ich bin euch ein treuer Gesandter.

163 (163) So fürchtet Allah und gehorchet mir.

164 (164) Und nicht verlange ich dafür einen Lohn von euch, siehe, mein Lohn ist allein bei dem Herrn der Welten.

165 (165) Geht ihr zu den Männern aller Welt

166 (166) Und lasset dahinten, was euch euer Herr an Weibern erschaffen? Ja, ihr seid ein übertretend Volk.«

167 (167) Sie sprachen: »Wahrlich, wenn du nicht ein Ende machst, o Lot, wahrlich, dann wirst du vertrieben.«

168 (168) Er sprach: »Siehe, ich bin einer derer, die eure Werke verabscheuen.

169 (169) Mein Herr, errette mich und mein Volk von ihrem Tun.«

170 (170) Und Wir erretteten ihn und sein Volk insgesamt,

171 (171) Mit Ausnahme einer Alten unter den Zögernden.

172 (172) Alsdann vertilgten Wir die andern

173 (173) Und ließen auf sie einen Regen regnen, und übel war der Regen der Gewarnten.

174 (174) Siehe, hierin war wahrlich ein Zeichen, doch glaubten die meisten von ihnen nicht.

175 (175) Und siehe, dein Herr – wahrlich, Er ist der Mächtige, der Barmherzige.

Die Dichter 359

176 (176) Der Lüge ziehen die Waldbewohner[5] die Gesandten,

177 (177) Da zu ihnen Šuʿaib sprach: »Wollt ihr nicht (Allah) fürchten?

178 (178) Siehe, ich bin euch ein getreuer Gesandter;

179 (179) So fürchtet Allah und gehorchet mir.

180 (180) Und nicht verlange ich dafür einen Lohn von euch, siehe, mein Lohn ist allein bei dem Herrn der Welten.

181 (181) Gebt rechtes Maß und vermindert es nicht.

182 (182) Und wäget mit richtiger Waage.

183 (183) Und betrügt nicht die Leute um ihr Gut und tuet nicht übel auf der Erde durch Verderbenstiften.

184 (184) Und fürchtet den, der euch erschuf und die früheren Geschlechter.«

185 (185) Sie sprachen: »Du bist nichts als einer der Verzauberten.

186 (186) Und du bist nichts als ein Mensch gleich uns, und siehe, wir halten dich wahrlich für einen Lügner.

187 (187) Und laß auf uns ein Stück vom Himmel herabfallen, so du wahrhaftig bist.«

188 (188) Er sprach: »Mein Herr kennt am besten euer Tun.«

189 (189) Und so ziehen sie ihn der Lüge, und da erfaßte sie die Strafe des Tages der Wolke[6]; siehe, es war die Strafe eines gewaltigen Tages.

190 (190) Siehe, hierin war wahrlich ein Zeichen, doch glaubten die meisten von ihnen nicht.

191 (191) Und siehe, dein Herr, wahrlich, Er ist der Mächtige, der Barmherzige.

192 (192) Und siehe, er ist eine Offenbarung[7] des Herrn der Welten.

---

5 Midian.

6 Die dunkle Wolke, die über ihnen aufstieg und in deren Schatten sie Schutz suchten, brachte einen glühend heißen Wind über sie.

7 Wörtlich: Hinabsendung. Der Koran ist gemeint.

360   *Sure 26*

193 (193) Hinab kam mit ihm der getreue Geist[8]

194 (194) Auf dein Herz, damit du einer der Warner seiest

195 (195) In offenkundiger arabischer Zunge.

196 (196) Und wahrlich, (verkündet) ist er in den Schriften der Früheren.

197 (197) Wird ihnen[9] denn dies kein Zeichen sein, daß ihn die Weisen der Kinder Israel erkennen?

198 (198) Hätten Wir ihn hinabgesandt zu einem der Barbaren,

199 (199) Und hätte er ihn ihnen verlesen, sie hätten nicht an ihn geglaubt.

200 (200) Also haben Wir es in die Herzen der Sünder gefügt:

201 (201) Sie glauben nicht an ihn, bis sie die schmerzliche Strafe erschauen.

202 (202) Und kommen wird sie unversehens über sie, ohne daß sie ihrer gewahr werden.

203 (203) Und so werden sie sprechen: »Wird uns eine Frist gegeben?«

204 (204) Wollen sie denn etwa Unsre Strafe herbeiwünschen?

205 (205) Was meinst du wohl? Wenn Wir sie noch für Jahre in Freuden leben ließen

206 (206) Und dann zu ihnen käme, was ihnen angedroht ward,

207 (207) Nicht nützten ihnen dann ihre Freuden, die sie genossen.

208 (208) Und nicht zerstören Wir eine Stadt, die nicht Warner gehabt hätte

209 (209) Zur Ermahnung; denn Wir sind nicht ungerecht,

210 (210) Und nicht stiegen die Satane mit ihm[10] herab;

211 (211) Nicht schickt es sich für sie, und nicht vermögen sie es.

---

8 Gabriel.
9 Den Mekkanern.
10 Dem Koran.

Die Dichter 361

212 (212) Denn wahrlich, sie sind vom Hören fern.

213 (213) Und rufe nicht neben Allah einen andern Gott an, auf daß du nicht gestraft wirst.

214 (214) Und warne deine nächste Sippe,

215 (215) Und neige deinen Fittich zu denen, die dir folgen von den Gläubigen.

216 (216) Und wenn sie sich dir widersetzen, so sprich: »Siehe, ich habe nichts mit euerm Tun zu schaffen.«

217 (217) Und vertraue auf den Mächtigen, den Barmherzigen,

218 (218) Der dich schaut zur Zeit deines Aufstehens

219 (219) Und deines Hin- und Hergehens unter den Anbetenden.

220 (220) Siehe, Er ist der Hörende, der Wissende.

221 (221) Soll ich euch künden von denen, auf welche die Satane herniedersteigen?

222 (222) Herniedersteigen sie auf jeden sündigen Lügner.

223 (223) Sie teilen das Gehörte mit; doch die meisten von ihnen lügen.

224 (224) Und die *Dichter*[11], es folgen ihnen die Irrenden.

225 (225) Schaust du nicht, wie sie in jedem Wadi verstört umherlaufen?

226 (226) Und wie sie sprechen, was sie nicht tun?

227 (227) Außer denen, welche glauben und das Rechte tun und oft an Allah denken,

(228) Und sich verteidigen, wenn ihnen Unrecht angetan ward. Und wissen werden diejenigen, die Unrecht tun, in welcher Weise sie (zu Allah) zurückkehren sollen.

---

11 Für den vorislamischen Araber war der Dichter ein von überirdischen, dämonischen Mächten besessener Inspirierter – daher wird Muhammad mehrfach im Koran von den »Dichtern« unterschieden.

SIEBENUNDZWANZIGSTE SURE

Die Ameise

Geoffenbart zu Mekka

*Im Namen Allahs,
des Erbarmers, des Barmherzigen!*

1 (1) T. S.[1] Dies sind die Zeichen des Korans und eines deutlichen Buches:

2 (2) Einer Leitung und einer Freudenbotschaft für die Gläubigen,

3 (3) Die das Gebet verrichten und die Armenspende entrichten und fest ans Jenseits glauben.

4 (4) Siehe, diejenigen, welche nicht ans Jenseits glauben, ausgeputzt haben Wir ihnen ihre Werke, und sie sind in Verblendung.

5 (5) Das sind die, derer eine schlimme Strafe harrt, und im Jenseits sind sie am tiefsten verloren.

6 (6) Und siehe, wahrlich, du empfängst den Koran von einem Weisen, einem Wissenden.

7 (7) Da Moses zu seiner Familie sprach: »Siehe, ich gewahre ein Feuer. Bringen will ich euch von ihm Kunde, oder ich bringe euch einen Feuerbrand, daß ihr euch wärmet.«

8 (8) Und da er zu ihm kam, ward zu ihm gerufen: »Gesegnet ist, der da ist im Feuer und der darum ist; und Preis sei Allah, dem Herrn der Welten!

9 (9) O Moses, siehe, Ich bin Allah, der Mächtige, der Weise.

10 (10) Und wirf hin deinen Stab!« Und da er ihn sich rütteln sah, als wäre er eine Schlange, kehrte er den Rücken zur Flucht und wendete sich nicht. »O Moses, fürchte dich nicht, siehe, bei Mir fürchten sich nicht die Entsandten,

11 (11) Es sei denn, wer unrecht tat und hernach das Böse

---

1 *ṭā-sīn.*

Die Ameise 363

mit Gutem vertauscht. Denn siehe, Ich bin verzeihend und barmherzig.

12 (12) Und stecke deine Hand in deinen Busen; du wirst sie weiß herausziehen ohne ein Übel: eins von neun Zeichen für Pharao und sein Volk; siehe, sie sind ein frevelnd Volk.«

13 (13) Und da Unsre Zeichen vor ihren Augen geschahen, sprachen sie: »Dies ist offenkundige Zauberei.«

14 (14) Und sie verleugneten sie, wiewohl ihre Seelen von ihnen überzeugt waren, in Ungerechtigkeit und Hoffart. Und schau, wie der Ausgang der Missetäter war!

15 (15) Und wahrlich, Wir gaben David und Salomo Wissen, und sie sprachen: »Das Lob sei Allah, der uns erwählt vor vielen seiner gläubigen Diener!«

16 (16) Und Salomo beerbte David. Und er sprach: »O ihr Leute, gelehrt ward uns die Sprache der Vögel und gegeben ward uns von allen Dingen. Siehe, dies ist wahrlich offenkundige Huld.‹

17 (17) Und es versammelten sich zu Salomo seine Heerscharen von den Dschinn und Menschen und Vögeln, und sie waren in geschlossener Ordnung,

18 (18) Bis, als sie zum Ameisental gelangten, eine *Ameise* sprach: »O ihr Ameisen, gehet hinein in eure Wohnungen, auf daß euch nicht Salomo und seine Heerscharen zermalmen, ohne daß sie's wissen.«

19 (19) Da lächelte er über ihre Worte und sprach: »Mein Herr, treibe mich an, Deiner Gnade zu danken, mit der Du mich und meine Eltern begnadet hast, und rechtschaffen zu handeln nach Deinem Wohlgefallen. Und führe mich ein in Deine Barmherzigkeit zu Deinen rechtschaffenen Dienern.«

20 (20) Und er musterte die Vögel und sprach: »Was sehe ich nicht den Wiedehopf? Ist er etwa abwesend?

21 (21) Wahrlich, ich strafe ihn mit strenger Strafe oder schlachte ihn, es sei denn, er bringe mir eine offenkundige Entschuldigung.«

22 (22) Und er säumte nicht lange und sprach: »Ich gewahrte, was du nicht gewahrtest, und ich bringe dir von Saba gewisse Kunde.

23 (23) Siehe, ich fand eine Frau über sie herrschend, der von allen Dingen gegeben ward, und sie hat einen herrlichen Thron.

24 (24) Und ich fand sie und ihr Volk die Sonne anbeten an Stelle Allahs; und ausgeputzt hat ihnen der Satan ihre Werke und hat sie abseits geführt vom Weg, und sie sind nicht rechtgeleitet.

25 (25) Wollen sie nicht Allah anbeten, der zum Vorschein bringt das Verborgene in den Himmeln und auf Erden, und welcher weiß, was sie verbergen und offenkund tun?

26 (26) Allah – es gibt keinen Gott außer Ihm, dem Herrn des herrlichen Thrones.«

27 (27) Er sprach: »Wir wollen schauen, ob du die Wahrheit sprachst oder logst.

28 (28) Geh hinfort mit diesem meinem Brief und wirf ihn vor sie. Alsdann wende dich ab von ihnen und schau, was sie erwidern.«

29 (29) Sie sprach: »O ihr Häupter, siehe, zu mir ward ein edler Brief geworfen.

30 (30) Siehe, er ist von Salomo, und siehe, er ist im Namen Allahs, des Erbarmers, des Barmherzigen:

31 (31) Erhebet euch nicht wider mich, sondern kommt als Muslime zu mir.«

32 (32) Sie sprach: »O ihr Häupter, ratet mir in meiner Sache; ich entscheide keine Sache, ehe ihr mir nicht Zeugnis ablegt.«

33 (33) Sie sprachen: »Wir sind begabt mit Kraft und starker Macht; der Befehl ist jedoch der deine und schau zu, was du gebietest.«

34 (34) Sie sprach: »Siehe, wenn Könige eine Stadt betreten, zerstören sie sie und machen die mächtigsten ihrer Bewohner zu den niedrigsten; also tun sie.

Die Ameise · 365

35 (35) Und siehe, ich will zu ihnen ein Geschenk senden und will warten, was die Gesandten zurückbringen.«

36 (36) Und da er zu Salomo kam, sprach er: »Wollt ihr etwa mein Gut vermehren? Aber was mir Allah gegeben, ist besser, als was Er euch gab. Ihr jedoch freut euch eures Geschenks.

37 (37) Kehre heim zu ihnen, und wahrlich, wir werden mit Heerscharen zu ihnen kommen, denen sie nicht widerstehen können, und wir werden sie in Schanden und gedemütigt vertreiben.«

38 (38) Er sprach: »O ihr Häupter, wer von euch bringt mir ihren Thron, bevor sie zu mir als Muslime kommen?«

39 (39) Ein 'Ifrīt[2] von den Dschinn sprach: »Ich bringe ihn dir, bevor du dich von deinem Platze erhebst, denn siehe, wahrlich, ich bin stark dafür und getreu.«

40 (40) Da sprach der, bei dem Wissen von der Schrift war: »Ich bringe ihn dir, bevor dein Blick zu dir zurückkehrt.« Und da er ihn vor sich stehen sah, sprach er: »Dies ist eine Huld meines Herrn, mich zu prüfen, ob ich dankbar oder undankbar sei. Und wer dankbar ist, ist nur dankbar zu seinem Besten, und wenn einer undankbar ist – siehe, so ist mein Herr reich und großmütig.«

41 (41) Er sprach: »Machet ihr ihren Thron unkenntlich; wir wollen sehen, ob sie rechtgeleitet ist oder nicht.«

42 (42) Und da sie ankam, ward gesprochen: »Ist also dein Thron?« Sie sprach: »Es ist so, als ob er's wäre.« » Und uns ward Wissen gegeben vor ihr und wir wurden Muslime.

43 (43) Aber was sie außer Allah verehrte, führte sie abseits; siehe, sie gehörte zum ungläubigen Volk.«

44 (44) Gesprochen ward zu ihr: »Tritt ein in die Burg.« Und da sie sie sah, hielt sie sie für einen See und entblößte ihre Schenkel. Er sprach: »Siehe, es ist eine Burg, getäfelt mit Glas.«

(45) Sie sprach: »Mein Herr, siehe, ich sündigte wider mich

---

2 Die 'Ifrīte gelten als die mächtigsten unter den Dschinn.

366   *Sure 27*

selber, und ich ergebe mich mit Salomo Allah, dem Herrn der
Welten.«

45 (46) Und wahrlich, Wir entsandten zu Ṭamūd ihren
Bruder Ṣāliḥ: »Dienet Allah.« Und siehe, sie wurden zwei
streitende Parteien.

46 (47) Er sprach: »O mein Volk, warum suchet ihr das
Böse vor dem Guten herbeizuführen? Warum bittet ihr nicht
Allah um Verzeihung? Vielleicht findet ihr Barmherzigkeit.«

47 (48) Sie sprachen: »Wir ahnen Böses von dir und denen,
die mit dir sind.« Er sprach: »Euer Omen ist bei Allah; ja, ihr
seid ein Volk, das auf die Probe gestellt wird.«

48 (49) Und es befanden sich in der Stadt neun Glieder einer
Familie, welche im Lande Verderben anrichteten und nicht
das Rechte taten.

49 (50) Sie sprachen: »Schwöret einander bei Allah, daß wir
ihn und seine Familie des Nachts überfallen. Alsdann wollen
wir zu seinem nächsten Verwandten[3] sagen: »Wir waren
nicht Zeugen des Untergangs seiner Familie; und siehe, wir
sind wahrlich wahrhaft.«

50 (51) Und sie planten eine List, und Wir planten eine List,
ohne daß sie dessen gewahr wurden.

51 (52) Und schau, wie das Ende ihrer List war. Wir vernichteten sie und ihr Volk insgesamt,

52 (53) Und jene, ihre Häuser wurden wüst für ihre Sünden; siehe hierin ist ein Zeichen für Leute von Wissen.

53 (54) Und Wir erretteten diejenigen, welche glaubten und
gottesfürchtig waren.

54 (55) Und (gedenke) Lots, da er zu seinem Volke sprach:
»Tretet ihr an die Schandbarkeit mit sehenden Augen heran?

55 (56) Ist's, daß ihr euch in Lüsten den Männern naht
anstatt der Weiber? Ja, ihr seid ein töricht Volk!«

56 (57) Und die Antwort seines Volkes war nur die, daß sie
sprachen: »Vertreibt Lots Familie aus eurer Stadt; siehe, es
sind Leute, die sich für rein halten.«

3 Dem Bluträcher.

Die Ameise 367

57 (58) Und Wir retteten ihn und sein Volk mit Ausnahme seiner Frau, die nach Unsrer Bestimmung zu den Säumenden gehörte.

58 (59) Und Wir ließen einen Regen auf sie regnen, und schlimm war der Regen der Gewarnten.

59 (60) Sprich: »Das Lob ist Allahs, und Frieden auf Seine Diener, die Er erwählt hat! Ist Allah oder das, was ihr Ihm beigesellt, besser?«

60 (61) Wer hat denn erschaffen die Himmel und die Erde und sendet euch Wasser vom Himmel hernieder, durch das Wir Gärten, erprangend in Schönheit, sprießen lassen? Nicht euch ist's gegeben, ihre Bäume sprießen zu lassen. Was? Ein Gott neben Allah? Nein; doch sie sind ein Volk, das (Ihm Götter) gleichsetzt.

61 (62) Wer hat denn die Erde fest hingestellt und mitten in sie Bäche gesetzt und hat ihr festgegründete (Berge) gegeben und hat zwischen die beiden Wasser[4] eine Schranke gesetzt? Was? Ein Gott neben Allah? Doch die meisten von ihnen haben kein Wissen.

62 (63) Wer antwortet denn dem Bedrängten, wenn er ihn anruft, und nimmt das Übel hinfort, und macht euch zu Nachfolgern auf Erden? Was? Ein Gott neben Allah? Wenige sind's, die es zu Herzen nehmen.

63 (64) Wer denn leitet euch in den Finsternissen zu Land und Meer? Und wer entsendet die Winde als Freudenboten seiner Barmherzigkeit[5] voraus? Was? Ein Gott neben Allah? Erhaben ist Allah ob dem, was ihr Ihm beigesellt!

64 (65) Wer schafft denn die Kreatur und wer läßt sie wieder erstehen? Und wer versorgt euch vom Himmel und von der Erde? Was? Ein Gott neben Allah? Sprich: »Her mit euerm Beweis, so ihr wahrhaftig seid.«

65 (66) Sprich: »Keiner in den Himmeln und auf Erden kennt das Verborgene außer Allah, und sie wissen nicht (67) die Zeit, da sie erweckt werden.

---

4 Wörtlich: Meere. Das bittere und süße Wasser ist gemeint.
5 Der Regen.

368   *Sure 27*

66 (68) Doch hat ihr Wissen etwas vom Jenseits erfaßt, aber im Zweifel sind sie darüber; nein, blind sind sie in bezug darauf.«

67 (69) Und es sprechen die Ungläubigen: »Wenn wir und unsre Väter Staub geworden sind, sollen wir dann etwa erstehen?

68 (70) Wahrlich, verheißen ward dies uns und unsern Vätern zuvor. Dies sind nur die Fabeln der Frühern.«

69 (71) Sprich: »Wandert durch das Land und schauet, wie der Ausgang der Sünder war.«

70 (72) Und betrübe dich nicht um sie, und sei nicht bedrängt ob ihrer Listen.

71 (73) Und sie sprechen: »Wann tritt diese Verheißung ein, so ihr wahrhaftig seid?«

72 (74) Sprich: »Vielleicht ist etwas von dem, was ihr beschleunigen möchtet, dicht hinter euch.«

73 (75) Und siehe, dein Herr – wahrlich, Er ist voll Huld gegen die Menschen, jedoch danken Ihm die meisten nicht.

74 (76) Und siehe, dein Herr weiß gewißlich, was eure Brüste verbergen und was sie offenkund tun.

75 (77) Und nichts Verborgenes ist im Himmel und auf Erden, das nicht in einem deutlichen Buche stünde.

76 (78) Siehe, dieser Koran erzählt den Kindern Israel das meiste von dem, worüber sie uneins sind.

77 (79) Und siehe, er ist wahrlich eine Leitung und eine Barmherzigkeit für die Gläubigen.

78 (80) Siehe, dein Herr wird unter ihnen in Seiner Weisheit entscheiden, denn Er ist der Mächtige, der Wissende.

79 (81) Und vertrau auf Allah; siehe, du stehst in der offenkundigen Wahrheit.

80 (82) Siehe, nicht wirst du die Toten hörend machen und nicht wirst du machen, daß die Tauben den Ruf hören, wenn sie den Rücken kehren.

81 (83) Und nicht bist du ein Führer der Blinden aus ihrem Irrtum. Du sollst nur hörend machen den, der an Unsre Zeichen glaubt; und das sind Muslime.

Die Ameise 369

82 (84) Und wenn der Spruch auf sie fällt, dann wollen Wir ein Tier[6] aus der Erde erstehen lassen, das zu ihnen sprechen soll: »Die Menschen trauten nicht Unsern Zeichen.«

83 (85) Und eines Tages wollen Wir aus jedem Volke einen Trupp von denen versammeln, welche Unsre Zeichen der Lüge ziehen, und sie sollen in Reih und Glied geordnet marschieren,

84 (86) Bis Er spricht, wenn sie vor Ihn gekommen sind: »Habt ihr Meine Zeichen der Lüge geziehen, ohne daß ihr sie mit Erkenntnis umfaßtet? Was ist's, das ihr getan habt?«

85 (87) Und es fällt der Spruch auf sie ob ihrer Sünden, und sie werden nicht reden können.

86 (88) Sahen sie denn nicht, daß Wir die Nacht machten, damit sie in ihr ruhten, und den Tag zum Sehen? Siehe, hierin sind wahrlich Zeichen für gläubige Leute.

87 (89) Und eines Tages wird in die Posaune gestoßen, und erschrecken werden alle in den Himmeln und auf Erden; außer denen, die Allah lieben. Und alle werden demütig zu Ihm kommen.

88 (90) Und die Berge, die du für fest hältst, wirst du wie Wolken dahingehen sehen: das Werk Allahs, der alle Dinge ordnet! Siehe, Er weiß, was Er tut.

89 (91) Wer da kommt mit Gutem, der soll Gutes dafür erhalten, und sicher sollen sie sein vor dem Grausen jenes Tages.

90 (92) Wer aber mit Bösem kommt, die sollen mit ihren Angesichten ins Feuer gestürzt werden. Sollt ihr anders belohnt werden als nach eurem Tun?

91 (93) Mir ist nur geheißen, dem Herrn dieses Landes zu dienen, der es geheiligt hat. Und Sein sind alle Dinge. Und geheißen ward mir, einer der Muslime zu sein

92 (94) Und den Koran zu verlesen. Und wer geleitet ist, der ist nur zu seinem Besten geleitet; und wenn einer irrt, so sprich: »Ich bin nur einer der Warnenden.«

---

6 Dieses Tier, ein Vorzeichen des Jüngsten Tages, heißt al-Ğassās, der Spion.

370 *Sure 28*

93 (95) Und sprich »Das Lob sei Allah; Er wird euch Seine Zeichen zeigen, und ihr werdet sie kennenlernen. Und nicht ist dein Herr achtlos eures Tuns.«

ACHTUNDZWANZIGSTE SURE

Die Geschichte
Geoffenbart zu Mekka

Im Namen Allahs,
des Erbarmers, des Barmherzigen!

1 (1) T. S. M.[1]

2 Dies sind die Zeichen des deutlichen Buches.

3 (2) Wir verlesen dir etwas von der Geschichte Mosis und Pharaos der Wahrheit gemäß für ein gläubig Volk.

4 (3) Siehe, Pharao war hoffärtig im Land und machte sein Volk zu Parteien; einen Teil[2] von ihnen schwächte er, indem er ihre Söhne schlachtete und nur die Mädchen leben ließ. Siehe, er war einer der Verderbenstifter.

5 (4) Und Wir wollten Unsre Huld den Schwachen im Lande erweisen und sie zu Vorbildern und zu Erben machen;

6 (5) Und wollten ihnen eine feste Wohnung im Lande geben und Pharao und Hāmān[3] und ihren Heerscharen das zeigen, wovor sie auf der Hut waren.

7 (6) Und Wir offenbarten Mosis Mutter: »Säuge ihn. Und so du für ihn fürchtest, so wirf ihn in den Strom und fürchte dich nicht und betrübe dich nicht. Siehe, Wir werden ihn dir wiedergeben und werden ihn zu einem der Gesandten machen.«

8 (7) Und Pharaos Haus hob ihn auf, auf daß er ihnen ein

---

1 *ṭā-sīn-mīm.*
2 Die Juden.
3 Hāmān erscheint im Koran als Wesir Pharaos.

Die Geschichte 371

Feind und ein Kummer würde. Siehe, Pharao und Hāmān und ihre Heerscharen waren Sünder.

9 (8) Und es sprach Pharaos Frau: »Er ist mir und dir ein Augentrost. Tötet ihn nicht; vielleicht, daß er uns nützt oder daß wir ihn als Sohn annehmen.« Und sie waren ahnungslos.

10 (9) Und es ward das Herz der Mutter Mosis am Morgen leer[4], daß sie ihn fast verraten hätte, wenn Wir nicht ihr Herz gebunden hätten, auf daß sie eine der Gläubigen würde.

11 (10) Und sie sprach zu ihrer Schwester: »Folge ihm.« Und sie schaute nach ihm aus in der Ferne, daß sie es nicht merkten.

12 (11) Und Wir machten, daß er die Ammen zurückwies, bis sie sprach: »Soll ich euch zu Hausleuten führen, die ihn für euch pflegen und ihn sorgsam hüten werden?«

13 (12) Und so gaben Wir ihn seiner Mutter zurück, damit ihr Auge getröstet würde und sie sich nicht grämte, und damit sie wüßte, daß Allahs Verheißung wahr ist, wiewohl die meisten sie nicht kennen.

14 (13) Und als er seine Mannbarkeit erreicht hatte und vollreif geworden war, gaben Wir ihm Weisheit und Wissen; und also belohnen Wir die Rechtschaffenen.

15 (14) Und er betrat die Stadt zur Zeit, da ihre Bewohner es nicht beachteten[5], und er fand in ihr zwei Männer, die miteinander stritten, der eine von seiner Partei und der andere von seinen Feinden. Und da rief ihn der Mann seiner Partei zu Hilfe wider den, der von seinen Feinden war, und Moses gab ihm einen Faustschlag und machte ein Ende mit ihm. Da sprach er: »Das ist ein Werk des Satans, siehe, er ist ein irreführender offenkundiger Feind.«

16 (15) Er sprach: »Mein Herr, siehe, ich habe wider mich selber gesündigt; so verzeihe mir.« Und Er verzieh ihm, denn Er ist der Verzeihende, der Barmherzige.

---

4 D. h., es verzagte vor Furcht.
5 Zur Mittagszeit, als alles Ruhe hielt.

372   *Sure 28*

17 (16) Er sprach: »Mein Herr, dieweil Du mir gnädig warst, will ich nimmermehr ein Helfer der Missetäter sein.«

18 (17) Und am Morgen war er voll Furcht in der Stadt, ausspähend. Und siehe, jener, dem er gestern geholfen hatte, schrie ihm zu (um Hilfe). Da sprach Moses zu ihm: »Siehe, du bist wahrlich ein offenkundiger Händelsucher.«

19 (18) Und da er an ihren beiderseitigen Feind Hand anlegen wollte, sprach er: »O Moses, willst du mich etwa totschlagen, wie du gestern jemand totschlugst? Du willst nichts als ein Tyrann im Lande sein und willst nicht Frieden stiften.«

20 (19) Und es kam ein Mann von dem Ende der Stadt herbeigeeilt und sprach: »O Moses, siehe die Häupter bereden sich, dich zu töten. Drum gehe hinaus, siehe, ich bin dir ein guter Rater.«

21 (20) Da ging er in Furcht hinaus, umherspähend, und sprach: »Mein Herr, errette mich vor dem ungerechten Volk.«

22 (21) Und da er seinen Weg gen Midian nahm, sprach er: »Vielleicht leitet mich mein Herr auf den rechten Pfad.«

23 (22) Und da er zum Wasser Midians hinabstieg, fand er bei ihm eine Schar Volks (ihr Vieh) tränken.

(23) Und neben ihnen fand er zwei Mädchen abseits mit ihrer Herde. Da sprach er: »Was ist eure Absicht?« Sie sprachen: »Wir können die Herde nicht eher tränken, als bis die Hirten fortgezogen sind; denn unser Vater ist ein alter Scheich.«

24 (24) Da tränkte er ihnen (ihre Herde), worauf er sich zum Schatten zurückzog und sprach: »Mein Herr, siehe, ich bedarf des Guten, das Du auf mich herabsendest.«

25 (25) Und es kam eine der beiden zu ihm züchtigen Schrittes. Sie sprach: »Siehe, mein Vater ladet dich ein, damit er dir den Lohn dafür zahlt, daß du für uns (die Herde) getränkt hast.« Und als er zu ihm gekommen war und ihm seine *Geschichte* erzählt hatte, sprach er: »Fürchte dich nicht, du bist von dem sündigen Volk errettet.«

Die Geschichte   373

26 (26) Da sprach eine der beiden: »O mein Vater, dinge ihn; siehe, der beste, den du dingen kannst, ist der Starke, der Getreue «

27 (27) Er sprach: »Siehe, ich will dich mit einer von diesen meinen beiden Töchtern verheiraten unter der Bedingung, daß du mir acht Pilgerfahrten lang[6] dienst. Und so du zehn erfüllst, so steht es bei dir; denn ich wünsche nicht, dich zu plagen. Sicherlich wirst du mich, so Allah will, als einen der Rechtschaffenen erfinden.«[7]

28 (28) Er sprach: »So sei's zwischen mir und dir. Welchen der beiden Termine ich auch erfülle, keine Ungerechtigkeit wird auf mir lasten. Und Allah ist Bürge unsrer Worte.«

29 (29) Und da Moses den Termin erfüllt hatte und mit seiner Familie reiste, gewahrte er an der Seite des Berges ein Feuer. Da sprach er zu seiner Familie: »Bleibet hier; siehe, ich gewahre ein Feuer; vielleicht bringe ich euch Kunde von ihm oder doch einen Feuerbrand, damit ihr euch wärmet.«

30 (30) Und da er zu ihm kam, erscholl eine Stimme zu ihm von der rechten Seite des Wadis im gesegneten Tal aus dem Baume: »O Moses, siehe, Ich bin Allah, der Herr der Welten.

31 (31) Wirf hin deinen Stab.« Und da er ihn sich rütteln sah, als wäre es eine Schlange, wendete er den Rücken zur Flucht und kehrte nicht um. »O Moses, tritt herzu und fürchte dich nicht, siehe, du bist sicher.

32 (32) Stecke deine Hand in deinen Busen; sie wird weiß herauskommen ohne Übel. Und dann ziehe deinen Fittich ein zu dir ohne Furcht. Dies sind zwei Erweise von deinem Herrn an Pharao und seine Häupter. Siehe, sie sind ein frevelnd Volk.«

33 (33) Er sprach: »Mein Herr, siehe, ich erschlug eine Seele von ihnen und fürchte, sie töten mich.

34 (34) Und mein Bruder Aaron ist beredter als ich an

6 D. h. acht Jahre.
7 Hier scheint der Koran die Geschichte Jakobs mit Laban im Auge zu haben.

374   *Sure 28*

Zunge. So entsende ihn mit mir als Beistand, mich zu bekräftigen. Siehe, ich fürchte, daß sie mich der Lüge zeihen.«

35 (35) Er sprach: »Stärken wollen Wir deinen Arm mit deinem Bruder, und Wir wollen euch beiden Macht geben, daß sie nicht an euch reichen in Unsern Zeichen; und die, welche euch folgen, sollen obsiegen.«

36 (36) Und als Moses mit Unsern deutlichen Zeichen zu ihnen kam, sprachen sie: »Dies ist nichts als ein Zaubertrug, und wir hörten dies nicht unter unsern Vorvätern.«

37 (37) Und es sprach Moses: »Mein Herr weiß am besten, wer mit der Leitung von Ihm kommt, und wem der Ausgang der Wohnung[8] sein wird. Siehe, nicht ergeht es den Ungerechten wohl.«

38 (38) Und es sprach Pharao: »O ihr Häupter, ich weiß keinen andern Gott für euch als mich. Und brenne mir, o Haman, Ton und mache mir einen Turm. Vielleicht steige ich empor zum Gott Mosis; denn siehe, ich halte ihn für einen Lügner.«

39 (39) Und er und seine Heerscharen zeigten sich hoffärtig auf Erden ohne Grund und glaubten, sie müßten nicht zu Uns zurückkehren.

40 (40) Und so erfaßten Wir ihn und seine Heerscharen und warfen sie ins Meer. Schau drum, wie der Ausgang der Ungerechten war.

41 (41) Und Wir machten sie zu Führern zum Feuer (der Hölle); und am Tag der Auferstehung werden sie nicht errettet.

42 (42) Wir ließen ihnen in dieser Welt einen Fluch folgen, und am Tag der Auferstehung sollen sie verabscheut sein.

43 (43) Und wahrlich, Wir gaben Moses die Schrift, nachdem Wir die früheren Geschlechter vernichtet hatten, als Einsicht für die Menschen und Leitung und Barmherzigkeit. Vielleicht lassen sie sich ermahnen.

44 (44) Und nicht warst du auf der westlichen Seite[9], als

8 Wer als Ausgang die Wohnung des Paradieses erhalten wird.
9 Des Berges Sinai.

Die Geschichte 375

Wir Moses den Befehl erteilten, und warst auch keiner der Zeugen.

45 (45) Jedoch ließen Wir Geschlechter erstehen, und langes Leben ward ihnen gegeben. Auch wohntest du nicht unter dem Volke Midians, ihnen Unsre Zeichen verlesend. Jedoch entsandten Wir (dich).

46 (46) Und nicht warst du an der Seite des Berges, da Wir riefen. Jedoch ist's eine Barmherzigkeit von deinem Herrn, auf daß du ein Volk warnest, zu denen vor dir kein Warner kam; vielleicht lassen sie sich ermahnen.

47 (47) Und daß sie nicht, wenn sie ein Unfall für das, was ihre Hände vorausschickten, befiele, sprächen: »Unser Herr, warum sandtest Du nicht einen Gesandten zu uns? Dann würden wir Deinen Zeichen gefolgt sein und wären gläubig gewesen.«

48 (48) Da aber die Wahrheit von Uns zu ihnen kam, sprachen sie: »Warum ward (ihm) nicht das gleiche wie Moses gegeben?« Aber verleugneten sie nicht das, was Moses zuvor gegeben ward? Sie sprechen: »Zwei Zaubereien, die einander helfen.«[10] Und sie sprechen: »Siehe, wir glauben an nichts von allem.«

49 (49) Sprich: »So bringet ein Buch von Allah her, das eine bessere Leitung als die beiden ist. Ich will ihm folgen, so ihr wahrhaftig seid.«

50 (50) Und wenn sie dir nicht Antwort geben, so wisse, daß sie nur ihren Gelüsten folgen. Wer aber ist in größerem Irrtum, als wer seinem Gelüst ohne Leitung von Allah folgt? Siehe, Allah leitet nicht das ungerechte Volk.

51 (51) Und wahrlich, Wir ließen das Wort zu ihnen gelangen, auf daß sie es zu Herzen nähmen.

52 (52) Diejenigen, denen Wir die Schrift zuvor gaben, die glauben daran.[11]

53 (53) Und wenn es ihnen verlesen wird, sprechen sie:

---

10 Die Tora und der Koran.
11 Dies sind die Juden und Christen in Mekka, die Muslime geworden waren.

»Wir glauben daran; es ist die Wahrheit von unserm Herrn. Siehe, wir waren Muslime, bevor es kam.«

54 (54) Jene werden ihren Lohn zwiefältig empfangen, darum daß sie ausharrten und das Böse mit Gutem zurückweisen und von dem, womit Wir sie versorgten, spenden.

55 (55) Und wenn sie eitles Gerede hören, kehren sie sich von ihm ab und sprechen: »Für uns unsre Werke und für euch eure Werke. Frieden auf euch! Wir trachten nicht nach den Toren.«

56 (56) Siehe, du kannst nicht leiten, wen du gerne möchtest; Allah aber leitet, wen Er will, denn Er kennt am besten die, welche sich leiten lassen.

57 (57) Und sie sprechen: »Wenn wir der Leitung, die du bringst, folgten, so würde uns unser Land entrissen werden.« Aber haben Wir ihnen nicht ein sicheres Heiligtum zur Wohnung gegeben, zu dem die Früchte aller Dinge zusammengebracht werden, eine Versorgung von Uns her? Jedoch die meisten wissen es nicht.

58 (58) Und wie viele Städte zerstörten Wir, die auf ihren Überfluß pochten! Und jene, ihre Wohnungen wurden nach ihnen nur von wenigen bewohnt, und Wir wurden ihre Erben.

59 (59) Aber dein Herr zerstörte die Städte nicht eher, als bis Er zu ihrer Mutter(stadt) einen Gesandten geschickt hatte, ihnen Unsre Zeichen vorzutragen. Auch zerstörten Wir nur die Städte, wenn ihre Bewohner ungerecht waren.

60 (60) Und was euch an Dingen gegeben ward, ist nur die Versorgung des irdischen Lebens und sein Schmuck. Was aber bei Allah ist, ist besser und bleibender. Wollt ihr denn nicht begreifen?

61 (61) Soll etwa der, dem Wir eine schöne Verheißung gaben, die ihm zuteil werden soll, gleich sein demjenigen, den Wir mit den Gütern des irdischen Lebens ausstatteten und der am Tag der Auferstehung zu den (zur Verdammnis) Vorgeführten gehört?

62 (62) An jenem Tage wird Er sie rufen und sprechen:

Die Geschichte

»Wo sind Meine Gefährten, die ihr (als vorhanden) behauptetet?«

63 (63) Dann werden diejenigen, über die nach Gebühr der Spruch ergeht, sprechen: »Unser Herr, dies sind diejenigen, die wir irreführten. Wir leiteten sie irre, wie wir selber irre gingen. Wir machen uns los (von ihnen und kehren uns) zu Dir. Nicht uns dienten sie.«

64 (64) Und dann wird gesprochen werden: »Rufet eure Gefährten.« Und sie rufen sie, doch antworten sie ihnen nicht; und dann sehen sie die Strafe. O daß sie doch rechtgeleitet wären!

65 (65) An jenem Tage wird Er sie rufen und sprechen: »Was antwortetet ihr den Gesandten?«

66 (66) Und die Sache[12] soll sie an jenem Tage blind (vor Verwirrung) machen, und sie sollen einander nicht befragen.

67 (67) Wer sich aber bekehrt und glaubt und das Rechte tut, dem ergeht es leichtlich wohl.

68 (68) Und dein Herr schafft, was Er will, und erwählt; sie[13] aber haben keine Wahl. Preis sei Allah, und erhaben ist Er über das, was sie Ihm beigesellen.

69 (69) Dein Herr weiß, was ihre Brüste verbergen und was sie offenkund tun.

70 (70) Und Er ist Allah, es gibt keinen Gott außer Ihm; Ihm ist das Lob im Anfang und Ende, und Sein ist das Gericht, und zu Ihm kehrt ihr zurück.

71 (71) Sprich: »Was meint ihr? Wenn Allah euch die Nacht ewig machte bis zum Tag der Auferstehung, welcher Gott außer Allah brächte euch Licht? Hört ihr denn nicht?«

72 (72) Sprich: »Was meint ihr? Wenn euch Allah den Tag ewig machte bis zum Tag der Auferstehung, welcher Gott außer Allah brächte euch Nacht, in ihr zu ruhen? Seht ihr denn nicht?«

73 (73) Und in Seiner Barmherzigkeit hat Er euch die Nacht

12 Wörtlich: die Geschichte.
13 Die Götzen.

378   *Sure 28*

und den Tag gemacht, in ihr zu ruhen, und damit ihr nach
Seiner Huld trachtet[14] und vielleicht dankbar wäret.

74 (74) Und eines Tages wird Er sie rufen und sprechen:
»Wo sind Meine Gefährten, die ihr (vorhanden zu sein) behauptetet?«

75 (75) Und aus jedem Volke werden Wir einen Zeugen
hervorholen und werden sprechen: »Bringt euern Beweis her
und wisset, daß die Wahrheit Allahs ist.« Und ihre Erdichtungen werden dann von ihnen fortschweifen.

76 (76) Siehe, Korah war vom Volke Mosis, doch er vermaß
sich wider sie, und Wir gaben ihm an Schätzen, daß selbst ihre
Schlüssel eine Schar kräftiger Leute beschwert hätten.[15] Da
sein Volk zu ihm sprach: »Frohlocke nicht; siehe, Allah liebt
nicht die Frohlockenden!

77 (77) Und suche mit dem, was dir Allah gegeben, die
künftige Wohnung; und vergiß nicht deinen Anteil in dieser
Welt und tue Gutes, so wie Allah dir Gutes tat, und trachte
nicht nach Verderben auf Erden; siehe, Allah liebt nicht die
Verderbenstifter.«

78 (78) Da sprach er: »Es ward mir nur gegeben um meines
Wissens willen.« Aber wußte er nicht, daß Allah bereits vor
ihm Geschlechter vernichtet hatte, die stärker als er waren an
Kraft und mehr aufgehäuft hatten? Aber die Missetäter werden nicht nach ihren Sünden befragt.

79 (79) Und er ging hinaus zu seinem Volke in seinem
Schmuck. Jene nun, die sich das irdische Leben wünschten,
sprachen: »O daß wir doch besäßen, was Korah gegeben
ward! Siehe, er ist wahrlich gewaltigen Glückes Herr!«

80 (80) Und es sprachen diejenigen, denen das Wissen gegeben war: »Wehe euch! Die Belohnung Allahs ist besser für
den, der glaubt und das Rechte tut; und niemand gewinnt sie,
außer den Standhaften.«

81 (81) Und Wir spalteten die Erde unter ihm und seinem

---

14 D. h. nach den Gütern des Lebens, die aus Allahs Huld kommen.
15 Der Korah der Bibel gilt auch im Talmud für außerordentlich reich. Doch
   scheint die Legende ihn mit Krösus zu vermengen.

Die Geschichte 379

Haus, und er fand keine Schar, ihm zu helfen, außer Allah, und er gehörte nicht zu den Erretteten.

82 (82) Und am andern Morgen sprachen jene, die sich tags zuvor an seine Stelle gewünscht hatten: »Ah sieh! Allah versorgt, wen Er will von Seinen Dienern, reichlich oder bemessen. Wäre Allah uns nicht gnädig gewesen, Er hätte die Erde unter uns gespalten. Ah sieh! den Ungläubigen ergeht es nicht wohl.«

83 (83) Jene zukünftige Wohnung, Wir haben sie für diejenigen bestimmt, welche nicht hoffärtig auf Erden sein oder Verderben anrichten wollen. Und der Ausgang ist für die Gottesfürchtigen.

84 (84) Wer mit Gutem kommt, soll Gutes dafür erhalten, und wer mit Bösem kommt – jene, die Böses tun, belohnen Wir nur nach ihren Taten.

85 (85) Siehe, der, welcher dir den Koran verordnet hat, bringt dich wahrlich zurück zur Stätte der Wiederkehr. Sprich: »Mein Herr weiß am besten, wer mit der Leitung kommt, und wer in offenkundigem Irrtum ist.«

86 (86) Und nicht konntest du hoffen, daß dir das Buch gegeben würde, es sei denn aus Barmherzigkeit deines Herrn. Drum sei kein Helfer der Ungläubigen.

87 (87) Und laß dich nicht abwendig machen von den Zeichen Allahs, nachdem sie zu dir herabgesendet worden; sondern lade ein zu deinem Herrn und sei keiner derer, die (Allah) Gefährten geben.

88 (88) Und rufe nicht neben Allah einen andern Gott an. Es gibt keinen Gott außer Ihm. Alle Dinge vergehen außer Seinem Angesicht. Ihm ist das Gericht, und zu Ihm kehrt ihr zurück.

NEUNUNDZWANZIGSTE SURE

Die Spinne

Geoffenbart zu Mekka

Im Namen Allahs,
des Erbarmers, des Barmherzigen!

1 (1) A. L. M.[1]

2 Wähnen wohl die Menschen, in Frieden gelassen zu werden, wenn sie sprechen: »Wir glauben« – und nicht versucht zu werden?

3 (2) Aber wahrlich, Wir versuchten diejenigen, die vor ihnen lebten, und wahrlich, Allah wird die Wahrhaften und die Lügner erkennen.

4 (3) Oder glauben diejenigen, die Böses tun, daß sie Uns entgehen können? Übel ist ihr Urteil.

5 (4) Wer da hofft, Allah zu begegnen – siehe, Allahs Termin trifft wahrlich ein, und Er ist der Hörende, der Wissende.

6 (5) Und wer da eifert[2], der eifert zu seinem eigenen Besten. Siehe, Allah bedarf wahrlich nicht der Welten.

7 (6) Und diejenigen, welche glauben und das Rechte tun, wahrlich, nehmen wollen Wir von ihnen ihre Sünden und wollen sie nach ihren besten Taten belohnen.

8 (7) Und Wir geboten dem Menschen Güte gegen seine Eltern; doch wenn sie mit dir eifern, Mir an die Seite zu setzen, wovon du kein Wissen hast, so gehorche ihnen nicht. Zu Mir ist eure Heimkehr, und Ich will euch verkünden, was ihr tatet.

9 (8) Und diejenigen, welche glauben und das Rechte tun, wahrlich, Wir wollen sie einführen unter die Rechtschaffenen.

10 (9) Und unter den Menschen sprechen einige: »Wir glauben an Allah.« Wenn sie aber in Allahs Weg von Leiden

1 *alif-lām-mīm.*
2 Ergänze: in Allahs Weg. D. h., wer gegen die Ungläubigen kämpft.

Die Spinne 381

betroffen werden, betrachten sie die Heimsuchung von den Menschen als eine Strafe von Allah. Aber wenn Hilfe von deinem Herrn kommt, wahrlich, dann sprechen sie: »Siehe, wir waren mit euch.« Weiß aber nicht Allah sehr wohl, was in den Brüsten aller Welt ist?

11 (10) Und wahrlich, Allah kennt die Gläubigen und kennt die Heuchler.

12 (11) Und es sprechen die Ungläubigen zu den Gläubigen: »Folget unserm Weg, wahrlich, wir wollen eure Sünden tragen.« Aber keineswegs könnten sie ihre Sünden tragen; siehe, sie sind wahrlich Lügner.

13 (12) Und wahrlich, tragen sollen sie ihre Lasten und Lasten zu ihren Lasten. Und am Tag der Auferstehung sollen sie gefragt werden nach dem, was sie erdichteten.

14 (13) Und wahrlich, Wir entsandten Noah zu seinem Volk, und er verweilte tausend Jahre unter ihnen weniger fünfzig Jahre.[3] Und es erfaßte sie die Sündflut in ihren Sünden.

15 (14) Und Wir retteten ihn und die Leute der Arche; und Wir machten sie zu einem Zeichen für alle Welt.

16 (15) Und Abraham, da er zu seinem Volke sprach: »Dienet Allah und fürchtet Ihn, dies ist besser für euch, so ihr es wüßtet.

17 (16) Ihr dienet außer Allah nur Götzenbildern und schufet eine Lüge. Siehe, diejenigen, denen ihr außer Allah dienet, vermögen euch nicht zu versorgen. Drum begehret von Allah die Versorgung und dienet Ihm und danket Ihm; zu Ihm kehrt ihr zurück.

18 (17) Und wenn ihr (dies) der Lüge zeihet, so ziehen schon Völker vor euch der Lüge, und den Gesandten liegt nichts ob als die offenkundige Predigt.

19 (18) Sehen sie denn nicht, wie Allah die Schöpfung hervorbringt und alsdann sie wieder zurückkehren lässet? Siehe, dies ist leicht für Allah.«

---

3 Vgl. 1. Mose 9,18–29.

Sure 29

20 (19) Sprich: »Wandert durch das Land und schauet, wie Er die Schöpfung hervorbrachte. Alsdann wird Allah die andre Schöpfung entstehen lassen. Siehe, Allah hat Macht über alle Dinge.

21 (20) Er straft, wen Er will, und erbarmt sich, wessen Er will, und zu Ihm werdet ihr zurückgeholt.

22 (21) Und nicht vermögt ihr Ihn auf Erden oder im Himmel zu schwächen, und nicht habt ihr außer Allah einen Beschützer oder Helfer.

23 (22) Und diejenigen, welche nicht glauben an die Zeichen Allahs und an die Begegnung mit Ihm, die sollen an Meiner Barmherzigkeit verzweifeln, und sie sollen schmerzliche Strafe erleiden.«

24 (23) Und die Antwort seines Volkes war nichts als daß sie sprachen: »Tötet ihn oder verbrennt ihn.« Und Allah errettete ihn aus dem Feuer; siehe, hierin sind wahrlich Zeichen für ein gläubig Volk.

25 (24) Und er sprach: »Ihr habt außer Allah Götzen angenommen in gegenseitiger Liebe im irdischen Leben. Alsdann am Tag der Auferstehung wird einer von euch den andern verleugnen, und der eine wird den andern verfluchen. Und eure Wohnung wird das Feuer sein, und ihr werdet keine Helfer finden.«

26 (25) Und es glaubte Lot an ihn und sprach: »Siehe, ich flüchte mich zu meinem Herrn, denn siehe, Er ist der Mächtige, der Weise.«

27 (26) Und Wir schenkten ihm Isaak und Jakob und gaben seiner Nachkommenschaft das Prophetentum und die Schrift; und Wir gaben ihm seinen Lohn hienieden, und siehe, im Jenseits wird er zu den Rechtschaffenen gehören.

28 (27) Und Lot (entsandten Wir,) da er zu seinem Volke sprach: »Siehe, ihr begeht Schandbares, in dem euch niemand von aller Welt zuvorkam.

29 (28) Ist's, daß ihr euch Männern naht und auf dem Wege lauert und in eurer Versammlung Abscheuliches treibt?«

Die Spinne   383

Und die Antwort seines Volkes war nichts anders, als daß sie sprachen: »Bring uns Allahs Strafe, so du wahrhaftig bist«.

30 (29) Er sprach: »Mein Herr, hilf mir wider das Volk der Verderbenstifter.«

31 (30) Und da Unsre Gesandten zu Abraham mit der frohen Botschaft kamen, sprachen sie: »Siehe, wir wollen das Volk dieser Stadt vertilgen, denn ihre Bewohner sind Ungerechte.«

32 (31) Er sprach: »Siehe, in ihr ist Lot.« Sie sprachen: »Wir wissen sehr wohl, wer darinnen ist. Wahrlich, wir wollen ihn und seine Familie erretten mit Ausnahme seines Weibes, welches säumen wird.«

33 (32) Und da Unsre Gesandten zu Lot kamen, ward er besorgt um sie, und sein Arm war machtlos für sie. Und sie sprachen: »Fürchte dich nicht und betrübe dich nicht. Siehe, wir werden dich und dein Volk erretten, mit Ausnahme deines Weibes, welches säumen wird.

34 (33) Siehe, wir werden auf das Volk dieser Stadt Rache vom Himmel hinabsenden für ihre Missetaten.«

35 (34) Und wahrlich, Wir ließen von ihr ein deutliches Zeichen für einsichtige Leute zurück.

36 (35) Und zu Midian (entsandten Wir) ihren Bruder Šuʿaib. Und er sprach: »O mein Volk, dienet Allah und hoffet auf den Jüngsten Tag und richtet nicht Unheil auf Erden durch Verderbenstiften an.«

37 (36) Und sie ziehen ihn der Lüge, und da erfaßte sie das Erdbeben, und am Morgen lagen sie in ihren Häusern auf dem Angesicht da.

38 (37) Und ʿĀd und Ṯamūd – doch es ist euch klar ersichtlich aus ihren Wohnungen. Und der Satan putzte ihnen ihre Werke aus und machte sie abwendig vom Weg, wiewohl sie einsichtig waren.

39 (38) Und Korah und Pharao und Hāmān. Wahrlich, zu ihnen kam Moses mit den deutlichen Zeichen, doch waren sie hoffärtig im Land, aber sie entkamen nicht.

384   *Sure 29*

40 (39) Und alle erfaßten Wir in ihren Sünden, und zu den
einen von ihnen sandten Wir einen Steine mit sich führenden
Wind; andere erfaßte der Schrei[4], und wieder andre verschlang die Erde, und andre ertränkten Wir. Und nicht tat
Allah ihnen Unrecht an, sondern sie selber übten Unrecht
wider sich.

41 (40) Das Gleichnis jener, welche neben Allah Beschützer annehmen, ist das Gleichnis der *Spinne*, die sich ein Haus
machte; und siehe, das gebrechlichste der Häuser ist wahrlich
das Haus der Spinne; o daß sie doch dies wüßten!

42 (41) Siehe, Allah weiß alles, was sie neben Ihm anrufen,
und Er ist der Mächtige, der Weise.

43 (42) Und diese Gleichnisse stellen Wir für die Menschen
auf, doch nur die Wissenden begreifen sie.

44 (43) Erschaffen hat Allah die Himmel und die Erde in
Wahrheit; siehe, hierin ist ein Zeichen für die Gläubigen.

45 (44) Verlies, was dir von dem Buche geoffenbart ward,
und verrichte das Gebet. Siehe, das Gebet hütet vor Schand-
barem und Verbotenem. Und wahrlich, das Gedenken[5] an
Allah ist die höchste Pflicht; und Allah weiß, was ihr tut.

46 (45) Und streitet nicht mit dem Volk der Schrift, es sei
denn in bester Weise[6], außer mit jenen von ihnen, die ungerecht handelten; und sprechet: »Wir glauben an das, was zu
uns herabgesandt ward und herabgesandt ward zu euch; und
unser Gott und euer Gott ist ein einiger Gott, und Ihm sind
wir ergeben.«

47 (46) Und also sandten Wir zu dir das Buch hinab, und
diejenigen, denen Wir die Schrift gaben, glauben daran; auch
von diesen (Arabern) glauben manche daran, und nur die
Ungläubigen bestreiten Unsre Zeichen.

48 (47) Und nicht verlasest du vor ihm ein Buch und
schriebst es nicht mit deiner Rechten; dann würden wahrlich
diejenigen, die es für eitel halten, gezweifelt haben.

4 Gabriels.
5 Oder: die Erwähnung Allahs.
6 Oder: für etwas Besseres.

Die Spinne   385

49 (48) Vielmehr ist es ein deutliches Zeichen in den Brüsten derer, denen das Wissen gegeben ward, und nur die Ungerechten bezweifeln Unsre Zeichen.

50 (49) Und sie sprechen: »Warum wurden nicht Zeichen von seinem Herrn auf ihn herabgesandt?« Sprich: »Siehe, die Zeichen sind allein bei Allah, und ich bin nur ein offenkundiger Warner.«

51 (50) Genügt es ihnen denn nicht, daß Wir das Buch auf dich hinabsandten, ihnen verlesen zu werden? Siehe, hierin ist wahrlich eine Barmherzigkeit und eine Ermahnung für gläubige Leute.

52 (51) Sprich: »Allah genügt zwischen mir und euch als Zeuge.«

(52) Er weiß, was in den Himmeln und auf Erden ist, und diejenigen, welche an das Eitle[7] glauben und an Allah nicht glauben, das sind die Verlorenen.

53 (53) Und sie wünschen, daß du die Strafe beschleunigst, aber gäbe es nicht einen bestimmten Termin, wahrlich, über sie wäre die Strafe gekommen, und wahrlich, kommen wird sie unvermutet über sie, wenn sie es sich nicht versehen.

54 (54) Sie wünschen, daß du die Strafe beschleunigst, und siehe, wahrlich, Dschahannam wird die Ungläubigen rings einschließen.

55 (55) Eines Tages wird die Strafe über sie fallen, aus der Höhe und unter ihren Füßen, und sprechen wird Er: »Schmecket euer Tun.«

56 (56) O Meine Diener, die ihr geglaubt habt, siehe, weit ist Mein Land, und Mich, verehret Mich.

57 (57) Jede Seele wird den Tod schmecken; alsdann müßt ihr zu Mir zurück.

58 (58) Und diejenigen, welche glauben und das Rechte tun, wahrlich, Wir wollen ihnen Behausung geben in Gärten

---

7 Die Götzen.

mit Söllern, durcheilt von Bächen, ewig darinnen zu verweilen. Schön ist der Lohn der Wirkenden,

59 (59) Die standhaft ausharren und auf ihren Herrn vertrauen.

60 (60) Und wie viele Tiere gibt's, die nicht ihre Versorgung tragen! Allah versorgt sie und euch, und Er ist der Hörende, der Wissende.

61 (61) Und wahrlich, wenn du sie fragst, wer die Himmel und die Erde erschaffen und die Sonne und den Mond dienstbar gemacht, dann sprechen sie: »Allah.« Wie können sie demnach Lügen[8] erdichten?

62 (62) Allah gewährt, wem Er will von Seinen Dienern, die Versorgung reichlich und bemessen. Siehe, Allah weiß alle Dinge.

63 (63) Und wahrlich, wenn du sie fragst: »Wer schickt von dem Himmel Wasser hinab und belebt damit die Erde nach ihrem Tode?« Dann sprechen sie: »Allah.« Sprich: »Das Lob sei Allah!« Jedoch verstehen es die meisten nicht.

64 (64) Und dieses irdische Leben ist nichts als ein Zeitvertreib und ein Spiel, und siehe, die jenseitige Wohnung ist wahrlich das Leben. Wenn sie es doch wüßten!

65 (65) Und wenn sie auf den Schiffen fahren, rufen sie Allah reinen Glaubens an. Hat Er sie aber ans Land errettet, dann geben sie Ihm Gefährten,

66 (66) Um undankbar zu sein für Unsre Gaben und um sich (der irdischen Güter) zu erfreuen. Aber sie sollen wissen!

67 (67) Sahen sie denn nicht, daß Wir eine sichere unverletzliche Stätte (zu Mekka) machten, während die Leute rings um ihnen geraubt werden? Wollen sie da an das Eitle glauben und Allahs Huld verleugnen?

68 (68) Und wer ist ungerechter als der, welcher eine Lüge wider Allah ersinnt oder die Wahrheit der Lüge zeiht, nachdem sie zu ihm gekommen? Gibt es denn keine Wohnung in Dschahannam für die Ungläubigen?

8 Falsche Götter.

Die Griechen 387

69 (69) Und diejenigen, welche für uns eiferten, wahrlich, leiten wollen Wir sie auf Unsern Wegen; siehe, Allah ist wahrlich mit denen, die recht handeln.

DREISSIGSTE SURE

Die Griechen
Geoffenbart zu Mekka

Im Namen Allahs,
des Erbarmers, des Barmherzigen!

1 (1) A. L. M.[1]

2 Besiegt sind die *Griechen*

3 (2) Im nächsten Land[2]; aber nach ihrer Besiegung werden sie siegen

4 (3) In wenigen Jahren. Allahs ist der Befehl zuvor und hernach. Und an jenem Tage werden frohlocken die Gläubigen

5 (4) Über Allahs Hilfe; Er hilft, wem Er will, denn Er ist der Mächtige, der Barmherzige.

6 (5) Allahs Verheißung – nicht bricht Allah Seine Verheißung, jedoch wissen es die meisten Menschen nicht.

7 (6) Sie kennen das Äußere des irdischen Lebens, aber des Jenseits sind sie achtlos.

8 (7) Haben sie denn nicht bei sich bedacht, daß Allah die Himmel und die Erde und, was zwischen beiden ist, allein zur Wahrheit erschaffen hat und zu einem bestimmten Termin? Und siehe, viele der Menschen glauben wahrlich nicht an die Begegnung mit ihrem Herrn.

1 *alif-lām-mīm.*
2 Hier wird auf die Niederlage der Byzantiner gegen die Perser im Jahre 613/614 angespielt; sie siegten jedoch 624 unter Heraklius über die Perser – so erfüllte sich die Weissagung.

388   *Sure 30*

9 (8) Und wanderten sie denn nicht über Land und schauten sie nicht, wie der Ausgang derer, die vor ihnen lebten, war, die stärker als sie[3] an Kraft waren und die Erde durchfurchten und bebauten, mehr als sie dieselbe bebauten? Und es kamen zu ihnen ihre Gesandten mit den deutlichen Zeichen; und nicht war es Allah, der ihnen Unrecht antat, sondern sich selber fügten sie Unrecht zu.

10 (9) Alsdann war der Ausgang derer, die Übel taten, Übel, dieweil sie Allahs Zeichen der Lüge ziehen und sie verspotteten.

11 (10) Allah bringt die Schöpfung hervor, alsdann läßt Er sie wiederkehren, alsdann müßt ihr zu Ihm zurück.

12 (11) Und an dem Tage, da sich die ›Stunde‹ erhebt, werden die Sünder stumm vor Verzweiflung werden.

13 (12) Und unter ihren ›Gefährten‹ sollen sie keine Fürsprecher finden und sollen ihre Gefährten verleugnen.

14 (13) Und an dem Tag, da sich die ›Stunde‹ erhebt, an jenem Tage sollen sie voneinander getrennt werden.

15 (14) Und was jene anlangt, welche glaubten und das Rechte taten – in einer Aue sollen sie Freuden finden;

16 (15) Was aber jene anlangt, welche ungläubig waren und Unsre Zeichen und die Begegnung mit dem Jenseits der Lüge ziehen – der Strafe sollen sie überantwortet werden.

17 (16) Und Preis sei Allah, so es euch Abend und Morgen ist.

18 (17) Und Ihm sei das Lob in den Himmeln und auf Erden, und am Abend und zur Mittagszeit.

19 (18) Er läßt das Lebendige aus dem Toten erstehen und läßt das Tote aus dem Lebendigen erstehen, und Er belebt die Erde nach ihrem Tode. Und demgemäß werdet ihr erstehen.

20 (19) Und zu Seinen Zeichen gehört es, daß Er euch aus Staub erschaffen hat. Alsdann, siehe, wurdet ihr Menschen, die sich verbreiteten.

3 Die Mekkaner.

Die Griechen 389

21 (20) Und zu Seinen Zeichen gehört es, daß Er euch von euch selber Gattinnen erschuf, auf daß ihr ihnen beiwohnet, und Er hat zwischen euch Liebe und Barmherzigkeit gesetzt. Siehe, hierin sind wahrlich Zeichen für nachdenkende Leute.

22 (21) Und zu Seinen Zeichen gehört die Schöpfung der Himmel und der Erde und die Verschiedenartigkeit eurer Zungen und eurer Farben. Siehe, hierin sind wahrlich Zeichen für alle Welt.

23 (22) Und zu Seinen Zeichen gehört euer Schlaf in der Nacht und am Tage und euer Trachten nach Seiner Huld. Siehe, hierin sind wahrlich Zeichen für hörende Leute.

24 (23) Und zu Seinen Zeichen gehört es, daß Er euch den Blitz in Furcht und Hoffen zeigt, und daß Er Wasser vom Himmel hinabsendet und mit ihm die Erde nach ihrem Tode erweckt. Siehe, hierin sind wahrlich Zeichen für einsichtige Leute.

25 (24) Und zu Seinen Zeichen gehört es, daß Himmel und Erde auf Sein Geheiß (fest) stehen; alsdann, wenn Er euch ruft, hervorruft aus der Erde, dann erstehet ihr.

26 (25) Und Sein ist, was in den Himmeln und auf Erden ist. Alles gehorcht Ihm.

27 (26) Und Er ist's, der die Schöpfung hervorbringt, alsdann läßt Er sie wiederkehren, was Ihm das leichteste ist. Und Sein ist das erhabenste Gleichnis in den Himmeln und auf Erden, und Er ist der Mächtige, der Weise.

28 (27) Er stellt euch ein Gleichnis auf von euch selber. Habt ihr unter dem, was eure Rechte besitzt[4], Teilhaber in dem, was Wir euch bescherten, so daß ihr darin gleich seid? Fürchtet ihr sie, wie ihr einander fürchtet? Also erklären Wir die Zeichen für einsichtige Leute.

29 (28) Aber die Ungerechten folgen ihren Lüsten ohne Wissen. Und wer leitet die, welche Allah irreführt? Und sie haben keinen Helfer.

4 D. h. unter euern Sklaven.

390 *Sure 30*

30 (29) Und so richte dein Angesicht aufrichtig zum Glauben, einer Schöpfung Allahs, zu der Er die Menschen erschaffen; es gibt keine Änderung in der Schöpfung Allahs; dies ist der rechte Glauben, jedoch wissen es die meisten Menschen nicht.

31 (30) Bekehret euch zu Ihm und fürchtet Ihn und verrichtet das Gebet und setzet Ihm keine Gefährten zur Seite,

32 (31) Wie jene, die ihren Glauben spalteten und in Sekten zerfielen, von denen sich jede Partei ihrer eigenen Meinung[5] erfreut.

33 (32) Und wenn den Menschen ein Leid widerfährt, dann rufen sie ihren Herrn an, sich zu Ihm kehrend; wenn Er ihnen jedoch Seine Barmherzigkeit zu schmecken gab, alsdann setzt Ihm ein Teil Gefährten an die Seite,

34 (33) Um undankbar für Unsre Gaben zu sein. So erfreuet euch nur eures Lebens, ihr sollt schon wissen ...

35 (34) Oder sandten Wir zu ihnen eine Vollmacht herab, die da spräche für das, was sie Ihm an die Seite setzen?

36 (35) Und so Wir die Menschen Barmherzigkeit schmecken ließen, freuen sie sich derselben; wenn sie aber ein Übel für das, was ihre Hände vorausschickten, trifft, dann verzweifeln sie.

37 (36) Sahen sie denn nicht, daß Allah reich oder bemessen versorgt, wen Er will? Siehe, hierin sind wahrlich Zeichen für gläubige Leute.

38 (37) So gib dem, der von deiner Sippe ist, seine Gebühr, wie auch dem Armen und dem Sohn des Weges. Solches ist gut für jene, welche das Angesicht Allahs suchen; und sie – ihnen ergeht es wohl.

39 (38) Und was ihr auf Wucher ausleiht, um es zu vermehren mit dem Gut der Menschen, das soll sich nicht vermehren bei Allah. Und was ihr an Armenspende gebt, im Trachten nach Allahs Angesicht – sie sind es, denen es verdoppelt wird.

5 Wörtlich: dessen, was bei ihnen ist.

Die Griechen

40 (39) Allah ist's, der euch erschuf und alsdann versorgte. Alsdann läßt Er euch sterben, alsdann macht Er euch wieder lebendig. Gibt's etwa unter euern ›Gefährten‹ einen, der irgend etwas von diesem tut? Preis Ihm! Und erhaben ist Er ob dem, was ihr Ihm beigesellt.

41 (40) Erschienen ist Verderben zu Land und Meer für das, was der Menschen Hände wirkten, auf daß es sie schmecken ließe einen Teil von ihrem Tun; vielleicht kehren sie um.

42 (41) Sprich: »Wandert durchs Land und schauet, wie der Ausgang derer war, die zuvor lebten; die meisten von ihnen waren Götzendiener.«

43 (42) Drum wende dein Angesicht zum rechten Glauben, bevor ein Tag von Allah kommt, der sich nicht abwenden läßt. An jenem Tage sollt ihr gespalten werden.

44 (43) Wer ungläubig ist, auf den soll sein Unglauben kommen, und wer das Rechte tut, die bereiten sich selber das Lager:

45 (44) Auf daß Er aus Seiner Huld jene belohnt, die da glaubten und das Rechte taten. Siehe, Er liebt nicht die Ungläubigen.

46 (45) Und zu Seinen Zeichen gehört es, daß Er die Winde als frohe Boten entsendet, sowohl um euch von Seiner Barmherzigkeit[6] schmecken zu lassen, als auch damit die Schiffe eilen auf Sein Geheiß und damit ihr von Seiner Huld (Güter) erstrebt; und vielleicht seid ihr dankbar.

47 (46) Und wahrlich, schon vor dir schickten Wir Gesandte zu ihrem Volk, und sie kamen zu ihnen mit den deutlichen Zeichen; und Wir nahmen Rache an den Sündern, doch war es Unsre Pflicht, den Gläubigen zu helfen.

48 (47) Allah ist's, der die Winde entsendet und die Wolken aufhebt; und Er breitet sie aus am Himmel, wie Er will, und zerreißt sie in Stücke; und dann siehst du den Regen mitten aus ihnen hervorbrechen, und wenn Er mit ihm, wen Er

6 Gemeint ist der Regen.

392 *Sure 30*

will von Seinen Dienern, trifft, alsdann begrüßen sie ihn freudig,

49 (48) Wiewohl sie, bevor er auf sie niederfiel, stumm vor Verzweiflung waren.

50 (49) Drum schau auf die Spuren der Barmherzigkeit Allahs, wie Er die Erde nach ihrem Tode lebendig macht; siehe, das ist wahrlich der Lebendigmacher der Toten, und Er hat Macht über alle Dinge.

51 (50) Aber wahrlich, wenn Wir einen Wind entsendeten, und sie sähen (die Saat) gelb, dann würden sie hernach ungläubig werden.

52 (51) Siehe, du vermagst drum nicht die Toten hörend zu machen und vermagst nicht zu bewirken, daß die Tauben den Ruf hören, wenn sie den Rücken zur Flucht wenden.

53 (52) Und nicht vermagst du die Blinden aus ihrem Irrtum zu leiten. Du machst nur hörend, die an Unsre Zeichen glauben und Muslime sind.

54 (53) Allah ist's, der euch in Schwäche erschaffen hat; alsdann gab Er euch nach der Schwäche Kraft; alsdann gab Er euch nach der Stärke Schwäche und greises Haar. Er schafft, was Er will, denn Er ist der Wissende, der Mächtige.

55 (54) Und an dem Tage, da sich die ›Stunde‹ erhebt, werden die Sünder schwören,

(55) Daß sie nur eine Stunde (auf Erden) verweilten. Also sind sie an die Lüge gewöhnt.

56 (56) Diejenigen aber, denen das Wissen und der Glauben gegeben ward, werden sprechen: »Wahrlich, ihr verweiltet nach dem Buche Allahs bis zum Tag der Erweckung, und dies ist der Tag der Erweckung, jedoch wußtet ihr es nicht.«

57 (57) Und so wird an jenem Tage den Ungerechten ihre Entschuldigung nichts nützen, und nicht sollen sie aufgefordert werden, Wohlgefallen zu erlangen.

58 (58) Und wahrlich, Wir stellten für die Menschen in diesem Koran allerlei Gleichnis auf; aber wahrlich, wenn du ihnen ein Zeichen bringst, dann sprechen die Ungläubigen: »Ihr folget nur Eitlem.«

Luqmān 393

59 (59) Also versiegelt Allah die Herzen derer, die kein Wissen haben.

60 (60) Drum harre aus; siehe, Allahs Verheißung ist wahr; und laß dich nicht von jenen, die keine Gewißheit haben, ins Wanken bringen.

EINUNDDREISSIGSTE SURE

Luqmān[1]

Geoffenbart zu Mekka

Im Namen Allahs,
des Erbarmers, des Barmherzigen!

1 (1) A. L. M.[2]

2 Dies sind die Zeichen des weisen Buches,

3 (2) Eine Leitung und eine Barmherzigkeit für die Rechtschaffenen,

4 (3) Die das Gebet verrichten und die Armenspende entrichten und fest ans Jenseits glauben.

5 (4) Diese sind in der Leitung ihres Herrn, und ihnen ergeht es wohl.

6 (5) Und unter den Menschen gibt es einen, der belustigende Geschichten kauft,[3] um in die Irre zu führen von Allahs Weg, ohne Wissen, und darüber zu spotten. Solchen wird schändende Strafe.

7 (6) Und wenn ihm Unsre Zeichen vorgelesen werden, wendet er sich hoffärtig ab, als hätte er sie nicht gehört, als

---

1 Luqmān kommt schon in vorislamischer Überlieferung als einer der Langlebigen vor, der 7 Falkenleben (560 Jahre) gelebt haben soll; dann wird er ein Sinnbild der Weisheit, und endlich werden ihm zahlreiche Fabeln zugeschrieben, die meist von äsopischen Fabeln entlehnt sind.

2 *alif-lām-mīm*.

3 Dies wird auf Nūdar ibn al-Hārit bezogen, der aus Persien die Sagen von Rustan und Isfandyār mitgebracht hatte, welche die Mekkaner mehr interessierten als die Ermahnungen und Prophetengeschichten des Koran.

394   *Sure 31*

wenn seine Ohren schwerhörig wären; drum verkünde ihm
schmerzliche Strafe.

8 (7) Siehe, diejenigen, welche glauben und das Rechte tun,
für sie sind die Gärten der Wonne,

9 (8) Ewig darinnen zu verweilen. (Das ist) Allahs wahre
Verheißung. Und Er ist der Mächtige, der Weise.

10 (9) Erschaffen hat Er die Himmel ohne sichtbare Säulen,
und Er warf in die Erde die festgegründeten (Berge,) damit sie
nicht wanke mit euch; und Er verstreute über sie allerlei
Getier, und vom Himmel senden Wir Regen herab und lassen
auf ihr allerlei edle Art sprießen.

11 (10) Dies ist Allahs Schöpfung, und nun zeigt mir, was
jene (Götter) neben Ihm erschufen? Nein, die Ungerechten
sind in offenbarem Irrtum.

12 (11) Und wahrlich, Wir gaben *Luqmān* Weisheit (und
sprachen:) »Sei dankbar gegen Allah; denn, wer dankbar ist,
der ist nur zu seinem eigenen Besten dankbar. Und wer
undankbar ist – siehe, so ist Allah reich und rühmenswert.«

13 (12) Und (gedenke), da Luqmān zu seinem Sohne
sprach, ihn ermahnend: »O mein Söhnlein, gib Allah keine
Gefährten; siehe, Vielgötterei ist ein gewaltiger Frevel.«

14 (13) Wir legten dem Menschen Güte gegen seine Eltern
ans Herz. Seine Mutter trug ihn in Schwäche über Schwäche,
und seine Entwöhnung ist binnen zwei Jahren. »Drum sei
Mir und deinen Eltern dankbar. Zu Mir ist der Heimgang.«

15 (14) Doch wenn sie[4] mit dir eifern, daß du Mir an die
Seite setzest, wovon dir kein Wissen ward, so gehorche ihnen
nicht; verkehre mit ihnen hienieden in Billigkeit, doch folge
dem Weg derer, die sich zu Mir bekehren. Alsdann ist eure
Rückkehr zu Mir, und verkünden will Ich euch euer Tun.[5]

16 (15) »O mein Söhnlein, siehe, wäre es auch nur das
Gewicht eines Senfkorns, und wäre es in einem Felsen oder in
den Himmeln oder in der Erde, Allah bringt es (ans Licht).
Siehe, Allah ist scharfsinnig und kundig.

4 Die Eltern.
5 Die Verse 14 und 15 gehören nicht hierher.

Luqmān 395

17 (16) O mein Söhnlein, verrichte das Gebet und gebiete, was Rechtens ist, und verbiete das Unrecht und ertrage standhaft, was dich trifft. Siehe, dies ist eins der beschlossenen Dinge.

18 (17) Und verziehe nicht deine Wange gegen die Menschen und wandle nicht übermütig auf Erden. Siehe, Allah liebt keinen eingebildeten Prahler.

19 (18) Halte das rechte Maß in deinem Gang und sänftige deine Stimme. Siehe, die unangenehmste Stimme ist die Stimme der Esel.«

20 (19) Sahet ihr denn nicht, daß euch Allah alles in den Himmeln und auf Erden unterwarf und über euch Seine Gnade ausgoß, äußerlich und innerlich? Und doch streiten einige über Allah ohne Wissen und ohne Leitung und ohne erleuchtendes Buch.

21 (20) Und wenn zu ihnen gesprochen wird: »Folget dem, was Allah hinabgesendet hat« – dann sprechen sie: »Nein, wir folgen dem, in dem wir unsre Väter erfanden.« Was! Wiewohl sie der Satan zur Strafe der Feuersglut einladet?

22 (21) Wer aber sein Angesicht Allah ergibt und rechtschaffen handelt, der hat die festeste Handhabe ergriffen. Und zu Allah ist der Ausgang der Dinge.

23 (22) Wer aber ungläubig ist, dessen Unglauben bekümmere dich nicht; zu Uns ist ihre Rückkehr, und verkünden wollen Wir ihnen ihr Tun. Siehe, Allah kennt das Innerste der Brüste.

24 (23) Wir lassen sie ein Kleines des Lebens Freude genießen; alsdann treiben Wir sie zu harter Strafe.

25 (24) Und wahrlich, wenn du sie fragst, wer die Himmel und die Erde und was darinnen erschaffen, dann sprechen sie: »Allah.« Sprich: »Das Lob sei Allah!« Jedoch wissen es die meisten nicht.

26 (25) Allahs ist, was in den Himmeln und auf Erden. Siehe, Allah, Er ist der Reiche, der Rühmenswerte.

27 (26) Und wenn alle Bäume auf Erden Federn würden, und wüchse das Meer hernach zu sieben Meeren (von Tinte,)

396 **Sure 31**

Allahs Worte würden nicht erschöpft. Siehe, Allah ist mächtig und weise.

28 (27) Eure Schöpfung und eure Erweckung ist (Ihm) nur (wie die) einer Seele. Siehe, Allah ist hörend und sehend.

29 (28) Siehst du denn nicht, daß Allah die Nacht auf den Tag folgen lässet und den Tag auf die Nacht, und daß Er die Sonne und den Mond dienstbar machte? Daß alles zu einem bestimmten Termin läuft, und daß Allah weiß, was ihr tut?

30 (29) Solches, dieweil Allah die Wahrheit ist, und weil alles, was ihr neben Ihm anruft, Eitles ist, und weil Allah, der Hohe, der Große ist.

31 (30) Siehst du denn nicht, daß die Schiffe auf dem Meere durch Allahs Gnade eilen, um euch etwas von Seinen Zeichen zu zeigen? Hierin sind wahrlich Zeichen für jeden Standhaften und Dankbaren.

32 (31) Und wenn sie eine Woge gleich Schatten bedeckt, dann rufen sie zu Allah in lauterm Glauben. Hat Er sie jedoch zum Strand errettet, dann schwanken einige hin und her[6]. Unsre Zeichen aber bestreiten nur alle Treulosen und Undankbaren.

33 (32) O ihr Menschen, fürchtet euern Herrn und zaget vor dem Tag, wo der Vater nichts für den Sohn und der Sohn nichts für den Vater leisten kann.

(33) Siehe, Allahs Verheißung ist wahr. Und laß dich nicht betrügen von dem irdischen Leben und nicht betrüge euch der Betrüger[7] in betreff Allahs.

34 (34) Siehe, Allah – bei Ihm ist das Wissen von der ›Stunde‹. Und Er sendet den Regen herab, und Er weiß, was in den Mutterschößen ist; und keine Seele weiß, was sie morgen gewinnen wird, und keine Seele weiß, in welchem Land sie sterben wird. Siehe, Allah ist wissend und kundig.

---

6 Zwischen Islam und Polytheismus.
7 Der Satan.

ZWEIUNDDREISSIGSTE SURE

Die Anbetung

Geoffenbart zu Mekka

Im Namen Allahs,
des Erbarmers, des Barmherzigen!

1 (1) A. L. M.[1]

2 Die Hinabsendung des Buches ist ohne Zweifel von dem Herrn der Welten.

3 (2) Sprechen sie da: »Er hat es erdichtet?« Doch es ist die Wahrheit von deinem Herrn, auf daß du warnest ein Volk, zu dem vor dir kein Warner kam. Vielleicht lassen sie sich leiten.

4 (3) Allah ist's, der die Himmel und die Erde, und was zwischen beiden ist, in sechs Tagen erschuf. Alsdann setzte Er sich auf den Thron. Außer Ihm habt ihr weder einen Beschützer noch Fürsprecher. Wollt ihr euch nicht ermahnen lassen?

5 (4) Er lenkt alle Dinge vom Himmel bis zur Erde; alsdann steigen sie empor zu Ihm an einem Tage, dessen Maß tausend Jahre sind von denen, die ihr zählt.

6 (5) Er kennt das Verborgene und das Sichtbare, der Mächtige, der Barmherzige,

7 (6) Der alle Dinge gut erschaffen und der des Menschen Schöpfung aus Ton hervorgebracht.

8 (7) Alsdann bildete Er seine Nachkommen aus Samen aus verächtlichem Wasser.

9 (8) Alsdann formte Er ihn und blies in ihn von Seinem Geiste und gab euch Gehör, Gesicht und Herzen. Wenig Dank stattet ihr Ihm ab.

10 (9) Und sie sprechen: »Wenn wir in der Erde verloren waren, sollen wir dann wieder neu erschaffen werden?«

(10) Ja, sie glauben nicht an die Begegnung mit ihrem Herrn.

---

1 *alif-lām-mīm.*

398   *Sure 32*

11 (11) Sprich: »Fortnehmen wird euch der Engel des
Todes, der mit euch betraut ist. Alsdann werdet ihr zu euerm
Herrn zurückgebracht.«

12 (12) Sähest du dann nur die Sünder ihre Häupter vor
ihrem Herrn niedersenken (und sprechen:) »Unser Herr, wir
schauen und hören. Laß uns zurückkehren, daß wir das
Rechte tun. Siehe, wir haben festen Glauben.«

13 (13) Und hätten Wir gewollt, wahrlich, Wir hätten jeder
Seele ihre Leitung gegeben; jedoch soll das Wort von Mir
wahr werden: »Wahrlich, erfüllen will Ich Dschahannam mit
Dschinn und Menschen allzumal.

14 (14) So schmecket denn (die Strafe) dafür, daß ihr die
Begegnung mit diesem euerm Tag vergaßet. Siehe, Wir haben
euch vergessen; schmecket denn die ewige Strafe für euer
Tun.«

15 (15) Diejenigen nur glauben an Unsre Zeichen[2], die bei
ihrer Erwähnung in *Anbetung* niederfallen und das Lob ihres
Herrn verkünden und nicht hoffärtig sind.

16 (16) Erheben sie ihre Seite vom Lager, so rufen sie ihren
Herrn in Furcht und Verlangen an und spenden von Unsern
Gaben.

17 (17) Keine Seele weiß, welcher Augentrost für sie verborgen ist als Belohnung für ihr Tun.

18 (18) Soll etwa der Gläubige gleich dem Gottlosen sein?
Sie sollen nicht gleich gehalten sein.

19 (19) Was diejenigen anlangt, welche glauben und das
Rechte tun, für die sollen die »Gärten der Wohnung« sein als
Lohn für ihr Tun.

20 (20) Was aber die Gottlosen anlangt – ihre Wohnung ist
das Feuer. Sooft sie aus ihm heraus wollen, sollen sie in dasselbe zurückgetrieben werden und es soll zu ihnen gesprochen werden: »Schmecket die Feuerspein, die ihr als eine
Lüge erklärtet.«

21 (21) Und wahrlich, Wir wollen sie die nähere Strafe

2 Die Koranverse.

Die Anbetung   399

neben der größeren Strafe schmecken lassen, damit sie umkehren.

22 (22) Und wer ist ungerechter als der, dem die Zeichen
seines Herrn vorgehalten sind, und der sich dann von ihnen
abkehrt? Siehe, Wir rächen uns an den Sündern.

23 (23) Und wahrlich, Wir gaben Moses die Schrift – drum
sei nicht in Zweifel über die Begegnung (dereinst) mit Ihm –,
und Wir machten sie zu einer Leitung für die Kinder Israel.

24 (24) Und Wir gaben ihnen Führer aus ihrer Mitte, nach
Unserm Befehl zu leiten, nachdem sie sich standhaft erwiesen
und fest an Unsre Zeichen geglaubt hatten.

25 (25) Siehe, dein Herr, entscheiden wird Er zwischen
ihnen am Tag der Auferstehung, worüber sie uneins sind.

26 (26) Ist es ihnen denn nicht bekannt, wie viele
Geschlechter Wir vor ihnen vertilgten, in deren Wohnungen
sie wandeln? Siehe, hierin sind wahrlich Zeichen! Hört ihr
denn nicht?

27 (27) Sehen sie denn nicht, daß Wir das Wasser zum
dürren Land treiben und durch dasselbe Korn hervorbringen,
von dem ihr Vieh und sie selber essen? Sehen sie denn
nicht?

28 (28) Und sie sprechen: »Wann trifft diese Entscheidung
ein, so ihr wahrhaftig seid?«

29 (29) Sprich: »An dem Tag der Entscheidung soll den
Ungläubigen ihr Glauben nicht frommen, und nicht sollen sie
errettet werden.

30 (30) Drum kehre dich ab von ihnen und warte[3]; siehe, sie
warten auch.«

3 Auf ihre Strafe.

DREIUNDDREISSIGSTE SURE

Die Verbündeten[1]

Geoffenbart zu Medina

Im Namen Allahs,
des Erbarmers, des Barmherzigen!

1 (1) O Prophet, fürchte Allah und gehorche nicht den Ungläubigen und Heuchlern; siehe, Allah ist wissend und weise.

2 (2) Und folge dem, was dir von deinem Herrn offenbart ward; siehe, Allah weiß, was ihr tut.

3 (3) Und vertraue auf Allah, und Allah genügt als Schützer.

4 (4) Allah hat keinem Menschen zwei Herzen in seinem Innern gegeben, noch hat Er die Frauen, von denen ihr euch scheidet, zu euern Müttern gemacht, noch auch eure Adoptivsöhne zu euern leiblichen Söhnen.[2] Das sind eure Worte in euerm Mund; Allah aber spricht die Wahrheit, und Er leitet auf den rechten Weg.

5 (5) Nennt sie nach ihren Vätern; dies ist gerechter vor Allah. Wenn ihr jedoch ihre Väter nicht kennt, so seien sie doch eure Brüder im Glauben und eure Schützlinge. Und was ihr darinnen fehlt, ist euch keine Sünde, es sei denn, was eure Herzen mit Vorsatz tun. Und Allah ist verzeihend und barmherzig.

6 (6) Der Prophet steht den Gläubigen näher als sie sich selber, und seine Gattinnen sind ihre Mütter.[3] Und Blutsver-

---

1 Diese Sure fällt in das fünfte Jahr nach der Flucht, als Medina von verbündeten Stämmen belagert wurde. Der Anfang bezieht sich jedoch auf Muhammads Vermählung mit Zainab, die in die gleiche Zeit fällt.

2 Vor Muhammad pflegten sich die Araber von ihren Frauen mit den Worten zu scheiden: »Dein Rücken sei mir wie der Rücken meiner Mutter.« Ebenso galten für die Adoptivsöhne dieselben Ehehindernisse wie für die leiblichen Söhne. Beide Bräuche wurden aufgehoben, letztere, weil Muhammad Zainab, die Frau seines Freigelassenen Zaid, den er adoptiert hatte, geheiratet hatte.

3 Deshalb durften sie seine Witwen und die von ihm geschiedenen Frauen nicht heiraten.

Die Verbündeten 401

wandte sind einander nach dem Buche Allahs näher verwandt als die Gläubigen und die Ausgewanderten. Was nur an Gutem ihr euern Verwandten antut, das ist in dem Buch verzeichnet [4]

7 (7) Und (gedenke,) da Wir mit den Propheten den Bund eingingen, mit dir und mit Noah und Abraham und Moses und Jesus, dem Sohn der Maria; und Wir gingen mit ihnen einen festen Bund ein,

8 (8) Auf daß Er die Wahrhaftigen nach ihrer Wahrhaftigkeit befragte; für die Ungläubigen aber hat Er schmerzliche Strafe bereitet.

9 (9) O ihr, die ihr glaubt, gedenket der Gnade Allahs wider euch, da Heerscharen zu euch kamen und Wir wider sie einen Wind und euch unsichtbare Heerscharen entsandten – und Allah schaute euer Tun;

10 (10) Da sie zu euch kamen von oben und von unten her und die Blicke sich abkehrten und die Herzen in die Kehlen stiegen und ihr wider Allah Gedanken faßtet.

11 (11) Daselbst wurden die Gläubigen geprüft und von mächtigem Zittern ergriffen.

12 (12) Und da die Heuchler und jene, in deren Herzen Krankheit war, sprachen: »Allah und Sein Gesandter haben uns nur Trug verheißen.«

13 (13) Und da eine Anzahl von ihnen sprach: »Ihr Leute von Yatrib[5], (hier)[6] ist kein Platz für euch, kehret drum zurück.« Und ein Teil von ihnen bat den Propheten um Erlaubnis (heimzukehren) und sprach: »Siehe, unsere Häuser sind schutzlos.« Doch waren sie nicht schutzlos, sondern sie wollten nur fliehen.

14 (14) Und wäre man von (allen) Seiten (der Stadt) auf sie eingedrungen und wären sie zur Abtrünnigkeit aufgefordert,

---

4 Dieser Vers hebt Sure 8,72 auf.
5 Der ursprüngliche Name von Medina.
6 In dem Graben, den Muhammad auf den Rat Salmans des Persers zum Schutz um die Stadt zog.

402   *Sure 33*

sie hätten es getan, und nur kurze Zeit hätten sie in ihr[7] verweilt.

15 (15) Und wahrlich, sie hatten zuvor mit Allah einen Bund geschlossen, nicht den Rücken zur Flucht zu wenden; und der Bund mit Allah wird zur Rechenschaft gezogen.

16 (16) Sprich: »Nimmermehr nützt euch die Flucht. Wäret ihr auch dem Sterben oder der Niedermetzelung entflohen, dann würdet ihr euch doch nur noch kurze Zeit des Lebens erfreuen.«

17 (17) Sprich: »Wer ist es, der euch vor Allah schützt, sei es, daß Er euch Böses antun oder Barmherzigkeit erweisen will?« Außer Allah finden sie für sich weder Schützer noch Helfer.

18 (18) Allah kennt die Behinderer (andrer) unter euch und diejenigen, welche zu ihren Brüdern sprechen: »Kommt her zu uns«, und nur wenig Mut zeigen

19 (19) In ihrem Geiz gegen euch. Wenn die Furcht naht, dann siehst du sie auf dich schauen mit rollenden Augen wie einer, der vom Tod überkommen wird. Ist aber die Furcht vergangen, dann empfangen sie euch mit scharfen Zungen, habgierig nach dem besten (Anteil der Beute). Diese haben keinen Glauben; drum wird Allah ihre Werke zunichte machen, und dies ist Allah leicht.

20 (20) Sie glaubten, daß die *Verbündeten* nicht abziehen würden; und kämen die Verbündeten (wiederum), dann würden sie lieber bei den Arabern in der Wüste leben wollen und Nachrichten von euch einziehen. Wären sie aber bei euch gewesen, nur wenig hätten sie gekämpft.

21 (21) Wahrlich, in dem Gesandten Allahs hattet ihr ein schönes Beispiel für jeden, der auf Allah und den Jüngsten Tag hofft und oft Allahs gedenkt.[8]

22 (22) Als die Gläubigen die Verbündeten sahen, sprachen sie: »Dies ist das, was uns Allah und Sein Gesandter verhei-

---

7 Der Stadt.
8 Hierauf gründet sich die getreue Nachahmung aller von Muhammad wirklich oder angeblich geübten Bräuche, die für den Muslim als verdienstvoll gilt.

Die Verbündeten 403

ßen[9], und Allah und Sein Gesandter sprachen wahr.« Und es mehrte nur ihren Glauben und ihre Ergebung.

23 (23) Unter den Gläubigen waren Männer, welche wahr machten, was sie Allah gelobt hatten. Einige von ihnen erfüllten ihr Gelübde, und andre warten noch darauf und wandelten sich nicht;

24 (24) Auf daß Allah die Wahrhaftigen für ihre Wahrhaftigkeit belohne und die Heuchler bestrafe, so Er es will, oder sich zu ihnen kehre. Siehe, Allah ist verzeihend und barmherzig.

25 (25) Und es trieb Allah die Ungläubigen in ihrem Grimm zurück; sie erlangten keinen Vorteil; und Allah genügte den Gläubigen im Streit, denn Allah ist stark und mächtig.

26 (26) Und Er veranlaßte diejenigen vom Volke der Schrift[10], die ihnen halfen, von ihren Kastellen herabzusteigen, und warf Schrecken in ihre Herzen. Einen Teil erschlugt ihr und einen Teil nahmt ihr gefangen.

27 (27) Und Er gab euch zum Erbe ihr Land und ihre Wohnungen und ihr Gut, und ein Land, das ihr nie betratet. Und Allah hat Macht über alle Dinge.

28 (28) O Prophet, sprich zu deinen Gattinnen: »So ihr das irdische Leben begehrt mit seinem Schmuck, so kommet her; ich will euch ausstatten und will euch geziemend entlassen.[11]

29 (29) Wenn ihr aber Allah begehrt und Seinen Gesandten und die jenseitige Wohnung, so hat Allah für die tugendhaften unter euch gewaltigen Lohn bereitet.«

30 (30) O Weiber des Propheten, wenn eine von euch eine offenkundige Schändlichkeit begeht, so soll ihre Strafe zwiefach verdoppelt werden, denn solches ist Allah leicht.

31 (31) Wer von euch jedoch Allah und Seinem Gesandten

---

9 Nämlich durch Prüfungen ins Paradies einzugehen.
10 Die Juden vom Stamm Quraiza.
11 Hier wird den Frauen Muhammads die Scheidung angedroht, falls sie noch mehr irdische Güter von ihm verlangen.

404　　　　　　　　　　　　*Sure 33*

gehorcht und rechtschaffen handelt, der geben Wir zwiefälti-
gen Lohn, und Wir haben für sie eine edle Versorgung in
Bereitschaft gesetzt.

32 (32) O Weiber des Propheten, ihr seid nicht wie eins der
(andern) Weiber. Wenn ihr gottesfürchtig seid, so seid nicht
entgegenkommend in der Rede, so daß der, in dessen Herz
Krankheit ist, lüstern wird, sondern sprecht geziemende
Worte.

33 (33) Und sitzet still in euren Häusern und schmücket
euch nicht wie in der früheren Zeit der Unwissenheit und
verrichtet das Gebet und entrichtet die Armenspende und
gehorchet Allah und Seinem Gesandten. Siehe, Allah will von
euch als den Hausleuten den Greuel nehmen und euch völlig
reinigen.

34 (34) Und gedenket dessen, was von den Zeichen Allahs
und an Weisheit in euern Häusern verlesen wird. Siehe, Allah
ist scharfsinnig und kundig.

35 (35) Siehe, die muslimischen Männer und Frauen, die
gläubigen, die gehorsamen, die wahrhaftigen, standhaften,
demütigen, almosenspendenden, fastenden, ihre Scham hütenden und Allahs häufig gedenkenden Männer und Frau-
en, bereitet hat ihnen Allah Verzeihung und gewaltigen
Lohn.

36 (36) Und nicht geziemt es einem gläubigen Mann oder
Weib, wenn Allah und Sein Gesandter eine Sache entschieden
hat, die Wahl in ihren Angelegenheiten zu haben. Und wer
gegen Allah und Seinen Gesandten aufsässig wird, der ist in
offenkundigem Irrtum.

37 (37) Und (gedenke,) da du zu dem sprachst, dem Allah
Gnade erwiesen hatte und du[12]: »Behalte deine Gattin für
dich und fürchte Allah«, und du in deiner Seele verbargst, was
Allah offenkund tun wollte[13], und die Menschen fürchtetest,
wo Allah mehr verdient, gefürchtet zu werden. Und als Zaid

---

12 Zaid ist gemeint; die Gnade Allahs bestand darin, daß er Muslim wurde, die
　　Gnade Muhammads, daß er ihn adoptierte.
13 Nämlich Zaids Frau, die Zainab, zu heiraten.

Die Verbündeten 405

die Sache mit ihr erledigt hatte, verheirateten Wir dich mit
ihr, damit es für die Gläubigen keine Sünde sei, die Gattinnen
ihrer Adoptivsöhne zu heiraten, wenn sie die Sache mit ihnen
erledigt haben. Und Allahs Befehl ist zu tun.

38 (38) Der Prophet begeht keine Sünde in dem, was Allah
ihm verordnet hat; das war der Brauch Allahs mit denen, die
vor euch hingingen – und Allahs Befehl ist ein beschlossener
Beschluß –,

39 (39) Jene, welche Allahs Gesandtschaften ausrichteten
und Ihn fürchteten und niemand fürchteten außer Allah. Und
Allah hält genügende Abrechnung.

40 (40) Muhammad ist nicht der Vater eines eurer Männer,
sondern Allahs Gesandter und das Siegel der Propheten[14];
und Allah weiß alle Dinge.

41 (41) O ihr Gläubigen, gedenket Allahs in häufigem Gedenken

42 Und preiset Ihn morgens und abends.

43 (42) Er ist's, der euch segnet, und Seine Engel (legen
Fürbitte für euch ein,) daß Er euch aus den Finsternissen zum
Licht führt; und Er ist gegen die Gläubigen barmherzig.

44 (43) Euer Gruß sei an dem Tage, da ihr Ihm begegnet:
»Frieden!« Und Er hat für sie einen edeln Lohn bereitet.

45 (44) O Prophet, Wir haben dich entsendet als einen
Zeugen und einen Freudenboten und Warner,

46 (45) Und als einen, der da einladet zu Allah mit Seiner
Erlaubnis, und als eine leuchtende Lampe.

47 (46) Und verkündige den Gläubigen, daß ihnen von
Allah große Huld wird.

48 (47) Und gehorche nicht den Ungläubigen und Heuchlern; laß ihre Schädigung und vertraue auf Allah. Und Allah
genügt als Schützer.

49 (48) O ihr, die ihr glaubt, wenn ihr gläubige Frauen
heiratet und euch von ihnen scheidet, bevor ihr sie berührt

---

14 »Siegel der Propheten« bedeutet für den Muslim, daß Muhammad der letzte
und die Wahrheit im Vollsinne bringende Prophet ist.

406 Sure 33

habt, so habt ihr keinen Termin in bezug auf sie innezuhalten.
Doch versorget sie und entlasset sie in geziemender Weise.

50 (49) O Prophet, Wir erlauben dir deine Gattinnen,
denen du ihre Mitgift gabst und (die Sklavinnen,) die deine
Rechte besitzt von dem, was dir Allah an Beute gab, und die
Töchter deines Oheims und deiner Tanten väterlicherseits
sowie die Töchter deines Oheims und deiner Tanten mütter-
licherseits, die mit dir auswanderten, und jedes gläubige
Weib, wenn es sich dem Propheten schenkt, so der Prophet
sie zu heiraten begehrt: ein besonderes Privileg für dich vor
den Gläubigen.

(50) Wir wissen wohl, was Wir für sie verordneten in
betreff ihrer Gattinnen und (der Sklavinnen), die ihre Rechte
besitzt, auf daß du keine Sünde begehst. Und Allah ist verzeihend und barmherzig.

51 (51) Du kannst, wen du willst von ihnen, abweisen, und
zu dir nehmen, wen du willst und nach wem du Verlangen
trägst von jenen, die du verstießest; es soll keine Sünde auf dir
sein. Solches dient mehr dazu, ihre Augen zu trösten, und
daß sie sich nicht betrüben und zufrieden sind mit dem, was
du einer jeden von ihnen gewährst. Und Allah weiß, was in
euern Herzen ist, und Allah ist wissend und milde.

52 (52) Dir sind hinfort keine Weiber mehr erlaubt noch
darfst du für sie andre Gattinnen eintauschen, wenn dir auch
ihre Schönheit gefällt, es sei denn für (die Sklavinnen,) die
deine Rechte besitzt. Und Allah wacht über alle Dinge.

53 (53) O ihr, die ihr glaubt, tretet nicht ein in die Häuser
des Propheten – es sei denn, daß er es euch erlaubt – für ein
Mahl, ohne auf die rechte Zeit zu warten. Wenn ihr jedoch
eingeladen seid, dann tretet ein. Und wenn ihr gespeist habt,
so gehet auseinander und beginnt keine vertrauliche Unterhaltung. Siehe, dies würde dem Propheten Verdruß bereiten,
und er würde sich euer schämen; Allah aber schämt sich
nicht der Wahrheit. Und wenn ihr sie[15] um einen Gegenstand

15 Seine Frauen.

Die Verbündeten 407

bittet, so bittet sie hinter einem Vorhang; solches ist reiner für eure und ihre Herzen. Und es geziemt euch nicht, dem Gesandten Allahs Verdruß zu bereiten noch nach ihm je seine Gattinnen zu heiraten. Siehe, solches wäre bei Allah ein gewaltig (Ding).

54 (54) Ob ihr ein Ding an den Tag bringt oder es verbergt, siehe, Allah weiß alle Dinge.

55 (55) Keine Sünde begehen sie, (wenn sie unverschleiert) mit ihren Vätern oder ihren Söhnen oder ihren Brüdern oder den Söhnen ihrer Brüder oder den Söhnen ihrer Schwestern oder ihren Frauen oder (den Sklaven,) die ihre Rechte besitzt, (sprechen). Und fürchtet Allah; siehe, Allah ist Zeuge aller Dinge.

56 (56) Siehe, Allah und Seine Engel segnen den Propheten. O ihr, die ihr glaubt, segnet ihn und begrüßet ihn mit dem Friedensgruß.

57 (57) Siehe, diejenigen, welche Allah und Seinen Gesandten verletzen, verfluchen wird sie Allah in der Welt und im Jenseits und bereitet hat Er ihnen schändende Strafe.

58 (58) Und diejenigen, welche die gläubigen Männer und Frauen unverdienterweise verletzen, die haben (die Schuld der) Verleumdung und offenkundiger Sünde zu tragen.

59 (59) O Prophet, sprich zu deinen Gattinnen und deinen Töchtern und den Weibern der Gläubigen, daß sie sich in ihren Überwurf verhüllen. So werden sie eher erkannt[16] und werden nicht verletzt. Und Allah ist verzeihend und barmherzig.

60 (60) Wahrlich, wenn die Heuchler und diejenigen, in deren Herzen Krankheit ist, und die Aufwiegler in Medina nicht aufhören, so werden Wir dich gegen sie anspornen. Alsdann sollen sie nicht darinnen als deine Nachbarn wohnen, es sei denn nur für kurze Zeit.

61 (61) Verflucht, wo immer sie gefunden werden, sollen sie ergriffen und niedergemetzelt werden.

16 Als anständige Frauen.

408   *Sure 33*

62 (62) Das war Allahs Brauch mit denen, die zuvor hingingen, und nimmer findest du in Allahs Brauch einen Wandel.

63 (63) Die Menschen werden dich nach der ›Stunde‹ befragen. Sprich: »Das Wissen von ihr ist allein bei Allah, und was läßt dich wissen, daß die Stunde vielleicht nahe ist?«

64 (64) Siehe, Allah hat die Ungläubigen verflucht und hat für sie die Flamme[17] bereitet.

65 (65) Ewig und immerdar werden sie in ihr verweilen und werden weder Schützer noch Helfer finden.

66 (66) Am Tage, da sie mit ihren Angesichtern ins Feuer gestürzt werden, werden sie sprechen: »O daß wir doch Allah gehorcht hätten und gehorcht hätten dem Gesandten!«

67 (67) Und sprechen werden sie: »Unser Herr, siehe, wir gehorchten unsern Herren und Großen, und sie führten uns des Weges irre.

68 (68) Unser Herr, gib ihnen die doppelte Strafe und verfluche sie mit einem großen Fluch.«

69 (69) O ihr, die ihr glaubt, seid nicht wie jene, welche Moses verletzten. Allah reinigte ihn von dem, was sie sprachen, und er war bei Allah hochgeachtet.

70 (70) O ihr, die ihr glaubt, fürchtet Allah und sprecht aufrichtige Worte,

71 (71) Daß Er eure Werke für euch fördert und euch eure Sünden vergibt. Und wer Allah und Seinem Gesandten gehorcht, hat hohe Glückseligkeit erlangt.

72 (72) Siehe, Wir boten den Himmeln und der Erde und den Bergen das Unterpfand[18] an, doch weigerten sie sich, es zu tragen, und schreckten davor zurück. Der Mensch lud es jedoch auf sich, denn er ist ungerecht und unwissend:

73 (73) Auf daß Allah die Heuchler und Heuchlerinnen

---

17 Die Hölle »Sa'īr«.
18 Was dieses Pfand ist, wird von den Kommentatoren verschieden aufgefaßt;
    es wird auf den Glauben, das Religionsgesetz, das Leben mit Geburt und
    Tod, oder auch auf das entwicklungsfähige Ich-Bewußtsein (so Iqbāl) bezogen.

und die Götzendiener und Götzendienerinnen züchtige und
sich zu den gläubigen Männern und Frauen kehre. Und Allah
ist verzeihend und barmherzig.

VIERUNDDREISSIGSTE SURE

Saba

Geoffenbart zu Mekka

Im Namen Allahs,
des Erbarmers, des Barmherzigen!

1 (1) Das Lob sei Allah, des alles in den Himmeln und auf
Erden ist; und Ihm sei das Lob im Jenseits, und Er ist der
Weise, der Kundige.

2 (2) Er weiß, was in die Erde eingeht und was aus ihr
hervorkommt, und was vom Himmel herniederkommt und
in ihn emporsteigt; und Er ist der Barmherzige, der Verzeihende.

3 (3) Und es sprechen die Ungläubigen: »Nicht kommt die
›Stunde‹ zu uns.« Sprich: »Nein fürwahr, bei meinem Herrn,
sie kommt wahrlich zu euch. Dem, der da kennet das Verborgene, entgeht nicht das Gewicht eines Stäubchens in den
Himmeln und auf Erden; noch gibt es etwas Kleineres oder
Größeres als dieses, das nicht in einem offenkundigen Buch
wäre;

4 (4) Auf daß Er belohne diejenigen, welche glauben und
das Rechte tun. Sie – Verzeihung ist für sie und ein edler
Lohn.

5 (5) Diejenigen aber, welche sich mühen, Unsre Zeichen
kraftlos zu machen, sie – eine Strafe schmerzlicher Pein ist
für sie.

6 (6) Und es sehen die, denen das Wissen gegeben ward,
daß das, was zu dir von deinem Herrn herabgesandt ward, die

410   *Sure 34*

Wahrheit ist und zum Pfad des Mächtigen, Rühmenswerten
leitet.

7 (7) Und es sprechen die Ungläubigen: »Sollen wir euch zu
einem Manne leiten, der euch ansagt, daß, wenn ihr kurz und
klein in Stücke zerrissen seid, in neuer Schöpfung erstehen
sollt?

8 (8) Er hat eine Lüge wider Allah ersonnen oder er ist von
einem Dschinn besessen.« Doch diejenigen, welche nicht ans
Jenseits glauben, sind der Strafe verfallen und in tiefem
Irrtum.

9 (9) Sahen sie denn nicht, was vor ihnen und hinter ihnen
vom Himmel und der Erde ist? Wenn Wir wollten, ließen Wir
sie in die Erde versinken oder ließen ein Stück vom Himmel
auf sie fallen. Siehe, hierin ist wahrlich ein Zeichen für alle
bereuenden Diener.

10 (10) Und wahrlich, Wir gaben David Gnade von Uns:
»O ihr Berge, lobpreiset mit ihm, und ihr Vögel!« Und Wir
erweichten für ihn das Eisen:

11 »Mache Panzerhemden und füge gehörig die Maschen
ineinander; und tut das Rechte; siehe, Ich schaue euer
Tun.«

12 (11) Und Salomo (unterwarfen Wir) den Wind; sein
Morgen war ein Monat und sein Abend ein Monat[1], und Wir
ließen eine Quelle von geschmolzenem Messing für ihn fließen. Und von den Dschinn arbeiteten einige vor ihm mit der
Erlaubnis seines Herrn, und wer von ihnen von Unserm
Befehl abwich, dem gaben Wir von der Strafe der »Flamme«
zu schmecken.

13 (12) Sie arbeiteten für ihn, was er wollte an Hallen,
Bildnissen, Schüsseln gleich Wassertrögen und feststehenden
Töpfen. »Wirket Dank, Haus Davids! Wenige Meiner Diener
sind dankbar.«

14 (13) Und als Wir den Tod für ihn beschlossen, zeigte
ihnen nichts seinen Tod an als ein Wurm der Erde, welcher

---

1 D. h., der Wind legte am Morgen und am Abend den Weg eines Monats
   zurück.

Saba 411

seinen Stab zerfraß. Und da er hinstürzte, erkannten die Dschinn, daß, wenn sie das Verborgene erkannt hätten, sie nicht in ihrer schändenden Strafe zu verweilen gebraucht hätten.

15 (14) Wahrlich *Saba* hatte in ihren Wohnungen ein Zeichen: Zwei Gärten, (einen) zur Rechten und (einen) zur Linken. »Esset von der Gabe eures Herrn und danket Ihm. Ein gutes Land und ein verzeihender Herr!«

16 (15) Sie aber wendeten sich ab, und da sandten Wir über sie die Flut des Dammbruchs[2] und vertauschten ihnen ihre beiden Gärten mit zwei Gärten von bitterer Speise und Tamariske und ein wenig Lotosbäumen.

17 (16) Solches gaben Wir ihnen zum Lohn für ihren Unglauben. Und belohnen Wir nicht allein Undankbare (in dieser Weise)?

18 (17) Und Wir setzten zwischen sie und zwischen die Städte, die Wir gesegnet hatten, bekannte Städte und maßen die Reise zu ihr aus: »Reiset zu ihr bei Nacht und Tag in Sicherheit.«

19 (18) Und sie sprachen: »Unser Herr, mache die Stationen unserer Reise weiter auseinander[3].« Und sie sündigten wider sich selber, drum machten Wir sie zu (einem Gegenstand von) Geschichten und zerrissen sie kurz und klein. Siehe, hierin sind wahrlich Zeichen für alle Standhaften und Dankbaren.

20 (19) Und wahrlich, Iblīs fand seine Meinung von ihnen bestätigt; und sie folgten ihm mit Ausnahme eines Teiles der Gläubigen.

21 (20) Doch hatte er nur Macht über sie, weil Wir wissen wollten, wer ans Jenseits glaubte und wer darüber in Zweifel wäre. Und dein Herr hütet alle Dinge.

22 (21) Sprich[4]: »Rufet diejenigen, die ihr neben Allah annehmt; sie haben nicht Macht über das Gewicht eines

2 Diese Flut fand im 1. oder 2. Jh. n. Chr. statt.
3 Um dadurch die Kosten der Reise zu verringern und die Zeit abzukürzen.
4 Hier wendet sich der Koran wieder an die Mekkaner.

412   *Sure 34*

Stäubchens in den Himmeln und auf Erden, noch haben sie
einen Anteil an ihnen beiden, noch hat Er unter ihnen einen
Helfer.

23 (22) Auch nützt Fürbitte bei Ihm nur für den, für welchen Er es erlaubt, so daß, wenn der Schrecken aus ihren
Herzen gewichen ist, sie sprechen: »Was spricht euer Herr?«
Sie sprechen: »Die Wahrheit, denn Er ist der Hohe, der
Große.«

24 (23) Sprich: »Wer versorgt euch von den Himmeln und
der Erde her?« Sprich: »Allah.« Und siehe, Wir oder ihr seid
in der Leitung oder in offenkundigem Irrtum.

25 (24) Sprich: »Ihr sollt nicht befragt werden ob dem, was
wir gesündigt, noch sollen wir nach euerm Tun befragt
werden.«

26 (25) Sprich: »Versammeln wird uns unser Herr, alsdann
wird Er in Wahrheit zwischen uns richten, denn Er ist der
Richter[5], der Wissende.«

27 (26) Sprich: »Zeigt mir jene, die ihr als Gefährten Ihm
hinzugefügt habt.« Keineswegs. Nein, Er ist Allah, der
Mächtige, der Weise.

28 (27) Und Wir entsandten dich nur zur gesamten
Menschheit als einen Freudenboten und Warner, jedoch wissen es die meisten Menschen nicht.

29 (28) Und sie sprechen: »Wann tritt diese Drohung ein,
so ihr wahrhaftig seid?«

30 (29) Sprich: »Euch ist ein Tag festgesetzt, von dem ihr
keine Stunde hemmen noch beschleunigen könnt.«

31 (30) Und es sprechen die Ungläubigen: »Nimmer glauben wir an diesen Koran noch an das ihm Voraufgegangene.«
Sähest du aber nur die Ungerechten, wenn sie vor ihren Herrn
gestellt werden! Sie werden dann untereinander Worte wechseln, und die für schwach Erachteten werden dann zu den sich
groß Dünkenden sprechen: »Wäret ihr nicht gewesen, wir
würden geglaubt haben.«

5 Wörtlich: der Öffner.

Saba 413

32 (31) Dann werden die sich groß Dünkenden zu den schwach Erachteten sprechen: »Waren wir es etwa, die euch von der Leitung abwendig machten, nachdem sie zu euch gekommen? Nein, ihr selber waret Sünder.«

33 (32) Alsdann werden die Schwachen den Hochmütigen antworten: »Nein, das Ränkeschmieden bei Tag und Nacht, da ihr uns hießet, nicht an Allah zu glauben und Ihm Seinesgleichen zu geben, (hat uns verführt.«) Und sie werden Reue bezeugen, nachdem sie die Strafe erschaut. Und Wir werden Joche auf die Nacken der Ungläubigen legen. Sollen sie etwa anders als nach ihrem Tun belohnt werden?

34 (33) Und Wir entsandten keinen Warner zu einer Stadt, deren Üppige nicht gesprochen hätten: »Siehe, wir glauben nicht an eure Sendung.«

35 (34) Und sie sprachen: »Wir sind reicher an Gut und Kindern und werden nicht bestraft werden.«

36 (35) Sprich: »Siehe, mein Herr gibt reiche und bemessene Versorgung, wem Er will, jedoch wissen es die meisten Menschen nicht.«

37 (36) Und weder euer Gut noch eure Kinder ist das, was euch Uns nahebringen soll. Nur diejenigen, welche glauben und das Rechte tun, die sollen doppelten Lohn für das, was sie taten, erhalten und sollen in den Söllern (des Paradieses) sicher sein.

38 (37) Diejenigen aber, welche sich mühen, Unsre Zeichen kraftlos zu machen, sollen der Strafe überantwortet werden.

39 (38) Sprich: »Siehe, mein Herr versorgt, wen Er will von Seinen Dienern, im Überfluß und bemessen, und was ihr spendet, wird Er euch wiedergeben. Und Er ist der beste Versorger.«

40 (39) Und eines Tages wird Er euch insgesamt versammeln; alsdann wird Er zu den Engeln sprechen: »Dieneten euch etwa diese?«

41 (40) Sie werden sprechen: »Preis sei Dir! Du bist unser Beschützer, nicht sie. Sie aber dienten den Dschinn, und die meisten von ihnen glaubten an sie.«

414 Sure 34

42 (41) Aber an jenem Tage kann niemand dem andern nützen oder schaden, und Wir werden zu den Ungerechten sprechen: »Schmecket die Strafe des Feuers, die ihr für eine Lüge erklärtet.«

43 (42) Und wenn ihnen Unsre deutlichen Zeichen verlesen werden, sprechen sie: »Dies ist weiter nichts als ein Mann, der euch abwendig machen will von dem, was eure Väter verehrten.« Und sie sprechen: »Dies ist nichts als eine erdichtete Lüge.« Und die Ungläubigen sprechen von der Wahrheit, nachdem sie zu ihnen gekommen: »Dies ist nichts als offenkundige Zauberei.«

44 (43) Und Wir gaben ihnen nicht Bücher zu studieren und entsandten zu ihnen keinen Warner vor dir.

45 (44) Und der Lüge ziehen auch die, welche vor ihnen lebten, und sie[6] erreichten nicht den zehnten Teil von dem, was Wir ihnen gegeben. Und so ziehen sie Meine Gesandten der Lüge, aber wie war Meine Verwerfung!

46 (45) Sprich: »Siehe, ich ermahne euch nur in einem, daß ihr vor Allah zu zwei und zwei oder einzeln hintretet; alsdann bedenket, daß in euerm Gefährten kein Dschinn ist[7]. Er ist weiter nichts als euer Warner vor einer strengen Strafe.«

47 (46) Sprich: »Ich verlange keinen Lohn von euch; der ist für euch; mein Lohn ist allein bei Allah, und Er ist Zeuge aller Dinge.«

48 (47) Sprich: »Siehe, mein Herr wirft die Wahrheit (in Seine Gesandten,) der Wisser der verborgenen Dinge.«

49 (48) Sprich: »Gekommen ist die Wahrheit, und das Eitle soll sich nicht mehr zeigen und nicht wiederkehren.«

50 (49) Sprich: »Wenn ich irre, irre ich nur wider mich selber; und wenn ich geleitet bin, so ist's durch das, was mein Herr mir offenbart; siehe, Er ist hörend und nahe.«

51 (50) Sähest du nur, wenn sie zittern und kein Entrinnen finden und von einer nahen Stätte[8] fortgenommen werden.

6 Die Mekkaner.
7 D. h., daß ich nicht der Besessene bin, für den ihr mich haltet.
8 Dem Grab.

Die Engel 415

52 (51) Und sie sprechen: »Wir glauben daran.« Wie aber können sie (zum Glauben) kommen an einer fernen Stätte,

53 (52) Wo sie zuvor ungläubig waren und das Mysterium von ferner Stätte bewarfen?

54 (53) Und es soll zwischen ihnen und dem, was sie ersehnen, eine Schranke gezogen werden,

(54) Wie es mit den ihnen Ähnlichen zuvor geschah; siehe, sie waren in tiefem Zweifel.

FÜNFUNDDREISSIGSTE SURE

Die Engel[1]

Geoffenbart zu Mekka

Im Namen Allahs,
des Erbarmers, des Barmherzigen!

1 (1) Das Lob sei Allah, dem Schöpfer der Himmel und der Erde, der die *Engel* zu Boten macht, versehen mit Flügeln in Paaren, zu dritt und zu viert. Er fügt der Kreatur hinzu, was Er will; siehe, Allah hat Macht über alle Dinge.

2 (2) Was Allah auftut den Menschen an Barmherzigkeit, das kann niemand zurückhalten; und was Er zurückhält, kann niemand nach ihm entsenden. Denn Er ist der Mächtige, der Weise.

3 (3) O ihr Menschen, gedenket der Gnade Allahs wider euch. Gibt es einen Schöpfer außer Allah, der euch vom Himmel und der Erde her versorgt? Es gibt keinen Gott außer Ihm; wie könnt ihr da abgewendet werden?

4 (4) Und wenn sie dich der Lüge zeihen, so wurden schon Gesandte vor dir der Lüge geziehen, und zu Allah kehrten die Dinge zurück.

5 (5) O ihr Menschen, siehe, Allahs Verheißung ist wahr,

1 Auch »Der Schöpfer« genannt, nach demselben Vers.

416   *Sure 35*

drum betrüge euch nicht das irdische Leben, und der Betrüger[2] betrüge euch nicht in betreff Allahs.

6 (6) Siehe, der Satan ist euch ein Feind. So haltet ihn als einen Feind; er ladet nur seine Anhänger ein, um zu den Gesellen der »Flamme« zu gehören.

7 (7) Die Ungläubigen – eine strenge Strafe trifft sie.

(8) Diejenigen aber, welche glauben und das Rechte tun – ihnen wird Verzeihung und großer Lohn.

8 (9) Soll etwa der, dessen böse Handlungen so ausgeputzt werden, daß er sie für gut ansieht . . .? Siehe, Allah leitet irre, wen Er will, und leitet recht, wen Er will. Laß drum deine Seele in Seufzern für sie nicht hinschwinden. Siehe, Allah weiß, was sie tun.

9 (10) Und Allah ist's, der die Winde entsendet, daß sie Wolken aufheben; und Wir treiben sie zu einem toten Land und machen die Erde mit ihnen lebendig nach ihrem Tode. Also wird die Auferstehung sein.

10 (11) Wer da Macht anstrebt, so ist Allahs die Macht allzumal. Zu Ihm steigt das gute Wort empor, und die rechtschaffene Tat, Er erhöht sie. Diejenigen jedoch, welche Böses planen, ihnen wird strenge Strafe, und die Ränke jener werden zugrunde gehen.

11 (12) Und Allah hat euch erschaffen aus Staub, alsdann aus einem Samentropfen, alsdann machte Er euch zu (zwei) Geschlechtern. Und kein Weib wird schwanger oder kommt nieder ohne Sein Wissen, und kein Alternder altert oder nimmt ab an Alter, ohne daß es in einem Buch steht. Siehe, dieses ist Allah leicht.

12 (13) Und nicht sind die beiden Wasser gleich. Das eine ist süß, frisch und angenehm zu trinken, und das andre salzig, bitter. Aus beiden esset ihr jedoch frisches Fleisch und holt Schmucksachen, die ihr tragt. Und du siehst die Schiffe es durchpflügen, in euerm Trachten nach Seiner Huld; und vielleicht seid ihr dankbar.

---

2 Der Satan.

Die Engel   417

13 (14) Er lässet die Nacht folgen dem Tag und den Tag
folgen der Nacht und machte dienstbar die Sonne und den
Mond; alles läuft zu einem bestimmten Ziel. Solches ist Allah,
euer Herr. Ihm ist das Reich, und diejenigen, die ihr außer
Ihm anruft, haben nicht Macht über das Häutchen eines Dattelkerns.

14 (15) Wenn ihr sie anruft, so hören sie nicht euern Ruf,
und wenn sie auch hörten, sie antworteten euch nicht; und am
Tag der Auferstehung werden sie es leugnen, daß ihr sie zu
Gefährten (Allahs) machtet. Und niemand kann dich unter-
weisen gleich dem Kundigen[3].

15 (16) O ihr Menschen, ihr seid die Armen zu Allah, und
Allah ist der Reiche, der Rühmenswerte.

16 (17) Wenn Er will, nimmt Er euch fort und bringt eine
neue Schöpfung.

17 (18) Und solches fällt Allah nicht schwer.

18 (19) Und nicht wird eine beladene (Seele) die Last einer
andern tragen, und so eine schwerbeladene um ihrer Last
willen ruft, soll nichts von ihr getragen werden, auch nicht
von einem Versippten. Du sollst nur jene warnen, welche
ihren Herrn im Verborgenen fürchten und das Gebet verrichten. Und wer sich reinigt, reinigt sich nur zu seinem eigenen
Besten, und zu Allah ist der Heimgang.

19 (20) Und nicht ist der Blinde dem Sehenden gleich,

20 Noch auch Finsternisse und Licht

21 Und der Schatten und der Glutwind.

22 (21) Ebensowenig sind die Lebendigen und Toten
gleich. Siehe, Allah macht hörend, wen Er will, und dir liegt
es nicht ob, die in den Gräbern hörend zu machen;

23 Siehe, du bist nur ein Warner.

24 (22) Siehe, Wir entsandten dich in Wahrheit als einen
Freudenboten und Warner, und es gibt kein Volk, in dem
nicht ein Warner gelebt hätte.

25 (23) Und wenn sie dich der Lüge zeihen, so ziehen schon

3 Allah.

diejenigen, die vor ihnen lebten, ihre Gesandten der Lüge, die zu ihnen mit den deutlichen Zeichen, mit den Schriften und dem erleuchtenden Buch[4] kamen.

26 (24) Alsdann erfaßte Ich die Ungläubigen, und wie war Meine Verwerfung!

27 (25) Siehst du nicht, daß Allah vom Himmel Wasser herniedersendet? Und mit ihm holen Wir Früchte von mannigfacher Farbe heraus. Und in den Bergen finden sich weiße und rote Züge, bunt an Farbe, und rabenschwarze;

28 Und Menschen, Tiere und Vieh von bunter Farbe. Und darum fürchten Allah von Seinen Dienern nur die Wissenden. Siehe, Allah ist mächtig und verzeihend.

29 (26) Siehe, diejenigen, welche Allahs Buch lesen und das Gebet verrichten und von dem, womit Wir sie versorgten, insgeheim und öffentlich spenden, dürfen auf eine Ware hoffen, die nicht untergehen soll;

30 (27) Auf daß Er ihnen ihren Lohn zahlt und ihnen aus Seiner Huld hinzufügt. Siehe, Er ist verzeihend und dankbar.

31 (28) Und was Wir dir von dem Buche offenbaren, ist die Wahrheit, bestätigend das ihm Vorausgegangene. Siehe, Allah kennt und sieht wahrlich Seine Diener.

32 (29) Alsdann gaben Wir das Buch jenen von Unsern Dienern, die Wir erwählten, zum Erbe, und die einen von ihnen sündigen wider sich selber, die andern halten die Mitte ein, und wieder andre wetteifern im Guten mit Allahs Erlaubnis. Das ist die große Huld.

33 (30) Edens Gärten, eintreten werden sie in sie; geschmückt werden sie in ihnen sein mit Armbändern aus Gold und Perlen, und seiden sollen ihre Kleider darinnen sein.

34 (31) Und sprechen werden sie: »Das Lob sei Allah, der die Kümmernis von uns nahm! Siehe, unser Herr ist wahrlich verzeihend und dankbar;

35 (32) Der uns einkehren ließ in eine bleibende Wohnung

---

4 Das Evangelium.

Die Engel 419

in Seiner Huld. Nicht wird uns treffen in ihr Plage, und nicht soll uns treffen in ihr Ermüdung.«

36 (33) Die Ungläubigen aber, für sie ist Dschahannams Feuer. Nicht wird das Sterben über sie verhängt und ihre Strafe ihnen nicht erleichtert. Also lohnen Wir jedem Ungläubigen.

37 (34) Und schreien werden sie darinnen: »Unser Herr, nimm uns hinaus. Wir wollen rechtschaffen handeln, nicht wie wir zuvor handelten.« Aber gewährten Wir euch nicht langes Leben, daß jeder, der sich ermahnen läßt, Ermahnung annähme? Und der Warner kam zu euch.

(35) So schmecket (die Strafe,) denn die Ungerechten haben keinen Helfer.

38 (36) Siehe. Allah kennt das Verborgene in den Himmeln und auf Erden, siehe, Er weiß das Innerste der Brüste.

39 (37) Er ist's, der euch zu Nachfolgern[5] auf Erden gemacht hat, und wer ungläubig ist, auf den kommt sein Unglaube, und der Unglaube der Ungläubigen vermehrt nur den Haß ihres Herrn gegen sie, und der Unglauben der Ungläubigen vermehrt nur ihr Verderben.

40 (38) Sprich: »Was meint ihr von euern ›Gefährten‹, die ihr außer Allah anruft? Zeigt mir, was sie von der Erde erschufen, oder ob sie einen Anteil an den Himmeln haben, oder ob Wir ihnen ein Buch gaben, daß sie einen deutlichen Beweis dafür[6] haben?« Nein, die Ungerechten versprechen einander nur Trug.

41 (39) Siehe, Allah hält die Himmel und die Erde, daß sie nicht untergehen, und wenn sie untergingen, so könnte sie nach Ihm niemand halten. Siehe, Er ist milde und verzeihend.

42 (40) Sie schworen bei Allah den heiligsten Eid, daß, wenn ein Warner zu ihnen käme, so würden sie sich mehr als

---

5 Nachfolger der früheren Völker oder, wahrscheinlicher: Statthalter Gottes. Vgl. Sure 6,165.
6 Für ihre Anrufung.

420 · Sure 36

irgendein ander Volk leiten lassen. Da aber ein Warner zu
ihnen kam, nahmen sie nur an Abneigung zu,

43 (41) In Hoffart auf Erden und im Planen von Bösem.
Aber das Planen von Bösem fängt nur die Ränkeschmiede
selber. Erwarten sie etwa etwas andres als den Lauf der Früheren? Nimmer wirst du in Allahs Weise eine Änderung
finden.

(42) Und nimmer findest du in Allahs Weise einen
Wechsel.

44 (43) Wanderten sie denn nicht durchs Land und sahen,
wie der Ausgang derer war, die vor ihnen lebten und die
stärker an Kraft waren als sie? Und Allah läßt sich durch
nichts in den Himmeln und auf Erden machtlos machen.
Siehe, Er ist wissend und mächtig.

45 (44) Und wenn Allah die Menschen nach Verdienst
strafte, so ließe Er auf ihrem[7] Rücken kein Tier übrig. Jedoch
verzieht Er mit ihnen bis zu einem bestimmten Termin.

(45) Und wenn ihr Termin kommt, siehe, so schaut Allah
Seine Diener.

SECHSUNDDREISSIGSTE SURE

Yā-sīn[1]

Geoffenbart zu Mekka

Im Namen Allahs,
des Erbarmers, des Barmherzigen!

1 (1) Y. S.
2 Bei dem weisen Koran,
3 (2) Siehe, du bist wahrlich einer der Gesandten

7 Die Erde.
1 Diese Sure soll Muhammad selber das »Herz des Korans« genannt haben. Sie
  wird vornehmlich Sterbenden und an den Gräbern der Heiligen vorgelesen. –
  Die Buchstaben *Yā-sīn* werden auch interpretiert als *Yā insān* »O Mensch!«
  und als Anrede an den Propheten verstanden; daher ist *Yasin* auch ein Män-
  nername.

Yā-sīn 421

4 (3) Auf einem rechten Pfad!

5 (4) Die Offenbarung des Mächtigen, des Barmherzigen,

6 (5) Auf daß du ein Volk warnest, deren Väter nicht gewarnt worden, und die sorglos sind.

7 (6) Wahrlich, nunmehr ist der Spruch[2] gerecht gegen die meisten von ihnen, denn sie glauben nicht.

8 (7) Siehe, gelegt haben Wir Joche auf ihre Hälse, die bis zu ihrem Kinn reichen, und hochgezwängt ist ihr Haupt.

9 (8) Und Wir legten vor sie eine Schranke und hinter sie eine Schranke, und Wir verhüllten sie, so daß sie nicht sehen.

10 (9) Und es ist gleich für sie, ob du sie warnest oder nicht warnest, sie glauben nicht.

11 (10) Siehe, du warnst nur den, welcher der Ermahnung folgt und den Erbarmer im Verborgenen fürchtet. Ihm verkünde Verzeihung und edeln Lohn.

12 (11) Siehe, Wir machen die Toten lebendig und Wir schreiben auf, was sie zuvor taten, und ihre Spuren und alle Dinge haben Wir aufgezählt in einem deutlichen Vorbild[3].

13 (12) Und stelle ihnen auf das Gleichnis von den Bewohnern der Stadt[4], da zu ihr die Gesandten kamen.

14 (13) Da Wir zwei zu ihnen entsandten und sie beide der Lüge ziehen, so daß Wir sie mit einem dritten stärkten. Und sie sprachen: »Siehe, wir sind zu euch entsendet.«

15 (14) Sie sprachen: »Ihr seid nur Menschen gleich uns, und der Erbarmer hat nichts herabgesandt. Ihr seid nichts als Lügner.«

16 (15) Sie sprachen: »Unser Herr weiß, daß wir gewißlich zu euch entsendet sind.

17 (16) Und uns liegt allein die deutliche Predigt ob.«

18 (17) Sie sprachen: »Wir haben ein Omen wider euch[5],

---

2 Sure 38,84 f.

3 In dem Buch, in dem alle Taten der Menschen aufgezeichnet stehen.

4 Die Stadt Antiochia, nach der Jesus zwei Jünger zur Predigt des einen Gottes geschickt haben soll, denen hernach Petrus folgte.

5 D. h., wir versehen uns Böses von euch.

422   *Sure 36*

und wenn ihr nicht ein Ende macht, wahrlich so steinigen wir
euch, und es trifft euch von uns schmerzliche Strafe.«

19 (18) Sie sprachen: »Euer Omen ist bei euch.« Was?
Wenn ihr gewarnt seid . . .? Nein, ihr seid ein übertretend
Volk.

20 (19) Und es kam vom Ende der Stadt ein Mann geeilt.[6]
Er sprach: »O mein Volk, folget den Gesandten.

21 (20) Folget denen, die keinen Lohn von euch verlangen,
und die rechtgeleitet sind.

22 (21) Und warum sollte ich nicht dem dienen, der mich
erschaffen hat, und zu dem ihr zurück müßt?

23 (22) Soll ich etwa Götter neben Ihm annehmen? Wenn
der Erbarmer mir ein Leid zufügen will, so kann ihre Fürsprache mir nichts frommen, und sie können mich nicht befreien.

24 (23) Siehe, ich wäre dann wahrlich in offenkundigem
Irrtum.

25 (24) Siehe, ich glaube an euern Herrn; drum höret
mich.«

26 (25) Gesprochen ward zu ihm: »Geh ein ins Paradies.«
Er sprach: »O daß mein Volk es wüßte,

27 (26) Daß mein Herr mir vergab und mich unter die
Geehrten aufnahm!«

28 (27) Und Wir sandten auf sein Volk nach seinem Tode
kein Heer vom Himmel herab, noch was Wir sonst herabzusenden pflegten;

29 (28) Siehe, es war nur ein einziger Schrei[7], und da waren
sie ausgelöscht.

30 (29) Weh über Meine Diener! Kein Gesandter kommt zu
ihnen, den sie nicht verspotteten.

31 (30) Sahen sie denn nicht, wie viele Geschlechter Wir vor
ihnen vertilgten?

6 Dies soll ein Zimmermann namens Habíb gewesen sein, dessen Grab noch
  heute in Antiochia gezeigt und von den Muslimen verehrt wird.
7 Vom Erzengel Gabriel.

Yā-sīn 423

(31) Daß sie[8] zu ihnen nicht zurückkehren werden,[9]

32 (32) Und daß alle vor Uns versammelt werden sollen?

33 (33) Und ein Zeichen ist ihnen die tote Erde; Wir beleben sie und bringen aus ihr Korn hervor, von dem sie essen.

34 (34) Und Wir machen Gärten in ihr von Palmen und Reben und lassen Quellen in ihr entspringen;

35 (35) Auf daß sie von ihren Früchten und der Arbeit ihrer Hände speisen. Wollen sie denn nicht dankbar sein?

36 (36) Preis Ihm, der erschaffen alle Arten von dem, was die Erde sprießen lässet, und von ihnen selber, und von dem, was sie nicht kennen.

37 (37) Und ein Zeichen ist ihnen die Nacht; Wir ziehen den Tag von ihr fort, und siehe da, sie sind in Finsternis.

38 (38) Und die Sonne eilt zu ihrem Ruheplatz. Das ist die Anordnung des Mächtigen, des Wissenden.

39 (39) Und den Mond, Wir bestimmten Stationen für ihn, bis er dem alten dürren Palmstiel gleicht.

40 (40) Nicht geziemt es der Sonne, den Mond einzuholen, und nicht der Nacht, dem Tag zuvorzukommen, sondern alle schweben in (ihrer) Sphäre.

41 (41) Und ein Zeichen ist es ihnen, daß Wir ihre Nachkommenschaft in der vollbeladenen Arche trugen

42 (42) Und ihnen gleiche (Schiffe) machten, die sie besteigen.

43 (43) Und wenn Wir wollen, ertränken Wir sie, und sie haben keinen Helfer und werden nicht errettet,

44 (44) Es sei denn in Unsrer Barmherzigkeit und zu einem Nießbrauch auf Zeit.

45 (45) Und wenn zu ihnen gesprochen wird: »Fürchtet, was vor euch und was hinter euch ist[10]; vielleicht findet ihr Barmherzigkeit«,

---

8 Die Gesandten.
9 Andere Übersetzungen: »die nicht zu ihnen (den falschen Göttern) zurückkehren werden« oder »die nicht zur Erde zurückkehren werden«.
10 Die Strafe hienieden und im Jenseits.

424 **Sure 36**

46 (46) So bringst du ihnen doch keins der Zeichen deines Herrn, von dem sie sich nicht abwendeten.

47 (47) Und wenn zu ihnen gesprochen wird: »Spendet von dem, womit Allah euch versorgte«, so sprechen die Ungläubigen zu den Gläubigen: »Sollen wir die speisen, die Allah, wenn Er es wollte, speisen würde? Ihr seid sicherlich in offenkundigem Irrtum.«

48 (48) Und sie sprechen: »Wann trifft diese Drohung ein, so ihr wahrhaftig seid?«

49 (49) Sie mögen nur einen (Posaunen-)Stoß erwarten, der sie erfassen wird, wenn sie noch streiten;

50 (50) Und sie sollen nicht imstande sein, ein Vermächtnis zu treffen, und sie werden nicht zu ihren Angehörigen zurückkehren.

51 (51) Und in die Posaune wird gestoßen werden, und siehe, aus ihren Gräbern sollen sie zu ihrem Herrn eilen.

52 (52) Sie werden sprechen: »O wehe uns! Wer hat uns aus unserer Ruhestätte erweckt?« Das ist's, was der Erbarmer verhieß, und die Gesandten sprachen die Wahrheit.

53 (53) Nur ein einziger Stoß wird sein, und siehe da, alle sind vor Uns gebracht.

54 (54) Und an jenem Tage soll keiner Seele in etwas Unrecht geschehen, und ihr sollt nur nach euerm Tun belohnt werden.

55 (55) Siehe, des Paradieses Bewohner werden sich in Geschäften ergötzen[11],

56 (56) Sie und ihre Gattinnen, in Schatten auf Hochzeitsthronen sich lehnend.

57 (57) Früchte werden ihnen darinnen sein, und was sie verlangen,

58 (58) »Frieden!« ein Wort von einem erbarmenden Herrn.

59 (59) »Doch seid getrennt heute, ihr Sünder!

60 (60) Machte Ich nicht einen Bund mit euch, ihr Kinder

---

11 D. h., sie werden nur dem Vergnügen leben.

Yā-sīn 425

Adams: Dienet nicht dem Satan, siehe, er ist euch ein offenkundiger Feind;

61 (61) Sondern dienet Mir, das ist ein rechter Pfad?

62 (62) Aber wahrlich, nun führte er eine große Schar von euch irre. Hattet ihr denn keine Einsicht?«

63 (63) »Dies ist Dschahannam, die euch angedroht ward.

64 (64) Brennet heute in ihr, darum daß ihr ungläubig waret.«

65 (65) Heute versiegeln Wir ihren Mund, doch es sprechen ihre Hände zu Uns, und ihre Füße bezeugen, was sie geschafft.

66 (66) Und wenn Wir es gewollt, Wir hätten ihre Augen verlöschen können. Aber auch dann würden sie um die Wette auf dem Pfade rennen; und wie könnten sie sehen?

67 (67) Und wenn Wir es gewollt, Wir hätten sie auf ihrem Platze verwandeln können, so daß sie weder nach vorn oder hinten hätten gehen können.

68 (68) Und wem Wir langes Leben geben, den beugen Wir nieder in seiner Gestalt. Haben sie denn keine Einsicht?

69 (69) Und nicht lehrten Wir ihn[12] Poesie, noch geziemte sie ihm. Dies ist nichts als eine Ermahnung und ein deutlicher Koran,

70 (70) Die Lebendigen zu warnen und gerechten Spruch gegen die Ungläubigen zu fällen.

71 (71) Sahen sie denn nicht, daß Wir unter dem, was Unsre Hände erschufen, das Vieh machten, über das sie Herren sind?

72 (72) Und Wir machten es ihnen unterwürfig, und auf den einen reiten sie, von den andern essen sie.

73 (73) Und sie haben Nutzen und Trank von ihnen. Sind sie denn nicht dankbar?

74 (74) Und doch nahmen sie sich Götter außer Allah, daß sie ihnen hülfen.

12 Muhammad.

426   *Sure 37*

75 (75) Sie vermögen ihnen nicht zu helfen; und doch sind sie ihnen ein (dienst)bereites Heer.

76 (76) Laß dich nicht durch ihre Worte betrüben; siehe, Wir wissen, was sie verbergen und offenkund tun.

77 (77) Will denn der Mensch nicht einsehen, daß Wir ihn aus einem Samentropfen erschufen? Und siehe da, er ist ein offenkundiger Bestreiter.

78 (78) Und er macht Uns ein Gleichnis und vergißt seine Schöpfung. Er spricht: »Wer belebt die Gebeine, wenn sie verfault sind?«

79 (79) Sprich: »Leben wird ihnen der geben, welcher sie zum erstenmal erschuf, denn Er kennt jegliche Schöpfung;

80 (80) Der für euch aus dem grünen Baum Feuer machte, und siehe, ihr macht Feuer mit ihm an.

81 (81) Ist nicht der, welcher die Himmel und die Erde erschuf, mächtig genug, euresgleichen zu erschaffen? Ja, Er ist der wissende Schöpfer.

82 (82) Sein Befehl ist nur, wenn Er ein Ding will, daß Er zu ihm spricht ›Sei!‹ und es ist.

83 (83) Und Preis dem, in dessen Hand die Herrschaft aller Dinge ist! Und zu Ihm kehrt ihr zurück.«

SIEBENUNDDREISSIGSTE SURE

Die sich Reihenden

Geoffenbart zu Mekka

*Im Namen Allahs,
des Erbarmers, des Barmherzigen!*

1 (1) Bei den in Reihen *sich Reihenden*,

2 (2) Und den in Abwehr Wehrenden,

3 (3) Und den die Mahnung Lesenden[1],

---

1 Drei verschiedene Engelgruppen sind in V. 1, 2 und 3 gemeint. Die ersten reihen sich zur Lobpreisung Allahs, die zweiten wehren die Dschinn ab.

Die sich Reihenden

4 (4) Siehe, euer Gott ist wahrlich einer,

5 (5) Der Herr der Himmel und der Erde und was zwischen beiden, und der Herr der Osten.

6 (6) Siehe, Wir schmückten den niederen Himmel mit dem Schmuck der Sterne

7 (7) Und zur Hut vor jedem aufsässigen Satan,

8 (8) Auf daß sie nicht belauschen die hehrsten Fürsten[2] und daß sie beworfen werden von allen Seiten,

9 (9) Fortgetrieben; und ihnen wird ewige Strafe.

10 (10) Wer aber ein Wort aufschnappt, dem folgt eine leuchtende Schnuppe.

11 (11) Drum frage sie[3], ob sie die stärkere Schöpfung sind oder sie[4], die Wir erschufen? Siehe, Wir erschufen sie aus klebendem Ton.

12 (12) Ja, du verwunderst dich[5], und sie spotten.

13 (13) Werden sie ermahnt, so lassen sie sich nicht ermahnen,

14 (14) Und wenn sie ein Zeichen schauen, so spotten sie

15 (15) Und sprechen: »Dies ist nichts als offenkundige Zauberei.

16 (16) Wenn wir tot sind und Staub und Gebein worden, sollen wir dann etwa wieder erweckt werden?

17 (17) Und etwa auch unsre Vorväter?«

18 (18) Sprich: »Jawohl; und ihr sollt gedemütigt sein.«

19 (19) Und siehe, nur ein einziger Schrei[6], und dann werden sie ausschauen

20 (20) Und sprechen: »O wehe uns, dies ist der Tag des Gerichts.

21 (21) Dies ist der Tag der Entscheidung, den ihr als Lüge erklärtet.«

---

2 Die Engel.
3 Die Mekkaner.
4 Die Engel.
5 Über ihren Unglauben.
6 Der Schrei Gabriels.

428 *Sure 37*

22 (22) »Versammelt die Ungerechten und ihre Gefährten und was sie anbeteten

23 (23) Außer Allah, und leitet sie zum Pfad der Hölle,

24 (24) Und stellet sie hin, siehe, sie sollen zur Rechenschaft gezogen werden.«

25 (25) »Warum helfen sie denn nicht einander?«

26 (26) Doch an jenem Tage sollen sie sich unterwerfen

27 (27) Und sollen sich einer zum andern wenden, einander befragend,

28 (28) Und sollen sprechen: »Ihr kamet zu uns von der Rechten[7] her.«

29 (29) Sie werden sprechen: »Nein, ihr waret nicht Gläubige,

30 Und wir hatten keine Macht über euch, vielmehr waret ihr ein übertretend Volk.

31 (30) Gerecht ist deshalb der Spruch unsers Herrn über uns; wahrlich; wir werden ihn schmecken!

32 (31) Und wir verführten euch, denn siehe, wir waren selber Irrende.«

33 (32) Und siehe, an jenem Tage werden sie gemeinschaftlich die Strafe erleiden.

34 (33) Siehe, also verfahren Wir mit den Sündern.

35 (34) Siehe, wenn zu ihnen gesprochen ward: »Es gibt keinen Gott außer Allah« – dann waren sie hoffärtig

36 (35) Und sprachen: »Sollen wir wirklich unsre Götter um eines besessenen Dichters willen aufgeben?«

37 (36) Aber er kam mit der Wahrheit und bestätigte die Gesandten.

38 (37) Siehe, ihr werdet wahrlich die schmerzliche Strafe schmecken

39 (38) Und werdet nur nach euerm Tun den Lohn empfangen.

40 (39) Aber die lautern Diener Allahs,

41 (40) Die sollen eine festgesetzte Versorgung erhalten:

7 D. h. als Freunde, als gutes Omen.

Die sich Reihenden

42 (41) Früchte; und geehrt sollen sie sein

43 (42) In den Gärten der Wonne,

44 (43) Auf Polstern einander gegenüber.

45 (44) Kreisen soll unter ihnen ein Becher aus einem Born,

46 (45) Weiß, süß den Trinkenden;

47 (46) Kein Schwindel soll in ihm sein, und nicht sollen sie von ihm berauscht werden.

48 (47) Und bei ihnen sollen sein züchtig blickende, groß-äugige (Mädchen),

49 Gleich einem versteckten Ei.

50 (48) Und wenden werden sie sich zueinander, einer den andern befragend;

51 (49) Und einer von ihnen wird sprechen: »Siehe, ich hatte einen Gesellen,

52 (50) Der da sprach: Bist du wirklich einer der Glaubenden?

53 (51) Wenn wir gestorben sind, und Staub und Gebein worden, sollen wir dann etwa gerichtet werden?«

54 (52) Dann wird er sprechen: »Schaut ihr wohl hinab?«

55 (53) Und dann wird er hinabschauen und wird ihn sehen inmitten der Hölle.

56 (54) Dann wird er sprechen: »Bei Allah, siehe, fast hättest du mich wahrlich ins Verderben gestürzt,

57 (55) Und ohne meines Herrn Gnade wäre ich unter den Überantworteten.«

58 (56) Sollten wir etwa sterben?[8]

59 (57) Eines andern Todes noch als unsers ersten? Und werden wir nicht bestraft?«

60 (58) Siehe, das ist wahrlich die hehre Glückseligkeit!

61 (59) Für solches wie dies sollten die Wirkenden wirken!

62 (60) Ist dies eine bessere Bewirtung oder der Baum Zaqqūm?

63 (61) Siehe, Wir machten ihn zu einer Versuchung für die Ungerechten,

---

8 So sprechen die Glückseligen.

430   *Sure 37*

64 (62) Siehe, er ist ein Baum, der aus dem Grunde der Hölle herauskommt.

65 (63) Seine Frucht gleicht Satansköpfen.

66 (64) Und siehe, wahrlich, sie essen von ihm und füllen sich die Bäuche mit ihm an.

67 (65) Alsdann sollen sie darauf eine Mischung von siedendem Wasser erhalten;

68 (66) Alsdann soll ihre Rückkehr zur Hölle sein.

69 (67) Siehe, sie fanden ihre Väter im Irrtum vor,

70 (68) Und sie folgten eilends in ihren Spuren.

71 (69) Und wahrlich, es irrten vor ihnen die meisten der Früheren,

72 (70) Und wahrlich, Wir schickten Warner zu ihnen.

73 (71) Und schau, wie der Ausgang der Gewarnten war,

74 (72) Mit Ausnahme der reinen Diener Allahs.

75 (73) Und wahrlich, Noah rief zu Uns, und wahrlich, schön war Unsre Antwort,

76 (74) Und Wir erretteten ihn und seine Familie aus der großen Trübsal,

77 (75) Und Wir ließen seine Sprößlinge überleben,

78 (76) Und Wir hinterließen ihm unter den Späteren:

79 (77) »Frieden auf Noah in aller Welt!«

80 (78) Siehe, also lohnen Wir den Rechtschaffenen;

81 (79) Siehe, er war einer Unsrer gläubigen Diener.

82 (80) Alsdann ertränkten Wir die andern.

83 (81) Und siehe, zu seiner Gemeinde[9] gehörte Abraham,

84 (82) Da er zu seinem Herrn mit heilem Herzen kam,

85 (83) Da er zu seinem Vater und seinem Volke sprach: »Was verehrt ihr da?

86 (84) Wollt ihr eine Lüge, Götter außer Allah?

87 (85) Und was ist eure Meinung von dem Herrn der Welten?«

88 (86) Und er warf einen Blick zu den Sternen

89 (87) Und sprach: »Siehe, ich bin krank[10].«

---

9 Wörtlich: Sekte.
10 So daß ich nicht an euern Opfern teilnehmen kann.

Die sich Reihenden

90 (88) Da kehrten sie ihm den Rücken und flohen.

91 (89) Und so bog er ab zu ihren Göttern und sprach: »Esset ihr nicht?

92 (90) Was fehlt euch, daß ihr nicht redet?«

93 (91) Und so bog er ab zu ihnen und schlug sie mit der Rechten.

94 (92) Da kamen sie[11] zu ihm geeilt.

95 (93) Er sprach: »Dienet ihr dem, was ihr aushauet,

96 (94) Und Allah erschuf euch und was ihr macht[12]?«

97 (95) Sie sprachen: »Bauet ihm einen Bau[13] und werfet ihn in den Feuerpfuhl.«

98 (96) Und sie wollten Ränke wider ihn schmieden, Wir aber erniedrigten sie aufs tiefste.

99 (97) Und er sprach: »Siehe, ich gehe fort zu meinem Herrn, der mich leiten wird.«

100 (98) »Mein Herr, gib mir (einen Sohn[14]) von den Rechtschaffenen.«

101 (99) Und Wir verkündeten ihm einen milden Sohn.

102 (100) Und da er das Alter erreicht hatte, mit ihm zu arbeiten,

(101) Sprach er: »O mein Söhnlein, siehe, ich sah im Traum, daß ich dich opfern müßte. Nun schau, was du meinst.«

(102) Er sprach: »O mein Vater, tu, was dir geheißen ward, du wirst mich, so Allah will, standhaft erfinden.«

103 (103) Und da beide ergeben waren und er ihn auf seine Stirn niedergeworfen hatte,

104 (104) Da riefen Wir ihm zu: »O Abraham,

105 (105) Du hast das Gesicht erfüllt. Siehe, also lohnen Wir den Rechtschaffenen.«

106 (106) Siehe, dies war wahrlich eine deutliche Prüfung.

107 (107) Und Wir lösten ihn aus durch ein herrliches Opfer,

---

11 Seine Volksgenossen.
12 Die Götzenbilder.
13 Einen Scheiterhaufen.
14 Ismael.

432　　　　　　　　　　*Sure 37*

108 (108) Und hinterließen ihm unter den Späteren:

109 (109) »Frieden auf Abraham!«

110 (110) Also lohnen Wir den Rechtschaffenen.

111 (111) Siehe, er gehörte zu Unsern gläubigen Dienern.

112 (112) Und Wir verkündeten ihm Isaak, einen Propheten von den Rechtschaffenen;

113 (113) Und Wir segneten ihn und Isaak, und unter seinen Nachkommen war der eine rechtschaffen und der andre gegen sich selber ungerecht.

114 (114) Und wahrlich, Wir waren gnädig gegen Moses und Aaron

115 (115) Und erretteten beide und ihr Volk aus der gewaltigen Trübsal,

116 (116) Und Wir halfen ihnen, und sie waren die Obsiegenden,

117 (117) Und Wir gaben beiden das deutliche Buch,

118 (118) Und Wir leiteten beide auf den rechten Weg,

119 (119) Und Wir hinterließen ihnen unter den Späteren:

120 (120) »Frieden auf Moses und Aaron!«

121 (121) Siehe, also lohnen Wir den Rechtschaffenen.

122 (122) Siehe, sie gehörten zu Unsern gläubigen Dienern.

123 (123) Und siehe, Elias war wahrlich einer der Gesandten,

124 (124) Da er zu seinem Volke sprach: »Wollt ihr nicht gottesfürchtig sein?

125 (125) Rufet ihr Baal an und verlasset den besten Schöpfer,

126 (126) Allah euern Herrn und den Herrn eurer Vorväter?«

127 (127) Und sie ziehen ihn der Lüge, und siehe, wahrlich, sie sollen überantwortet werden,

128 (128) Außer Allahs reinen Dienern.

129 (129) Und Wir hinterließen ihm unter den Späteren:

130 (130) »Frieden auf Elias!«

131 (131) Siehe, also lohnen Wir den Rechtschaffenen.

132 (132) Siehe, er gehörte zu Unsern gläubigen Dienern.

Die sich Reihenden

133 (133) Und siehe, Lot war wahrlich einer der Gesandten.

134 (134) Da Wir ihn erretteten und seine Familie insgesamt,

135 (135) Außer einer Alten[15] unter den Säumenden.

136 (136) Alsdann vertilgten Wir die andern.

137 (137) Und siehe, wahrlich, ihr gehet an ihnen vorüber des Morgens

138 (138) Und des Nachts; habt ihr denn keine Einsicht?

139 (139) Und siehe, Jonas war wahrlich einer der Gesandten:

140 (140) Da er zum beladenen Schiff floh;

141 (141) Und er loste und ward verdammt,

142 (142) Und es verschlang ihn der Fisch, denn er war tadelnswert.

143 (143) Und hätte er (Uns) nicht gepriesen,

144 (144) Wahrlich, in seinem Bauche wäre er geblieben bis zum Tag der Erweckung.

145 (145) Und Wir warfen ihn auf den öden Strand, und er war krank.

146 (146) Und Wir ließen über ihn einen Kürbisbaum wachsen.

147 (147) Und Wir entsandten ihn zu hunderttausend und mehr,

148 (148) Und sie glaubten, und so ließen Wir sie eine Zeitlang weiter leben.

149 (149) Drum frage sie[16], ob dein Herr Töchter hat und sie Söhne.

150 (150) Haben Wir etwa die Engel weiblich erschaffen? und waren sie Zeugen?

151 (151) Ist's nicht eine Lüge, wenn sie sprechen:

152 (152) »Allah hat gezeugt?« Wahrlich, sie sind Lügner.

153 (153) Hat Er Töchter Söhnen vorgezogen?

154 (154) Was fehlt euch? Wie urteilt ihr?

15 Seine Frau.
16 Die Mekkaner.

434   Sure 37

155 (155) Wollt ihr euch denn nicht ermahnen lassen?

156 (156) Oder habt ihr einen offenkundigen Beweis?

157 (157) »So bringt euer Buch her, wenn ihr wahrhaftig seid.«

158 (158) Und sie setzten zwischen Ihm und den Dschinn Verwandtschaft; aber die Dschinn wissen, daß sie[17] überantwortet werden sollen,

159 (159) Preis sei Allah ob dem, was sie aussagen!

160 (160) Außer Allahs reinen Dienern.

161 (161) »Siehe, ihr und was ihr anbetet,[18]

162 (162) Ihr sollt niemand verführen,

163 (163) Außer dem, der im Feuerpfuhl brennen soll.

164 (164) Und keiner von uns ist, der nicht einen bestimmten Platz hat,

165 (165) Und siehe, wahrlich, wir reihen uns auf,

166 (166) Und siehe, wahrlich, wir lobpreisen.«

167 (167) Und wahrlich, sie[19] sprechen:

168 (168) »Hätten wir eine Mahnung von den Früheren,

169 (169) Wahrlich, wir wären Allahs reine Diener gewesen.«

170 (170) Sie aber glauben nicht an ihn[20], doch sie sollen wissen ...

171 (171) Und wahrlich, Unser Wort erging zuvor zu Unsern entsandten Dienern,

172 (172) Daß ihnen geholfen werden

173 (173) Und daß Unsre Heerschar für sie obsiegen sollte.

174 (174) Drum kehre dich ab von ihnen[21] für eine Weile

175 (175) Und schau auf sie, und auch sie werden schauen.

176 (176) Wünschen sie etwa Unsre Strafe herbei?

177 (177) Aber wenn sie hinabsteigt in ihren Hof, übel wird dann sein der Morgen der Gewarnten.

---

17 Nämlich die, welche dies behaupten.
18 V. 161–166 sind Gabriels Worte.
19 Die Ungläubigen.
20 Den Koran.
21 Den Ungläubigen.

Ṣād   435

178 (178) Und wende dich ab von ihnen für eine Weile
179 (179) Und schau, und auch sie werden schauen.
180 (180) Preis sei deinem Herrn, dem Herrn der Macht,
ob dem, was sie aussagen!
181 (181) Und Frieden auf die Gesandten,
182 (182) Und das Lob sei Allah, dem Herrn der Welten!

ACHTUNDDREISSIGSTE SURE

Ṣād

Geoffenbart zu Mekka

Im Namen Allahs,
des Erbarmers, des Barmherzigen!

1 (1) S. Bei dem Koran voll Ermahnung!
2 Doch die Ungläubigen sind in Stolz und Feindseligkeit.
3 (2) Wie viele Geschlechter vertilgten Wir vor ihnen! Und
sie riefen, doch war es nicht mehr die Zeit, zu entrinnen.
4 (3) Und sie verwundern sich, daß zu ihnen ein Warner
von ihnen kommt, und die Ungläubigen sprechen: »Dies ist
ein Zauberer, ein Lügner.
5 (4) Macht er etwa die Götter zu einem Gott? Siehe, dies
ist wahrlich ein wunderbarlich Ding.«
6 (5) Und ihre Häupter gingen hinfort: »Geht und haltet
fest an euren Göttern; siehe, dies ist ein Ding, das bezweckt
ist[1].
7 (6) Wir hörten hiervon nicht in der letzten Religion[2];
siehe, dies ist nichts als eine Erdichtung.
8 (7) Ward etwa auf ihn unter uns die Ermahnung herabgesandt?« Ja, im Zweifel sind sie über Meine Ermahnung; ja
wahrlich, noch schmeckten sie nicht Meine Strafe.

1 Nämlich: die Götter nicht aufzugeben.
2 Wahrscheinlich spielt der Koran hiermit auf das Christentum an, dessen Lehre
von der Dreieinigkeit er als eine Pluralität der Götter annimmt.

436   *Sure 38*

9 (8) Besitzen sie etwa die Schätze der Barmherzigkeit deines Herrn, des Mächtigen, des Gebers?

10 (9) Oder ist ihnen das Reich der Himmel und der Erde und was zwischen beiden ist? Dann wahrlich mögen sie an den Stricken (des Himmels) emporklimmen.

11 (10) Jegliches Heer der Verbündeten[3] soll hier in die Flucht geschlagen werden.

12 (11) Der Lüge zieh vor ihnen das Volk Noahs und ʿĀds und Pharaos, des Herrn der Pfähle[4].

13 (12) Und Tamūd und das Volk Lots und die Waldbewohner, sie waren Verbündete.

14 (13) Alle taten nichts, als daß sie die Gesandten der Lüge ziehen; drum war Meine Strafe gerecht.

15 (14) Und diese[5] erwarten nichts als einen einzigen (Posaunen-)Stoß, für den es keinen Aufschub gibt.

16 (15) Und sie sprechen: »Unser Herr, beschleunige uns unsern Spruch vor dem Tag der Abrechnung.«

17 (16) Ertrag, was sie sprechen, und gedenke Unsers Dieners David, des Herrn der Macht; siehe, er war bußfertig.

18 (17) Siehe, Wir zwangen die Berge, mit ihm den Preis anzustimmen am Abend und Morgen;

19 (18) Und die Vögel, die versammelten, von denen ein jeder zu ihm sich kehrte.

20 (19) Und Wir festigten sein Reich und gaben ihm Weisheit und entscheidende Rede.

21 (20) Und kam die Kunde der Rechtenden zu dir, da sie in das Gemach klommen?[6]

22 (21) Da sie bei David einstiegen und er sich entsetzte, sprachen sie: »Fürchte dich nicht, wir sind zwei Rechtende, von denen der eine sich gegen den andern vergangen hat. So

---

3 Damit sind wahrscheinlich die Quraišiten gemeint, die sich gegen Muhammad verbündeten. Oder, allgemeiner, wie V. 13 »Heiden«.

4 Vielleicht »der König der starken Pfeiler«.

5 Die Mekkaner.

6 Der Koran läßt die Fabel des Propheten Nathan (1. Sam. 12,1–15), die dieser David nach seinem Ehebruch mit Urias Weib vorhielt, wirklich geschehen sein, indem er die beiden Rechtenden als Engel faßt.

Ṣād   437

richte zwischen uns in Wahrheit und sei nicht ungerecht und
leite uns auf den richtigen Weg.

23 (22) Siehe, dieser mein Bruder hat neunundneunzig
Mutterschafe und ich ein einziges, und er sprach: ›Übergib es
meiner Hut‹; und er übermochte mich in der Rede.«

24 (23) Er sprach: »Wahrlich, er war ungerecht gegen dich,
daß er dich um dein Mutterschaf zu seinen Mutterschafen
bat. Und siehe, viele, die sich miteinander in Geschäfte ein-
lassen, vergehen sich gegeneinander, außer denen, die da
glauben und das Rechte tun, und ihrer sind wenig.« Und
es merkte David, daß sie ihn versuchten, und er bat seinen
Herrn um Verzeihung und stürzte nieder, sich beugend, und
bereute.

25 (24) Und so vergaben Wir ihm dies, und siehe, ihm ist
bei Uns wahrlich eine Nähe und eine schöne Einkehr.

26 (25) »O David, siehe, Wir machten dich zu einem Stell-
vertreter[7] auf Erden; so richte zwischen den Menschen in
Wahrheit und folge nicht dem Gelüst, denn es führt dich
abseits von Allahs Weg. Siehe, diejenigen, welche von Allahs
Weg abirren, ihnen wird strenge Strafe, darum daß sie des
Tages der Abrechnung vergaßen.

27 (26) Und nicht erschufen Wir den Himmel und die Erde,
und was zwischen ihnen ist, umsonst. Solches ist das Wähnen
der Ungläubigen. Drum weh den Ungläubigen vor dem
Feuer!

28 (27) Sollen Wir etwa diejenigen, welche glauben und das
Rechte tun, halten wie die Verderbenstifter auf Erden, oder
sollen Wir die Gottesfürchtigen halten gleich den Frevlern?

29 (28) Ein gesegnetes Buch[8] sandten Wir auf dich herab,
auf daß sie seine Verse betrachten, und daß die Verständigen
sich ermahnen lassen.«

30 (29) Und Wir gaben David Salomo, einen trefflichen
Diener; siehe, er war bußfertig.

7 Statthalter Gottes. Vgl. Sure 2,30.
8 Die Psalmen.

438   *Sure 38*

31 (30) Da zur Abendzeit die stampfenden[9] Rosse vorgeführt wurden,

32 (31) Sprach er: »Siehe, geliebt habe ich das Gute (der
Welt) ob dem Gedächtnis meines Herrn, bis sie[10] sich hinter
dem Schleier verbarg;

33 (32) Bringt sie zurück zu mir.« Und er begann die
Schenkel und Hälse zu zerhauen.

34 (33) Und wahrlich, Wir versuchten Salomo und setzten
auf seinen Thron eine Gestalt[11]. Alsdann tat er Buße.

35 (34) Er sprach: »Mein Herr, vergib mir und gib mir ein
Reich, das keinem nach mir geziemt; siehe, Du bist der
Geber.«

36 (35) Und so machten Wir ihm den Wind dienstbar, sanft
zu eilen nach seinem Geheiß, wohin er wollte,

37 (36) Und die Satane, alle die Erbauer und Taucher,

38 (37) Und andre, gebunden in Fesseln:

39 (38) »Dies (so sprachen Wir) ist Unsre Gabe; drum sei
gütig oder versage ohne Berechnung.«

40 (39) Und siehe, ihm ist bei Uns wahrlich eine Nähe und
eine schöne Einkehr.

41 (40) Und gedenke Unsers Dieners Hiob, da er zu seinem
Herrn rief: »Siehe, berührt hat mich der Satan mit Plage und
Pein.«

42 (41) »Stampfe (so sprachen Wir) mit deinem Fuß. Dies
ist ein kühler Badeort und ein Trank.«

43 (42) Und Wir gaben ihm seine Familie (wieder) und
ebenso viele obendrein als eine Barmherzigkeit von Uns und
eine Ermahnung für die Verständigen.

44 (43) Und (Wir sprachen:) »Nimm in deine Hand ein

---

9 Wörtlich: Rosse, die auf drei Füßen stehen und mit der vorderen Hufkante
  des vierten Fußes den Boden berühren.
10 Die Sonne. Salomo soll eines Tages in der Betrachtung seiner Pferde so
  versunken gewesen sein, daß er die Stunde des Abendgebets außer acht ließ.
  Darum ihre Niedermetzelung.
11 Die Gestalt eines Dschinns, die zur Strafe für ein Vergehen sich seinen Siegel-
  ring aneignete und vierzig Tage herrschte, bis Salomo wieder in den Besitz
  seines Ringes kam. Die Legende ist dem Talmud entlehnt.

Ṣād 439

Bündel (Ruten) und schlage damit (dein Weib)[12] und sei nicht meineidig.« Siehe, Wir erfanden ihn standhaft;

(44) Ein trefflicher Diener; siehe, er war bußfertig.

45 (45) Und gedenke Unserer Diener Abraham und Isaak und Jakob, Leute von Macht und Einsicht.

46 (46) Siehe, Wir reinigten sie mit Reinheit, da sie der Wohnung (des Paradieses) gedachten.

47 (47) Und siehe, sie waren bei Uns wahrlich von den Auserwählten, den Besten.

48 (48) Und gedenke des Ismael und Elisa und Ḏū l-Kifl, denn alle gehörten zu den Besten.

49 (49) Dies ist eine Ermahnung; und siehe, für die Gottesfürchtigen ist wahrlich eine schöne Einkehr:

50 (50) Edens Gärten – geöffnet stehen ihnen die Tore,

51 (51) Rückgelehnt darinnen rufen sie in ihnen nach Früchten in Menge und Trank;

52 (52) Und bei ihnen sind züchtig blickende (Jungfrauen), Altersgenossinnen.

53 (53) »Dies ist's, was euch verheißen ward für den Tag der Rechenschaft.«

54 (54) Siehe, dies ist wahrlich Unsre Versorgung; sie nimmt kein Ende.

55 (55) So ist's. Und siehe, für die Ungerechten ist wahrlich eine böse Einkehr:

56 (56) Dschahannam, in der sie brennen werden; und schlimm ist der Pfühl.

57 (57) So ist's; so mögen sie sie schmecken! Siedend Wasser und Jauche,

58 (58) Und anderes der Art dazu.

59 (59) (Und gesprochen wird zu ihren Verführern:)

---

12 Zur Strafe dafür, daß sie dem Teufel gelobt hatte, ihm zu dienen, falls er ihnen ihren frühern Wohlstand wiedergäbe. Hiob schwur erzürnt, ihr hundert Rutenstreiche zu geben, falls er wieder gesund werden würde. Als er durch Gott in der V. 42 angeführten Weise wiederhergestellt war, wurde ihm befohlen, ihr mit einem Bündel von hundert Palmenruten einen Streich zu versetzen, um seinen Eid zu halten und ihr nicht wehe zu tun.

440   *Sure 38*

»Diese Schar soll mit euch zusammen kopfüber hineinge-
stürzt werden. Keinen Willkomm ihnen! Siehe, brennen sollen sie im Feuer.«

60 (60) Sie werden sprechen: »Doch ihr, keinen Willkomm
euch! Ihr brachtet es über uns, und schlimm ist die Stätte.«

61 (61) Sie werden sprechen: »Unser Herr, wer dieses über
uns gebracht, mehre ihm die Strafe doppelt im Feuer.«

62 (62) Und sie werden sprechen: »Was ist uns, daß wir
nicht die Männer sehen, die wir zu den Bösen zählten?

63 (63) Die wir zum Gespött hielten? Oder schweifen die
Blicke von ihnen ab?«

64 (64) Siehe, dies ist gewißlich wahr – der Streit der Leute
des Feuers.

65 (65) Sprich: »Ich bin nur ein Warner, und es gibt keinen
Gott außer Allah, dem Einigen, dem Allmächtigen,

66 (66) Dem Herrn der Himmel und der Erde und dem,
was zwischen beiden ist, dem Mächtigen, dem Vergebenden.«

67 (67) Sprich: »Es ist eine gewaltige Kunde,

68 (68) Von der ihr euch abwendet.«

69 (69) Kein Wissen war mir von den hohen Häuptern[13], da
sie miteinander stritten[14] –

70 (70) Geoffenbart ward es mir nur, weil ich ein offenkundiger Warner bin –

71 (71) Da dein Herr zu seinen Engeln sprach: »Siehe, Ich
schaffe den Menschen aus Ton.

72 (72) Drum, wenn Ich ihn geformt und in ihn von Meinem Geiste geblasen habe, so fallet anbetend vor ihm
nieder.«

73 (73) Und alle die Engel warfen sich nieder insgesamt:

74 (74) Außer Iblīs. Er war hoffärtig und einer der Unglä-
bigen.

13 Den Engeln.
14 Über die Schöpfung des Menschen.

Ṣād   441

75 (75) Er sprach: »O Iblīs, was hinderte dich, dich niederzuwerfen vor dem, was Ich mit Meinen Händen erschuf?

(76) Bist du etwa hoffärtig oder einer der Hochmütigen?«

76 (77) Er sprach: »Ich bin besser als er; Du erschufst mich
aus Feuer und hast ihn aus Ton erschaffen.«

77 (78) Er sprach: »So gehe hinaus aus ihm[15], denn siehe,
du bist mit Steinen vertrieben;

78 (79) Und siehe, auf dir ist Mein Fluch bis zum Tag des
Gerichts.«

79 (80) Er sprach: »Mein Herr, so verzieh mit mir bis zum
Tag der Erweckung.«

80 (81) Er sprach: »Siehe, mit dir wird verzogen

81 (82) Bis zum Tag der bestimmten Zeit.«

82 (83) Er sprach: »Drum, bei Deiner Macht, wahrlich,
verführen will ich sie insgesamt,

83 (84) Außer Deinen Dienern unter ihnen, den lautern.«

84 (85) Er sprach: »Drum die Wahrheit ist's, und die Wahrheit spreche Ich.

85 Wahrlich, erfüllen will Ich Dschahannam mit dir und
mit denen, die dir folgen insgesamt.«

86 (86) Sprich: »Ich verlange dafür keinen Lohn von euch,
und ich lade mir nicht zu viel auf.«

87 (87) Er[16] ist nichts als eine Mahnung für alle Welt.

88 (88) Und wahrlich, erkennen werdet ihr seine Kunde
nach einer Weile.

15 Dem Paradies.
16 Der Koran.

NEUNUNDDREISSIGSTE SURE

Die Scharen

Geoffenbart zu Mekka

Im Namen Allahs,
des Erbarmers, des Barmherzigen!

1 (1) Die Hinabsendung des Buches von Allah, dem Mächtigen, dem Weisen!

2 (2) Siehe, hinabgesandt haben Wir zu dir das Buch in Wahrheit, drum diene Allah lauteren Glaubens.

3 (3) Gebührt nicht Allah der lautere Glaube?

(4) Diejenigen aber, welche außer Ihm sich Schützer annahmen, (sprechend:) »Wir dienen ihnen nur, damit sie uns Allah nahebringen« – siehe, Allah wird richten unter ihnen über das, worin sie uneins waren.

(5) Siehe, Allah leitet nicht den, der da ist ein Lügner, ein Ungläubiger.

4 (6) Hätte Allah einen Sohn haben wollen, wahrlich, erwählt hätte Er sich von dem, was Er erschaffen, was Er will. Preis Ihm, Er ist Allah, der Einige, der Allmächtige.

5 (7) Erschaffen hat Er die Himmel und die Erde in Wahrheit. Er faltet die Nacht über den Tag und faltet den Tag über die Nacht, und Er hat dienstbar gemacht die Sonne und den Mond; jedes ist zu einem bestimmten Ziel. Ist Er nicht der Mächtige, der Vergebende?

6 (8) Erschaffen hat Er euch von einer Seele; alsdann machte Er von ihr ihre Gattin und sandte euch hinab acht gepaart[1]. Er schafft euch in den Schößen eurer Mütter, eine Schöpfung nach einer Schöpfung in drei Finsternissen[2]. Solches ist Allah euer Herr; Ihm ist das Reich, keinen Gott gibt's außer Ihm; wie wendet ihr euch drum ab?

7 (9) Wenn ihr undankbar seid, siehe, so bedarf Allah euer nicht; und Er findet nicht Wohlgefallen am Unglauben Seiner Diener, doch, wenn ihr Ihm danket, findet Er Gefallen an

1 Kamele, Rinder, Schafe und Ziegen.
2 Vgl. Sure 6,98: Lenden, Mutterschoß, Plazenta.

Die Scharen

euch. Und keine beladene (Seele) soll die Last einer andern tragen. Alsdann ist zu euerm Herrn eure Heimkehr, und verkünden wird Er euch euer Tun.

(10) Siehe, Er kennt das Innerste der Brüste.

8 (11) Und wenn den Menschen ein Unheil trifft, ruft er seinen Herrn an, sich reuig zu Ihm kehrend; alsdann, wenn Er ihm eine Gnade von Sich gewährt hat, vergißt er, was er zuvor angerufen hat, und gibt Allah Seinesgleichen, um andre in die Irre zu führen von Seinem Weg. Sprich: »Genieße ein kleines deinen Unglauben, siehe, du gehörst zu den Gesellen des Feuers.«

9 (12) Soll der, welcher die Stunden der Nacht in Andacht verbringt, in Niederwerfung oder stehend, das Jenseits in acht nehmend und hoffend auf seines Herrn Barmherzigkeit, . . . sprich: »Sind etwa gleich diejenigen, welche wissen, und jene, welche nicht wissen? Nur die Verständigen lassen sich warnen.«

10 (13) Sprich: »O meine Diener, die ihr glaubt, fürchtet euern Herrn. Für diejenigen, welche in dieser Welt Gutes tun, Gutes, und Allahs Erde ist weit. Belohnt werden nur die Standhaften; ihr Lohn wird ohne Maß sein.«

11 (14) Sprich: »Siehe, mir ward geheißen, Allah zu dienen in lauterm Glauben,

12 Und geheißen ward mir, der erste der Muslime zu sein.«

13 (15) Sprich: »Siehe, ich fürchte, wenn ich wider meinen Herrn aufsässig bin, die Strafe eines gewaltigen Tages.«

14 (16) Sprich: »Allah will ich dienen, lauter in meinem Glauben.«

15 (17) Und so verehret, was ihr wollt, außer Ihm. Sprich: »Siehe, die Verlierenden sind diejenigen, welche ihre Seelen und ihre Angehörigen verloren haben am Tag der Auferstehung. Ist dies nicht der offenkundige Verlust?«

16 (18) Über sich sollen sie Schatten von Feuer haben und unter sich Schatten (von Feuer). Mit solchem setzt Allah Seine Diener in Furcht. O Meine Diener, so fürchtet Mich.

17 (19) Diejenigen aber, welche sich von der Anbetung des

444 *Sure 39*

Ṭāġhūt abwenden und sich reuig zu Allah kehren, ihnen ist die frohe Kunde. Und so verkündige Freude jenen Meiner Diener,

18 Welche auf das Wort hören und dem besten von ihm folgen. Diese sind es, welche Allah leitet, und sie sind die Verständigen.

19 (20) Den, gegen den das Strafurteil gerecht ist – kannst du etwa den, der im Feuer ist, befreien?

20 (21) Diejenigen jedoch, welche ihren Herrn fürchten, für sie sind Söller, über denen Söller erbaut sind, und unter denen die Bäche fließen. Allahs Verheißung! Allah bricht das Versprechen nicht.

21 (22) Siehst du denn nicht, daß Allah Wasser vom Himmel herabgesendet hat und es als Quellen in die Erde leitet? Alsdann läßt Er durch dasselbe Korn in mannigfacher Farbe sprießen, alsdann verwelkt es und du siehst es gelb. Alsdann macht Er es zu Krümeln. Siehe, hierin ist wahrlich eine Ermahnung für die Verständigen.

22 (23) Ist etwa der, dessen Brust Allah für den Islām ausgedehnt hat, und der ein Licht von seinem Herrn hat . . . ? Drum wehe denen, deren Herzen verhärtet sind gegen das Gedenken an Allah! Jene sind in offenkundigem Irrtum.

23 (24) Allah hat die schönste Geschichte hinabgesandt, ein Buch in Einklang mit sich, eine Wiederholung[3]. Vor ihm schrumpft die Haut derer zusammen, die ihren Herrn fürchten. Alsdann glättet sich ihre Haut und ihr Herz bei dem Gedenken Allahs. Das ist Allahs Leitung, mit welcher Er leitet, wen Er will, und wen Allah irreführt, der hat keinen, der ihn leitet.

24 (25) Und wer etwa schützt sein Angesicht vor dem Übel der Strafe am Tage der Auferstehung? Und zu den Ungerechten wird gesprochen werden: »Schmecket, was ihr verdientet.«

---

3 Vielleicht kann statt »eine Wiederholung« oder »mit sich im Einklang« übersetzt werden: »allegorisch« (so Bausani), hinweisend auf die »dunklen Verse«, die Sure 3,7 genannt sind.

Die Scharen 445

25 (26) Der Lüge ziehen auch die, welche vor ihnen lebten, und da kam zu ihnen die Strafe, von wannen sie sich's nicht versahen.

26 (27) Und Allah gab ihnen die Schande zu schmecken im irdischen Leben. Und wahrlich, die Strafe im Jenseits ist größer. O daß sie es doch wüßten!

27 (28) Und wahrlich, Wir haben den Menschen in diesem Koran allerlei Gleichnisse aufgestellt, daß sie sich vielleicht ermahnen ließen:

28 (29) Einen arabischen Koran, in dem keine Krümme ist; vielleicht werden sie gottesfürchtig.

29 (30) Als Gleichnis stellte Allah einen Mann auf, der Gefährten hat, die im Widerspruch miteinander stehen, und einen Mann, gänzlich ergeben einem andern Mann.[4] Sind diese etwa einander gleich? Gelobt sei Allah! Doch die meisten von ihnen wissen es nicht.

30 (31) Siehe, du bist sterblich, und siehe, sie sind sterblich;

31 (32) Alsdann, am Tag der Auferstehung, werdet ihr vor euerm Herrn miteinander rechten.

32 (33) Und wer ist ungerechter, als wer wider Allah lügt und die Wahrheit der Lüge zeiht, da sie zu ihm kommt? Ist nicht in Dschahannam eine Wohnung für die Ungläubigen?

33 (34) Und derjenige, der mit der Wahrheit kommt[5], und der, welcher an sie glaubt, das sind die Gottesfürchtigen.

34 (35) Ihnen ist, was immer sie begehren, bei ihrem Herrn; solches ist der Lohn der Rechtschaffenen:

35 (36) Auf daß Allah ihre übelsten Taten ihnen hinfort nimmt und ihnen ihren Lohn gibt für ihr schönstes Tun.

36 (37) Genügt denn nicht Allah für Seinen Diener? Und doch wollen sie dich in Furcht setzen mit jenen neben Ihm! Wen aber Allah irreführt, der hat keinen, der ihn leitet.

37 (38) Wen aber Allah leitet, der hat keinen, der ihn

---

4 Mit diesem Gleichnis soll auf den Unterschied zwischen der Vielgötterei und der Anbetung eines Gottes hingewiesen werden.
5 Muhammad.

446 **Sure 39**

irreführt. Ist Allah denn nicht mächtig, der Herr der Rache?

38 (39) Und wahrlich, wenn du sie fragst, wer die Himmel und die Erde erschaffen, wahrlich, so sprechen sie: »Allah.« Sprich: »Was meint ihr? Was ihr außer Allah anruft, so Allah mir ein Leid (zufügen) will, vermögen sie etwa Sein Leid zu entfernen? Oder wenn Er barmherzig gegen mich sein will, können sie etwa Seine Barmherzigkeit hemmen?« Sprich: »Meine Genüge ist Allah, auf Ihn trauen die Vertrauenden.«

39 (40) Sprich: »O mein Volk, handelt nach euerm Vermögen, siehe, ich handle (nach meinem Vermögen,) und ihr werdet schließlich wissen,

40 (41) Auf wen eine Strafe kommt, den sie schänden wird, und auf wen eine ewige Strafe niederfahren wird.«

41 (42) Siehe, hinabgesandt haben Wir auf dich das Buch für die Menschen in Wahrheit, und wer geleitet ist, der ist es zu seinem eigenen Besten, und wer irregeht, der geht irre wider sein eigenes Bestes, und du bist nicht ihr Schützer.

42 (43) Allah nimmt die Seelen zu Sich zur Zeit ihres Todes, und diejenigen, welche nicht sterben, in ihrem Schlaf. Und diejenigen, über die Er den Tod verhängt hat, behält Er zurück, und sendet die andern zurück bis zu einem bestimmten Termin. Siehe, hierin sind wahrlich Zeichen für nachdenkende Leute.

43 (44) Nehmen sie etwa außer Allah Fürsprecher an? Sprich: »Etwa auch wenn sie unvermögend sind und keinen Verstand haben?«

44 (45) Sprich: »Allahs ist die Fürsprache allzumal.[6] Sein ist das Reich der Himmel und der Erde. Alsdann müßt ihr zu Ihm zurück.«

45 (46) Und wenn Allah der Einige genannt wird, dann krampfen sich die Herzen derer zusammen, die nicht ans

---

6 D. h., Fürsprache kann nur der bei ihm einlegen, dem er es erlaubt, wie z. B. den Engeln.

Die Scharen   447

Jenseits glauben; wenn aber jene neben Ihm genannt werden,
alsdann sind sie erfreut.

46 (47) Sprich: »O Gott, Schöpfer der Himmel und der
Erde, der Du das Geheime und Offenkundige kennst, Du
wirst richten zwischen Deinen Dienern über das, worin sie
uneins sind.«

47 (48) Und wenn auch die Ungerechten alles, was auf
Erden ist besäßen, und ebensoviel dazu, wahrlich, sie würden sich damit loskaufen von der schlimmen Strafe am Tag
der Auferstehung! Aber es wird ihnen von Allah erscheinen,
was sie nie in Rechnung gezogen.

48 (49) Und erscheinen werden ihnen ihre üblen Taten, und
umgeben soll sie, was sie verspotteten.[7]

49 (50) Und wenn den Menschen ein Unheil trifft, so ruft er
Uns an. Alsdann, wenn Wir ihm Gnade von Uns gewährten,
spricht er: »Es ward mir nur gegeben auf Grund Wissens.«[8]
Nein, es ist eine Versuchung, jedoch wissen es die meisten
nicht.

50 (51) Dasselbe sprachen diejenigen, die vor ihnen lebten,
aber ihr Schaffen frommte ihnen nichts.

51 (52) Und es traf sie das Böse, das sie geschafft. Und die
Ungerechten von diesen, treffen wird sie das Böse, das sie
geschafft, und nicht vermögen sie (Allah) zu schwächen.

52 (53) Wissen sie denn nicht, daß Allah, wem Er will,
reichlich oder bemessen Versorgung gibt? Siehe, hierin sind
wahrlich Zeichen für gläubige Leute.

53 (54) Sprich: »O meine Diener, die ihr euch gegen euch
selber vergangen habt[9], verzweifelt nicht an Allahs Barmherzigkeit; siehe, Allah verzeiht die Sünden allzumal; siehe, Er
ist der Vergeber de, der Barmherzige.

54 (55) Und kehrt euch reuig zu euerm Herrn und ergebet

---

7 Die Vorstellung, daß im Jenseits dem Menschen seine Taten personifiziert
  entgegentreten, entstammt dem Zoroastrismus.
8 D. h., Allah wußte, daß ich es verdiente.
9 Dies sind die Abtrünnigen vom Islām.

448 Sure 39

euch Ihm, bevor zu euch die Strafe kommt. Alsdann werdet ihr nicht gerettet.

55 (56) Und folget dem besten von dem, was zu euch herabgesandt ward von euerm Herrn, bevor euch die Strafe plötzlich überkommt, ehe ihr's euch verseht:

56 (57) Daß eine Seele spricht: »Weh mir über meine Versäumnis (der Pflichten) gegen Allah, denn siehe, wahrlich, ich war einer der Spötter.«

57 (58) Oder daß sie spricht: »Wenn mich Allah geleitet hätte, wahrlich, ich wäre einer der Gottesfürchtigen gewesen!«

58 (59) Oder daß sie spricht, wenn sie die Strafe sieht: »Wäre mir eine Wiederkehr, ich würde einer der Rechtschaffenen sein.«

59 (60) »Nein! Meine Zeichen kamen zu dir, und du ziehest sie der Lüge und warst hoffärtig und einer der Ungläubigen.«

60 (61) Und am Tage der Auferstehung wirst du diejenigen, welche wider Allah logen, mit geschwärzten Gesichtern sehen. Ist denn nicht in Dschahannam eine Wohnung für die Hoffärtigen?

61 (62) Und retten wird Allah diejenigen, die Ihn fürchten, zur Stätte ihres Entrinnens. Kein Übel wird sie berühren, noch sollen sie traurig sein.

62 (63) Allah ist der Schöpfer aller Dinge, und Er ist aller Dinge Schützer.

63 Sein sind die Schlüssel der Himmel und der Erde, und diejenigen, welche an die Zeichen Allahs nicht glauben – sie sind die Verlorenen.

64 (64) Sprich: »Heißet ihr mich etwa etwas andres als Allah anbeten, ihr Toren?«

65 (65) Und wahrlich, geoffenbart war dir und denen vor dir: »Wahrlich, wenn du (Allah) Gefährten gibst, dann soll dein Tun vereitelt werden, und du sollst einer der Verlorenen sein.«

66 (66) Nein, so diene Allah und sei einer der Dankbaren.

67 (67) Und nicht bewerten sie Allah nach Seinem wahren

Die Scharen   449

Wert, denn die ganze Erde wird Ihm nur eine Handvoll sein
am Tag der Auferstehung, und die Himmel werden zusam-
mengerollt sein in Seiner Rechten. Preis Ihm! Und erhaben ist
Er ob dem, was sie Ihm beigesellen.

68 (68) Und gestoßen wird in die Posaune, und ohnmächtig
sollen alle in den Himmeln und auf Erden werden, außer
denen, welche Allah belieben. Alsdann wird ein andermal in
sie gestoßen, und siehe, sie stehen auf und schauen aus.

69 (69) Und leuchten wird die Erde von dem Licht ihres
Herrn, und hingelegt wird das Buch[10] und gebracht werden
die Propheten und die Märtyrer, und entschieden wird zwischen ihnen in Wahrheit, und es wird ihnen nicht unrecht
geschehen.

70 (70) Und vergolten wird jeder Seele nach ihrem Tun,
denn Er weiß am besten, was sie tun.

71 (71) Und getrieben werden die Ungläubigen in *Scharen*
zu Dschahannam, bis daß, wenn sie dorthin gelangt sind, ihre
Tore geöffnet werden und ihre Hüter zu ihnen sprechen:
»Kamen nicht zu euch Gesandte aus euch, die euch die Zeichen eures Herrn verlasen und euch vor der Begegnung mit
diesem eurem Tag warnten?« Sie werden sprechen: »Jawohl.«
Jedoch ist das Strafurteil gerecht gegen die Ungläubigen.

72 (72) Dann wird gesprochen: »Gehet ein in die Pforten
Dschahannams, ewig darinnen zu verweilen; und schlimm ist
die Wohnung der Hoffärtigen.«

73 (73) Und getrieben werden diejenigen, welche ihren
Herrn fürchten, in *Scharen* ins Paradies, bis daß sie zu ihm
gelangen und seine Tore geöffnet werden und seine Hüter zu
ihnen sprechen: »Frieden sei auf euch, ihr waret gut gewesen!
So tretet ein für immerdar.«

74 (74) Und sie werden sprechen: »Das Lob sei Allah, der
uns Seine Verheißung wahr gemacht und uns erben ließ die
Erde, auf daß wir hausen können im Paradiese, wo immer wir
wollen. Und herrlich ist der Lohn der Wirkenden.«

10 In dem die Taten der Menschen verzeichnet stehen.

450   Sure 40

75 (75) Und sehen wirst du die Engel kreisend rings um den
Thron, den Preis ihres Herrn verkündend, und entschieden
wird zwischen ihnen in Wahrheit und gesprochen wird: »Das
Lob sei Allah, dem Herrn der Welten!«

VIERZIGSTE SURE

Der Gläubige

Geoffenbart zu Mekka

*Im Namen Allahs,
des Erbarmers, des Barmherzigen!*

1 (1) H. M.[1]

2 Die Hinabsendung des Buches von Allah, dem Mächtigen, dem Wissenden,

3 (2) Dem, der die Sünde vergibt und die Reue annimmt,
der streng im Strafen ist,

(3) Dem Langmütigen. Es gibt keinen Gott außer Ihm, zu
Ihm ist die Heimkehr.

4 (4) Die Zeichen Allahs bestreiten nur die Ungläubigen,
doch laß dich nicht betrügen durch ihr Aus- und Eingehen im
Lande.

5 (5) Der Lüge zieh vor ihnen das Volk Noahs und die
Verbündeten nach ihnen, und es plante jedes Volk wider seinen Gesandten, ihn zu ergreifen. Und sie stritten mit Falsch,
die Wahrheit dadurch zu widerlegen. Drum erfaßte Ich sie,
und wie war Meine Züchtigung!

6 (6) Und also ward das Wort deines Herrn wider die
Ungläubigen bewahrheitet, daß sie des Feuers Gesellen werden würden.

---

1 *ḥā-mīm*. Spätere Auslegung, vor allem in der Mystik, interpretiert die Buchstaben *ḥ-m* in dieser und den folgenden Suren als *ḥabībī Muḥammad* »Mein
geliebter Freund Muhammad«.

Der Gläubige 451

7 (7) Diejenigen, welche den Thron tragen, und die, welche ihn umgeben, lobpreisen ihren Herrn und glauben an Ihn und erbitten Verzeihung für die Gläubigen: »Unser Herr, Du umfassest alle Dinge in Barmherzigkeit und Wissen; so vergib denen, die sich bekehren und Deinen Pfad befolgen, und schütze sie vor der Strafe des Höllenpfuhls.

8 (8) Unser Herr, und führe sie ein in Edens Gärten, die Du ihnen verheißen hast, und den Rechtschaffenen von ihren Vätern und ihren Gattinnen und Nachkommen. Siehe, Du bist der Mächtige, der Weise.

9 (9) Und schütze sie vor dem Bösen, denn, wen Du schützest vor dem Bösen an jenem Tage, dessen hast Du Dich erbarmt, und das ist die große Glückseligkeit.«

10 (10) Siehe, den Ungläubigen wird zugerufen werden: »Wahrlich, Allahs Haß ist größer als euer Haß gegen euch selber, da ihr zum Glauben gerufen wurdet und ungläubig waret.«

11 (11) Sie werden sprechen: »Unser Herr, Du hast uns zweimal den Tod gegeben[2] und uns zweimal lebendig gemacht, drum bekennen wir unsre Sünden. Gibt's denn keinen Weg zum Entkommen?«

12 (12) »Solches (ist eure Strafe), dieweil ihr, als Allah, der Einige, verkündet ward, ungläubig waret; doch wenn Ihm Gefährten gegeben wurden, dann glaubtet ihr. Doch das Gericht ist Allahs, des Hohen, des Großen.«

13 (13) Er ist's, der euch Seine Zeichen zeigt und euch vom Himmel Versorgung hinabsendet. Aber ermahnen läßt sich nur, wer sich reuig bekehrt.

14 (14) So rufet Allah an lauter im Glauben, auch wenn es den Ungläubigen zuwider ist.

15 (15) Der Erhabene der Stufen, der Herr des Thrones, wirft Er den Geist nach Seinem Geheiß auf wen Er will von Seinen Dienern, um zu warnen vor dem Tag der Begegnung:

16 (16) Vor ihrem Tage, an dem sie heraustreten, und an

---

2 Der erste Tod ist der Zustand der Bewußtlosigkeit im Mutterleib.

452   Sure 40

dem Allah nichts von ihnen verborgen ist. Wes ist das Reich
an jenem Tage? Allahs, des Einigen, des Allmächtigen.

17 (17) An jenem Tage wird jede Seele nach Verdienst
belohnt werden; keine Ungerechtigkeit an jenem Tage! Siehe,
Allah ist schnell im Rechnen.

18 (18) Und warne sie vor dem schnell heraneilenden Tage,
da die Herzen ihre Kehlen würgen.

(19) Nicht sollen die Ungerechten (dann) einen Freund
oder Fürsprecher haben, dem gehorcht wird.

19 (20) Er kennet das Heuchlerische der Augen und was die
Brüste verbergen.

20 (21) Und Allah wird in Wahrheit entscheiden; diejenigen aber, die sie außer Ihm anrufen, werden nichts entscheiden. Siehe, Allah, Er ist der Hörende, der Sehende.

21 (22) Reisten sie denn nicht im Lande und sahen, wie der
Ausgang derer war, die vor ihnen lebten? Sie waren stärker an
Kraft als sie und bleibender ihre Spuren im Land. Und es
erfaßte sie Allah in ihren Sünden, und keinen Schützer hatten
sie wider Allah.

22 (23) Solches, dieweil ihre Gesandten zu ihnen kamen mit
den deutlichen Zeichen und sie nicht glaubten, und da erfaßte
sie Allah. Siehe, Er ist der Starke, der Strenge im Strafen.

23 (24) Und wahrlich, Wir entsandten Moses mit Unsern
Zeichen und mit offenkundiger Vollmacht.

24 (25) Zu Pharao und Hāmān und Korah; und sie sprachen: »Er ist ein Zauberer, ein Lügner.«

25 (26) Und da er zu ihnen mit der Wahrheit von Uns kam,
sprachen sie: »Tötet die Knaben derer, die mit ihm glauben,
und lasset (nur) ihre Mädchen leben.« Aber die List der
Ungläubigen ist nur im Irrtum.

26 (27) Und es sprach Pharao: »Lasset mich Moses töten,
und wahrlich, dann rufe er seinen Herrn! Siehe, ich fürchte,
er ändert euren Glauben oder er lässet Verderben im Lande
erstehen.«

27 (28) Und es sprach Moses: »Siehe, ich nehme meine
Zuflucht zu meinem Herrn und euerm Herrn vor jeglichem
Hoffärtigen, der nicht glaubt an den Tag der Rechenschaft.«

Der Gläubige 453

28 (29) Und es sprach ein *gläubiger* Mann von Pharaos Haus, der seinen Glauben verbarg: »Wollet ihr einen Mann töten, weil er spricht: ›Mein Herr ist Allah‹, wo er zu euch kam mit den deutlichen Zeichen von euerm Herrn? Wenn er ein Lügner ist, so komme seine Lüge auf ihn; ist er jedoch wahrhaftig, so wird euch ein Teil von dem, was er euch androht, treffen. Siehe, Allah leitet keinen Übertreter und Lügner.

29 (30) O mein Volk, euer ist das Königreich heute, sichtbar wie ihr seid auf Erden; wer aber rettet uns vor Allahs Zorn, wenn er zu uns kommt?« Pharao sprach: »Ich will euch nur sehen lassen, was ich sehe, und will euch nur auf den richtigen Pfad leiten.«

30 (31) Und es sprach der Gläubige: »O mein Volk, siehe, ich fürchte für euch einen Tag gleich dem der Verbündeten,

31 (32) Das gleiche, das Noahs Volk, und ʿĀd und Tamūd widerfuhr

(33) Und denen, die nach ihnen lebten; denn Allah will keine Ungerechtigkeit gegen Seine Diener.

32 (34) Und, o mein Volk, siehe, ich fürchte für euch den Tag des Zurufs[3],

33 (35) Den Tag, an dem ihr eure Rücken kehren sollet und keinen Schirmer wider Allah haben werdet. Denn der, den Allah irreführt, hat keinen Leiter.

34 (36) Und wahrlich, es kam Joseph zuvor zu euch mit den deutlichen Zeichen, ihr aber hörtet nicht auf zu bezweifeln, was er euch brachte, so daß ihr, als er unterging, sprachet: ›Nimmermehr wird Allah nach ihm einen Gesandten schikken.‹ Also führt Allah die Übertreter und Zweifler irre.

35 (37) Diejenigen, welche Allahs Zeichen bestreiten, ohne daß eine Vollmacht (hierzu) zu ihnen kam, stehen in großem Haß bei Allah und bei den Gläubigen. Also versiegelt Allah jedes hoffärtige, trotzige Herz.«

---

3 Der Jüngste Tag wird so genannt, weil an ihm die Verführten mit den Verführern hadern werden.

454 *Sure 40*

36 (38) Und es sprach Pharao: »O Hāmān, baue mir einen Turm, auf daß ich erreiche die Pfade,

37 (39) Die Pfade der Himmel, und hinaufsteige zum Gott Mosis, denn siehe, ich halte ihn wahrlich für einen Lügner.«

(40) Und also ward Pharao sein übles Tun ausgeputzt, und er ward abgeleitet vom Pfad. Aber Pharaos List führte nur zum Verderben.

38 (41) Und es sprach der Gläubige: »O mein Volk, folget mir, ich leite euch auf den richtigen Pfad.

39 (42) O mein Volk, dieses irdische Leben ist nur ein Nießbrauch, und siehe, das Jenseits, das ist die Stätte des Bleibens.

40 (43) Wer Böses getan hat, dem soll nur mit Gleichem gelohnt werden, und wer das Rechte getan hat, sei es Mann oder Weib, wofern sie gläubig waren, die treten ein ins Paradies, in dem sie ohne Maß versorgt werden sollen.

41 (44) Und, o mein Volk, was lade ich euch ein zum Heil, und ihr ladet mich ein zum Feuer?

42 (45) Ihr ladet mich ein, Allah zu verleugnen und Ihm beizugesellen, wovon mir kein Wissen ward, und ich lade euch ein zum Mächtigen, dem Vergebenden.

43 (46) Es ist kein Zweifel, daß das, wozu ihr mich einladet, keine Anrufung in der Welt und im Jenseits hat und daß unsre Rückkehr zu Allah ist und daß die Übertreter des Feuers Gesellen sind.

44 (47) Dann werdet ihr euch dessen, was ich zu euch spreche, erinnern, und ich stelle meine Sache Allah anheim; siehe, Allah schaut Seine Diener.«

45 (48) Und so schützte ihn Allah vor dem Übel, das sie planten, und der Strafe Übel umgab Pharaos Haus.

46 (49) Das Feuer, ihm sollen sie ausgesetzt werden morgens und abends, und am Tag, da sich die ›Stunde‹ erhebt, (wird gesprochen werden:) »Führet ein das Haus Pharaos in die strengste Strafe.«

47 (50) Und wenn sie miteinander im Feuer rechten und die Schwachen zu den Hoffärtigen sprechen: »Siehe, wir folgten

Der Gläubige

euch nach, könnt ihr uns nun nicht einen Teil vom Feuer abnehmen?«

48 (51) Dann werden die Hoffärtigen sprechen: »Siehe, wir sind alle in ihm; siehe, Allah hat unter Seinen Dienern gerichtet.«

49 (52) Und es werden diejenigen, die im Feuer sind, zu Dschahannams Hütern sprechen: »Rufet euern Herrn an, daß Er uns einen Tag von der Pein Erleichterung schafft.«

50 (53) Sie werden sprechen: »Kamen denn nicht eure Gesandten mit den deutlichen Zeichen zu euch?« Sie werden sprechen: »Jawohl.« Sie werden sprechen: »So rufet.« Aber der Ruf der Ungläubigen ist im Irrtum.

51 (54) Siehe, wahrlich, helfen werden Wir Unsern Gesandten und den Gläubigen im irdischen Leben und am Tag, da sich die Zeugen erheben:

52 (55) Am Tag, da den Ungerechten ihre Entschuldigung nicht frommt, sondern der Fluch ist für sie, und für sie ist eine üble Wohnung.

53 (56) Und wahrlich, Wir gaben Moses die Leitung und ließen die Kinder Israel die Schrift erben,

54 Eine Leitung und Ermahnung für die Verständigen.

55 (57) Drum sei standhaft; siehe, Allahs Verheißung ist wahr. Und bitte um Verzeihung für deine Sünde und lobpreise deinen Herrn am Abend und Morgen.

56 (58) Siehe, diejenigen, welche Allahs Zeichen bestreiten, ohne daß eine Vollmacht zu ihnen kam, haben in ihren Brüsten nichts als Hoffart; doch sollen sie es nicht erreichen. Drum nimm deine Zuflucht zu Allah; siehe, Er ist der Hörende, der Sehende.

57 (59) Wahrlich, die Schöpfung der Himmel und der Erde ist größer als die Schöpfung der Menschen, jedoch wissen es die meisten nicht.

58 (60) Und nicht ist gleich der Blinde dem Sehenden und diejenigen, welche glauben und das Rechte tun, dem Übeltäter. Wie wenige lassen sich ermahnen!

59 (61) Siehe, die ›Stunde‹ kommt gewißlich, kein Zweifel ist daran; jedoch glauben es die meisten Menschen nicht.

60 (62) Und es spricht euer Herr: »Rufet Mich an, Ich will euch erhören; diejenigen aber, welche sich hoffärtig von Meiner Anbetung abwenden, werden eintreten in Dschahannam, gedemütigt.«

61 (63) Allah ist's, der für euch die Nacht gemacht hat, auf daß ihr in ihr ruhet, und den Tag zum Sehen. Siehe, Allah ist wahrlich voll Huld gegen die Menschen, jedoch danken die meisten Menschen nicht.

62 (64) Das ist Allah, euer Herr, der Schöpfer aller Dinge. Es gibt keinen Gott außer Ihm; wie könnt ihr euch drum (von Ihm) abwenden?

63 (65) Also wenden sich diejenigen ab, welche Allahs Zeichen leugnen.

64 (66) Allah ist's, der euch die Erde zu einer festen Stätte gab und den Himmel zu einem Gewölbe, und der euch formte und eure Form schön machte und euch mit Gutem versorgte. Das ist Allah, euer Herr, drum sei gesegnet Allah, der Herr der Welten!

65 (67) Er ist der Lebendige, es gibt keinen Gott außer Ihm, drum rufet Ihn an in lauterm Glauben. Das Lob sei Allah, dem Herrn der Welten!

66 (68) Sprich: »Siehe, mir ward verboten, denen zu dienen, die ihr außer Allah anruft, nachdem die deutlichen Zeichen von meinem Herrn zu mir kamen; und geboten ward mir, mich zu ergeben dem Herrn der Welten.«

67 (69) Er ist's, der euch erschuf aus Staub, alsdann aus einem Samentropfen, alsdann aus geronnenem Blut; alsdann läßt Er euch als Kindlein hervorgehen. Alsdann läßt Er euch die Vollkraft erreichen, alsdann Greise werden – doch einige von euch werden zuvor fortgenommen – und einen bestimmten Termin erreichen; und vielleicht habt ihr Einsicht.

68 (70) Er ist's, der lebendig macht und tötet, und wenn Er ein Ding beschlossen hat, so spricht Er nur zu ihm: »Sei!« und es ist.

Der Gläubige 457

69 (71) Siehst du nicht diejenigen, die Allahs Zeichen bestreiten, wie sie abgewendet werden?

70 (72) Diejenigen, welche das Buch und das, womit Wir Unsre Gesandten entsandten, als Lüge erklären, sie sollen wissen ...

71 (73) Wenn die Joche auf ihrem Nacken sind und die Fesseln,

72 und sie ins siedende Wasser geschleift werden und im Feuer brennen,

73 (74) Dann wird zu ihnen gesprochen werden: »Wo ist das, was ihr Allah an die Seite setztet?«

74 Sie werden sprechen: »Sie schweiften fort von uns. Ja, wir riefen zuvor ein Nichts an.« Also führt Allah die Ungläubigen irre.

75 (75) »Solches, dieweil ihr euch im Lande ohne Grund freutet und übermütig waret.

76 (76) Gehet ein in Dschahannams Pforten, ewig in ihr zu verweilen. Und schlimm ist die Wohnung der Hoffärtigen.«

77 (77) Drum sei standhaft; siehe, Allahs Verheißung ist wahr; sei es, daß Wir dich einen Teil von dem, was Wir ihnen androhten, sehen lassen oder daß Wir dich fortnehmen, zu Uns kehren sie zurück.

78 (78) Und wahrlich, Wir entsandten Unsre Gesandten schon vor dir; von einigen von ihnen erzählten Wir dir, und von andern erzählten Wir dir nicht; und keinem Gesandten war es gegeben, mit einem Zeichen zu kommen, es sei denn mit Allahs Erlaubnis. Wenn aber Allahs Befehl ergeht, dann wird in Wahrheit entschieden werden, und verloren sind diejenigen, die es für eitel hielten.

79 (79) Allah ist's, der für euch das Vieh machte, auf daß ihr auf den einen rittet und von den andern speiset.

80 (80) Und ihr habt Nutzen in ihnen, und auf daß ihr auf ihnen eine Angelegenheit, die ihr in eurer Brust habt, erreicht; und auf ihnen und auf den Schiffen werdet ihr getragen.

458 Sure 41

81 (81) Und Er zeigt euch Seine Zeichen; welches der Zeichen Allahs wollt ihr drum leugnen?

82 (82) Sind sie denn nicht im Land gereist und schauten sie nicht, wie der Ausgang derer war, die vor ihnen lebten? Sie waren zahlreicher als sie und stärker an Kraft, und (bleibender waren ihre) Spuren im Land; doch frommte ihnen nichts, was sie geschafft hatten.

83 (83) Und da zu ihnen ihre Gesandten mit den deutlichen Zeichen kamen, freuten sie sich des Wissens, das sie besaßen[4]; und es umgab sie, was sie verspottet hatten.

84 (84) Und da sie Unsern Zorn sahen, sprachen sie: »Wir glauben an Allah, den Einigen, und leugnen ab, was wir Ihm beigesellten.«

85 (85) Doch nützte ihnen ihr Glauben nichts, nachdem sie Unsern Zorn gesehen hatten; (das war) der Brauch Allahs zuvor mit Seinen Dienern, und dort war's um die Ungläubigen geschehen.

EINUNDVIERZIGSTE SURE

Erklärt[1]

Geoffenbart zu Mekka

*Im Namen Allahs,
des Erbarmers, des Barmherzigen!*

1 (1) H. M.[2]

2 Eine Hinabsendung von dem Erbarmer, dem Barmherzigen.

3 (2) Ein Buch, dessen Verse *erklärt* sind für Leute von Wissen,

4 D. h. ihres Irrglaubens.
1 Auch wohl »Die Anbetung« überschrieben.
2 *hā-mīm*.

Erklärt 459

4 (3) Ein Freudenbote und ein Warner; doch die meisten von ihnen kehren sich ab und hören nicht.

5 (4) Und sie sprechen: »Unsre Herzen sind in Hüllen gegen das, wozu du uns einladest, und in unsern Ohren ist Schwere, und zwischen uns und dir ist ein Vorhang. So handle; siehe, auch wir handeln.«

6 (5) Sprich: »Ich bin nur ein Mensch wie ihr; geoffenbart ward mir, daß euer Gott ein einiger Gott ist. So verhaltet euch wohl gegen Ihn und bittet Ihn um Verzeihung; und wehe den Götzendienern,

7 (6) Welche nicht die Armenspende entrichten und ans Jenseits nicht glauben.«

8 (7) Siehe, diejenigen, welche glauben und das Rechte tun, ihnen wird ein unverminderter Lohn.

9 (8) Sprich: »Verleugnet ihr etwa den, der die Erde in zwei Tagen erschuf, und gebt Ihm Seinesgleichen? Das ist der Herr der Welten.«

10 (9) Und Er setzte in sie die festgegründeten (Berge, ragend) über sie; und Er segnete sie und verteilte in ihr ihre Nahrung in vier Tagen gleich für alle, die danach verlangen.

11 (10) Alsdann machte Er sich an den Himmel, welcher Rauch war, und sprach zu ihm und zur Erde: »Kommet in Gehorsam oder wider Willen.« Sie sprachen: »Wir kommen gehorsam.«

12 (11) Und so vollendete Er sie zu sieben Himmeln in zwei Tagen und offenbarte jedem Himmel sein Amt; und Wir schmückten den untern Himmel mit Lampen und einer Hut[3]. Dies ist die Anordnung des Mächtigen, des Wissenden.

13 (12) Und wenn sie sich abwenden, so sprich: »Ich warne euch vor einem Donnerschlag, gleich dem Donnerschlag ʿĀds und Ṯamūds.«

14 (13) Da die Gesandten zu ihnen kamen von vorn und hinten (und sprachen:) »Dienet allein Allah« – sprachen sie: »Wenn unser Herr gewollt, wahrlich, Engel hätte Er hinab-

---

3 Die hütenden Engel sind gemeint.

460 *Sure 41*

gesandt. Siehe, wir glauben nicht an das, womit ihr gesandt
seid.«

15 (14) Und was 'Ād anlangt, so waren sie hoffärtig im
Land ohne Grund und sprachen: »Wer ist stärker an Kraft als
wir?« Sehen sie denn nicht, daß Allah es ist, der sie erschaffen
hat? Er ist stärker als sie an Kraft; doch sie verleugneten
Unsre Zeichen.

16 (15) Und so entsandten Wir wider sie einen pfeifenden
Wind an unseligen Tagen, um ihnen zu schmecken zu geben
die Strafe der Schmach in dieser Welt. Aber wahrlich, die
Strafe des Jenseits ist schmählicher, und es soll ihnen nicht
geholfen werden.

17 (16) Und was Ṭamūd anlangt, so leiteten Wir sie, sie
aber liebten die Blindheit über der Leitung, und es erfaßte
sie der Donnerschlag der Strafe der Erniedrigung für ihr
Schaffen.

18 (17) Und Wir erretteten diejenigen, die gläubig und gottesfürchtig waren.

19 (18) Und eines Tages werden die Feinde Allahs zum
Feuer versammelt werden, vorwärts getrieben:

20 (19) Bis daß, wenn sie zu ihm gekommen sind, ihre
Ohren und Augen und ihre Haut Zeugnis wider sie ablegen
für ihr Tun.

21 (20) Und sprechen werden sie zu ihrer Haut: »Warum
zeugst du wider uns?« Sie wird sprechen: »Rede gab uns
Allah, welcher jedem Ding Rede gab. Er hat euch zum erstenmal erschaffen, und zu Ihm müßt ihr zurück.

22 (21) Und ihr konntet euch nicht verbergen, daß euer
Gehör und euer Gesicht und eure Haut nicht Zeugnis wider
euch ablegte; jedoch wähntet ihr, daß Allah nicht viel von
euerm Tun wüßte.

23 (22) Und dieses euer Wähnen, das ihr von euerm Herrn
wähntet, verdarb euch, und ihr wurdet Verlorene.«

24 (23) Und halten sie euch auch aus, so ist doch das Feuer ihre
Wohnung, und wenn sie um Gnade bitten, so sollen sie doch
nicht begnadet werden.

Erklärt 461

25 (24) Und Wir haben ihnen Genossen[4] bestimmt, denn sie putzten ihnen aus, was vor ihnen und was hinter ihnen war[5]. Und so war gerecht gegen sie der Spruch, der Völker von den Dschinn und Menschen, die vor ihnen hingingen, traf: Siehe, sie sind Verlorene.

26 (25) Und es sprechen die Ungläubigen: Höret nicht auf diesen Koran, sondern schwatzet in ihn[6], vielleicht obsiegt ihr.«

27 (26) Aber wahrlich, schmecken lassen wollen Wir die Ungläubigen strenge Strafe,

(27) Und belohnen wollen Wir sie mit dem Übelsten von ihrem Tun.

28 (28) Solches ist der Lohn der Feinde Allahs – das Feuer. Ihnen ist eine ewige Wohnung darinnen, darum daß sie Unsre Zeichen verleugneten.

29 (29) Und sprechen werden die Ungläubigen: »Unser Herr, zeige uns diejenigen von den Dschinn und Menschen, die uns irreführten; wir wollen sie unter unsre Füße legen, damit sie zu den am tiefsten Erniedrigten gehören.«

30 (30) Siehe, diejenigen, welche sprechen: »Unser Herr ist Allah« und dann sich wohl verhalten, auf die steigen die Engel hernieder: »Fürchtet euch nicht und seid nicht traurig, sondern vernehmt die Freudenbotschaft vom Paradies, das euch verheißen ward.

31 (31) Wir sind eure Schützer im irdischen Leben und im Jenseits, und euch wird sein in ihm, was eure Seelen begehren, und ihr sollt haben in ihm, wonach ihr rufet,

32 (32) Eine Aufnahme von einem Vergebenden, Barmherzigen!«

33 (33) Und wer führt schönere Rede, als wer zu Allah einladet und das Rechte tut und spricht: »Ich bin einer der Muslime?«

34 (34) Und nicht ist gleich das Gute und das Böse. Wehre

---

4 Die Satane.
5 Ihr irdisches und künftiges Dasein.
6 Schwatzet, wenn er verlesen wird.

462   *Sure 41*

(das Böse) ab mit dem Bessern, und siehe, der, zwischen dem
und dir Feindschaft war, wird sein gleich einem warmen
Freund.

35 (35) Aber dies sollen nur diejenigen erreichen, die standhaft sind, und nur die Hochbeglückten erreichen es.

36 (36) Und wenn dich ein Anreiz vom Satan reizt, so
nimm deine Zuflucht zu Allah; siehe, Er ist der Hörende, der
Wissende.

37 (37) Und zu Seinen Zeichen gehört die Nacht und der
Tag und die Sonne und der Mond. Werfet euch weder vor der
Sonne nieder noch vor dem Mond, sondern werfet euch nie-
der vor Allah, der sie erschaffen, so ihr Ihm dienet.

38 (38) Und wenn sie (zu) hoffärtig sind, so preisen diejenigen, die bei deinem Herrn sind, Ihn Nacht und Tag und
werden nicht müde.

39 (39) Und zu Seinen Zeichen gehört es, daß du die Erde
öde siehst. Und wenn Wir Wasser auf sie hinabsenden, rührt
sie sich und schwillt an; siehe, Er, der sie belebt, ist der
Lebendigmacher der Toten. Siehe, Er hat Macht über alle
Dinge.

40 (40) Siehe, diejenigen, welche sich von Unsern Zeichen
abneigen, sind Uns nicht verborgen. Ist etwa der besser, der
ins Feuer geworfen wird, oder wer sicher naht am Tag der
Auferstehung? Tut, was ihr wollt, siehe, Er schaut euer Tun.

41 (41) Siehe, diejenigen, welche nicht an die Ermahnung
glauben, nachdem sie zu ihnen gekommen ist, . . . und siehe,
es ist wahrlich ein herrliches Buch!

42 (42) Nicht soll zu ihm[7] kommen das Eitle, weder von
vorn noch von hinten – eine Hinabsendung von einem Weisen, einem Rühmenswerten.

43 (43) Nicht ward etwas andres zu dir gesprochen, als was
zu den Gesandten vor dir gesprochen ward. Siehe, dein Herr
ist wahrlich Herr der Verzeihung und Herr schmerzlicher
Züchtigung.

7 Dem Buch.

Erklärt 463

44 (44) Und hätten Wir ihn gemacht zu einem fremdspra-
chigen Koran, so hätten sie gesprochen: »Wenn seine Zeichen
nicht erklärt sind«... Etwa in fremder Sprache, und (er)[8], ein
Araber? Sprich: »Er ist für die Gläubigen eine Leitung und
eine Arznei; doch in den Ohren der Ungläubigen ist eine
Schwere, und er ist Blindheit für sie. Diese werden gerufen
(wie) von fernem Ort.«

45 (45) Und wahrlich, Wir gaben Moses die Schrift, und
man war uneins darüber; und wäre nicht ein Wort von deinem Herrn zuvor ergangen, wahrlich, entschieden wäre zwischen ihnen. Denn siehe, sie waren in tiefem Zweifel über
ihn.

46 (46) Wer das Rechte tut, der tut es zu seinem Besten, und
wer Böses tut, ihm zuwider; und dein Herr ist nicht ungerecht gegen Seine Diener.

47 (47) Ihm allein ist vorbehalten das Wissen von der
›Stunde‹, und keine Früchte kommen heraus aus ihren Hül-
len, und kein Weib trägt und kommt nieder außer mit Seinem
Wissen. Und des Tages, da Er zu ihnen ruft: »Wo sind Meine
Gefährten?« werden sie sprechen: »Wir versichern Dich, wir
haben keinen Zeugen[9] unter uns.«

48 (48) Und abgeschweift ist von ihnen, was sie zuvor
anriefen, und sie sehen ein, daß ihnen kein Entrinnen ist.

49 (49) Nicht ermüdet der Mensch, um Gutes zu bitten,
und wenn ihn das Böse trifft, so ist er verzweifelt und verzagt.

50 (50) Aber wahrlich, wenn Wir ihm Barmherzigkeit von
uns zu schmecken geben nach dem Leid, das ihn betroffen,
wahrlich, dann spricht er: »Das (gebührt) mir, und nicht
glaube ich, daß die ›Stunde‹ bevorsteht. Und wenn ich
zurückgebracht werde zu meinem Herrn, siehe, dann habe
ich wahrlich bei Ihm das Beste.« Aber wahrlich, ankündigen
wollen Wir den Ungläubigen, was sie getan, und wahrlich,
schmecken werden Wir sie lassen harte Strafe.

---

8 Muhammad.
9 D. h., keiner von uns hat sie gesehen.

464   *Sure 42*

51 (51) Und wenn Wir dem Menschen gnädig gewesen
sind, so kehrt er sich ab und wendet sich zur Seite. Wenn ihn
aber Böses trifft, dann betet er des Breiten.

52 (52) Sprich: »Was meint ihr?« Wenn es von Allah ist und
ihr es alsdann verleugnet, wer ist dann in größerem Irrtum als
der, welcher in tiefer Abtrünnigkeit ist?

53 (53) Zeigen werden Wir ihnen Unsre Zeichen in den
Landen und an ihnen selber, bis es ihnen deutlich ward, daß
er[10] die Wahrheit ist. Genügt es denn nicht, daß dein Herr
Zeuge aller Dinge ist?

54 (54) Ist's nicht, daß sie in Zweifel sind über die Begegnung mit ihrem Herrn? Ist's nicht, daß Er alle Dinge umgibt?

ZWEIUNDVIERZIGSTE SURE

Die Beratung

Geoffenbart zu Mekka

Im Namen Allahs,
des Erbarmers, des Barmherzigen!

1 (1) H. M.

2 A. S. K.[1]

3 Also offenbart dir und denen vor dir Allah, der Mächtige,
der Weise.

4 (2) Sein ist, was in den Himmeln und was auf Erden, und
Er ist der Hohe, der Gewaltige.

5 (3) Fast spalten sich die Himmel in der Höhe (in Ehr-
furcht,) und die Engel lobpreisen ihren Herrn und bitten um
Verzeihung für die, welche auf Erden sind. Ist nicht Allah der
Vergebende, der Barmherzige?

10 Der Koran.

1 *ḥā-mīm-ʿayn-sīn-qaf.*

Die Beratung 465

6 (4) Und diejenigen, welche außer Ihm Schützer annehmen, Allah gibt auf sie acht, und nicht bist du ihr Hüter.

7 (5) Also haben Wir dir einen arabischen Koran geoffenbart, damit du warnest die Mutter der Städte[2] und alle ringsum, und sie warnest vor dem Tag der Versammlung, an dem kein Zweifel ist – ein Teil im Paradies und ein Teil in der Flamme!

8 (6) Und so es Allah gewollt, hätte Er sie zu einer Gemeinde gemacht; jedoch führt Er in Seine Barmherzigkeit ein, wen Er will, und die Ungerechten haben weder Schützer noch Helfer.

9 (7) Nehmen sie etwa außer Ihm Schützer an? Doch Allah, Er ist der Schützer, und Er macht die Toten lebendig, und Er hat Macht über alle Dinge.

10 (8) Und worüber ihr auch uneins seid, das Urteil darüber ist bei Allah. Solches ist Allah, mein Herr; auf Ihn traue ich, und zu Ihm bekehre ich mich reuig.

11 (9) Der Schöpfer der Himmel und der Erde hat für euch Gattinnen gemacht von euch selber, und von den Tieren Weibchen; hierdurch vermehrt Er euch. Nichts ist gleich Ihm, und Er ist der Hörende, der Schauende.

12 (10) Sein sind die Schlüssel der Himmel und der Erde, Er gibt Versorgung reich und bemessen, wem Er will; siehe, Er weiß alle Dinge.

13 (11) Er hat euch den Glauben verordnet, den Er Noah vorschrieb, und was Wir dir offenbaren und Abraham und Moses und Jesus vorschrieben: »Haltet den Glauben und trennet euch nicht in ihm.« Groß[3] ist für die Götzendiener

(12) Das, wozu du sie einladest. Allah erwählt dazu, wen Er will, und leitet dazu, wer sich reuig bekehrt.

14 (13) Und nicht eher spalteten sie sich in gegenseitigem Neid[4], als bis das Wissen zu ihnen gekommen war; und wäre nicht zuvor ein Wort von deinem Herrn ergangen, (das ihnen

2 Mekka.
3 D. h. unerträglich.
4 Die Juden und Christen.

466 **Sure 42**

Aufschub gab) zu einem bestimmten Termin, wahrlich, es
wäre zwischen ihnen entschieden. Und siehe, diejenigen,
denen nach ihnen das Buch zum Erbe gegeben ward, sind
wahrlich in betreff seiner in tiefem Zweifel.

15 (14) Und darum lade du ein und verhalte dich wohl, wie
dir geheißen ward, und folge nicht ihren Gelüsten und sprich:
»Ich glaube an das Buch, das Allah hinabgesandt hat, und
geheißen ward mir, gerecht zwischen euch zu richten. Allah
ist unser Herr und euer Herr; uns sind unsre Werke und euch
eure Werke; kein Streit sei zwischen uns und euch. Allah wird
uns versammeln, und zu Ihm ist der Heimgang.«

16 (15) Und diejenigen, welche über Allah streiten, nach-
dem er[5] erhört worden, deren Grund ist falsch bei ihrem
Herrn, und auf sie kommt Zorn und ihnen wird strenge
Strafe.

17 (16) Allah ist's, der das Buch hinabgesandt hat in Wahrheit und die Waage[6]. Und was läßt dich wissen, daß vielleicht
die ›Stunde‹ nahe ist?

18 (17) Herbei wünschen sie diejenigen, die nicht an sie
glauben; die aber, welche an sie glauben, beben vor ihr und
wissen, daß es die Wahrheit ist. Ist's nicht, daß die, welche
über die ›Stunde‹ streiten, in tiefem Irrtum sind?

19 (18) Allah ist gütig gegen Seine Diener; Er versorgt, wen
Er will, denn Er ist der Starke, der Mächtige.

20 (19) Wer für das Jenseits säen will, dem wollen Wir seine
Saat mehren, und wer für die Welt säen will, dem geben Wir
von ihr, doch soll er am Jenseits keinen Anteil haben.

21 (20) Haben sie[7] etwa ›Gefährten‹, die ihnen vom Glauben etwas verordneten, was Allah nicht erlaubt? Und ohne
den Spruch der Entscheidung[8] wäre wahrlich zwischen ihnen

---

5 Muhammad. Die Stelle hat übrigens viele Deutungen.
6 Das Recht. Vielleicht auch die Waage, mit der am Jüngsten Tag die Taten
gewogen werden.
7 Die Mekkaner.
8 Hätte nicht Allah bestimmt, die Streitfragen im Jüngsten Gericht zu entscheiden.

Die Beratung 467

gericht~t. Und siehe die Ungerechten, für sie ist eine schmerzliche Strafe.

22 (21) Du siehst (dann) die Ungerechten beben vor dem, was sie geschafft, wenn es auf sie fällt; diejenigen aber, welche glauben und das Rechte tun, werden in Paradiesesauen sein und bei ihrem Herrn finden, was sie begehren. Das ist die große Huld!

23 (22) Das ist's, was Allah Seinen Dienern verheißt, die da glauben und das Rechte tun. Sprich: »Ich verlange dafür keinen Lohn von euch, nur die Liebe der Verwandtschaft.«[9] Und wer eine gute Tat begeht, den wollen Wir dadurch mehren an Gutem. Siehe, Allah ist verzeihend und dankbar.

24 (23) Oder sprechen sie: »Er hat wider Allah eine Lüge ersonnen?« Aber so Allah wollte, versiegelte Er dein Herz; und Allah löscht das Eitle aus und bewahrheitet die Wahrheit durch Seine Worte. Siehe, Er kennt das Innerste der Brüste.

25 (24) Er ist's, welcher die Reue von Seinen Dienern annimmt und die Missetaten vergibt und weiß, was ihr tut.

26 (25) Und Er erhört diejenigen, welche glauben und das Rechte tun, und mehrt ihnen Seine Huld; den Ungläubigen aber wird strenge Strafe.

27 (26) Und wenn Allah Seine Diener im Überfluß versorgte, so würden sie übermütig werden auf Erden. Jedoch sendet Er mit Maßen hinab, was Er will. Siehe, Er kennt und schaut Seine Diener.

28 (27) Und Er ist's, der den Regen hinabsendet, nachdem sie verzweifelten. Und Er breitet aus Seine Barmherzigkeit, denn Er ist der Beschützer, der Rühmenswerte.

29 (28) Und zu Seinen Zeichen gehört die Schöpfung der Himmel und der Erde und was Er in beiden an Getier verstreut hat. Und Er ist mächtig, sie zu versammeln, so Er will.

30 (29) Und was euch an Unglück trifft, es ist für eurer Hände Schaffen und Er vergibt viel.

---

9 Der Vers kann sich auch auf den Propheten beziehen, denn er ist der den Menschen am nächsten Stehende, s. Sure 33,6.

468   *Sure 42*

31 (30) Und nicht vermögt ihr Ihn auf Erden zu schwächen, und außer Allah habt ihr weder Schützer noch Helfer.

32 (31) Und zu Seinen Zeichen gehören die Schiffe im Meer gleich Bergen.

33 Wenn Er will, beruhigt Er den Wind, und sie liegen bewegungslos auf seinem Rücken. Siehe, hierin sind wahrlich Zeichen für alle Standhaften und Dankbaren.

34 (32) Oder Er läßt sie untergehen nach Verdienst, und Er vergibt viel.

35 (33) Und wissen mögen diejenigen, welche über Unsre Zeichen streiten, daß ihnen kein Entrinnen ist.

36 (34) Und was euch auch gegeben wird, es ist nur eine Versorgung für das irdische Leben; was aber bei Allah ist, ist besser und bleibender für diejenigen, welche glauben und auf ihren Herrn vertrauen,

37 (35) Und welche die großen Sünden und Schandtaten meiden und, wenn sie zornig sind, vergeben,

38 (36) Und die auf ihren Herrn hören und das Gebet verrichten und ihre Angelegenheiten in *Beratung* untereinander (erledigen) und von dem, womit Wir sie versorgten, spenden,

39 (37) Und die, wenn sie eine Unbill trifft, sich rächen.

40 (38) Der Lohn für Böses sei aber (nur) Böses in gleichem Maße, und wer vergibt und Frieden macht, dessen Lohn ist bei Allah; siehe, Er liebt nicht die Ungerechten.

41 (39) Und wahrlich, wer sich für eine Ungerechtigkeit rächt, wider die ist kein Weg;

42 (40) Der Weg ist nur wider die, welche den Menschen Unrecht zufügen und auf Erden ohne Grund übermütig sind. Ihnen wird schmerzliche Strafe.

43 (41) Und wahrlich, wer standhaft ist und verzeiht – siehe, das ist eine beschlossene Sache[10].

44 (42) Und wen Allah irreführt, der hat nach Ihm keinen Schützer. Und du wirst die Ungerechten sehen,

10 Von Allah.

Die Beratung

(43) Wie sie, wenn sie die Strafe sahen, sprechen: »Gibt's zur Abwehr keinen Weg?«

45 (44) Und du wirst sie sehen, wie sie ihr[11] überantwortet werden, erniedrigt in Schmach und verstohlen blickend. Und dann sprechen die Gläubigen: »Siehe, die Verlorenen sind diejenigen, welche sich selbst verloren und ihre Familien am Tag der Auferstehung.« Ist's nicht, daß die Ungerechten in beständiger Pein sein werden?

46 (45) Und sie werden keine Schützer haben, ihnen zu helfen, außer Allah; und wen Allah irreführt, für den ist kein Weg.

47 (46) Höret auf euern Herrn, bevor ein Tag kommt, für den keine Abwehr ist seitens Allahs. Kein Asyl ist für euch an jenem Tag und keine Ableugnung für euch.

48 (47) Und wenn sie sich abwenden, so haben Wir dich nicht zu einem Hüter über sie entsandt; dir liegt nur die Predigt ob. Und siehe, wenn Wir dem Menschen Barmherzigkeit von Uns zu schmecken geben, freut Er sich über sie; wenn ihn jedoch ein Übel für das, was seine Hände zuvor taten, trifft, siehe, so ist der Mensch undankbar.

49 (48) Allahs ist das Reich der Himmel und der Erde; Er schafft, was Er will, Er gibt, wem Er will, Mädchen und gibt, wem Er will, Knaben.

50 (49) Oder Er paart ihnen Knaben und Mädchen und macht, wen Er will, unfruchtbar. Siehe, Er ist wissend und mächtig.

51 (50) Und nicht kommt es einem Menschen zu, daß Allah mit ihm sprechen sollte, es sei denn in Offenbarung oder hinter einem Vorhang.

(51) Oder Er entsendet einen Gesandten, zu offenbaren mit Seiner Erlaubnis, was Er will. Siehe, Er ist hoch und weise.

52 (52) Und also entsendeten Wir zu dir einen Geist[12] mit einer Offenbarung auf Unser Geheiß. Nicht wußtest du, was das Buch und der Glaube war. Jedoch machten Wir es zu

11 Dschahannam.
12 Gabriel.

470   Sure 43

einem Licht, mit dem Wir leiten, wen Wir wollen von Unsern
Dienern. Und siehe, du sollst wahrlich auf einen rechten Weg
leiten,

53 (53) Den Weg Allahs, des ist, was in den Himmeln und
was auf Erden ist. Ist's nicht, daß zu Allah die Dinge heimkehren?

DREIUNDVIERZIGSTE SURE

Der Goldputz

Geoffenbart zu Mekka

Im Namen Allahs,
des Erbarmers, des Barmherzigen!

1 (1) H. M.[1]

2 Bei dem deutlichen Buch,

3 (2) Siehe, Wir machten es zu einem arabischen Koran, auf
daß ihr vielleicht begriffet.

4 (3) Und siehe, es ist in der Mutter der Schrift[2] bei Uns –
wahrlich ein hohes, ein weises.

5 (4) Sollen Wir denn von euch die Ermahnung abwenden,
weil ihr ein übertretend Volk seid?

6 (5) Und wie viele Propheten entsandten Wir unter die
Früheren,

7 (6) Doch kam kein Prophet zu ihnen, den sie nicht verspottet hätten.

8 (7) Deshalb vertilgten Wir stärkere an Macht als sie[3]; und
zuvor erging das Beispiel der Früheren.

9 (8) Und wahrlich, wenn du sie fragst, wer die Himmel
und die Erde erschaffen, so sprechen sie: »Erschaffen hat sie
der Mächtige, der Wissende« –

1 *hā-mim.*
2 Das bei Gott aufbewahrte, seit Ewigkeit existierende Original des Korans.
3 Die Mekkaner.

Der Goldputz 471

10 (9) Der für euch die Erde zu einem Bett gemacht und für euch Wege in ihr gemacht hat, auf daß ihr geleitet würdet.

11 (10) Und der euch vom Himmel Wasser hinabsendet nach (gebührendem) Maß, durch das Wir ein totes Land erwecken. Also sollt ihr (aus dem Grab) hervorgebracht werden.

12 (11) Und der alle Arten erschaffen hat und für euch die Schiffe und das Vieh machte, sie zu besteigen,

13 (12) Auf daß ihr auf ihren Rücken sitzet und der Gnade eures Herrn gedenket, wenn ihr auf ihnen sitzet, und sprechet: »Preis dem, der uns dies untertänig gemacht! Wir wären hierzu nicht imstande gewesen;

14 (13) Und siehe, zu unserm Herrn kehren wir wahrlich zurück.«

15 (14) Und doch geben sie Ihm einen Teil Seiner Diener zur Nachkommenschaft. Siehe, der Mensch ist wahrlich offenkundig undankbar.

16 (15) Sollte Er etwa von dem, was Er schuf, Töchter für sich angenommen und euch Söhne zuerteilt haben?

17 (16) Doch wenn einem von ihnen das, was er dem Erbarmer zum Gleichnis aufstellt, angekündigt wird, dann wird sein Angesicht schwarz und er grollt.

18 (17) Etwa wer im Schmuck erzogen wird und ohne Grund im Streit ist?[4]

19 (18) Und sie machen die Engel, welche die Diener des Erbarmers sind, weiblich. Waren sie etwa Zeugen ihrer Schöpfung? Ihr Zeugnis wird niedergeschrieben, und sie werden zur Rede gestellt werden.

20 (19) Und sie sprechen: »Hätte der Erbarmer gewollt, hätten wir ihnen nie gedient.« Sie haben hiervon kein Wissen, sie vermuten nur.

---

4 Hier sind einige besonders negative weibliche Eigenschaften aufgezählt, um zu verdeutlichen, daß Gott keinesfalls Töchter – Göttinnen oder Engel – besitzen könne.

472   Sure 43

21 (20) Oder gaben Wir ihnen vor diesem ein Buch[5], und bewahren sie es?

22 (21) Nein; sie sprechen: »Wir erfanden unsre Väter in einer Religion, und siehe, wir sind in ihren Spuren geleitet.«

23 (22) Und also entsandten Wir vor dir in keine Stadt einen Warner, ohne daß ihre Üppigen gesprochen hätten: »Siehe, wir fanden unsre Väter in einer Religion, und ihren Spuren gehen wir nach.«

24 (23) Sprich[6]: »Etwa auch, wenn ich euch etwas bringe, was besser leitet als das, worin ihr eure Väter erfandet?« Sie sprachen: »Siehe, wir glauben nicht an eure Sendung.«

25 (24) Und so nahmen Wir Rache an ihnen, und schau, wie der Ausgang derer war, die der Lüge ziehen.

26 (25) Und (gedenke,) da Abraham zu seinem Vater und seinem Volke sprach: »Siehe, ich bin rein von dem, was ihr anbetet,

27 (26) Außer dem, der mich erschuf; siehe, Er wird mich leiten.«

28 (27) Und er machte es zu einem bleibenden Wort unter seiner Nachkommenschaft, daß sie vielleicht umkehrten.

29 (28) Doch Ihr gewährtet diesen[7] und ihren Vätern Versorgung, bis zu ihnen die Wahrheit kam und ein offenkundiger Gesandter.

30 (29) Und da die Wahrheit zu ihnen gekommen war, sprachen sie: »Dies ist Zauberei, und siehe, wir glauben nicht daran.«

31 (30) Und sie sprachen: »Warum ward dieser Koran nicht auf einen gewaltigen Mann aus den beiden Städten[8] herabgesandt?«

32 (31) Verteilen etwa sie die Barmherzigkeit deines Herrn? Wir verteilen unter ihnen ihren Unterhalt im irdischen Leben und erhöhen die einen unter ihnen über die andern um Stufen,

5 In dem Wir ihnen die Verehrung der Engel befahlen.
6 Die Aufforderung geht an jeden der früheren Propheten.
7 Den Mekkanern.
8 Die Städte Mekka und Ṭā'if.

Der Goldputz   473

daß die einen die andern zu Fronarbeitern nehmen. Und deines Herrn Barmherzigkeit ist besser, als was sie zusammenschaffen.

33 (32) Und wären nicht die Menschen eine einzige Gemeinde (von Ungläubigen) geworden, wahrlich, Wir hätten denen, die den Erbarmer verleugnen, für ihre Häuser Dächer von Silber gemacht und Stufen, auf denen sie hinaufsteigen,

34 (33) Und Türen für ihre Häuser und Polster, auf die sie sich lehnen, (alles aus Silber)

35 (34) Und *Goldputz*. Doch alles dies ist nur eine Versorgung des irdischen Lebens; doch das Jenseits ist bei deinem Herrn für die Gottesfürchtigen.

36 (35) Und wer sich abkehrt von der Ermahnung des Erbarmers, dem gesellen Wir einen Satan bei, der sein Gesell sein soll.

37 (36) Denn siehe, sie[9] sollen sie abwendig machen vom Weg, während sie sich für geleitet halten sollen;

38 (37) Bis daß er, wenn er zu Uns kommt, spricht: »O daß zwischen mir und dir die Entfernung zwischen dem Osten und Westen läge!« Und schlimm ist der Gesell.

39 (38) Und es soll euch nicht nützen an jenem Tage, da ihr ungerecht gewesen seid, ihr sollt die Strafe teilen.

40 (39) Kannst du etwa die Tauben hörend machen oder die Blinden leiten und den, der in offenkundigem Irrtum ist?

41 (40) Sei es drum, daß Wir dich fortnehmen, Wir rächen Uns an ihnen;

42 (41) Oder daß Wir dir zeigen, was Wir ihnen androhten; denn siehe Wir haben Macht über sie.

43 (42) Halte daher fest an dem, was dir offenbart worden; siehe, du bist auf rechtem Pfad.

44 (43) Und siehe, es ist eine Ermahnung für dich und für dein Volk; und ihr werdet zur Rede gestellt werden.

9 Die Satane.

474 *Sure 43*

45 (44) Und frage die, welche Wir vor dir von Unsern Gesandten entsendeten: »Machten wir etwa Götter außer dem Erbarmer, ihnen zu dienen?«

46 (45) Und wahrlich, Wir entsandten Moses mit Unsern Zeichen zu Pharao und seinen Häuptern, und er sprach: »Siehe, ich bin der Gesandte des Herrn der Welten.«

47 (46) Und da er zu ihnen mit Unsern Zeichen kam, lachten sie über sie.

48 (47) Und Wir zeigten ihnen nicht ein Zeichen, das nicht größer gewesen wäre als das frühere[10]. Und Wir erfaßten sie mit der Strafe, auf daß sie umkehrten.

49 (48) Und sie sprachen: »O Zauberer, rufe deinen Herrn an um unsertwillen, nach dem Bund, den Er mit dir geschlossen; siehe, wahrlich, wir wollen geleitet sein.«

50 (49) Und da Wir die Strafe von ihnen nahmen, siehe, da brachen sie ihr Wort.

51 (50) Und Pharao verkündete unter seinem Volk und sprach: »O mein Volk, ist nicht mein das Königreich von Ägypten und diese Ströme, die unter mir eilen? Schaut ihr denn nicht?

52 (51) Bin ich nicht besser als dieser, der verächtlich ist,

(52) Und sich kaum klar machen kann?

53 (53) Und wenn nicht Armbänder von Gold auf ihn geworfen werden oder die Engel mit ihm im Gefolge kommen . . .«

54 (54) Und so machte er sein Volk leichtfertig, daß sie ihm gehorchten; siehe, sie waren ein verderbtes Volk.

55 (55) Und da sie Uns erbittert hatten, rächten Wir uns an ihnen und ersäuften sie insgesamt.

56 (56) Und so machten Wir sie zu einem Vorbild und Beispiel für die Spätern.

57 (57) Und als der Sohn Marias zu einem Beispiel aufgestellt ward, siehe, da kehrte sich dein Volk von ihm ab

58 (58) Und sprach: »Sind unsre Götter besser oder er?« Sie

---

10 Wörtlich: als seine Schwester.

Der Goldputz 475

brachten dir dies nur vor zum Streiten, doch sind sie ein streitsüchtig Volk.[11]

59 (59) Siehe, er ist nichts als ein Diener, dem Wir gnädig gewesen waren, und Wir machten ihn zu einem Beispiel für die Kinder Israel.

60 (60) Und hätten Wir gewollt, Wir hätten von euch Engel gemacht auf Erden zur Nachfolge[12].

61 (61) Und siehe, er dient wahrlich zum Wissen von der ›Stunde‹[13]. So bezweifelt sie nicht, sondern folget Mir; dies ist ein rechter Pfad.

62 (62) Und nicht mache euch der Satan abwendig. Siehe, er ist euch ein offenkundiger Feind.

63 (63) Und da Jesus mit den deutlichen Zeichen kam, sprach er: »Ich bin mit der Weisheit zu euch gekommen und um euch etwas von dem zu erklären, worüber ihr uneins seid. So fürchtet Allah und gehorchet mir.

64 (64) Siehe, Allah, Er ist mein Herr und euer Herr; so dienet Ihm, dies ist ein rechter Pfad.«

65 (65) Doch die Sekten waren uneins untereinander, und wehe den Ungerechten ob der Strafe eines schmerzlichen Tages!

66 (66) Erwarten sie etwa etwas anders, als daß die ›Stunde‹ plötzlich über sie kommt, ohne daß sie sich's versehen?

67 (67) Freunde werden an jenem Tage einer des andern Feind sein außer den Gottesfürchtigen.

68 (68) O Meine Diener, keine Furcht kommt auf euch an jenem Tage, und nicht sollen traurig sein,

69 (69) Die da glauben an Unsre Zeichen und Muslime sind:

70 (70) »Tretet ein ins Paradies ihr und eure Gattinnen, in Freuden!«

---

11 Die Mekkaner wiesen, als Muhammad ihnen ihren Götzendienst vorhielt, auf die Christen hin, die einen Menschen als Gott anbeteten.
12 So wie Jesus ohne Vater erzeugt ward.
13 Christi Wiederkunft auf Erden ist nach dem Islam das Vorzeichen des Jüngsten Tages.

476   Sure 43

71 (71) Kreisen werden unter ihnen Schüsseln und Becher von Gold, enthaltend, was die Seelen ersehnen und die Augen ergötzt. »Und ewig sollt ihr darinnen verweilen.

72 (72) Denn das ist das Paradies, das euch zum Erbe gegeben ward für euer Tun.

73 (73) Euch sind in ihm Früchte in Menge, von denen ihr speiset.«

74 (74) Siehe, die Sünder, in Dschahannams Strafe sollen sie ewig verweilen.

75 (75) Nicht soll sie unterbrochen werden, und verzweifeln sollen sie in ihr.

76 (76) Und nicht tun Wir ihnen unrecht, sondern sie waren die Ungerechten.

77 (77) Und rufen werden sie: »O Mālik[14], daß doch dein Herrr ein Ende mit uns machte!« Er wird sprechen: »Ihr müsset verweilen.«

78 (78) Wahrlich, Wir kamen zu euch[15] mit der Wahrheit, jedoch die meisten von euch verabscheuen die Wahrheit.

79 (79) Haben sie eine Sache gesponnen?[16] Siehe, Wir spinnen dann auch.

80 (80) Oder glauben sie, daß Wir ihre Geheimnisse und ihr heimliches Gespräch nicht hören? Im Gegenteil, Unsre Gesandten[17], die bei ihnen sind, schreiben es auf.

81 (81) Sprich: »Wenn der Erbarmer einen Sohn hätte, so wäre ich der erste, ihm zu dienen.«

82 (82) Preis dem Herrn der Himmel und der Erde, dem Herrn des Thrones, ob dem, was sie von Ihm aussagen!

83 (83) Drum laß sie schwatzen und spielen, bis sie ihrem Tag begegnen, der ihnen angedroht ward.

84 (84) Und Er ist's, der im Himmel Gott und auf Erden Gott ist; und Er ist der Weise, der Wissende.

85 (85) Und gesegnet sei der, des das Reich der Himmel

14 Der Höllenvogt.
15 Mekkanern.
16 D. h., haben sie Pläne wider Uns geschmiedet?
17 Die Engel.

Der Rauch

und der Erde ist und was zwischen beiden, und bei Ihm ist das Wissen von der ›Stunde‹, und zu Ihm kehrt ihr zurück.

86 (86) Und nicht besitzen diejenigen, die sie außer Ihm anrufen, Fürsprache, außer denen, welche die Wahrheit bezeugen und wissen.[18]

87 (87) Und wahrlich, wenn du sie fragst, wer sie erschaffen hat, wahrlich, so sprechen sie: »Allah.« Wie denn werden sie von Ihm abgewendet?

88 (88) Und sein[19] Wort ist: »O mein Herr, siehe, diese sind ein ungläubig Volk.«

89 (89) So wende dich ab von ihnen und sprich: »Frieden!« Und sie werden wissen ... (wie töricht sie waren).

VIERUNDVIERZIGSTE SURE

Der Rauch

Geoffenbart zu Mekka

*Im Namen Allahs,
des Erbarmers, des Barmherzigen!*

1 (1) H. M.[1]

2 Bei dem deutlichen Buch!

3 (2) Siehe, Wir haben es hinabgesandt in einer gesegneten Nacht[2] – siehe, Wir waren Warner –,

4 (3) In der jede weise Sache[3] entschieden wird,

5 (4) Durch Befehl von Uns. Siehe, Wir entsandten (Gesandte,)

---

18 Dies sind nach den Kommentatoren Jesus, Esra und die Engel.
19 Muhammads.

1 *ḥā-mīm.*
2 Die »Nacht der Macht« (s. Sure 97) ist eine der letzten fünf ungraden Nächte des Ramaḍān, wahrscheinlich die des 27., der heute noch wunderbare Kräfte zugeschrieben werden.
3 D. h., in der jede Sache mit Weisheit entschieden wird.

Sure 44

6 (5) Als eine Barmherzigkeit von deinem Herrn – siehe, Er ist der Hörende, der Wissende –,

7 (6) Von dem Herrn der Himmel und der Erde und was zwischen beiden, so ihr festen Glauben habt.

8 (7) Es gibt keinen Gott außer Ihm, Er macht lebendig und Er tötet – euer Herr und der Herr eurer Vorväter.

9 (8) Doch sie spielen mit Zweifeln.

10 (9) Drum nimm in acht den Tag, wenn der Himmel in deutlichen *Rauch* aufgeht,

11 (10) Der die Menschen verhüllt; das ist eine schmerzliche Strafe.

12 (11) »Unser Herr, nimm von uns die Strafe, siehe, wir sind gläubig.«

13 (12) Woher aber ward ihnen die Ermahnung, wo zu ihnen ein offenkundiger Gesandter kam,

14 (13) Sie aber sich von ihm abwendeten und sprachen: »Einstudiert! Besessen!«

15 (14) Siehe, weg nehmen Wir die Strafe ein wenig, doch werdet ihr rückfällig werden.

16 (15) An jenem Tag, an dem Wir angreifen werden mit dem größtem Angriff, siehe, da werden Wir Rache nehmen.

17 (16) Und wahrlich, zuvor versuchten Wir das Volk Pharaos, und es kam zu ihnen ein edler Gesandter.

18 (17) (Er sprach:) »Bringt zu mir die Diener Allahs; siehe, ich bin euch ein vertrauenswürdiger Gesandter.

19 (18) Und erhebet euch nicht wider Allah; siehe, ich komme zu euch mit offenkundiger Vollmacht.

20 (19) Und siehe, ich nehme Zuflucht zu meinem Herrn und euerm Herrn, daß ihr mich nicht steinigt.

21 (20) Und wenn ihr mir nicht glaubt, so hebet euch hinweg von mir.«

22 (21) Und so rief er zu seinem Herrn: »Diese sind ein sündig Volk.«

23 (22) »So ziehe mit meinen Dienern des Nachts fort; siehe, ihr werdet verfolgt.

Der Rauch   479

24 (23) Und laß das Meer[4] in Frieden, siehe, sie sind ein Heer, das ersäuft werden soll.«

25 (24) Wie viele Gärten und Quellen verließen sie,

26 (25) Und Saatgefilde und edle Stätten,

27 (26) Und Freuden, die sie genossen!

28 (27) Also (geschah's,) und Wir gaben sie einem andern Volk zum Erbe.

29 (28) Und nicht weinte der Himmel über sie und die Erde, und nicht ward mit ihnen verzogen.

30 (29) Und wahrlich, Wir erretteten die Kinder Israel von der schimpflichen Strafe:

31 (30) Vor Pharao. Siehe, er war hochmütig, einer der Maßlosen.

32 (31) Und wahrlich, Wir erwählten sie, in (Unserm) Wissen, vor aller Welt.

33 (32) Und Wir zeigten ihnen Zeichen, in denen eine offenkundige Prüfung war.

34 (33) Siehe, diese[5] sprechen wahrlich:

35 (34) »Es gibt nur unsern ersten Tod, und wir werden nicht erweckt.

36 (35) So bringt unsre Väter her, wenn ihr wahrhaftig seid.«

37 (36) Sind sie denn besser als das Volk des Tubba'[6]

(37) Und die, welche vor ihnen lebten? Wir vertilgten sie, denn siehe, sie waren Sünder.

38 (38) Und nicht erschufen Wir die Himmel und die Erde und was zwischen beiden im Spiel.

39 (39) Wir erschufen sie allein in Wahrheit, jedoch wissen es die meisten von ihnen nicht.

40 (40) Siehe, der Tag der Trennung ist ihrer aller festgesetzte Zeit:

41 (41) Ein Tag, an dem der Herr nichts für den Diener leisten kann, und an dem ihnen nicht geholfen wird,

4 Das Meer, das sich für dich geteilt hat.
5 Die Mekkaner.
6 Titel der Könige von Jemen.

480   *Sure 44*

42 (42) Außer dem, dessen sich Allah erbarmt. Siehe, Er ist
der Mächtige, der Barmherzige.

43 (43) Siehe, der Baum Zaqqūm

44 (44) Ist die Speise des Sünders;

45 (45) Wie geschmolzenes Erz[7] wird er kochen in den
Bäuchen

46 (46) Wie siedenden Wassers Kochen.

47 (47) »Fasset ihn und schleifet ihn mitten in den Höllenpfuhl.

48 (48) Alsdann gießet über sein Haupt die Strafe des siedenden Wassers.

49 (49) Schmecke! Siehe, du bist der Mächtige, der Edle!

50 (50) Siehe, das ist's, worüber ihr in Zweifel waret.«

51 (51) Siehe, die Gottesfürchtigen werden sein an sicherer
Stätte,

52 (52) In Gärten und Quellen;

53 (53) Gekleidet werden sie sein in Seide und Brokat,
sitzend einander gegenüber.

54 (54) Also (wird's sein;) und Wir vermählen sie mit
schwarzäugigen Hūris[8],

55 (55) Rufen werden sie dort nach allerlei Früchten in
Sicherheit.

56 (56) Nicht werden sie dort schmecken den Tod außer
dem ersten Tod, und hüten wird Er sie vor der Strafe des
Höllenpfuhls:

57 (57) Eine Huld von deinem Herrn! Das ist die große
Glückseligkeit.

58 (58) Und Wir machten ihn[9] nur leicht für deine Zunge,
auf daß sie sich ermahnen lassen.

59 (59) So gib acht; siehe, sie geben auch acht[10].

---

7 Oder: Ölmutter.
8 Das Wort *Hūri* bedeutet »Mädchen mit großen Augen, in denen das
   Schwarze und Weiße stark hervortritt«. Der Singular dazu lautet *Haurā*.
9 Den Koran.
10 Nämlich: auf die kommenden Ereignisse.

FÜNFUNDVIERZIGSTE SURE

Das Knien

Geoffenbart zu Mekka

Im Namen Allahs,
des Erbarmers, des Barmherzigen!

1 (1) H. M.[1]

2 Die Hinabsendung des Buches von Allah, dem Mächtigen, dem Weisen!

3 (2) Siehe, in den Himmeln und der Erde sind wahrlich Zeichen für die Gläubigen.

4 (3) Und in eurer Schöpfung und in den Tieren, die Er verstreut hat, sind Zeichen für Leute, die festen Glauben haben.

5 (4) Und in dem Wechsel von Nacht und Tag und in der Versorgung, die Allah vom Himmel hinabsendet, durch die Er die Erde nach ihrem Tode erweckt, und in dem Wechsel der Winde sind Zeichen für ein verständig Volk.

6 (5) Dies sind die Zeichen Allahs, die Wir dir in Wahrheit verlesen. Und an welche Offenbarung wollen sie, wenn nicht an Allah und Seine Zeichen, glauben?

7 (6) Wehe jedem sündigen Lügner,

8 (7) Der Allahs Zeichen hört, wie sie ihm verlesen werden, und alsdann in Hoffart verharrt, als ob er sie nicht hörte – drum verkündige ihm schmerzliche Strafe –,

9 (8) Und wenn er etwas von Unsern Zeichen kennenlernt, mit ihnen Spott treibt. Ihnen wird schimpfliche Strafe.

10 (9) Hinter ihnen ist Dschahannam, und was sie geschafft haben, soll ihnen nichts frommen, und auch nicht, was sie außer Allah als Schützer annahmen; und ihnen wird gewaltige Strafe.

11 (10) Dies ist eine Leitung, und diejenigen, welche die Zeichen ihres Herrn verleugnen, ihnen wird einer Züchtigung schmerzliche Strafe.

1 *ḥā-mīm.*

Sure 45

12 (11) Allah ist's, der euch das Meer dienstbar gemacht, auf daß die Schiffe auf ihm eilen nach Seinem Geheiß, und daß ihr trachtet nach Seiner Huld und vielleicht dankbar seid.

13 (12) Und Er machte euch dienstbar alles, was in den Himmeln und auf Erden; alles ist von Ihm. Siehe, hierin sind wahrlich Zeichen für nachdenkliche Leute.

14 (13) Sprich zu den Gläubigen, daß sie denen verzeihen, die nicht hoffen auf Allahs Tage[2], auf daß Er ein Volk belohnet nach seinem Verdienst.

15 (14) Wer das Rechte tut, der tut es für sich, und wer Böses tut, der tut es wider sich; alsdann kehrt ihr zu euerm Herrn zurück.

16 (15) Und wahrlich, Wir gaben den Kindern Israel die Schrift und die Weisheit und das Prophetentum und versorgten sie mit Gutem und bevorzugten sie vor aller Welt.

17 (16) Und Wir gaben ihnen deutliche Erweise für die Sache (der Religion;) und nicht eher wurden sie uneins, als bis das Wissen zu ihnen gekommen war, aus Neid aufeinander. Siehe, dein Herr wird entscheiden unter ihnen am Tag der Auferstehung über das, worüber sie uneins sind.

18 (17) Alsdann setzten Wir dich[3] über ein Gesetz betreffs der Sache (der Religion). Drum folge ihm und folge nicht den Gelüsten der Unwissenden.

19 (18) Siehe, sie werden dir nimmer etwas gegen Allah nützen; und siehe, die Ungerechten sind einer des andern Schützer, Allah aber ist der Schützer der Gottesfürchtigen.

20 (19) Dies[4] sind klare Lehren für die Menschen und eine Leitung und Barmherzigkeit für Leute, die festen Glauben haben.

21 (20) Oder glauben diejenigen, die Böses ausüben, daß Wir sie gleich denjenigen halten, welche glauben und das Rechte tun, so daß ihr Leben und ihr Tod gleich ist? Übel ist ihr Urteil.

---

2 Die Tage von Gottes Zorn gegen die Ungläubigen; vgl. Sure 14,5.
3 Muhammad.
4 Der Koran.

Das Knien 483

22 (21) Und erschaffen hat Allah die Himmel und die Erde in Wahrheit und um jede Seele zu belohnen nach Verdienst, und es soll ihnen nicht Unrecht geschehen.

23 (22) Was meinst du wohl? Wer zum Gott sein Gelüst annimmt und wen Allah wissentlich irreführt und ihm Ohr und Herz versiegelte und auf seinen Blick eine Hülle legte – wer wird ihn leiten außer Allah? Lassen sie sich denn nicht ermahnen?

24 (23) Und sie sprechen: »Es gibt nur unser irdisches Leben. Wir sterben und wir leben, und nur die Zeit vernichtet uns.« Sie haben aber davon kein Wissen, sie vermuten nur.

25 (24) Und wenn ihnen Unsre deutlichen Zeichen verlesen werden, so ist ihr Einwand nur der, daß sie sprechen: »Bringt unsre Väter her, so ihr wahrhaftig seid.«

26 (25) Sprich: »Allah macht euch lebendig, alsdann tötet Er euch, alsdann versammelt Er euch zum Tag der Auferstehung.« Kein Zweifel ist daran, jedoch wissen es die meisten Menschen nicht.

27 (26) Und Allahs ist das Reich der Himmel und der Erde, und an dem Tage, da sich die ›Stunde‹ erhebt, an jenem Tage werden die, welche ihn[5] für eitel hielten, verloren sein.

28 (27) Und du wirst jedes Volk *knien* sehen; gerufen wird jedes Volk zu seinem Buch[6] (und gesprochen wird:) »Heute werdet ihr belohnt für euer Tun.

29 (28) Dieses Unser Buch spricht wider euch in Wahrheit; siehe, Wir schrieben auf, was ihr tatet.«

30 (29) Was aber diejenigen anlangt, welche glaubten und das Rechte taten, die wird ihr Herr einführen in Seine Barmherzigkeit; das ist die offenkundige Glückseligkeit.

31 (30) Und was die Ungläubigen anlangt – »Wurden euch denn nicht Meine Zeichen verlesen? Ihr aber waret hoffärtig und waret ein sündig Volk.«

32 (31) Und wenn gesprochen ward: »Siehe, Allahs Verheißung ist wahr und an der ›Stunde‹ ist kein Zweifel« – dann

5 Den Koran.
6 Dem Buch, in dem ihre Taten verzeichnet stehen.

484   Sure 46

sprachet ihr: »Wir wissen nicht, was die ›Stunde‹ ist, wir
wähnen nur, daß sie ein Wahn ist, und sind nicht in Gewißheit. «

33 (32) Und es soll sich ihnen das Böse zeigen, das sie getan,
und umgeben soll sie, was sie verspotteten.

34 (33) Und es wird gesprochen: »Heute vergessen Wir
euch, wie ihr die Begegnung mit diesem eurem Tag vergaßt,
und eure Wohnung soll sein das Feuer, und ihr sollt keinen
Helfer haben.

35 (34) Solches, dieweil ihr Allahs Zeichen zum Gespött
hieltet und euch das irdische Leben betrog.« So sollen sie an
jenem Tage nicht aus ihm herauskommen und sollen nicht
wieder zu Gnaden angenommen werden.

36 (35) Und das Lob sei Allah, dem Herrn der Himmel und
dem Herrn der Erde, dem Herrn der Welten!

37 (36) Und Sein ist die Majestät in den Himmeln und auf
Erden, und Er ist der Mächtige, der Weise.

SECHSUNDVIERZIGSTE SURE

Al-Aḥqāf[1]

Geoffenbart zu Mekka

Im Namen Allahs,
des Erbarmers, des Barmherzigen!·

1 (1) H. M.[2]
2 Die Hinabsendung des Buches von Allah, dem Mächtigen, dem Weisen!
3 (2) Wir erschufen die Himmel und die Erde und was
zwischen beiden allein in Wahrheit und zu einem bestimmten

---

1 »Die Sandhügel«, Name eines Tals in Jemen, wo die ʿĀditen gewohnt haben
  sollen.
2 ḥā-mīm.

Al-Aḥqāf   485

Termin; aber die Ungläubigen wenden sich von der Warnung, die ihnen wird, ab.

4 (3) Sprich: »Was meint ihr? Was ihr außer Allah anruft, zeigt mir, was sie von der Erde erschufen, oder ob sie einen Anteil an den Himmeln haben? Bringt mir ein Buch vor diesem oder eine Spur von Wissen[3], so ihr wahrhaft seid.«

5 (4) Und wer ist in größerm Irrtum, als wer außer Allah jemand anruft, der ihn nicht erhört am Tag der Auferstehung; denn sie achten nicht auf ihren Ruf.

6 (5) Und die, wenn die Menschen versammelt werden, ihre Feinde sind und ihre Anbetung verleugnen?

7 (6) Und wenn ihnen Unsre deutlichen Zeichen verlesen werden, sprechen die Ungläubigen von der Wahrheit, wenn sie zu ihnen kommt: »Dies ist offenkundige Zauberei.«

8 (7) Oder sprechen sie: »Er hat ihn[4] ersonnen?« Sprich: »Wenn ich ihn ersonnen habe, so vermögt ihr bei Allah nichts für mich. Er weiß jedoch sehr wohl, was ihr über ihn äußert. Er genügt als Zeuge zwischen mir und euch, und Er ist der Verzeihende, Barmherzige.«

9 (8) Sprich: »Ich bin kein Neuerer unter den Gesandten, und ich weiß nicht, was mit mir und euch geschehen wird. Ich folge nur dem, was mir offenbart ward, und ich bin nur ein offenkundiger Warner.«

10 (9) Sprich: »Was meint ihr? Wenn er von Allah ist und ihr nicht an ihn glaubt, und ein Zeuge von den Kindern Israel[5] seine Gleichheit (mit dem Gesetz) bezeugt und glaubt, während ihr hoffärtig seid . . .? Siehe, Allah leitet nicht das ungerechte Volk.«

11 (10) Und es sprechen die Ungläubigen zu den Gläubigen: »Wenn er gut wäre, so wären sie uns darin nicht zuvor-

---

3 D. h. göttlicher Offenbarung, wodurch die Verehrung der Götzen sanktioniert wird.
4 Den Koran.
5 Dies soll ein Jude namens ʿAbdullāh bin Salma gewesen sein, der sich zum Islām bekannte.

486   *Sure 46*

gekommen.« Und wenn sie sich durch ihn nicht leiten lassen, so werden sie sprechen: »Dies ist eine alte Lüge.«

12 (11) Aber vor ihm war das Buch Mosis, eine Richtschnur und eine Barmherzigkeit. Und dies ist ein Buch, das es in arabischer Sprache bestätigt, um die Ungerechten zu warnen, und eine frohe Botschaft für die Rechtschaffenen.

13 (12) Siehe, diejenigen, welche sprechen: »Unser Herr ist Allah« und dann sich wohl verhalten, auf die kommt keine Furcht und nicht sollen sie traurig sein.

14 (13) Sie sind des Paradieses Bewohner für immerdar als Lohn für ihr Tun.

15 (14) Und Wir geboten dem Menschen Güte gegen seine Eltern; seine Mutter trug ihn mit Schmerzen und gebar ihn mit Schmerzen, und sein Tragen und Entwöhnen sind dreißig⁶ Monde, bis er, wenn er seine Vollkraft erlangt und vierzig Jahre erreicht hat, spricht: »Mein Herr, eifere mich an, daß ich Deiner Gnade danke, mit der Du mich und meine Eltern begnadet hast, und daß ich rechtschaffen handle, Dir zu gefallen; und beglücke mich in meinen Nachkommen; siehe, ich kehre mich zu Dir, und siehe, ich bin einer der Muslime.«

16 (15) Jene sind's, von denen Wir das Beste von dem, was sie taten, annehmen, und deren Missetaten Wir übersehen; unter den Bewohnern des Paradieses sind sie – eine wahre Verheißung, die ihnen verheißen ward.

17 (16) Und derjenige, der zu seinen Eltern spricht: »Pfui über euch! Versprecht ihr mir, daß ich erstehen soll, wo Geschlechter vor mir hingegangen sind?« Und sie dann Allah um Hilfe rufen: »Wehe dir, glaube! Siehe, Allahs Verheißung ist wahr« – und er dann spricht: »Dies sind nichts als die Fabeln der Früheren.«

18 (17) Sie sind's, an denen sich das Wort, das gegen Völker von den Dschinn und Menschen, die vor ihnen hingingen, gesprochen ward, erfüllt, daß sie verloren sind.

---

6 Eigentlich sollten es dreiunddreißig Monde sein, da die Mutter das Kind zwei Jahre zu säugen hat.

Al-Aḥqāf 487

19 (18) Und für alle sind Stufen nach ihrem Tun, daß Allah sie für ihre Taten belohnt, und es soll ihnen nicht Unrecht geschehen.

20 (19) Und eines Tages sollen die Ungläubigen dem Feuer ausgesetzt werden: »Ihr trugt euer Gutes in euerm irdischen Leben von hinnen und genosset es. Heute werdet ihr drum belohnt mit der Strafe der Schmach für eure Hoffart auf Erden ohne Grund, und dafür daß ihr Frevler waret.«

21 (20) Und gedenke des Bruders ʿĀds⁷, als er sein Volk zu *al-Aḥqāf* warnte – und vor ihm und nach ihm waren Warner. (Er sprach:) »Dienet allein Allah! Siehe, ich fürchte für euch die Strafe eines gewaltigen Tages.«

22 (21) Sie sprachen: »Bist du zu uns gekommen, um uns von unsern Göttern abwendig zu machen? So bring über uns, was du uns androhst, so du einer der Wahrhaften bist.«

23 (22) Er sprach: »Das Wissen ist allein bei Allah; und ich bestelle euch meine Sendung, jedoch sehe ich, daß ihr ein töricht Volk seid.«

24 (23) Und da sie eine Wolke zu ihren Tälern herankommen sahen, sprachen sie: »Das ist eine Wolke, die uns Regen geben wird.« – »Nein, (sprach er) es ist das, was ihr herbeiwünschtet, ein Wind, in dem eine schmerzliche Strafe ist.

25 (24) Vernichten wird sie alle Dinge auf deines Herrn Geheiß.« Und am Morgen sah man nichts als ihre Wohnungen. Also belohnen Wir das sündige Volk.

26 (25) Und wahrlich, Wir hatten ihnen eine feste Stätte gegeben wie euch und hatten ihnen Gehör und Gesicht und Herzen gegeben. Aber nichts nützte ihnen ihr Gehör, ihr Gesicht und ihre Herzen, da sie die Zeichen Allahs leugneten, und es umgab sie, was sie verspottet hatten.

27 (26) Und wahrlich, Wir zerstörten die Städte rings um euch, und machten die Zeichen klar, auf daß sie vielleicht umkehrten.

28 (27) Und warum halfen ihnen nicht jene, die sie außer

7 Der Prophet Hūd.

488 *Sure 46*

Allah als nahestehende Götter annahmen? Doch sie schweiften von ihnen; und solches war ihre Lüge und was sie ersonnen.

29 (28) Und (gedenke,) da Wir eine Schar Dschinn dir zuwandten, auf den Koran zu hören[8]; und da sie zugegen waren, sprachen sie: »Schweigt.« Und da (seine Verlesung) beendet war, kehrten sie zu ihrem Volk als Warnende heim.

30 (29) Sie sprachen: »O unser Volk, siehe, wir haben ein Buch gehört, das nach Moses hinabgesandt ward, bestätigend das ihm Vorausgegangene. Es leitet zur Wahrheit und zu einem rechten Weg.

31 (30) O unser Volk, höret Allahs Herold und glaubet an Ihn, daß Er euch eure Sünden vergibt und euch vor einer schmerzlichen Strafe beschützt.

32 (31) Und wer nicht auf Allahs Herold hört, der kann Ihn doch nicht auf Erden schwächen, und außer Ihm hat er keine Schützer. Jene sind in offenkundigem Irrtum.«

33 (32) Sehen sie denn nicht, daß Allah, der die Himmel und die Erde erschaffen und in ihrer Schöpfung nicht ermüdete, mächtig ist, die Toten lebendig zu machen? Ja, siehe, Er hat Macht über alle Dinge.

34 (33) Und eines Tages werden die Ungläubigen dem Feuer ausgesetzt werden: »Ist dies nicht in Wahrheit?« Sie werden sprechen: »Jawohl, bei unserm Herrn!« Er wird sprechen: »So schmecket die Strafe für euern Unglauben.«

35 (34) Und so gedulde dich, wie die Standhaften unter den Gesandten sich geduldeten, und wünsche nicht (ihre Strafe) herbei. Es wird ihnen an dem Tage sein, an dem sie das ihnen Angedrohte schauen,

(35) Als hätten sie nur eine Stunde von einem Tag verweilt. Eine Predigt! Wer anders sollte denn vertilgt werden als das Volk der Frevler?

---

8 Dies Gesicht hatte Muhammad auf seiner Flucht von Mekka.

SIEBENUNDVIERZIGSTE SURE

Muhammad[1] – der Herr segne ihn und spende ihm Heil!

Geoffenbart zu Medina

*Im Namen Allahs,
des Erbarmers, des Barmherzigen!*

1 (1) Diejenigen, welche ungläubig sind und von Allahs Weg abwendig machen – ihre Werke wird Er irreleiten.

2 (2) Diejenigen aber, welche glauben und das Rechte tun und an das glauben, was auf *Muhammad* herabgesandt ward – und es ist die Wahrheit von ihrem Herrn –, zudecken wird Er ihre Missetaten und ihr Herz in Frieden bringen.

3 (3) Solches, dieweil die Ungläubigen dem Eiteln folgen und die Gläubigen der Wahrheit von ihrem Herrn folgen. Also stellt Allah den Menschen ihre Gleichnisse auf.

4 (4) Und wenn ihr die Ungläubigen trefft, dann herunter mit dem Haupt, bis ihr ein Gemetzel unter ihnen angerichtet habt; dann schnüret die Bande.

(5) Und dann entweder Gnade[2] hernach oder Loskauf, bis der Krieg seine Lasten niedergelegt hat. Solches! Und hätte Allah gewollt, wahrlich, Er hätte selber Rache an ihnen genommen; jedoch wollte Er die einen von euch durch die andern prüfen. Und diejenigen, die in Allahs Weg getötet werden, nimmer leitet Er ihre Werke irre.

5 (6) Er wird sie leiten und ihr Herz in Frieden bringen.

6 (7) Und einführen wird Er sie ins Paradies, das Er ihnen zu wissen getan.

7 (8) O ihr, die ihr glaubt, wenn ihr Allah helft, wird Er euch helfen und eure Füße festigen.

---

1 Nach andern »Der Krieg«. Einige Zeit nach Muhammads Sieg bei Badr geoffenbart. Vgl. Anm. 4, S. 68.
2 Unentgeltliche Freilassung. Nach der Schule der Hanafiten bezieht sich das Gesetz V. 4 und 5 nur auf die Schlacht bei Badr. Nach den Schiiten ist es jedoch von allgemeiner Verpflichtung, die in der Schlacht in die Hände fallenden Feinde zu töten.

8 (9) Die Ungläubigen aber, Verderben über sie! und irre leitet Er ihre Werke.

9 (10) Solches, dieweil sie Abscheu empfanden gegen das, was Er hinabsandte; und zunichte wird Er ihre Werke machen.

10 (11) Reisten sie denn nicht im Land und schauten, wie der Ausgang derer war, die vor ihnen lebten? Allah vertilgte sie, und für die Ungläubigen ist das gleiche wie ihnen bestimmt.

11 (12) Solches, dieweil Allah der Schützer der Gläubigen ist, und weil die Ungläubigen keinen Schützer haben.

12 (13) Siehe, Allah führt diejenigen, welche glauben und das Rechte tun, in Gärten, durcheilt von Bächen, und die Ungläubigen genießen und essen, wie das Vieh isset, und das Feuer ist ihre Wohnung.

13 (14) Und wie viele Städte, stärker an Kraft als deine Stadt, welche dich ausgestoßen hat, vertilgten Wir, und sie hatten keinen Helfer!

14 (15) Soll denn der, welcher an einer deutlichen Lehre von seinem Herrn hängt, gleich sein dem, dessen Missetat ihm ausgeputzt ist, und die ihren Gelüsten folgen?

15 (16) Das Bild des Paradieses, das den Gottesfürchtigen verheißen ward: In ihm sind Bäche von Wasser, das nicht verdirbt, und Bäche von Milch, deren Geschmack sich nicht ändert, und Bäche von Wein, köstlich den Trinkenden;

(17) Und Bäche von geklärtem Honig; und sie haben in ihnen allerlei Früchte und Verzeihung von ihrem Herrn. Sind sie gleich dem, der ewig im Feuer weilen muß, und denen siedendes Wasser zu trinken gegeben wird, das ihnen die Eingeweide zerreißt?

16 (18) Und einige von ihnen hören auf dich, bis daß sie, wenn sie von dir hinausgehen, zu denen, welchen das Wissen gegeben ward, sprechen: »Was sprach er da vorhin?« Sie sind's, deren Herzen Allah versiegelt hat und die ihren Gelüsten folgen.

Muhammad 491

17 (19) Und diejenigen, die geleitet sind, mehrt Er an Leitung und gibt ihnen (Lohn für) ihre Gottesfurcht.

18 (20) Auf was anders warten sie[3] denn, als daß die ›Stunde‹ plötzlich über sie kommt? Schon sind ihre Vorzeichen[4] gekommen, und wie wird ihnen, wenn sie über sie kam, (noch) ihre Ermahnung?

19 (21) Wisse drum, daß es keinen Gott gibt außer Allah, und bitte um Verzeihung für deine Sünde und für die gläubigen Männer und Frauen; und Allah weiß euern Aus- und Eingang und eure Wohnung.

20 (22) Und es sprechen die Gläubigen: »Warum wird keine Sure herabgesendet?« Aber wenn eine unverbrüchliche[5] Sure herabgesendet und in ihr der Kampf verkündet wird, siehst du die, in deren Herzen Krankheit ist, dich anschauen mit dem Blick eines vom Tod Überschatteten. Besser für sie aber wäre Gehorsam und geziemende Worte.

21 (23) Und wenn die Sache beschlossen ist, so wäre es besser für sie, wenn sie dann auf Allah vertrauten.

22 (24) Und hättet ihr euch abgewendet[6], hättet ihr nicht vielleicht Verderben im Land gestiftet und eure Blutsbande zerrissen?

23 (25) Sie sind's, die Allah verflucht hat, und Er hat sie taub gemacht und ihre Blicke geblendet.

24 (26) Wollen sie denn nicht den Koran studieren, oder sind vor ihren Herzen Schlösser?

25 (27) Siehe, diejenigen welche den Rücken kehren, nachdem ihnen die Leitung deutlich gemacht, der Satan hat sie betört, und Er verzieht mit ihnen.

26 (28) Solches darum, daß sie zu denen sprechen, die Abscheu haben wider das, was Allah hinabsandte: »Wir wol-

---

3 Die Ungläubigen.
4 Das erste Vorzeichen ist Muhammads Sendung, dann folgt das Spalten des Mondes und der Rauch, vgl. Sure 44.
5 Die den Krieg befiehlt und nicht durch eine andre Offenbarung wieder aufgehoben wird.
6 Vom Islâm.

492   *Sure 47*

len euch in einem Teil der Sache gehorchen.« Allah aber kennt
ihre Geheimnisse.

27 (29) Wie aber wird's sein, wenn die Engel[7] sie zu sich
nehmen und sie aufs Gesicht und den Rücken schlagen!

28 (30) Solches, dieweil sie dem folgen, was Allah erzürnt,
und Abscheu haben wider das, was Sein Wohlgefallen ist;
drum wird Er ihre Werke vereiteln.

29 (31) Oder glauben jene, in deren Herzen Krankheit ist,
daß Allah nicht ihre Bosheiten zum Vorschein bringt?

30 (32) Und wenn Wir es wollten, Wir zeigten sie dir, und
wahrlich, du erkennetest sie an ihren Kennzeichen. Und
wahrlich, du wirst sie an der undeutlichen Sprache erkennen.
Und Allah kennt euer Tun.

31 (33) Und wahrlich, Wir wollen euch heimsuchen, bis
Wir die Eifernden (im Kampf) unter euch erkennen und die
Standhaften; und Wir wollen das Gerücht von euch prüfen.

32 (34) Siehe, diejenigen, welche ungläubig sind und von
Allahs Weg abwendig machen und sich vom Gesandten trennen, nachdem ihnen die Leitung deutlich gemacht, nimmer
fügen sie Allah ein Leid zu, und vereiteln wird Er ihre Werke.

33 (35) O ihr, die ihr glaubt, gehorchet Allah und gehorchet dem Gesandten und vereitelt nicht eure Werke.

34 (36) Siehe, diejenigen, welche nicht glauben und von
Allahs Weg abwendig machen und alsdann als Ungläubige
sterben, nimmer verzeiht ihnen Allah.

35 (37) Werdet daher nicht matt und ladet (sie) nicht ein
zum Frieden, während ihr die Oberhand habt; denn Allah ist
mit euch, und nimmer betrügt Er euch um eure Werke.

36 (38) Das irdische Leben ist nur ein Spiel und ein Scherz,
und so ihr glaubt und gottesfürchtig seid, wird Er euch euern
Lohn geben. Er fordert nicht euer (ganzes) Gut von euch.

37 (39) So Er es von euch forderte und euch darum
bedrängte, so würdet ihr geizig sein, und Er würde eure Bosheiten zum Vorschein bringen.

---

7 Die Strafengel Munkar und Nakīr.

Der Sieg 493

38 (40) Siehe, ihr seid diejenigen, die eingeladen werden, zu
spenden in Allahs Weg, und die einen von euch sind geizig;
wer aber geizig ist, ist nur geizig wider sich selber. Und Allah
ist der Reiche, und ihr seid die Armen. Und wenn ihr euch
abwendet, so wird Er euch mit einem andern Volk vertauschen. Alsdann werden sie nicht gleich euch sein.

ACHTUNDVIERZIGSTE SURE

Der Sieg[1]

Geoffenbart zu Medina

*Im Namen Allahs,
des Erbarmers, des Barmherzigen!*

1 Siehe, Wir haben dir einen offenkundigen *Sieg* gegeben,

2 (Zum Zeichen,) daß dir Allah deine früheren und späteren Sünden vergibt und Seine Gnade an dir erfüllt und dich
auf einem rechten Pfad leitet,

3 Und daß Allah dir mit mächtiger Hilfe hilft.

4 Er ist's, welcher hinabgesandt hat die »Ruhe«[2] in die
Herzen der Gläubigen, damit sie zunehmen an Glauben zu
ihrem Glauben – und Allahs sind die Heere der Himmel und
der Erden, und Allah ist wissend und weise –,

5 Auf daß Er die Gläubigen, Männer und Frauen, einführe
in Gärten, durcheilt von Bächen, ewig darinnen zu weilen,
und ihre Missetaten zuzudecken; und dies ist bei Allah eine
große Glückseligkeit;

6 Und um die Heuchler und Heuchlerinnen und die Götzenanbeter und Götzenanbeterinnen zu strafen, die von

---

1 Welcher Sieg gemeint ist, ist nicht sicher. Nach einigen Kommentatoren ist die
  Eroberung Mekkas gemeint. Vielleicht handelt es sich um den Waffenstillstand zu Ḥudaibiya.
2 Die *sakīna*, die Gegenwart der göttlichen Vorsehung.

494 **Sure 48**

Allah üble Gedanken denken. Über ihnen wird Übel kreisen, und Allah zürnt ihnen und verflucht sie und hat Dschahannam für sie bereitet, und übel ist die Fahrt (dorthin).

7 Und Allahs sind die Heere der Himmel und der Erden und Allah ist mächtig und weise.

8 Siehe, Wir haben dich entsandt als einen Zeugen und Freudenboten und Warner.

9 Auf daß ihr glaubet an Allah und Seinen Gesandten und daß ihr ihm beisteht und ihn ehret und ihn preiset morgens und abends.

10 Siehe, diejenigen, welche dir den Treueid leisten, leisten nur Allah den Treueid; die Hand Allahs ist über ihren Händen. Wer daher eidbrüchig wird, wird nur eidbrüchig wider sich selber; wer aber seinen Bund mit Allah hält, dem wird Er gewaltigen Lohn geben.

11 Sprechen werden zu dir die Dahintengebliebenen von den Arabern[3]: »Wir hatten mit unserm Gut und unsern Familien zu schaffen, drum bitte um Verzeihung für uns.« Sie sprechen mit ihren Zungen, was nicht in ihren Herzen ist. Sprich: »Wer vermag für euch etwas bei Allah, wenn Er euch ein Leid antun oder euch nützen will?« Nein, Allah weiß, was sie tun.

12 Nein, ihr wähntet, daß der Gesandte und die Gläubigen nimmer zurückkehren würden zu ihren Familien, und dieses war ausgeputzt in euern Herzen. Und ihr dachtet böse Gedanken und waret ein verdorben Volk.

13 Und wer nicht an Allah und Seinen Gesandten glaubt, – siehe für die Ungläubigen haben Wir eine Flamme bereitet.

14 Und Allahs ist das Reich der Himmel und der Erde; Er verzeiht, wem Er will, und straft, wen Er will. Und Allah ist verzeihend und barmherzig.

15 Die Dahintengebliebenen werden sprechen, wenn ihr euch an die Beute macht, sie zu nehmen: »Lasset uns euch

---

3 Dies bezieht sich auf vier Beduinenstämme, welche am Zug nach Ḥudaibīya nicht teilnahmen, indem sie sich mit ihrer Armut und der Fürsorge um Weib und Kind entschuldigten.

Der Sieg

495

folgen.«[4] Sie wollen Allahs Wort ändern. Sprich: »Nimmer sollt ihr uns folgen. Also sprach Allah zuvor.« Dann werden sie sprechen: »Nein; ihr beneidet uns!« Nein, sie verstanden nur ein wenig.

16 Sprich zu den Dahintengebliebenen von den Arabern: »Ihr sollt gerufen werden zu einem Volk von großem Mut[5]; ihr sollt mit ihnen kämpfen oder sie werden Muslime. Und wenn ihr gehorcht, wird euch Allah schönen Lohn geben; wenn ihr jedoch den Rücken kehrt, wie ihr ihn zuvor gekehrt habt, wird Er euch mit schmerzlicher Strafe strafen.«

17 Nicht ist's ein Verbrechen auf dem Blinden oder dem Lahmen oder dem Kranken, (wenn er zu Hause bleibt.) Wer aber Allah gehorcht und Seinem Gesandten, den führt Er ein in Gärten, durcheilt von Bächen, und wer den Rücken kehrt, den straft Er mit schmerzlicher Strafe.

18 Wahrlich, Allah hatte Wohlgefallen an den Gläubigen, als sie unter dem Baume[6] den Treueid schworen; und Er wußte, was in ihren Herzen war, und Er sandte die »Ruhe« auf sie hinab und belohnte sie mit nahem Sieg

19 Und reicher Beute, die sie machten. Und Allah ist mächtig und weise.

20 Allah verhieß euch reiche Beute zu machen und beschleunigte sie euch und hielt der Leute Hände von euch ab, zum Zeichen für die Gläubigen, und um euch auf einen rechten Pfad zu leiten;

21 Und andre (Beute,) über die ihr keine Macht hattet. Nunmehr hat Allah sie in Beschlag genommen[7], denn Allah hat Macht über alle Dinge.

22 Und wenn die Ungläubigen wider euch gekämpft hät-

---

4 Die Beute, die Muhammad in dem Feldzug gegen die Juden von Ḥaibar machen wollte, nach dem beutelosen Zug von Ḥudaibīya.
5 Über dieses Volk herrscht Uneinigkeit bei den Kommentatoren; es sollen die Römer, die Perser oder die heidnischen arabischen Stämme sein.
6 Bei Ḥudaibīya.
7 Wörtlich: Er hat sie rings umgeben.

496 Sure 48

ten, wahrlich, sie hätten den Rücken gekehrt; alsdann hätten
sie weder Schützer noch Helfer gefunden.

23 (Das ist) Allahs Brauch, wie er bereits zuvor war, und
nimmer findest du in Allahs Brauch einen Wechsel.

24 Und Er war's, der ihre Hände von euch abhielt und eure
Hände von ihnen in dem Tal von Mekka[8], nachdem Er euch
über sie obsiegen ließ; denn Allah schaut euer Tun;

25 Sie sind diejenigen, welche nicht glaubten und euch von
der heiligen Moschee fernhielten, wie auch das Opfer zurück-
hielten, daß es nicht seine Opferstätte erreichte. Und ohne die
gläubigen Männer und Frauen, die ihr nicht erkanntet, so daß
ihr sie niedergetreten und ihr auf euch unwissentlich ein Verbrechen geladen hättet, ... (hätte Er sie in eure Hand gegeben,) auf daß Allah in Seine Barmherzigkeit einführe, wen Er
will. Wären sie getrennt voneinander gewesen, wahrlich, Wir
hätten die Ungläubigen unter ihnen mit schmerzlicher Strafe
gestraft.[9]

26 Da die Ungläubigen in ihren Herzen den Eifer trugen,
den Eifer der Unwissenheit[10], da sandte Allah Seine »Ruhe«
auf Seinen Gesandten und die Gläubigen und machte ihnen
das Wort der Gottesfurcht zur Pflicht, denn sie waren seiner
am würdigsten und verdienten es am meisten. Und Allah
weiß alle Dinge.

27 Wahrlich, Allah bewahrheitete Seinem Gesandten das
Gesicht[11], daß er euch, so Allah will, in Sicherheit in den
heiligen Tempel führen werde, mit geschorenem Haupt und
gekürztem (Haar). Fürchtet euch nicht, denn Er weiß, was
ihr nicht wisset, und Er hat außer diesem einen nahen Sieg
verhängt.

8 Zu Ḥudaibīya.
9 Die Quraišiten hinderten Muhammad beim Zuge nach Ḥudaibīya, den Tempel zu Mekka zu besuchen und das Opfer im Tale Minā zu verrichten.
10 D. h. des Unglaubens. Bei dem Waffenstillstand zu Ḥudaibīya verweigerte
der Abgesandte der Quraišiten Muhammad den Gebrauch der Formel »Im
Namen Allahs etc.« und den Gesandtentitel.
11 Diesen Traum hatte Muhammad vor seinem Zuge nach Ḥudaibīya, doch
erfüllte er sich erst im folgenden Jahre.

Die Gemächer   497

28 Er ist's, der Seinen Gesandten mit der Leitung und der Religion der Wahrheit entsandt hat, um sie über jeden andern Glauben siegreich zu machen. Und Allah genügt als Zeuge.

29 Muhammad ist der Gesandte Allahs, und seine Anhänger sind strenge wider die Ungläubigen, barmherzig untereinander. Du siehst sie sich verneigen und niederwerfen, Huld begehrend von Allah und Wohlgefallen. Ihre Merkzeichen auf ihren Angesichtern[12] sind die Spur der Niederwerfung. Solches ist ihr Gleichnis in der Tora und im Evangelium: Sie sind gleich einem Samenkorn, welches seinen Schößling treibt und stark werden lässet; dann wird er dick und richtet sich auf auf seinem Halm, dem Sämann zur Freude: Auf daß sich die Ungläubigen über sie ärgern. Verheißen hat Allah denen von ihnen, die da glauben und das Rechte tun, Verzeihung und gewaltigen Lohn.

NEUNUNDVIERZIGSTE SURE

Die Gemächer

Geoffenbart zu Medina

*Im Namen Allahs,
des Erbarmers, des Barmherzigen!*

1 O ihr, die ihr glaubt, kommt nicht Allah und Seinem Gesandten zuvor und fürchtet Allah; siehe, Allah ist hörend und wissend.

2 O ihr, die ihr glaubt, erhebet nicht eure Stimmen über die Stimme des Propheten, und sprechet nicht so laut zu ihm wie zueinander, auf daß eure Werke nicht eitel werden, ohne daß ihr's euch versehet.

3 Siehe, diejenigen, welche ihre Stimmen vor dem Gesand-

---

12 Nämlich der Staub des Bodens.

498   *Sure 49*

ten Allahs senken, sie sind's, deren Herzen Allah für die
Gottesfurcht erprobt hat; für sie ist Verzeihung und gewaltiger Lohn.

4 Siehe, diejenigen, die dich rufen, während du in deinen
Gemächern bist,[1] die meisten von ihnen sind ohne Einsicht.

5 Wenn sie sich geduldeten, bis du zu ihnen herauskommst, wahrlich, es wäre besser für sie; und Allah ist verzeihend und barmherzig.

6 O ihr, die ihr glaubt: wenn ein Nichtswürdiger[2] mit einer
Nachricht zu euch kommt, so stellt die Sache klar, auf daß ihr
nicht ein Volk in Unwissenheit verletzet und euer Tun hernach bereuen müsset.

7 Und wisset, daß ein Gesandter Allahs unter euch ist.
Würde er euch in manch einer Sache gehorchen, wahrlich, ihr
würdet euch versündigen[3]. Jedoch hat euch Allah den Glauben lieb gemacht und hat ihn in euern Herzen geziert und
euch den Unglauben, Schandbarkeit und Widersetzlichkeit
verabscheuenswert gemacht. Dies sind die Rechtgeleiteten:

8 Eine Huld von Allah und Gnade! Und Allah ist wissend
und weise.

9 Und wenn zwei Parteien der Gläubigen miteinander
streiten, so stiftet Frieden unter ihnen; und wenn sich die eine
gegen die andre vergeht, so kämpfet gegen die, welche sich
verging, bis sie zu Allahs Befehl zurückkehrt. Und wenn
sie zurückkehrt, so stiftet Frieden unter ihnen in Billigkeit
und übt Gerechtigkeit. Siehe, Allah liebt die Gerechtigkeit
Übenden.

10 Die Gläubigen sind Brüder; so stiftet Frieden unter
euern Brüdern und fürchtet Allah; vielleicht findet ihr Barmherzigkeit.

---

1 Dies soll sich auf zwei Araber beziehen, die einst Muhammad mit lauter
  Stimme aus seinem Harem herausriefen.
2 Dies soll auf al-Walīd ben 'Uqba gehen, der von Muhammad zur Einsamm-
  lung der Armensteuer zu einem Beduinenstamm gesandt war und Muhammad
  vorlog, daß sie ihm dieselbe verweigert hätten.
3 Indem ihr ihn irreführt.

Die Gemächer 499

11 O ihr, die ihr glaubt, lasset nicht die einen über die andern spotten, die vielleicht besser sind als sie. Auch mögen nicht Frauen andre Frauen verspotten, die vielleicht besser sind als sie. Verleumdet euch nicht einander und gebet einander nicht beschimpfende Namen. Ein schlimmer Name ist Nichtswürdigkeit nach dem Glauben, und wer nicht bereut, das sind die Ungerechten.

12 O ihr, die ihr glaubt, vermeidet sorgfältig Argwohn; siehe, ein gewisser Argwohn ist Sünde. Und spioniert nicht, und keiner verleumde den andern in seiner Abwesenheit. Würde etwa jemand von euch gern seines toten Bruders Fleisch essen? Ihr würdet es verabscheuen. Und fürchtet Allah; siehe, Allah ist langmütig und barmherzig.

13 O ihr Menschen, siehe, Wir erschufen euch von einem Mann und einem Weib und machten euch zu Völkern und Stämmen, auf daß ihr einander kennet. Siehe, der am meisten Geehrte vor euch vor Allah ist der Gottesfürchtigste unter euch; siehe, Allah ist wissend und kundig.

14 Die Araber[4] sprechen: »Wir glauben.« Sprich: »Ihr glaubet nicht; sprechet vielmehr: ›Wir sind Muslime‹; denn der Glauben ist noch nicht eingekehrt in eure Herzen. Wenn ihr aber Allah und Seinem Gesandten gehorcht, so wird Er euch um nichts von euren Werken betrügen. Siehe, Allah ist verzeihend und barmherzig.«

15 Gläubige sind nur die, welche an Allah und Seinen Gesandten glauben und hernach nicht zweifeln und die mit Gut und Blut in Allahs Weg eifern. Das sind die Wahrhaftigen.

16 Sprich: »Wollt ihr Allah über eure Religion belehren, wo Allah weiß, was in den Himmeln und was auf Erden ist, und Allah alle Dinge kennt?«

---

4 Dies soll auf den Beduinenstamm der Banū Asad gehen, welche in einer Hungersnot nach Medina kamen und Glauben heuchelten, um Lebensmittel zu erhalten. Wichtig ist hier der Unterschied zwischen »den Islām annehmen« als äußerem rechtlichen Akt und »glauben«, das eine Beteiligung des Herzens voraussetzt.

500   Sure 50

17 Sie halten dir vor, daß sie Muslime geworden sind.
Sprich: »Haltet mir nicht euern Islām vor; vielmehr wird
Allah es euch vorhalten, daß Er euch zum Glauben geleitet
hat, so ihr wahrhaftig seid.

18 Siehe, Allah kennt das Verborgene in den Himmeln und
auf Erden, und Allah schaut, was ihr tut.«

FÜNFZIGSTE SURE

Qāf

Geoffenbart zu Mekka

Im Namen Allahs,
des Erbarmers, des Barmherzigen!

1 (1) Q. Bei dem ruhmvollen Koran!

2 (2) Doch sie wundern sich, daß zu ihnen ein Warner aus
ihnen kam; und es sprechen die Ungläubigen: »Dies ist ein
wunderbarlich Ding.

3 (3) Etwa, wenn wir gestorben und Staub geworden
sind . . .? Das ist eine weitentfernte Wiederkehr.«

4 (4) Wir wissen wohl, was die Erde von ihnen verzehrt,
und bei Uns ist ein Buch, das achtgibt.

5 (5) Sie aber ziehen die Wahrheit, nachdem sie zu ihnen
kam, der Lüge, und sie befinden sich in verwirrtem Zustand[1].

6 (6) Sehen sie denn nicht zum Himmel über ihnen empor,
wie Wir ihn erbauten und schmückten, und wie er keine Risse
hat?

7 (7) Und die Erde, Wir breiteten sie aus und warfen in sie
die festgegründeten (Berge) und ließen auf ihr sprießen von
jeglicher schönen Art,

8 (8) Zur Einsicht und Ermahnung für jeden reuig sich
bekehrenden Diener.

---

1 Indem der eine den Koran für eine Fiktion, der andre für Poesie, der dritte für
alte Geschichten erklärt.

Qāf

9 (9) Und Wir senden vom Himmel gesegnetes Wasser herab und lassen durch dasselbe Gärten sprießen und das Korn der Ernte,

10 (10) Und hohe Palmen mit übereinander stehenden Fruchtkröpfen,

11 (11) Als eine Versorgung für die Diener. Und Wir machen mit ihm ein totes Land lebendig; also wird die Erstehung sein

12 (12) Vor ihnen ziehen der Lüge das Volk Noahs und die Bewohner von ar-Rass und Tamūd,

13 (13) Und 'Ād und Pharao und die Brüder Lots und

14 Die Waldbewohner und das Volk des Tubba'. Alle ziehen die Gesandten der Lüge, und Meine Drohung ward bewahrheitet.

15 (14) Sind Wir denn durch die erste Schöpfung ermattet? Doch sie sind in Unklarheit über eine neue Schöpfung.

16 (15) Und wahrlich, Wir erschufen den Menschen, und Wir wissen, was ihm seine Seele einflüstert, denn Wir sind ihm näher als die Halsader.

17 (16) Wenn die zwei Begegner[2] sich begegnen, zur Rechten und zur Linken sitzend,

18 (17) Wird er kein Wort sprechen; doch ist neben ihm ein bereiter[3] Wächter.

19 (18) Und es kommt des Todes Taumel in Wahrheit: »Das war's, dem du auswichst.«

20 (19) Und gestoßen wird in die Posaune – das ist der Tag, der angedroht ward.

21 (20) Und kommen wird jede Seele mit einem Treiber und einem Zeugen.

22 (21) »Wahrlich, du warst dessen achtlos, und wir nahmen deinen Schleier von dir, und dein Blick ist heute scharf.«[4]

23 (22) Und sein Gefährte wird sprechen: »Das ist's, was bei mir bereit ist.«

---

2 Die beiden Engel Munkar und Nakīr.
3 Bereit zur Niederschrift.
4 Diese Worte spricht der Treiber zur Seele.

502   *Sure 50*

24 (23)[5] »Werfet in die Hölle jeden trotzigen Ungläubigen,

25 (24) Der das Gute hemmte, ein Übertreter, ein Zweifler,

26 (25) Der neben Allah andre Götter setzt; und werfet ihn in die strenge Strafe.«

27 (26) Sein Gefährte wird sprechen: »Unser Herr, ich verführte ihn nicht, doch war er in tiefem Irrtum.«[6]

28 (27) Er wird sprechen: »Streitet nicht vor Mir, Ich sandte euch die Drohung zuvor.

29 (28) Das Wort wird nicht bei Mir geändert, und Ich tue den Dienern kein Unrecht.«

30 (29) An jenem Tage werden Wir zu Dschahannam sprechen: »Bist du voll?« Und sie wird sprechen: »Gibt's noch ein Mehr?«

31 (30) Und das Paradies wird den Gottesfürchtigen nahe gebracht werden – unfern.

32 (31) »Das ist's, was euch verheißen ward – einem jeden Bußfertigen, (die Gebote) Beobachtenden,

33 (32) Der den Erbarmer im geheimen fürchtet und mit reuigem Herzen kommt.

34 (33) Gehet hinein in Frieden! Dies ist der Tag der Ewigkeit.«

35 (34) Sie werden haben, was sie in ihm begehren, und bei Uns ist Vermehrung.

36 (35) Und wie viele Geschlechter vertilgten Wir vor ihnen, die stärker als sie an Macht waren! Durchziehet das Land, ob's eine Zuflucht gibt.

37 (36) Siehe, hierin ist wahrlich eine Ermahnung für den, der ein Herz hat oder Gehör gibt und ein (Augen-)Zeuge ist.

38 (37) Und wahrlich, Wir erschufen die Himmel und die Erde und was zwischen beiden in sechs Tagen, und keine Ermüdung erfaßte Uns.

39 (38) Und so ertrage, was sie sprechen, und lobpreise deinen Herrn vor Sonnenauf- und Untergang,

5 V. 24–26 spricht Allah.
6 Dies spricht der Satan.

Die Zerstreuenden 503

40 (39) Und zur Nacht auch preise Ihn und (verrichte) die Enden der Niederwerfung[7].

41 (40) Und horche auf den Tag, da der Herold von naher Stätte ruft.

42 (41) Der Tag, an dem sie den Schall in Wahrheit hören, das ist der Tag der Erstehung.

43 (42) Siehe, Wir machen lebendig und Wir töten, und zu Uns ist die Fahrt

44 (43) An jenem Tage, da sich die Erde ob ihnen[8] hurtig spaltet – das ist ein Versammeln, das Uns leichtfällt.

45 (44) Wir wissen, was sie sprechen, und du bist nicht über sie gesetzt, sie zu zwingen.

(45) Drum ermahne durch den Koran den, der Meine Drohung fürchtet.

EINUNDFÜNFZIGSTE SURE

Die Zerstreuenden

Geoffenbart zu Mekka

Im Namen Allahs,
des Erbarmers, des Barmherzigen!

1 Bei den in Zerstreuung *Zerstreuenden*[1],

2 Und bei den Bürdetragenden[2],

3 Und den hurtig Eilenden[3],

4 Und bei den Geschäfte Verteilenden[4],

5 Siehe, was euch angedroht wird, ist gewißlich wahr,

---

7 D. h. die nicht gesetzlich verordneten, doch verdienstvollen zwei Verbeugungen nach dem Morgen- und Abendgebet.
8 Den Toten.

1 Die Winde.
2 Die Wolken.
3 Die Schiffe.
4 Die Engel oder Winde.

504   *Sure 51*

6 Und siehe, das Gericht trifft gewißlich ein!

7 Und bei dem Himmel mit seinen Pfaden,

8 Siehe, ihr seid in widersprechender Rede!

9 Abgewendet ist von ihm, wer abgewendet ist[5].

10 Tod den Lügnern,

11 Die sorglos sind in einer Flut (von Unwissenheit).

12 Sie werden fragen: »Wann ist der Tag des Gerichts?«

13 An jenem Tage sollen sie im Feuer versucht werden:

14 »Schmecket eure Versuchung. Das ist's, was ihr herbei-wünschtet.«

15 Siehe, die Gottesfürchtigen kommen in Gärten und Quellen,

16 Empfangend, was ihnen ihr Herr gegeben; siehe, sie waren zuvor rechtschaffen.

17 Sie schliefen nur einen Teil der Nacht[6]

18 Und im Morgengrauen baten sie um Verzeihung.

19 Und in ihrem Gut (war) ein Teil für den Bittenden und den verschämten Armen.

20 Und in der Erde sind Zeichen für die Festen im Glauben,

21 Und in euch selber – seht ihr denn nicht?

22 Und im Himmel ist eure Versorgung und das, was euch verheißen ward.

23 Und bei dem Herrn des Himmels und der Erden, siehe, es ist gewißlich wahr, gleich dem, was ihr redet[7].

24 Kam nicht die Erzählung zu dir von Abrahams geehrten Gästen?

25 Da sie bei ihm eintraten und sprachen: »Frieden!« Er sprach: »Frieden! – Unbekannte Leute.«

26 Und er ging abseits zu seiner Familie und brachte ein fettes Kalb.

27 Und er setzte es ihnen vor und sprach: »Esset ihr nicht?«

28 Und es erfaßte ihn Furcht vor ihnen. Sie sprachen:

---

5 Durch Allahs Beschluß vom Koran abgewendet.
6 Indem sie die Nacht meist in Andacht verbrachten.
7 Gleich euern Schwüren ist es wahr.

Die Zerstreuenden

»Fürchte dich nicht.« Und sie verkündeten ihm einen weisen Knaben.

29 Und sein Weib nahte lärmend und schlug ihr Angesicht und sprach: »Ein altes Weib, unfruchtbar!«

30 Sie sprachen: »Also spricht dein Herr; siehe, Er ist der Weise, der Wissende.«

31 Er sprach: »Und was ist euer Geschäft, ihr Entsandten?«

32 Sie sprachen: »Siehe, wir sind zu einem sündigen Volk entsandt,

33 Auf daß wir Steine von Ton auf sie hinabsenden,

34 Gezeichnet[8] von deinem Herrn für die Übertreter.

35 Und wir ließen die Gläubigen unter ihnen heraus,

36 Doch fanden wir darinnen nur *ein* Haus von Muslimen;

37 Und wir ließen in ihr[9] ein Zeichen für die, welche die schmerzliche Strafe fürchten –«

38 Und in Moses, da Wir ihn zu Pharao mit offenkundiger Vollmacht schickten.

39 Und er wandte sich zu seiner Säule[10] und sprach: »Ein Zauberer oder ein Besessener.«

40 Und Wir erfaßten ihn und seine Heerscharen und stürzten sie ins Meer, denn er war tadelnswert.

41 Und in 'Ād (ließen Wir ein Zeichen,) da Wir zu ihnen den unfruchtbaren Wind sandten,

42 Der nichts von allem, zu dem er kam, anders wie als Asche zurückließ.

43 Und in Thamūd, da zu ihnen gesprochen ward: »Laßt es euch eine Weile gut sein.«

44 Sie aber waren hoffärtig gegen ihres Herrn Befehl. Und da erfaßte sie der Donnerschlag, als sie ausschauten.

45 Und nicht vermochten sie aufrecht zu stehen und wurden nicht errettet.

---

8 Jeder Stein trug den Namen des Missetäters, für den er bestimmt war.
9 Der Stadt.
10 Vielleicht ist sein Großwesir gemeint. Andere Übersetzungsvorschläge: »Da wandte ihm dieser und seine Fürsten mit ihm den Rücken« oder »Pharao wandte sich ab, stolz über seine Macht«.

46 Und das Volk Noahs vor ihnen: Siehe, sie waren ein frevelnd Volk.

47 Und den Himmel, Wir erbauten ihn mit Kraft, und siehe, wahrlich, Wir machten ihn weit.

48 Und die Erde, Wir breiteten sie aus, und wie schön betteten Wir sie!

49 Und von allerlei Dingen erschufen Wir Paare; vielleicht lasset ihr euch ermahnen.

50 Drum fliehet zu Allah; siehe, ich bin euch von Ihm ein offenkundiger Warner.

51 Und setzet nicht neben Allah andre Götter; siehe, ich bin euch von Ihm ein offenkundiger Warner.

52 Also kam zu denen, die vor ihnen lebten, kein Gesandter, ohne daß sie gesprochen hätten: »Ein Zauberer oder ein Verrückter!«

53 Vermachen sie es[11] etwa einer dem andern? Nein, sie sind ein widerspenstig Volk.

54 So wende dich ab von ihnen, so wirst du nicht tadelnswert sein.

55 Und ermahne, denn siehe, die Ermahnung nützt den Gläubigen.

56 Und die Dschinn und die Menschen habe Ich nur dazu erschaffen, daß sie Mir dienen.

57 Ich wünsche keine Versorgung von ihnen, und wünsche nicht, daß sie Mich speisen.

58 Siehe, Allah, Er ist der Versorger, der Herr der Kraft, der Ausdauernde.

59 Siehe, für die Ungerechten soll ein Anteil sein gleich dem Anteil ihrer Gefährten; doch sollen sie nicht wünschen, daß Ich ihn beschleunige.

60 Und wehe den Ungläubigen vor ihrem Tag, der ihnen angedroht wird!

11 Diesen Ausspruch.

ZWEIUNDFÜNFZIGSTE SURE

Der Berg

Geoffenbart zu Mekka

Im Namen Allahs,
des Erbarmers, des Barmherzigen!

1 Bei dem *Berg*

2 Und einem Buch, geschrieben

3 Auf ausgebreitetem Pergament[1],

4 Und dem besuchten Haus[2]

5 Und dem erhöhten Dache[3]

6 Und dem geschwollenen Meer,

7 Siehe, deines Herrn Strafe trifft wahrlich ein.

8 Keinen gibt's, sie abzuwehren.

9 Am Tag, da der Himmel ins Schwanken kommt

10 Und die Berge sich regen,

11 Wehe an jenem Tage denen, die (die Gesandten) der Lüge ziehen,

12 Sie, die zum Zeitvertreib schwatzten!

13 An jenem Tage sollen sie in Dschahannams Feuer gestoßen werden

14 »Das ist das Feuer, das ihr für Lüge erklärtet.

15 Ist dies etwa Zauberei oder sehet ihr nicht?

16 Brennet in ihm und haltet aus oder haltet nicht aus, es ist gleich für euch; ihr werdet nur für euer Tun belohnt.«

17 Siehe, die Gottesfürchtigen kommen in Gärten und Wonne,

18 Genießend, was ihr Herr ihnen gegeben hat. Und befreit hat sie ihr Herr von der Strafe des Höllenpfuhls.

19 »Esset und trinket und wohl bekomm's – für euer Tun!«

20 Gelehnt auf Polstern in Reihen; und Wir vermählen sie mit großäugigen Hūris.

---

1 Der Koran.
2 Die Ka'ba.
3 Das Himmelsdach.

508 Sure 52

21 Und diejenigen, welche glauben und deren Sprößlinge ihnen im Glauben folgen, die wollen Wir mit ihren Sprößlingen vereinigen, und um nichts von ihren Werken wollen Wir sie betrügen. Jedermann ist für das, was er geschafft, verpfändet.

22 Und Wir wollen sie reichlich mit Früchten und Fleisch versorgen, wie sie es nur wünschen.

23 Und reichen sollen sie einander darinnen einen Becher, in dem weder Geschwätz noch Versündigung ist.

24 Und die Runde sollen unter ihnen Jünglinge machen, gleich verborgenen Perlen.

25 Und einer wird sich an den andern wenden, einander fragend.

26 Und sie werden sprechen: »Siehe, wir waren zuvor inmitten unserer Familien besorgt[4].

27 Doch war uns Allah gnädig und befreite uns von der Strafe des Glutwinds.

28 Siehe, wir riefen Ihn zuvor an; siehe, Er ist der Gütige, der Barmherzige.«

29 Drum ermahne, denn du bist, bei der Gnade deines Herrn, kein Wahrsager oder Besessener.

30 Sprechen sie etwa: »Ein Dichter! Wir wollen des Schicksals Unheil an ihm erwarten.«

31 Sprich: »Wartet; ich warte mit euch.«

32 Oder befehlen ihnen dies ihre Träume?

33 Oder sprechen sie: »Er hat ihn[5] erfunden?« Doch sie wollen nur nicht glauben.

34 So mögen sie Mir eine Rede wie diese bringen, so sie wahrhaftig sind.

35 Oder wurden sie aus nichts erschaffen? Oder sind sie gar die Schöpfer (ihrer selbst?)

36 Oder erschufen sie die Himmel und die Erde? Doch nein, sie haben keinen festen Glauben.

4 Um ihr künftiges Los.
5 Den Koran.

Der Berg   509

37 Oder haben sie die Schätze deines Herrn? Oder haben sie die Oberherrschaft?

38 Oder haben sie eine Leiter, auf der sie lauschen können[6]? Dann mag der Lauscher unter ihnen offenkundige Vollmacht bringen.

39 Oder hat Er Töchter und habt ihr Söhne?

40 Oder verlangst du einen Lohn von ihnen, wo sie von Schulden schwer beladen sind?

41 Oder besitzen sie das Verborgene, so daß sie es niederschreiben?

42 Oder beabsichtigen sie eine List? Aber wider die Ungläubigen werden Listen geschmiedet.

43 Oder haben sie einen Gott außer Allah? Preis Allah, (der erhaben ist) ob dem, was sie Ihm beigesellen.

44 Und sähen sie ein Stück vom Himmel einfallen, so würden sie sprechen: »Eine dicke Wolke!«

45 So laß sie, bis sie ihrem Tag begegnen, an dem sie ohnmächtig werden sollen:

46 Ein Tag, an dem ihnen ihre List nichts nützen wird, und an dem sie nicht gerettet werden.

47 Und siehe, für die Ungerechten ist noch eine Strafe außer dieser; jedoch wissen es die meisten von ihnen nicht.

48 Und warte auf das Gericht deines Herrn, denn siehe, du bist in Unsern Augen; und lobpreise deinen Herrn zur Zeit, da du aufstehst,

49 Und zur Nacht preise Ihn und beim Erblassen der Sterne.

6 Nämlich: auf die Gespräche der Engel.

DREIUNDFÜNFZIGSTE SURE

Der Stern

Geoffenbart zu Mekka

Im Namen Allahs,
des Erbarmers, des Barmherzigen!

1 (1) Bei dem *Stern*, da er sinkt,

2 (2) Euer Gefährte[1] irrt nicht und ist nicht getäuscht,

3 (3) Noch spricht er aus Gelüst.

4 (4) Er[2] ist nichts als eine geoffenbarte Offenbarung,

5 (5) Die ihn gelehrt hat der Starke an Kraft[3],

6 (6) Der Herr der Einsicht. Und aufrecht stand Er da

7 (7) Im höchsten Horizont;

8 (8) Alsdann nahte Er sich und näherte sich

9 (9) Und war zwei Bögen entfernt oder näher

10 (10) Und offenbarte Seinem Diener, was Er offenbarte.

11 (11) Nicht erlog das Herz, was er sah.

12 (12) Wollt ihr ihm denn bestreiten, was er sah?

13 (13) Und wahrlich, er sah ihn ein andermal

14 (14) Bei dem Lotosbaum[4], der äußersten Grenze,

15 (15) Neben dem der Garten der Wohnung.

16 (16) Da den Lotosbaum bedeckte, was da bedeckte[5],

17 (17) Nicht wich der Blick ab und ging drüber hinaus;

18 (18) Wahrlich, er sah von den Zeichen seines Herrn die größten.

19 (19) Was meint ihr drum von al-Lāt und al-'Uzzā,

20 (20) Und Manāt, der dritten daneben?[6]

1 Muhammad.
2 Der Koran.
3 Der Erzengel Gabriel; er erschien Muhammad zweimal: das erste Mal bei der
  ersten Offenbarung, das zweite Mal bei der Nachtreise.
4 Der Lotosbaum im siebenten Himmel zur Rechten des Thrones Allahs.
5 Engelscharen.
6 Dies sind drei Göttinnen der heidnischen Araber. Bei der ersten Verlesung der
  Sure soll Muhammad fortgefahren sein:
  »Dies sind die zwei hochfliegenden Schwäne,
  Und ihre Fürsprache werde erhofft.«

Der Stern 511

21 (21) Sollen euch Söhne sein und Ihm Töchter?

22 (22) Dies wäre dann eine ungerechte Verteilung.

23 (23) Siehe, nur Namen sind es, die ihr ihnen gabt, ihr und eure Väter. Allah sandte keine Vollmacht für sie hinab. Sie folgen nur einem Wahn und ihrer Seelen Gelüst, und wahrlich, es kam zu ihnen von ihrem Herrn die Leitung.

24 (24) Soll etwa der Mensch haben, was er wünscht?

25 (25) Aber Allahs ist das Letzte und das Erste.

26 (26) Und wie viele der Engel in den Himmeln sind, ihre Fürbitte frommt nichts,

(27) Außer nachdem Allah Erlaubnis gab, wem Er will und wer Ihm beliebt.

27 (28) Siehe, diejenigen, die nicht ans Jenseits glauben, wahrlich, sie benennen die Engel mit Weibesnamen.

28 (29) Doch haben sie kein Wissen hiervon; sie folgen nur einem Wahn, und siehe, der Wahn nützt nichts gegen die Wahrheit.

29 (30) Drum wende dich ab von dem, der Unsrer Ermahnung den Rücken kehrt und nur das irdische Leben begehrt.

30 (31) Dies ist die Summe ihres Wissens. Siehe, dein Herr weiß sehr wohl, wer von Seinem Wege abirrt, und Er weiß sehr wohl, wer rechtgeleitet ist.

31 (32) Und Allahs ist, was in den Himmeln und was auf Erden, auf daß Er diejenigen belohne, die Böses tun, nach ihrem Tun, und die, welche Gutes tun, mit dem Besten belohne.

32 (33) Diejenigen, welche die großen Sünden und Schändlichkeiten meiden, mit Ausnahme verzeihlicher Sünden – siehe, dein Herr ist von weitumfassender Verzeihung. Er kannte euch sehr wohl, als Er euch aus der Erde hervorbrachte, und da ihr Embryos waret in eurer Mütter Leibern. Drum erkläret euch nicht selber für rein; Er weiß sehr wohl, wer gottesfürchtig ist.

Er tat dies, da ihm die Quraišiten unter diesem Kompromiß die Prophetenwürde zuerkennen wollten. Am nächsten Tag jedoch schon erklärte er die beiden Verse als Eingebung des Satans, an ihre Stelle traten V. 21-23.

512   Sure 53

33 (34) Was meinst du von dem, der den Rücken kehrt,

34 (35) Und wenig gibt und kargt?

35 (36) Hat er die Kenntnis des Verborgenen, und sieht er es?

36 (37) Oder ward ihm nicht erzählt, was in den Seiten Moses steht,

37 (38) Und Abrahams, der getreu war,

38 (39) Daß keine beladene (Seele) die Last einer andern tragen soll?

39 (40) Und daß der Mensch nur empfangen soll, wonach er sich bemüht hat,

40 (41) Und daß sein Bemühen gesehen werden soll,

41 (42) Und er alsdann dafür belohnt werden soll mit entsprechendstem Lohn;

42 (43) Und daß bei deinem Herrn das Endziel ist;

43 (44) Und daß Er lachen und weinen macht;

44 (45) Und daß Er es ist, der tötet und lebendig macht;

45 (46) Und daß Er die Paare erschuf, das Männchen und Weibchen,

46 (47) Aus einem Samentropfen, da er ergossen ward;

47 (48) Und daß Ihm die andre Schöpfung[7] obliegt;

48 (49) Und daß Er reich macht und zufriedenstellt;

49 (50) Und daß Er der Herr des Sirius[8] ist;

50 (51) Und daß Er ʿĀd zerstörte, die alte,

51 (52) Und Ṯamūd und keinen übrig ließ;

52 (53) Und Noahs Volk zuvor; siehe, sie waren höchst ungerecht und sündhaft.

53 (54) Und die umgestürzten (Städte[9]) zerstörte Er,

54 (55) Und es bedeckte sie, was sie bedeckte[10].

55 (56) Welche Wohltaten deines Herrn willst du drum bestreiten?

---

7 Die Auferweckung.
8 Der Sirius war bei den vorislamischen Arabern Gegenstand der Anbetung.
9 Sodom und Gomorrha.
10 Das Tote Meer.

Der Mond   513

56 (57) Dies[11] ist ein Warner von den früheren Warnern.
57 (58) Es naht der nahende (Tag);
58 Keiner außer Allah deckt ihn auf.
59 (59) Wundert ihr euch etwa über diese Rede?
60 (60) Und lachet ihr und weinet nicht?
61 (61) Und treibet eitles Spiel?
62 (62) So werfet euch nieder vor Allah und dienet Ihm.

VIERUNDFÜNFZIGSTE SURE

Der Mond

Geoffenbart zu Mekka

Im Namen Allahs,
des Erbarmers, des Barmherzigen!

1 Genaht ist die Stunde und gespalten der *Mond*[1],
2 Doch wenn sie ein Zeichen sehen, wenden sie sich ab und sprechen: »Fortdauernde Zauberei!«
3 Und sie zeihen der Lüge und folgen ihren Lüsten; doch steht jedes Ding fest.
4 Und wahrlich, es kam zu ihnen abschreckende Kunde[2],
5 Vortreffliche Weisheit; doch nützen die Warner nichts.
6 Drum kehre ihnen den Rücken. Am Tage, da der Rufer[3] zu einem widerwärtigen Geschäft ruft,
7 Gesenkten Blickes werden sie da aus den Grüften kommen, gleich zerstreuten Heuschrecken,

---

11 Muhammad.
1 Nach der Tradition war dies ein Zeichen, das geschah, als die Ungläubigen von Muhammad ein Wunder verlangten. Die Zeitform kann jedoch auch futurisch übersetzt werden, und dann deutet es auf eines der letzten Zeichen hin.
2 Dies ist der Koran.
3 Der Erzengel Isrāfīl (Raphael).

8 Entgegenhastend dem Rufer. Sprechen werden die Ungläubigen: »Dies ist ein schlimmer Tag!«

9 Der Lüge zieh vor ihnen Noahs Volk; sie nannten Unsern Diener einen Lügner und sprachen: »Besessen!« Und er ward verstoßen.

10 Und er rief zu seinem Herrn: »Siehe, ich bin übermocht; so hilf mir.«

11 Und Wir öffneten die Tore des Himmels in strömendem Wasser,

12 Und ließen aus der Erde Quellen hervorbrechen, und so begegnete sich das Wasser nach verhängtem Beschluß.

13 Und Wir trugen ihn auf dem (Schiff) aus Planken und Nieten,

14 Das unter Unsern Augen segelte, ein Lohn für den, der verleugnet ward.

15 Und wahrlich, Wir ließen es als Zeichen übrig. Gibt's aber einen, der sich ermahnen läßt?

16 Und wie war Meine Strafe und Warnung!

17 Und wahrlich, leicht machten Wir nun den Koran zur Ermahnung; doch gibt es einen, der sich ermahnen läßt?

18 Der Lüge zieh ʿĀd; doch wie war Meine Strafe und Warnung!

19 Siehe, Wir entsandten wider sie einen eisig pfeifenden Wind an einem unseligen starken Tag,

20 Der die Menschen hinfortraffte, als wären sie entwurzelte Palmstämme.

21 Und wie war Meine Strafe und Warnung!

22 Und wahrlich, Wir machten den Koran leicht zur Ermahnung; gibt es aber einen, der sich ermahnen läßt?

23 Und der Lüge zieh Ṯamūd die Warnung,

24 Und sie sprachen: »Sollen wir einem Menschen von uns, einem einzelnen, folgen? Siehe, dann wären wir wahrlich in Irrtum und Tollheit.

25 Ward die Warnung auf ihn unter uns geworfen? doch nein, er ist ein frecher Lügner.«

26 »Sie werden morgen wissen, wer der freche Lügner ist.

Der Mond   515

27 Siehe, Wir werden die Kamelin ihnen als Versuchung
schicken, drum beobachte sie und gedulde dich.

28 Und verkünde ihnen, daß das Wasser unter ihnen[4] verteilt ist: jeder Trunk soll (abwechselnd) gereicht werden.«

29 Sie aber riefen ihren Gefährten, und er packte (ein
Messer) und zerschnitt ihr die Flechsen.

30 Und wie war Meine Strafe und Warnung!

31 Siehe, Wir entsandten wider sie einen einzigen Schall,
und da waren sie wie das Reisig des Hürdenmachers.

32 Und wahrlich, Wir machten den Koran leicht zur
Ermahnung; gibt's aber einen, der sich ermahnen läßt?

33 Der Lüge zieh das Volk Lots die Warnung.

34 Siehe, Wir entsandten wider sie einen Kiesel aufwirbelnden Wind, und nur Lots Haus erretteten Wir im Morgengrauen.

35 Als eine Gnade von Uns. Also belohnen Wir die Dankbaren.

36 Und wahrlich, er hatte sie gewarnt vor Unserm Angriff,
sie aber bezweifelten die Warnung.

37 Und wahrlich, sie verlangten von ihm seine Gäste; drum
zerstörten Wir ihre Augen: »So schmecket Meine Strafe und
Meine Warnung.«

38 Und wahrlich, am Morgen in der Frühe erfaßte sie eine
bleibende Strafe.

39 »So schmecket Meine Strafe und Meine Warnung.«

40 Und wahrlich, Wir machten den Koran leicht zur
Ermahnung; gibt's aber einen, der sich ermahnen läßt?

41 Und wahrlich, es kam zum Hause Pharaos die Warnung.

42 Sie aber ziehen alle Unsre Zeichen der Lüge, und so
erfaßten Wir sie mit dem Erfassen eines Mächtigen, Gewaltigen.

43 Sind eure Ungläubigen etwa besser als jene, oder gibt's
für euch eine Befreiung in den Schriften?

---

4 Den Tamūdäern und der Kamelin.

516   Sure 55

44 Oder sprechen sie: »Wir sind eine siegende Menge?«

45 In die Flucht geschlagen wird die ganze Schar, und sie werden den Rücken kehren.

46 Aber die ›Stunde‹ ist ihre angedrohte Zeit, und die ›Stunde‹ ist fürchterlicher und bitterer.

47 Siehe, die Sünder sind in Irrtum und Tollheit.

48 Eines Tages werden sie ins Feuer auf ihren Angesichtern geschleift: »Schmecket die Berührung des Höllenfeuers.«

49 Siehe, alle Dinge erschufen Wir nach einem Ratschluß,

50 Und Unser Befehl ist nur ein (Wort,) gleich dem Blinzeln des Auges.

51 Und wahrlich, Wir vertilgten ähnliche wie euch; gibt's aber einen, der sich warnen läßt?

52 Und alle Dinge, die sie tun, stehn in den Büchern,

53 Und alles kleine und große ist niedergeschrieben.

54 Siehe, die Gottesfürchtigen kommen in Gärten mit Bächen,

55 Im Sitze der Wahrhaftigkeit bei einem mächtigen König.

FÜNFUNDFÜNFZIGSTE SURE

Der Erbarmer

Geoffenbart zu Mekka

Im Namen Allahs,
des Erbarmers, des Barmherzigen!

1 (1) Der *Erbarmer*
2 Lehrte den Koran.
3 (2) Er erschuf den Menschen,
4 (3) Er lehrte ihn deutliche Sprache.
5 (4) Die Sonne und der Mond sind Gesetzen unterworfen,
6 (5) Und die Sterne und Bäume werfen sich anbetend nieder.

Der Erbarmer   517

7 (6) Und der Himmel, Er hat ihn erhöht und die Waage aufgestellt,

8 (7) Auf daß ihr in der Waage euch nicht vergeht.

9 (8) Und wäget in Gerechtigkeit und vermindert nicht das Gewicht.

10 (9) Und die Erde, Er hat sie hingestellt für die Geschöpfe;

11 (10) In ihr sind Früchte und Palmen mit Blütenscheiden

12 (11) Und das Korn voll Halme und der Lebensunterhalt.

13 (12) Und welche der Wohltaten eures Herrn wollt ihr beide[1] wohl leugnen?

14 (13) Erschaffen hat Er den Menschen aus Lehm wie ein Tongefäß;

15 (14) Und erschaffen hat Er die Dschänn aus rauchlosem Feuer.

16 (15) Und welche der Wohltaten eures Herrn wollt ihr beide wohl leugnen?

17 (16) Der Herr der beiden Osten

(17) Und der Herr der beiden Westen[2]!

18 (18) Und welche der Wohltaten eures Herrn wollt ihr beide wohl leugnen?

19 (19) Losgelassen hat Er die beiden Wasser[3], die sich begegnen;

20 (20) Zwischen beiden ist eine Schranke, die sie nicht überschreiten.

21 (21) Und welche der Wohltaten eures Herrn wollt ihr beide wohl leugnen?

22 (22) Hervor bringt Er aus beiden Perlen und Korallen[4].

23 (23) Und welche der Wohltaten eures Herrn wollt ihr beide wohl leugnen?

24 (24) Und Sein sind die Schiffe, die hohen im Meer, gleich Bergen.

---

1 Die Menschen und Dschinn (*ğinn*) oder, wie hier, Dschänn (*ğänn*).
2 Die Sommer- und Wintersonnwende sind gemeint.
3 Das süße und das salzige Wasser.
4 Oder: große und kleine Perlen.

518   *Sure 55*

25 (25) Und welche der Wohltaten eures Herrn wollt ihr beide wohl leugnen?

26 (26) Alle auf ihr[5] sind vergänglich,

27 (27) Aber es bleibt das Angesicht deines Herrn voll Majestät und Ehre.

28 (28) Und welche der Wohltaten eures Herrn wollt ihr beide wohl leugnen?

29 (29) Ihn bittet, wer in den Himmeln und auf Erden ist. Jeden Tag nimmt Er ein Geschäft vor.[6]

30 (30) Und welche der Wohltaten eures Herrn wollt ihr beide wohl leugnen?

31 (31) Wir werden frei sein für euch, ihr beiden Schweren[7].

32 (32) Und welche der Wohltaten eures Herrn wollt ihr beide wohl leugnen?

33 (33) O Versammlung der Dschinn und Menschen, wenn ihr imstande seid, die Grenzen der Himmel und der Erde zu überschreiten, so überschreitet sie. Ihr könnt sie nur mit einer Vollmacht überschreiten.

34 (34) Und welche der Wohltaten eures Herrn wollt ihr beide wohl leugnen?

35 (35) Entsandt werden wird wider euch eine Feuersflamme und Erz, und es soll euch nicht geholfen werden.

36 (36) Und welche der Wohltaten eures Herrn wollt ihr beide wohl leugnen?

37 (37) Und wenn der Himmel sich spaltet und rosig wird gleich rotem Leder?

38 (38) Und welche der Wohltaten eures Herrn wollt ihr beide wohl leugnen?

39 (39) Und an jenem Tage wird weder Mensch noch Dschänn nach seiner Schuld befragt.

40 (40) Und welche der Wohltaten eures Herrn wollt ihr beide wohl leugnen?

5 Der Erde.
6 Hinweis auf Gottes unermüdliche Schöpferkraft und Aktivität.
7 Warum die Menschen und Dschinn so genannt werden, ist nicht bekannt.

Der Erbarmer 519

41 (41) Erkannt werden die Sünder an ihren Merkzeichen, und erfaßt werden sie an ihren Stirnlocken und Füßen.

42 (42) Und welche der Wohltaten eures Herrn wollt ihr beide wohl leugnen?

43 (43) Dies ist Dschahannam, welche die Sünder leugneten.

44 (44) Sie sollen zwischen ihr die Runde machen und zwischen siedendheißem Wasser.

45 (45) Und welche der Wohltaten eures Herrn wollt ihr beide wohl leugnen?

46 (46) Für den aber, der seines Herrn Rang gefürchtet, sind der Gärten zwei.

47 (47) Welche von den Wohltaten eures Herrn wollt ihr beide wohl leugnen?

48 (48) Beide (Gärten) mit Zweigen.

49 (49) Und welche der Wohltaten eures Herrn wollt ihr beide wohl leugnen?

50 (50) In ihnen sind zwei eilende Quellen.

51 (51) Und welche der Wohltaten eures Herrn wollt ihr beide wohl leugnen?

52 (52) In ihnen sind von jeder Frucht zwei Arten.

53 (53) Und welche der Wohltaten eures Herrn wollt ihr wohl leugnen?

54 (54) Sie sollen sich lehnen auf Betten, mit Futter aus Brokat, und die Früchte der beiden Gärten sind nahe.

55 (55) Und welche der Wohltaten eures Herrn wollt ihr beide wohl leugnen?

56 (56) In ihnen sind keuschblickende (Mädchen), die weder Mensch noch Dschänn zuvor berührte.

57 (57) Und welche der Wohltaten eures Herrn wollt ihr beide wohl leugnen?

58 (58) Als wären sie Hyazinthe und Korallen.

59 (59) Und welche der Wohltaten eures Herrn wollt ihr beide wohl leugnen?

60 (60) Soll der Lohn des Guten anders als Gutes sein?

520   *Sure 55*

61 (61) Und welche der Wohltaten eures Herrn wollt ihr
beide wohl leugnen?

62 (62) Und außer diesen beiden sind der Gärten zwei[8] –

63 (63) Und welche der Wohltaten eures Herrn wollt ihr
beide wohl leugnen?

64 (64) In grünem Schimmer.

65 (65) Und welche der Wohltaten eures Herrn wollt ihr
beide wohl leugnen?

66 (66) In ihnen sind zwei reichlich sprudelnde Quellen,

67 (67) Und welche der Wohltaten eures Herrn wollt ihr
beide wohl leugnen?

68 (68) In beiden sind Früchte und Palmen und Granatäpfel.

69 (69) Und welche der Wohltaten eures Herrn wollt ihr
beide wohl leugnen?

70 (70) In ihnen sind gute und schöne (Mädchen).

71 (71) Und welche der Wohltaten eures Herrn wollt ihr
beide wohl leugnen?

72 (72) Huris, verschlossen in Zelten –

73 (73) Und welche der Wohltaten eures Herrn wollt ihr
beide wohl leugnen? –

74 (74) Die weder Mensch noch Dschänn zuvor berührte.

75 (75) Und welche der Wohltaten eures Herrn wollt ihr
beide wohl leugnen?

76 (76) Sie sollen sich lehnen auf grünen Kissen und schönen Teppichen.

77 (77) Und welche der Wohltaten eures Herrn wollt ihr
beide wohl leugnen?

78 (78) Gesegnet sei der Name deines Herrn voll Majestät
und Ehre.

---

8 Diese beiden Gärten sollen für die weniger Verdienstvollen bestimmt sein.

SECHSUNDFÜNFZIGSTE SURE

Die Eintreffende

Geoffenbart zu Mekka

*Im Namen Allahs,
des Erbarmers, des Barmherzigen!*

1 (1) Wenn die *Eintreffende*[1] eintrifft,

2 (2) Wird keiner ihr Eintreffen leugnen;

3 (3) Eine Erniedrigende, Erhöhende!

4 (4) Wenn die Erde in Beben erbebt,

5 (5) Und die Berge in Staub zerstieben

6 (6) Und gleich zerstreuten Atomen werden,

7 (7) Werdet ihr drei Arten sein:

8 (8) Die Gefährten der Rechten – was sind die Gefährten der Rechten? (selig!)

9 (9) Und die Gefährten der Linken – was sind die Gefährten der Linken? (unselig!)

10 (10) Und die Vordersten[2] (auf Erden,) die Vordersten (auch im Paradiese.)

11 (11) Sie sind die (Allah) Nahegebrachten,

12 (12) In Gärten der Wonne.

13 (13) Eine Schar der Früheren

14 (14) Und wenige der Spätern

15 (15) Auf durchwobenen Polstern,

16 (16) Sich lehnend auf ihnen einander genüber.

17 (17) Die Runde machen bei ihnen unsterbliche Knaben

18 (18) Mit Humpen und Eimern und einem Becher von einem Born.

19 (19) Nicht sollen sie Kopfweh von ihm haben und nicht das Bewußtsein verlieren.

20 (20) Und Früchte, wie sie sich erlesen,

21 (21) Und Fleisch von Geflügel, wie sie's begehren,

22 (22) Und großäugige Hūris

---

1 Die ›Stunde‹.
2 Die zuerst den Islam bekannten oder auch die Propheten.

522   *Sure 56*

23 Gleich verborgenen Perlen

24 (23) Als Lohn für ihr Tun.

25 (24) Sie hören kein Geschwätz darinnen und keine Anklage der Sünde;

26 (25) Nur das Wort: »Frieden! Frieden!«

27 (26) Und die Gefährten der Rechten – was sind die Gefährten der Rechten? (selig!)

28 (27) Unter dornenlosem Lotos

29 (28) Und Bananen mit Blütenschichten

30 (29) Und weitem Schatten

31 (30) Und bei strömendem Wasser

32 (31) Und Früchten in Menge,

33 (32) Unaufhörlichen und unverwehrten,

34 (33) Und auf erhöhten Polstern.

35 (34) Siehe, Wir erschufen sie[3] in (besonderer) Schöpfung

36 (35) Und machten sie zu Jungfrauen,

37 (36) Zu liebevollen Altersgenossinnen

38 (37) Für die Gefährten der Rechten,

39 (38) Eine Schar der Früheren

40 (39) Und eine Schar der Späteren.

41 (40) Und die Gefährten der Linken – was sind die Gefährten der Linken? (unselig!)

42 (41) In Glutwind und siedendem Wasser

43 (42) Und Schatten von schwarzem Rauch,

44 (43) Nicht kühl und nicht angenehm.

45 (44) Siehe, sie waren vordem üppig

46 (45) Und beharrten in großem Frevel

47 (46) Und sprachen:

(47) »Wenn wir gestorben und Staub und Gebein worden, wahrlich, sollen wir dann erweckt werden?

48 (48) Und auch unsre Vorväter?«

49 (49) Sprich: »Siehe, die Früheren und die Späteren,

50 (50) Wahrlich, versammelt werden sie zum Zeitpunkt eines bestimmten Tages.«

---

3 Die Hūris.

Die Eintreffende 523

51 (51) Alsdann siehe, ihr Irrenden und ihr Leugner,

52 (52) Wahrlich, essen sollt ihr von dem Baume Zaqqūm

53 (53) Und füllen von ihm die Bäuche

54 (54) Und darauf trinken von siedendem Wasser,

55 (55) Und sollet trinken wie dursttolle Kamele.

56 (56) Das ist eure Bewirtung am Tag des Gerichts.

57 (57) Wir erschufen euch, und warum wollt ihr nicht glauben?

58 (58) Was meint ihr? Was euch an Samen entfließt,

59 (59) Habt ihr es erschaffen oder erschufen Wir es?

60 (60) Wir haben unter euch den Tod verhängt, doch sind Wir nicht daran verhindert,

61 (61) Daß Wir euch durch euresgleichen ersetzen und euch (neu) erschaffen, wie ihr es nicht wisset.

62 (62) Und wahrlich, ihr kennet die erste Schöpfung, warum laßt ihr euch da nicht ermahnen?

63 (63) Und betrachtet ihr, was ihr säet?

64 (64) Lasset ihr es wachsen oder Wir?

65 (65) Wenn Wir wollten, wahrlich, Wir machten es zu Bröckeln, daß ihr euch verwundern solltet:

66 (66) »Siehe, wir haben uns Kosten gemacht,

67 Doch ist uns (die Ernte) verwehrt.«

68 (67) Und betrachtet ihr das Wasser, das ihr trinkt?

69 (68) Habt ihr es aus den Wolken herabgesandt oder Wir?

70 (69) Wenn Wir es wollten, Wir machten es bitter – und warum danket ihr nicht?

71 (70) Und betrachtet ihr das Feuer, das ihr reibt?[4]

72 (71) Habt ihr seinen Baum erschaffen oder Wir?

73 (72) Wir haben ihn zu einer Mahnung gemacht und zu einem Nießbrauch für die Bewohner der Wüste.

74 (73) Drum preise den großen Namen deines Herrn.

75 (74) Und so schwöre Ich bei den Untergangsstätten der Sterne –

4 Die Araber machten durch Reiben von Holzstücken Feuer.

524 Sure 56

76 (75) Und siehe, wahrlich, das ist ein großer Schwur, wenn ihr es wüßtet –,

77 (76) Siehe, es ist wahrlich ein edler Koran

78 (77) In einem verborgenen Buch[5].

79 (78) Nur die Reinen sollen ihn berühren!

80 (79) Eine Hinabsendung von dem Herrn der Welten!

81 (80) Wollt ihr denn diese Kunde verschmähen?

82 (81) Und wollt ihr es euer täglich Brot machen, daß ihr sie der Lüge zeiht?

83 (82) Und wie? Wenn (die Seele des Sterbenden) zum Schlund steigt,

84 (83) Und ihr zu jener Zeit zuschauet,

85 (84) Während Wir euch näher sind, obgleich ihr es nicht seht –

86 (85) Warum, wenn ihr nicht gerichtet werdet,

87 (86) Bringt ihr sie nicht wieder (in den Leib,) so ihr wahrhaftig seid?

88 (87) Aber sei es, daß er einer der (Allah) Nahegebrachten ist –

89 (88) Dann Ruhe und Versorgung und der Garten der Wonne!

90 (89) Oder daß er einer der Gefährten der Rechten ist –

91 (90) Dann »Frieden dir!« von den Gefährten der Rechten!

92 (91) Oder daß er einer der Leugner ist,

(92) Der Irrenden –

93 (93) Dann Bewirtung von siedendem Wasser

94 (94) Und Brennen im Höllenpfuhl!

95 (95) Siehe, dies ist wahrlich gewisse Wahrheit.

96 (96) Drum preise den Namen deines großen Herrn!

5 Das Original bei Gott.

SIEBENUNDFÜNFZIGSTE SURE

Das Eisen

Geoffenbart zu Medina (nach andern zu Mekka)

Im Namen Allahs,
des Erbarmers, des Barmherzigen!

1 (1) Es preiset Allah, was in den Himmeln und was auf
Erden ist, und Er ist der Mächtige, der Weise.

2 (2) Sein ist das Reich der Himmel und der Erde, Er macht
lebendig und tötet, und Er hat Macht über alle Dinge.

3 (3) Er ist der erste und der letzte, der außen ist und innen,
und Er weiß alle Dinge.

4 (4) Er ist's, der die Himmel und die Erde in sechs Tagen
erschuf, worauf Er sich auf den Thron setzte; Er weiß, was in
die Erde eingeht und was aus ihr hervorgeht und was vom
Himmel herabsteigt und was in ihn hinaufsteigt, und Er ist,
wo immer ihr seid, mit euch, und Allah schaut euer Tun.

5 (5) Sein ist das Reich der Himmel und der Erde, und zu
Allah kehren die Dinge zurück.

6 (6) Er läßt die Nacht eintreten in den Tag und läßt den Tag
eintreten in die Nacht, und Er kennet das Innerste der Brüste.

7 (7) Glaubet an Allah und Seinen Gesandten und spendet
von dem, worin Er euch zu Nachfolgern gemacht hat. Und
diejenigen von euch, welche glauben und Spenden machen,
ihnen wird großer Lohn.

8 (8) Und was ist euch, daß ihr nicht glaubet an Allah, wo
euch der Gesandte einladet, an euern Herrn zu glauben und
Er bereits einen Bund mit euch geschlossen hat, so ihr Gläubige seid?

9 (9) Er ist's, der auf Seinen Diener deutliche Zeichen hinabsendet, um euch aus den Finsternissen zum Licht zu führen. Und siehe, Allah ist wahrlich gütig gegen euch und
barmherzig.

10 (10) Und was ist euch, daß ihr nicht spendet in Allahs
Weg, wo Allahs das Erbe der Himmel und der Erde ist? Nicht

526 Sure 57

ist unter euch gleich, wer vor dem Siege spendet und kämpft –
diese nehmen höhere Stufen ein als jene, welche hernach
spenden und kämpfen. Allen aber verheißt Allah das Beste;
und Allah weiß, was ihr tut.

11 (11) Wer ist's, der Allah ein schönes Darlehen leihen
will? Verdoppeln wird Er's ihm, und ihm wird ein edler
Lohn.

12 (12) Eines Tages wirst du die Gläubigen, Männer und
Frauen, sehen, ihr Licht ihnen voraneilend und zu ihren
Rechten[1]. »Frohe Botschaft euch heute! Gärten, durcheilt
von Bächen, ewig darinnen zu weilen! Das ist die große
Glückseligkeit.«

13 (13) An jenem Tage sprechen die Heuchler und Heuchlerinnen zu den Gläubigen: »Wartet auf uns, auf daß wir
(unser Licht) an euerm Licht anzünden.« Es wird gesprochen
werden: »Kehret zurück und suchet euch Licht.« Und es
wird ein Wall mit einem Tore zwischen ihnen errichtet werden. Innen ist Barmherzigkeit und außen gegenüber Strafe.

14 Sie werden ihnen zurufen: »Waren wir nicht mit euch?«
Sie werden sprechen: »Jawohl, doch versuchtet ihr euch
selbst und wartetet und zweifeltet, und es betrogen euch die
Hoffnungen, bis Allahs Befehl kam; und es betrog euch in
betreff Allahs der Betrüger.«

15 (14) An jenem Tage soll deshalb von euch kein Lösegeld
angenommen werden, noch von denen, welche nicht glaubten. Eure Wohnung ist das Feuer; es ist euer Herr, und übel
ist die Fahrt (dorthin).

16 (15) Ist nicht die Zeit für die Gläubigen gekommen, ihre
Herzen vor der Ermahnung Allahs und der Wahrheit, die Er
hinabgesandt hat, zu demütigen, und nicht zu sein gleich
jenen, denen die Schrift zuvor gegeben ward, deren Zeit verlängert ward, doch waren ihre Herzen verhärtet, und viele
von ihnen waren Frevler?

17 (16) Wisset, daß Allah die Erde lebendig macht nach

1 Indem es ihnen den Weg zum Paradies zeigt.

Das Eisen 527

ihrem Tode. Wir haben euch die Zeichen deutlich gemacht; vielleicht habt ihr Einsicht.

18 (17) Siehe, diejenigen, welche Almosen geben, Männer und Frauen, und die Allah ein schönes Darlehen leihen, verdoppeln wird Er es ihnen, und ihnen wird edler Lohn.

19 (18) Und diejenigen, welche an Allah und Seinen Gesandten glauben, das sind die Wahrhaften und die Zeugen bei ihrem Herrn[2]; ihnen wird ihr Lohn und ihr Licht. Die Ungläubigen jedoch und die, welche Unsre Zeichen der Lüge ziehen, das sind die Bewohner des Höllenpfuhls.

20 (19) Wisset, daß das irdische Leben nur ein Spiel und ein Scherz und ein Schmuck ist und Gegenstand des Rühmens unter euch. Und die Zunahme an Gut und Kindern ist gleich dem Regen, dessen Wachstum die Dörfler erfreut. Alsdann welkt es, und du siehst es gelb werden. Alsdann zerbröckelt es. Und im Jenseits ist strenge Strafe,

(20) Und Verzeihung von Allah und Wohlgefallen. Und das irdische Leben ist nur ein trügerischer Nießbrauch.

21 (21) Wetteilet miteinander zur Verzeihung eures Herrn und zum Paradies, dessen Breite gleich der Breite des Himmels und der Erde ist, bereitet für diejenigen, welche an Allah und Seinen Gesandten glauben. Das ist Allahs Huld, die Er gibt, wem Er will. Und Allah ist von großer Huld.

22 (22) Kein Unheil geschieht auf Erden oder euch, das nicht in einem Buch[3] stünde, bevor Wir es geschehen ließen. Siehe, solches ist Allah leicht:

23 (23) Auf daß ihr euch nicht betrübt über das, was euch entgeht, und euch freuet über das, was Er euch gibt. Denn Allah liebt keine stolzen Prahler,

24 (24) Die geizig sind und andere zum Geiz anhalten. Und wenn jemand seinen Rücken kehrt[4], siehe, so ist Allah der Reiche, der Rühmenswerte.

25 (25) Wahrlich, Wir entsandten Unsre Gesandten mit

2 Zeugen gegen die Ungläubigen.
3 Das Buch der ewigen Ratschlüsse Allahs.
4 D. h., wenn er keine Almosen gibt.

528 *Sure 57*

den deutlichen Zeichen und sandten mit ihnen das Buch und die Waage[5] herab, auf daß die Menschen Gerechtigkeit übten. Und Wir sandten das *Eisen* herab, in welchem starke Kraft und Nutzen für die Menschen ist, auf daß Allah wüßte, wer Ihm und Seinen Gesandten im Verborgenen hülfe. Siehe, Allah ist stark und mächtig.

26 (26) Und wahrlich, Wir entsandten Noah und Abraham und gaben seiner Nachkommenschaft das Prophetentum und die Schrift; und einige von ihnen waren geleitet, viele von ihnen waren jedoch Frevler.

27 (27) Alsdann ließen Wir Unsre Gesandten ihren Spuren folgen; und Wir ließen Jesus, den Sohn der Maria, folgen und gaben ihm das Evangelium und legten in die Herzen derer, die ihm folgten, Güte und Barmherzigkeit. Das Mönchtum jedoch erfanden sie selber; Wir schrieben ihnen nur vor, nach Allahs Wohlgefallen zu trachten, und das nahmen sie nicht in acht, wie es in acht genommen zu werden verdiente. Den Gläubigen unter ihnen aber gaben Wir ihren Lohn, wiewohl viele von ihnen Frevler waren.

28 (28) O ihr, die ihr glaubt, fürchtet Allah und glaubt an Seinen Gesandten; zwei Anteile Seiner Barmherzigkeit wird Er euch geben und wird euch ein Licht machen, in dem ihr wandeln sollt, und Er wird euch vergeben; denn Allah ist verzeihend und barmherzig:

29 (29) Auf daß die Leute der Schrift[6] erkennen, daß sie über nichts von Allahs Huld Macht haben und daß die Huld in Allahs Hand ist, die Er gibt, wem Er will. Denn Allah ist voll großer Huld.

---

5 Nach den Kommentatoren brachte Gabriel Noah die Waage. Das untrennbare Nebeneinander himmlischer und irdischer Güter ist hier deutlich zu sehen.

6 Die Juden und Christen.

ACHTUNDFÜNFZIGSTE SURE

Die Streitende

Geoffenbart zu Medina

Im Namen Allahs,
des Erbarmers, des Barmherzigen!

1 (1) Gehört hat Allah das Wort jener, die mit dir über ihren Gatten *stritt*[1] und sich bei Allah beklagte; und Allah hörte euren Wortwechsel; siehe, Allah ist hörend und sehend.

2 (2) Diejenigen von euch, welche sich von ihren Weibern scheiden, indem sie sprechen: »Du bist mir wie der Rücken meiner Mutter«[2] – ihre Mütter sind sie nicht. Siehe, ihre Mütter sind nur diejenigen, welche sie geboren haben, und siehe, wahrlich, sie sprechen ein widerwärtiges Wort und Unwahrheit.

(3) Und siehe, Allah ist wahrlich vergebend und verzeihend.

3 (4) Und diejenigen, welche sich unter solchen Worten von ihren Weibern scheiden und dann ihre Worte wiederholen – die Freilassung eines Sklaven (sei ihre Strafe dafür,) bevor sie einander berühren. Das ist's, womit ihr ermahnt werdet, und Allah weiß, was ihr tut.

4 (5) Und wer nicht (einen Gefangenen) findet, der soll zwei Monate hintereinander fasten, bevor sie einander berühren. Und wer es nicht vermag, der speise sechzig Arme. Solches, auf daß ihr an Allah und Seinen Gesandten glaubt, und dies sind Allahs Gebote, und für die Ungläubigen ist schmerzliche Strafe.

5 (6) Siehe, diejenigen, welche sich Allah und Seinem Gesandten widersetzen, sollen niedergeworfen werden wie diejenigen, die vor ihnen lebten. Und Wir sandten deutliche Zeichen herab; und für die Ungläubigen ist schändende Strafe

---

1 Dies bezieht sich auf eine Frau namens Ḥaula bint Ṯaʻlaba, von der sich ihr Mann unter der Formel V. 2 schied.
2 Vgl. hierzu Sure 33.4.

530 **Sure 58**

6 (7) An jenem Tage, an welchem Allah alle erweckt und ihnen verkündet, was sie getan. Allah hat es berechnet, wenn sie es auch vergaßen, denn Allah ist Zeuge aller Dinge.

7 (8) Siehst du denn nicht, daß Allah weiß, was in den Himmeln und was auf Erden ist? Keine drei führen ein geheimes Gespräch, ohne daß Er ihr vierter, und keine fünf, ohne daß Er ihr sechster wäre; weder weniger noch mehr, Er ist bei ihnen, wo immer sie sind. Alsdann verkündet Er ihnen ihr Tun am Tag der Auferstehung. Siehe, Allah weiß alle Dinge.

8 (9) Sahst du nicht auf die, denen geheimes Gespräch verboten ist und die das Verbotene wiederum tun und insgeheim untereinander in Sünde und Feindschaft und Widersetzlichkeit gegen den Gesandten reden? Und wenn sie zu dir kommen, so begrüßen sie dich mit dem, womit dich Allah nicht begrüßt, und sprechen bei sich: »Warum straft uns nicht Allah für unsre Worte?«[3] Ihr Genüge ist Dschahannam; brennen werden sie in ihr, und schlimm ist die Fahrt (dorthin.)

9 (10) O ihr, die ihr glaubt, wenn ihr unter euch miteinander redet, so redet nicht in Sünde und Feindschaft und Widersetzlichkeit gegen den Gesandten, sondern redet miteinander in Rechtschaffenheit und Gottesfurcht. Und fürchtet Allah, zu dem ihr versammelt werdet.

10 (11) Geheimes Gespräch ist allein vom Satan, um die Gläubigen zu betrüben; doch kann er ihnen ohne Allahs Erlaubnis nichts zuleide tun. Drum mögen auf Allah die Gläubigen vertrauen.

11 (12) O ihr, die ihr glaubt, wenn zu euch gesprochen wird: »Machet Platz in den Versammlungen!«[4] So machet Platz; Allah wird euch dann Platz machen. Und wenn zu euch gesprochen wird: »Erhebet euch!« so erhebet euch. Allah wird erhöhen diejenigen von euch, die glauben und

---

3 Anstatt des Grußes *As-salām ʿalaika* »Frieden sei auf dir« sprachen sie *As-samm ʿalaika* »Gift sei auf dir!«.
4 Für den Propheten.

Die Streitende   531

denen das Wissen gegeben ward, um Stufen. Und Allah weiß, was ihr tut.

12 (13) O ihr, die ihr glaubt, wenn ihr euch mit dem Gesandten besprechen wollt, so gebet, bevor ihr euch mit ihm besprecht, ein Almosen. Das ist besser für euch und reiner. Und wenn ihr nichts findet, so ist Allah verzeihend und barmherzig.

13 (14) Schreckt ihr etwa zurück, vor eurer Besprechung Almosen zu geben? Alsdann, wenn ihr's nicht tut – und Allah ist gütig gegen euch –, so verrichtet das Gebet und entrichtet die Armenspende und gehorchet Allah und Seinem Gesandten; und Allah weiß, was ihr tut.

14 (15) Sahst du denn nicht auf die, welche ein Volk zu Beschützern nehmen, dem Allah zürnt? Sie sind weder von euch noch von ihnen und sie schwören wissentlich eine Lüge[5].

15 (16) Bereitet hat ihnen Allah strenge Strafe. Siehe übel ist ihr Tun.

16 (17) Sie nehmen ihre Eide zu einem Mantel und machen abwendig von Allahs Weg; und ihnen wird schändende Strafe.

17 (18) Nimmer nützt ihnen ihr Gut etwas noch ihre Kinder gegen Allah. Sie sind des Feuers Bewohner für immerdar.

18 (19) Eines Tages wird Allah sie allzumal erwecken, und sie werden Ihm schwören wie sie euch schwuren, und werden glauben, es hülfe ihnen etwas. Ist's nicht, daß sie Lügner sind?

19 (20) Der Satan ist in sie gefahren und ließ sie das Gedenken an Allah vergessen. Sie sind Satans Verbündete. Ist's nicht, daß Satans Verbündete die Verlorenen sind?

20 (21) Siehe, diejenigen, welche sich Allah und Seinem Gesandten widersetzen, sind unter den Verworfensten.

21 Geschrieben hat Allah: »Wahrlich, Ich werde obsiegen,

---

5 Die Juden, die weder Juden noch Muslime sind, wiewohl sie das letztere beschwören.

532   *Sure 59*

Ich und Meine Gesandten.« Siehe, Allah ist stark und
mächtig.

22 (22) Du wirst kein Volk finden, das an Allah glaubt und
an den Jüngsten Tag und das den liebt, der sich Allah und
Seinem Gesandten widersetzt, wären es auch ihre Väter oder
ihre Söhne oder ihre Brüder oder ihre Sippe. Sie – geschrieben
hat Er in ihre Herzen den Glauben, und Er stärkt sie mit
Seinem Geiste. Und Er führt sie ein in Gärten, durcheilt von
Bächen, ewig darinnen zu verweilen. Allah hat Wohlgefallen
an ihnen, und sie haben Wohlgefallen an Ihm. Sie sind Allahs
Verbündete. Ist's nicht, daß es Allahs Verbündeten wohl ergeht?

NEUNUNDFÜNFZIGSTE SURE

Die Auswanderung
Geoffenbart zu Medina

Im Namen Allahs,
des Erbarmers, des Barmherzigen!

1 Es preiset Allah, was in den Himmeln und was auf Erden
ist; und Er ist der Mächtige, der Weise.

2 Er ist's, welcher die Ungläubigen vom Volk der Schrift[1]
aus ihren Wohnungen zu der ersten *Auswanderung* trieb. Ihr
glaubtet nicht, daß sie hinausziehen würden, und sie glaubten, daß ihre Burgen sie vor Allah schützen würden. Da aber
kam Allah zu ihnen, von wannen sie es nicht vermuteten, und
warf Schrecken in ihre Herzen. Sie verwüsteten ihre Häuser

---

1 Es handelt sich um den jüdischen Stamm Naḍīr in Medina, welcher ursprünglich mit Muhammad einen Neutralitätsvertrag schloß, ihn nach seinem Siege
bei Badr (624) über die Quraišiten sogar als Propheten anerkannte, nach seiner
Niederlage beim Berge Uḥud (625) aber zu seinen Feinden überging. Muhammad zog im 4. Jahre nach der Flucht wider sie und belagerte sie in ihrer Burg
nahe bei Medina. Nach sechstägiger Belagerung kapitulierten sie unter der
Bedingung, das Land zu verlassen.

Die Auswanderung 533

mit ihren eigenen Händen und den Händen der Gläubigen. Drum nehmt es zum Exempel, ihr Leute von Einsicht!

3 Und hätte nicht Allah für sie Verbannung verzeichnet, wahrlich, Er hätte sie hienieden gestraft; und im Jenseits ist für sie die Strafe des Feuers.

4 Solches, dieweil sie sich Allah und Seinem Gesandten widersetzten; und wenn sich einer Allah widersetzt, siehe, so ist Allah streng im Strafen.

5 Was ihr auch an Palmen fälltet oder auf ihren Wurzeln stehen ließet, es war mit Allahs Erlaubnis und um die Frevler zu schänden.

6 Und was Allah Seinem Gesandten von ihnen zur Beute gab – so sprengtet ihr nicht zu Roß und Kamel hinterdrein.[2] Jedoch gibt Allah Seinem Gesandten Macht über wen Er will, denn Allah hat Macht über alle Dinge.

7 Was Allah Seinem Gesandten von den Städtebewohnern zur Beute gab, das gehört Allah und Seinem Gesandten und seiner Verwandtschaft, den Waisen und Armen und dem Sohn des Weges, damit es nicht unter den Reichen von euch die Runde mache. Und was euch der Gesandte gibt, das nehmet, und was er euch verwehrt, von dem lasset ab und fürchtet Allah. Siehe, Allah straft strenge.

8 (Und es gehört auch) den armen Auswanderern[3], die aus ihren Wohnungen und von ihrem Gut vertrieben wurden, die Allahs Huld und Wohlgefallen suchten und Allah und Seinem Gesandten helfen. Sie sind die Wahrhaftigen.

9 Und diejenigen, die vor ihnen in der Wohnung und dem Glauben hausten[4], lieben die, welche zu ihnen auswanderten, und fühlen in ihrer Brust kein Bedürfnis nach dem, was ihnen gegeben ward, und ziehen sie sich selber vor, auch wenn sie

2 Der Zug gegen den Stamm Naḍīr wurde zu Fuß unternommen, weshalb Muhammad die Beute für sich behielt, abweichend von der Vorschrift Sure 8,41.

3 Die Beute wird hier den Muslimen, die aus Mekka nach Medina ausgewandert waren, zugesprochen, während die Medinenser leer ausgehen und im folgenden Vers zu Neidlosigkeit und brüderlicher Liebe ermahnt werden.

4 D. h. die Medinenser, die in Frieden den Islām bekennen konnten.

534 **Sure 59**

selber bedürftig wären. Und wer vor seiner eigenen Habsucht bewahrt ist, denen ergeht es wohl.

10 Und diejenigen, welche nach ihnen kamen, sprechen: »O unser Herr, vergib uns und unsern Brüdern, die uns im Glauben vorangingen, und setze nicht Mißgunst in unsere Herzen gegen die Gläubigen; unser Herr, siehe, Du bist gütig und barmherzig.«

11 Sahst du nicht, wie die Heuchler zu ihren ungläubigen Brüdern unter dem Volk der Schrift[5] sprechen: »Wahrlich, wenn ihr vertrieben werdet, so ziehen wir mit euch aus, und wir wollen nimmermehr einem in betreff euer gehorchen. Und wenn wider euch gestritten wird, wahrlich, so helfen wir euch.« Doch Allah ist Zeuge, daß sie Lügner sind.

12 Wahrlich, wenn sie vertrieben werden, so ziehen sie nicht mit ihnen fort, und wenn wider sie gestritten wird, so helfen sie ihnen nicht, und wenn sie ihnen hülfen, so würden sie den Rücken kehren, alsdann würden sie keine Hilfe finden.

13 Wahrlich, ihr seid mehr in ihren Herzen gefürchtet als Allah, weil sie ein Volk ohne Verstand sind.

14 Sie[6] werden nicht wider euch gesammelt streiten, sondern in befestigten Städten oder hinter Mauern. Ihr Mut ist unter ihnen groß. Du hältst sie für eine Einheit, doch sind ihre Herzen geteilt, dieweil sie ein Volk ohne Einsicht sind.

15 Sie gleichen denen, welche jüngst vor ihnen lebten[7]; sie schmeckten das Unheil ihrer Sache, und es ward ihnen eine schmerzliche Strafe –

16 Gleich dem Satan, da er zum Menschen spricht: »Sei ungläubig!« Und da er ungläubig geworden, spricht er: »Siehe, ich habe nichts mit dir zu schaffen; siehe, ich fürchte Allah, den Herrn der Welten.«

17 Und der Ausgang beider wird sein, daß sie ewig im Feuer sein werden; denn das ist der Lohn der Ungerechten.

---

5 Die Juden vom Stamm Naḍīr.
6 Die Juden; »gesammelt« bedeutet: in offenem Feld.
7 Die Juden von Qainuqāʿ, die vor dem Stamm Naḍīr vertrieben wurden.

Die Geprüfte

18 O ihr, die ihr glaubt, fürchtet Allah, und eine jede Seele nehme in acht, was sie für morgen[8] voranschickt. Und fürchtet Allah; siehe, Allah kennt euer Tun.

19 Und seid nicht gleich jenen, welche Allah vergessen und die Er sich selber vergessen ließ. Das sind die Frevler.

20 Nicht sind gleich die Bewohner des Feuers und die Bewohner des Paradieses. Die Bewohner des Paradieses, das sind die Glückseligen.

21 Hätten Wir diesen Koran auf einen Berg herabgesandt, du hättest ihn sich erniedrigen und aus Furcht vor Allah sich spalten sehen. Diese Gleichnisse stellen Wir für die Menschen auf, auf daß sie nachdenklich werden.

22 Er ist Allah, außer dem es keinen Gott gibt; Er kennt das Verborgene und das Sichtbare. Er ist der Erbarmer, der Barmherzige.

23 Er ist Allah, außer dem es keinen Gott gibt; der König, der Heilige, der Friedenstifter, der Getreue, der Beschützer, der Mächtige, der Starke, der Hocherhabene. Preis sei Allah, (der erhaben ist) ob dem, was sie Ihm beigesellen.

24 Er ist Allah, der Schöpfer, der Erschaffer, der Bildner. Sein sind die schönsten Namen. Ihn preiset, was in den Himmeln und auf Erden ist, denn Er ist der Mächtige, der Weise.

SECHZIGSTE SURE

Die Geprüfte

Geoffenbart zu Medina

Im Namen Allahs,
des Erbarmers, des Barmherzigen!

1 O ihr, die ihr glaubt, nehmt nicht Meinen Feind und euern Feind zu Freunden. Ihr zeigt ihnen Liebe, wiewohl sie an die Wahrheit, die zu euch gekommen, nicht glauben. Sie

8 Das Jenseits.

treiben den Gesandten und euch aus, darum daß ihr an Allah euern Herrn glaubt. Wenn ihr auszieht zum Kampf in Meinem Weg und im Trachten nach Meinem Wohlgefallen und ihr ihnen insgeheim Liebe zeigt, dann weiß Ich sehr wohl, was ihr verbergt und was ihr zeigt. Und wer von euch dies tut, der ist abgeirrt vom ebenen Pfad.

2 Wenn sie euch zu fassen bekommen, werden sie eure Feinde sein, und sie werden gegen euch eure Hände und Zungen zum Bösen ausstrecken und wünschen, daß ihr ungläubig wäret.

3 Nimmer werden euch eure Blutsverwandten noch Kinder am Tage der Auferstehung nützen; Er wird euch trennen, und Allah schaut euer Tun.

4 Ihr hattet ein schönes Beispiel an Abraham und den (Leuten) bei ihm, da sie zu ihrem Volk sprachen: »Siehe, wir haben nichts mit euch und mit dem, was ihr außer Allah anbetet, zu schaffen. Wir verleugnen euch, und zwischen uns und euch ist Feindschaft und Haß für immerdar entstanden, bis ihr an Allah allein glaubt.« Aber nicht (ahmet nach) das Wort Abrahams zu seinem Vater: »Wahrlich, ich will für dich um Verzeihung bitten, aber ich werde nichts für dich von Allah erlangen.« Unser Herr, auf Dich vertrauen wir, und zu Dir kehren wir reuig um, und zu Dir ist die Fahrt.

5 Unser Herr, mache uns nicht zu einer Versuchung für die Ungläubigen und verzeihe uns. Unser Herr, siehe, Du bist der Mächtige, der Weise.

6 Wahrlich, ihr hattet an ihnen ein schönes Beispiel für den, welcher auf Allah hofft und auf den Jüngsten Tag. Wenn aber einer den Rücken kehrt, siehe, so ist Allah der Reiche, der Rühmenswerte.

7 Vielleicht daß Allah zwischen euch und denen unter ihnen, die euch feind sind, Liebe setzt. Denn Allah ist mächtig und Allah ist verzeihend und barmherzig.

8 Nicht verbietet euch Allah gegen die, die nicht in Sachen des Glaubens gegen euch gestritten oder euch aus euern Häu-

Die Geprüfte 537

sern getrieben haben, gütig und gerecht zu sein. Siehe, Allah liebt die gerecht Handelnden.

9 Allah verbietet euch nur mit denen, die euch in Sachen des Glaubens bekämpft und euch aus euern Wohnungen vertrieben und bei eurer Vertreibung geholfen haben, Freundschaft zu machen. Und wer mit ihnen Freundschaft macht, das sind die Ungerechten.

10 O ihr, die ihr glaubt, wenn zu euch gläubige Frauen kommen, die ausgewandert sind, so *prüfet* sie. Allah kennt ihren Glauben sehr wohl. Habt ihr sie jedoch als Gläubige erkannt, so lasset sie nicht zu den Ungläubigen zurückkehren. Sie sind ihnen nicht erlaubt, noch sind jene für sie erlaubt. Doch gebet ihnen[1] zurück, was sie ausgegeben haben, und es sei keine Sünde auf euch, sie zu heiraten, wenn ihr ihnen ihre Mitgift gabt. Und behaltet kein Recht über die ungläubigen Frauen, sondern verlangt, was ihr für sie ausgegeben, wie sie auch verlangen sollen, was sie ausgegeben. Das ist Allahs Spruch, den Er zwischen euch fällt; und Allah ist wissend und weise.[2]

11 Und wenn euch eine eurer Frauen zu den Ungläubigen fortläuft und ihr Beute macht, so gebet denen, deren Frauen fortgelaufen sind, das gleiche, was sie (für sie als Mitgift) ausgegeben. Und fürchtet Allah, an den ihr glaubt.

12 O Prophet, wenn gläubige Frauen zu dir kommen und dir geloben, Allah nichts an die Seite zu stellen und weder zu stehlen noch zu huren oder ihre Kinder zu töten oder mit einer Verleumdung zu kommen, die sie zwischen ihren Händen und Füßen ersonnen haben[3], noch gegen dich im Geziemenden widerspenstig zu sein, so nimm ihren Treueid an und bitte Allah um Verzeihung für sie. Siehe, Allah ist verzeihend und barmherzig.

13 O ihr, die ihr glaubt, schließet nicht Freundschaft mit

---

1 Ihren ungläubigen Gatten. Sie sollten ihnen die Mitgift zurückgeben.
2 Dieser Vers ist wahrscheinlich nach dem Waffenstillstand zu Ḥudaibīya offenbart, in dem gegenseitige Restitution des Eigentums festgesetzt ward.
3 Dies soll auf die Unterschiebung illegitimer Kinder gehen.

538   *Sure 61*

einem Volk, gegen das Allah erzürnt ist. Sie verzweifeln am Jenseits wie die Ungläubigen an den Bewohnern der Gräber verzweifeln.

EINUNDSECHZIGSTE SURE

Die Schlachtordnung
Geoffenbart zu Medina

*Im Namen Allahs,
des Erbarmers, des Barmherzigen!*

1 Es preiset Allah, was in den Himmeln und was auf Erden ist, und Er ist der Mächtige, der Weise.

2 O ihr, die ihr glaubt, warum sprecht ihr, was ihr nicht tut?

3 Großen Haß erzeugt es bei Allah, daß ihr sprecht, was ihr nicht tut.

4 Siehe, Allah liebt diejenigen, welche in Seinem Weg in *Schlachtordnung* kämpfen, als wären sie ein gefestigter Bau.

5 Und (gedenke,) da Moses zu seinem Volke sprach: »O mein Volk, warum kränket ihr mich, wo ihr wisset, daß ich Allahs Gesandter an euch bin?« Und da sie abwichen, ließ Allah ihre Herzen abweichen; denn Allah leitet nicht das Volk der Frevler.

6 Und da Jesus, der Sohn der Maria, sprach: »O ihr Kinder Israel, siehe, ich bin Allahs Gesandter an euch, bestätigend die Tora, die vor mir war, und einen Gesandten verkündigend, der nach mir kommen soll, des Name Ahmad[1] ist.« Doch da er zu ihnen mit den deutlichen Zeichen kam, sprachen sie: »Das ist ein offenkundiger Zauberer.«

---

1 *Aḥmad* bedeutet wie *Muḥammad* »Der Gepriesene«. Der Vers deutet hier auf den Paraklet hin, den Jesus verhieß. *Aḥmad* ist das griechische περικλυτός »hochberühmt«, daher die Muslime annehmen, παράκλητος »Tröster« wäre eine Fälschung aus περικλυτός.

Die Schlachtordnung

7 Wer aber ist ungerechter, als wer wider Allah eine Lüge ersinnt, wo er zum Islam aufgefordert wird? Und Allah leitet nicht das ungerechte Volk.

8 Sie wollen Allahs Licht mit ihren Mäulern auslöschen, Allah aber wird Sein Licht vollkommen machen, wiewohl es die Ungläubigen nicht mögen.

9 Er ist's, der Seinen Gesandten mit der Leitung und der Religion der Wahrheit entsandt hat, um sie über jede andre Religion siegreich zu machen, auch wenn es den Götzendienern zuwider ist.

10 O ihr, die ihr glaubt, soll ich euch zu einer Ware leiten, die euch von einer schmerzlichen Strafe errettet?

11 Glaubet an Allah und an Seinen Gesandten und eifert in Allahs Weg mit Gut und Blut. Solches ist gut für euch, so ihr es wisset.

12 Er wird euch eure Sünden verzeihen und euch in Gärten führen, durcheilt von Bächen, und in gute Wohnungen in Edens Gärten. Das ist die große Glückseligkeit.

13 Und andre Dinge (wird Er euch geben,) die euch lieb sind – Hilfe von Allah und nahen Sieg! Und verkünde Freude den Gläubigen.

14 O ihr, die ihr glaubt, seid Allahs Helfer, wie Jesus, der Sohn der Maria, zu den Jüngern sprach: »Welches sind meine Helfer zu Allah?« Es sprachen die Jünger: »Wir sind Allahs Helfer.« Und es glaubte ein Teil von den Kindern Israel, und ein andrer Teil war ungläubig. Und Wir halfen den Gläubigen wider ihren Feind, und sie wurden siegreich.

ZWEIUNDSECHZIGSTE SURE

Die Versammlung

Geoffenbart zu Medina

Im Namen Allahs,
des Erbarmers, des Barmherzigen!

1 Es preist Allah, was in den Himmeln und was auf Erden ist, den König, den Heiligen, den Mächtigen, den Weisen.

2 Er ist's, der zu den Heiden[1] einen Gesandten von ihnen entsandt hat, ihnen Seine Zeichen zu verlesen und sie zu reinigen und sie das Buch und die Weisheit zu lehren, wiewohl sie zuvor in offenkundigem Irrtum waren.

3 Und andre von ihnen haben sie noch nicht eingeholt[2]; doch Er ist der Mächtige, der Weise.

4 Das ist Allahs Huld; Er gibt sie, wem Er will, denn Allah ist voll großer Huld.

5 Das Gleichnis derer, welche mit der Tora belastet wurden und sie hernach nicht tragen wollten, ist das Gleichnis eines Esels, der Bücher trägt. Schlimm ist das Gleichnis der Leute, welche Allahs Zeichen der Lüge zeihen. Und Allah leitet nicht das Volk der Ungerechten.

6 Sprich: »O ihr Juden, wenn ihr behauptet, daß ihr vor den andern Menschen Allahs Freunde seid, dann wünschet euch den Tod, so ihr wahrhaft seid.«

7 Doch nimmer werden sie ihn wünschen wegen ihrer Hände Werk. Doch Allah kennt die Ungerechten.

8 Sprich: »Siehe, der Tod, vor dem ihr flieht, siehe, er wird euch einholen. Alsdann müßt ihr zurück zu dem, der das Verborgene und Sichtbare kennt, und verkünden wird Er euch, was ihr getan.«

9 O ihr, die ihr glaubt, wenn zum Gebet gerufen wird am

---

1 Den heidnischen Arabern.
2 D. h. sind noch nicht gläubig geworden.

Die Heuchler 541

Tag der *Versammlung*[3], dann eilet zum Gedenken Allahs und lasset den Handel (ruhen). Das ist euch gut, so ihr es wisset.

10 Und wenn das Gebet beendet ist, dann zerstreut euch im Land und trachtet nach Allahs Huld.[4] Und gedenket Allahs häufig, auf daß es euch vielleicht wohl ergehe.

11 Doch wenn sie eine Ware oder einen Zeitvertreib sehen, so zerstreuen sie sich zu ihm und lassen dich stehen. Sprich: »Was bei Allah ist, ist besser als ein Zeitvertreib oder eine Ware. Und Allah ist der beste Versorger.«

DREIUNDSECHZIGSTE SURE

Die Heuchler

Geoffenbart zu Medina

Im Namen Allahs,
des Erbarmers, des Barmherzigen!

1 Wenn die *Heuchler* zu dir kommen, sprechen sie: »Wir bezeugen, daß du wahrlich der Gesandte Allahs bist, und Allah weiß, daß du Sein Gesandter bist.« Doch Allah bezeugt, daß die Heuchler Lügner sind.

2 Sie haben ihre Eide zu einem Mantel genommen und machen abwendig von Allahs Weg. Siehe, übel ist ihr Tun.

3 Solches dieweil sie glaubten und hernach ungläubig wurden. Und so wurden ihre Herzen versiegelt und sie verstehen nicht.

4 Und wenn du sie siehst, gefallen dir ihre Gestalten, und sprechen sie, so hörst du auf ihre Rede.[1] Gleich angekleideten Balken sind sie und glauben doch, daß jeder Laut wider sie

---

3 Der Freitag. E- ist, im Gegensatz zum jüdischen Sabbat und dem christlichen Sonntag, kein Tag der Arbeitsruhe.

4 D. h., was Allahs Huld euch gewährt an irdischen Gütern.

1 ʿAbdullāh ibn Ubayy, der Vornehmste der »Heuchler«, war schön gewachsen und hatte gefällige Rede.

542   *Sure 63*

ist.[2] Sie sind der Feind, drum hüte dich vor ihnen. Allah schlag sie tot[3], wie sind sie abgewendet!

5 Und wenn zu ihnen gesprochen wird: »Kommt her, der Gesandte Allahs will für euch um Verzeihung bitten«, dann wenden sie ihre Häupter ab, und du siehst sie fortgehen in ihrer Hoffart.

6 Es ist gleich für sie, ob du für sie um Verzeihung bittest oder nicht, nimmer verzeiht Allah ihnen; siehe, Allah leitet nicht das Volk der Frevler.

7 Sie sind diejenigen, welche sprechen: »Spendet nicht für die, welche bei dem Gesandten Allahs sind, damit sie sich von ihm trennen.« Doch Allahs sind die Schätze der Himmel und der Erde; aber die Heuchler verstehen es nicht.

8 Sie sprechen: »Wenn wir nach Medina zurückkehren, wahrlich, dann werden die Mächtigeren sicherlich die Geringeren vertreiben.« Doch Allah gehört die Macht und Seinem Gesandten und den Gläubigen; jedoch wissen es die Heuchler nicht.

9 O ihr, die ihr glaubt, lasset euch nicht durch euer Gut und eure Kinder von dem Gedenken an Allah abbringen. Wer solches tut, das sind die Verlorenen.

10 Und spendet von dem, was Wir euch gaben, bevor zu einem von euch der Tod kommt, und er spricht: »Mein Herr, wenn Du nur mit mir für eine kleine Weile verziehen wolltest, so würde ich Almosen geben und einer der Rechtschaffenen sein.«

11 Aber nimmer wird Allah mit einer Seele verziehen, wenn ihr Termin ihr genaht ist; und Allah weiß, was ihr tut.

2 So stark sie aussehen, fürchten sie doch jeden Laut.
3 Eine Verwünschung; wörtlich: Allah streite wider sie.

VIERUNDSECHZIGSTE SURE

Der gegenseitige Betrug

Geoffenbart zu Medina (nach andern zu Mekka)

Im Namen Allahs,
des Erbarmers, des Barmherzigen!

1 Es preiset Allah, was in den Himmeln und was auf Erden ist; Sein ist das Reich und Sein das Lob, und Er hat Macht über alle Dinge.

2 Er ist's, der euch erschaffen hat, und die einen von euch sind ungläubig, die andern gläubig. Und Allah schaut euer Tun.

3 Erschaffen hat Er die Himmel und die Erde in Wahrheit und hat euch geformt und eure Form schön gemacht, und zu Ihm ist die Fahrt.

4 Er weiß, was in den Himmeln und was auf Erden ist, und Er weiß, was ihr verbergt und offenkund tut. Und Allah kennt das Innerste der Brüste.

5 Kam nicht die Kunde der Ungläubigen von früher zu euch, die das Unheil ihrer Sache schmeckten und schmerzliche Strafe erlitten?

6 Solches, dieweil ihre Gesandten mit den deutlichen Zeichen zu ihnen kamen, worauf sie sprachen: »Sollen uns Menschen leiten?« Und so glaubten sie nicht und kehrten den Rücken. Doch Allah kann ihrer entbehren, denn Allah ist reich und rühmenswert.

7 Es behaupten die Ungläubigen, daß sie nimmer erweckt würden. Sprich: »Jawohl, bei meinem Herrn, wahrlich, ihr werdet erweckt; alsdann wird euch verkündet, was ihr getan.« Und solches ist Allah leicht.

8 Drum glaubet an Allah und Seinen Gesandten und an das Licht, das Wir hinabgesandt haben. Und Allah weiß euer Tun.

9 Der Tag, an dem Er euch versammeln wird zum Tag der

544   *Sure 64*

Versammlung, das ist der Tag des *gegenseitigen Betrugs*[1]; und wer an Allah glaubt und das Rechte tut, dessen Missetaten wird Er zudecken und wird ihn einführen in Gärten, durcheilt von Bächen, ewig darinnen zu verweilen für immerdar; das ist die große Glückseligkeit!

10 Diejenigen aber, welche nicht glauben und Unsre Zeichen der Lüge zeihen, das sind die Bewohner des Feuers für immerdar; und schlimm ist die Fahrt (dorthin).

11 Kein Unglück trifft ein ohne Allahs Erlaubnis; und wer an Allah glaubt, dessen Herz leitet Er. Und Allah weiß alle Dinge.

12 So gehorchet Allah und gehorchet dem Gesandten; kehrt ihr jedoch den Rücken – so liegt Userm Gesandten nur die offenkundige Predigt ob.

13 Allah, es gibt keinen Gott außer Ihm, und auf Allah sollen die Gläubigen vertrauen.

14 O ihr, die ihr glaubt, an euern Gattinnen und Kindern habt ihr einen Feind[2]; so hütet euch vor ihnen. Doch so ihr vergebt und Nachsicht übt und verzeiht, siehe, so ist Allah verzeihend und barmherzig.

15 Euer Gut und eure Kinder sind nur eine Versuchung, und Allah – bei Ihm ist großer Lohn.

16 So fürchtet Allah mit allem Vermögen und höret und gehorchet und spendet zum Besten eurer selbst. Und wer sich hütet vor seiner eigenen Habsucht, denen wird es wohl ergehen.

17 Wenn ihr Allah ein schönes Darlehen leihet, wird Er es euch verdoppeln und wird euch verzeihen; denn Allah ist dankbar und mild.

18 Er weiß das Verborgene und das Sichtbare – der Mächtige, der Weise!

---

1 Indem die Gläubigen im Paradies die Plätze einnehmen, welche den Ungläubigen zugefallen wären, wenn sie gläubig gewesen wären, und umgekehrt.
2 Indem die Fürsorge für sie den Gottesdienst vergessen machen kann.

FÜNFUNDSECHZIGSTE SURE

Die Scheidung

Geoffenbart zu Medina

*Im Namen Allahs,
des Erbarmers, des Barmherzigen!*

1 (1) O du Prophet, wenn ihr euch von Weibern *scheidet*,
so scheidet euch von ihnen zu ihrer festgesetzten Zeit[1]; und
berechnet die Zeit und fürchtet Allah euern Herrn. Treibt sie
nicht aus ihren Häusern noch lasset sie hinausgehen, es sei
denn, sie hätten eine offenkundige Schandbarkeit begangen.
Dies sind Allahs Gebote, und wer Allahs Gebote übertritt,
der hat wider sich selber gesündigt. Du weißt nicht, ob Allah
nach diesem ein Ding geschehen lässet[2].

2 (2) Und wenn sie ihren Termin erreicht haben, dann
haltet sie in Güte zurück oder trennet euch von ihnen in Güte;
und nehmet als Zeugen Leute von Billigkeit aus euch, und legt
Zeugnis vor Allah ab. Mit solchem wird ermahnt, wer an
Allah glaubt und an den Jüngsten Tag, und wer Allah fürchtet, dem gibt Er einen (guten) Ausgang

3 und versorgt ihn, von wannen er's nicht vermutete.

(3) Und wer auf Allah vertraut, für den ist Er sein Genüge.
Siehe, Allah erreicht Sein Vorhaben. Jedem Ding hat Allah
eine Bestimmung gegeben.

4 (4) Und diejenigen eurer Weiber, welche keine Reinigung
mehr zu erwarten haben – so ihr in Zweifel seid, so sei ihr
Termin drei Monate; und ebenso derer, die noch keine Reini-
gung hatten. Die Schwangeren aber – ihr Termin sei bis zur
Ablegung ihrer Bürde. Und wer Allah fürchtet, dem macht
Er Seinen Befehl leicht.

5 (5) Solches ist Allahs Befehl, den Er auf euch herabgesandt hat. Und wer Allah fürchtet, dem deckt Er seine Missetaten zu und gibt ihm großen Lohn.

1 Vgl. Sure 2,228.
2 D. h., ob Allah sie nicht wieder aussöhnt.

546 *Sure 65*

6 (6) Lasset sie[3] wohnen, wo ihr wohnt, gemäß euern Mitteln, und tut ihnen nichts zuleide, um sie zu drangsalieren. Und so sie schwanger sind, so machet für sie Ausgaben, bis sie ihre Bürde abgelegt haben; und wenn sie für euch stillen, so gebt ihnen ihren Lohn und beratet euch untereinander in Billigkeit. Findet ihr aber Schwierigkeiten, so stille eine andre für ihn.

7 (7) Der Vermögende spende aus seinem Vermögen; wem aber seine Versorgung bemessen ist, der spende von dem, was ihm Allah gegeben hat. Allah zwingt keine Seele über das hinaus, was Er ihr gegeben hat. Nach Schwierigkeit gibt Allah Leichtigkeit[4].

8 (8) Und wie viele Städte waren widerspenstig gegen den Befehl ihres Herrn und Seiner Gesandten! Darum rechneten Wir mit ihnen strenge ab und straften sie mit schlimmer Strafe.

9 (9) Und sie schmeckten das Unheil ihrer Sache, und der Ausgang ihrer Sache war Untergang.

10 (10) Bereitet hat Allah für sie eine strenge Strafe. Drum fürchtet Allah, o ihr Verständigen.

(11) Zu euch, ihr Gläubigen, hat Allah eine Mahnung herabgesandt;

11 Einen Gesandten, der euch Allahs deutliche Zeichen verliest, um diejenigen, welche glauben und das Rechte tun, aus den Finsternissen zum Lichte zu führen. Und wer an Allah glaubt und das Rechte tut, den führt Er ein in Gärten, durcheilt von Bächen, ewig darinnen zu verweilen für immerdar. Eine schöne Versorgung hat Er für ihn bestimmt.

12 (12) Allah ist's, der sieben Himmel und ebensoviel Erden erschaffen hat. Der Befehl steigt zwischen sie hinab, auf daß ihr wisset, daß Allah über alle Dinge Macht hat und daß Allah alle Dinge mit Wissen umfaßt.[5]

3 Die geschiedenen Frauen.
4 D. h. nach Armut Wohlstand.
5 Vgl. Sure 7,54.

SECHSUNDSECHZIGSTE SURE

Das Verbot

Geoffenbart zu Medina

Im Namen Allahs,
des Erbarmers, des Barmherzigen!

1 O Prophet, warum *verbietest* du, was Allah dir erlaubt hat, deinen Gattinnen zu gefallen?[1] Doch Allah ist verzeihend und barmherzig.

2 Allah hat euch die Lösung eurer Eide sanktioniert[2], und Allah ist euer Gebieter, und Er ist der Wissende, der Weise.

3 Und da der Prophet einer seiner Gattinnen einen Vorfall insgeheim mitteilte, und sie es aussagte, und Allah ihm davon Kunde gab, da gab er ihr einen Teil davon zu wissen und verschwieg einen Teil. Und da er es ihr ansagte, sprach sie: »Wer hat dir dies angesagt?« Er sprach: »Angesagt hat es mir der Wissende, der Weise.«

4 Wenn ihr beide euch zu Allah bekehrt, da eure Herzen abgewichen sind, ... (so ist es gut,) wenn ihr euch jedoch gegen ihn helft, siehe, so ist Allah sein Schützer und Gabriel und (jeder) rechtschaffene Gläubige, und die Engel sind außerdem seine Helfer.

5 Vielleicht gibt ihm sein Herr, wenn er sich von euch scheidet, bessere Gattinnen als euch zum Tausch, muslimische, gläubige, demütige, reuevolle, anbetende, fastende, nicht mehr jungfräuliche und Jungfrauen.

6 O ihr, die ihr glaubt, rettet euch und eure Familien vom

---

1 Muhammad hatte von dem Statthalter Ägyptens im 7. Jahr der Flucht eine koptische Sklavin namens Maria zum Geschenk erhalten und bei ihr in der Wohnung seiner abwesenden Gattin Ḥafṣa geruht. Als diese davon vernahm und ihm eine Szene machte, versprach er ihr, Maria hinfort zu meiden, wenn sie Stillschweigen bewahrte. Sie schwatzte die Sache jedoch der 'Ā'iša aus. Als Muhammad dies merkte, mied er einen Monat lang alle seine Frauen und verblieb im Zimmer der Maria. Diese Offenbarung soll ihn von seinem Eid, den er der Ḥafṣa schwor, freimachen und zugleich seine Frauen tadeln.

2 Sure 5,89.

Feuer, dessen Brennstoff Menschen und Steine sind; über es sind Engel (gesetzt,) starke und gestrenge, die gegen Allahs Befehl nicht widerspenstig sind und tun, was sie geheißen sind.

7 O ihr Ungläubigen, entschuldigt euch nicht an jenem Tag; ihr werdet nur für euer Tun belohnt.

8 O ihr, die ihr glaubt, kehret euch zu Allah in aufrichtiger Bekehrung; vielleicht deckt Allah eure Missetaten zu und führt euch ein in Gärten, durcheilt von Bächen, an jenem Tage, an dem Allah den Propheten und die Gläubigen mit ihm nicht zuschanden macht. Ihr Licht wird vor ihnen eilen und zu ihren Rechten. Sie werden sprechen: »Unser Herr, mache unser Licht vollkommen und verzeihe uns; siehe, Du hast Macht über alle Dinge.«

9 O Prophet, eifere im Streit wider die Ungläubigen und die Heuchler und sei hart wider sie, denn ihre Wohnung ist Dschahannam, und schlimm ist die Fahrt (dorthin).

10 Allah stellt ein Gleichnis für die Ungläubigen auf: Das Weib Noahs und das Weib Lots. Beide standen unter zwei Unserer rechtschaffenen Diener, doch verrieten sie beide, und beide vermochten nichts für sie bei Allah; und gesprochen ward: »Gehet ein ins Feuer mit den Eingehenden.«

11 Und es stellt Allah ein Gleichnis für die Gläubigen auf: Das Weib Pharaos, da es sprach: »Mein Herr, baue mir bei Dir ein Haus im Paradiese und rette mich vor Pharao und seinem Tun, und rette mich vor dem Volk der Ungerechten.«

12 Und Maria, 'Imrāns Tochter, die ihre Scham hütete; drum hauchten Wir Unsern Geist in sie, und sie glaubte an die Worte ihres Herrn und Seine Schriften und war eine der Demütigen.

SIEBENUNDSECHZIGSTE SURE

Das Reich

Geoffenbart zu Mekka

Im Namen Allahs,
des Erbarmers, des Barmherzigen!

1 Gesegnet sei der, in dessen Hand das *Reich* ist, und der Macht hat über alle Dinge;

2 Der den Tod und das Leben erschaffen, um euch zu prüfen, wer von euch an Werken der Beste ist; und Er ist der Mächtige, der Verzeihende,

3 Der sieben Himmel übereinander erschaffen hat. Nicht schaust du in der Schöpfung des Erbarmers eine Disharmonie; so erhebe den Blick von neuem, ob du Spalten siehst.

4 Alsdann erhebe den Blick wiederum zweimal – zurückkehren wird er zu dir stumpf und matt.

5 Und wahrlich, Wir schmückten den untersten Himmel mit Lampen und bestimmten sie zu Steinen für die Satane, für die Wir die Strafe der »Flamme« bereiteten.

6 Und für die, welche nicht an ihren Herrn glauben, ist die Strafe Dschahannams; und schlimm ist die Fahrt (dorthin).

7 Wenn sie in sie hineingeworfen werden, hören sie sie brüllen vor Sieden,

8 Fast birst sie vor Wut. Sooft als eine Schar in sie hineingeworfen wird, werden ihre Hüter fragen: »Kam nicht ein Warner zu euch?«

9 Sie werden sprechen: »Jawohl, es kam ein Warner zu uns, doch ziehen wir ihn der Lüge und sprachen: ›Allah hat nichts herabgesandt; ihr seid allein in großem Irrtum.‹«

10 Und sie werden sprechen: »Hätten wir nur gehört oder Verstand gehabt, wir wären nicht unter den Bewohnern der ›Flamme‹.«

11 Und sie werden ihre Sünde bekennen. Drum weit hinweg mit den Bewohnern der »Flamme«!

Sure 67

12 Siehe, diejenigen, welche ihren Herrn im Verborgenen fürchten, ihnen wird Verzeihung und großer Lohn.

13 Und sprechet insgeheim oder offen, siehe, Er kennt das Innerste der Brüste.

14 Weiß Er etwa nicht, wer erschaffen hat, wo Er der Scharfsinnige, der Kundige ist?

15 Er ist's, der die Erde gefügig für euch gemacht hat. Drum durchwandelt ihre Räume und esset von Seiner Versorgung; und zu Ihm geht die Auferstehung.

16 Seid ihr sicher, daß der, welcher im Himmel ist, nicht die Erde euch verschlingen lassen kann? Und siehe, sie bebt.

17 Oder seid ihr sicher, daß der, welcher im Himmel ist, nicht einen Steine aufwirbelnden Wind wider euch entsendet? Dann werdet ihr wissen, wie Meine Warnung war.

18 Und wahrlich, die, welche vor ihnen lebten, ziehen der Lüge; doch wie war Meine Verwerfung!

19 Sehen sie denn nicht die Vögel über ihnen ihre Schwingen ausbreiten und einziehen? Nur der Erbarmer hält sie fest; siehe, Er schaut alle Dinge.

20 Oder wer ist's, der euch wie ein Heer hilft, außer dem Erbarmer? Die Ungläubigen sind nur im Trug.

21 Oder wer ist's, der euch versorgt, wenn Er Seine Versorgung zurückhält? Doch sie verharren in Hoffart und Abscheu.

22 Ist etwa der besser geleitet, der da wandelt vornübergeneigt auf sein Gesicht, oder der, welcher aufrecht auf einem graden Pfad geht?

23 Sprich: »Er ist's, der euch erschaffen und euch Gehör, Gesicht und Herz gegeben hat.« Wenig ist's, was ihr danket.

24 Sprich: »Er ist's, der euch in die Erde säete, und zu Ihm werdet ihr versammelt.«

25 Und sie sprechen: »Wann trifft diese Verheißung ein, so ihr wahrhaftig seid?«

26 Sprich: »Das Wissen ist allein bei Allah, und ich bin nur ein offenkundiger Warner.«

27 Und wenn sie es nahe sehen, dann wird das Angesicht

Die Feder 551

der Ungläubigen traurig werden, und gesprochen wird: »Dies ist's, was ihr herbeiriefet.«

28 Sprich: »Was meint ihr? Sei es, daß Allah mich und die bei mir vertilgt oder mit uns Barmherzigkeit übt, wer aber will die Ungläubigen vor der schmerzlichen Strafe in Schutz nehmen?«

29 Sprich: »Er ist der Erbarmer; wir glauben an Ihn und vertrauen auf Ihn. Und ihr werdet erfahren, wer in offenkundigem Irrtum ist.«

30 Sprich: »Was denkt ihr? Wenn morgen euer Wasser versunken wäre, wer bringt euch dann quellendes Wasser?«

ACHTUNDSECHZIGSTE SURE

Die Feder[1]

Geoffenbart zu Mekka

*Im Namen Allahs,
des Erbarmers, des Barmherzigen!*

1 N.[2] Bei der *Feder* und was sie schreiben,

2 Du bist nicht, bei der Gnade deines Herrn, besessen!

3 Und siehe, dir wird wahrlich ein unverkürzter Lohn,

4 Und siehe, du bist wahrlich von edler Natur[3],

5 Und du sollst schauen und sie sollen schauen,

6 Wer von euch der Verrückte ist.

7 Siehe, dein Herr, Er kennet am besten, wer von Seinem Wege abgeirrt ist, und Er kennet am besten die Geleiteten.

8 Drum gehorche nicht denen, die (dich) der Lüge zeihen.

9 Sie wünschen, daß du freundlich bist, dann wollen sie freundlich sein.

---

1 Dies ist eine der ältesten Suren mit Ausnahme von V. 17–33 und 48–50, die ganz den Charakter der medinensischen Suren tragen.

2 *nūn*.

3 Indem du (Muhammad) die Angriffe der Ungläubigen geduldig erträgst.

552   Sure 68

10 Und gehorche nicht jedem verächtlichen Schwörer[4],

11 Verleumder, und jedem der mit Ohrenbläserei umhergeht:

12 Der das Gute hindert, einem Übertreter, Sünder:

13 Einem Grobian und Bankert dazu,

14 Auch wenn er reich an Gut und Kindern ist.

15 Wenn ihm Unsre Zeichen verlesen werden, spricht er: »Fabeln der Früheren!«

16 Auf die Schnauze[5] wollen Wir ihm ein Brandmal setzen.

17 Siehe, Wir haben sie geprüft, wie Wir die Gartenbesitzer prüften, als sie schworen, am Morgen Lese zu halten,

18 Und keinen Vorbehalt machten[6].

19 Darum umgab ihn Vernichtung von deinem Herrn, während sie schliefen,

20 Und er ward am Morgen wie abgelesen.

21 Und sie riefen einander am Morgen zu:

22 »Geht in der Frühe zu euerm Feld, so ihr Lese halten wollt.«

23 Da machten sie sich auf, einander zuflüsternd:

24 »Nicht soll heute ein Armer zu euch eintreten.«

25 Und sie gingen in der Frühe mit dieser bestimmten Absicht fort.

26 Und da sie ihn sahen, sprachen sie: »Siehe, wahrlich, wir irrten;

27 Im Gegenteil, uns sind (unsre Früchte) verwehrt.«

28 Es sprach der Gerechteste unter ihnen: »Sprach ich nicht zu euch: Warum preiset ihr nicht (Allah?«)

29 Sie sprachen: »Preis sei unserm Herrn! Siehe, wir waren ungerecht.«

30 Und sie hoben an, einander zu tadeln.

31 Sie sprachen: »O weh uns, siehe, wir waren Übertreter.

---

4 Hiermit ist wahrscheinlich Walīd ibn al-Muġīra gemeint.
5 Oder: Rüssel. Walīd soll in der Schlacht bei Badr (vgl. Anm. 4, S. 68) einen Hieb in die Nase erhalten haben.
6 Indem sie hinzufügten: »So Allah will.«

Die Feder 553

32 Vielleicht gibt uns unser Herr zum Tausch für ihn einen bessern (Garten). Siehe, wir bitten unsern Herrn.«

33 Also war die Strafe; aber wahrlich, die Strafe des Jenseits ist größer. O daß sie es wüßten!

34 Siehe, für die Gottesfürchtigen sind bei ihrem Herrn Gärten der Wonne.

35 Sollen Wir etwa die Muslime wie die Sünder halten?

36 Was fehlt euch? Wie urteilt ihr!

37 Oder habt ihr ein Buch, in dem ihr studieren könnt,

38 Daß euch wird, was ihr wünschet?

39 Oder habt ihr Eide von Uns, die Uns binden bis zum Tag der Auferstehung, daß euch wird, was ihr erachtet?

40 Frag sie, wer von ihnen dafür Bürge ist.

41 Oder haben sie »Gefährten«? So sollen sie ihre Gefährten bringen, wenn sie wahrhaft sind.

42 Eines Tages wird der Schenkel entblößt werden,[7] und sie werden zur Anbetung gerufen werden, doch werden sie es nicht vermögen.

43 Gesenkt sind ihre Blicke – Schande befällt sie, weil sie zur Anbetung gerufen wurden, als sie in Sicherheit waren (und nicht gehorchten).

44 Darum laß Mich und den, der diese Rede der Lüge zeiht; Wir werden sie stufenweise strafen, von wannen sie's nicht wissen.

45 Und Ich will mit ihnen verziehen; siehe, Meine List ist gewiß.

46 Oder verlangst du einen Lohn von ihnen, während sie von Schulden beschwert sind?

47 Oder ist das Verborgene bei ihnen, daß sie es niederschreiben?

48 Drum warte auf den Spruch deines Herrn und sei nicht wie der Gesell des Fisches[8], da er rief, als er in Ängsten war.

---

7 Diese Redensart bezeichnet ein großes Unglück. Vielleicht ist Sure 27,44 zu vergleichen.
8 Der Prophet Jona.

554   *Sure 69*

49 Hätte ihn nicht seines Herrn Gnade erreicht, er wäre mit Schimpf bedeckt an den nackten Strand geworfen.

50 Doch es erwählte ihn sein Herr und machte ihn zu einem der Rechtschaffenen.

51 Und siehe, die Ungläubigen möchten dich fast mit ihren Blicken zum Straucheln bringen, wenn sie die Ermahnung hören und sprechen: »Siehe, er ist wahrlich besessen.«

52 Doch ist er nichts andres als eine Ermahnung für alle Welt.

NEUNUNDSECHZIGSTE SURE

Die Unvermeidliche

Geoffenbart zu Mekka

*Im Namen Allahs,
des Erbarmers, des Barmherzigen!*

1 Die *Unvermeidliche* (Stunde,)[1]

2 Was ist die Unvermeidliche?

3 Und was lehrt dich wissen, was die Unvermeidliche ist?

4 Der Lüge zieh Tamūd und ʿĀd die Pochende (Stunde;)

5 Und was Tamūd anlangt, so kamen sie um durch den Wetterschlag,

6 Und was ʿĀd anlangt, so kamen sie um durch einen pfeifenden, wütenden Wind,

7 Welchen Er dienstbar machte wider sie sieben Nächte und acht Tage voll Unheil. Und du hättest das Volk in ihnen niedergestreckt gesehen, gleich hohlen Palmenstrünken.

8 Und siehst du von ihnen einen übrig?

9 Und Pharao und die, welche vor ihm lebten, und die zerstörten (Städte[2]) begingen Sünde,

1 Der Jüngste Tag.
2 Sodom und Gomorrha.

Die Unvermeidliche 555

10 Und sie waren widerspenstig gegen den Gesandten ihres Herrn; und Er erfaßte sie mit übermäßiger Strafe.

11 Siehe, als das Wasser überschwoll, trugen Wir euch auf dem Fahrzeug,

12 Auf daß Wir es zu einem Gegenstand des Gedenkens machten, und daß es bewahre ein bewahrendes Ohr.

13 Und wenn in die Posaune gestoßen wird mit einem einzigen Stoß,

14 Und von hinnen gehoben werden die Erde und die Berge und zerstoßen werden mit einem einzigen Stoß,

15 Dann wird an jenem Tage eintreffen die Eintreffende (Stunde),

16 Und spalten wird sich der Himmel, denn an jenem Tag wird er zerreißen;

17 Und die Engel werden zu Seinen Seiten sein, und acht werden den Thron deines Herrn ob ihnen tragen an jenem Tage.

18 An jenem Tage werdet ihr vorgeführt werden; nichts Verborgenes von euch soll verborgen sein.

19 Und was den anlangt, dem sein Buch in seine Rechte gegeben wird, sprechen wird er: »Da nehmt! Leset mein Buch!

20 Siehe, ich glaubte meiner Rechenschaft zu begegnen.«

21 Und er soll sein in angenehmem Leben,

22 In hohem Garten,

23 Dessen Trauben nahe.

24 »Esset und trinket zum Wohlsein für das, was ihr vorausschicktet in den vergangenen Tagen!«

25 Was aber den anlangt, dessen Buch in seine Linke gegeben wird, so wird er sprechen: »O daß mir doch nicht mein Buch gegeben wäre!

26 Und daß ich nie gewußt, was meine Rechenschaft!

27 O daß er[3] ein Ende mit mir gemacht!

28 Nichts frommte mir mein Gut!

---

3 Der Tod.

556 *Sure 69*

29 Vernichtet ist mir meine Macht!«

30 »Nehmet ihn und fesselt ihn!

31 Alsdann im Höllenpfuhl lasset brennen ihn!

32 Alsdann in eine Kette von siebenzig Ellen Länge stecket ihn!

33 Siehe, er glaubte nicht an Allah, den Großen,

34 Und sorgte sich nicht um die Speisung des Armen.

35 Drum hat er heute hier keinen Freund

36 Und keine Speise außer Eiterfluß,

37 Den nur die Sünder fressen.«

38 Und Ich schwöre, bei dem, was ihr schaut

39 Und was ihr nicht schaut,

40 Siehe, es ist wahrlich die Rede eines edeln Gesandten,

41 Und nicht ist's die Rede eines Poeten. Wenig ist's, was ihr glaubt.

42 Und nicht ist's eines Wahrsagers Wort. Wenig ist's, an was ihr euch mahnen lasset.

43 Eine Hinabsendung von dem Herrn der Welten!

44 Und hätte er[4] wider Uns einige Sprüche ersonnen,

45 So hätten Wir ihn bei der Rechten erfaßt,

46 Alsdann hätten Wir ihm die Herzader durchschnitten,

47 Und keiner von euch hätte Uns von ihm abgehalten.

48 Doch siehe, wahrlich, eine Ermahnung ist er[5] für die Gottesfürchtigen,

49 Und siehe, wahrlich, Wir wissen, daß ihn einige von euch der Lüge zeihen.

50 Und siehe, wahrlich, Seufzen bringt er den Ungläubigen,

51 Und siehe, wahrlich, er ist die Wahrheit der Gewißheit.

52 Drum preise den Namen deines großen Herrn!

4 Muhammad.
5 Der Koran.

SIEBZIGSTE SURE

Die Stufen

Geoffenbart zu Mekka

Im Namen Allahs,
des Erbarmers, des Barmherzigen!

1 Ein Fragender fragte nach eintreffender Strafe

2 Für die Ungläubigen. Niemand hindert

3 Allah an ihr, den Herrn der *Stufen*,

4 Auf denen die Engel und der Geist zu Ihm emporsteigen an einem Tage, dessen Maß fünfzigtausend Jahre sind.

5 Drum gedulde dich in geziemender Geduld.

6 Siehe, sie sehen ihn ferne,

7 Und wir sehen ihn nahe.

8 An jenem Tage wird der Himmel sein wie geschmolzenes Erz,

9 Und die Berge werden sein wie gefärbte Wolle,

10 Und nicht wird fragen ein Freund den Freund,

11 Wiewohl sie einander anschauen. Gern möchte sich dann der Sünder loskaufen von der Strafe an jenem Tag um seine Kinder,

12 Um seine Genossin und seine Brüder,

13 Und um seine Sippe, die ihn aufgenommen,

14 Und um jeden auf Erden zumal, daß er ihn dann errettete.

15 Keineswegs; siehe, die Glut,

16 Zerrend am Skalp,

17 Ruft jeden, der den Rücken gekehrt und sich gewendet

18 Und zusammengescharrt und aufgespeichert.

19 Siehe, der Mensch ist ungeduldig erschaffen;

20 Wenn ihm Schlimmes widerfährt, so ist er mutlos,

21 Und wenn ihm Gutes widerfährt, so ist er knauserig.

22 Nicht so die Betenden,

23 Die im Gebet verharren

24 Und in deren Gut ein bestimmter Teil

558   *Sure 70*

25 Für den Bittenden und den verschämten Armen ist;

26 Und die den Tag des Gerichts für wahr halten,

27 Und die vor der Strafe ihres Herrn zagen –

28 Siehe, vor der Strafe deines Herrn ist niemand sicher –

29 Und die ihre Scham hüten,

30 Außer gegen ihre Gattinnen oder was ihre Rechte besitzt; siehe, (hierin) sind sie nicht zu tadeln;

31 Wer aber über dies hinaustrachtet, das sind die Übertreter –

32 Und die, welche das ihnen Anvertraute und ihren Vertrag hüten,

33 Und die in ihrem Zeugnis aufrichtig sind,

34 Und die ihren Gebeten obliegen,

35 Diese sollen in Gärten geehrt sein.

36 Was fehlt aber den Ungläubigen, daß sie dir voraneilen,

37 Zur Rechten und zur Linken in Scharen?

38 Begehrt jedermann von ihnen einzugehen in einen Garten der Wonne?

39 Keineswegs; sie wissen, woraus Wir sie erschufen.

40 Und ich schwöre bei dem Herrn der Osten und Westen, siehe, Wir sind imstande

41 Bessere für sie einzutauschen, und keiner kann Uns hindern.

42 Drum laß sie schwatzen und spielen, bis sie ihrem Tag begegnen, der ihnen angedroht ist,

43 Dem Tag, an dem sie eilends aus den Gräbern steigen, als eilten sie zu einem Banner,

44 Mit niedergeschlagenen Blicken. Schimpf soll sie bedekken. Das ist der Tag, der ihnen angedroht ist.

EINUNDSIEBZIGSTE SURE

Noah

Geoffenbart zu Mekka

Im Namen Allahs,
des Erbarmers, des Barmherzigen!

1 (1) Siehe, Wir entsandten *Noah* zu seinem Volk: »Warne dein Volk, bevor zu ihnen eine schmerzliche Strafe kommt.«

2 (2) Er sprach: »O mein Volk, siehe, ich bin euch ein offenkundiger Warner.

3 (3) Dienet Allah und fürchtet Ihn und gehorchet mir.

4 (4) Verzeihen wird Er euch eure Sünden und verziehen wird Er mit euch zu einem bestimmten Termin. Siehe, Allahs Termin, wenn er kommt, wird nicht verschoben. O daß ihr es doch wüßtet!«

5 (5) Er sprach: »Mein Herr, siehe, ich rief zu meinem Volk bei Nacht und Tag.

6 Doch bestärkte mein Rufen sie nur in ihrer Flucht.

7 (6) Und siehe, sooft ich sie rief, daß Du ihnen verziehest, steckten sie ihre Finger in ihre Ohren und verhüllten sich in ihre Kleider und waren verstockt und voll Hoffart.

8 (7) Alsdann rief ich sie öffentlich;

9 (8) Alsdann sprach ich offen und im geheimen zu ihnen,

10 (9) Und ich sprach: ›Bittet euern Herrn um Verzeihung, siehe, Er ist verzeihend.‹

11 (10) Er wird den Himmel auf euch niedersenden in Strömen

12 (11) Und wird euch reich machen an Gut und Kindern und wird euch Gärten geben und Bäche.

13 (12) Was fehlt euch, daß ihr nicht hoffet auf Allahs Güte,

14 (13) Wo Er euch doch in Absätzen[1] erschaffen hat?

15 (14) Seht ihr denn nicht, wie Allah sieben Himmel übereinander erschaffen hat?

---

1 Vgl. Sure 22,5. Modernisten wollen hier eine Anspielung auf die Evolutionstheorie sehen.

560   *Sure 71*

16 (15) Und Er hat den Mond in sie als Licht gesetzt und die
Sonne zu einer Lampe gemacht;

17 (16) Und Allah ließ euch aus der Erde gleich Pflanzen
sprießen;

18 (17) Alsdann wird Er euch in sie wieder zurückbringen
und von neuem erstehen lassen.

19 (18) Und Allah hat die Erde für euch zu einem Teppich
gemacht,

20 (19) Auf daß ihr auf breiten Pfaden ziehet.«

21 (20) Es sprach Noah: »Mein Herr, siehe; sie sind widerspenstig gegen mich und folgen denen, deren Gut und Kinder
nur um so größeres Verderben über sie bringt.«

22 (21) Und sie schmiedeten eine große List

23 (22) Und sprachen: »Verlasset nicht eure Götter und
verlasset nicht Wadd und Suwāʿ

(23) Und nicht Yaġūṯ und Yaʿūq und Naṣr.«[2]

24 (24) Und sie führten schon viele irre, und du[3] wirst die
Ungerechten nur im Irrtum bestärken.

25 (25) Wegen ihrer Sünden wurden sie ersäuft und ins
Feuer geführt,

(26) Und sie fanden keine Helfer wider Allah.

26 (27) Und es sprach Noah: »Mein Herr, laß keinen der
Ungläubigen auf Erden.

27 (28) Siehe, wenn Du sie übriglässest, so werden sie
Deine Diener irreführen und werden nur Sünder und
Ungläubige zeugen.

28 (29) Mein Herr, verzeihe mir und meinen Eltern und
jedem Gläubigen, der mein Haus betritt, und den gläubigen
Männern und Frauen. Und mehre allein der Ungerechten
Verderben.«

---

2 Wadd war eine Gottheit der Banū Kalb, deren Heiligtum in Dūmat al-Ġandal
   stand, ursprünglich eine Mondgottheit. Suwāʿ war eine Göttin wahrscheinlich
   südarabischen Ursprungs, deren Heiligtum sich bei den Banū Huḏail in Ru-
   bat, nicht weit von Mekka, befand. Yaġūṯ war eine jemenitische Gottheit;
   Yaʿūq war ein Gott des südarabischen Stammes Ḥamdān; auch Naṣr wurde zu
   Muhammads Zeit im Jemen verehrt.
3 Muhammad.

ZWEIUNDSIEBZIGSTE SURE

Die Dschinn[1]

Geoffenbart zu Mekka

Im Namen Allahs,
des Erbarmers, des Barmherzigen!

1 (1) Sprich: »Geoffenbart ward mir, daß eine Schar der *Dschinn* lauschte und sprach: ›Siehe, wir haben einen wunderbaren Koran gehört,

2 (2) Der zum rechten Weg leitet; und wir glauben an ihn und stellen nimmer unserm Herrn jemand zur Seite;

3 (3) Denn Er – erhöht sei die Herrlichkeit unsers Herrn! – hat sich keine Genossin genommen und keinen Sohn.

4 (4) Und ein Narr[2] unter uns sprach wider Allah eine große Lüge,

5 (5) Und wir dachten, daß nimmer Menschen oder Dschinn wider Allah eine Lüge sprächen.

6 (6) Es waren Leute unter den Menschen, die ihre Zuflucht[3] bei Leuten unter den Dschinn suchten; doch mehrten diese nur ihre Torheit.

7 (7) Sie dachten, wie ihr dachtet, daß Allah keinen erwecken würde.

8 (8) Wir aber berührten den Himmel und fanden ihn voll von strengen Hütern und Schnuppen.

9 (9) Und wir saßen auf Sitzen, von ihm zu lauschen; wer aber nun lauscht, findet eine Schnuppe für sich auf der Lauer.

10 (10) Wir wissen nicht, ob Böses für die auf Erden beabsichtigt ist, oder ob ihr Herr das Rechte mit ihnen vorhat.

---

1 Als Muhammad von Ṭā'if, wo er Schutz gesucht hatte, mit Steinen vertrieben war, hatte er auf seiner Rückwanderung nach Mekka eine Vision, in welcher die Scharen der Dschinn ihn umdrängten und von ihm die Lehren des Islām zu erfahren verlangten.

2 Iblīs.

3 »Zuflucht suchen« bedeutet wohl »eine gebetsartige Zufluchtsformel sprechen«, ähnlich den beiden letzten Suren des Koran.

562   *Sure 72*

11 (11) Und unter uns sind die einen rechtschaffen, die andern nicht; wir sind verschiedene Scharen.

12 (12) Und wir glaubten, daß wir Allah nimmer auf Erden schwächen könnten und Ihn nimmer schwächen könnten durch Flucht.

13 (13) Und als wir die Leitung hörten, glaubten wir an sie, und wer an seinen Herrn glaubt, soll weder Einbuße noch Überbürdung fürchten.

14 (14) Und einige von uns sind Muslime und andre von uns vom Rechten abweichend. Wer sich aber (Allah) ergibt[4], die erstreben die rechte Leitung.

15 (15) Die vom Rechten Abweichenden sind jedoch Brennstoff Dschahannams.‹«

16 (16) Und wenn sie[5] auf dem Wege rechtschaffen wandeln, wahrlich, dann wollen Wir sie tränken mit Wasser in Fülle,

17 (17) Um sie dadurch zu versuchen; und wer sich abwendet von dem Gedenken an seinen Herrn, den wird Er treiben zu qualvoller Strafe.

18 (18) Und die Moscheen sind Allahs, und rufet niemand außer Allah an.

19 (19) Und da sich Allahs Knecht[6] erhob, Ihn anzurufen, da hätten sie[7] ihn fast erdrückt mit ihrer Menge.

20 (20) Sprich: »Ich rufe nur meinen Herrn an und stelle Ihm keinen zur Seite.«

21 (21) Sprich: »Ich kann euch weder ein Leid antun noch euch recht weisen.«

22 (22) Sprich: »Nimmer schützt mich jemand vor Allah, (23) Und nimmer finde ich eine Zuflucht außer Ihm.

23 (24) Allein eine Predigt von Allah und Seine Sendung (liegt mir ob,) und wer sich Allah und Seinem Gesandten

---

4 D. h. Muslim ist.
5 Die Mekkaner.
6 Muhammad.
7 Die Dschinn, nach anderen die Götzenanbeter.

Der Verhüllte 563

widersetzt, für den ist Dschahannams Feuer für ewig und immerdar;

24 (25) Bis sie sehen, was ihnen angedroht ward, und dann werden sie wissen, wer der schwächste zur Hilfe ist und am geringsten an Zahl.«

25 (26) Sprich: »Ich weiß nicht, ob nahe ist, was euch angedroht ward, oder ob mein Herr einen Zeitpunkt dafür setzen wird.«

26 Er kennt das Verborgene und Er teilt Sein Geheimnis keinem mit,

27 (27) Außer dem Gesandten, der Ihm wohlgefällig ist; denn siehe, Er lässet vor ihm und hinter ihm eine Wache[8] einherziehen:

28 (28) Auf daß Er wisse, daß sie die Sendung ihres Herrn ausgerichtet haben; denn Er umfaßt, was bei ihnen ist, und Er berechnet alle Dinge an Zahl.

DREIUNDSIEBZIGSTE SURE

Der Verhüllte[1]

Geoffenbart zu Mekka

Im Namen Allahs,
des Erbarmers, des Barmherzigen!

1 O du (im Mantel) *Verhüllter,*

2 Steh auf zur Nacht bis auf ein kleines:

3 Die Hälfte von ihr oder nimm weg ein kleines

4 Oder füge hinzu zu ihr und trag den Koran in singendem Vortrag vor.

5 Siehe, Wir übergeben dir ein gewichtig Wort.

6 Siehe, der Anbruch der Nacht ist stärker an Eindruck und aufrichtiger an Rede –

8 D. h. Engel, die ihn hüten.

1 Dies ist eine der ältesten Suren; Gabriel redet Muhammad an.

564   *Sure 73*

7 Siehe, du hast am Tag ein langes Geschäft –

8 Und gedenke des Namens deines Herrn und weihe dich Ihm in Weihe –

9 Der Herr des Ostens und des Westens! Es gibt keinen Gott außer Ihm; drum nimm Ihn an als Schützer.

10 Und ertrag in Geduld, was sie sprechen, und flieh von ihnen in geziemender Flucht.

11 Und laß Mich und die der Lüge Zeihenden,[2] die in Üppigkeit leben; und verziehe mit ihnen ein kleines.

12 Siehe, bei Uns sind Fesseln und der Höllenpfuhl

13 Und würgende Speise und schmerzliche Strafe,

14 An dem Tag, da die Erde erbebt und die Berge, und die Berge ein loser Sandhaufen werden.

15 Siehe, Wir entsandten zu euch einen Gesandten als Zeugen wider euch, wie Wir zu Pharao einen Gesandten entsandten.

16 Und Pharao empörte sich wider den Gesandten, und da erfaßten Wir ihn mit schwerer Strafe.

17 Und wie wollt ihr euch, wenn ihr ungläubig seid, schützen vor einem Tag, der Kinder greis macht?

18 Der Himmel wird sich spalten an ihm – was ihm angedroht wird, geschieht.

19 Siehe, dies ist eine Warnung, und wer da will, der nehme zu seinem Herrn einen Weg.

20 Siehe, dein Herr weiß, daß du stehst (zum Gebet) nahe zwei Dritteile der Nacht oder ihre Hälfte oder ein Dritteil, wie auch ein Teil derer, die bei dir sind. Denn Allah misset die Nacht und den Tag. Er weiß, daß ihr sie nimmer berechnet, und kehrt sich zu euch. So leset ein bequemes (Stück) vom Koran. Er weiß, daß unter euch Kranke sind und andre im Land reisen im Trachten nach Allahs Huld und andre in Allahs Weg kämpfen. So leset ein bequemes (Stück) von ihm und verrichtet das Gebet und entrichtet die Armenspende und leihet Allah ein schönes Darlehen. Und was ihr für euch

---

2 D. h., laß Mich mit ihnen fertig werden.

Der Bedeckte 565

vorausschickt an Gutem, ihr werdet es finden bei Allah. Das
ist am besten und bringt den reichsten Lohn. Und bittet Allah
um Verzeihung; siehe, Allah ist verzeihend und barmherzig.[3]

VIERUNDSIEBZIGSTE SURE

Der Bedeckte[1]

Geoffenbart zu Mekka

Im Namen Allahs,
des Erbarmers, des Barmherzigen!

1 (1) O du (mit deinem Mantel) *Bedeckter,*
2 (2) Steh auf und warne,
3 (3) Und deinen Herrn, verherrliche (Ihn,)
4 (4) Und deine Kleider, reinige (sie,)
5 (5) Und den Greuel[2], flieh (ihn,)
6 (6) Und spende nicht, um mehr zu empfahn,
7 (7) Und harr auf deinen Herrn in Geduld.
8 (8) Und wenn ins Horn geblasen wird.
9 (9) So ist das an jenem Tage ein schwerer Tag,
10 (10) Für die Ungläubigen nicht leicht!
11 (11) Laß Mich allein mit dem, den ich geschaffen[3],
12 (12) Und dem Ich reiches Gut verlieh
13 (13) Und Söhne vor seinen Augen[4],

3 V. 20 ähnelt im Stil den medinensischen Suren; nach einer auf ʿĀʾiša zurückge-
 führten Tradition ward dieser Vers ein Jahr später als der übrige Teil der Sure
 offenbart.
1 Dies ist die zweitälteste Sure, die erste Offenbarung nach der »Fatra«, einem
 auf sechs Monate bis drei Jahre angegebenem Zeitraum, in welchem Muhammad nach seiner ersten Offenbarung in tiefe Zweifel über seine Sendung geriet
 und keine weiteren Offenbarungen erhielt.
2 Den Götzendienst.
3 Dies soll auf Walīd ibn al-Muǧīra gehen.
4 Wörtlich: als Zeugen.

566   Sure 74

14 (14) Und für den Ich (alles) eben machte;

15 (15) Doch wünscht er, daß Ich noch mehr tue.

16 (16) Keineswegs; siehe, er ist widerspenstig gegen Unsre Zeichen.

17 (17) Aufladen will Ich ihm Qual;

18 (18) Siehe, er sann und plante,

19 (19) Und – Tod ihm! – wie plante er!

20 (20) Noch einmal – Tod ihm! – wie plante er!

21 (21) Dann schaute er zu,

22 (22) Dann runzelte er die Stirn und blickte finster,

23 (23) Dann kehrte er den Rücken voll Hoffart

24 (24) Und sprach: »Das ist nur eine Zaubergeschichte,

25 (25) Das ist nur Menschenwort.«

26 (26) Brennen will Ich ihn lassen im Höllenfeuer.

27 (27) Und was lehrt dich, was das Höllenfeuer?

28 (28) Nicht läßt es übrig und nicht verschont es,

29 (29) Schwärzend das Fleisch.

30 (30) Über ihm sind neunzehn (Engel).

31 (31) Und zu Hütern des Feuers setzten Wir allein Engel, und Wir machten ihre Anzahl nur zu einer Versuchung für die Ungläubigen, auf daß die, denen die Schrift gegeben, gewiß wären (in betreff der Wahrheit des Korans) und die Gläubigen zunähmen an Glauben,

(32) Und daß diejenigen, denen die Schrift gegeben ward, und die Gläubigen nicht zweifeln,

(33) Und daß diejenigen, in deren Herzen Krankheit ist, und die Ungläubigen sprechen: »Was will denn Allah mit diesem als Gleichnis?«

(34) Also führt Allah irre, wen Er will, und leitet recht, wen Er will; und die Heerscharen deines Herrn kennt nur Er; und dies ist nur eine Mahnung für die Menschen.[5]

32 (35) Fürwahr, beim Mond

33 (36) Und der Nacht, wenn sie den Rücken kehrt,

34 (37) Und dem Morgen, wenn er leuchtet!

5 V. 31 erscheint als ein späterer Zusatz, um den Einwürfen der Juden rück-
  sichtlich der Zahl der Engel zu begegnen.

Der Bedeckte 567

35 (33) Siehe, sie[6] ist wahrlich eine der größten (Qualen,)

36 (39) Eine Warnung für die Menschen,

37 (40) Für den unter euch, der vorwärts schreiten oder dahinten bleiben will.

38 (41) Jede Seele ist für das, was sie geschafft, verpfändet,

39 Außer den Gefährten der Rechten;

40 (42) In Gärten werden sie einander befragen

41 nach den Sündern.

42 (43) »Was hat euch ins Höllenfeuer getrieben?«

43 (44) Sie werden sprechen: »Wir waren nicht unter den Betenden,

44 (45) Und wir speisten nicht die Armen,

45 (46) Und wir schwatzten mit den Schwatzenden,

46 (47) Und wir erklärten als Lüge den Tag des Gerichts,

47 (48) Bis zu uns kam die Gewißheit[7].«

48 (49) Und nicht wird ihnen nützen die Fürbitte der Fürbittenden.

49 (50) Was ist ihnen denn, daß sie sich von der Mahnung abwenden

50 (51) Gleich flüchtigen Eseln,

51 Die vor einem Löwen fliehen?

52 (52) Doch jedermann von ihnen wünscht, daß ihm offene Seiten gegeben werden[8].

53 (53) Keineswegs; doch fürchten sie nicht das Jenseits.

54 (54) Keineswegs; siehe er[9] ist eine Ermahnung,

55 Und wer da will, gedenkt seiner.

56 (55) Doch es gedenken seiner nur diejenigen, die Allah belieben. Ihm gebührt Gottesfurcht und Ihm gebührt die Verzeihung.

---

6 Die Hölle.
7 Der Tod.
8 D. h. Schriftstücke vom Himmel mit der Beglaubigung von Muhammads Sendung.
9 Der Koran.

FÜNFUNDSIEBZIGSTE SURE

Die Auferstehung

Geoffenbart zu Mekka

Im Namen Allahs,
des Erbarmers, des Barmherzigen!

1 Ich schwöre beim *Auferstehung*stag,

2 Und ich schwöre bei der sich selbst verklagenden Seele,

3 Glaubt der Mensch, daß Wir nicht versammeln können seine Gebeine?

4 Fürwahr, imstande sind Wir, seine Fingerspitzen zusammenzufügen.

5 Doch der Mensch wünscht wider das, was vor ihm liegt, zu sündigen.

6 Er fragt: »Wann ist der Auferstehungstag?«

7 Doch wenn der Blick geblendet wird

8 Und der Mond sich verfinstert

9 Und Sonne und Mond sich vereinigen,

10 Dann wird der Mensch an jenem Tage sprechen: »Wo ist die Zuflucht?«

11 Keineswegs; es gibt kein Asyl –

12 Zu deinem Herrn ist an jenem Tag die Zuflucht.

13 Verkündet wird an jenem Tage dem Menschen, was er getan und versäumt[1].

14 Ja, der Mensch ist wider sich selber ein Beweis,

15 Auch wenn er seine Entschuldigungen vorhielte.

16 Rühre nicht deine Zunge, es zu beschleunigen[2],

17 Siehe, Uns liegt seine[3] Sammlung und Verlesung ob.

18 Drum, wenn Wir ihn verlesen, so folge seiner Verlesung;

19 Alsdann liegt Uns seine Erklärung ob.[4]

---

1 Oder: was er zuerst und zuletzt getan.
2 Die Offenbarung.
3 Des Korans.
4 Wichtiger Text zur Offenbarungsgeschichte: alle Offenbarung ist von Gott gewirkt, und auch die rechte Auslegung stammt von Gott.

Die Auferstehung

20 Keineswegs, doch ihr liebt das Vergängliche

21 Und lasset das Jenseits dahinten.

22 Die einen Gesichter werden an jenem Tage leuchten

23 Und zu ihrem Herrn schauen;

24 Und die andern Gesichter werden an jenem Tage finster blicken,

25 Glaubend, daß ihnen ein Unglück geschehe.

26 Fürwahr, wenn sie[5] bis zum Schlüsselbein aufsteigt,

27 Und wenn gesprochen wird: »Wer ist ein Zauberer[6]?«

28 Und er wähnt, daß es die Trennung ist,

29 Und wenn sich Schenkel mit Schenkel verschlingt:

30 Zu deinem Herrn soll an jenem Tage das Treiben sein,

31 Denn er glaubte nicht und betete nicht,

32 Sondern zieh der Lüge und kehrte sich ab.

33 Alsdann ging er fort zu seiner Familie, stolzen Ganges.

34 Wehe dir und wehe!

35 Alsdann wehe dir und wehe!

36 Wähnt der Mensch etwa, unbeachtet gelassen zu werden?

37 War er denn nicht ein Tropfen fließenden Samens?

38 Alsdann war er ein Blutklumpen, und so schuf Er ihn und bildete ihn

39 Und machte von ihm das Paar, den Mann und das Weib.

40 Hat Er nicht Macht, die Toten lebendig zu machen?

5 Die Seele.
6 Um die Seele wieder in den Leib zurückzubringen.

SECHSUNDSIEBZIGSTE SURE

Der Mensch

Geoffenbart zu Mekka

Im Namen Allahs,
des Erbarmers, des Barmherzigen!

1 Kommt nicht über den *Menschen* ein Zeitraum, da er nichts Erwähnenswertes[1] ist?

2 Siehe, Wir erschufen den Menschen aus einer Samenmischung, ihn zu prüfen, und Wir gaben ihm Gehör und Gesicht.

3 Siehe, Wir leiteten ihn des Weges, sei er dankbar oder undankbar.

4 Siehe, Wir bereiteten für die Ungläubigen Ketten und Joche und eine Flamme.

5 Siehe, die Gerechten werden trinken aus einem Becher, gemischt mit (Wasser aus der Quelle) Kāfūr[2] –

6 Eine Quelle, aus der Allahs Diener trinken sollen, sie leitend in Leitungen:

7 Sie, die das Gelübde erfüllen und einen Tag fürchten, dessen Übel sich weit ausbreitet,

8 Und die mit Speise, aus Liebe zu Ihm, den Armen und die Waise und den Gefangenen speisen:

9 »Siehe, wir speisen euch nur um Allahs willen; wir begehren keinen Lohn von euch noch Dank.

10 Siehe, wir fürchten von unserm Herrn einen finsterblickenden, unheilvollen Tag.«

11 Drum schützt sie Allah vor dem Übel jenes Tages und wirft auf sie Glanz und Freude;

12 Und Er belohnt sie für ihre Standhaftigkeit mit einem Garten und Seide.

13 Gelehnt in ihm auf Hochzeitsthronen, sehen sie in ihm weder Sonne noch schneidende Kälte,

1 Solange er im Mutterschoß ist.
2 Die Kampferquelle.

Der Mensch

14 Und nahe über ihnen sind seine Schatten, und nieder hängen über sie ihre Trauben,

15 Und es kreisen unter ihnen Gefäße von Silber und Becher wie Flaschen,

16 Flaschen aus Silber, deren Maß sie bemessen.

17 Und sie sollen darinnen getränkt werden mit einem Becher, gemischt mit Ingwer;

18 Eine Quelle ist darinnen, geheißen Salsabīl –

19 Und die Runde machen bei ihnen unsterbliche Knaben; sähest du sie, du hieltest sie für zerstreute Perlen.

20 Und wenn du hinsiehst, dann siehst du Wonne und ein großes Reich.

21 Angetan sind sie mit Kleidern von grüner Seide und Brokat und geschmückt sind sie mit silbernen Spangen, und es tränkt sie ihr Herr mit reinem Trank:

22 »Siehe, das ist euer Lohn, und euer Eifer ist bedankt.«

23 Siehe, Wir haben auf dich den Koran hinabgesandt,

24 Drum warte auf den Spruch deines Herrn und gehorche keinem Sünder oder Ungläubigen unter ihnen.

25 Und gedenke des Namens deines Herrn des Morgens und des Abends

26 Und zur Nacht. Und wirf dich vor Ihm nieder und preise Ihn die lange Nacht.

27 Siehe, diese lieben das Vergängliche und lassen hinter sich einen schweren Tag.

28 Wir erschufen sie und stärkten ihre Sehnen; und wenn Wir wollen, vertauschen Wir sie mit andern, die ihnen gleich sind.

29 Siehe, dies ist eine Ermahnung, und wer da will, der nimmt zu seinem Herrn einen Weg.

30 Doch könnt ihr nicht wollen, es sei denn, daß Allah will. Siehe, Allah ist wissend und weise.

31 Er führt, wen Er will, in Seine Barmherzigkeit, und für die Ungerechten hat Er schmerzliche Strafe bereitet.

SIEBENUNDSIEBZIGSTE SURE

Die Entsandten

Geoffenbart zu Mekka

Im Namen Allahs,
des Erbarmers, des Barmherzigen!

1 Bei den in Reihe *Entsandten*[1]

2 Und den im Sturme Stürmenden

3 Und den in Zerstreuung Zerstreuenden

4 Und den in Trennung Trennenden

5 Und den Ermahnung Bringenden

6 Zur Entschuldigung oder Warnung:

7 Siehe, was euch angedroht wird, wahrlich, es trifft ein.

8 Und wenn die Sterne verlöschen

9 Und wenn der Himmel sich spaltet,

10 Und wenn die Berge zerstäuben

11 Und wenn den Gesandten ein Zeitpunkt bestimmt wird[2] –

12 Für welchen Tag ist der Termin gegeben?

13 Für den Tag der Trennung!

14 Und was lehrt dich wissen, was der Tag der Trennung ist?

15 Wehe an jenem Tag den der Lüge Zeihenden!

16 Vertilgten Wir nicht die Früheren?

17 Nun lassen Wir ihnen die Spätern folgen.

18 Also verfahren Wir mit den Sündern.

19 Wehe an jenem Tag den der Lüge Zeihenden!

20 Schufen Wir euch nicht aus verächtlichem Wasser

21 Und brachten es an sichere Stätte

22 Bis zu bestimmtem Zeitpunkt?

23 Und Wir vermögen es, und wie schön vermögen Wir's!

24 Wehe an jenem Tag den der Lüge Zeihenden!

25 Machten Wir nicht die Erde zum Sammelplatz

---

1 Entweder sind die Engel gemeint oder die Winde oder die Koranverse.
2 Zur Zeugnisablegung gegen die Völker, zu denen sie entsandt wurden.

Die Entsandten   573

26 Für Lebende und Tote?

27 Und setzten in sie die festgegründeten hochragenden (Berge) und tränkten euch mit süßem Wasser?

28 Wehe an jenem Tag den der Lüge Zeihenden!

29 Gehet hin zu dem, was ihr eine Lüge nennt[3]!

30 Gehet hin zu dem Schatten, dem dreifach gezweigten,

31 Der nicht beschattet und nicht vor der Lohe schützt.

32 Siehe, Funken wirft sie gleich Türmen,

33 Als wären sie gelbe Kamele.

34 Wehe an jenem Tag den der Lüge Zeihenden!

35 Dies ist der Tag, an dem sie nicht sprechen,

36 Da ihnen nicht erlaubt wird, sich zu entschuldigen.

37 Wehe an jenem Tag den der Lüge Zeihenden!

38 Das ist der Tag der Trennung, da Wir euch und die Früheren versammeln.

39 Und habt ihr eine List, so übt sie.

40 Wehe an jenem Tag den der Lüge Zeihenden!

41 Siehe, die Gottesfürchtigen kommen in Schatten und Quellen

42 Und zu Früchten, wie sie sie begehren.

43 »Esset und trinket zum Wohlsein für das, was ihr getan.«

44 Siehe, so lohnen Wir den Rechtschaffenen.

45 Wehe an jenem Tag den der Lüge Zeihenden!

46 »Esset und genießet ein kleines; siehe, ihr seid Sünder.«

47 Wehe an jenem Tag den der Lüge Zeihenden!

48 Und wenn zu ihnen gesprochen wird: »Beuget euch«, so beugen sie sich nicht.

49 Wehe an jenem Tag den der Lüge Zeihenden!

50 Und an welche Kunde nach dieser wollen sie glauben?

---

3 Zur Hölle.

ACHTUNDSIEBZIGSTE SURE

Die Kunde
Geoffenbart zu Mekka

Im Namen Allahs,
des Erbarmers, des Barmherzigen!

1 (1) Wonach befragen sie einander?
2 (2) Nach einer gewaltigen *Kunde*[1],
3 (3) Über die sie uneins sind.
4 (4) Fürwahr, sie sollen (sie) wissen;
5 (5) Wiederum, fürwahr, sie sollen (sie) wissen.
6 (6) Machten Wir nicht die Erde zu einem Bett
7 (7) Und die Berge zu Pflöcken
8 (8) Und schufen euch in Paaren
9 (9) Und machten euern Schlaf zur Ruhe
10 (10) Und die Nacht zu einem Kleid
11 (11) Und machten den Tag zum Erwerb des Unterhalts
12 (12) Und bauten über euch sieben Festen
13 (13) Und machten eine hellbrennende Lampe
14 (14) Und sandten aus den Regenwolken Wasser in Strömen,
15 (15) Dadurch hervorzubringen Korn und Kraut
16 (16) Und dichtbestandene Gärten?
17 (17) Siehe, der Tag der Trennung ist festgesetzt:
18 (18) Der Tag, an dem in die Posaune gestoßen wird und ihr in Scharen kommt
19 (19) Und der Himmel sich öffnet und zu Toren wird[2]
20 (20) Und die Berge sich rühren und zur Luftspiegelung werden.
21 (21) Siehe, Dschahannam ist ein Hinterhalt,
22 (22) Für die Übertreter ein Heim,
23 (23) Zu verweilen darinnen Äone.
24 (24) Nicht schmecken sie in ihm Kühlung noch Getränk

---

1 Von der Auferstehung.
2 Für die Engel.

NEUNUNDSIEBZIGSTE SURE

Die Entreißenden
Geoffenbart zu Mekka

*Im Namen Allahs,
des Erbarmers, des Barmherzigen!*

1 Bei den im Ruck *Entreißenden*[1]

2 Und den leicht Emporhebenden

3 Und den Einherschwebenden

4 Und den Voraneilenden

5 Und den die Sachen Lenkenden,

6 Eines Tages wird dröhnen die Dröhnende[2],

7 Gefolgt von der Drauffolgenden.

8 Herzen werden an jenem Tage erbeben,

9 Blicke gesenkt sein.

10 Sprechen werden sie: »Werden wir wirklich in unsern frühern Zustand zurückgebracht?

11 Etwa wenn wir verweste Gebeine worden?«

12 Sie sprechen: »Dies wäre dann eine verderbliche Wiederkehr!«

13 Und es wird nur ein einziger Schrecklaut[3] sein,

14 Und dann sind sie auf der Erdoberfläche.

15 Kam nicht die Geschichte von Moses zu dir?

16 Da ihn sein Herr im heiligen Wadi Ṭūwā rief:

17 »Gehe hin zu Pharao, siehe, er überschreitet (das Maß,)

18 Und sprich: ›Hast du Lust, dich zu reinigen,

19 Damit ich dich zu deinem Herrn leite und du dich fürchtest (zu sündigen?‹«)

20 Und so zeigte er ihm die größten Zeichen,

---

1 V. 1–5 gibt verschiedene Engelklassen an. V. 1 geht auf jene Engel, welche die Seelen der Frevler mit Gewalt entreißen, V. 2 geht auf die Seelen der Frommen, die leicht von hinnen genommen werden, V. 4 geht auf die Engel, welche den Frommen voran ins Paradies schweben.
2 Die Posaune. Ihr folgt der zweite Posaunenstoß.
3 Der Posaune.

Die Kunde

25 (25) Außer siedendem Wasser und Jauche –

26 (26) Eine angemessene Belohnung!

27 (27) Siehe, sie erwarteten keine Rechenschaft

28 (28) Und ziehen Unsre Zeichen der Lüge,

29 (29) Doch Wir schrieben alles auf in ein Buch.

30 (30) »So schmecket, und nur die Strafe wollen Wir euch mehren.«

31 (31) Siehe, für die Gottesfürchtigen ist ein seliger Ort,

32 (32) Gartengehege und Weinberge,

33 (33) Jungfrauen mit schwellenden Brüsten, Altersgenossinnen[3]

34 (34) Und volle Becher.

35 (35) Sie hören darinnen weder Geschwätz noch Lüge –

36 (36) Ein Lohn von deinem Herrn, eine hinreichende Gabe,

37 (37) Dem Herrn der Himmel und der Erde und was zwischen beiden, dem Erbarmer. Doch erhalten sie kein Wort von Ihm.

38 (38) An jenem Tage, da der Geist[4] und die Engel in Reihen stehen, wird nur der reden dürfen, dem es der Erbarmer erlaubt, und wer das Rechte spricht.

39 (39) Dies ist der gewisse Tag. Drum, wer da will, der nehme Einkehr zu seinem Herrn.

40 (40) Siehe, Wir warnen euch vor naher Strafe

(41) An jenem Tage, an dem der Mensch schauen wird, was seine Hände vorausgeschickt, und der Ungläubige sprechen wird: »O daß ich doch Staub wäre!«

3 Mit den Seligen.
4 Gabriel.

Die Entreißenden

21 Doch zieh er ihn der Lüge und war widerspenstig.

22 Alsdann kehrte er hastig den Rücken

23 Und versammelte und rief

24 Und sprach: »Ich bin euer höchster Herr.«

25 Da erfaßte ihn Allah mit der Strafe des Jenseits und Diesseits.

26 Siehe, hierin ist wahrlich eine Lehre für den, der (Allah) fürchtet.

27 Seid ihr denn schwerer zu erschaffen oder der Himmel, den Er baute?

28 Er erhöhte sein Dach und bildete ihn,

29 Und Er machte seine Nacht finster und ließ sein Tageslicht hervorgehen;

30 Und Er breitete hernach die Erde aus.

31 Er brachte ihr Wasser aus ihr hervor und ihre Weide,

32 Und die Berge gründete Er fest –

33 Eine Versorgung für euch und euer Vieh.

34 Und wenn da kommt das große Unheil,

35 An jenem Tag, an dem der Mensch an sein Bestreben gemahnt wird,

36 Und der Höllenpfuhl hinausgebracht wird für den, der sieht:

37 Dann, was den anlangt, der (das Maß) überschritt

38 Und das irdische Leben vorzog,

39 Siehe, der Höllenpfuhl ist seine Wohnung.

40 Was aber den anlangt, der seines Herrn Hoheit gefürchtet und der Seele das Gelüst verwehrte,

41 Siehe, das Paradies ist seine Wohnung.

42 Sie werden dich nach der ›Stunde‹ fragen, wann ihr Termin ist?

43 Was weißt du von ihr zu sagen!

44 Bei Allah steht ihr Ende.

45 Du bist nur ein Warner für den, der sie fürchtet.

46 An dem Tag, da sie sie schauen, wird's ihnen sein, als hätten sie nur einen Abend oder einen Morgen verweilt.

ACHTZIGSTE SURE

Er runzelte die Stirn
Geoffenbart zu Mekka

Im Namen Allahs,
des Erbarmers, des Barmherzigen!

1 (1) *Er runzelte die Stirn* und wendete sich ab,[1]

2 (2) Weil der Blinde zu ihm kam.

3 (3) Was aber ließ dich wissen, daß er sich nicht reinigen wollte

4 (4) Oder Ermahnung suchte und die Ermahnung ihm genützt hätte?

5 (5) Was aber den Reichen anlangt,

6 (6) Den empfingst du,

7 (7) Und es kümmert dich nicht, daß er sich nicht reinigen will.

8 (8) Was aber den anlangt, der in Eifer zu dir kommt

9 (9) Und voll Furcht ist,

10 (10) Um den kümmerst du dich nicht.

11 (11) Nicht so. Siehe er[2] ist eine Warnung –

12 (12) Und wer da will, gedenkt sein –

13 (13) Auf geehrten Seiten,

14 (14) Erhöhten, gereinigten,

15 (15) Vermittels der Hände edler,

16 Rechtschaffener Schreiber.

17 (16) Tod dem Menschen! Wie ist er ungläubig!

18 (17) Woraus erschuf Er ihn?

19 (18) Aus einem Samentropfen.

---

1 Die Überlieferung berichtet, einst sei ein Blinder, ʿAbdullāh ibn Umm Maktūm, zu Muhammad gekommen und habe ihn um Belehrung ersucht, als der Prophet sich mit einem vornehmen Quraišiten unterhielt. Muhammad runzelte die Stirn und ging fort. Die Offenbarung tadelt ihn hierfür. Wenn er dem Blinden später begegnete, begrüßte er ihn »Willkommen der Mann, um dessentwillen mich mein Herr tadelte«. ʿAbdullāh wurde später Statthalter von Medina.

2 Der Koran.

Er runzelte die Stirn   579

(19) Er erschuf ihn und bildete ihn,
20 (20) Dann machte Er ihm den Weg[3] leicht,
21 (21) Dann läßt Er ihn sterben und begräbt ihn,
22 (22) Dann, wenn Er will, erweckt Er ihn.
23 (23) Fürwahr, nicht hat er erfüllt Sein Gebot.
24 (24) So schaue der Mensch nach seiner Speise!
25 (25) Siehe, Wir gossen das Wasser in Güssen aus,
26 (26) Alsdann spalteten Wir die Erde in Spalten
27 (27) Und ließen Korn in ihr sprießen
28 (28) Und Reben und Klee
29 (29) Und Ölbäume und Palmen
30 (30) Und dicht bepflanzte Gartengehege
31 (31) Und Früchte und Gras –
32 (32) Eine Versorgung für euch und euer Vieh.
33 (33) Und wenn die Dröhnende[4] gehört wird,
34 (34) An jenem Tage flieht der Mann von seinem Bruder
35 (35) Und seiner Mutter und seinem Vater
36 (36) Und seiner Genossin und seinen Kindern;
37 (37) Jedermann hat an jenem Tag genug an seinem Geschäft.
38 (38) An jenem Tage werden strahlende Gesichter sein,
39 (39) Lachende und fröhliche;
40 (40) Und an jenem Tag werden staubbedeckte Gesichter sein,
41 (41) Bedeckt von Schwärze:
42 (42) Das sind die Ungläubigen, die Frevler.

---

3 Aus dem Mutterleib.
4 Die Posaune des Gerichts.

EINUNDACHTZIGSTE SURE

Das Zusammenfalten
Geoffenbart zu Mekka

Im Namen Allahs,
des Erbarmers, des Barmherzigen!

1 Wenn die Sonne *zusammengefaltet* wird,

2 Und wenn die Sterne herabfallen,

3 Und wenn die Berge sich rühren,

4 Und die hochschwangeren[1] Kamelstuten vernachlässigt werden,

5 Und wenn die wilden Tiere sich versammeln[2]

6 Und wenn die Meere anschwellen,

7 Und wenn die Seelen gepaart werden (mit ihren Leibern),

8 Und wenn das lebendig begrabene (Mädchen) gefragt wird,

9 Um welcher Sünde willen es getötet ward,

10 Und wenn die Seiten aufgerollt werden,

11 Und wenn der Himmel weggezogen wird,

12 Und wenn der Höllenpfuhl entflammt wird,

13 Und wenn das Paradies nahegebracht wird,

14 Dann wird jede Seele wissen, was sie getan hat.

15 Und ich schwöre bei den rückläufenden Sternen[3],

16 Den eilenden und sich verbergenden,

17 Und bei der Nacht, wenn sie dunkelt,

18 Und dem Morgen, wenn er aufatmet,

19 Siehe, dies ist wahrlich das Wort eines edlen Gesandten,

20 Der begabt ist mit Macht bei dem Herrn des Thrones und in Ansehen steht,

21 Dem gehorcht wird und der getreu ist[4].

---

1 Wörtlich: im zehnten Monat trächtigen.
2 Um Schutz zu suchen.
3 Die fünf Planeten Merkur, Venus, Mars, Jupiter, Saturn, die fürs Auge in Epizyklen kreisen.
4 Der Erzengel Gabriel.

22 Und nicht ist euer Gefährte besessen;
23 Wahrlich er sah ihn am klaren Horizont[5],
24 Und er geizt nicht mit dem Verborgenen.
25 Auch ist's nicht das Wort eines gesteinigten Satans.
26 Drum, wohin geht ihr?
27 Siehe, es ist nur eine Ermahnung für alle Welt,[6]
28 Für jeden von euch, der den geraden Weg nehmen will.
29 Doch werdet ihr nicht wollen, es sei denn, daß Allah will, der Herr der Welten.

ZWEIUNDACHTZIGSTE SURE

Das Zerspalten
Geoffenbart zu Mekka

Im Namen Allahs,
des Erbarmers, des Barmherzigen!

1 Wenn der Himmel sich *spaltet*,
2 Und wenn sich die Sterne zerstreuen,
3 Und wenn sich die Wasser[1] vermischen,
4 Und wenn die Gräber umgekehrt werden,
5 Dann weiß die Seele, was sie getan und unterlassen hat.
6 O Mensch, was hat dich von deinem hochsinnigen Herrn abwendig gemacht,
7 Der dich erschaffen, gebildet und geformt hat,
8 In der Form, die Ihm beliebte, dich gefügt hat?
9 Fürwahr, und doch leugnet ihr das Gericht.
10 Aber siehe, über euch sind wahrlich Hüter,
11 Edle, schreibende,
12 Welche wissen, was ihr tut.

---

5 Eine Anspielung auf Muhammads Vision des Erzengels Gabriel. Vgl. Sure 53.
6 Schon in dieser frühen mekkanischen Zeit wird das über Arabien hinausreichende Sendungsbewußtsein Muhammads fühlbar.

1 Die süßen und bitteren Wasser.

582   *Sure 83*

13 Siehe, die Rechtschaffenen, wahrlich, in Wonne (werden sie wohnen,)

14 Und die Missetäter im Höllenpfuhl.

15 Sie werden darinnen brennen am Tag des Gerichts

16 Und sollen nimmer aus ihm heraus.

17 Und was lehrt dich wissen, was der Tag des Gerichts ist?

18 Wiederum, was lehrt dich wissen, was der Tag des Gerichts ist?

19 An jenem Tage wird eine Seele für die andre nichts vermögen, und der Befehl ist an jenem Tage Allahs.

DREIUNDACHTZIGSTE SURE

Die das Maß Verkürzenden

Geoffenbart zu Mekka

*Im Namen Allahs,
des Erbarmers, des Barmherzigen!*

1 Wehe denen, die das *Maß verkürzen*,

2 Die, wenn sie sich von den Leuten zumessen lassen, volles Maß verlangen,

3 Wenn sie ihnen jedoch zumessen oder zuwägen, weniger geben.

4 Glauben jene etwa nicht erweckt zu werden

5 An einem gewaltigen Tag,

6 Dem Tag, an dem die Leute vor dem Herrn der Welten stehen?

7 Fürwahr, siehe, das Buch der Frevler ist in Siğğīn[1].

8 Und was lehrt dich wissen, was Siğğīn ist?

9 Ein geschriebenes Buch!

10 Wehe an jenem Tag den Leugnern,

11 Die den Tag des Gerichts der Lüge ziehen!

---

1 Kerker; ein Ort in der Hölle, nach dem auch das Buch, das die Taten der Frevler enthält, Siğğīn heißt.

Die das Maß Verkürzenden 583

12 Doch leugnen ihn nur alle Übertreter und Sünder,

13 Die, wenn ihnen Unsre Zeichen verlesen werden, sprechen: »Fabeln der Früheren!«

14 Keineswegs; doch über ihre Herzen herrscht, was sie geschaffen haben.

15 Fürwahr; doch werden sie wahrlich an jenem Tage von ihrem Herrn ausgeschlossen sein.

16 Alsdann werden sie brennen im Höllenpfuhl;

17 Alsdann wird gesprochen: »Dies ist's, was ihr leugnetet.«

18 Fürwahr; doch siehe, das Buch der Gerechten ist wahrlich in 'Illīyūn[2].

19 Und was lehrt dich wissen, was 'Illīyūn ist?

20 Ein geschriebenes Buch!

21 Bezeugen werden es die (Allah) nahestehenden (Engel).

22 Siehe, die Gerechten werden wahrlich in Wonne sein;

23 Auf Hochzeitsthronen (sitzend) werden sie ausschauen;

24 Erkennen kannst du auf ihren Angesichtern den Glanz der Wonne;

25 Getränkt werden sie von versiegeltem Wein,

26 Dessen Siegel Moschus ist – und hiernach mögen die Begehrenden begehren –,

27 Und seine Mischung ist (Wasser) von Tasnīm[3],

28 Einer Quelle, aus der die (Allah) Nahestehenden trinken.

29 Siehe, die Sünder lachen über die Gläubigen,

30 Und wenn sie an ihnen vorübergehen, winken sie einander zu,

31 Und wenn sie zu ihren Angehörigen zurückkehren, kehren sie spottend zurück;

32 Und wenn sie sie[4] sehen, sprechen sie: »Siehe, dieses sind wahrlich Irrende.«

---

2 »Hohe Stätten«. Es bezeichnet die Hochsitze der Gläubigen im Paradies und wird hier ebenso wie Siǧǧīn auf ihr Buch übertragen.

3 Eine Quelle, die zu den hohen Gemächern der Gläubigen hinaufgeleitet wird.

4 Die Gläubigen.

584   *Sure 84*

33 Aber nicht sind sie als Wächter über sie gesandt.

34 Doch an jenem Tage werden die Gläubigen die Ungläubigen verlachen,

35 Wenn sie von Hochzeitsthronen ausschauen.

36 Sollten die Ungläubigen für ihr Tun nicht belohnt werden?

VIERUNDACHTZIGSTE SURE

Das Zerreißen

Geoffenbart zu Mekka

Im Namen Allahs,
des Erbarmers, des Barmherzigen!

1 Wenn der Himmel *zerreißt*

2 Und seinem Herrn pflichtschuldigst gehorcht;

3 Und wenn die Erde sich streckt

4 Und herauswirft, was sie birgt, und sich leert

5 Und ihrem Herrn pflichtschuldigst gehorcht –

6 O Mensch, siehe, du bemühtest dich in Mühe um deinen Herrn und sollst Ihm begegnen.

7 Und was den anlangt, dem sein Buch in seine Rechte gegeben wird,

8 Mit dem wird leichte Abrechnung gehalten,

9 Und fröhlich wird er zu seinen Angehörigen heimkehren.

10 Was aber den anlangt, dem sein Buch hinter seinem Rücken gegeben wird[1],

11 Der wird nach Vernichtung rufen,

12 Doch in der »Flamme« wird er brennen.

13 Siehe, er lebte fröhlich unter seinen Angehörigen.

14 Siehe, er dachte nimmer, (zu Allah) zurückzukehren;

15 Doch fürwahr, sein Herr sah auf ihn.

---

1 D. i. in die linke Hand, welche auf den Rücken der Verdammten gefesselt, während die Rechte an ihren Hals gebunden wird.

Die Türme   585

16 Und ich schwöre beim Abendrot

17 Und der Nacht und was sie zusammentreibt[2]

18 Und dem Mond, wenn er sich füllt,

19 Wahrlich, ihr werdet von einem Zustand in den andern versetzt[3].

20 Und was ist ihnen, daß sie nicht glauben,

21 Und wenn ihnen der Koran verlesen wird, nicht niederfallen?

22 Ja, die Ungläubigen erklären ihn für eine Lüge,

23 Doch Allah weiß am besten, was sie an (Bosheit) verbergen.

24 Drum verkündige ihnen schmerzliche Strafe,

25 Außer denen, welche glauben und das Rechte tun; ihnen wird unverkürzter Lohn.

FÜNFUNDACHTZIGSTE SURE

Die Türme

Geoffenbart zu Mekka

Im Namen Allahs,
des Erbarmers, des Barmherzigen!

1 Bei dem Himmel mit seinen *Türmen*[1]

2 Und dem verheißenen Tag,

3 Bei einem Zeugen und einem Bezeugten[2],

4 Getötet werden die Gefährten des Grabens,

5 Des brennstoffreichen Feuers,

6 Da sie an ihm saßen

2 Die Tiere sind wahrscheinlich gemeint, die sich des Nachts zusammendrängen.
3 Vom Leben in den Tod, vom Tod zum ewigen Leben oder der ewigen Verdammnis.
1 Die Zeichen des Zodiakus.
2 Der Zeuge wird auf Muhammad, das Bezeugte auf die Auferstehung gedeutet.

586   *Sure 85*

7 Und Zeugen waren dessen, was man den Gläubigen antat.[3]

8 Und sie rächten sich an ihnen allein darum, daß sie an Allah glaubten, den Mächtigen, Rühmenswerten,

9 Des das Reich ist der Himmel und der Erde; und Allah ist Zeuge aller Dinge.

10 Siehe, diejenigen, welche die Gläubigen, Männer und Frauen, heimsuchen und hernach nicht bereuen, ihnen wird die Strafe Dschahannams und die Strafe des Verbrennens.

11 Siehe, diejenigen, welche glauben und das Rechte tun, für sie sind Gärten, durcheilt von Bächen; das ist die große Glückseligkeit.

12 Siehe, deines Herrn Rache ist wahrlich streng.

13 Siehe, Er bringt hervor und läßt zurückkehren,

14 Und Er ist der Verzeihende, der Liebende,

15 Der Herr des ruhmvollen Thrones,

16 Der da tut, was Er will.

17 Kam nicht zu dir die Geschichte der Heerscharen

18 Pharaos und Ṯamūds?

19 Doch die Ungläubigen zeihen sie der Lüge;

20 Aber Allah umgibt sie von hinten.

21 Ja, es ist ein ruhmvoller Koran

22 Auf verwahrter Tafel[4].

---

3 Geiger bezieht dies auf die Geschichte der drei Männer im feurigen Ofen (Dan. 3,8 ff.), während die arabischen Ausleger an die Bestrafung eines jüdischen Königs von Ḥimyar denken, der die Christen verfolgt habe.
4 Der Prototyp des Korans im Himmel.

SECHSUNDACHTZIGSTE SURE

Der Nachtstern

Geoffenbart zu Mekka

*Im Namen Allahs,
des Erbarmers, des Barmherzigen!*

1 Bei dem Himmel und dem *Nachtstern!*

2 Und was lehrt dich wissen, was der Nachtstern ist? Er ist das (mit seinem Strahl) durchbohrende Gestirn.

3 Siehe, jede Seele hat über sich einen Hüter;

4 Drum schaue der Mensch, woraus er erschaffen. ·

5 Erschaffen ward er aus fließendem Wasser,

6 Das herauskommt zwischen den Lenden[1] und dem Brustbein.

7 Siehe, Er hat Macht, ihn wiederkehren zu lassen

8 An jenem Tage, da die Geheimnisse geprüft werden,

9 Und dann wird er sein ohne Kraft und ohne Helfer.

10 Und bei dem Himmel mit seiner Wiederkehr[2]

11 Und der Erde mit ihrem Sichauftun[3],

12 Siehe, wahrlich, es ist ein unterscheidend Wort,

13 In dem kein Scherz ist.

14 Siehe, sie planen eine List,

15 Und Ich plane eine List.

16 Drum verziehe mit den Ungläubigen; Ich will mit ihnen gemach verziehen.

---

1 Den Lenden des Mannes und dem Brustbein der Frau.
2 Die »kreisende Sphäre«.
3 Die Erde öffnet sich, indem sie Pflanzen sprießen läßt.

SIEBENUNDACHTZIGSTE SURE

Der Höchste

Geoffenbart zu Mekka

*Im Namen Allahs,
des Erbarmers, des Barmherzigen!*

1 Preise den Namen deines Herrn, des *Höchsten*,

2 Der da geschaffen und gebildet,

3 Der bestimmt und leitet,

4 Der die Weide hervorbringt

5 Und sie zu dunkler Spreu macht.

6 Wir wollen dich (den Koran) lesen lehren, und du sollst nicht vergessen,

7 Was Allah will,[1] siehe, Er kennt das Offenkundige und das Verborgene.

8 Und Wir wollen dir's zum Heil leicht machen,

9 Drum ermahne, siehe, die Ermahnung frommt.

10 Ermahnen läßt sich, wer da fürchtet,

11 Doch der Bösewicht geht ihr aus dem Wege,

12 Er, der im größten Feuer brennen wird;

13 Alsdann wird er in ihm nicht sterben und nicht leben.

14 Wohl ergeht es dem, der sich reinigt

15 Und der des Namens seines Herrn gedenkt und betet.

16 Doch ihr zieht das irdische Leben vor,

17 Während das Jenseits besser und bleibender ist.

18 Siehe, wahrlich, dies stand in den alten Büchern,

19 Den Büchern Abrahams[2] und Mosis.

---

1 Dies bezieht sich auf die Stellen im Koran, die in späteren Offenbarungen wieder zurückgenommen oder geändert werden.
2 Die Rabbinen legten Abraham das Buch Jesirah bei.

ACHTUNDACHTZIGSTE SURE

Die Bedeckende

Geoffenbart zu Mekka

Im Namen Allahs,
des Erbarmers, des Barmherzigen!

1 Kam die Geschichte der *Bedeckenden* (Stunde) zu dir?

2 Die einen Gesichter werden an jenem Tage niedergeschlagen sein,

3 Sich abarbeitend und plagend,

4 Brennend an glühendem Feuer,

5 Getränkt aus einer siedenden Quelle.

6 Keine Speise sollen sie erhalten außer vom Dariastrauch[1],

7 Der nicht fett macht und den Hunger nicht stillt.

8 Die anderen Gesichter werden an jenem Tage fröhlich sein,

9 Zufrieden mit ihrer Mühe (auf Erden,)

10 In hohem Garten,

11 In dem sie kein Geschwätz hören.

12 In ihm ist eine strömende Quelle,

13 In ihm sind erhöhte Polster

14 Und hingestellte Becher

15 Und aufgereihte Kissen

16 Und ausgebreitete Teppiche. –

17 Schauen sie denn nicht zu den Wolken[2], wie sie erschaffen sind,

18 Und zum Himmel, wie er erhöht ward,

19 Und zu den Bergen, wie sie aufgestellt worden,

20 Und zur Erde, wie sie ausgebreitet ward?

21 So ermahne; du bist nur ein Ermahner,

22 Du hast keine Macht über sie,

23 Außer über den, der sich abkehrt und ungläubig ist;

---

1 Ein Dornstrauch.
2 Das arabische Wort bedeutet auch »Kamel«, was die meisten Übersetzer vorziehen.

590   *Sure 89*

24 Denn ihn wird Allah mit der größten Strafe strafen.
25 Siehe, zu Uns ist ihre Heimkehr,
26 Alsdann liegt Uns ihre Rechenschaft ob.

NEUNUNDACHTZIGSTE SURE

Die Morgenröte
Geoffenbart zu Mekka

Im Namen Allahs,
des Erbarmers, des Barmherzigen!

1 (1) Bei der *Morgenröte*
2 und den zehn Nächten[1],
3 (2) Und dem Doppelten und Einfachen,[2]
4 (3) Und der Nacht, wenn sie anbricht,
5 (4) Ist hierin ein Schwur für den Einsichtsvollen?
6 (5) Sahst du nicht, wie dein Herr mit ʿĀd verfuhr?
7 (6) Mit Iram der Säulenreichen,[3]
8 (7) Der nichts gleich erschaffen ward im Land?
9 (8) Und Tamūd, da sie sich Felsen aushauen im Wadi?
10 (9) Und Pharao, dem Herrn der Zeltpflöcke,
11 (10) Die im Lande frevelten
12 (11) Und des Verderbens viel auf ihm anrichteten?
13 (12) Und es schüttete dein Herr über sie aus die Geißel der Strafe.
14 (13) Siehe, dein Herr ist wahrlich auf der Wacht.
15 (14) Und was den Menschen anlangt – wenn ihn sein Herr prüft und ihn ehrt und begnadet,

1 Die ersten zehn heiligen Nächte des Monats Dū l-Ḥiǧǧa.
2 Doppelt sind alle Geschöpfe, nämlich männlich und weiblich; einfach der Schöpfer.
3 Die Sage von der Säulenstadt Irām erinnert an die Sage vom Turmbau zu Babel und ist in *Tausendundeine Nacht* hübsch erzählt.

Die Morgenröte   591

(15) Dann spricht er: »Mein Herr hat mich geehrt.«

16 (16) Wenn Er ihn aber prüft und ihm seine Versorgung bemißt,

(17) Dann spricht er: »Mein Herr verachtet mich.«

17 (18) Keineswegs; doch ihr ehret nicht die Waise

18 (19) Und eifert einander nicht an zur Speisung des Armen

19 (20) Und fresset das Erbe (des Unmündigen) allzumal

20 (21) Und liebet das Gut in übermäßiger Liebe.

21 (22) Nicht also. Doch wenn die Erde kurz und klein zermalmt wird

22 (23) Und dein Herr und die Engel in Reihen auf Reihen kommen

23 (24) Und Dschahannam an jenem Tage gebracht wird, an jenem Tage möchte der Mensch Ermahnung annehmen; woher aber wäre ihm die Ermahnung?

24 (25) Sprechen wird er dann: »O daß ich doch für mein Leben etwas vorausgeschickt hätte!«

25 Und an jenem Tage wird keiner strafen wie Er,

26 (26) Und keiner wird binden wie Er.

27 (27) O du beruhigte Seele,

28 (28) Kehre zurück zu deinem Herrn zufrieden, befriedigt,

29 (29) Und tritt ein unter Meine Diener,

30 (30) Und tritt ein in Mein Paradies!

NEUNZIGSTE SURE

Das Land
Geoffenbart zu Mekka

Im Namen Allahs,
des Erbarmers, des Barmherzigen!

1 Ich schwöre bei diesem *Land*[1] –
2 Und du bist ein Bewohner dieses Landes –
3 Und beim Vater und was er erzeugt,
4 Wahrlich, Wir erschufen den Menschen zum Kummer.
5 Glaubt er etwa, daß niemand etwas gegen ihn vermag?[2]
6 Er spricht: »Ich habe Gut in Menge vertan.«
7 Glaubt er etwa, daß ihn niemand sieht?
8 Machten Wir ihm nicht zwei Augen
9 Und eine Zunge und zwei Lippen
10 Und leiteten ihn auf den beiden Heerstraßen[3]?
11 Und doch unternimmt er nicht die Klippe.
12 Und was lehrt dich wissen, was die Klippe ist?
13 Das Lösen eines Nackens[4]
14 Oder zu speisen am Tag der Hungersnot
15 Eine verwandte Waise
16 Oder einen Armen, der im Staub liegt!
17 Alsdann zu denen zu gehören, die glauben und zur Geduld und Barmherzigkeit mahnen:
18 Das sind die Gefährten der Rechten.
19 Diejenigen aber, die Unsre Zeichen verleugnen, das sind die Gefährten der Linken;
20 Über ihnen ist ein überdachendes Feuer.

---

1 Das heilige Gebiet von Mekka.
2 Es soll sich um den schon mehrfach genannten Walīd ibn al-Muǧīra handeln.
3 Des Guten und Bösen.
4 Eines Gefangenen.

EINUNDNEUNZIGSTE SURE

Die Sonne

Geoffenbart zu Mekka

Im Namen Allahs,
des Erbarmers, des Barmherzigen!

1 Bei der So*nne* und ihrem Glanz

2 Und dem Mond, wann er ihr folgt,

3 Und dem Tag, wann er sie enthüllt,

4 Und der Nacht, wann sie sie bedeckt,

5 Und dem Himmel, und was ihn erbaute,

6 Und der Erde, und was sie ausbreitete,

7 Und der Seele, und was sie bildete

8 Und ihr eingab ihre Schlechtigkeit und Frömmigkeit,

9 Wohl ergeht es dem, der sie reinigt,

10 Und zuschanden geht der, der sie verdirbt.

11 Der Lüge zieh Ṭamūd (ihren Gesandten) in ihrem Frevelmut,

12 Als sich der elendeste Wicht unter ihnen erhob

13 Und der Gesandte Allahs zu ihnen sprach: »(Dies ist) die Kamelin Allahs und ihre Tränke.«

14 Sie aber ziehen ihn der Lüge und zerschnitten ihr die Flechsen, und so vertilgte sie ihr Herr ob ihrer Sünde und verfuhr gegen alle gleich;

15 Und Er fürchtet nicht die Folge davon.

ZWEIUNDNEUNZIGSTE SURE

Die Nacht

Geoffenbart zu Mekka

Im Namen Allahs,
des Erbarmers, des Barmherzigen!

1 Bei der *Nacht*, wann sie bedeckt,

2 Und dem Tag, wann er sich enthüllt,

3 Und bei dem, was Mann und Weib erschuf,

4 Siehe, euer Streben ist wahrlich verschieden.

5 Und was den anlangt, der gibt und (Allah) fürchtet

6 Und das Schönste glaubt,

7 Dem machen Wir's leicht zum Heil.

8 Was aber den anlangt, der geizig ist und nach Reichtum trachtet,

9 Und das Schönste für Lüge erklärt,

10 Dem machen Wir's leicht zum Unheil;

11 Und nichts frommt ihm sein Reichtum, wenn er (ins Feuer) hinabgestürzt wird.

12 Siehe, Uns liegt die Leitung ob,

13 Und siehe, Unser ist das Künftige und Gegenwärtige.

14 Und so warnte Ich euch vor dem Feuer, das lodert.

15 Nur der elendeste Wicht brennt in ihm,

16 Der da leugnet und sich abwendet,

17 Doch fern von ihm wird der Gottesfürchtige gehalten,

18 Der sein Gut hingibt als Almosen

19 Und der keinem eine Gunst um des Lohnes willen erweist,

20 Allein im Trachten nach seines Herrn, des Höchsten, Angesicht;

21 Und wahrlich, er soll zufrieden sein.

DREIUNDNEUNZIGSTE SURE

Der lichte Tag

Geoffenbart zu Mekka

*Im Namen Allahs,
des Erbarmers, des Barmherzigen!*

1 Beim *lichten Tag*

2 Und der Nacht, wann sie dunkelt,

3 Dein Herr hat dich nicht verlassen und nicht gehaßt!

4 Und wahrlich, das Jenseits ist besser für dich als das Diesseits,

5 Und wahrlich, geben wird dir dein Herr, und du wirst zufrieden sein.

6 Fand Er dich nicht als Waise und nahm dich auf?[1]

7 Und fand dich irrend und leitete dich?

8 Und fand dich arm und machte dich reich?

9 Drum, was die Waise anlangt, unterdrücke sie nicht,

10 Und was den Bettler anlangt, verstoß ihn nicht,

11 Und was deines Herrn Gnade anlangt, verkünde sie.

VIERUNDNEUNZIGSTE SURE

Dehnten wir nicht aus?

Geoffenbart zu Mekka

*Im Namen Allahs,
des Erbarmers, des Barmherzigen!*

1 *Dehnten wir nicht aus* deine Brust[1]

2 Und nahmen ab von dir deine Last,

3 Die deinen Rücken bedrückte,

---

1 Muhammad wurde von seinem Großvater zärtlich erzogen.

1 Hieran schließt sich die Legende, daß die Engel Muhammad in seiner Kindheit die Brust geöffnet und sein Herz gereinigt hätten.

596 Sure 95

4 Und erhöhten für dich deinen Namen?
5 Drum siehe, mit dem Schweren kommt das Leichte[2].
6 Siehe, mit dem Schweren kommt das Leichte!
7 Und wenn du Zeit hast, dann mühe dich
8 Und trachte nach deinem Herrn.

FÜNFUNDNEUNZIGSTE SURE

Die Feige

Geoffenbart zu Mekka

*Im Namen Allahs,
des Erbarmers, des Barmherzigen!*

1 Bei der *Feige* und dem Ölbaum
2 Und dem Berge Sinai
3 Und diesem sichern Land[1],
4 Wahrlich, Wir erschufen den Menschen in schönster Gestalt.
5 Alsdann machten Wir ihn wieder zum Niedrigsten der Niedrigen:
6 Außer denen, die da glauben und das Rechte tun; ihnen wird ein unverkürzter Lohn.
7 Und was macht dich hernach das Gericht leugnen?
8 Ist nicht Allah der gerechteste Richter?

2 Auf Leid folgt Freud.
1 Mekka.

SECHSUNDNEUNZIGSTE SURE

Das geronnene Blut[1]

Geoffenbart zu Mekka

Im Namen Allahs,
des Erbarmers, des Barmherzigen!

1 Lies[2]! Im Namen deines Herrn, der erschuf,

2 Erschuf den Menschen aus *geronnenem Blut*.

3 Lies, denn dein Herr ist allgütig,

4 Der die Feder gelehrt,

5 Gelehrt den Menschen, was er nicht gewußt.

6 Fürwahr! Siehe, der Mensch ist wahrlich frevelhaft,[3]

7 Wenn er sich in Reichtum sieht.

8 Siehe, zu deinem Herrn ist die Rückkehr.

9 Sahst du den, der da wehrt

10 Einem Knecht (Allahs,) wenn er betet?

11 Sahst du, ob er geleitet war

12 Oder Gottesfurcht gebot?

13 Sahst du, ob er der Lüge zieh und sich abkehrte?

14 Weiß er nicht, daß Allah sieht?

15 Fürwahr, wahrlich, wenn er nicht abläßt, so ergreifen Wir ihn bei der Stirnlocke,

16 Der lügenden, sündigen Stirnlocke.

17 So rufe er seine Schar;

18 Wir werden die Höllenwache rufen.

19 Fürwahr, gehorche ihm nicht, sondern wirf dich nieder und nahe dich (Allah).

---

1 Dies ist die erste Offenbarung, die Muhammad empfing. Der Sprecher ist, wie überall, der Erzengel Gabriel.

2 Besser: Rezitiere, da es sich um ein Vortragen mit erhobener Stimme handelt.

3 V. 6 bis Schluß ist wohl etwas später offenbart. Viele Kommentatoren wollen einen bestimmten Menschen verstehen und nennen Abū Ğahl, der seinen Fuß auf Muhammads Nacken zu setzen drohte, falls er ihn beim Gebet anträfe.

SIEBENUNDNEUNZIGSTE SURE

Die Macht (Al-Qadr)

Geoffenbart zu Mekka

Im Namen Allahs,
des Erbarmers, des Barmherzigen!

1 Siehe, Wir haben ihn in der Nacht *al-Qadr* geoffenbart.

2 Und was lehrt dich wissen, was die Nacht al-Qadr ist?

3 Die Nacht al-Qadr ist besser als tausend Monde.

4 Hinabsteigen die Engel und der Geist in ihr mit ihres Herrn Erlaubnis zu jeglichem Geheiß.

5 Frieden ist sie bis zum Aufgang der Morgenröte[1].

ACHTUNDNEUNZIGSTE SURE

Der deutliche Beweis

Geoffenbart zu Mekka (nach andern zu Medina)

Im Namen Allahs,
des Erbarmers, des Barmherzigen!

1 (1) Nicht eher wurden die Ungläubigen von dem Volke der Schrift und die Götzenanbeter abtrünnig, als bis der *deutliche Beweis* zu ihnen kam:

2 (2) Ein Gesandter von Allah, der reine Seiten verliest,

3 Darinnen wahrhafte Schriften sind.

4 (3) Und nicht eher spalteten sich die, denen die Schriften gegeben wurden, als nachdem zu ihnen der deutliche Beweis kam.

5 (4) Doch nichts anders ward ihnen geheißen, als Allah zu dienen reinen Glaubens und lauter und das Gebet zu verrich-

---

1 In der Nacht al-Qadr (d. i. der Allmacht oder Herrlichkeit) brachte Gabriel den Koran aus dem siebenten Himmel hernieder. Sie ist eine der letzten fünf ungeraden Nächte des Monats Ramadân.

Das Erdbeben 599

ten und die Armenspende zu zahlen; denn das ist der wahrhafte Glauben.

6 (5) Siehe, die Ungläubigen vom Volk der Schrift und die
Götzendiener werden in Dschahannams Feuer kommen und
ewig darinnen verweilen. Sie sind die schlechtesten der Geschöpfe.

7 (6) Doch die Gläubigen, welche das Rechte tun, sie sind
die besten Geschöpfe.

8 (7) Ihr Lohn bei ihrem Herrn sind Edens Gärten, durcheilt von Bächen, ewig und immerdar darinnen zu verweilen.

(8) Zufrieden mit ihnen ist Allah, und sie sind zufrieden mit
Ihm. Solches für den, welcher seinen Herrn fürchtet.

NEUNUNDNEUNZIGSTE SURE

Das Erdbeben

Geoffenbart zu Mekka (nach andern zu Medina)

*Im Namen Allahs,
des Erbarmers, des Barmherzigen!*

1 Wenn die Erde erbebt in ihrem *Beben*,
2 Und die Erde herausgibt ihre Lasten,
3 Und der Mensch spricht: »Was fehlt ihr?«
4 An jenem Tage wird sie ihre Geschichten erzählen,
5 Weil dein Herr sie inspiriert.
6 An jenem Tage werden die Menschen in Haufen hervor-
kommen, um ihre Werke zu schauen;
7 Und wer auch nur Gutes im Gewicht eines Stäubchens
getan, wird es sehen.
8 Und wer Böses im Gewicht eines Stäubchens getan, wird
es sehen.

HUNDERTSTE SURE

Die Renner

Geoffenbart zu Mekka (nach andern zu Medina)

Im Namen Allahs,
des Erbarmers, des Barmherzigen!

1 Bei den schnaubenden *Rennern,*
2 Und den Funken stampfenden,
3 Und den am Morgen anstürmenden,
4 Und darin den Staub aufjagenden
5 Und darin die Schar durchbrechenden,
6 Siehe, der Mensch ist wahrlich undankbar gegen seinen Herrn,
7 Und siehe, hierfür ist er wahrlich ein Zeuge,
8 Und siehe, stark ist seine Liebe zum (irdischen) Guten.
9 Weiß er denn nicht, wenn das, was in den Gräbern, herausgerissen wird,
10 Und an den Tag kommt, was in den Brüsten –
11 Daß ihr Herr sie wahrlich an jenem Tage kennt?

HUNDERTUNDERSTE SURE

Die Pochende

Geoffenbart zu Mekka

Im Namen Allahs,
des Erbarmers, des Barmherzigen!

1 (1) Die *pochende* (Stunde,)
2 Was ist die Pochende?
3 (2) Und was macht dich wissen, was die Pochende ist?
4 (3) An dem Tag, da die Menschen gleich verstreuten Motten sind

Das Streben nach Mehr 601

5 (4) Und die Berge gleich bunter zerflockter Wolle,
6 (5) Dann wird der, dessen Waage schwer ist,
7 Im angenehmen Leben sein;
8 (6) Doch der, dessen Waage leicht ist –
9 Seine Mutter[1] wird der Höllenschlund sein.
10 (7) Und was macht dich wissen, was er ist?
11 (8) Ein glühend Feuer!

HUNDERTUNDZWEITE SURE

Das Streben nach Mehr

Geoffenbart zu Mekka

*Im Namen Allahs,
des Erbarmers, des Barmherzigen!*

1 Es beherrscht euch das *Streben nach Mehr*,
2 Bis ihr die Gräber besucht.
3 Fürwahr, ihr werdet wissen,
4 Wiederum: fürwahr, ihr werdet wissen (wie töricht ihr wart).
5 Fürwahr, wüßtet ihr's doch mit Gewißheit!
6 Wahrlich, sehen werdet ihr den Höllenpfuhl.
7 Wiederum: Wahrlich, sehen werdet ihr ihn mit dem Aug' der Gewißheit.
8 Alsdann werdet ihr wahrlich an jenem Tage gefragt nach der Wonne (des irdischen Lebens).

---

1 Sein Wohnort.

HUNDERTUNDDRITTE SURE

Der Nachmittag (Die Zeit)
Geoffenbart zu Mekka

Im Namen Allahs,
des Erbarmers, des Barmherzigen!

1 Bei dem *Nachmittag*! (Bei der *Zeit*!)
2 Siehe, der Mensch ist wahrlich verloren,
3 Außer denen, welche glauben und das Rechte tun und
einander zur Wahrheit mahnen und zur Geduld.

HUNDERTUNDVIERTE SURE

Der Verleumder
Geoffenbart zu Mekka

Im Namen Allahs,
des Erbarmers, des Barmherzigen!

1 Weh jedem lästernden *Verleumder*,
2 Der Gut zusammenscharrt und es hinterlegt;
3 Er wähnt, daß sein Gut ihn unsterblich machen kann.
4 Keineswegs; wahrlich, hinabgestürzt wird er in al-Ḥuṭama.
5 Und was macht dich wissen, was al-Ḥuṭama?
6 Es ist Allahs angezündetes Feuer,
7 Das über die Herzen emporsteigt.
8 Siehe, es ist über ihnen wie ein Gewölbe
9 Auf hohen Säulen.

HUNDERTUNDFÜNFTE SURE

Der Elefant
Geoffenbart zu Mekka

*Im Namen Allahs,
des Erbarmers, des Barmherzigen!*

1 Sahst du nicht, wie dein Herr mit den *Elefanten*gefährten verfuhr?
2 Führte Er nicht ihre List irre
3 Und schickte über sie Vögel in Scharen,
4 Die sie bewarfen mit Steinen aus gebranntem Ton?
5 Und Er machte sie wie abgefressene Saat.[1]

HUNDERTUNDSECHSTE SURE

Quraiš
Geoffenbart zu Mekka

*Im Namen Allahs,
des Erbarmers, des Barmherzigen!*

1 (1) Für die Vereinigung von *Quraiš*,
2 (2) Für ihre Vereinigung zur Winter- und Sommerkarawane.
3 (3) So mögen sie dienen dem Herrn dieses Hauses,
4 Der sie mit Speise versieht gegen den Hunger
(4) Und sicher macht vor Furcht[1].

---

1 Im Geburtsjahr Muhammads zog der christliche König Abraha von Jemen mit 13 Elefanten gegen Mekka, um es zu zerstören, doch wurde sein Heer durch Pocken vernichtet. Hieran mag diese Sure erinnern.

1 Indem ihr Gebiet sakrosankt ist.

HUNDERTUNDSIEBENTE SURE

Der Beistand

Geoffenbart zu Mekka (nach andern zu Medina)

Im Namen Allahs,
des Erbarmers, des Barmherzigen!

1 Hast du den gesehen, der das Gericht leugnet?
2 Er ist's, der die Waise verstößt
3 Und nicht antreibt zur Speisung des Armen.
4 Drum wehe den Betenden,
5 Die nachlässig in ihren Gebeten sind,
6 Die nur gesehen sein wollen
7 Und den *Beistand* versagen.

HUNDERTUNDACHTE SURE

Der Überfluß

Geoffenbart zu Mekka

Im Namen Allahs,
des Erbarmers, des Barmherzigen!

1 Wahrlich Wir haben dir *Überfluß* gegeben,
2 Drum bete zu deinem Herrn und schlachte (Opfer).
3 Siehe, dein Hasser soll kinderlos sein.

HUNDERTUNDNEUNTE SURE

Die Ungläubigen

Geoffenbart zu Mekka

Im Namen Allahs,
des Erbarmers, des Barmherzigen!

1 Sprich: O ihr *Ungläubigen,*
2 Ich diene nicht dem, dem ihr dienet,
3 Und ihr seid nicht Diener dessen, dem ich diene.
4 Und ich bin nicht Diener dessen, dem ihr dientet,
5 Und ihr seid nicht Diener dessen, dem ich diene.
6 Euch euer Glaube und mir mein Glaube.

HUNDERTUNDZEHNTE SURE

Die Hilfe

Geoffenbart zu Mekka (nach andern zu Medina)

Im Namen Allahs,
des Erbarmers, des Barmherzigen!

1 Wenn Allahs *Hilfe* kommt und der Sieg
2 Und du die Menschen eintreten siehst in Allahs Glauben in Haufen,
3 Dann lobpreise deinen Herrn und bitte Ihn um Verzeihung; siehe, Er ist vergebend.

EINHUNDERTUNDELFTE SURE

Verderben! (Abū Lahab)

Geoffenbart zu Mekka

Im Namen Allahs,
des Erbarmers, des Barmherzigen!

1 *Verderben* über die Hände Abū Lahabs und Verderben über ihn!

2 Nicht soll ihm nützen sein Gut und sein Gewinn.

3 Brennen wird er im Feuer, dem lohenden[1],

4 Während sein Weib das Holz trägt,

5 Mit einem Strick von Palmenfasern um ihren Hals.

EINHUNDERTUNDZWÖLFTE SURE

Die Reinigung[1]

Geoffenbart zu Mekka

Im Namen Allahs,
des Erbarmers, des Barmherzigen!

1 Sprich: Er ist der eine Gott,

2 Der ewige Gott;

3 Er zeugt nicht und wird nicht gezeugt,

4 Und keiner ist Ihm gleich.

---

1 Anspielung auf seinen Namen, *Abū Lahab* »Vater der Lohe«. Er war Muhammads Oheim und erkannte, angestiftet von seiner Frau Umm Ġamīl, ihn nicht als Propheten an.

1 Besser »Die aufrichtige Hingabe«. Es ist die nächst der Fātiḥa am häufigsten rezitierte Sure, deren Wiederholung als besonders verdienstvoll gilt.

EINHUNDERTUNDDREIZEHNTE SURE[1]

Das Morgengrauen

Geoffenbart zu Mekka (nach andern zu Medina)

Im Namen Allahs,
des Erbarmers, des Barmherzigen!

1 Sprich: Ich nehme meine Zuflucht zum Herrn des *Morgengrauens,*

2 Vor dem Übel dessen, was Er erschaffen,

3 Und vor dem Übel der Nacht, wann sie naht,

4 Und vor dem Übel der Knotenanbläserinnen[2]

5 Und vor dem Übel des Neiders, wenn er neidet.

EINHUNDERTUNDVIERZEHNTE SURE

Die Menschen

Geoffenbart zu Mekka (nach andern zu Medina)

Im Namen Allahs,
des Erbarmers, des Barmherzigen!

1 Sprich: Ich nehme meine Zuflucht zum Herrn der *Menschen,*

2 Dem König der Menschen,

3 Dem Gott der Menschen,

4 Vor dem Übel des Einflüsterers, des Entweichers[1],

5 Der da einflüstert in die Brüste der Menschen –

6 Vor den Dschinn und den Menschen.

---

1 Die beiden letzten Suren heißen die Schutzsuren und werden als Amulette getragen. Sie fehlen in der frühen Koranrezension des Ibn Mas'ūd.

2 Der Zauberinnen, die Zauberknoten schürzen und anblasen.

1 Der Teufel, der bei Anrufung von Gottes Namen entweicht.

Zur Aussprache

Die Umschrift der arabischen Wörter erfolgt nach den Regeln der
Deutschen Morgenländischen Gesellschaft.

ḍ   emphatisches (mit starker Pressung gesprochenes) *d*
ḏ   stimmhafter interdentaler Reibelaut *dh* (wie in engl. »father«)
ṭ   emphatisches, unbehauchtes *t*
ṯ   stimmloser interdentaler Reibelaut *th* (wie in engl. »thing«)
ǧ   stimmhaftes *dsch*
ġ   stimmhafter velarer Reibelaut *gh* (wie in norddt. »Tage«)
ḥ   scharfes (stark gehauchtes) *h*
ḫ   harter velarer Reibelaut *ch* (wie in dt. »ach«)
q   hinteres (velares), unbehauchtes *k*
k   vorderes (palatales) *k*
š   stimmloses *sch*
s   stimmloses *s*
ṣ   stimmloses, emphatisches *s*
w   konsonantisches *u* (wie engl. *w*)
y   konsonantisches *i* (wie engl. *y*)
z   stimmhaftes *s*
ẓ   stimmhaftes, emphatisches *s*
ʼ   Stimmritzenverschlußlaut: fester Vokaleinsatz oder -absatz
ʻ   eigenartig gepreßter a-haltiger Kehllaut

Die Länge der Vokale wird mit einem übergesetzten Strich wiedergegeben: ā, ī, ū.

Ausgewählte Bibliographie

Textausgaben und Übersetzungen

The Koran [...] to Which is Prefixed a Preliminary Discourse, by George Sale. London 1734.

The Qur'ān. Translated by Edward Henry Palmer. Oxford 1880. Nachdr. Delhi 1965.

Der Koran. Übers. von Friedrich Rückert. Aus dem Nachlaß hrsg. von August Müller. Berlin 1888. Nachdr. Hildesheim 1980.

The Qur'ān. Translated, with a Critical Re-arrangement of the Surahs by Richard Bell. 2 Bde. Edinburg 1937–39.

Koran. The Meaning of the Glorious Qur'ān. Text and Explanatory Translation by Mohammed Marmaduke Pickthall. Hyderabad/Deccan (Indien) 1938. Nachdr. New York 1953.

Le Coran. Traduction selon un essai de reclassement des sourates, par Régis Blachère. 2 Bde. Paris 1947–50.

The Koran Interpreted, by Arthur John Arberry. 2 Bde. London/New York 1955. ²1963.

Il Corano. Introduzione, traduzione e commento di Alessandro Bausani. Florenz 1955.

Le Coran. Traduction intégrale et notes de Muhammad Hamidullah. Paris 1959.

Der Koran. Übers. von Rudi Paret. 2 Bde. Bd. 1: Übersetzung. Stuttgart 1962. 2., verb. Aufl. 1982. – Bd. 2: Kommentar und Konkordanz. Ebd. 1971. 2., verb. Aufl. 1977.

Sekundärliteratur

Abd-el-Jalil, Jean-Mohamed: La vie de Marie selon le Coran et l'Islam. In: Hubert Du Manoir de Juaye (Hrsg.): Maria. Études sur la Sainte Vierge. Bd. 1. Paris 1949.

Ahrens, Karl: Christliches im Koran. In: Zeitschrift der Deutschen Morgenländischen Gesellschaft 84. N. F. 9 (1930).

Andrae, Tor: Die Person Muhammeds in Lehre und Glauben seiner Gemeinde. Stockholm 1918.

– Der Ursprung des Islams und das Christentum. Uppsala 1926.

– Mohammed. Sein Leben und sein Glaube. Göttingen 1932.

Ausgewählte Bibliographie

Azad, Abu'l-Kalam: The Tarjumān al-Qur'ān. Bd. 1. Übers. von Syed Abdul Latif. London 1962.

Bakker, Dirk: Man in the Qur'ān. Amsterdam 1965.

Baljon, Johannes Marinus Simon: Modern Muslim Koran Interpretation. 1880–1960. Leiden 1961.

– De liefde Gottes in de Koran. In: Nederlands theologisch tijdschrift 16 (1961/62).

Barth, Jakob: Studien zur Kritik und Exegese des Quorans. In: Der Islam 7 (1916) H. 1/2.

Bauer, Hans: Über die Anordnung der Suren und über die geheimnisvollen Buchstaben im Quoran. In: Zeitschrift der Deutschen Morgenländischen Gesellschaft 75 (1921).

Beck, Edmund: Die Sure ar-Rūm. In: Orientalia N. S. 13 (1944); 14 (1945).

– Erschaffung des Menschen und Sündenfall im Koran. Rom 1951. (Studia Anselmiana. 27/28.)

Bell, Richard: The Origin of Islam in its Christian Environment. London 1926.

– Introduction to the Qur'ān. Edinburgh 1953.

– The Style of the Qur'ān. Glasgow 1911. (Transactions of the Glasgow University Oriental Society. 11.)

Bergsträsser, Gotthelf: Plan eines Apparatus criticus zum Koran. München 1930. (Sitzungsberichte der Bayerischen Akademie der Wissenschaften. Philosophisch-historische Abteilung. 7.)

– Koranlesung in Kairo. In: Der Islam 20 (1932).

Berthels, E.: Die paradiesischen Jungfrauen (Huris) im Islam. In: Islamica 1 (1924).

Birkeland, Harris: The Lord Guideth. Studies on Primitive Islam. Oslo 1956.

Blachère, Régis: Le problème de Mahomet. Paris 1952.

– Introduction au Coran. Paris ²1959.

Buhl, Frants: Das Leben Muhammads. Übers. von Hans Heinrich Schaeder. Leipzig 1930. Nachdr. 1954. 1961.

Casanova, Paul: Mohammad et la fin du monde. Étude critique sur l'Islam primitif. Paris 1911.

Cerulli, Enrico: Il »Libro della Scala«. Rom 1949.

Cook, Michael: Der Koran. Eine kurze Einführung. Übers. von Michael Jendis. Stuttgart 2002.

Dermenghem, Emile: La vie de Mahomet. Paris ²1950.

Draz, Mohamed Abdullah: La morale du Koran. Paris 1951.

Eaton, Charles LeGai: Der Islam und die Bestimmung des Menschen.

Ausgewählte Bibliographie

Annäherung an eine Lebensform. Übers. von Eva-Liselotte Schmid. Vorw. von Annemarie Schimmel. Köln 1987.

Eichler, Paul Arno: Die Dschinn, Teufel und Engel im Koran. Leipzig 1928.

Evans, Charles Johannes: Die Idee der Sünde im Koran. Tübingen 1939.

Faris, Nabih Amin / Glidden, Harold Walter: The Development of the Meaning of the Koranic Hanīf. In: The Journal of the Palestine Oriental Society 19 (1939).

Flügel, Gustav: Concordantiae Corani Arabicae. Leipzig 1842.

Frankl, Theodo: Die Entstehung des Menschen nach dem Koran. Prag 1930.

Fück, Johann: Die Originalität des arabischen Propheten. In: Zeitschrift der Deutschen Morgenländischen Gesellschaft 90. N. F. 15 (1936).

Galloway, D.: The Resurrection and Judgement in the Kor'an. In: The Muslim World 12 (1922).

Gätje, Helmut: Koran und Koranexegese. Zürich/Stuttgart 1971.

Geiger, Abraham: Was hat Mohammad aus dem Judenthume aufgenommen? Bonn 1833. Leipzig ²1902. Nachdr. 1969.

Gerock, Carolus Fridericus: Versuch einer Darstellung der Christologie des Korans. Hamburg 1839.

Goldziher, Ignaz: Muhammedanische Studien. 2 Bde. Halle 1889 bis 1890. Nachdr. Hildesheim 1961.

– Islamisme et parsisme. In: Revue de l'histoire des religions 43 (1901).

– Die Richtungen der islamischen Koranauslegungen. Leiden 1920.

Grimme, Hubert: Mohammed. Tl. 1: Das Leben. Nach den Quellen. Münster 1892. – Tl. 2: Einleitung in den Koran. System der koranischen Theologie. Ebd. 1895.

Guillaume, G.: The pictorial background of the Qur'ān. Leiden 1963. (Annals of Leeds University Oriental Society. 3.)

Hagemann, Ludwig: Der Kur'an in Verständnis und Kritik bei Nikolaus von Kues. Ein Beitrag zur Erhellung islamisch-christlicher Geschichte. Frankfurt a. M. 1976. (Frankfurter theologische Studien. 21.)

Hamidullah, Muhammed: Le Prophète de l'Islam. 2 Bde. Paris 1959.

– Al-Alman fi khidmati'l-Qur'ān (Die Deutschen im Dienste des Korans). In: Fikrun wa Fann 2 (1964).

Handwörterbuch des Islam. Hrsg. von Arent Jan Wensinck und Johannes Hendrik Kramers. Leiden 1943.

Hartmann, Richard: Die Himmelsreise Muhammeds und ihre Bedeu-

614 *Ausgewählte Bibliographie*

tung in der Religion des Islam. In: Bibliothek Warburg. Vorträge 1928/29 (1930).

Haqq, A.: Abrogations in the Koran. Lucknow (Indien) [o. J.].

Hirschfeld, Hartwig: Jüdische Elemente im Koran. Berlin 1878.

– Beiträge zur Erklärung des Korans. Leipzig 1886.

– New Researches into the Composition and Exegesis of the Qoran. London 1902.

Horovitz, Josef: Qur'ān. In: Der Islam 5 (1914).

– Das koranische Paradies. Jerusalem 1923.

– Jewish Proper Names and Derivatives in the Koran. Cincinnati 1925. (Hebrew Union College Annual. 2.) Nachdr. Hildesheim 1964.

– Koranische Untersuchungen. Berlin/Leipzig 1926.

Iqbāl, Sir Muhammad: Six Lectures on the Reconstruction of Religious Thought in Islam. Lahore 1930.

– Buch der Ewigkeit. Übers. von Annemarie Schimmel. München 1957.

Izutsu, Toshihiko: Ethico-Religious Concepts in the Qur'ān. Montreal 1966.

Jeffery, Arthur: Materials for the History of the Text of the Qur'ān. Leiden 1937.

– The Foreign Vocabulary of the Qur'ān. Baroda 1938.

– The Qur'ān as Scripture. New York 1952.

Jomier, Jacques: Le Nom divin ›al-rahman‹ dans le Coran. Damas 1957. (Mélanges Louis Massignon. 2.)

– Bible et Coran. Paris 1959.

Katsh, Abraham Isaac: Judaism in Islam. New York 1954.

Lammens, Henri: Qoran et tradition. Comment fut composée la vie de Mahomet. In: Recherches de science religieuse 1 (1910).

Lehmann, E./Pedersen, J.: Der Beweis für die Auferstehung im Koran. In: Der Islam 5 (1914).

Lings, Martin: Muhammad. His Life Based on the Earliest Sources. London/Lahore 1983.

Marracci, Lodovico: Prodromus ad refutationem Alcorani. 4 Bde. Rom 1961.

Massignon, Louis: Essai sur le lexique technique de la mystique musulmane. Paris ²1954.

Masson, Denise: Le Coran et la révélation judéo-chrétienne. 2 Bde. Paris 1958.

Morgan, Kenneth William (Hrsg.): Islam. The Straight Path. New York 1958.

Ausgewählte Bibliographie

Moubarac, Youakim: Les noms, titres et attributs de Dieu dans le Coran e leur correspondants en épigraphie Sud-sémitique. In: Muséon 68 (1955).

– Moïse dans le Coran. In: H. Cazelles / A. Gelin [u. a.] (Hrsg.): Moïse, l'Homme de l'Alliance. Paris/Tournay 1956.

– Le Prophète Elie dans le Coran. Tournay 1956. (Études Carmélitaines. 2.)

– Abraham dans le Coran. Paris 1958.

Nagel, Tilman: Der Koran. Einführung, Texte, Erläuterungen. München 1983.

Nöldeke, Theodor: Geschichte des Qorāns. [Preisschrift.] Göttingen 1860. 2. Aufl. bearb. von Friedrich Schwally. Tl. 1: Über den Ursprung des Qorāns. Leipzig 1909. – Tl. 2: Die Sammlungen des Qorāns mit einem literar-historischen Anhang über die muhammedanischen Quellen und die neuere christliche Forschung. Ebd. 1919. – Tl. 3.: Die Geschichte des Qorāntexts. Hrsg. von Gotthelf Bergsträsser und Otto Pretzl. Ebd. 1926–38.

– Der Koran. In: Th. N.: Orientalische Skizzen. Berlin 1892.

Nwyia, Paul: Exégèse coranique et langage mystique. Nouvel essai sur le lexique technique des mystiques musulmans. Beirut 1970.

O'Shaughnessy, Thomas: The Koranic Concept of the Word of God. Rom 1948. (Biblica et Orientalia. 11.)

– The Development of the Meaning of Spirit in the Koran. In: Orientalia Christiana Analecta 139 (1953).

Paret, Rudi: Der Plan einer neuen, leicht kommentierten Koranübersetzung. In: Orientalische Studien. Festschrift E. Littmann. Hrsg. von R. P. Leiden 1935.

– Grenzen der Koranforschung. Stuttgart 1950.

– Mohammed und der Koran. Geschichte und Verkündigung des arabischen Propheten. Stuttgart 1957. 5., überarb. Aufl. 1980.

Pretzl, Otto: Die Fortführung des Apparatus Criticus zum Koran. München 1934.

Rahbar, Daud: God of Justice. A Study in the Ethical Doctrine of the Qur'ān. Leiden 1960.

Rahman, Fazlur: Islam. New York / Chicago 1979.

Räisänen, H.: Das koranische Jesusbild. Helsinki 1971.

Richter, Gustav: Der Sprachstil des Koran. Hrsg. von Otto Spies. Leipzig 1940.

Ringgren, Helmer: The Conception of Faith in the Koran. In: Oriens 4 (1951).

616 Ausgewählte Bibliographie

Ringgren, Helmer: Die Gottesfurcht im Koran. In: Festschrift H. S. Nyberg. Uppsala 1954.

Roberts, Robert: Das Familien-, Sklaven- und Erbrecht im Qoran. Leipzig 1908. (Leipziger Semitische Studien. Bd. 2. H. 6.)

– The Social Laws of the Qoran. London 1925.

Rudolph, Wilhelm: Die Abhängigkeit des Qorans von Judentum und Christentum. Stuttgart 1922.

Sabbagh, T.: La métaphore dans le Coran. Paris 1943.

Schapiro, Israel: Die haggadischen Elemente im erzählenden Teil des Korans. Leipzig 1907.

Schimmel, Annemarie: Gabriel's Wing. A Study into the Religious Ideas of Sir Muhammad Iqbal. Leiden 1963. Lahore 1989.

– Translations and Commentaries of the Qur'ān in Sindhi Language. In: Oriens 14 (1963).

– Und Muhammad ist sein Prophet. Die Verehrung des Propheten in der islamischen Frömmigkeit. Düsseldorf/Köln 1981. – Erw. engl. Ausg.: And Muhammad is his Messenger. The Veneration of the Prophet in Islamic Piety. Chapel Hill 1984.

– Mystische Dimensionen des Islam. Die Geschichte des Sufismus. Köln 1985.

– Islamic Names. Edinburgh 1989.

Schrieke, B.: Die Himmelsreise Muhammads. In: Der Islam 4 (1916).

Sell, Edward: The Historical Development of the Qur'ān. Madras 1898.

al-Shamma, Salih Hadi: The Ethical System Underlying the Qur'ān. Tübingen 1959.

Sidersky, D.: Les origines des légendes musulmanes dans le Coran et dans les vies des prophètes. Paris 1933.

Speyer, Heinrich: Die biblischen Erzählungen im Qoran. Gräfenhainichen [o. J.]. Nachdr. Hildesheim ²1961.

Spitaler, Anton: Die Verszählung des Koran nach islamischer Überlieferung. München 1935.

St. Clair Tisdall, William: The Original Sources of the Qur'ān. London 1905.

Stieglecker, Hermann: Die Glaubenslehren des Islam. Paderborn/ München/Wien 1962.

Torrey, Charles Cutler: The Commercial-Theological Terms in the Koran. Leiden 1892.

– The Jewish Foundation of Islam. New York 1933.

Waardenburg, Jacques (Hrsg.): Islam. Norm, ideaal en werkelijkheid. Antwerpen 1984.

Ausgewählte Bibliographie

Wagtendonk, Kees: Fasting in the Koran. Leiden 1968.

Watt, William Montgomery: Free Will and Predestination in Early Islam. London 1948.

– Muhammad, Prophet and Statesman. London 1961.

Weil, Gustav: Historisch-kritische Einleitung in den Koran. Bielefeld 1844. Leipzig ^{2}1872.

– Biblische Legenden der Muselmänner. Frankfurt a. M. 1845.

Wellhausen, Julius: Reste arabischen Heidentums. Berlin ^{1}1927.

Register

der wichtigsten Eigennamen und Begriffe

Die Ziffern verweisen auf die Verszählung der Flügelschen Ausgabe, die bei Abweichung von der kufischen Zählung in der vorliegenden Ausgabe in Klammern steht (vgl. Vorwort S. 4). Zahlen in eckigen Klammern bedeuten, daß das Wort nur sinngemäß an der betreffenden Stelle vorkommt. »A« hinter einer Zahl bedeutet, daß das Wort in der Anmerkung zu dem betreffenden Vers vorkommt.

Aaron 2,249; 4,161; [5,28]; 6,84; 7,119.138.149; 10,76 ff.; 19,29.54; 20,31.73.92 ff.; 21,49; 23,47; 25,37; 26,12.47; 28,34; 37,114.120

Abraham 2,118–146.260.262; 3,30.58 ff.78.89; 4,57.124.161; 6,74 ff. 162; 9,71.115; 11,72–78; 12,6.38; 14, Titel, 38 ff.; 15,18 A. 51 ff.; 16,121 ff.; 19,42–51.59; 21,52–73; 22,27–77; 26,69 ff.; 29,15 bis 26.30; 33,7; 37,81–113; 38,45; 42,11; 43,25; 51,24 ff.; 53,38; 57,26; 60,4; 87,19

Abrogation von Versen 2,100; 13,39; 16,103; 87,6

ʿĀd (wegen seines Unglaubens vernichtetes Volk) 7,63.72; 9,71; 11,52 ff.; 14,9; 22,43; 25,40; 26,123 f.; 29,37; 38,11; 40,32; 41,12.14; 46,20; 50,13; 51,41; 53,51; 54,18; 69,4.6; 89,5

Adam 2,29 ff.; 3,30.52; 5,30; 7,10 ff.171; [15,29 ff.]; 17,63.72; 18,48; 19,59; 20,114 ff.; 36,60; [38,71–76]

Almosen, auch Armenspende (s. a. Gebet) 2,192.211.216.265 f. 269.273 ff.280; 4,94.114; 9,58.60.76.80.104 f.; 23,4; 30,38; 41,6; 57,17; 58,13 f.; 63,10; 70,24; 91,18

ʿArafāt (bei Mekka) 2,194

Auferstehung (s. a. Jüngster Tag, ›Stunde‹) 2,79.107.169.208; 3,48.71.155.176.182.192; 4,89.109.140; 5,40.69; 6,12; 7,30.171; 10,61.93; 11,100 f.; 16,27.29.94; 17,14.60.64.99; 18,105; 19,95; 20,100 ff.; 21,48; 22,5.9.17.68; 23,16; 25,69; 26,87; 28,41 f. 61.71 f.; 29,12.24; 32,25; 35,10.15; 39,25.32.48.61.67; 41,40; 42,44; 45,16.25; 46,4; 60,3; 67,15; 68,39; 75, Titel, 1 f.

Auferstehung bezweifelt 11,10; 13,5; 16,40; 17,52.100; 19,67; 22,5; 23,37.84; 25,42; 27,69; 29,22; 30,15; 32,9; 36,78; 37,16 f.; 44,34; 45,24 f.; 50,3; 56,47; 64,7; 67,25; 72,7; 75,6; 79,10; 83,11; 107,1

Āzar (Abrahams Vater) 6,74; [19,43 ff.]; [21,53 ff.]; [26,70 ff.]; [37,83]; [43,25]; [60,4]

Babel 2,96

Badr (Schlacht 624) 3,11 A. 119; 8,1 ff.; 47,1 A. 5 A

Buch (im Himmel) 13,39; 22,69; 30,56; 34,3; 35,12.28 f.; 43,3; 50,4;
57,22

Buch (der Taten) 18,47; 19,82; 20,52; 23,64; 36,11; 39,69; 45,27 f.;
69,19.25; 78,29; 83,7 ff.; 84,7.10

Christen (Nazarener; s. a. Volk der Schrift) 2,59.105.107.114.129.
134; 3,160; 5,17.21.56.73.85; [6,159]; 9,30; 18,3 f; [21,26]

David 2,252; 4,161; 5,82; 6,84; 17,57; 21,78 ff.; 27,15 f; 34,10 ff.;
38,16–19

Dschahannam s. Hölle

Dschinn (ǧinn) 6,100.112.128 f.; 7,36.178; 11,120; 15,27; 17,90;
18,48; 27,17.39; 33,13; 34,8.11 ff.40.45; 37,158; 38,11 A;
41,24.29; 45,17; 46,28 ff.; 51,56; 55,14.33.39.56.74; 72, Titel, 1 ff.;
114,6

Dū l-Kifl 21,85; 38,48

Dū l-Qarnain 18,82–98

Dū n-Nūn s. Jonas

Ehe (s. a. Frauen, Scheidung) 2,220.236; 4,3 ff.23 ff.126 ff.; 5,7;
16,74; 23,5 f.; 24,32 ff.; 30,20; 33,28 ff.48 f.; 66,1 ff.; 70,30

Elias 6,85; 37,123–130

Elisa 6,86; 38,48

Engel (s.a. Gabriel) 2,28 f.156.172.206.249.285; 3,16.33.37.40.74.
81; 4,99.135.164.170; 6,8 f.50.93.111.159; 7,10.35; 8,9.12.52;
[9,26]; 10,22 A; 11,15.33.83; 13,12.23; 15,7 f.28 ff.; 16,2.30.
34 f.104 A; 17,42.63.97; 18,48; 20,115; 21,[13].103; 22,74;
23,24.115; 25,8.23 ff.; 32,11; 33,42.56; 35, Titel, 1; 37,1 ff.150;
38,[69].73; 39,75; 40,7; 41,13.30; 42,3; 43,18.53.60.80 A; 47,29;
50,16 ff. A; 53,26; 66,4.6; 69,17; 70,4; 74,30 f.; 78,38; 79,1 A;
82,10; [83,21]; 89,23

Erbschaftsregelung 2,176 ff.; 4,8 ff.37.175; 5,105

Esra ('Uzair) 9,30

Evangelium (Buch Jesu) 3,2.43.58; 5,50 f.70.72.110; 7,156; 9,112;
19,31; 35,23; 48,29; 57,27

Fasten 2,179 ff.192; 4,94; 58,5

Frauen (s. a. Ehe, Scheidung) 2,183.222 f.226 ff.241 f.; 4, Titel,
1 ff.19.23 ff.38 f.126 ff.; 5,7; 23,5 f.; 24,2 ff.23 f.31 ff.; 25,74;
30,20; 33,6.28 ff.48 ff.59 ff.; 42,9; 43,70; 58,1 ff.; 60,10 ff.; 65,1 ff.;
66,1 ff.

Gabriel (s. a. Geist) 2,91 f.; 17,87 A; 19,65 A; 26,193 A. 53.5 A; 66,4;
81,21 A

Gebet 2,42.148.239 f.; 3,31.33.188; 4,46.102 ff.141; 5,8 f.63.93.105;

Register 621

6,92.163; 7,169; 8,35; 9,100.104; 10,10 f.87; 11,116; 13,15.22;
14,38 ff.42; 17,80.110; 19,4.60; 20,14.132; 22,27; 23,2.9; 24,41.57;
30,30; 35,19. 42,36; 50,39; 62,9 f.; 70,23.34; 73,20; 76,25; 107,5

Gebet und Armenspende 2,2.40.77.104.172.277; 4,79.160; 5,15.60;
8,3; 9,5.11.13.54.72; 14,36; 19,32.56; 21,73; 22,36.42.78; 24,37.
55; 27,3; 31,3; 35,26; 58,14; 73,20; 98,4

Geist (s.a. Gabr el) 2,254; 4,169; 16,2; 17,87; 19,17 ff.; 21,91; 26,193;
42,52; 70,4; 78,38; 97,4

Der Gesandte (Muhammad) 2,21.95.102.285; 3,61.80.96.138.147.
155.158; 4,45.64.81 f.115.168 f.; 5,22.45.71.86.99; 7,156 f.183;
9,13.26 f.33.40.61 f.82.89.98.106.118.121.129; 17,1; 24,53 f.63 f.;
25,1.32.43.77; 33,6.21.40.49 ff.; 44,12; 47,2.34; 48,12.26 f.29;
49,2 ff.; 57,8; 58,9 ff.; 59,6 ff.; 60,1; 61,9; 62,2; 63,1.5 f.; 64,12;
65,11; 66,3; 69,40; 72,24; 73,14

– Allah und sein Gesandter 2,279; 3,29; 4,62.71.101.135; 5,37.
84.93.103; 8,13.20.27.48; 9,3.24.54.59.63 f.66.72.75.81.87.91 f.
95.108; 24,46 ff.62; 33,22.29.31.33.36.57.71; 47,35; 48,9.13.17;
49,1.14 f.; 57,7.18.21.25.28; 58,5 f.21 f.; 59,4.7; 61,11; 64,8.
12; 65,8; 72,24

Gesandte, Propheten (frühere) 2,81.85.92.130.172.209.254.285;
3,20.74.75.78.108.138.140.174.177.179 ff.192; 4,67.71.135.149.
151.154.161 ff.; 5,15.22 f.36.48.74; 6,10.48.112.124.130; 7,5.33.
51.92; 10,14.103; 11,121; 12,110; 13,32.38; 14,4.10 ff.46; 15,10 f.
80; 16,38.45.65.114; 17,57.79; 18,54; 19,52 ff.; 20,134; 21, Titel,
7.25.42; 22,51.74; 23,33.46; 25,22.33; 28,6.47.65; 30,8; 33,7;
34,44; 35,4.23; 36,12.19.29; 37,36.70.171.181; 38,13; 39,69.71;
40,23.36.53 f.72.78.83; 41,43; 42,51; 43,5 f.44; [44,4]; 46,8; 50,13;
52,11; 57,25 ff.; 61,5.6; 64,6; 69,10

Gog und Magog 18.93 f.; 21,96

Goliath (Ǧālūt) 2,250 ff.

Hāmān (Wesir Pharaos) 28,5 ff.38; 29,38; 40,25.36

Hārūt und Mārūt 2,96

Heiliger Krieg, Kampf in Allahs Weg 2,186 f.212 ff.245.247.263 f.;
3,151.160 f.; 4,76 f.86.96 f.103 ff.; 5,39.59; 8,40.62.73; 9,19.24 f.
38 f.82.112.121; 22,40.77; 25,54; 29,5; 47,4 ff.; 57,10

Hiob 4,161; 6,84; 21,83 f.; 38,40–44

Hölle (Dschahannam, ǧahannam; auch: Feuer, Flamme) 2,22.
74 f. 113. 120. 162. 197. 202. 214. 221. 259. 276; 3,8. 10. 23. 112. 126.
144. 156.182.189.196; 4,18.58 f.95.99.115.120.139.144.167; 5,13.
41.76.88; 6,27.128; 7,17.34 ff.39 ff.178; 8,14 ff.37 f.; 9,17.35.
49.64.69.74.82.96.110.114; 10,8.28; 11,19 f.108 f.115.120; 13,

622 _Register_

6.18.35; 14,19.34 f.; 15,43; 16,31.64; 17,8.19.41.65.99; 18,
28.51.100.102.106; 19,69.89; 20,76; 21,30.40.98; 22,4.9.20.
50.71; 23,105 f.; 25,36.66; 26,91; 27,92; 29,24.54.68; 32,13.20;
33,64 ff.; 34,11.41; 35,6.33; 36,63; 37,23.53 ff.163; 38,26.56 ff.
85; 39,11.18.20.33.61.71 f.; 40,6.44 ff.62.73 ff.; 41,18 ff.28,40;
42,5.44 A; 43,74 ff.; 44,43 ff.; 45,9.33; 46,19.33; 47,13.17; 48,6;
50,29; 51,13 f.; 52,13 ff.; 54,48; 55,43 f.; 56,41 ff.93 f.; 57,14.18;
58,9.18; 59,3.17.20; 64,10; 66,9 f.; 67,5 ff.; 69,31; 71,25; 72,15.24;
73,12; 74,26.38 A; 76,4; 77,29; 78,21; 79,36 f.; 81,12; 82,14 f.;
83,16; 84,12; 85,10; 87,12; 88,4; 89,24; 90,20; 91,14; 98,5;
101,6 ff.; 102,6; 104,4 ff.; 111,3 f.

Hūd (Prophet von 'Ād) 7,63; 11, Titel, 52–63.91; 26,124 ff.; 46,20 A

Ḥunain (Schlacht 630) 9,25

Iblīs (s. a. Satan) 2,32; 7,10 f; 15,31 ff.; 17,63 ff.; 18,48; 20,115 ff.;
26,95; 34,19; 38,74 ff.; 72,4 A

Idrīs (Henoch) 19,57; 21,85

'Imrān 3,30 ff.; 66,12

Isaak 2,127.130.134; 3,78; 4,161; 6,84; 11,74; 12,6.38; 14,41; 19,50;
21,72; 29,26; 37,112 f.; 38,45

Islām 3,17.79; 5,5; 6,125; 9,75; 39,23; 49,17

Ismael 2,119.121.127.130.134; 3,78; 4,161; 6,86; 14,41 A; 19,55;
21,85; 37,98 A; 38,48

Jakob 2,126 f.130.134; 3,78; 4,161; 6,84; 11,74; 12,5 ff.38.59 ff.;
19,6.50; 21,72; 29,26; 38,45

Jesus (Sohn der Maria) 2,81.130.254; 3,40 ff.52.78; 4,156.161.169 f.;
5,19.50.76 ff.82.109 ff.114 ff.; 6,85; 9,30 f.; 19,28 ff.; [21,91];
23,52; 33,7; 42,11; 43,57 ff.63; 57,27; 61,6.14

Johannes (der Täufer) 3,34; 6,85; 19,7.13; 21,90

Jonas (Dū n-Nūn) 4,161; 6,86; 10, Titel, 98 ff.; 21,87 f.; 37,139 ff.;
68,48

Joseph (Sohn Jakobs) 6,84; 12, Titel, 4–103; 40,36

Juden (s. a. Kinder Israel, Volk der Schrift) 2,13 A. 59.70 A.
105.107.114.129.134; 3,60; 4,47 f.158; 5,21.45.48.56.69.73.85;
6,91 A. 147; 9,30; 22,17; 58,15 A; 59,2 A. 11 A; 62.6

Jüngster Tag, (s. a. Auferstehung, ›Stunde‹) 1,3; 3,7.24.28.102;
5,108; 6,128; 10,46; 11,105 ff.; 12,107; 14,43.49; 15,35;
16,79.86.112; 18,20.34.45; 19,38.88; 21,104; 23,103; 27,84 ff.;
30,42; 34,29; 36,51; 37,20; 40,17.34; 44,9 f.40; 50,19 ff.40 ff.;
51,6.12; 54,6 ff.; 56,56; 58,7 f.; 64,9; 70,8 ff.26; 73,14.17; 74,9;
77,13 ff.; 78,2 f.17 ff.38; 79,35; 80,34 ff.; 81,1 ff.; 82,1 ff.15 ff.;
83,5 ff.; 84,1 ff.; 86,8; 99,1 ff.; 100,9 ff.

Register 623

Allah und der Jüngste Tag (glauben an) 2,7.59.120.172.232.266; 3,110; 4,42 f.62.135.160; 5,73; 9,18 f.29.44 f.100; 24,2; 33,21; 58,22; 60,6; 65,2

Ka'ba (auch: Heilige Moschee, Haus Allahs, Stätte Abrahams) 2,119.138 f.144 f.153.187.192.214; 3,91; 5,2 f.96.98; 8,34; 9,7. 18 f.28; 14,4C; 17,1; 22,25.27; 28,57; 29,67; 48,25.27; 52,4 A

Kinder Israel (s.a. Juden, Moses, Volk der Schrift) 2,38.44.77. 116.207.247; 3,43.87; 5,15.35.74.76.82.110; 7,103.131 ff.; 10,90.93; 17,2.4.103 ff.; 20,49.82.95; 26,16.21.59; 27,78; 32,23; 40,56; 43,59; 44,29; 45,15; 46,9; 61,14

Korah (Qārūn) 28,76–81; 29,38; 40,25

Koran (auch: ›Schrift‹, ›Buch‹, furqān) 2,1.83.[91].146.171 f. 181.231; 3,2.5.22.[132]; 4,54.84.106.113.135.139; 5,18.52.101; 6,7.19.51 A. 65 A. 69 A. 92 f.105 A. 114.155 ff.; 7,1.50.168 f.203; [8,20]; 9,112; 10,1.16.38.61.94; 11,1.16.20.37; 12,2 f.111; 13, 1.30.36 ff.; 14,1; 15,1.87 f.; 16,46.66.91.100 ff.; 17,9.43.47 f.62. 84.90 f.106 f; 18,1 f.26.52; 19,16.97; 20,1 f.112 f.[133]; 21,10; 22,16.53.78; 23,73; 25,1.32 f.; 26,1 f.192 ff.; 27,1 f.6.78 ff.94; 28,1.48.85 f.; 29,44.46 ff.; 30,58; 31,1; 32,1 f.; 33,6; 34,30; 35,26; 36,1.69; 37,17C; 38,1.28.87; 39,1 f.24.28 f.42; 40,1.72; 41,1 ff.25. 42 f.53 A; 42,5.13 ff.52; 43,1 ff.30; 44,1 f. 9 A; 45,1.19 A. 26 A; 46,1.7 ff.28; 47,26; 50,1.45; 52,2 f.33; 53,4; 54,17.22.32.40; 55,1; 56,76 ff.; 59,21; 62,2; 69,48 A; 72,1; 73,4.20; 74,54; 75,17; 76,23; 80,11 ff.; 84,21; 85,21; 97,1; 98,2

Kubā' (Moschee in K.) 9,108 f. (A)

Lot, Volk Lots 6,86; 7,78 ff.; 11,77 ff.91; 15,59 ff.; 21,71.74 f.; 22,43; 26,160 ff.; 27,55 ff.; 29,25 ff.; 37,133 ff.; 38,12; 50,13; [51,32]; 54,33 f.; 66,10

Maria 3,31 ff.37 ff.; 4,155 ff.; 5,79; 19, Titel, 16 ff.; 21,91; 23,52; 66,12

Marwa (bei Mekka) 2,153

Medina (Yaṯrib) 9,102.121; 33,13 f.,60; 63,8

Mekka 3,90; 4,77 A; 6,92; 16,113; [17,1]; [19,67]; 42,5 A; 48,24; 90,1 A

Michael (Engel) 2,92

Midian (Bewohner von Midian; auch: Waldbewohner) 7,83; 9,71; 11,85–98; 15,78 A; 20.42; 22,43; 26,176; 28,21 f.45; 29,35; 38,12; 50,13

Moses 2,48 ff.81.86.102.130.247 ff.; 3,78; 4,152.162; 5,23 ff.; 6,84.91.155; 7,101 ff.124 ff.134–160; 10,76 ff.; 11,20.99.112; 14,5–8; 17,2.103 ff.; 18,59–81; 19,52; 20,8–98; 21,49; 22,43;

624 *Register*

23,47 ff.; 25,37; 26,9–68; 27,7–14; 28,2–48.76; 29,39; 32,23; 33,7.69; 40,39 ff.56; 41,45; 42,11; 43,45; [44,16]; 46,29; 51,38; 53,37; 61,5; 79,15; 87,19

Muhammad s. Der Gesandte

Muzdalifa 2,195 A

Noah, Volk Noahs 3,30; 4,161; 6,84; 7,57 f.67; 9,71; 10,72 ff.; 11,27 ff.38 ff.91; 14,9; 17,3.18; 19,59; 21,76; 22,43; 23,23 ff.; 25,39; 26,105 ff.; 29,13 f.; 33,7; 37,73 ff.; 38,11; 40,5.32; 42,11; 50,12; 51,46; 53,53; 54,9 ff.; 57,26; 66,10; 71, Titel, 1 ff.

Paradies (auch: Garten, Gärten) 2,23.33.76.105.210.221; 3,13. 127.130.136.182.194.197; 4,17.60.121.123; 5,15.70.76.88.119; 7,18 f.38 ff.; 9,21.73.90.101.112; 10,9.27; 11,25.110; 13,23.35; 14,28; 15,45; 16,33; 18,30.107 f.; 19,61 f.; 20,78.115; 22,14.23.55; 23,11; 25,11.16.26.75; 26,90; 29,58; 30,14; 31,7 f.; 32,19; 35,30; 36,25.55; 37,42 f.; 38,50 ff.; 39,21.73; 40,8; 41,30; 42,5.21; 43,70 ff.; 44,51; 46,13; 47,7.13.16 ff.; 48,5.17; 50,30; 51,15 f.; 52,17 f.; 54,54; 55,46 ff.; 56,12.88; 57,12.21; 58,22; 59,20; 61,11; 64,9; 65,11; 66,8.11; 68,34; 69,21; 70,35 ff.; 74,42; 76,4 f.12 f.; 77,41; 78,31 f.; 79,41; 81,13; 83,22 ff.; 85,11; 88,4 f.; 98,5

Pharao, Volk Pharaos 2,46 ff.; 3,9; 7,101 ff.124 ff.133 ff.; 8,54.56; 10,76 ff.; 11,99; 14,6; 17,103 f.; 20,25.45–81; 23,48; 26,10–68; 27,12; 28,2–42; 29,38; 38,11; 40,25 ff.38 ff.; 43,45 ff.; 44,16 ff.; 50,13; 51,38 ff.; 54,41; 66,11; 69,9; 73,15 f.; 79,17 ff.; 85,18; 89,9

Pilgerfahrt 2,185.192 ff.; 3,91; 5,1 ff.96 f.; 9,3; 22, Titel, 28 ff.

Psalmen 3,181; 4,161; 17,57; 21,105; 38,28 A

Qubā' (Moschee in Q.) 9,108 f. A

ar-Raqīm 18,8

ar-Rass 25,40; 50,12

Saba 27,22 ff.; 34, Titel, 14

Sabäer 2,59; 5,73; 22,17

Ṣafā (Stätte bei Mekka) 2,153

Ṣāliḥ (Prophet von Ṯamūd) 7,71 ff.; 11,64–71.91; 26,142 ff.; 27,46

Salomo 2,96; 4,161; 6,84; 21,78–82; 27,15 ff.; 34,11; 38,29–39

Sāmirī 20,87.96

Satan, Satane (s. a. Iblīs) 2,163.204.271.276; 3,31.149; 4,42.63. 78.85.117 f.; 5,92 f.; 6,43.67.70.112.121.143; 7,19 f.26 f.174. 199 f.; 8,50; 12,5.42.101; 14,26; 15,17; 16,65.100; 17,29.55.66; 18,62; 19,45 f.69.86; 21,82; 22,51 f.; 23,99; 24,21; 25,31.[57]; 26,210.221; 27,24; 28,14; 29,37; 31,20; 35,6; 36,60; 37,7 f.; 38,36 f.; 41,36; 43,35.62; 47,27; 58,11.20; 59,16; 67,5; 81,25

Saul (Ṭālūt) 2,248 ff.

Register 625

Scheidung (s. a. Ehe) 2,226 ff.238 f.242; 4,39.129; 33,48; 58,2 ff.; 65, Titel, 1 ff.

Sklaven (»was eure Rechte besitzt«) 2,173.220; 4,3.29 f.40.94; 5,91; 16,73.77; 23,5; 24,33.57; 33,49 ff.; 58,4; 70,30; 90,13

Speisegebote 2,168.216; 4,4.90.92 ff.; 5,4–7.90.95–97; 6,118 f. 142 f.146; 16,116; 22,31

›Stunde‹ (s. a. Jüngster Tag, Auferstehung) 6,31.40; 7,186; 12,107; 15,85; 16,79; 18,20.34; 20,15; 21,50; 22,1.7.54; 25,12; 30,11. 13.54; 31,34; 33,63; 34,3; 40,49.61; 41,47.51; 42,16 f.; 43,61. 66.85; 45,26.31; 47,20; 54,46; 56,1 A; 69,1 ff.15; 79,42; 88,1; 101,1 f.

Šuʿaib (Prophet von Midian) 7,83 ff.; 9,85–97; 26,177 f.; 29,35 f.

Tamūd 7,71; 9,71; 11,64–71.98; 14,9; 17,61; 22,43; 25,40; 26,141; 27,46; 29,37; 33,12; 40,32; 41,12.16 f.; 50,12; 51,43; 53,52; 54,23; 69,4 f.; 85,18; 89,8; 91,11

Thron Gottes 2,256; 7,52; 9,130; 10,3; 11,9; 13,1; 17,44; 20,4; 21,22; 23,88.117; 25,60; 27,26; 32,3; 39,75; 40,7.15; 43,82; 57,4; 69,17; 80,20; 85,15

Tora (Buch Mosis; s. a. Moses) 2,50.85; 3,2.43 f.58.87; 5,47 f. 50.70.72.110; 6 91; 7,156; 9,112; 11,20.112; 21,49; 23,51; 28,43. 52; 29,29; 32,23; 37,117; 41,45; 45,15; 46,11; 48,29; 57,26; 61,6; 62,5; [87,19]

Tubbaʿ (König von Jemen) 44,36; 50,13

Volk der Schrift (der Ermahnung; s. a. Juden, Christen) 2,99. 103.140 f.; 3,17 19.57 f.62 ff.68 ff.93.106.109.184.198; 4,50.122. 130.152.157.169 5,7.18.22.62.64.70.72.81; 6,20; 7,168; 9,29; 13,36; 16,45; 21,7; 28,52; 29,45 f.; 33,26; 42,13; 57,15.29; 59,2.11; 74,31 f.; 98,1.3

Waage 7,7 f.; 23,104 f.; 42,16; 55,6 f.; 57,25; 101,6.7

Waisen 2,218 f.; 4,2 ff.40.126; 6,153; 8,42; 17,36; 59,7; 76,8; 89,18; 90,15; 93,6.9; 107,2

Wucher 2,276 ff.; 3,125; 4,159; 30,38

Zacharias 3,32 ff.; 6.85; 19,1 ff.; 21,89 ff.

Zaid (Adoptivsohn Muhammads) 33,1 A. 37 f.

Verzeichnis der Suren

1	Die Öffnende (*al-fātiḥa*)	27
2	Die Kuh (*al-baqara*)	27
3	Das Haus 'Imrān (*āl 'Imrān*)	67
4	Die Weiber (*an-nisā'*)	90
5	Der Tisch (*al-mā'ida*)	114
6	Das Vieh (*al-an'ām*)	132
7	Der Wall (*al-a'rāf*)	152
8	Die Beute (*al-anfāl*)	175
9	Die Reue (*al-tauba*)	184
10	Jonas (Frieden sei auf ihm!) (*Yūnus*)	201
11	Hūd (*Hūd*)	212
12	Joseph (Frieden sei auf ihm!) (*Yūsuf*)	226
13	Der Donner (*ar-ra'd*)	237
14	Abraham (Frieden sei auf ihm!) (*Ibrāhīm*)	243
15	Al-Ḥiǧr (*al-Ḥiǧr*)	249
16	Die Bienen (*an-naḥl*)	254
17	Die Nachtfahrt (*al-isrā'*)	268
18	Die Höhle (*al-kahf*)	279
19	Maria (*Maryam*)	291
20	Ṭā-hā (*ṭā-hā*)	298
21	Die Propheten (*al-anbiyā'*)	308
22	Die Pilgerfahrt (*al-ḥaǧǧ*)	317
23	Die Gläubigen (*al-mu'minūn*)	326
24	Das Licht (*an-nūr*)	334
25	Die Unterscheidung (*al-furqān*)	343
26	Die Dichter (*aš-šu'arā'*)	350
27	Die Ameise (*an-naml*)	362
28	Die Geschichte (*al-qaṣaṣ*)	370
29	Die Spinne (*al-'ankabūt*)	380
30	Die Griechen (*ar-Rūm*)	387
31	Luqmān (*Luqmān*)	393
32	Die Anbetung (*as-saǧda*)	397
33	Die Verbündeten (*al-Aḥzāb*)	400
34	Saba (*Saba'*)	409
35	Die Engel (*fāṭir*)	415
36	Yā-sīn (*yā-sīn*)	420
37	Die sich Reihenden (*aṣ-ṣāffāt*)	426

628   *Verzeichnis der Suren*

38 Ṣād (ṣād)	435
39 Die Scharen (az-zumar)	442
40 Der Gläubige (ġāfir)	450
41 Erklärt (fuṣṣilat)	458
42 Die Beratung (aš-šūrā)	464
43 Der Goldputz (az-zuḫruf)	470
44 Der Rauch (ad-duḫān)	477
45 Das Knien (al-ğatiya)	481
46 Al-Aḥqāf (al-Aḥqāf)	484
47 Muhammad – der Herr segne ihn und spende ihm Heil! (Muhammad)	489
48 Der Sieg (al-fatḥ)	493
49 Die Gemächer (al-ḥuğurāt)	497
50 Qāf (qāf)	500
51 Die Zerstreuenden (aḏ-ḏāriyāt)	503
52 Der Berg (aṭ-Ṭūr)	507
53 Der Stern (an-naǧm)	510
54 Der Mond (al-qamar)	513
55 Der Erbarmer (ar-raḥmān)	516
56 Die Eintreffende (al-wāqi'a)	521
57 Das Eisen (al-ḥadīd)	525
58 Die Streitende (al-muǧādala)	529
59 Die Auswanderung (al-ḥašr)	532
60 Die Geprüfte (al-mumtaḥana)	535
61 Die Schlachtordnung (aṣ-ṣaff)	538
62 Die Versammlung (al-ǧum'a)	540
63 Die Heuchler (al-munāfiqūn)	541
64 Der gegenseitige Betrug (at-taġābun)	543
65 Die Scheidung (aṭ-ṭalāq)	545
66 Das Verbot (at-taḥrīm)	547
67 Das Reich (al-mulk)	549
68 Die Feder (al-qalam)	551
69 Die Unvermeidliche (al-ḥāqqa)	554
70 Die Stufen (al-ma'āriǧ)	557
71 Noah (Nūḥ)	559
72 Die Dschinn (al-ǧinn)	561
73 Der Verhüllte (al-muzzammil)	563
74 Der Bedeckte (al-muddaṯṯir)	565
75 Die Auferstehung (al-qiyāma)	568
76 Der Mensch (al-insān)	570
77 Die Entsandten (al-mursalāt)	572

Verzeichnis der Suren

78	Die Kunde (an-naba')	574
79	Die Entreißenden (an-nāzi'āt)	576
80	Er runzelte die Stirn ('abasa)	578
81	Das Zusammenfalten (at-takwīr)	580
82	Das Zerspalten (al-infiṭār)	581
83	Die das Maß Verkürzenden (al-muṭaffifīn)	582
84	Das Zerreißen (al-inšiqāq)	584
85	Die Türme (al-burūǧ)	585
86	Der Nachtstern (aṭ-ṭāriq)	587
87	Der Höchste (al-a'lā)	588
88	Die Bedeckende (al-ġāšiya)	589
89	Die Morgenröte (al-faǧr)	590
90	Das Land (al-balad)	592
91	Die Sonne (aš-šams)	593
92	Die Nacht (al-lail)	594
93	Der lichte Tag (aḍ-ḍuḥā)	595
94	Dehnten wir nicht aus? (aš-šarḥ)	595
95	Die Feige (at-tīn)	596
96	Das geronnene Blut (al-'alaq)	597
97	Die Macht (al-qadr)	598
98	Der deutliche Beweis (al-baiyina)	598
99	Das Erdbeben (az-zalzala)	599
100	Die Renner (al-'ādiyāt)	600
101	Die Pochende (al-qāri'a)	600
102	Das Streben nach Mehr (at-takāṯur)	601
103	Der Nachmittag (Die Zeit) (al-'aṣr)	602
104	Der Verleumder (al-humaza)	602
105	Der Elefant (al-fīl)	603
106	Quraiš (Quraiš)	603
107	Der Beistand (al-mā'ūn)	604
108	Der Überfluß (al-kauṯar)	604
109	Die Ungläubigen (al-kāfirūn)	605
110	Die Hilfe (an-raṣr)	605
111	Verderben! (Abū Lahab) (al-masad)	606
112	Die Reinigung (al-iḫlāṣ)	606
113	Das Morgengrauen (al-falaq)	607
114	Die Menschen (an-nās)	607

Inhalt

Vorwort 5
Einleitung 7

Der Koran 27

Zur Aussprache 609
Ausgewählte Bibliographie 611
Register 619
Verzeichnis der Suren 627